普通高等教育"十一五"国家级规划教材

教育部全国普通高等学校优秀教材（一等奖）

新编21世纪法学系列教材

总主编　曾宪义　王利明

国际私法

第六版

Private International Law

主　编　章尚锦　杜焕芳
副主编　许军珂　李　英

撰稿人（以撰写章节先后为序）

章尚锦　宋秀梅　徐青森　孙智慧

李　英　赵哲伟　王群瑛　田晓云

许军珂　乔慧娟　杜焕芳

中国人民大学出版社
·北京·

编审委员会

作 者 简 介

主 编

章尚锦 (1926—2011)，男，浙江富阳人，历任西南政法学院（现西南政法大学）助教、讲师，中国人民大学法律系（现法学院）讲师、副教授、教授。曾任中国国际私法学会副会长、顾问，北京国际法学会顾问，《中国国际私法与比较法年刊》编委。出版《国际私法》(1981)、《国际私法》(1992)、《涉外经济法通论》(1992)、《章尚锦文集》(2005)、《国际私法》(2000、2005、2007、2011、2014年版)等著作。《中华人民共和国国际私法示范法》和《国际民商事关系法律适用法（专家建议稿）》的主要起草人。

杜焕芳 男，法学博士，中国人民大学法学院教授、博士生导师，美国宾夕法尼亚大学法学院访问学者。现任中国人民大学法学院党委常务副书记、副院长，中国人民大学国际私法研究所所长，"一带一路"法律研究中心主任，国际仲裁研究所副所长兼秘书长。兼任中国法学会理事、中国国际法学会理事、中国国际私法学会常务理事、中国国际经济法学会理事，中国法学会法学教育研究会秘书长，北京市法学会国际经济法研究会副会长，中国国际经济贸易仲裁委员会、法国巴黎工商会仲裁院、北京仲裁委员会、上海国际经济贸易仲裁委员会、重庆仲裁委员会、海南国际仲裁院等在册仲裁员。主持完成多项国家社会科学基金、教育部人文社科规划项目，出版专著《国际民商事司法与行政合作研究》和《国际诱拐儿童民事问题研究》，主编多部教材，在《中国法学》等法学核心刊物上发表多篇论文。获第七届、第八届国家级教学成果奖一等奖（主要参与人）、第八届全国杰出青年法学家提名奖。

副主编

许军珂 女，法学博士，外交学院国际法系教授、博士生导师，美国佩斯大学法学院访问学者。现任外交学院国际法系主任、国际法研究所所长。兼任中国国际法学会常务理事、中国国际私法学会常务理事、北京国际法学会常务理事，北京仲裁委员会等在册仲裁员。出版专著《国际私法上的意思自治》《国际贸易法专题研究：WTO框架下国际贸易法的新发展》等。

李 英 女，华北电力大学人文与社会科学学院国际法学教授，加拿大渥太华大学法学院访问学者。兼任中国国际法学会理事、中国国际私法学会理事、北京国际法学会常务理事。出版专著《国际经济法理论与实践》《合同能源管理法律与实践》等。

内 容 简 介

国际私法调整的特定社会关系是国际民事关系。它是在国际民事交往过程中形成的，用来调整国际民事关系和解决国际民事争议的，规定在国内法、一些国家的判例法、国际条约和国际惯例中的关于外国人民事法律地位规范、冲突规范、国际民事诉讼和国际商事仲裁程序规范的总称，是国际法中一个具有强行性的部门法。

本教材共分为四编。第一编"总论"阐述了国际私法的概念、国际民事法律冲突、国际私法的任务、性质和历史发展，介绍了冲突规范和准据法及其确定，与适用冲突规范有关的制度，考察了国际私法的主体和外国人的民事法律地位。第二编"国际民事关系法律适用"叙述了自然人、法人权利能力和行为能力的法律适用，法律行为、代理和时效的法律适用，分析了婚姻家庭关系、继承关系、物权关系、合同之债、国际经济贸易关系、非合同之债和知识产权关系的法律适用规则和实践。第三编"国际民事诉讼与国际商事仲裁"介绍了国际民事诉讼当事人、国际民事管辖权、国际民事诉讼中的期间和诉讼保全，以及国际民事司法协助方面的域外送达、域外调查取证和外国法院判决的承认与执行问题；阐述了国际商事仲裁协议、国际商事仲裁的法律适用、国际商事仲裁程序、国际商事仲裁裁决的司法审查问题。第四编"区际私法"考察了区际法律冲突和区际私法，中国"一国两制"下的法律冲突和法律适用，以及中国内地（大陆）与港澳台之间的民事司法协助问题。

总　序

曾宪义

　　在人类文明与文化的发展中，中华民族曾作出过伟大的贡献，不仅最早开启了世界东方文明的大门，而且对人类法治、法学及法学教育的生成与发展进行了积极的探索与光辉的实践。

　　在我们祖先生存繁衍的土地上，自从摆脱动物生活、开始用双手去进行创造性的劳动、用人类特有的灵性去思考以后，我们人类在不断改造客观世界、创造辉煌的物质文明的同时，也在不断地探索人类的主观世界，逐渐形成了哲学思想、伦理道德、宗教信仰、风俗习惯等一系列维系道德人心、维持一定社会秩序的精神规范，更创造了博大精深、义理精微的法律制度。应该说，在人类所创造的诸种精神文化成果中，法律制度是一种极为奇特的社会现象。因为作为一项人类的精神成果，法律制度往往集中而突出地反映了人类在认识自身、调节社会、谋求发展的各个重要进程中的思想和行动。法律是现实社会的调节器，是人民权利的保障书，是通过国家的强制力来确认人的不同社会地位的有力杠杆，它来源于现实生活，而且真实地反映现实的要求。因而透过一个国家、一个民族、一个时代的法律制度，我们可以清楚地观察到当时人们关于人、社会、人与人的关系、社会组织以及哲学、宗教等诸多方面的思想与观点。同时，法律是一种具有国家强制力、约束力的社会规范，它以一种最明确的方式，对当时社会成员的言论或行动作出规范与要求，因而也清楚地反映了人类在各个历史发展阶段中对于不同的人所作出的种种具体要求和限制。因此，从法律制度的发展变迁中，同样可以看到人类自身不断发展、不断完善的历史轨迹。人类社会几千年的国家文明发展历史已经无可争辩地证明，法律制度乃是维系社会、调整各种社会关系、保持社会稳定的重要工具。同时，法律制度的不断完善，也是人类社会文明进步的显著体现。

　　由于发展路径的不同、文化背景的差异，东方社会与西方世界对于法律的意义、底蕴的理解、阐释存有很大的差异，但是，在各自的发展过程中，都曾比较注重法律的制定与完善。中国古代虽然被看成是"礼治"的社会、"人治"的世界，被认为是"只有刑，没有法"的时代，但从《法经》到《唐律疏议》《大清律例》等数十部优秀成文法典的存在，充分说明了成文制定法在中国古代社会中的突出地位，唯这些成文法制所体现出的精神旨趣与现代法律文明有较大不同而已。时至20世纪初叶，随着西风东渐、东西文化交流加快，中国社会开始由古代的、传统的社会体制向近现代文明过渡，建立健全的、符合现代理性精神的法律文明体系方成为现代社会的共识。正因为如此，近代以来的数百年间，在西方、东方各主要国家里，伴随着社会变革的潮起潮落，法律改革运动也一直呈方兴未艾之势。

从历史上看，法律的文明、进步，取决于诸多的社会因素。东西方法律发展的历史均充分证明，推动法律文明进步的动力，是现实的社会生活，是政治、经济和社会文化的变迁；同时，法律内容、法律技术的发展，往往依赖于一大批法律专家以及更多的受过法律教育的社会成员的研究和推动。从这个角度看，法学教育、法学研究的发展，对于法律文明的发展进步，也有着异常重要的意义。正因为如此，法学教育和法学研究在现代国家的国民教育体系和科学研究体系中，开始占有越来越重要的位置。

中国近代意义上的法学教育和法学研究，肇始于19世纪末的晚清时代。清光绪二十一年（公元1895年）开办的天津中西学堂，首次开设法科并招收学生，虽然规模较小，但仍可以视为中国最早的近代法学教育机构（天津中西学堂后改名为北洋大学，又发展为天津大学）。三年后，中国近代著名的思想家、有"维新骄子"之称的梁启超先生即在湖南《湘报》上发表题为《论中国宜讲求法律之学》的文章，用他惯有的富有感染力的激情文字，呼唤国人重视法学，发明法学，讲求法学。梁先生是清代末年一位开风气之先的思想巨子，在他辉煌的学术生涯中，法学并非其专攻，但他仍以敏锐的眼光，预见到了新世纪中国法学研究和法学教育的发展。数年以后，清廷在内外压力之下，被迫宣布实施"新政"，推动变法修律。以修订法律大臣沈家本为代表的一批有识之士，在近十年的变法修律过程中，在大量翻译西方法学著作，引进西方法律观念，有限度地改造中国传统的法律体制的同时，也开始推动中国早期的法学教育和法学研究。20世纪初，中国最早设立的三所大学——北洋大学、京师大学堂、山西大学堂均设有法科或法律学科目，以期"端正方向，培养通才"。1906年，应修订法律大臣沈家本、伍廷芳等人的奏请，清政府在京师正式设立中国第一所专门的法政教育机构——京师法律学堂。次年，另一所法政学堂——直属清政府学部的京师法政学堂也正式招生。这些大学法科及法律、法政学堂的设立，应该是中国历史上近代意义上的正规专门法学教育的滥觞。

自清末以来，中国的法学教育作为法律事业的一个重要组成部分，随着中国社会的曲折发展，经历了极不平坦的发展历程。在20世纪的大部分时间里，中国社会一直充斥着各种矛盾和斗争。在外敌入侵、民族危亡的沉重压力之下，中国人民为寻找适合中国国情的发展道路而花费了无穷的心力，付出过沉重的代价。从客观上看，长期的社会骚动和频繁的政治变迁曾给中国的法治与法学带来过极大的消极影响。直至20世纪70年代末期，以"文化大革命"宣告结束为标志，中国社会从政治阵痛中清醒过来，开始用理性的目光重新审视中国的过去，规划国家和社会的未来，中国由此进入长期稳定、和平发展的大好时期，以这种大的社会环境为背景，中国的法学教育也获得了前所未有的发展机遇。

从宏观上看，实行改革开放以来，经过二十多年的努力，中国的法学教育事业所取得的成就是辉煌的。首先，经过"解放思想，实事求是"思想解放运动的洗礼，在中国法学界迅速清除了极左思潮及苏联法学模式的一些消极影响，根据本国国情建设社会主义法治国家已经成为国家民族的共识，这为中国法学教育和法学研究的发展奠定了稳固的思想基础。其次，随着法学禁区的不断被打破、法学研究的逐步深入，一个较为完善的法学学科体系已经建立起来。理论法学、部门法学各学科基本形成了比较系统和成熟的理论体系和学术框架，一些随着法学研究逐渐深入而出现的法学子学科、法学边缘学科也渐次成型。1997年，国家教育主管部门和教育部高校法学学科教学指导委员会对原有专业目录进行了又一次大幅度调整，决定自1999年起法学类本科只设一个单一的法学专业，按照一个专业招生，从而使法学学科的布局更加科学和合理。同时，在充分论证的基础上，确定了法学专业本科教学的14门核心课程，加上其他必修、选修课程的配合，由此形成了一个传统与更新并重、能够适应国家和社会发展需要的教学体系。法学硕士和博士研究生及法律硕士专业学位研究生的专业设置、课程教学和培养体系也日臻完善。再次，法学教育的规模迅速扩大，层次日趋齐全，结构日臻合理。目前中国有六百余所普通高等院校设置了法律院系或法律本科专业，在校本科学生和研究生已达二十余万人。除本科生外，在一些全国知名的法律院校，法学硕士研究生、法律硕士专业学位研究生、法学博士研究生已经逐步成为培养的重点。

众所周知，法律的进步、法治的完善，是一项综合性的社会工程。一方面，现实社会关系的发展，国家政治、经济和社会生活的变化，为法律的进步、变迁提供动力，提供社会的土壤。另一方面，法学教育、法学研究的发展，直接推动法律进步的进程。同时，全民法律意识、法律素质的提高，则是实现法治国理想的关键的、决定性的因素。在社会发展、法学教育、法学研究等几个攸关法律进步的重要环节中，法学教育无疑处于核心的、基础的地位。中国法学教育过去二十多年所走过的历程令人激动，所取得的成就也足资我们自豪。随着国家的发展、社会的进步，在21世纪，我们面临着更严峻的挑战和更灿烂的前景。"建设世界一流法学教育"，任重道远。

首先，法律是建立在经济基础之上的上层建筑，以法治为研究对象的法学也就成为一门实践性很强的学科。社会生活的发展变化，势必要对法学教育、法学研究不断提出新的要求。经过二十多年的奋斗，中国改革开放的前期目标已顺利实现。但随着改革开放的逐步深入，国家和社会的一些深层次问题，比如说社会主义市场经济秩序的真正建立、国有企业制度的改革、政治体制的完善、全民道德价值的重建、环境保护和自然资源的合理利用等等，也已经开始浮现出来。这些复杂问题的解决，无疑最终都会归结到法律制度的完善上来。建立一套完善、合理的法律制度，构建理想的和谐社会，乃一项持久而庞大的社会工程，需要全民族的智慧和努力。其中的基础性工作，如理论的论证、框架的设计、具体规范的拟订、法律实施中的纠偏等等，则有赖于法学研究的不断深入，以及高素质人才特别是法律人才的养成，而培养法律人才的任务，则是法学教育的直接责任。

其次，21世纪是一个多元化的世纪。20世纪中叶发生的信息技术革命，正在极大地改变着我们的世界。现代科学技术，特别是计算机网络信息技术的发展，使传统的生活方式、思想观念发生了根本的改变，并由此引发许多人类从未面对过的问题。就法学教育而言，在21世纪所要面临的，不仅是教学内容、研究对象的多元化问题，而且还有培养对象、培养目标的多元化、教学方式的多元化等一系列问题，这些问题都需要法学界去思考、去探索。

中国人民大学法学院建立于1950年，是新中国诞生后创办的第一所正规高等法学教育机构。在半个多世纪的岁月中，中国人民大学法学院以其雄厚的学术力量、严谨求实的学风、高水平的教学质量以及丰硕的学术研究成果，在全国法学教育领域处于领先地位，并开始跻身于世界著名法学院之林。据初步统计，中国人民大学法学院已经为国家培养法学专业本科生、硕士生、博士生一万余人，培养各类成人法科学生三十余万人。经过多年的努力，中国人民大学法学院形成了较为明显的学术优势，在现职教师中，既有一批资深望重、在国内外享有盛誉的法学前辈，更有一大批在改革开放后成长起来的优秀中青年法学家。这些老中青法学专家多年来在勤奋研究法学理论的同时，也积极投身于国家的立法、司法实践，对国家法制建设贡献良多。

有鉴于此，中国人民大学法学院与中国人民大学出版社经过研究协商，决定结合中国人民大学法学院的学术优势和中国人民大学出版社的出版力量，出版一套"21世纪法学系列教材"。自1998年开始编写出版本科教材，包括按照国家教育部所确定的法学专业核心课程和其所颁布印发的《全国高等学校法学专业核心课程教学基本要求》而编写的14门核心课程教材，也包括法学各领域、各新兴学科教材及教学参考书和案例分析在内，到2000年12月3日在人民大会堂大礼堂召开举世瞩目的"21世纪世界百所著名大学法学院院长论坛暨中国人民大学法学院成立五十周年庆祝大会"之时，业已出版了50本作为50周年院庆献礼，到现在总共出版了80本。为了进一步适应高等法学教育发展的形势和教学改革的需要，最近中国人民大学法学院与中国人民大学出版社决定将这套教材扩大为四个系列，即："本科生用书"、"法学研究生用书"、"法律硕士研究生用书"以及"司法考试用书"，总数将达二百多本。我们设想，本套教材的编写，将更加注意"高水准"与"适用性"的合理结合。首先，本套教材将由中国人民大学法学院具有全国影响的各学科的学术带头人领衔，约请全国高校优秀学者参加，形成学术实力强大的编写阵容。同时，在编写教材时，将注意吸收中国法学研究的最新的学术成果，注意国际学术发展的最新动向，力求使教材内容能够站在21世纪的学术前沿，反映各学科成熟的理论，体现中国法学的水平。其次，本套教材在编写时，将针对新时期学生特点，将思想性、学术性、新颖性、可读性有机结合起来，注意运用典型生动的案例、简明流畅的语言去阐释法律理论与法律制度。

我们期望并且相信，经过组织者、编写者、出版者的共同努力，这套法学教材将以其质量效应、规模效应，力求成为奉献给新世纪的精品教材，我们诚挚地祈望得到方家和广大读者的教正。

2006年7月1日

序　言

法学教育是高等教育的重要组成部分，是建设社会主义法治国家、构建社会主义和谐社会的重要基础，并居于先导性的战略地位。在我国社会转型的新世纪、新阶段，法学教育不仅要为建设高素质的法律职业共同体服务，而且要面向全社会培养大批治理国家、管理社会、发展经济的高层次法律人才。近年来，法学教育取得了长足的进步，法科数量增长很快，教育质量稳步提高，培养层次日渐完善，目前已经形成了涵盖本科生、第二学士学位生、法学硕士研究生、法律硕士研究生、法学博士研究生的完整的法学人才培养体系，接受法科教育已经成为莘莘学子的优先选择之一。随着中国法治事业的迅速发展，我们有理由相信，中国法学教育的事业大有可为，中国法学教育的前途充满光明。

教育的基本功能在于育人，在于塑造德才兼备的高素质人才。法学教育的宗旨并非培养只会机械适用法律的"工匠"，而承载着培养追求正义、知法懂法、忠于法律、廉洁自律的法律人的任务。要完成法学教育的使命，首先必须认真抓好教材建设。我始终认为，教材是实现教育功能的重要工具和媒介，法学教材不仅仅是法学知识传承的载体，而且是规范教学内容、提高教学质量的关键，对法学教育的发展有着不可估量的作用。

第一，法学教材是传授法学基本知识的工具。初学法律，既要有好的老师，又要有好的教材。正如冯友兰先生所言："学哲学的目的，是使人作为人能够成为人，而不是成为某种人。其他的学习（不是学哲学）是使人能够成为某种人，即有一定职业的人。"一套好的教材，能够高屋建瓴地展示法律的体系，能够准确简明地阐释法律的逻辑，能够深入浅出地叙述法律的精要，能够生动贴切地表达深奥的法理。所以，法学教材是学生学习法律的向导，是学生步入法律殿堂的阶梯。如果在入门之初教材就有偏颇之处，就可能误人子弟，学生日后还要花费大量时间与精力来修正已经形成的错误观念。

第二，法学教材是传播法律价值理念的载体。好的法学教材不仅要传授法学知识，更要传播法律的精神和法治的理念，例如对公平、正义的追求，尊重权利的观念。本科、研究生阶段的青年学子，正处在人生观、价值观形成的阶段，一套优秀的法学教材，对于他们价值观的塑造和健全人格的培养具有重要意义。

第三，法学教材是形成职业共同体的主要条件。建设社会主义法治国家，有赖于法律职业共同体的生成。一套好的法学教材，向法律研习者传授共同的知识，这对于培养一个接受共同的价值理念、共同的法律思维、共同的话语体系的法律共同体，具有重要的作用。

第四，法学教材是所有法律研习者的良师益友。没有好的教材，一个好的教师或可弥补教材的欠缺和不足，但对那些没有老师指导的自学者而言，教材就是老师，其重要作用是显而易见的。

长期以来，在我们的评价体系中，教材并没有获得应有的注重，对学术成果的形式优先考虑的往往是专著而非教材。在不少人的观念中，教材与创新、与学术精品甚至与学术无缘。其实，要真正写出一部好的教材，其难度之大、工作之艰辛、影响之深远，绝不低于一部优秀的专著，它甚至可以成为在几百年甚至更长的时间内发挥作用的传世之作。以查士丁尼的《法学阶梯》为例，所谓法学阶梯，即法学入门之义，就是一部教材。但它概括了罗马法的精髓，千百年来，一直是人们研习罗马法最基本的著述。日本著名学者我妻荣说过，大学教授有两大任务：一是写出自己熟悉的专业及学术领域的讲义乃至教科书；二是选择自己最有兴趣、最看重的题目，集中精力进行终生的研究。实际上，这两者是相辅相成的。写出一部好教材，必须要对相关领域形成一个完整的知识体系，还要能以深入浅出的语言将问题讲清楚、讲明白。没有编写教材的基本功，实际上也很难写出优秀的专著。当然，也只有对每一个专题都有一定研究，才能形成对这个学术领域的完整把握。

虽然近几年我国法学教育发展迅速，成绩显著，但是法学教育也面临许多挑战。各个学校的师资队伍和教学质量参差不齐，这就更需要推出更多的结构严谨、内容全面、角度各有侧重、能够适应不同需求的法学教材，为提高法学教学和人才培养质量、保障法学教育健康发展提供前提条件。

长期以来，中国人民大学法学院始终高度重视教材建设。作为新中国成立后建立的第一所正规的法学教育机构，中国人民大学法律系最早开设了社会主义法学教学课堂，编写了第一套社会主义法学讲义，培养了新中国第一批法学本科生和各学科的硕士生、博士生，产生了新中国最早的一批法学家和法律工作者。中国人民大学法律系因此被誉为"新中国法学教育的工作母机"。半个多世纪以来，中国人民大学法学院为社会主义法制建设培养了大批优秀的法律人才，并为法学事业的振兴和繁荣作出了卓越贡献，也因此成为引领中国法学教育的重镇、凝聚国内法律人才的平台和沟通中外法学交流的窗口，并在世界知名法学院行列中崭露头角。为了对中国法学教育事业作出更大的贡献，我们有义务也有责任出版一套体现我们最新研究成果的法学教材。

承蒙中国人民大学出版社的大力支持，我们组织编写了本套教材，其中包括本科生用书、法律硕士研究生用书、法学研究生用书和司法考试用书四大系列，分别面向不同层次法科教育需求。编写人员以中国人民大学法学院教师为主，反映了中国人民大学法学院整体的研究实力和学术视野。相信本套教材的出版，一定能够为新时期法学教育的繁荣发展发挥应有的作用。

是为序。

2006 年 7 月 10 日

第六版修订说明

本教材第五版自 2014 年 10 月发行以来，读者反响良好。在过去的五年中，不少国家（地区）修订或制定了新的国际私法，国际性和区域性的国际私法立法也有了发展，特别是在联合国国际贸易法委员会的推动下，2018 年 12 月 20 日联合国第 73 届大会通过了《联合国关于调解所产生的国际和解协议公约》，2019 年海牙国际私法会议第 22 届外交大会通过了全球首个全面确立民商事法院判决国际流通统一规则的国际文书——《承认与执行外国民商事判决公约》。

为了进一步扩大对外开放，积极促进外商投资，保护外商投资合法权益，规范外商投资管理，推动形成全面开放新格局，促进社会主义市场经济健康发展，2019 年 3 月 15 日十三届全国人大二次会议表决通过了《中华人民共和国外商投资法》。最高人民法院先后就设立国际商事法庭、仲裁司法审查、与香港之间相互协助仲裁程序中的保全等方面发布了司法解释。因此，原教材援用的相关立法规定和司法解释已有改变，需要及时调整。同时，读者提出了诸多有益的修订意见和建议，促使我们更加有责任认真做好教材修订和完善工作。部分章节内容可以进一步简洁明了，教材专业概念文字需要统一表述。引用立法方面，以现行有效文本为准，比如 2017 年修正的《民事诉讼法》。附件中的"参考文献"增补了近些年来出版的国际私法方面的专著和教材。

值得说明的是，本教材系普通高等教育"十一五"国家级规划教材，曾获教育部全国普通高等学校优秀教材（一等奖）、司法部优秀教材成果三等奖，目前已纳入中国人民大学"十三五"规划教材——系列教材。本教材前四版一直以来由章尚锦教授主持编写和修订，遗憾的是，章老师于 2011 年赴昆明参加中国国际私法学会年会期间，因病逝世。章老师亲历了中国国际私法学的过去和现在，见证了中国国际私法学的发展和繁荣，在国际私法学术活动中走完了自己的一生。继续修订教材，也是对章老师的一种最好的纪念方式。

考虑到教材整体修订幅度不大，同时为更好地统一文字编写风格，保持内容的一致性，本教材第六版的全文修订工作由本人独立完成。

本教材的编写作者分工，按章节顺序排列如下。

章尚锦（中国人民大学法学院教授）：第一、二章。

宋秀梅（外交学院国际法系副教授）：第三、四章。

徐青森（教育部高等教育司副司长、中国人民大学法学院教授）：第五、六章。

孙智慧（北京政法职业学院法律系教授）：第七章。

李英（华北电力大学人文与社会科学学院教授）：第八、十八、十九章。

赵哲伟（国际关系学院法律系教授）：第九、十五章。

王群瑛（教育部高等学校社会科学发展研究中心处长）：第十章。

田晓云（北方工业大学法律系教授）：第十一、十四章。

许军珂（外交学院国际法系教授）：第十二、十三章。

乔慧娟（北方工业大学法律系副教授）：第十六章。

杜焕芳（中国人民大学法学院教授）：第十七、二十章，修订说明，参考文献。

因修订时间仓促，考虑不周、遗漏、不妥甚至错误之处，仍在所难免，敬请读者批评、指正，以便于下次更好地修正。读者意见可发至 duhuanfang@ruc.edu.cn。

杜焕芳

2019 年 12 月 12 日于明德法学楼

第一版编写说明

　　根据迈向 21 世纪的教学需要，为加强素质教育，提高教学质量，特编写《国际私法》，内容包括 17 章、74 节。

　　本书是在全国高等学校法学专业核心课教学基本要求中国际私法教学基本要求指导下，根据我们同时开设国际私法课和国际经济法课的实际情况，在 1981 年刘丁教授主持编写的《国际私法》（上、下册）、1984 年《国际私法教学大纲》、1992 年 2 月章尚锦主编《国际私法》、1992 年 9 月《国际私法教学大纲》和 1998 年《国际私法教学大纲》及多年教学实践经验的基础上，考虑到我国国际私法立法的成就和国际私法学的发展、社会主义市场经济的建设和参加世界贸易组织后的需要，也顾及国际上面临 21 世纪的新形势和国际私法统一化运动的发展等情况而编写的。

　　在编写过程中，我们力求结合我国实际，贯彻科学性、时代性、国际性和知识性，以适应国际私法关系将成为国际关系的基础关系和我国国际私法立法及国际私法学发展的新情况，满足我国发展国际民商事交往的需要。

　　本书的编写人员及分工如下：章尚锦主编，撰写第一、二章；董安生，撰写第四、五、七章；许军珂，撰写第九、十、十一、十二、十三章；赵哲伟，撰写第八、十四、十五、十七章；徐青森，撰写第三、六、十六章。另外，申芳、赵燕艳同志负责英文目录的翻译工作，杨燕妮同志参与了本书校对，在此一并致谢。

　　由于时间仓促，本书遗漏、不妥甚至错误之处在所难免，请读者批评指正。

编著者

1999 年 12 月

目 录

第一编 总 论

第二编　国际民事关系法律适用

第三编 国际民事诉讼与国际商事仲裁

第四编 区际私法

第一编
总 论

第一章

国际私法概论

本章概要

世界上几乎每时每刻都在发生、变更、终止涉及中国的国际民事关系，这些关系的构成因素中都有一个以上的外国因素，涉及两国或两个以上国家的司法/仲裁管辖权、法律适用、法院判决或仲裁裁决的承认与执行问题，需要特殊的法律部门来调整，这个特殊的法律部门就是国际私法。本章着重阐明国际私法的概念、国际民事法律冲突和法律适用，国际私法的渊源、基本原则、性质和国际私法学体系等，使读者了解何为国际私法、与邻近部门法的关系，国际私法的内容、任务和作用。

关键术语

国际私法　国际民事关系　国际私法规范　法律冲突调整方法　国际私法渊源的"二重性"　国际私法条约　国际私法惯例　国际私法学　国际私法的体系

第一节　国际私法的概念

一、国际私法的调整对象

任何法律部门都有其特定的调整对象，调整对象不同是划分不同法律部门的根据。法律的调整对象是指部门法调整的特定社会关系。国际私法（private international law）调整的特定社会关系是国际民事关系。

（一）国际民事关系的定义

国际民事关系又称国际私法关系，是指跨越或超越一国国界或一国法律调整界限的、涉及一个以上国家法律的民事关系，以及对一国来说具有司法管辖权和仲裁管辖权的外国人之间的民事关系。这种民事关系中具有外国因素，如主体一方或双方为外国自然人、法人或其他组织、无国籍人、国家或国际组织，民事关系双方的住所、经常居所地或者营业所位于不同国家，客体（标的物）位于外国，权利义务关系的产生、变更或消灭的事实发生在外国。此外，对一国来说，一国享有司法或仲裁管辖权的外国民事关系，也构成该国的国际民事关系。

国际民事关系的产生必须具备一定的客观条件。国际民事关系是随着国际经贸和文化关系的发展，并在一国承认外国人民事法律地位的基础上产生和发展起来的，这是确立国际私法成为一个独立的法律部门的社会基础。但如何确定某种民事关系是国际民事关系，根据哪些因素来判定其为国际民事关系，则是一个复杂的问题，在理论上也有着不同的看法。比如，一国的两个当事人在国外签订而在国内履行的合同；两个外国人在外国签订的合同影响了内国的重大利益；对于我国境内的两个中外合资经营企业、中外合作经营企业、外商独资企业间的再合资、再合作经营、并购或其他交易行为等，是否属于含有外国因素的民事关系，理论上有两种不同意见。一种意见认为，作为同属一国的两个法人来说，不应再认为含有外国因素；另一种意见认为，外商独资企业虽为该国法人，如与内资企业合资或并购，仍应视为含有外国因素，这就出现了在法律调整上直接适用内国法还是首先适用国际私法的问题。

国际民事关系的范围包括：外国人民事法律地位，各类国际财产关系和人身非财产关系，国际民事诉讼和国际商事仲裁关系。其中，财产关系包括物权关系、知识产权关系、债权关系、继承关系等；人身非财产关系包括婚姻关系、家庭关系、监护关系等；国际民事诉讼和国际商事仲裁关系包括外国人、外国国家及其财产、国际组织的民事诉讼地位，司法和仲裁管辖权关系，诉讼和仲裁程序关系，司法协助关系等。由于各国民法的调整范围不尽相同，有的国家民商分立，有的国家民商合一，有的国家把一些行政关系也归入民事关系中，因而国际私法调整的是广义上的民事关系，但总体上讲，国际私法解决的是外国人、外国国家、国际组织的民事法律地位，法律适用，司法与仲裁程序及司法协助等问题。

（二）国际民事关系的特点

国际民事关系具有以下特点：（1）在国际民事交往过程中产生；（2）是广义上的民事关系；（3）超越一国国界，涉及两个或两个以上国家的法律；（4）具有外国因素，即构成国际民事关系诸要素的主体、客体及使该种关系产生、变更、消灭的法律事实等之中至少有一个外国因素，或全部是外国因素但该国享有诉讼或仲裁管辖权，或对该国有重大利益影响。

国际民事关系与国内民事关系相比较，两者都是民事关系，法律性质相同，一些制度如物权、所有权、财产权、知识产权、债权、婚姻、家庭、继承、民事诉讼、商事仲裁等制度的基本含义相同。但是，两者存在不同之处：（1）国际民事关系是具有外国或国际因素的广义民事关系；而国内民事关系只具有国内性，其范围大小，各国规定不同。（2）国际民事关系的调整或规范的出发点和贯彻的基本原则是主权原则与平等互利原则；国内民事关系则不必以主权原则为主要原则，而以平等原则为主。（3）在发生争议时，国际民事关系的争议可能在内国法院或仲裁机构，也可能在外国法院或仲裁机构、国际仲裁机构，按内国法或外国法、国际条约、国际惯例处理；国内民事关系的争议，只在内国法院或仲裁机构按内国法处理。

二、国际私法的组成规范

国际私法的组成规范是指国际私法由哪些规范组成，国际私法的内容范围有多大。对此，尽管意见不一，但对于下列三类规范是国际私法的组成规范的意见是一致的：外国人民事法律地位的规范、冲突规范、国际民事诉讼和国际商事仲裁程序规范。

（一）外国人民事法律地位的规范

外国人民事法律地位的规范一般被认为是国际私法的组成规范，因为承认外国人民事法律地位是产生国际民事关系（对一个国家来说即为涉外民事关系）和法律冲突的前提，是国际私法赖以产生和存在的法律基础。这类规范属于规定外国人（外国自然人、法人）在内国的民事法律地位的规范，即规定外国人在内国能享有什么样的民事权利和承担什么样的民事义务的规范。这类规范通常由所在地国家的国内法和其所缔结或参加的国际条约加以规定，一般是实体规范。在中国，宪法、国籍法、民法通则、外商投资法、公司法、商标法、专利法、著作权法、民事诉讼法等法律、法规、司法解释中相应规定了外国人民事法律地位规范。同时，在中国与外国签订的通商航海条约、贸易关系协定、工业技术合作协定、投资保护协定和其他一系列国际经济贸易条约中，也都规定了相互给予对方自然人和法人的民事权利。

（二）冲突规范

冲突规范（conflict rules）之所以是国际私法的组成规范，是因为国际私法主要是用来解决国际民事交往中有关国家间民事立法不同时适用何国法的法律冲突问题。国际私法的核心问题是要解决适用何国法的问题，而冲突规范就是用来解决在发生法律冲突时适用何国法问题的，故又称法律适用规范（rules of applicationof law）或法律选择规范（choice-of-lawrules）。冲突规范是国际私法的基本规范、本体部分、独有的规范，其基本理论、基本制度构成了国际私法的基本理论和基本制度；国际私法的核心内容——法律冲突和法律适用问题的解决都离不开冲突规范；各国国际私法典和国际私法条约的主要内容也都是冲突规范，当然，还应包括国际私法的总则性规定。英美的国际私法即被称为冲突法（conflict of laws, conflicts law）。在中国，民法通则、合同法、海商法、票据法、民用航空法、收养法、最高人民法院的司法解释等法律、法规、司法解释中相应规定了冲突规范和国际私法的总则性规定。2010年10月28日第十一届全国人大常委会第十七次会议通过了《中华人民共和国涉外民事关系法律适用法》（以下简称《涉外民事关系法律适用法》），该法共52条，主要是冲突规范，其第一章还规定了"一般规定"，共10条。

（三）国际民事诉讼和国际商事仲裁程序规范

国际民事诉讼和国际商事仲裁程序规范之所以包括在国际私法规范之内，是因为它们是保护外国人正当合法权利和利益所必需的，否则，即使赋予了外国人以民事权利，若得不到司法诉讼和仲裁保护，外国人的实体权利也难以落实。这类规范是指一国司法机关和国际商事仲裁机构在审理国际私法案件时，专门适用的特别诉讼程序和仲裁程序规范；其任务在于解决审理国际私法案件时诉讼和仲裁程序及程序法冲突问题，尤其是用来解决国际司法管辖权和国际司法协助问题。这类规范一般在各国国际私法、民事诉讼法和仲裁法或专门立法中规定。在中国，它是国际私法规范中条文最多的规范。在民事诉讼法、仲裁法、外交特权与豁免条例和仲裁机构的仲裁规则等法律、法规、司法解释和仲裁规则中，相应规定了涉外民事诉讼程序的特别规范和涉外仲裁程序的特别规范。

应该注意的是，对于国际私法规范的组成问题，国内外至今都存在不同意见。在中国，除了上述由三类规范组成的意见外，还有：（1）主张三类规范再加统一实体法规范；（2）主张三类规范加统一实体法规范，再加国内专用实体法规范；（3）主张只有冲突规范（法律适用规范）一类，或只有外国人民事法律地位规范和冲突规范两类规范等意见。在国外，从各国的传统和学者的主张来看，英美法系国家主张国际私法包括管辖权、法律适用和外国法院判决的承认和执行；德国主张国际私法只有冲突规范；法国认为国际私法包括国籍、住所、外国人民事法律地位及冲突规范；等等。总之，各国传统和学者主张的国际私法规范组成的范围大小亦有不同。

三、国际私法的调整方法

任何法律部门都有其特定的调整方法，它是划分不同法律部门的辅助标志。法律的调整方法指法律上规范特定社会关系的方法，包括直接调整方法和间接调整方法。其他法律部门的调整方法一般以直接调整为主，即通过实体法或程序法的直接规定来确定当事人间的权利义务关系，而国际私法采用的主要是间接调整方法。

国际私法中的间接调整方法是指，首先通过冲突规范指引某国实体法，以此作为处理某国际民事关系当事人间权利义务关系的准据法（applicable law，lex causae），然后根据该准据法的规定确定当事人间的实体权利义务关系，而不是用直接规定当事人间权利义务关系的实体法来确定当事人间权利义务关系的调整方法。冲突规范由于本身不能确定当事人间的权利义务关系，其只起到一个"援引某国实体法"的作用，不像实体法那样直接规定了当事人间的权利义务关系，因而被称为间接调整方法。例如，《中华人民共和国民法通则》（以下简称《民法通则》）第144条规定："不动产的所有权，适用不动产所在地法律。"这条冲突规范本身不能确定不动产的所有权关系，必须找到不动产所在地国家或地区的实体法，才能最终确定该不动产的所有权关系。

国际私法的调整方法是一个复杂的问题，之所以说国际私法主要采用间接调整方法，是因为国际私法的内容包括外国人民事法律地位、法律冲突和法律适用、国际民事诉讼和国际商事仲裁程序问题：冲突规范是主要规范，用间接调整方法；外国人民事法律地位规范是实体规范，用直接调整方法；国际民事诉讼和国际商事仲裁程序规范一般都是程序性的具体规定，也是用直接调整方法。

国际私法学界因对国际私法规范组成的看法不同，故对国际私法的调整方法也有不同见解，主要有：（1）只有间接调整的方法，凡是主张国际私法等同于冲突法的学者，持此主张；（2）主要是间接调整的方法，但也包含部分直接调整的方法；（3）主要是直接调整的方法，有些主张国际私法规范中包括统一实体法规范和国内专用实体法规范的学者认为，国际私法调整的方法主要是直接调整的方法；（4）有学者认为，国际私法发展的前途将由直接调整的方法逐步取代间接调整的方法，但也有人对此持不同意见。

四、国际私法的定义

本教材采用归纳式方法，先介绍国际私法调整的对象、规范组成和调整的方法，之后给国际私法下定义，这里是对作为法律部门之一的国际私法而不是对国际私法学下定义。

国际私法是在国际民事交往过程中形成的，体现一国或者国际协调意志的，用来调整具有法律冲突和法律适用的国际民事关系的产生、变更、终止和处理争议的，规定在国内法、一些国家的判例法、国际条约和国际惯例中的，关于外国人民事法律地位规范、冲突规范、国际民事诉讼和国际商事仲裁程序规范的总称。对某一国家来说，它是该国调整国际民事交往关系的基础法和特殊的国际法律部门，其内容要比涉外民事关系法律适用法广泛，立法上体现为总则、法律适用、司法/仲裁管辖权、国际民事诉讼与仲裁程序、国际民事司法协助、附则等内容。

之所以用这个定义，是因为这个定义说明了国际私法的本质特征和基本问题：（1）它是国家在国际民事交往过程中形成的；（2）它调整的对象是国际民事关系；（3）其主体是自然人、法人和特定场合下的国家及国际组织；（4）它的主要任务是通过冲突规范来解决国际民事法律冲突，从而调整国际民事关系；（5）它体现一国或者国际协调的意志，具有国际法性质，是调整国际民事关系的一个基础性法律部门；（6）它由规定外国人民事法律地位规范、冲突规范、国际民事诉讼和国际商事仲裁程序规范组成；（7）其法律表现形式目前主要是国内立法、一些国家的判例法以及专门的或有关的国际条约及国际惯例；（8）其作用和意义在于通过调整国际民事关系，解决国际民事纠纷，发展国际民事交往，促进国际经济发展与合作，维护世界和平，构建和谐世界。

国际私法是国际民事交往中的基础法，是专门用来调整存在法律冲突问题的国际民事关系的一个特殊的国际法律部门。至今，尚无统一的公认的国际私法定义。不同历史时期，不同国家，不同学者，对国际私法从不同的角度、标准、方法所下的定义，各不相同。例如，从国际私法的属性、调整对象、法律适用、解决国际民事关系的法律冲突、列举国际私法内容范围等不同的角度，就会得出不同的定义，但都包含了共同的国际私法本质特征。

五、国际私法与邻近部门法的关系

从上述定义中可以看出，国际私法在调整对象、规范组成、调整方法、适用领域、任务和作用等方面，都具有与其他国际、国内部门法相区别的特点，构成了一个独立的法律部门。

（一）国际私法与国际公法的异同

两者同属国际法的部门法，但国际公法是国际私法的基础法，因而两者既有共同点，也有显著区别。

1. 两者的共同点

（1）调整的都是在国际交往中产生的社会关系；（2）基本原则相同，两者都要贯彻互相尊重国家主权和领土完整、互不侵犯、互不干涉内政、平等互利、和平共处原则；（3）国际私法需借助国际公法的一些概念和制度，如主权、国籍、国际条约、国际组织等；（4）都是为一国的对外政策、友好交往与构建和谐世界服务的；等等。

2. 两者的区别

（1）主体不同。国际公法的主体主要为主权国家；国际私法的主体主要是自然人和法人，国际组织和国家只在特定场合下才成为国际私法的主体。（2）调整对象不同。国际公法主要调整主权国家的政治、外交、领土和军事关系等；国际私法主要调整自然人、法人等之间的国际民事关系。（3）法律渊源不同。国际公法的基本渊源是国际条约和国际习惯；国际私法的渊源主要是国内立法和判例。（4）解决争议的方法不同。国际公法上的争议，主要是通过斡旋、调解、谈判、国际法院诉讼等解决；国际私法上的争议，则由协商、谈判、仲裁和诉讼解决。

（5）部门法的法律性质不同。虽然同为国际法中的部门法，但一为公法性部门法，一为私法性部门法。（6）"国际"二字的含义不同。国际公法的"国际"，表示主权国家间的关系；国际私法的"国际"，体现为超出或超越一国国界或法律界限而涉及两国或两国以上的法律。

（二）国际私法与国际经济法的异同

在中国，中国人民大学已故著名学者刘丁教授于 20 世纪 80 年代首先主张把国际经济法从广义国际私法中分离出来。国际私法是国际经济法的基础法，因而两者既有共同之处，也有不同之处。

1. 两者的共同点

（1）主体相同，都是自然人、法人、国家、国际组织；（2）调整的对象有重叠处，都调整私法关系，都属于民事关系；（3）渊源比较近似，都表现为国内立法、判例、专门的和有关的国际条约与国际惯例中的规定；（4）都为国家对外政策、促进国际民事交往与构建和谐世界服务；（5）"国际"二字的含义相同，都表示超越一国国界或法律界限之意；（6）处理争议的途径和方式相似，都是通过协商、调解、仲裁和诉讼的特别程序处理。

2. 两者的区别

（1）调整的对象有所不同。国际私法调整包括外国人、外国国家、国际组织的民事法律地位、民事法律适用和程序关系在内的全部国际民事关系，国际经济法则主要限于调整国际民事关系中的国际经济贸易关系。（2）调整方法不同。国际私法主要是间接调整方法，国际经济法是直接调整方法。（3）规范组成不同。国际私法的核心部分是冲突规范，而国际经济法的规范主要为统一实体法规范和专用实体法规范。

（三）国际私法与世界贸易组织法的异同

国际私法与世界贸易组织（以下简称世贸组织）法同为国际法的一个部门法。由于两者间的共同点和不同点，它们相互合作，相互起着平衡和协调的作用，拓宽了国际私法发挥作用的范围。

1. 两者的共同点

（1）相同的基本原则，国家主权原则、保护弱者利益原则、协商调解原则等，只是强弱不同；（2）相同的外国人待遇制度，国民待遇、最惠国待遇、不歧视待遇、报复措施（对等原则）；（3）相似的调整领域，两者在国际贸易中发挥着并行不悖的调整作用，国际私法调整国际贸易中当事人权利义务关系，世贸组织法调整国际贸易中缔约方之间的交往规则问题；（4）都是国际法中的一个部门法；（5）互相影响，世贸组织法中采用了国际私法早已适用的外国人待遇制度，争议解决机制中运用了国际私法中确定管辖权和法律适用的原则，同时也促进了国际私法的某些新发展，如在国际服务贸易领域出现了"跨境交付"适用合同缔结地法或跨境交付地法等新的冲突规范。

2. 两者的区别

（1）法律性质不同。国际私法属于私法性质，世贸组织法属于行政管理性的公法性质。（2）调整对象有所不同。国际私法调整广泛的国际民事关系中当事人间的权利义务关系；世贸组织法只调整国际民事关系中缔约方之间在贸易管理中的规则协调问题。（3）主体不同。国际私法的主体是自然人、法人、特定场合下的国家和国际组织；世贸组织法的主体为国家或独立关税区政府。（4）调整方法不同。国际私法主要通过冲突规范进行间接调整，而世贸组织法是直接调整方法。(5)争议解决的途径不同。除首先协商相同外,国际私法上的争议由当事人提交法院或仲裁机构处理;而世贸组织法下的争议,只能由缔约方当事人向所属缔约方政府要求,由该缔约方政府向世贸组织争议解决机制申请处理。(6)判决或裁决执行方式不同。国际私法案件由败诉方自行执行,败诉方不执行时,由胜诉方向有管辖权的法院申请强制执行,在国外执行时,通过国际司法协助进行;而世贸组织法下的争议,由败诉缔约方自动执行,如不自动执行,胜诉缔约方可采取相应的报复措施。(7)两者的渊源不同。国际私法的渊源有国内立法、判例法国家的判例、专门的或有关的国际条约和国际惯例;世贸组织法的渊源,则为世贸组织的全部条约和争议解决机制专家小组的有关报告和解释。[①]

(四)国际私法与国内民法的异同

民法是国际私法的基础法之一,因而两者有共同之处;但国际私法属于国际法中的部门法之一,而民法是国内法中的部门法之一,因而两者有显著的区别。

1. 两者的共同点

(1)调整的都是平等主体间的等价有偿的民事关系;(2)国际私法要借助和使用民法上的一些法律制度和规定,如物权、所有权、知识产权、债、民事权利能力和民事行为能力等,含义也相同;(3)具有一些共同的原则,如主体平等原则、等价有偿原则、有约必守原则等。

2. 两者的显著区别

它们的显著区别是:各自分别属于国际法和国内法中独立的部门法。(1)调整对象不同。国际私法调整的是具有外国因素的国际性的广义的民事关系;而民法调整的是只限于一国境内的国内性的民事关系。(2)基本原则和出发点不同。国际私法面对的是国际民事关系,贯彻国家主权原则、平等互利原则等;而国内民法面对的只是一国所理解的国内民事关系,不存在贯彻主权原则问题。(3)渊源不同。国际私法的渊源除国内法和判例外,还包括国际私法条约和惯例;民法的渊源则全部为国内法和判例,与国际条约、国际惯例无关。(4)处理争议的管辖权、程序和法律适用不同。国际私法案件可能在内国法院或仲裁机构,也可能在外国法院或仲裁机构和国际仲裁机构处理,采用特别的诉讼和仲裁程序,可能适用内国法,也可能适用外国法或国际条约、国际惯例;民法争议只在内国法院处理,适用一般民事诉讼程序,且只适用内国法。(5)规范组成不同。国际私法主要是冲突规范,还有程序规范;民法则全部为国内实体法规范。

从以上国际私法与邻近部门法的比较中可以看出:国际私法、国际公法、国际经济法和民法都是独立的法律部门,世贸组织法则属于不同于国际私法的独立的国际贸易法。但在明确国际私法的性质、特点和独立性时,也要充分看到这个法律部门的特殊性,即它虽是国际法中的部门法,其渊源却具有国内和国际"二重性";国际私法具有国际民法的性质,但并不属于国内民法。而在国际私法和国际经济法的关系问题上,目前我国存在不同的看法,本教材将刘丁教授使用的、以调整对象和调整方法相结合的方法,作为划分两门法学的标准。[②]

① 章尚锦,孙智慧.国际私法与世贸组织规则比较研究.北京市政法管理干部学院学报,2004(2):6-9.
② 刘丁.国际经济法.北京:中国人民大学出版社,1984:"序言".刘丁,章尚锦.国际私法.上册.北京:中国人民大学出版社,1981:"序言".

第二节　国际民事法律冲突和法律适用

一、国际民事法律冲突

（一）法律冲突的概念

法律冲突又叫法律抵触，是指调整同一社会关系或解决同一法律问题的不同法律之间，由于各自内容的差异和位阶的高低而导致相互在效力上的抵触。一般来讲，只要各法律对同一问题作出了不同的规定，而某种法律事实又将不同的法律规定联系在一起时，法律冲突就会产生。

法律冲突既可能发生在法律的各个领域或各个部门中，也可能发生在法律的不同层次和结构中，所以法律冲突的分类是多种多样的，其中最主要的就是以法律冲突的性质为标准所进行的分类。根据该标准，法律冲突可以分为空间上的法律冲突、时际法律冲突和人际法律冲突。

空间上的法律冲突（interspatial conflict of laws）包括国际法律冲突和区际法律冲突。国际法律冲突（international conflict of laws）主要是指不同国家的法律之间的冲突，在民法领域内发生的国际法律冲突即为国际私法的解决对象。当然，国际法律冲突也可能发生在其他法律领域。区际法律冲突（interregional conflict of laws）是指一个主权国家内部具有独特法律制度的不同地区之间的法律冲突。一般来说，一个国家内部通常只有一种法律制度，但是由于种种原因，部分国家的内部法律制度并不统一，存在数个具有独特法律制度的地区或者区域，我们称之为法域（legal region, legal district）。例如美国、加拿大和澳大利亚等联邦制国家以及英国等单一制国家内部都存在不同的法域。区际法律冲突是区际私法或区际冲突法解决的对象。

时际法律冲突（intertemporal conflict of laws）是指在一个法律体系内，同属一种法律的新法与旧法或后法与前法之间在时间效力上的冲突。

人际法律冲突（interpersonal conflict of laws）是指在一个国家内适用于不同民族、种族、部落、阶级以及教徒的法律之间的冲突，或者说适用于不同人员集团的法律之间的冲突。例如，在印度和巴基斯坦，印度教徒受印度教法支配，伊斯兰教徒受伊斯兰教法支配，假如一个印度教徒和一个伊斯兰教徒因财产继承问题而发生诉讼，就涉及究竟是适用印度教法还是适用伊斯兰教法来解决这一继承纠纷的问题。人际法律冲突主要发生在人的身份、婚姻家庭、继承、合同以及土地法等领域。

法律冲突还可以分为其他类型，如以法律冲突的发生领域为标准，法律冲突可以分为公法冲突和私法冲突；以法律冲突的内容为标准，法律冲突可以分为积极冲突和消极冲突；以法律冲突的发生阶段为标准，可以分为立法冲突、司法冲突和守法冲突；等等。

（二）国际民事法律冲突的概念

国际民事法律冲突是指在国际民事交往中，由于各国对同一国际民事关系作了不同的立法规定，而同时又互相承认民事立法具有域外效力，从而在适用有关的不同国家的法律时，将导致国际民事关系中当事人之间产生不同权利义务关系的矛盾或抵触现象。

国际私法理论上对国际民事法律冲突有不同的理解：（1）指由于有关国家间实体民法规定不同，适用不同国家的法律将导致当事人的权利义务关系不同的矛盾现象。这是通常的理解，应是国际私法上法律冲突的基础概念。（2）指相关国家或地区的民事法律规定不同而造成的冲突，本质上体现了相关法律在效力上的抵触，明确地指出了国际民事法律冲突的实质。（3）指对同一国际民事关系究竟适用何国法律的冲突。这实际上是冲突规范的冲突，相关国家的法律可能竞相要求适用于同一国际民事关系，也可能都不要求适用。（4）将实体法冲突和冲突规范的冲突结合在一起，即指两个以上不同国家的民事法律对于同一国际民事关系的规定不同，却又竞相要求适用于该民事关系，由此造成该民事关系在法律上的矛盾或抵触现象。

（三）国际民事法律冲突产生的原因

国际民事关系含有涉外因素，它既可能受内国法调整，也可能受外国法调整。在这种情况下，如果内、外国法律的有关规定完全一致，适用其中任何一国的法律都会导致相同的结果，那么，便不会发生法律适用上的冲突，自然也无法律选择的必要。但是，实际上各个国家的法律规定存在差异，对同一国际民事关系适用不同国家的法律就会产生不同的结果。

1. 国际民事法律冲突产生的经济基础

各国经济发展所带来的国家间经贸关系的发展，是产生国际民事法律冲突的经济基础。如果各国人民之间不交往，各国民事法律仅仅在其本国范围内实施，即使法律之间有不同规定，也不会产生民事法律冲突。因此，只有在各国人民之间民事交往的情况下，才会发生应该适用何国法律的问题。

2. 国际民事法律冲突产生的法律条件

在承认外国人民事法律地位并赋予外国人民事权利的前提下，各国民事法律规定不同和互相承认民事法律的域外效力，是产生国际民事法律冲突的法律条件。

首先，各国民事法律规定不同是产生国际民事法律冲突的前提条件。各国因社会制度、历史传统、民族特点不同，在民事领域如合同、侵权、财产、婚姻家庭和继承等方面的规定都很不一致。例如，关于成年年龄，中国为 18 周岁，法国为 22 周岁，墨西哥为 23 周岁。因此，适用不同国家的法律必然产生不同的结果，也就在国际民事交往中产生了应适用何国法的问题。

其次，各国承认外国人在内国的民事法律地位。一般认为，内国给予外国人一定的民事法律地位，是国际民事交往正常进行的基础，因而也是导致国际民事法律冲突的重要条件。因此，大部分学者认为调整外国人民事法律地位的实体规范也是国际私法的内容之一。

最后，在一定条件下，内国承认外国民事法律在内国的域外效力是产生国际民事法律冲突的实质原因。任何国家的法律都是在一定范围内具有效力，或只有域内效力，或既有域内效力，也有域外效力。在内国民法和相关外国民法对同一国际民事关系同时具有域内和域外效力时，就必然产生内、外国法律之间的域内效力和域外效力的冲突。法律的域内效力，是指一国所制定的法律对于其领域内的一切人、物和行为均有效力；法律的域外效力，是指在制定国领域内发生效力的法律，同时在该国境外也发生效力。域内效力和域外效力都是法律在空间上的效力。例如，1804 年《法国民法典》规定的"不动产，即使属于外国人所有，也应适用法国法律"即体现了法律的域内效力，"关于个人身份及法律上能力的法律适用于全体法国人，即使他住在国外也一样"即体现了法律的域外效力。一般来讲，各国都可以依主权原则确定其法律的域外效力，但是要使其法律真正具有域外效力，还必须得到相应国家的承认，否则，法律的域外效力就仅仅停留在形式上而已。实际上，世界各国都在一定条件下或一定程度上承认其他国家的民法在内国的效力，因此，外国民事法律的域外效力与内国民事法律的域内效力之间，或者内国民事法律的域外效力与外国民事法律的域内效力之间就会产生冲突。

（四）国际民事法律冲突解决的方法

国际民事法律冲突的解决方法，也就是对国际民事关系的法律调整方法。目前国际上主要有以下两种解决国际民事法律冲突的方法。

1. 间接解决方法

间接解决方法也可以称为冲突法解决方法，就是通过制定国内冲突规范或国际统一的冲突规范来确定各种国际民事关系应适用何种法律，并不直接规定某种国际民事关系当事人之间的权利、义务，从而解决国际民事法律冲突的方法。

间接解决国际民事法律冲突的方法是国际私法的主要调整方法之一，也是国际私法区别于国内民法或者国际经济法、国际贸易法的重要标志。

冲突规范在解决国际民事法律冲突时具有明确性、预见性和针对性，是间接解决方法的关键。按照冲突规范的立法渊源，间接解决方法可以分为国内冲突法解决方法和国际冲突法解决方法：前者是各国通过制定本国的冲突规范解决与本国有关的国际民事法律冲突，后者是有关国家之间通过双边或多边国际条约中的统一冲突规范来解决国际民事法律冲突。

2. 直接解决方法

直接解决方法又叫实体法解决方法，是指通过制定国内或国际的民事实体规范来直接规定当事人的权利与义务，调整国际民事法律关系，从而避免或消除国际民事法律冲突。直接解决国际民事法律冲突的方法也是国际私法的调整方法之一，即直接调整方法。

在直接解决方法中，国际统一实体法解决方法最为重要，它是指有关国家以双边或多边国际条约的形式制定，或者借助基于广泛实践形成的国际惯例，确定直接规定当事人权利与义务的国际统一实体规范来解决国际民事法律冲突。

一般认为，适用国际统一实体规范解决国际民事法律冲突比适用冲突规范前进了一步，但并不意味着国际统一实体规范可以完全取代冲突规范的作用。直接解决方法有其自身的局限性：首先，这种方法的适用领域比较有限。由于各国历史传统和风俗习惯的不同，婚姻家庭和继承等与人的身份、地位有关的法律制度很难形成国际统一的实体规范，至今仍然完全采用间接解决方法来解决这些领域的法律冲突。其次，即使在已经制定并适用国际统一实体规范的国际民事领域，间接调整方法也仍然起作用，因为至今尚不存在世界各国都共同缔结和参加的国际条约，不少国际条约还允许缔约国作出保留或声明，甚至有些国际条约（如《联合国国际货物销售合同公约》）可以被当事人通过其他约定来减损或排除适用。

值得注意的是，适用国际统一实体规范即国际条约和国际惯例来解决国际民事法律冲突，虽然理论上称为直接解决方法，但实际上并不直接，国际私法上适用国际条约和国际惯例通常是有根据的。国际条约的适用根据有：（1）国内立法规定可以直接适用缔结或参加的国际条约，如我国《民法通则》第142条第2款的规定。（2）国际条约本身规定，如《联合国国际货物销售合同公约》第1条。（3）通过当事人意思自治，选择适用所属国未缔结或参加的国际条约等。国际惯例的适用根据有：（1）国内法规定，国家法律和缔结或参加的国际条约没有规定的国际民事关系可以适用国际惯例，如我国《民法通则》第142条第3款的规定；（2）根据当事人的意思自治，选择适用国际惯例；（3）国际条约规定可以适用国际惯例等。

二、国际民事法律适用

在国际私法上，经常看到法律适用、内国法的适用、外国法的适用、国际条约的适用、国际惯例的适用等概念，但都没有明确的定义。

（一）国际私法上的法律适用

通常狭义上在国际私法上所说的法律适用，是指在国际民事交往中，根据国际私法规范确定国际民事案件应适用何种法律的过程，往往不包括国际私法规范本身的适用，而只是指适用国际私法规范确定准据法的过程。例如，我国人民法院根据《民法通则》第 144 条关于"不动产的所有权，适用不动产所在地法律"之规定，确定适用不动产所在地国家的法律来处理特定国际不动产案件的所有权纠纷。

对于国际私法中的法律适用，还应该从以下两个方面理解：（1）广义上在国际私法上所说的法律适用包括国际私法规范本身的适用，以及根据国际私法规范应适用的某国实体民法、国际民事条约、国际民事惯例的适用；国际民事条约、国际民事惯例按特定根据的直接适用；国际民事诉讼或商事仲裁程序法、程序性国际条约和程序性国际惯例的适用。（2）法律适用主体应包括国家有权机关和有关当事人，特别是国家有关司法机关适用国际私法规范本身，故国际私法又被称为"司法法"。

（二）国际条约、国际惯例和直接适用法的适用

国际条约的适用指在国际民事交往中，国家主管机关在管理或处理国际民事争议时，或当事人间产生、变更、消灭或终止国际民事关系或发生有关争议时，适用当事人所属国缔结或参加的或当事人选择的所属国家未参加的国际私法条约和国际民事条约的规定，作为国际私法规范或被冲突规范所援引的准据法适用的活动过程。

国际惯例的适用指在国际民事交往中，国家主管机关在管理或处理国际民事争议时，或当事人间产生、变更、消灭或终止国际民事关系或发生有关争议时，适用所属国家承认的，或依当事人选择的国际私法惯例或国际民事惯例，作为国际私法规范或被冲突规范所援引的准据法适用的活动过程。

直接适用的法，指由于其自身的特殊性质，具有优于法院地国家冲突规范所援引的准据法的效力，而要求将其直接适用于特定国际私法案件的国内实体法。这是 20 世纪尤其是第二次世界大战后出现的一个新的国际私法问题。它和统一实体法的共同点是直接适用，不同处则在于前者为国内实体法，后者为统一实体法。目前，无论国内外，有关直接适用的法的意见都还不完全一致。国际上多数国家已予以承认，不少国家的国际私法典已作了规定，例如 2001 年《韩国修正国际私法》第 7 条、2004 年《比利时国际私法典》第 20 条；同时，韩国和比利时国际私法典又分别在第 10 条和第 21 条中规定了公共秩序保留制度，说明直接适用的法和公共秩序保留制度是不同的。而且，有关直接适用的法的名称也不一致。在国外，英语国家称"强制性规则"，法语国家称"直接适用的法"，德语国家称"干涉性规则"，等等。在国内，也有不同称呼："直接适用的法""强制性规则""干涉性规则""侵略性规则""空间受调节的规范"

"自我限定规则"和"警察法"等。①

第三节　国际私法的渊源

国际私法的渊源是指国际私法在法律形式上的来源，即国际私法规范在法律上的规定形式，而不是指其实质的渊源。国际私法实质上的渊源是指国际私法的国家意志和国际协调意志或经济基础。

国际私法渊源具有自己的特点，通常被认为具有国内渊源和国际渊源"二重性"。国内渊源包括各国的国内立法和普通法系（判例法）国家的有关判例；国际渊源包括各国缔结或参加的有关国际条约，以及承认和采用的国际惯例。

一、国际私法的国内渊源

国际私法的国内（法）渊源，包括国内立法、国内判例及司法解释。总的来看，其立法形式有：法典式（五十国左右）、专编/专章规定在民法典中（近二十国）、分散式（十余国）、判例法（英美法系国家）。其中，法典式立法形式的国家最多且仍在发展，而专编/专章式和分散式国家数量较少，且在日益减少。

（一）国内立法

国内立法是国际私法的主要渊源，包括外国人民事法律地位规范、冲突规范、国际民事诉讼和国际商事仲裁程序规范方面的立法规定。

1. 外国人民事法律地位规范

这类规范分别规定在国内法中：（1）民法典。绝大多数国家采用这种方式。如《希腊民法典》第4条规定："外国人享受与本国人相同的民事权利。"（2）单行法规。不少国家采用这种方式，如中国《外商投资法》《专利法》等法律、法规。（3）专门的外国人地位法。少数国家采用这种方式，如罗马尼亚1969年12月17日制定了关于外国人在罗马尼亚法律地位的专门法律。（4）国际私法典。采用这种做法的国家在不断增加。

2. 冲突规范

关于冲突规范的立法形式有：（1）制定专门的国际私法典。自1896年《德国民法施行法》开始，日本、波兰、泰国、奥地利、瑞士、韩国、朝鲜、前南斯拉夫、捷克、土耳其、匈牙利、阿根廷、马耳他、列支敦士登、乌拉圭、巴拉圭、哈萨克斯坦、也门共和国、阿联酋、马达加斯加、中非、布隆迪、突尼斯、罗马尼亚、意大利、英国、智利、哥斯达黎加、美国路易斯安那州、巴西、委内瑞拉、澳大利亚、葡萄牙等近五十个国家和地区制定了国际私法典。（2）规定在民法典中。包括西班牙、比利时、希腊、埃及、墨西哥、加蓬、约旦、蒙古、越南、保加利亚、白俄罗斯、加拿大魁北克省等十余个国家和地区。（3）在民法典中规定完整的

---

① 肖永平，胡永庆. 论"直接适用的法". 法制与社会发展，1992（5）.

国际私法典，如秘鲁、俄罗斯等国。（4）在单行法中规定，特别是在普通法系国家，除存在判例法形式外，还采用这种分散立法的形式。如英国在《汇票法令》《遗嘱法令》《婚姻案件法令》等一系列法规中规定了冲突规范，澳大利亚、印度、新西兰、加拿大也在不同程度上采用这种形式。（5）在部门法律、法规中以专编、专章形式集中规定，如塞内加尔《家庭法》最后条款第二节、多哥《家庭法》第707～721条。

3. 国际民事诉讼和国际商事仲裁程序规范

在国际民事诉讼和国际商事仲裁程序方面，有不同的规定形式。（1）国际民事诉讼程序规范：1）在民事诉讼法中以专编、专章形式集中规定，如2017年修正的《中华人民共和国民事诉讼法》（以下简称《民事诉讼法》）第四编，波兰《民事诉讼法》第1096条至第1161条；2）在国际私法典中规定，如捷克、匈牙利、土耳其、巴西、委内瑞拉等；3）在个别成文法中规定，如英国《关于承认外国法院判决的法令》等。（2）国际商事仲裁程序规范：法国规定在民事诉讼法中，中国规定在1994年《中华人民共和国仲裁法》（以下简称《仲裁法》）第七章中；此外还有常设仲裁机构制定的仲裁程序规则，如瑞典斯德哥尔摩商会仲裁院仲裁程序规则等。

（二）国内判例

法院是否可以援引判例，作为对同类案件进行审判的依据，即能否把以前对同类案件的判决作为先例，作为对新案件审理、判决的根据，在国际上有不同做法。

1. 判例在西方各国在不同程度上起着国际私法渊源的作用

西方国家认为，国际私法的问题，在某些场合具有对外政策的意义，如在无限期的时间内以法律形式把这些问题固定起来是危险的；因为各种关系经常发生变化，这种法律的效力是不确定的，应保持灵活性，所以判例具有十分重要的意义。但判例的地位和作用在不同国家又有所不同：（1）普通法系国家有关国际私法案件的判例，是国际私法的重要渊源，法院可以援引判例作为对同类案件进行审判的依据。在英国，零散无章的判例，由学者们整理汇编、系统化，形成判例的汇编，如1896年戴西（A. V. Dicey）整理的《法律冲突论》，后来，莫里斯（T. H. C. Morris）继续编纂，成为《戴西和莫里斯论冲突法》。在美国，非官方的法律机构美国法学会承担着判例编纂工作，如1934年比尔（J. Beale）主编了《美国冲突法重述（第一次）》，1971年里斯（W. L. M. Reese）主持修订了《美国冲突法重述（第二次）》。（2）在大陆法系国家，判例作为国际私法渊源只具有辅助的意义。在法国、德国，只有在无法可依的情况下作出的判决，在以后发生类似案件时，才可作为判决的依据。

2. 判例不是中国国际私法渊源，但要研究和适用有关国家的国际私法判例

在中国，一般认为判例不具有法律效力，不是法律渊源，当然也不是国际私法的渊源；但是，为了保护中外当事人正当合法权益，保护中国国家和社会的利益，也必须对有关国家的国际私法判例，特别是普通法系国家的判例，认真加以研究和运用。此外，根据"一国两制"方针，《中华人民共和国政府对香港的基本方针政策的具体说明》指出，香港"法院依照香港特别行政区的法律审判案件，其他普通法适用地区的司法判例可作参考"。

（三）司法解释

在国际私法教材和专著中，一般不提司法解释是否为国际私法的渊源问题。的确，司法解释是作为立法的补充出现的，可以归入立法中；但它终究不是立法，因为它不是立法机关制定

的。在国际实践中，大陆法系国家认可司法解释为法律渊源。例如，法国高等法院对《法国民法典》第 3 条第 2 款"不动产，虽为外国人所有，亦适用法国法"的规定，作出了"不动产适用不动产所在地法原则"的解释。中国立法在"宜粗"思想指导下，存在不少缺漏问题，要由司法解释来补充。如《民法通则》第 144 条作出了"不动产的所有权，适用不动产所在地法律"的规定，1988 年 1 月 26 日颁布的《最高人民法院关于贯彻执行〈中华人民共和国民法通则〉若干问题的意见（试行）》（以下简称《民法通则意见》）第 186 条进一步解释："不动产的所有权、买卖、租赁、抵押、使用等民事关系，均应适用不动产所在地法律"，不只限于立法规定的"不动产的所有权"。针对《涉外民事关系法律适用法》中的不完善、不全面，2012 年《最高人民法院关于适用〈中华人民共和国涉外民事关系法律适用法〉若干问题的解释（一）》[以下简称《涉外民事关系法律适用法司法解释》（一）] 就专门作出解释性补充规定。最高人民法院曾在向全国人大的报告中，提出"视司法解释为准立法"。尽管学术界对"视为准立法"有不同意见，但把司法解释作为立法的补充，则没有异议。因此，在中国，有关国际私法的司法解释应是国际私法的渊源，当无疑义。

二、国际私法的国际渊源

国际私法的国际渊源体现了国际私法的国际协调意志，也体现了它的国际性。国际渊源包括国际私法专门的或有关的国际条约及国际惯例。

（一）国际私法条约

凡是一国缔结或参加的国际私法条约和协议都是该国必须遵守的，都是该国国际私法的重要渊源。作为国际私法渊源的国际条约，从不同的角度和标准可区分为不同的种类。

按缔约数量可区分为双边和多边国际私法条约。其中：（1）国际私法双边条约包括专门的或有关的国际私法双边条约和协定，如双边领事关系协定、通商航海条约、司法协助协定，以及涉及某个方面如司法管辖权、法律适用和外国人待遇的条约和协议。（2）国际私法多边条约也可分为专门的和有关（非专门）的国际私法多边条约。目前，全世界约有 120 个国际私法公约；在中国参加的 270 个左右的国际公约中，专门的或与国际私法相关的国际公约有：《联合国承认及执行外国仲裁裁决公约》（1986 年加入）、《海牙国际私法会议章程》（1987 年加入）、海牙《关于向国外送达民事或商事司法文书和司法外文书公约》（1991 年加入）、海牙《关于从国外调取民事或商事证据的公约》（1997 年加入）、《联合国关于难民地位的公约》（1982 年加入）、《联合国特权与豁免公约》（1979 年签署）、《联合国专门机构特权与豁免公约》（1979 年签署）、1969 年《国际油污损害民事责任公约》（1985 年接受），等等。

按缔约国范围可区分为世界性和地区性国际私法公约。世界性的，如海牙国际私法会议签订的近 40 个国际私法公约。地区性的，如：（1）美洲国家间签订的一系列国际私法公约，最著名的是 1928 年《国际私法公约》，附有《布斯塔曼特法典》；（2）欧洲共同体国家间签订的一系列国际私法公约，如 1980 年《关于合同义务的法律适用公约》；（3）荷、比、卢及北欧国家分别签订的统一国际私法的条约；等等。

按条约内容种类不同可分为各种领域的国际私法条约。国际实践中有各种各样的国际民事关系，国际私法条约按其调整范围可以分为：关于国际私法一般问题，外国人民事法律地位，人的身份能力，婚姻家庭继承，国际货物买卖、运输、保险，国际投资，国际技术转让，服务贸易，国际结算，债（合同和侵权），国际民事诉讼和国际商事仲裁等不同类型的条约。

（二）国际私法惯例

国际惯例是指在国际实践中长期反复使用而形成的，具有固定内容的，未经立法程序制定的，如为一国所承认或当事人所采用，就对其具有约束力的一种习惯做法或常例。和国际公法上的国际习惯不同，国际惯例多数是任意性的，只有在有关国家承认或当事人采用时才对其具有约束力。国际私法惯例也是国际私法的渊源，这已为国内外学者所公认，但对于有哪些国际私法惯例，学者意见不一。

在国际私法上，国际惯例可以分为两种，即国际私法的国际惯例和被冲突规范引作准据法或直接适用的统一实体民事国际惯例。国际私法的国际惯例，应当是关于冲突规范、规定外国人民事法律地位的规范、国际民事诉讼和国际商事仲裁程序规范方面的习惯做法和常例。在冲突规范制定上，长期以来形成了一些各国相同的习惯做法和各国公认的法律适用原则，如确定合同准据法的当事人意思自治原则、不动产物权依不动产所在地法原则、行为方式依行为地法原则（场所支配行为原则）；在外国人民事法律地位方面，形成了外国人必须遵守所在国法律的规则；在程序方面，形成了程序问题依法院地法原则。这些都是在长期国际实践中形成的，为各国所普遍接受，可以认为是国际私法的国际惯例。但民事国际惯例，主要是统一实体惯例；对此，主张国际私法规范包括统一实体法规范者，认为它们也是国际私法渊源；主张国际私法规范不包括统一实体法规范者，则不认为它们是国际私法的国际惯例。

在理论、立法和实践中，中国都肯定国际惯例是国际私法的渊源。民法通则、民事诉讼法、合同法等都规定，中华人民共和国法律和缔结或参加的国际条约中未作规定的，可以适用国际惯例。

三、学者的学说和一般法律原则

对于学者的学说和一般法律原则是否是国际私法渊源的问题，国际上存在不同意见和做法。

（一）学者的学说

在国际私法上，从 13 世纪末意大利法则区别说开始，直到 1756 年巴伐利亚制定第一条现代冲突规范，国际私法都处在学说法时期，法则区别说理论是国际私法的渊源。而在普通法系国家，包括国际私法学说在内的学说都是法的渊源，理由是："学术权威者"的意见包含人类最崇高的"正义"。因此，一些国际私法学者的著作被认为是国际私法的渊源：如英国戴西的《法律冲突论》、戚希尔（G. C. Cheshire）的《国际私法》，美国斯托里（J. Story）的《冲突法评论》、比尔主持的《美国冲突法重述（第一次）》、里斯主持的《美国冲突法重述（第二次）》等，都被认为是国际私法的渊源。

中国不认为学说是法的渊源，理由是：学者的学说只是个人的意见，未经立法程序确认，没有法律效力。但我们要认真研究国内外国际私法学说，特别要研究普通法系国家的国际私法学说。这在理论上和实践中都具有重要意义：（1）有助于从理论上了解国际私法及其学科发展的情况。（2）有助于公正、合理地解决国际私法纠纷。既然有的国家承认学者的学说是国际私法的渊源，具有法律效力，在国际民事交往中，就要将其认真对待，以维护当事人和国家的正当合法权益。

（二）一般法律原则

对于一般法律原则是不是国际私法的渊源这个问题，也有不同意见。有的国家，如 1939 年《泰国国际私法》明确规定了一般法律原则可作为国际私法渊源。中国对此尚无规定。

第四节 国际私法的性质

一、国际私法属于国内法还是国际法

法则区别说盛行了 500 年，当时理论界一直认为国际私法与普遍主义相适应，具有国际性。从 19 世纪中叶开始，意大利学者孟西尼（P. S. Mancini）和荷兰学者阿塞尔（T. M. C. Asser）提出了不同看法后，逐渐形成了国内法学派、国际法学派和"二元论者"（综合论者）等三种不同主张。

（一）国内法学派（民族主义学派）

法国的巴丹（Bartin）、尼波耶（J. P. Niboyet）、巴迪福（H. Batiffol），德国的沃尔夫（M. Wolff）和卡恩（F. Kahn），英国的戴西、莫里斯、戚希尔、诺思（P. M. North），美国的斯托里、比尔、库克（W. W. Cook）、里斯等主张：国际私法是国内法的一个学科。

国内法学派的主要观点包括：（1）国际私法与国际法的主体、对象等不同。虽然二者都有"国际"二字，但含义不同、主体不同、调整对象不同，因而国际私法不是国际法。（2）主要渊源不同。国际私法的主要渊源是国内法，各国都有自己的国际私法立法、判例法或国际私法规范，如中国国际私法、德国国际私法、朝鲜国际私法、英国判例国际私法等；而国际法的渊源只能是国际条约和国际习惯法。（3）实施和解决争议的途径不同。国际私法中的争议主要依靠双方当事人的谈判、协商或依靠一国的国内司法诉讼或仲裁程序解决。（4）制定的程序不同。国际私法由各国自行制定，完全根据国情并结合国际实践的通行做法，规定在什么范围内适用外国法，独立自主地制定国际私法典或国际私法规范或采用判例法等。

（二）国际法学派（世界主义学派或称国际主义学派）

德国的萨维尼（F. C. vonSavigny）、巴尔（L. vonBar）、弗兰肯斯坦（Frankenstein），意大利的孟西尼，法国的魏斯（A. Weiss）、毕叶（Pillet）等主张：国际私法是国际法的一个部门法。

国际法学派在发展过程中演变为三派：法律关系本座说、国籍法说、比较法说。它们都属于国际主义学派，其主要观点有：（1）国际私法调整的对象是超越一国领域的国际民事关系而具有国际性；（2）国际私法是划分国家之间司法主权范围的一个法律部门；（3）国际私法是在国际民事交往过程中产生的，没有国际民事交往，就没有国际私法存在的基础；（4）国际私法的渊源主要是国际条约和国际惯例；等等。

(三)"二元论者"(综合论者、边缘学派或折中派)

德国的齐特尔曼(E. Zitlemann),捷克的比斯特里茨基(Bystricky)和柯林斯基(P. Kalensky)等主张:国际私法是一个独立的法律部门,不同于国际法,也不同于国内法,而是位于两者之间的边缘学科,既具有国内法性质,也具有国际法性质。

"二元论者"的主要观点是:(1)国际私法调整的对象是涉外民事关系,既有国内性,也有涉外性;(2)国际私法的渊源具有"二重性",既有国内渊源,也有国际渊源;(3)国际私法的基本原则和一些制度来源于国际法,体系和内容则来自国内民法;等等。

二、国际私法是任意性法还是强行性法

过去,国内外学术界除了存在国际私法是国际法还是国内法的争论外,还有国际私法是公法还是私法、是程序法还是实体法之争。但近年来,学术界争论的一个重要问题是:国际私法是强行性法还是任意性法?

一些学者主张国际私法是强行性法律规范,当事人必须遵守,而不能依当事人的意思自治决定是否适用。在中国,无论理论上还是实践中,都认为国际私法是强行法。例如,1988年《民法通则意见》第178条第2款规定:"人民法院在审理涉外民事关系的案件时,应当按照民法通则第八章(即涉外民事关系的法律适用——编者注)的规定来确定应适用的实体法。"在国际上,绝大多数的国际私法典也都是强行性法。

另一些学者主张国际私法是任意性法律规范。这种观点认为:国际私法只有在当事人主张时才予以适用,否则,就不通过国际私法来确定准据法,而是适用内国法。这种主张,被称为任意性冲突法理论。国际上,理论上和立法上都有这种主张:(1)在理论上,德国学者兰多(Lando)等主张,为了避免外国法调查的困难、节省费用,小额诉讼应直接适用法院所在地法,而不需要适用国际私法[①];(2)在立法上,1979年《匈牙利国际私法》第9条规定,"双方当事人得以协议要求不适用在没有法律规避时所应适用的准据法,而适用匈牙利法律,或在可以选择法律时适用所选择的法律"。这种主张的实质,往往是扩大内国法的适用范围,而使国际私法成为任意性法律规范。

本教材主张:国际私法是国际法中一个具有强行性的部门法。主要理由如下。

(1)国际私法调整的是具有国际性或跨国性的民事关系,其产生、变更和终止,可能依内国法、外国法、国际条约或国际惯例;争议的处理,可能在内国或外国司法机关和仲裁机构进行;判决或仲裁裁决,可能要在外国承认与执行。因此,国际私法具有国际性,它是国际法中具有部门法性质的法律部门。

(2)国际私法是强行性法律规范,在中国尤其要强调这一点。国际私法中的司法和仲裁管辖权规范、具体程序规范和司法协助规范属于一个国家的公法范畴,对于适用这些规范的法院、仲裁机构或行政机构来说显然具有强行性,不得任意适用。国际私法中的冲突规范是国际私法特有的规范,其目的是援引特定的准据法以便确定国际民事关系当事人的实体权利义务关系。没有相应冲突规范的援引,何来特定准据法的确定,而准据法的查明和确定在中国民事诉

---

① 李旺. 国际私法新论. 北京:人民法院出版社,2001:30.

讼构造下显然是法院、仲裁机构或行政机关的职责所在。因此，法院、仲裁机构或行政机关有依职权适用国际私法规范的义务。

第五节 国际私法的基本原则、任务和作用

一、国际私法的基本原则

国际私法基本原则是指在制定、运用、贯彻实施和解释国际私法条文时，自始至终应加以贯彻执行的根本准则，也是在国际民事交往中，主管机构在解决国际民事争议时，必须遵循的根本原则；它们来源于国际公法和国内民法。国际私法调整的对象，既是国际的，又是民事关系，因而国际私法基本原则与国际公法基本原则有相同之处；同时，民法中当事人平等互利、等价有偿原则，原则上也适用于国际私法。然而，国际私法的基本原则又有自己的特点和内容，不是国际公法和国内民法基本原则的简单重复。

国际私法的基本原则主要有：尊重国家主权原则、平等互利原则、有约必守原则和保护弱者利益原则。

（一）尊重国家主权原则

尊重国家主权原则是包括国际民事关系在内的国际关系的基础，是国际私法最重要的基本原则。在国际民事交往中，特别是在经济全球化、一体化过程中，互相尊重国家主权对国际私法具有特别重要的意义。在国际私法上，互相尊重国家主权原则体现在：（1）承认平等者间无裁判权的国际习惯和国际法原则，遵守国家及其财产豁免原则；（2）相互尊重国家主权独立、领土完整，互不侵犯、互不干涉内政；（3）尊重不同社会经济制度、法律制度以及所有制平等原则；（4）相互尊重对方国家的属地优越权，相互尊重立法、司法主权，外国人在当地国家必须遵守所在地国家的规定；（5）相互尊重对方国家对其自然资源所享有的永久主权；（6）平等对待内外国法的适用，外国法的适用不能损害国家主权，不应违背国家、社会公共利益。

（二）平等互利原则

它是指一国在制定、运用、实施和解释国际私法时，要贯彻国家、当事人在法律上平等、经济上互利的原则。（1）平等互利原则在国际关系上的体现。在国际关系特别是国际民事关系上，平等互利原则要求国家与国家处于完全平等地位，互相对等。如果由于经济力量悬殊，一些表面上平等的制度如国民待遇、最惠国待遇制度的执行，实际上使两国处于不平等地位时，就应设法予以补救，如实行"普遍优惠制"等。中国在实践中，一贯坚持平等互利原则。例如，《民事诉讼法》规定了"对等原则"；商标法、专利法等规定了互惠原则，在无条约规定时按互惠原则申请商标注册和保护、申请发明专利，或按对等原则处理等。（2）平等互利原则在当事人之间的体现。在当事人之间，平等互利原则表示尊重对方的意愿，平等协商，切实保证当事人民事权益，双方或多方在国际民事关系中不得有失公平或一方获取非法利益，双方或多方权利、义务对等，地位平等，优势地位方不把自己的意志强加于人，等等。

（三）有约必守原则

这是一个古老的民法原则，包括国家间的条约和当事人之间的合同两方面，是国际私法的基本原则之一。它体现在以下几个方面：（1）主权国家间签订了国际私法条约，就应认真遵守和履行；（2）当事人之间签订了合同，就必须认真遵守和履行；（3）如违约，就应承担违约的法律责任。但是，有约必守原则也有限制或例外，不是绝对的，主要有两项限制或例外：（1）条约和合同必须是合法、有效的；（2）条约和合同往往受"情势变迁"的制约。

（四）保护弱者利益原则

在国际私法上保护弱者利益原则是指在制定、运用、实施和解释国际私法时，应侧重于保护在国际民事关系中处于弱势一方当事人的合法权益。实践中，在夫妻关系中侧重于保护女方，在父母子女关系中侧重于保护儿童和老年父母，在产品责任中侧重于保护消费者，在侵权行为关系中侧重于保护受害方，在劳动关系中侧重于保护受雇人，在社会人群中侧重于保护未成年人、妇女、残疾人、老年人、失业人员等弱势群体，等等。这个原则是在第二次世界大战后发展起来的一个国际私法原则，其目的在于实现法律所追求的社会公平及正义。在中国当前立法中也体现了这一原则，如《涉外民事关系法律适用法》第25条规定："父母子女人身、财产关系，适用共同经常居所地法律；没有共同经常居所地的，适用一方当事人经常居所地法律或者国籍国法律中有利于保护弱者权益的法律。"在国际实践中，在保护消费者权益方面，在消费合同的管辖权、法律适用和裁决的承认与执行方面，都给消费者以保护，如限制协议管辖、限制意思自治选择适用的法律，以保护弱势的消费者。

二、国际私法的任务和作用

（一）国际私法的任务

任何法律部门的出现，都是为了解决和满足实际生活中社会关系的需要，也就是用来调整特定社会关系的，但对于国际私法到底要解决哪些问题，各国家和各学者意见就不一致了，主要有以下观点。（1）认为国际私法是法官法，用来解决处理国际私法争议时的司法和仲裁管辖权、法律适用和判决（裁决）的承认与执行问题。（2）国际私法的任务包括：确定产生、变更、终止国际民事关系的法律根据和处理国际私法争议的法律根据，包括司法和仲裁管辖权、法律适用和判决（裁决）的承认与执行；适用和执行的主体包括有关行政管理机关、当事人和法院、仲裁机构。（3）国际私法的任务是用来确定内外国自然人、法人的民事法律地位，产生、变更、终止国际民事关系及处理有关争议的法律适用问题，即法律依据问题，等等。实际上，国际私法的任务应是这些不同意见的综合，倘若能很好地完成这些任务，就能发挥国际私法在国际民事交往中的积极作用。因此，国际私法的任务问题，核心是如何解决各国民事实体法之间、民事程序法之间的法律冲突，司法和仲裁管辖权冲突与国际司法协助问题，从而解决当事人依何国法律产生、变更和终止国际民事关系，发生争议时在何国法院、仲裁机构依何国民事法律处理等问题。

（二）国际私法的作用

综合来看，国际私法在下列方面发挥着积极的促进作用：（1）它是促进国际民事交往的行为规则。（2）它是一国贯彻对外政策特别是国际经济贸易政策的法律工具。国际私法立法既体现了国际协调意志，也体现了一国的国家意志、国力、国际地位和对外政策。实行"对外开放"的国家，应当积极制定和完善国际私法。（3）它是保护内外国国家及当事人正当合法权利和利益的法律工具。（4）它有利于中国加强国际民事交往，促进社会主义现代化建设，促进法治建设与和谐社会的建设。（5）正确运用国际私法，有利于中国调动国内外两方面的积极因素。一方面，在中国加入世贸组织后，加强了国际民事交往关系，需要更好地运用国际私法与世贸组织规则、国际贸易惯例，使其相互协调，更好地处理国际经贸关系中当事人间的争议，调动外国国家和当事人的积极性；另一方面，运用国际私法能够更好地为引进外资、引进技术、发展国际民事关系、发展社会主义市场经济、加速社会主义法治社会建设服务。（6）国际私法可以促进各国人民之间的友好合作，发展国际经济新秩序，是有利于维护世界和平的法律工具。（7）它是建设国际法治社会、构建和谐世界的法律工具。中国一贯努力积极实施和平发展战略、和平外交政策，积极倡导超越意识形态和狭隘民族主义的国际合作新观念，开展各种形式的国际合作，所有这些都需要运用国际私法。

在当前形势下，国际私法具有更大的意义和作用。（1）国内形势发展的需要：不断深化改革开放，发展社会主义市场经济，建设社会主义法治国家、法治政府和法治社会，积极参加国际区域经济合作，大力推进中国自由贸易试验区/自由港建设，积极实施企业"走出去"战略，推动"一带一路"倡议实施，从而不断扩大和发展国际经济技术合作和交流，处处需要运用国际私法来为其服务，需要更好地发挥国际私法的作用。（2）国际形势发展的需要：在经济一体化、全球化过程中，在区域经济发展中，在国际经济法制统一加强的同时，全球化规范性冲突有加剧趋势；而世贸组织的各项协议都是行政性规定，只调整缔约方之间的关系，其解决争议机制只解决缔约方之间的争议，而不处理当事人间的国际民事争议，况且，还有不少国家和地区未加入世贸组织。在这种情况下，国际经贸交往中当事人之间的权利义务争议，都需要借助国际私法来处理；而且，建设国际法治社会，促进国际友好合作，也离不开国际私法。所有这些，都极大地促进了国际私法发挥其特殊的解决法律冲突和法律适用问题的作用。

第六节　国际私法和国际私法学

一、国际私法和国际私法学的关系

国际私法是法律，是法律部门法之一。它是以国际民事关系为调整对象的一个特殊的部门法，是国际私法规范的总称；与民法、刑法、诉讼法、国际公法等一样，具有法律效力，在国际民事活动中，当事人应当严格遵守。

国际私法学是法学，是法学学科之一。它是关于国际私法的理论观点、学说和理论体系，以国际私法为研究对象，研究国际私法规范的产生、发展、法律形式、原则、制度、本质和意义等问题的国际法学科。

（一）国际私法和国际私法学的联系

两者之间的联系表现在：（1）国际私法学以国际私法为研究对象，研究国际私法的产生、发展规律以及基本原则、基本制度、规范结构和形式、立法等。（2）两者同属特定经济基础之上的上层建筑，都由国际民事交往这个一定的社会经济基础制约和决定，既受特定经济基础的制约，又反作用于特定经济基础，巩固和发展特定经济基础。（3）两者都为特定国家及其利益和特定国际私法关系服务。（4）国际私法学以国际私法为依据，并为国际私法的发展提供理论指导和开辟道路，其研究的成果体现在立法之中。国际私法立法的发展和完善，往往先从理论研究开始，国际私法学的核心内容是国际私法，但其范围可能大大超出国际私法法律文件的范围。

（二）国际私法和国际私法学的区别

两者之间的区别体现在：（1）国际私法是一个法律部门，是特定法律规范——国际私法规范的总称，可以制成一个专门的国际私法典；而国际私法学是国际法学中的法学部门之一，是一种学科和理论体系。（2）国际私法调整的对象是国际民事关系，国际私法学研究的对象则是国际私法本身。（3）国际私法是法律，是具有法律效力的国际私法规范的总称；国际私法学则是科学，除了在法则区别说的时代和普通法系国家外，国际私法学没有法律约束力，只有指导立法和实践的意义。（4）国际私法以立法、判例、国际条约和国际惯例等形式存在，而国际私法学存在的形式通常为理论、学说著作、观点等。

二、国际私法和国际私法学的名称

（一）国际私法的名称

作为国际法中的法律部门之一的国际私法的名称，实际上是指各国国际私法立法时采用的名称。从历史上各国立法实践来看，不同国家（地区）、不同时期使用的国际私法名称也不同，主要有以下几种。

1. 涉外民事法律适用法、施行法、法例等

例如：1896 年《德国民法典施行法》，1898 年《日本法例》，1918 年中国《法律适用条例》，1962 年韩国《关于涉外民事法律的法令》，2010 年中国台湾地区"涉外民事法律适用法"，2010 年中国《涉外民事关系法律适用法》等。

2. 国际私法

例如：1926 年《波兰国际私法》，1939 年《泰国国际私法》，1978 年《奥地利联邦国际私法法规》，1987 年《瑞士联邦国际私法法规》，2004 年《比利时国际私法法典》等。

3. 冲突法

例如：1934 年《美国冲突法重述（第一次）》，1971 年《美国冲突法重述（第二次）》，1980 年英国《冲突法》，1982 年《南斯拉夫法律冲突法》等。

4. 国际私法及国际民事诉讼法

例如：1964 年《捷克斯洛伐克社会主义共和国国际私法及国际民事诉讼法》，1982 年《土耳其国际私法和国际诉讼程序法》等。

5. 以专章形式规定在民法典或单行法中的国际私法规范的名称

例如：1966 年《葡萄牙民法典》第三章"外国人法和法律冲突"，1984 年《秘鲁民法典》第十章"国际私法"，1986 年中国《民法通则》第八章"涉外民事关系的法律适用"等。

可见，国际私法立法使用的名称很多，各国甚至各地区往往根据自己的历史传统、国情、法律用语、学术观点而作出不同规定。从国际私法立法名称及其发展变化的历史，可以看出：国际私法的内容从不全面、不完善向充实、完善的方向发展，从单一的涉外民事法律适用法发展成为包括法律适用、管辖权、程序和国际司法协助在内的完善的国际私法。这也反映了各国对国际私法重要性的认识日益加深，以及其内容不断完善的发展过程。

（二）国际私法学的名称

关于国际私法学的名称也没有统一的说法，不同学者的著作往往采用不同的国际私法学名称。例如：法则区别论、法律冲突论、法律之域外效力论、冲突法论、法律抵触法、私国际法、国际私法、限界法、法律适用法、外国法适用论、国际民法、国际民商法等。最常使用的国际私法学名称如下。

1. 国际私法学

1841 年德国学者薛福纳（W. Schaeffner）在其所著的《国际私法沿革史》一书中首先提出该名称，之后，几乎先后为所有国际私法学家所接受。当然，也有人提出质疑。在中国，目前国际私法学界一般都采用国际私法学这一名称，尽管不少学者对这一名称感到不满意，也有采用冲突法学、法律适用法学等名称的，但本教材仍然认为国际私法学这一名称是"约定俗成"的，自清末以来一直沿用至今，在研究出更恰当的名称之前，仍可采用。

2. 法律冲突论

这是 17 世纪荷兰国际私法学家罗登堡（Rodenburg）最先提出的，他把各国法律对同一个国际民事关系因互相抵触的规定而出现的冲突状态称作法律冲突。法律冲突这个名称，后来为英美国际私法学者所采用，如英国学者戴西 1896 年所著的书就叫《法律冲突论》，美国学者斯托里 1934 年的著作也采用了《法律冲突论》这个名称。在中国，也有少数学者采用这一名称。

三、国际私法和国际私法学的体系

作为法律部门之一的国际私法和作为法学部门之一的国际私法学都存在结构体系问题。

（一）国际私法的体系

在一般国际私法著作中，往往只有国际私法学体系而没有国际私法体系的介绍，但经常看到对国际私法的立法模式、形式、体系、结构等内容的介绍，实际上，这其中已包括了国际私法体系。

1. 国际私法体系的含义

国际私法的体系指其立法的结构体系，专指制定国际私法典时，对法律条文内容的结构安排，如分为编、章、节、条文，或分为总则、分则和附则等。这实际上包括两层不同含义：（1）国际私法立法模式，指在法律体系中，是采用规定在民法典或其他单行法中的模式，还是制定专门的国际私法典的模式；（2）国际私法的体系，指在制定专门的国际私法典时，条文的结构安排问题，即条文的排列组合问题。

2. 国际上不同的国际私法体系

各国在国际私法体系上的做法很不一致，内容多少，条文的排列组合，都各有一套。主要做法有：（1）只规定国际民事关系的法律适用，这是最早的立法体系。如 1896 年《德国民法施行法》、1898 年《日本法例》、1918 年中国《法律适用条例》等都采用类似的国际私法体系。（2）规定国际私法由管辖权、法律适用和外国法院判决的承认与执行三部分组成，这是英美普通法系国家的传统做法。如 1971 年《美国冲突法重述（第二次）》、1987 年《瑞士联邦国际私法法规》、《秘鲁民法典》第十章"国际私法"等，基本上采用此种做法。（3）在内容上和（2）同，但排列组合不同：顺序为法律适用、管辖权和外国法院判决的承认与执行（国际司法协助）。具体又可分为两种不同的结构形式：1）几部分分别作出规定，如《匈牙利国际私法》分为总则、法律适用、管辖、诉讼程序等几部分；《南斯拉夫法律冲突法》则分为基本条款、准据法、管辖与程序、外国法院判决的承认与执行等。2）把法律适用与国际民事诉讼程序并列，如 1964 年《捷克斯洛伐克社会主义共和国国际私法及国际民事诉讼法》，1982 年《土耳其国际私法和国际诉讼程序法》，等等。

3. 中国的国际私法体系

中国的国际私法体系这个问题在 2001 年全国人大常委会首次审议《中华人民共和国民法典（草案）》第九编之前已经出现，国际私法学界提出的几个立法建议草案设计的体系也各不相同。在中国国际私法学会组织起草《中华人民共和国国际私法示范法》时，对于立法体系的设计，曾出现了三种不同意见：（1）总则、司法管辖权、法律适用、司法协助和附则五部分，这是示范法最终采用的立法体系；（2）总则、法律适用、国际民事诉讼程序（包括管辖权、程序、司法协助等）、附则；（3）总则、法律适用和附则。

中国目前虽然已于 2010 年制定《涉外民事关系法律适用法》，但这不是国际私法的全部，与中国国际私法的法典化还有距离，日后制定国际私法典时，可能采用其中一种内容体系，也可能采用其他新的条文排列组合体系，比如采用总则、国际私法关系主体及其法律地位、应适用的法律、司法管辖、国际民事诉讼和商事仲裁程序、司法协助、附则的体系安排。

（二）国际私法学的体系

1. 国际私法学体系的含义

国际私法学体系是指把国际私法学研究对象的内容，按其内在联系，加以科学地排列组合，使其内涵和外延形成一个科学的结构体系，形成系统的理论学说。

2. 国际上不同的国际私法学体系

国际上的国际私法学体系比较复杂，主要有：（1）英美国际私法学体系，一般包括管辖权、法律适用和外国法院判决的承认与执行三大部分；（2）法国国际私法学体系，一般包括国籍、住所和外国人民事法律地位、法律适用等；（3）德国国际私法学体系，一般采用严格的冲突法观点；（4）俄罗斯国际私法学体系，其与原来中国统编教材的体系相类似，现正处在发展变化中；（5）发展中国家的国际私法学体系，包括伊斯兰国家在内的亚、非、拉美发展中国家情况不一，有的接近中国的国际私法学体系，有的接近大陆法或普通法系国家的国际私法学体系，有的自创国际私法学体系，等等。

3. 中国的国际私法学体系

在中国，自清末到中华人民共和国成立，基本上是引进外国的国际私法学体系。自 20 世纪 50 年代至 1981 年止，中国一直使用苏联学者隆茨的《国际私法》教本体系。中国人民大学刘丁教授打破了这一体系，他第一次把国际经济法从国际私法中分离出来。刘丁教授是新中国从事中国特色国际私法教学和研究的著名学者，是第一个把国际私法和国际经济法分开、第一个提出国际私法新体系、第一个撰写《国际经济法》教材的学者。刘丁教授于1981年在其主持编写的第一部公开铅印出版的《国际私法》（上、下册）教材中，初步建立起了具有中国特色的国际私法学内容体系。此后，这一体系在中国人民大学章尚锦教授编著的国际私法教材中得到了继承和完善。

同时，国际私法的学说体系在国内不断完善发展。1981年中国社会科学出版社出版的由任继圣、姚壮合著的《国际私法基础》为广义国际私法学的确立打下了基础。1983年武汉大学出版社出版的由韩德培任主编，任继圣、刘丁任副主编的《国际私法》统编教材，则在全国产生了广泛的影响。特别是自20世纪80年代中期以来，实践中出现了各种不同的国际私法学体系，打破了只有两种国际私法学体系的局面，从而出现了中国国际私法学体系"百花齐放"的景象，国际私法学体系至今仍在不断发展之中。

课后练习

1. 何谓国际民事法律冲突？产生国际民事法律冲突的原因是什么？（考研）
2. 国际私法在法律体系中处于什么样的地位？（考研）
3. 国际私法和国际私法学有什么联系与区别？（考研）
4. 在国际私法所包括的各种规范中，占主导地位的是（　　）（法考）
   A. 外国人民事法律地位规范
   B. 冲突规范
   C. 统一实体规范
   D. 国际民事程序规范
5. 下列在我国法院提起的诉讼中，构成涉外民事关系的有哪些？（　　）（法考）
   A. 发生在美国的犯罪行为因在我国发生结果而对犯罪嫌疑人追究刑事责任
   B. 中国公民和美国公民之间的婚姻关系
   C. 中国公民和德国公民之间的继承关系
   D. 因发生在印度的交通事故而产生的侵权行为关系
6. 根据我国目前的法律和相关实践，对于国际条约在我国法律制度中的地位，下列哪些判断是错误的？（　　）（法考）
   A. 凡是我国缔结或参加的条约，都可以在国内作为国内法直接适用
   B. 在民法涉及的范围内，我国作为当事国的条约的规定与国内法的规定不同时，适用条约的规定，但我国缔结该条约时作出保留的条款除外
   C. 我国作为当事国的任何条约的规定，若与国内法的规定冲突时，在国内法院都直接并优先适用这些国际条约的规定，但我国缔结该条约时作出保留的条款除外
   D. 在民法涉及的范围内，在国际上所有已生效的民商事方面的国际条约的规定，如与我国国内法的规定冲突时，都优先适用国际条约的规定

第二章

国际私法和国际私法学的历史发展

本章概要

为使读者正确而全面地了解和掌握国际私法及其学科的世界发展历史，古为今用，洋为中用，洞察国际私法及其学科今后发展的趋势和方向，本教材力图客观如实地从世界角度和范围，而不是从"欧洲中心论"或"美国中心论"的角度来介绍国际私法及其学科的历史发展。本章运用比较研究的方法和联系、发展的观点提出了国际私法及其学科的历史分期，增加了社会主义国家、亚非拉发展中国家国际私法及其学科的历史，特别是重点讲述了中国国际私法及其学科的形成、发展和展望。

关键术语

万民法　《永徽律·名例》　《唐律疏议》　《法国民法典》　《德国民法施行法》　法则区别说　法律关系本座说　属地主义说　平等互利说　比较国际私法学

第一节　国际私法的历史发展观

一、国际私法历史发展的含义

国际私法的历史发展，是指作为法律部门之一的国际私法的法律史和作为法学部门之一的国际私法学的学说史的简称。作为法律部门之一的国际私法的法律史，是指对国际私法规范及作为法律部门之一的国际私法的产生、发展过程和规律、不同发展时期的特点等的说明和叙述。作为法学部门之一的国际私法学的学说史，是指对国际私法的产生、发展、内容范围、特点、规范性质及发展的规律性，特别是关于适用外国法的理论等的说明和主张。

作为法律史的国际私法的发展历史和作为学说史的国际私法学的发展史，两者既有密切的联系，也有显著的不同：（1）联系。国际私法学研究的对象是国际私法，当然，国际私法学的历史也离不开国际私法的历史。（2）不同。一个是法，具有法律效力，人们必须遵照执行；一个是学，是学说和理论主张，只有理论指导意义，没有法律效力。在判例法国家，学说可作为法律适用；在制定法（成文法）国家则只是一种探讨，不能作为法律引用。

二、国际私法的不同历史发展观

对于国际私法的发展历史，古今中外存在不同的看法，通常称为国际私法的不同历史发展观。

（一）只从某地区范围和角度研究国际私法的发展史

在国外和新中国成立前的中国，往往只从欧洲的范围和角度来介绍国际私法及其学科的历史发展，把巴托鲁斯（Bartolus，1314—1357）称作国际私法的"鼻祖"，以"欧洲为中心"进行叙述，而较少顾及其他地区国际私法及其学科发展的情况，因而被称为"欧洲中心论"。目前，有出现其他"中心论"的倾向。国际上，除了苏联国际私法学家力图摆脱"欧洲中心论"的影响外，几乎很难找出不受其影响的。

（二）只笼统地说国际私法的发展史

有些国际私法著作中并不区分法律史和学说史，有的只叙述作为法律史的国际私法的历史，有的只叙述作为学说史的国际私法学的历史，或两者混淆不清。究其原因，是早期的法则区别说既是学说，也是法律，即学说法或学理法。普通法系国家在一定程度上继承了这种学说法的做法，所以在有关论述中不区分法律史和学说史，只笼统地介绍国际私法的发展史。

（三）区分法律史和学说史，分别加以研究

第二次世界大战后，特别是20世纪80年代以来，国内外都有这种做法。在中国，20世纪五六十年代，很少提国际私法的发展历史，甚至20世纪80年代初的统编教材都还没有这一章，以后才陆续出现了有关的叙述。一开始，上述两种叙述方式都有；后来，逐渐分别以国际私法及其学科的历史加以叙述，但叙述的角度和范围有所不同，往往把中国单列一节，表面上似乎强调了中国的地位，实际上是因其未融入世界的角度和范围，难以看出中国国际私法及其学科在世界上的地位，更看不出中国是国际私法及其学科的故乡。

三、应当客观如实地研究国际私法的历史发展

本教材认为，应当客观如实地从世界范围和角度来研究国际私法及其学科的历史发展，从而看出世界各国、各地区在国际私法及其学科发展中所作出的努力和贡献，把它们的贡献融入世界范围的历史长河中。因此，本教材区分国际私法法律史和学说史，并将其分为古代、近代、现代和当代国际私法和国际私法学。

第二节 国际私法的发展历史

一、古代和近代萌芽状态的国际私法

从人类整个历史发展进程来看，国际私法的萌芽、形成和发展，与国家的出现及国际经济贸易、人员、文化交往关系的产生、发展紧密相关。

（一）古代萌芽状态的国际私法规范——《万民法》

从公元前 8 世纪中叶起，在古罗马与《市民法》同时存在的，直到公元 212 年与《市民法》统一的《万民法》，因其包括关于外国人民事法律地位的规范，而被认为是世界上最早的萌芽状态的国际私法规范。它是用于调整罗马人和非罗马人之间以及非罗马人彼此之间的权利义务关系的规范，因而是国际私法规范的组成部分和前提，但非主要部分，只是国际私法规范的萌芽。

（二）近代萌芽状态的国际私法规范——《永徽律·名例》

中国是古代东方文明古国之一，在中国夏、商时以及战国时的《法经》中，都还没有国际私法规范。到了西汉（公元前 206 年至公元 25 年）国家设置了专管对外贸易的"大鸿胪"，开始有了对外国人民事法律地位的规定；到了唐代，公元 651 年颁布、施行的《永徽律·名例》已规定了较完整的萌芽状态的国际私法规范，"诸化外人，同类相犯者，各依本俗法；异类相犯者，依法律论"，采用了属人和属地相结合的法律适用原则[①]；宋代还有跨国继承方面的规定；历经元、明，都承袭《唐律》体制，但有所改动，改为"凡化外人犯罪者，并依律拟断"。

在欧洲，只有公元 911 年基辅俄罗斯奥列格公爵和希腊之间的一个条约中有关于继承的规定，而且只规定了保护继承权问题，没有关于继承法律适用的规定。[②] 自公元 6 世纪日耳曼人灭亡西罗马帝国，直到 11 世纪建立欧洲最早的封建法兰克王国，虽然罗马法和日耳曼种族法（习惯法）同时并存，但缺乏如何解决法律冲突的可靠记载。在公元 11 世纪至 13 世纪，欧洲封建专制的"中世纪"时期，各国普遍适用习惯法，而一切习惯法又都是物法、地方法。例如，1215 年至 1235 年的《撒克逊法》、1273 年至 1276 年的《希伐勃法》等。总之，在 18 世纪以前，欧洲除了《万民法》和前述公元 911 年条约中的规定外，没有冲突规范，只有学说法（法则区别说）；同中国已有采用属地和属人相结合原则的冲突规范相比，相隔了 1 200 年。在拉丁美洲的玛雅文明中，至今也尚未见有关国际私法的材料。因此，可以说中国是国际私法的故乡。[③] 但是，《永徽律·名例》中的上述冲突规范，一则规定不完善，二则民刑不分，虽然属于世界上最早的冲突规范，但只能算是萌芽状态的冲突规范，是国际私法的萌芽。

---

① 刘振江. 国际私法. 西安：西北政法学院，1986：21.
② 隆茨. 国际私法. 顾世荣，译. 北京：人民出版社，1951：55-56.
③ 刘振江，张仲伯，袁成弟. 国际私法教程. 兰州：兰州大学出版社，1988：53-54. 余先予. 冲突法. 北京：法律出版社，1989：70.

二、现代形成中的国际私法

以前，无论国内外，往往把 13、14 世纪意大利出现的"法则区别说"作为学说法、学理法而认定其为国际私法的形成标志，而创建"法则区别说"的巴托鲁斯也就被认为是国际私法的"鼻祖"。后来，判例法国家把学者的学说也看作法律的渊源。但仔细分析，"法则区别说"虽然作为法律盛行了 500 年，但终究只是一种理论和学说，因而也有人将其认定为仅是国际私法的萌芽。

（一）古文明国家的国际私法踏步不前

虽然在中国最早出现了萌芽状态的国际私法冲突规范，但自此后历经宋、元、明、清初，中国的国际私法没有什么发展。1840 年鸦片战争后的中国，更逐步沦为半封建半殖民地社会，在帝国主义领事裁判权的桎梏下，更谈不上制定国际私法了。直到 1896 年德国系统的国际私法立法 22 年后的 1918 年，中国才制定了《法律适用条例》，并于 1929 年制定了《外国人法》。其他古东方国家和玛雅文明国家则沦为帝国主义国家的殖民地，也没有发展和制定自己的国际私法的条件。

（二）国际私法在现代资本主义的欧洲的形成

在欧洲，随着资本主义的萌芽、形成和发展，随着对外经济扩张和殖民统治的需要，欧洲国家加快了制定国际私法规范的速度。1756 年《巴伐利亚法典》、1794 年《普鲁士法典》首先规定了现代冲突规范。影响最大的是 1804 年《法国民法典》，规定了大量国际私法规范，不少欧洲国家在其民法典中仿照规定了不少国际私法规范。后来，又发展成为不同的立法模式：分散规定在民法典或其他法典中；专章规定在民法典中；制定专门的国际私法典，如 1896 年《德国民法施行法》等。在判例法普通法系国家，1834 年美国斯托里编著了《冲突法评论》，1896 年英国戴西整理、编辑了《法律冲突论》。

综上，从 1804 年《法国民法典》到 1896 年《德国民法施行法》的施行，从 14 世纪"法则区别说"的形成，经 1834 年《冲突法评论》的出版，到 1896 年《法律冲突论》的发表，被认为是两大法系国际私法形成的标志，国际私法制定法和国际私法判例法都已形成。

三、现代和当代发展中的国际私法

时代在前进，国际私法从形成时的现代国际私法，向当代国际私法发展；当代国际私法则向多元化、普及化、法典化、统一化和完善化发展。

（一）现代和当代国际私法发展的两个阶段

1. 现代国际私法

从国际私法的形成到社会主义国际私法的出现，这期间的国际私法叫作现代国际私法。国际私法形成时，自由资本主义已向垄断资本主义过渡，当时，国际私法处在世界统一的资本主义制度统治下，其发展特点是国际私法立法及其模式变化不大，立法进度慢：从 1756 年出现现代国际私法规范，经 1804 年《法国民法典》到 1896 年《德国民法施行法》的制定，再到

1898 年《日本法例》、1918 年中国《法律适用条例》等。

2. 当代国际私法

1917 年出现社会主义国家，从社会主义国际私法出现至当前的国际私法，称为当代国际私法。国际私法从现代国际私法发展为当代国际私法，其特点是在社会主义和资本主义制度并存下，社会主义国际私法和资本主义国际私法并存，并在各方面获得了迅猛的发展。在这一时期，各国在国际交往中，相互影响、吸收，形成了共同的当代国际私法。尤其在"经济全球化"的影响下，在国际私法多元化发展的同时，其共同性也在增长，有学者称之为国际私法趋同化趋势。

（二）当代国际私法发展的五个方面

1. 国际私法的多元化趋势

形成于 19 世纪自由资本主义向垄断资本主义过渡期的国际私法，随着 20 世纪 10 年代和 40 年代苏联与东欧人民民主国家及中华人民共和国的出现，以及第二次世界大战后民族独立运动的发展，从一统天下的现代国际私法发展为向多元化发展的现代国际私法。而且，其多元化发展趋势并未因为苏联解体和东欧剧变而停止，相反，继续向前发展：（1）中国国际私法的形成和发展完善。改革开放以来，伴随着整个中国社会主义法制建设的进步和发展，我国涉外民事法制建设也取得了很大的成绩。这主要表现在我国制定的许多法律、法规分别对相关的涉外民事关系的法律适用作了规定。虽然各项具体规定散布在许多法律、法规和司法解释中，但总的来说它们在各自领域能发挥独特的作用，对规范国际民事法律关系、解决国际民事争议、构建正常的国际民事法律秩序、促进我国的改革开放发挥了重要的作用。（2）发展中国家的国际私法。经过长期艰苦卓绝的斗争，第二次世界大战后，广大亚非拉殖民地、附属国逐步取得了政治独立，大力发展民族经济，也逐步制定包括国际私法在内的各类部门法。例如，1939 年泰国、1941 年乌拉圭、1962 年马达加斯加、1976 年约旦、1980 年布隆迪、1985 年巴拉圭，以及朝鲜、韩国、阿根廷、委内瑞拉等都制定了国际私法典；1982 年土耳其制定了《国际私法和国际诉讼程序法》；还有一些国家，把国际私法规范规定在民法典或其他单行法中，如《加蓬民法典》《希腊民法典》《埃及民法典》《塞内加尔民法典》，《秘鲁民法典》则规定了完整的国际私法。发展中国家还积极参加了国际私法条约的制定工作。因此，发展中国家已日益发展成为一支不可忽视的国际私法力量。（3）俄罗斯、中亚和东欧国家的国际私法。1964 年阿尔巴尼亚、1964 年捷克斯洛伐克，以及匈牙利、波兰、哈萨克斯坦等都有国际私法典，俄罗斯已有国际私法典。（4）发达国家的国际私法。国际私法是在发达国家形成的，但在第二次世界大战前发展缓慢，除了德、日有专门法典以及英美国家有判例法国际私法外，其他一些发达国家一般都在民法典等中规定国际私法。第二次世界大战后，发达国家的国际私法快速发展，也出现了各种各样的国际私法发展观，在立法方面或者制定国际私法典，如欧洲的奥地利、瑞士联邦、比利时、列支敦士登等；或者修改原有立法，如德国 1988 年《关于改革国际私法的立法》，日本对《法例》的多次修订（最新文本是 2006 年日本《关于法律适用的通则法》），法国 1967 年《关于补充民法典中国际私法内容的法律草案》（第三草案），意大利 1995 年《国际私法制度改革法》，等等。

2. 国际私法的普及化趋势

国际私法普及化趋势，指国际私法立法在世界范围内各个国家和地区中的普及。就目前参加联合国的 193 个会员国来说，特别是截至 2016 年 7 月 29 日加入世贸组织的 164 个成员，几乎都已有了国际私法典、判例国际私法，或制定了国际私法规范，或参加了世界性或地区性的国际私法公约。当然，国际私法知识也因此在世人中越来越普及。

3. 国际私法的法典化趋势

第二次世界大战后，特别自 20 世纪五六十年代以来，从东欧国家开始，在一系列发展中国家纷纷制定国际私法典的立法工作带动下，国际上出现了一股国际私法法典化趋势，先后有朝鲜、韩国、哈萨克斯坦、列支敦士登、马耳他、奥地利、瑞士联邦、阿根廷、布隆迪等三十余国制定了国际私法典；法国、意大利等起草了国际私法典草案；判例法国家也纷纷在单行法中规定国际私法规范，如 1995 年英国《国际私法（杂项规定）》，因而在国际上掀起了一股制定国际私法典的热潮。目前，世界大国中，除了判例法国家外，其他大国几乎都已有了国际私法典、列支敦士登、摩纳哥、马耳他等国家也已制定了国际私法典。作为发展中大国的中国，应尽快制定完善的国际私法典。

4. 国际私法的统一化趋势

1877 年 12 月 9 日，秘鲁政府邀请阿根廷等国在首都利马开会，讨论国际私法统一的原则问题；1892 年，在荷兰法学家阿塞尔的倡导和推动下，荷兰政府邀请欧洲国家于 1893 年 9 月 12 日召开了第一次海牙国际私法会议。由此开始了制定国际私法地区性和世界性公约的工作，开启了国际私法统一化运动。至今全球共签订了 120 个左右的国际私法公约，出现了国际私法共同性增长趋势，大大加快了国际私法统一化的步伐。

5. 国际私法的完善化趋势

发展到当代，国际私法在立法模式、内容和体例结构上都在迅速完善中。在立法模式方面，自 19 世纪末形成国际私法起，就存在制定法和判例法两大模式；而在制定法中，又可分为制定专门的国际私法典和国际私法规范分散规定在邻近部门法如民法、诉讼法等或其他单行法如家庭法、票据法等中的模式。在国际私法法典化趋势中，法典模式成为主要模式，各国纷纷制定不同内容、结构体系的专门国际私法典。同时，国际私法立法内容和体系结构，也在不断的充实和完善中；制定法和判例法国际私法的内容与结构体系也日益趋同化。在中国国际私法学界出现了"国际私法趋同化理论"①。

第三节　国际私法学的发展历史

一、国际私法学的萌芽

国际私法学萌芽的标志是：公元 7 世纪中叶中国《唐律疏议》中的有关疏议和公元 12 世纪～13 世纪意大利早期注释学派对罗马法的"注释"。

（一）中国《唐律疏议》中的有关"疏议"：属人法和属地法相结合的原则

唐永徽二年（公元 651 年），《永徽律》公布施行，长孙无忌等 19 人奉旨对其进行"疏议"

---

① 李双元. 走向二十一世纪的国际私法——国际私法与法律趋同化. 北京：法律出版社，1999.

（实即"注释"），编成《唐律疏议》，对《永徽律·名例》中的冲突规范——"诸化外人，同类自相犯者，各依本俗法；异类相犯者，以法律论"进行"疏议"（注释）。"疏议"说："化外人，谓蛮夷之国别立君长者。各有风俗，制法不同。其有同类自相犯者，须问本国之制，依其俗法断之。异类相犯者，若高句丽之与百济相犯之类，皆以国家法律论定刑名。"用现在的话来解释，"国家法律"指《永徽律》（通称《唐律》）；"俗法"，即各国当事人的本国法（当时往往无正式立法，只是一些风俗习惯）；"同类"，即具有相同国籍的当事人；"异类"指不同国籍的当事人；"相犯"就是争议或争议的民刑事件。① 这一"疏议"，被中国国际私法学者认为是世界上最早的萌芽状态的国际私法学论述，其后还有：（1）"海商客死，官籍其赀，满三月，无妻子诣府者，则没入。"（《新唐书·孔戣传》）（2）"既入吾境，当依吾俗，安用岛夷俗哉。"（《宋史·汪大猷传》）以上"疏议"与论述，都属于国际私法学的内容。后两者实即国际私法对下列原则的最早表述："无人继承的财产归国库"，"外国人必须遵守所在地国家的法律"。然而上述"疏议"和论述，还只能说是国际私法学的萌芽，其时尚未形成系统的国际私法学理论、学说。

（二）意大利早期注释学派的"注释"："强大的和更有益的法律"

公元12世纪～13世纪，意大利出现了早期注释法学派。当时，各城市国家的习惯法和罗马法同时并存，在法律冲突不断发生的情况下，早期注释法学派试图通过对古罗马法的"解释"（注释），寻求解决法律冲突的办法，主张将"强大的和更有益的法律"作为解决法律适用的唯一标准，但没有提出系统的国际私法理论学说。

二、国际私法学的形成

国际私法学形成的标志，是14世纪初在意大利出现的"法则区别说"和17世纪在荷兰出现的"国际礼让说"。

（一）意大利法则区别说

"法则区别说"（statutist theory）的创建人、评论法学派（后期注释学派）的代表人物、14世纪意大利法学家巴托鲁斯被称为国际私法学的"鼻祖"。巴托鲁斯把当时意大利的法律冲突，概括为罗马法与城市国家法则间的冲突及城市国家彼此法则间的冲突两大类：前者按特别法优于普通法的原则，依城市国家法则处理。后者采用法则区别法，把各城市国家的法则区分为"物法"和"人法"（两分法），分别具有域内效力和域外效力。"物法"是属物的，也称属地法，用来解决物权、行为方式（包括遗嘱的执行、行为的限制、诉讼）等问题；人法是属人的，也称属人法，用来解决人的权利能力和行为能力、身份关系等问题。严格来说，"法则区别说"不是法而是法学，实质上是"区际私法学"或区际冲突法学。

14世纪在意大利兴起的"法则区别说"，经过15世纪，于16世纪传入法国，出现了"法则三分法"：物法（statuta realia）、人法（statuta personalia）和法国学者杜摩兰（C. Dumoulin，1500—1566）增加的"混合法则"；同时，杜摩兰还提出了"当事人意思自治原则"。站在杜摩兰

① 章尚锦.国际私法.北京：中国人民大学出版社，1992：24.

对立面的达让特莱（D'Argentre，1519—1590），提出了法律或习惯的属地原则，主张各省区在法律上自治，主张把领域内的一切人、物、行为都置于当地习惯控制下。

（二）荷兰的国际礼让说

17 世纪，法则区别说发展到了荷兰，形成了荷兰的法则区别学派，荷兰学者仍然采用"法则区别"方法，但在"法则区别"方法基础上提出了"国际礼让说"（comity theory），作为适用外国法的理论根据。其中，胡伯（U. Huber，1636—1694）和保罗·伏特（P. Voet）的"国际礼让说"最为典型。胡伯在《论罗马法与现行法》中提出了著名的"胡伯三原则"：（1）一国法律约束领土上的一切人，在域外无效；（2）在一国境内的居住者，不论是经常或是暂时居住的，均属该国国民；（3）在外国领域内有效适用的法律，在内国领域内可以依照"礼让原则"，准予适用。这一学说由荷兰学者首先在苏格兰传播，经苏格兰传入英格兰，然后传到美国，成为英美国际私法的基石。美国 1834 年斯托里的《冲突法评论》中的属地主义，就是承袭了荷兰法则区别说学者的属地主义和"国际礼让说"，奠定了美国国际私法学的基础，一直影响到第二次世界大战后的美国国际私法学。同时，"礼让"说还传播到了意大利、法国、德国等欧洲国家。

（三）"法则区别说"的终结和现代国际私法学的出现

统治欧洲五百多年的"法则区别说"，在 18 世纪传入德国后因遭到了反对而终结。它首先遭到了德国学者瓦希特（Wächter）的反对，1841 年他首先站出来批评"法则区别说"。到 1848 年萨维尼提出"法律关系本座说"，"法则区别说"日益衰落；国际私法学则开始在科学基础上取得新的发展，同时，开始形成制定法和判例法国际私法学。

三、国际私法学的发展

（一）现代国际私法学（1848—1917）

从 1848 年德国萨维尼提出"法律关系本座说"时起，至出现社会主义国家的国际私法学为止的时期，是资产阶级国际私法学一统天下的时期。主要的国际私法学说有：法律关系本座说、国籍法说、既得权说、法律社会目的说、法权独立自主说等。

1. 法律关系本座说

"法律关系本座说"（doctrine of the seat of particular legal relationships）是 19 世纪中叶德国著名国际私法学者萨维尼提出来的。他在总结德国国际私法理论成果的基础上，在 1848 年出版的《现代罗马法体系》一书第八卷中，系统论述了该国际私法理论。他认为，每一种法律关系，按其性质都和某一特定的法律制度相联系，归属于该"法域"，即法律关系具有确定的"本座"（seat）；冲突法的任务正在于按照具有普遍意义的标准，具体地确定法律关系的本座及应适用的法律。

依照上述原则，萨维尼认为内、外国法是平等的，绝对适用内国的强行法是例外；并提出了一系列具有连结点（因素）意义的法律关系"本座"，如人的身份地位问题，以其住所地为"本座"；物权关系，以物之所在地为"本座"；契约之债，以债务履行地为"本座"；侵权行为之债，以损害后果发生地为"本座"；法律行为方式，以行为地为"本座"；程序问题，以法院地为"本座"；等等。根据法律关系本座说，一国在一定的条件下适用外国法，完全是由法律关系本身的性质决定的。

2. 国籍法说

意大利政治家、学者孟西尼于 1851 年在都灵大学发表了题为"论国籍作为国际法的基础"的著名演说，主张超地域适用属人法（国籍所属国法）并建立了公共秩序保留原则。原则有三：（1）属地主权原则。以公共秩序为目的的法律，应适用于包括居住在国内的外国人在内的一切人。（2）国籍原则。应给国籍以明确的概念，并以其为国际法的基础，每个人都应适用其本民族的法律。（3）自由原则。尊重当事人的意思自治。该学说影响很大：不仅在国内立法和国际条约中得到规定，而且打破了以住所地为连结点确定属人法一统天下的局面，许多国家改住所为国籍作为属人法的连结点。

3. 既得权说

19 世纪末，英国学者戴西创立了"既得权说"（vestedrights theory）。他在英美判例法实践和国际礼让说的影响下，在其 1896 年出版的《法律冲突论》中详细论述了国际礼让说中原已存在的既得权思想。一方面，一国法律具有属地性，不承认外国法的域外效力，并强调管辖权冲突的解决，要比法律适用的确定具有优先意义；另一方面，国内法院有时如考虑到外国法的效力，它所承认和执行的也不是外国法本身，而是当事人依据该外国法所取得的权利（既得权）。该学说把外国法作为确认既得权利的存在根据这一法律事实来加以承认。

在西方国家的国际私法理论中，既得权说曾享有很高的地位，被作为解决法律冲突和法律适用问题的理论根据与理论基础。1934 年比尔主编的美国法学会《美国冲突法重述（第一次）》，就是以这个理论为基础编写的。但它一方面否认外国法的域外效力，另一方面又试图承认与执行外国法所创设的权利，在理论上自相矛盾，难以自圆其说。第二次世界大战后，该说在美国"冲突法革命"中，受到了猛烈的抨击，1971 年里斯主编的《美国冲突法重述（第二次）》即抛弃了这个主张。

4. 法律社会目的说

这是跨越现代国际私法学和当代国际私法学的一种理论。早在 20 世纪初，法国学者毕叶在《国际私法原理》中指出，法律冲突是主权冲突；主张探索特定法律所追求的目的，来决定法律的地域适用范围。他把法律按社会目的区分为个人保护法和社会保护法来确定应适用何国法，前者是超地域的、属人的，后者是属地的。

20 世纪 50 年代，法国著名的国际私法学家巴迪福尔主张，根据法律所体现的社会目的来决定法律的适用。在其 1977 年出版的《国际私法利益论》中，他又将利益分析与其原来的法律社会目的说相结合，提出类似美国的"利益分析论"。总之，在法律社会目的论的基础上，20 世纪 20 年代的"价值论"、60 年代德国的"利益论"和巴迪福尔的主张，构成了欧洲大陆近一百年来的法律适用理论。

5. 法权独立自主说

这是 20 世纪初中国学者的主张。自 1840 年鸦片战争后，先后有 16 个帝国主义国家凭借不平等条约，在中国享有领事裁判权，中国逐步沦为半殖民地社会。在国际私法学方面，尽管在内容上主要是引进西方国家的国际私法及其理论学说和资料，但一般都主张"取消领事裁判权""外争国权"等。其中，傅疆、曹履贞明确主张"法权独立自主"。例如，傅疆认为："保护外人权利，必先有自主独立之法权。否则，领事裁判权侵入，国际私法亦无由发生，故国际私法与领事裁判权，不两立者也。"他们的主张和呼吁，对于促使制定 1918 年《法律适用条例》、1929 年《外国人法》，具有重大影响。

（二）当代国际私法学（1917年至今）

现代和当代国际私法学的划分是相对的，例如，斯托里1834年的《冲突法评论》，承袭了荷兰的属地主义和国际礼让说，奠定了美国国际私法学的基础，而巴迪福尔的"法律社会目的说"出现于现代国际私法学阶段，但一直发展至今。当代国际私法学，除了原有国际私法学说的继续发展外，主要的国际私法学说有以下几种。

1. 对外政策需要说

苏联和东欧社会主义国家，在适用外国法的理论上，奉行对外政策需要说。如在苏联著名学者隆茨的著作中可以找到是否适用外国法取决于"对外政策的需要"的论述。在国际私法的内容范围上，多主张包括统一实体法规范，有的甚至主张包括国内专用实体法规范。例如，民主德国的魏曼（Weimann）、保加利亚的库梯科夫（Kutikoff）等，就有此主张。随着1991年前后，苏联解体和东欧剧变，"对外政策需要说"已经衰落。该说于20世纪五六十年代在中国曾有影响。

2. 比较国际私法学说

比较国际私法学说起源于第一、二次世界大战之间，现有很大的发展，在社会主义国家、发展中国家和发达国家都有发展，代表人物为德国的拉贝尔（E. Rabel，1874—1955），也称未来学派。

3. 法院地法说（新属地主义说）

这是对第二次世界大战后美国国际私法学的综合称呼，也称为反对传统学说的扩大法院地法说。主张采用实证方法，因而也被称为"实证主义—经验主义学派"。在美国"冲突法革命"中，又有各种各样的主张：（1）本地法说（local law theory）。美国学者库克在其1942年出版的《论冲突法的逻辑和法律基础》中坚持经验主义冲突法观点，直接针对"既得权理论"，认为法院承认的并不是依外国法产生的权利，而只是依本国法律所产生的权利；法院所执行的并不是外国法，而永远只是自己的法律。虽然有时也考虑外国的某种实体规则，但这时法院只是采用了那个国家的法律中与本国法律规则相同或相近似的规则，是把外国法规则"合并"到"本地法"中。该理论把适用外国法说成是适用合并了外国法的本地法，实际上是采取了拒绝适用外国法的态度。（2）"政府利益分析说"（governmental interest analysis theory）。美国学者柯里（B. Curlie，1912—1965）在其1963年出版的《冲突法论文集》中提出了"政府利益分析说"，认为过去的一切法律适用标准都是不确切的，应该以政府利益作为适用法律的唯一标准。他将法律冲突区分为"虚假冲突"和"真实冲突"：于"虚假冲突"，即在国际民商事关系中只有在某一外国有利益的情况下，才会适用该外国法；于"真实冲突"，即双方都有利益时，适用本地法，但这又违背了该说要适用有利益关系的政府所属国法的原意。因为政府利益分析说本身存在的缺陷，后来又有学者提出了"损害比较说""较好法律说""功用分析说""合理调节说"等。（3）其他各种法院地法说。除了上述理论学说外，比较有影响的还有：艾伦茨威格（Ehrenzweig）的"适当法院的适当法律说"，卡弗斯（Cavers）的"优先选择原则说"，莱弗拉尔（Leflar）的"五点考虑说"，麦克多加（Mcdoga）的"综合利益分析说"等。

4. 法律直接适用说

希腊学者弗朗西斯卡基斯（Francescakis）在其1958年发表的文章《反致理论和国际私法的体系冲突》中提出该说，但颇具争议。

5. 最密切联系说

最密切联系说最早在英国判例中出现。1954 年纽约上诉法院在审理奥汀诉奥汀案时，美国纽约州法院首席法官富德（Fuld）阐述并运用了最密切联系理论；1963 年在贝科克诉杰克逊案中，他又一次运用了这一理论。在这两个案件中，富德用其确定合同之债及侵权行为之债的准据法，取代了传统的做法。里斯认为富德的做法是国际私法发展中的一个里程碑，并在主编《美国冲突法重述（第二次）》时，正式采用了这一新理论。该说认为，在确定某一法律关系的法律适用时，不应机械、呆板地根据该类法律关系的本座来确定准据法，而应当根据具体法律关系的各种主、客观因素进行权衡，选择与其有最密切联系的法律作为其准据法。也就是说，一国适用外国法是基于该外国法同有关国际民事关系有最密切的联系。

6. 国际交往互利说（平等互利说）

20 世纪 80 年代以前，中国一些国际私法学者一度受苏联"对外政策需要说"的影响，在编写国际私法统编教材时，提出了"国际交往互利说"（平等互利说）。后来，在一系列国际私法教材和专著中有所阐述和介绍。① 该学说认为，在处理国际民事法律冲突问题时，在确认一国法律具有域内效力和域外效力的基础上，有时需要适用外国法；而一国适用外国法的行为，在本质上是基于"国际交往互利"或"平等互利"和维护其本身的利益的需要。其理由是：（1）国际政治、经济关系发展及国际民事交往发展的必然要求。为了促进这些关系，公平、有效地实现其法律调整，稳定当事人间的民事关系，维护交往利益，维护自身的利益，适用外国法是必要的，有时适用外国法，反而对自己有利。（2）从有利于国际民事争议的解决和判决得到外国的承认与执行等角度考虑，某些情况下一定要适用外国法，如不动产物权、行为方式等。（3）适用外国法实际上是各国间主权和法律协调的结果。贯彻国际法上对等互惠原则与互相适用对方国的法律有着内在联系，是互相尊重主权的必然结果。（4）一国用立法形式规定有条件地适用外国法，并不违背国家主权原则，相反，正是国家主权原则的运用，是适用内国冲突规范的必然结果。

第四节　国际私法和国际私法学的发展展望

一、国际私法和国际私法学产生、发展的条件

（一）国际私法产生和发展的条件

国际私法是在国际民事交往中形成的，其决定性的因素是经济的发展水平，而法律是特定社会经济基础的上层建筑，经济基础决定上层建筑。

1. 国际私法产生的经济和法律条件

随着各国、各地区经济发展而出现的国际民事、经贸关系的产生和发展，是国际私法产生的经济基础。中国和欧洲的国际私法萌芽与形成的历史，都证明了这一点。

---

① 袁成弟. 国际私法教程. 重庆：西南政法学院校内教材，1984；74 - 75. 章尚锦. 国际私法. 北京：中国人民大学出版社，1992；37 - 38. 李双元等. 中国国际私法通论. 北京：法律出版社，1996；81.

中国在公元 618 年至 907 年间的唐朝，虽是封建国家，但对外开放，有许多外国人如大食人、波斯人、日本人、朝鲜人等到中国进行贸易、学习或定居，因此产生了许多含有外国（国际）因素的民事关系。但各外国人的本国法往往和中国法因彼此间规定不同而产生法律冲突。在这种情况下，公元 651 年唐《永徽律·名例》中就明确规定了萌芽状态的冲突规范。后来，宋时又有跨国继承方面的规定，而《大明律》《大清律》改属人主义和属地主义相结合为单纯的属地主义。但由于重刑轻民、民刑不分，以及 1840 年鸦片战争后中国沦为半封建、半殖民地社会，16 个帝国主义国家在中国享有领事裁判权，阻碍了中国国际私法的发展，到清末方从外国引进国际私法学，1918 年才仿照外国制定了《法律适用条例》。而该条例，由于是在半封建、半殖民经济基础的条件下，在领事裁判权的束缚下，在帝国主义互相矛盾、斗争中制定的，因而不仅存在不足，而且无法得到执行。1923 年的修改草案，则根本没有公布，胎死腹中。这说明经济是基础，对国际私法的产生具有决定性作用。1949 年中华人民共和国成立，国际私法才获得了新的发展。

在欧洲，公元前 8 世纪的奴隶社会，已有人际私法《万民法》。经过 11 世纪至 13 世纪的封建中世纪，14 世纪以后意大利各城市国家，随着经济的发展，国际经贸和人员交往，特别是各城市国家间的经贸交往日益繁荣。公元 12 世纪至 13 世纪，意大利出现了早期注释学派萌芽状态的法理学国际私法，14 世纪中叶出现了法则区别说；18 世纪，欧洲各国已普遍发展了资本主义，于是，1756 年《巴伐利亚法典》、1794 年《普鲁士法典》先后制定了冲突规范；1804 年《法国民法典》则制定了大量国际私法规范，1896 年《德国民法施行法》是系统的专门的国际私法典。国际私法就在欧洲自由资本主义向垄断资本主义过渡的基础上形成了。而亚洲的日本，随着"明治维新"的成功，发展了资本主义经济和国际经贸交往关系，也在 1898 年制定了《法例》。这些都说明，经济和国际经贸关系的发展是国际私法产生、发展的经济基础。

国际私法产生的法律条件包括：（1）承认外国人民事法律地位而不是特权地位是产生国际民事关系和发生法律冲突的前提，也是产生冲突规范和国际私法的前提条件。（2）有关国家民事立法规定不同。（3）相互承认民事立法具有域外效力。

2. 国际私法发展的经济和法律条件

随着世界经济的发展，国际私法也获得发展。自国际私法在 19 世纪末形成了制定法国际私法和判例法国际私法，并获得了一定的发展后，形成了现代国际私法、资本主义一统天下的国际私法。第一次世界大战前，随着垄断资本主义的发展和帝国主义的侵略扩张，世界大部分地区沦为殖民地、附属国，资本主义发展不平衡加剧，各列强政治、经济要求不同，世界动荡不安，国际私法处于停滞不前状态。1917 年建立的苏联，特别是第二次世界大战后出现的东欧人民民主国家，纷纷制定了国际私法规范和国际私法典。而随着 20 世纪四五十年代以来，科学技术和交通运输工具突飞猛进的发展，在国际经贸关系迅猛发展的推动下，新的国际民事关系不断出现，如科技合作研究、合作生产、工程承包、劳务合作、多式联运、国际保理、电子商务、网络等不断出现。在当今世界经济一体化趋势中，在国际私法统一要求和全球规范性冲突加剧同时并存的条件下，国际私法将有进一步的发展。

法律条件的发展、变化也影响和促进着国际私法的发展：（1）产生国际私法的法律条件发展、变化的影响，如对于同一国际民事关系，有关国家民事立法规范相同程度的变化，直接影响冲突规范和国际私法的内容；（2）国际条约的影响，缔结或参加的双边司法互助协定和国际私法公约数量及内容的发展、变化，如协调国籍国法和住所地国法、惯常居住地法公约的规定；（3）国际私法本身立法内容和结构体系的互相影响和促进，如《德国民法施行法》影响了《日本法例》和中国的《法律适用条例》，英美判例法国际私法的内容范围影响了捷克、前南斯拉夫、瑞士和土耳其的国际私法立法，从而使国际私法内容体系更充实、更完善；（4）英美法系国家新的国际私法判例的影响；等等。

（二）国际私法学产生和发展的条件

1. 国际私法学产生和发展的经济条件

在这方面，国际私法学和国际私法的原理是相同的，经济是基础，国际私法学是上层建筑。例如，在中国唐朝，原始状态冲突规范出现的同时，《唐律疏议》中的有关"疏议"（注释）出现了；14世纪意大利的"法则区别说"，则是学说和法结合在一起。两者出现的基础条件都是经济和经贸交往关系的发展。

2. 国际私法学产生和发展的法律条件

在中国，国际私法学和国际私法几乎是同时出现的，《永徽律》和《唐律疏议》几乎是同时发布的，而正式出现国际私法著作和立法，是在清末和民国初期。在欧洲的意大利，国际私法是在有了法律冲突和法律资料的条件下产生萌芽并逐步形成的。先是有罗马法，早期注释学派对罗马法进行注释以适应当时的需要，从而出现了国际私法的萌芽。然后，后期注释学派（评论学派）一方面运用特别法优于普通法的原则，解决实践中罗马法和城市国家法则间的法律冲突；另一方面，充分运用对罗马法注释的材料和各城市国家编纂的"法则汇编"，提出了系统解决城市国家间法则冲突的"法则区别说"。法则区别说既被认为是国际私法学，也被认为是学说法或法理学国际私法，为普通法系所采用，不分法和学，在欧洲统治了五百年左右之后，才在巴伐利亚和普鲁士出现了国际私法规范——冲突规范。国际私法学产生的基础法律条件和国际私法相同。

3. 国际私法学产生和发展的其他条件

国际私法学的产生和发展，是和包括经济、法律条件、传统、政治形势、国际交往在内的各国国情、国家利益紧密联系在一起的。（1）公元7世纪中叶中国的属人主义和属地主义结合说，是为了调整当时众多的中国人与外国人之间、外国人与外国人及外国本国人之间的民事关系而提出的。而自1902年起，在帝国主义领事裁判权束缚下的中国，傅疆、曹履贞就提出了"法权独立自主说"①。（2）14世纪的意大利法则冲突影响了城市国家间的经贸交往，后期注释学派便运用古罗马法注释的材料，提出了"法则区别说"。（3）17世纪荷兰的"国际礼让说"是学者们在"法则区别说"的基础上提出来的，目的是让资本主义的荷兰以主权为工具，反对西班牙的殖民统治，排斥西班牙的法律在荷兰适用。同样，1834年斯托里的属地主义和接受荷兰的"国际礼让说"，目的在于清除英国的殖民统治和法律影响。（4）19世纪的"法律关系本座说"，由萨维尼从学术研究上提出，但《德国民法施行法》未采用，因为不符合德国当时重新瓜分世界殖民地企图的要求。（5）19世纪孟西尼的"国籍法说"，既为了统一意大利服务，也为了扩大内国法对在国外的移民的适用。（6）19世纪末期英国的"既得权说"，是为了维护大英帝国殖民统治的既得利益。美国采用后，于20世纪70年代予以抛弃，因为在新的历史条件下，该说已不符合美国的利益。（7）欧洲大陆的"法律社会目的说"，便于将内国法扩

---

① 章尚锦. 章尚锦文集. 北京：知识产权出版社，2005：11-12.

大适用于国外移民。（8）20世纪上半叶出现的"比较国际私法学"，是从统一冲突规范出发，有利于国际经贸交往发达的国家。（9）第二次世界大战后美国出现"冲突法革命"，这时，美国处于资本主义世界霸主地位，提出了要扩大美国法适用的新属地主义主张等。

二、国际私法和国际私法学的展望

进入21世纪后，在新的国际经济、政治、法律形势下，在新科学技术突飞猛进地发展的条件下，在构建法治国际社会与构建和谐世界的进程中，国际私法和国际私法学也将有一个新的大发展。这里只从国际私法法典化、条约化和国际私法学共同性增长趋势方面做一个展望。

（一）国际私法法典化、条约化趋势

作为国际关系中基础关系的国际民事关系，随着第二次世界大战结束以来世界经济快速发展，以及经济全球化、一体化的发展趋势，出现了私法统一、国际私法统一化要求加强和全球规范性冲突加剧同时并存的局面，以及随着世贸组织的建立，国际民事关系空前发展，国际私法的作用增强了，国际私法的内容丰富了。1896年《德国民法施行法》、1898年《日本法例》、1918年中国《法律适用条例》等，都只限于冲突规范。而20世纪60年代以来，国际私法典的内容包括了外国人民事法律地位、法律适用、国际民事诉讼和国际商事仲裁管辖权、诉讼程序、国际司法协助等，条文数由30条左右发展到200条左右或更多。作为法律部门之一的国际私法，在21世纪会进一步发展，在立法模式、内容和体系结构上都将有新的发展，适用范围将日益扩大，普及化、法典化、条约化、完善化将进一步加强。

（二）国际私法学共同性增长趋势

从半个多世纪国际私法学的发展形势来看，21世纪将是国际私法学波浪式持续繁荣、发展的世纪。在国际私法趋同化过程中，国际私法学共同性将加强，内容的共同性不断增长，将会出现新的国际私法学理论和学说。国际私法学共同性增长趋势是指：在国际民事交往日益频繁和发达，新的国际民事关系不断出现，各国国际私法相互吸收、融合的情况下，以国际私法作为研究对象的国际私法学的主张、内容、范围有逐步趋向基本一致或一致的现象。这种共同性增长趋势表现在：（1）各国国际私法立法的内容和结构趋向一致。（2）在国际私法基本理论、制度、知识基本一致的基础上，不同主张的国际私法著作的内容日益雷同。（3）最密切联系原则被普遍接受。（4）制定法和判例法国际私法内容、范围日益相同。（5）欧美利益学派、新属地主义有互相融合的倾向。（6）各国国际私法立法中法律适用原则的规定日益相同或接近。

三、中国国际私法和国际私法学的展望

（一）中国国际私法发展的展望

中国国际私法学术界讨论制定国际私法法典的问题已有多年。2001年全国人大常委会首次审议的《中华人民共和国民法典》（草案）第九编拟定了"涉外民事关系的法律适用法"部

分。2009 年全国人大常委会又重新启动了国际私法立法工作。2010 年 8 月 23 日，全国人大常委会二次审议《涉外民事关系法律适用法》，并于同年 10 月 28 日三次审议正式通过了该法，自 2011 年 4 月 1 日起施行。但该法并不是中国国际私法的全部。在中国，制定国际私法典的必要性、迫切性、现实性是明显的，主、客观条件也已具备：我国已加入世贸组织，国际民事关系迅猛发展，但在实践中因缺乏完善的国际私法而遭受损害。相关部门和社会曾进行强烈呼吁，以及国际私法立法落后于实践、教学、研究等都说明制定国际私法法典的必要性和迫切性。因此，从中国国情和实际出发，以有利于发展国际民事交往，构建国际法治社会与和谐世界，贯彻时代性、国际性、科学性和可操作性等为原则，我国应制定专门的完善的国际私法法典，内容上可包括总则、法律适用、司法和仲裁管辖权、国际民事诉讼和国际商事仲裁程序、附则等，为和平、发展、合作和构建和谐世界服务。

（二）中国国际私法学的展望

近三十多年来，中国国际私法学空前发展，从目前"百家争鸣""百花齐放"的形势看，21 世纪将是中国国际私法学持续繁荣、发展的世纪，但也是激烈竞争的世纪。其发展总趋势为：（1）国际私法学持续繁荣、发展，前半世纪和后半世纪的情况会有所不同。一方面，国内外国际私法学的共同性可能会增长，但又会保持中国国际私法学的特色；另一方面，中国自己的国际私法学的共同性也会进一步增长，但又各有自己的特点，有所不同。（2）不同国际私法学体系同时并存、发展，将出现大量新的国际私法学著作和教材。（3）国际私法学的理论和学说将会有新的发展，比较国际私法学、最密切联系说、国际交往互利说、一机两翼说、国际私法趋同化说、国际私法学共同性增长说、合同要素论、实体法取向说、国际私法和冲突法区分说、大中小国际私法的区别等，会有所发展、变化，当然，也许会有消长或出现新的更好的国际私法理论和学说。（4）国际私法学的理论与实践将紧密联系。中国涉外、涉港澳台民事纠纷案件持续增多，国际私法学不仅要面对实际问题，而且要发挥理论研究先行一步的作用，着力解决中国涉外、涉港澳台民事纠纷案件处理中的实践难题，着手研究中国涉外、涉港澳台民事纠纷案件可能面临的新情况。

课后练习

1. 意大利"法则区别说"的内容及在国际私法中的地位。（考研）
2. 简析柯里的"政府利益分析说"。（考研）
3. 试述 20 世纪以后国际私法发展的新特点及其在立法上的表现。（考研）
4. 你认为中国国际私法学界在未来五年应加强对哪些问题的研究？请举例加以说明。（考研）
5. 关于国际私法学的体系，以下说法正确的是（　　）。
    A. 大陆法系国家与英美法系国家在这一点上是相同的
    B. 英美法系国家分管辖权、法律适用和判决执行三部分
    C. 大陆法系国家分管辖权、法律适用和判决执行三部分
    D. 大陆法系国家采取总则、分则形式，英美法系国家则不然

6. 在 6 世纪至 10 世纪，欧洲国家在处理人际冲突时，其法律适用采取（　　）。

    A. 绝对的属人主义

    B. 绝对的属地主义

    C. 属人主义与属地主义相结合，以前者为主

    D. 属人主义与属地主义相结合，以后者为主

第三章

冲突规范和准据法

本章概要

　　本章教学，旨在系统介绍冲突规范和准据法等国际私法的基本概念，使学生了解准据法及确定准据法的基本规则和方法，从而掌握国际私法的一般原理和基本规则。本章主要包括以下内容：冲突规范的概念和特征、结构和种类、连结点、冲突规范的软化处理、系属公式、准据法及其确定规则。

关键术语

　　冲突规范　单边冲突规范　双边冲突规范　重叠适用的冲突规范　选择适用的冲突规范　范围　系属　系属公式　属人法　物之所在地法　行为地法　旗国法　冲突规范的软化处理　连结点　准据法

第一节　冲突规范

一、冲突规范的概念和特征

（一）冲突规范的概念

　　冲突规范（conflict rules）是指在调整国际民事关系时，指明某一国际民事关系应适用何国法律来确定当事人之间权利义务关系的法律规范。它又被称为"法律适用规范"、"法律选择规范"、狭义的"国际私法规范"、"冲突法规范"。

　　在国际私法中，存在大量的法律规范，例如，人的权利能力适用（或依）当事人本国法，不动产所有权适用不动产所在地法，合同方式依合同缔结地法，合同关系适用当事人所选择的法律，等等。这类规范在国际私法上的专用名词就叫冲突规范。我国《民法通则》第八章"涉外民事关系的法律适用"中第 142～149 条都属于这类规范，如第 144 条规定："不动产的所有权，适用不动产所在地法律。"

（二）冲突规范的特征

（1）结构上：冲突规范的结构和实体法规范的不同，冲突规范的结构由"范围"和"系属"两部分构成；而实体法规范的结构，包括假定、处理和制裁三部分，分别概括了该法律规范的适用条件、规定内容和违反规定的后果。

（2）内容上：冲突规范只指明某一国际民事关系应适用何国法律，并不直接规定国际民事关系当事人的权利义务；而实体法律规范直接规定当事人的权利义务。

（3）性质上：冲突规范是一种既不同于实体法规范，也不同于程序规范的特殊类型的法律规范，又称为技术性法律规范。一方面，它不同于实体法规范，并不直接规定当事人的权利义务；另一方面，它也不同于程序规范，不直接规定诉讼关系的内容或程序规则。因而，通常认定其为只规定法律适用规则的特殊法律规范。

（4）作用上：冲突规范对国际民事关系只起"间接调整作用""路标作用"。冲突规范只有与其所援引的某国实体法律相结合，才能最终确定国际民事关系当事人的权利义务，这一点与实体规范直接确定当事人间的权利义务不同。

二、冲突规范的结构

冲突规范是由范围和系属两部分组成的，通常表述为："……适用……法律"或"……依……法律"。例如，在"不动产的所有权，适用不动产所在地法律"这条冲突规范中，"不动产的所有权"是范围，"不动产所在地法律"是系属。

1. 范围

范围（category）又被称为"连结对象""指定原因""诉讼动因"，它是指冲突规范所要调整的国际民事关系或所要解决的问题。在典型的冲突规范中，"范围"一般位于冲突规范的前半部分。例如，在"人的行为能力，适用当事人本国法"这条冲突规范中，"人的行为能力"是其"范围"；在"侵权行为的损害赔偿，适用侵权行为地法律"这条冲突规范中，"侵权行为的损害赔偿"为其"范围"。此外，物权、知识产权、权利能力、合同方式、结婚条件、婚姻方式、抚养、法定继承、遗嘱继承等，各种各样的国际民事关系或法律事实或法律问题都是有关冲突规范的"范围"，是冲突规范的基础。

2. 系属

系属（attribution）又被称为"冲突原则"，它是指冲突规范中指明该冲突规范所调整的国际民事关系应适用的特定法律的那一部分。在典型的冲突规范中，"系属"一般位于冲突规范的后半部分。在前述"范围"中列举的两条冲突规范中，"当事人本国法"和"侵权行为地法律"，分别为这两条冲突规范的"系属"，它们分别指明了"人的行为能力"这一法律问题和"侵权行为的损害赔偿"这一国际民事关系应适用的特定法律。

三、连结点

（一）连结点的概念

连结点（point of connect）又称"连接因素""联系因素"（connecting factor）或"连接根据"（connecting ground），它是指冲突规范系属中据以确定国际民事关系应当适用的法律的客观标志部分。连结点是冲突规范中一个很重要的部分，它是把冲突规范的"范围"与所应适用的法律联系起来的因素、纽带或媒介。它反映了某种国际民事关系与一定地域的法律之间客观的、内在的联系，从而使冲突规范调整的国际民事关系，可以借助连结点作为纽带和媒介，找到应适用的准据法。例如，在"不动产所有权，适用不动产所在地法律"这条冲突规范中，"不动产所在地"就是连结点，它是确定不动产所有权应予适用的法律的根据。

运用冲突规范解决国际民事法律冲突的方法，实际上就是"连结点"选择的方法、确定的方法。国际私法历史发展中出现的诸多理论、学说，也正是围绕着"连结点"展开的，这些都说明"连结点"在国际私法上的重要意义。

（二）连结点的种类

1. 客观连结点和主观连结点

以是客观存在的标志还是当事人合意为标准，可以区分为这两类连结点：（1）客观连结点，是一种客观存在的标志，主要有国籍、住所、居所、物之所在地、法院地、行为地等；（2）主观连结点，是指当事人之间的合意，主要指当事人选择适用于合同之债的连结点。

2. 动态连结点和静态连结点

以是否可以改变为标准，可以区分为动态和静态两类连结点：（1）动态连结点，是可以改变的连结点，如国籍、住所、居所、动产所在地等；（2）静态连结点，是固定不变的连结点，主要是指不动产所在地，以及涉及过去的事件或行为地，如婚姻举行地、侵权行为地、合同缔结地等连结点。

3. 开放性连结点和硬性连结点

以是否具有灵活性为标准，可以区分为开放性连结点和硬性连结点：（1）开放性连结点，是具有一定灵活性的连结点，一般由法官根据具体案情自由裁量，如最密切联系地等；（2）硬性连结点，是指非常确定的、不具有灵活性的连结点，如侵权行为地、住所地等。

（三）常见的连结点

1. 国籍、住所或居所

主要用于解决有关人的身份、能力、亲子关系（亲权）、继承等的法律适用问题。例如，"人之能力依其本国法（或住所地法）""继承依被继承人国籍所属国法"；我国《民法通则》第149条规定，遗产的法定继承，动产适用被继承人死亡时住所地法律。

2. 物之所在地

主要用于解决有关物权或与物权有关的问题的法律适用问题。例如，"物权依物之所在地法""建筑物区分所有权，适用建筑物所在地法律""相邻关系，适用不动产所在地法律"；我国《民法通则》第149条规定，遗产的法定继承，不动产适用不动产所在地法律。

3. 行为地

主要用于解决相关法律行为的法律适用问题。由于法律行为多种多样，行为地也分为很多种，包括合同缔结地、债务履行地、付款地、侵权行为地、出票地、背书地、婚姻举行地、立遗嘱地等。

4. 当事人合意

这是确定合同关系的法律适用的一个重要连结点。例如，"涉外合同的当事人可以选择合同所适用的法律、国际条约、国际惯例，但法律另有规定的除外"。

5. 法院地

这也是常见的连结点，经常用于解决对法院地国有重大影响的国际民事关系的法律适用，也常常作为法律适用的补救连结点。我国《民法通则》第 147 条规定，中国人和外国人"离婚适用受理案件的法院所在地法律"。我国《海商法》第 275 条规定，海事赔偿责任限制，适用受理案件的法院所在地法律。

6. 最密切联系地

这是从 20 世纪 50 年代发展起来的一个连结点，有逐渐发展成为一般连结点的趋势。例如，"涉外合同当事人没有选择的，适用与合同有最密切联系的国家的法律"。我国《民法通则》第 148 条规定："扶养适用与被扶养人有最密切联系的国家的法律。"

四、冲突规范的种类

根据系属的不同，可以将冲突规范区分为单边冲突规范、双边冲突规范、重叠适用的冲突规范和选择适用的冲突规范共四种类型。所谓"系属"不同，实际上就是"连结点"不同。

（一）单边冲突规范

冲突规范的"系属"直接指出某国际民事关系应适用某国法的冲突规范，叫作单边冲突规范（unilateral conflict rules），也叫单方冲突规范。其本质特点是，其"系属"或者指明应适用外国法，或者指明应适用内国法。多数的单边冲突规范都是直接规定只适用内国法，而且多为一种附条件的指定，所附的条件多为当事人的国籍或住所、标的物的所在地等。

"系属"直接指明应适用内国法的单边冲突规范在 1896 年《德国民法施行法》中规定得最多；1804 年《法国民法典》中也有不少规定。前者，如第 24 条第 1 款规定："德国人之继承，虽于外国有住所，依德国法。"后者，如第 3 条第 2 款规定："不动产，即使属于外国人所有，仍适用法国法律。"在中国，新中国成立后最早的一条冲突规范也是单边冲突规范。1983 年《中外合资经营企业法实施条例》（2019 年修正）第 12 条规定："合营企业合同的订立、效力、解释、执行及其争议的解决，均应适用中国的法律。"

"系属"明确指出应该适用特定国家的法律或国际条约的单边冲突规范，都是规定在双边国际条约中的。例如，《苏联和比利时、卢森堡经济同盟临时贸易专约》第 13 条规定："关于苏联驻比利时商务代表处订立或担保的贸易合同的一切争执，如在该合同中没有关于司法管辖或仲裁的专门条款，应受比利时法院的司法管辖，并依比利时法令解决。"

从上述内容可以看出，单边冲突规范只规定一个明确的连结点，而且常常是附条件的，因此，此类冲突规范已经很少被当今各国国际私法立法采用了。

（二）双边冲突规范

双边冲突规范（bilateral conflict rules）是指系属中含有抽象的连结点，并以该连结点为依据，推定应适用某国法的冲突规范。这类冲突规范的连结点是抽象的，具有隐含的双边意义，它指向的法律既可能是内国法，也可能是外国法，因而被称为双边冲突规范。

例如，我国《民法通则》第 144、147、148、149 条都是双边冲突规范。以第 144 条"不动产的所有权，适用不动产所在地法律"这条冲突规范为例，其"系属"只指明应根据"不动产所在地法律"来处理，至于到底依何国法处理，还要根据不动产具体所在地来确定：如果不动产位于汉堡，则依德国法处理；如果不动产位于北京，则依中国法处理。

在双边冲突规范中，还有一种不完全（或有条件的或有限制的）双边冲突规范。例如，我国《民法通则》第 147 条的规定——"中华人民共和国公民和外国人结婚适用婚姻缔结地法，离婚适用受理案件的法院所在地法律。"就是这种规范，它并不适用于所有含有涉外因素的结婚或离婚关系，而仅仅适用于主体一方是中国公民而另一方是外国人的那种结婚或离婚关系。

可以说，双边冲突规范是一种比较完备、适用方便的冲突规范，近年来各国的国际私法立法已经越来越多地采用这种形式。

（三）重叠适用的冲突规范

重叠适用的冲突规范（double rules for regulating the conflict of laws），是指规定了两个或者两个以上的系属，并且必须同时适用于某一国际民事关系的冲突规范。例如，1902 年《关于离婚和别居的海牙公约》第 2 条规定："离婚之请求，若非依夫妇之本国法和法院地法皆有离婚之原因时，不得为之。"这表明，离婚理由必须同时适用夫妻的本国法和法院地法，只有两者均认为有离婚理由时，才准许当事人提出离婚请求。又如我国《民法通则》第 146 条规定，侵权行为之债，在适用侵权行为地法或当事人共同本国法或共同住所地法时，必须中国法律也认为是侵权行为时，才能作为侵权行为处理。

在许多情况下，重叠适用的冲突规范所规定的两个或者两个以上必须同时适用的法律中都有一个是法院地法。之所以如此，无非是因为所要调整的法律关系对于法院地有重要影响，需要用法院地法对此加以限制。这种类型的冲突规范在立法中已经较少采用。

（四）选择适用的冲突规范

选择适用的冲突规范（choice rules for regulating the conflict of laws），是指规定了两个或者两个以上的系属，选择其中之一适用于国际民事关系的冲突规范。根据选择的不同方式，这类冲突规范又可分为两种。

1. 无条件选择适用的冲突规范

在这种冲突规范所规定的两个或两个以上的系属中，法院和当事人可以任意选择其中之一加以适用，而不分主次、前后，也不附带任何条件。例如，1964 年日本《关于动产遗嘱方式的准据法》第 2 条规定："遗嘱方式符合下列法律之一的，其方式有效：（1）行为地法；（2）遗嘱人立遗嘱或死亡时国籍所属国的法律；（3）遗嘱人立遗嘱或死亡时的住所地法；（4）遗嘱人立遗嘱或死亡时的经常居所地法。"也就是说，动产遗嘱的方式，只要符合上述任何一个法律的规定，其方式即为有效。

2. 有条件选择适用的冲突规范

这类规范只允许在规定的两个或两个以上系属中按先后顺序或有条件地选择其中之一适用于有关国际民事关系。例如，我国《民法通则》第 145 条规定："涉外合同的当事人可以选择处理合同争议所适用的法律……涉外合同的当事人没有选择的，适用与合同有最密切联系的国家的法律。"这就是按顺序选择的冲突规范，只有在前一种主要的法律无法得到适用或具备了适用后一种法律的条件时，才能选择较次要的法律或后一种法律。又如 1984 年《秘鲁民法典》第 2083 条的规定——"婚姻中子女地位的确定，依婚姻举行地法或子女出生时夫妻婚姻住所地法，视其中何者最有利于子女的准正"，应该说这是一条以"最有利于成为婚生子女"为条件的选择性冲突规范。美国学者西蒙尼德斯把上述这类有条件的选择性冲突规范称为"结果定向的双边规则"。他认为，结果定向的双边规则的目的，是要获得某种事先需要的实体结果，该实体结果可能是下面的一种：促进诸如遗嘱、结婚、普通合同等法律行为的形式有效或实质有效；促进某种身份关系的成立，例如非婚生子女的准正、配偶关系的确立，甚至促进某种身份关系的解除（如离婚）；有利于特定当事方，例如侵权行为的受害者、消费者、受雇用者、被扶养人，以及其他被法律视为弱者而其利益应受保护的任何人。[①]

这里需要说明的一点是，实际上重叠适用的冲突规范和选择适用的冲突规范也可以说是特殊类型的双边冲突规范，只是其中规定了两个或两个以上具有双边意义的系属。

在现代各国国际私法立法中，上述四种冲突规范常常交替出现：如果国家认为对于某些国际民事关系特别需要依自己的实体法处理，就常采用单边冲突规范；如果国家要对某些国际民事关系从严掌握，可采用重叠适用的冲突规范，而且常要求重叠适用法院地法；如果国家认为某些国际民事关系可以从宽掌握，便可以采用双边冲突规范或选择适用的冲突规范。[②] 目前，双边冲突规范和选择适用的冲突规范，特别是选择适用的冲突规范，在各国国际私法立法中所占的比重明显增加，增强了冲突规范中连结点的灵活性，符合当今国际民事交往的需要。

五、冲突规范的"软化处理"

冲突规范的"软化处理"（softening process），是指 20 世纪中叶以来，在许多国际私法中出现的，旨在克服冲突规范机械、僵化的缺陷，即实现通过规定多数连结点、开放的连结点、扩展或分割法律关系类型等方式，创造"灵活冲突规范"的基本目的，以适应调整当今国际民事关系的国际私法的立法倾向和理论思潮。总的来看，软化冲突规范的基本目的在于，通过软化连结点，即采用开放的连结点、扩展或分割法律关系类型等方式，创造"灵活的冲突规范"，以克服冲突规范呆板、僵化、机械的缺陷。

（一）冲突规范"软化处理"的理由

国际私法产生之时，国际民事关系的种类少且内容简单，相应的冲突规范也比较简单，同时，为追求稳定、确定和概括，往往只规定一个"连结点"。这在国际私法产生之初是合理和适宜的。随着国际民事交往的日益频繁，特别是第二次世界大战后，伴随世界经济一体化趋势

---

① 西蒙尼德斯. 20 世纪末的国际私法——进步还是退步？. 宋晓，译//民商法论丛. 第 24 卷. 香港：金桥文化出版（香港）有限公司，2002：388-389.

② 韩德培. 国际私法. 武汉：武汉大学出版社，1989：53.

的出现，国际民事交往长足发展，在国际民事关系日益多样化、内容日益复杂化的条件下，只有一个连结点的冲突规范过于简单和确定的缺陷逐渐显现，并暴露出僵化和呆板的弱点；在越来越多的个案中，往往造成有悖公平和正义的法律适用后果。因此，对传统的冲突规范进行改造，首先应克服这种传统的硬性规范所具有的僵化性，以增强法律选择的灵活性。

（二）冲突规范软化处理的方式

在运用传统的冲突规范进行法律选择的过程中所形成的识别、反致、外国法内容的查明、公共秩序保留等制度，都赋予法院法官一定的自由裁量权，从而在一定程度上克服了传统的冲突规范本身所具有的僵硬性和呆板性，是一种从消极方面对冲突规范进行软化处理的最初形式。[①] 当代冲突规范的软化趋势，即采取各种手段克服传统冲突规范的僵固性，使法官在适用法律时能够较灵活地在两个或两个以上的法律之间进行选择。冲突规范的软化处理方式主要表现为以下几点。

1. 采用灵活开放或复数可以选择的连结点

冲突规范的软化处理，关键在于连结点的软化处理。

（1）采用灵活开放的连结点。

连结点的软化，最重要的是以灵活、开放的连结点取代僵化的、封闭的连结点。实践中，就是以当事人的合意和最密切联系地等连结点来根本改变传统连结点的僵硬性，使得冲突规范能在复杂的、多元化的国际民事关系中发挥妥当处理争议的积极作用。例如，我国《民法通则》第 145 条第 2 款规定："涉外合同的当事人没有选择的，适用与合同有最密切联系的国家的法律。"1978 年《奥地利联邦国际私法法规》第 1 条规定："与外国有连结的事实，在私法上，应该依与该事实有最强联系的法律裁判。"

（2）采用复数、可以选择的连结点。

这种方法就是在国际私法中，对适用于特定国际民事关系的冲突规范，规定两个或两个以上可供选择的连结点，从而软化连结点、软化冲突规范的方法。这种方法可以说是软化连结点的一种简单而有效的方法，使法院能够有机会适用使法律关系有效成立的，或较能反映法律关系的重心所在地的，或有利于保护弱方当事人的法律。采用这种方法软化连结点，有以下几点合理性：1）它与国际民事关系法律调整的要求存在内在的联系。采用多数连结点，赋予冲突规范以一定的选择性，例如，有的国家就允许当事人在侵权行为实施地和损害后果发生地这两个连结点中，选择一个作为确定侵权损害赔偿案件准据法的连结点。2）反映了国际私法发展的价值取向。给特定范围内的国际民事关系增加连结点，从而增强法律适用的可选择性，是国际私法为克服冲突规范和连结点僵化、机械的缺陷而形成的发展趋势。3）体现了"与其使之无效，不如使之有效"原则的精神。这是国际实践中出现的一种新倾向，尽量使国际民事关系有效成立，有复数连结点时，就可选择有效的连结点。

在国际私法的立法实践中，各国较普遍地采用了可选择连结点的冲突规范。例如，1982 年《土耳其国际私法和国际诉讼程序法》第 14 条规定："对于调整夫妻财产关系所适用的法律，夫妻双方可以在他们的住所地法或他们结婚时的本国法中选择。当事人没有选择的，适用夫妻双方共同的本国法。没有共同本国法的，适用缔结婚姻时夫妻共同住所地法。没有共同住所地法，则适用财产所在地法。"在国际条约的实践中，1961 年《海牙遗嘱处分方式法律冲突

---

① 李双元，张明杰.论法律冲突规范的软化处理.中国法学，1989（2）：114-118.

公约》第1条规定，凡遗嘱处分方式符合下列各国内法的，应为有效：立遗嘱人立遗嘱时所在地法；或立遗嘱人作出处分或死亡时的本国法或住所地法或惯常居所地法；在涉及不动产遗嘱时，则适用财产所在地法。

2. 对同类法律关系细分并分别制定冲突规范

这也是对冲突规范软化处理的常见方法。在国际私法中，对于同类法律关系，依其不同的性质加以进一步区分，并分别规定冲突规范。在国际私法中，原先囿于国际民事交往类型的单调，对同类法律关系常常不进行细分，往往只规定一条冲突规范、一个连结点，这显然已经不能适应国际经济交往和国际经济关系日益多样化和复杂化的发展趋势。第二次世界大战以后，由于科学技术的新发展，法律关系逐渐向复杂和多样化发展，而这种发展在侵权和合同领域表现得最为明显。

在侵权领域，产品责任、交通事故、环境污染、网络诽谤等越来越成为重要的问题，从而使侵权这一类法律关系更加复杂化和多样化。如果一味坚持适用侵权行为地法，就无法公平、公正地解决一些特殊的国际侵权案件，因此，必须对同类法律关系进行细分，分别制定各自的冲突规范。

在合同领域，许多国家都已经开始把合同划分为不同种类，并分别制定法律选择规则。另外，许多国家的法律和国际条约出于对弱方当事人的保护，针对雇佣合同、消费合同和保险合同等制定了专门的法律适用规则。

3. 对法律关系中的不同方面分别制定冲突规范

在国际私法中，对同一法律关系的不同方面分别制定冲突规范，也是对冲突规范软化处理的一种方法。自法则区别说以来，有些国际私法学者始终主张把法律行为能力、法律行为方式、法律行为内容加以区分，并依不同的连结点分别确定准据法。例如，有关合同关系的法律适用问题，可以针对合同的不同方面分别确定准据法，即缔约能力依属人法；合同方式依缔结地法；合同关系依当事人所选择的法律；没有选择的，依最密切联系的法律；等等。

法律关系往往由不同的方面和环节构成，并且部分和部分之间、环节和环节之间往往具有相对的独立性，它们一般都有自己的重心，如果一概要求所有的方面和环节都受同一个连结点所指引的法律支配，就会给人一种机械地运用法律适用规则的感觉。因此，对同一法律关系的不同方面进行划分，对不同的方面规定不同的连结点，也是一种对传统冲突规范进行软化处理的方法，虽然这种方法过去就存在，但现在有进一步发展的趋势。

这里需要指出的是，冲突规范的软化处理就是在确定性的基础上给传统的冲突规范增加一定的灵活性，从这种意义上来说，对连结点的软化是有一定限度的。封闭性的冲突规范和灵活性的冲突规范代表着两种不同的法律价值观，前者代表稳定性、明确性和可预见性，后者则代表灵活性，而法律通常是二者的统一。因此，既不能完全抛开确定性，也不能忽视灵活性，二者各有优劣，单靠其一是无法很好地解决国际私法问题的，需要在二者之间找到一种平衡，并需要在实践中不断深入探索。

第二节　系属公式

一、系属公式的含义

在长期的国际私法实践中，有些双边冲突规范的系属，因具有普遍、稳定和典型的性质，而被逐渐固定和保留下来，成为"系属公式"（formula of attribution）。由于单边冲突规范的系属只具有具体而确定的含义，而重叠适用和选择适用的冲突规范虽然也可以说是双边冲突规范，但实际上是一般形式双边冲突规范的组合运用，所以这些冲突规范的"系属"都不能形成真正的"系属公式"。

二、常见的系属公式

（一）属人法

属人法（Lex personalis；the personal law）是指国际民事关系主体的国籍、住所、惯常居所所属国家的法律，是以自然人的国籍、住所、惯常居所为连结点的系属公式。属人法经常被用来确定人的权利能力和行为能力方面的一些问题，诸如能力、身份、婚姻家庭和动产继承等方面的法律冲突问题。

属人法早在公元13、14世纪就已开始形成和适用。在19世纪中叶以来的国际实践中，大陆法系国家，如法、德、意、比、荷、西班牙、葡萄牙、瑞典、芬兰、希腊、土耳其、伊朗、日本、叙利亚、古巴及拉丁美洲一些国家，把属人法理解为人的国籍所属国法，一般称为国籍国法或本国法；而普通法系国家，如英、美、阿根廷、巴西、秘鲁、尼加拉瓜、巴拉圭、挪威、丹麦、冰岛等，则把属人法理解为人的住所地法。之所以有这种不同连结点的安排和不同的理解，是有其历史原因的，与不同国家的人口流动、法域构成、国际民事交往的特质等有内在联系。

在20世纪80年代以前，中国一直认为国籍才是一个人与国家最稳固法律联系的标志，所以以人的国籍国法或本国法作为属人法，只在例外情况下，如对无国籍人，才以住所地法作为属人法。但自20世纪80年代以来，我国有扩大住所地法适用范围的倾向，例如，《民法通则》第八章已有两处开始使用"住所地法"和"定居国法"的概念；而《涉外民事关系法律适用法》开始使用"经常居所地"作为属人法的连结因素。

还有一个法人属人法（the personal law of legal person）的概念，一般是指法人的国籍国法，经常被用来解决一系列有关法人权利的问题，如法人成立的条件、内部组织及职权、权利能力和行为能力、法人财产的处理等。

（二）物之所在地法

物之所在地法（Lex res situs；Lex situs；the law of the place where thing is located）是指国际民事关系客体物的所在地国家的法律，是以民事关系客体物之所在地作为连结点的系属公式。它曾被作为解决物权法律冲突最基本的原则，如"物权依物之所在地法""不动产所有权适用不动产所在地法"等。但在当前国际私法中，许多国家只对不动产物权关系适用物之所在地法，而对动产物权关系适用当事人属人法。

（三）行为地法

行为地法（Lex loci actus；law of the place where act occurs）是指法律行为完成地国家的法律，是以法律行为或有法律意义的行为之完成地为连结点的系属公式。行为地法来源于古老的"场所支配行为"原则。由于法律行为的性质不同，客观上存在各种各样的法律行为，因而有各种各样的行为地法，行为地法表示一系列的系属公式：（1）合同缔结地法（Lex loci contractus），是指合同签订地国家的法律，是以合同签订地为连结点的系属公式，通常用来解决合同成立、合同方式，特别是合同有效性问题；（2）合同履行地法（Lex loci solutionis），是指履行合同义务地国家的法律，是以合同履行地作为连结点的系属公式，经常用来解决合同当事人之间的权利义务关系问题；（3）侵权行为地法（Lex loci delicti），是指侵权行为发生地国家的法律，是以侵权行为地为连结点的系属公式，经常用来解决因不法行为而发生的债务问题，但对侵权行为地有加害行为地和损害发生地两种理解；（4）婚姻举行（缔结）地法（Lex locic elebrationis），是指婚姻缔结地国家的法律，是以婚姻缔结地为连结点的系属公式，一般用来解决婚姻方式问题，但也不排除解决婚姻实质要件问题。

（四）当事人所选择的法律（当事人意思自治）

当事人所选择的法律（Lex voluntatis；party autonomy），是以当事人的合意选择为连结点的系属公式，经常用来解决合同债务纠纷问题，也用于解决有关信托内容的法律冲突。意思自治原则是16世纪法国学者杜摩林首创的，后来为许多资本主义国家所接受，目前为全世界所承认和采用的冲突原则。我国《民法通则》第145条第1款规定："涉外合同的当事人可以选择处理合同争议所适用的法律，法律另有规定的除外。"《涉外民事关系法律适用法》第49条规定："当事人可以协议选择知识产权转让和许可使用适用的法律。当事人没有选择的，适用本法对合同的有关规定。"但是这并非代表当事人的意思自治不受法律的约束。《涉外民事关系法律适用法司法解释》第6条规定"中华人民共和国法律没有明确规定当事人可以选择涉外民事关系适用的法律，当事人选择适用法律的，人民法院应认定该选择无效。"可见在中国当事人合意选择的前提是法律赋予当事人选择的权利。

（五）法院地法

法院地法（Lexfori；law of the place of court）是指审理案件的法院所在地国家的法律，是以法院地作为连结点的系属公式，一般用来解决诉讼程序问题，但也可用来解决下列问题：（1）国内立法、国际条约没有有关国际私法规范所规定的条文时；（2）国际私法案件的诉讼程序；（3）识别依据；（4）被冲突规范援引的外国法违反了法院地国家的公共秩序；等等。但对于何为诉讼程序问题，大陆法系国家和普通法系国家有不同的理解，如时效、同类反请求问题等，大陆法系国家认为是实体问题，普通法系国家认为是程序问题。

（六）旗国法

旗国法（law of the flag）是指国旗所属国家的法律，是以国旗为连结点的"系属公式"，常常用来解决和船舶、飞行器等相关的一些问题。

（七）最密切联系地法

最密切联系地法（law of the place of most signification relationship）是指与国际民事关系有最密切联系国家的法律，是以最密切联系因素为连结点的系属公式。最密切联系原则是自20世纪五六十年代在法律关系本座说基础上发展起来的冲突原则，开始用来解决合同和侵权的法律冲突问题，目前有逐渐发展为解决国际民事法律冲突一般法律适用原则的趋势。我国

《涉外民事关系法律适用法》第 2 条第 2 款规定："本法和其他法律对涉外民事关系法律适用没有规定的，适用与该涉外民事关系有最密切联系的法律。"

第三节 准据法

一、准据法的概念和特征

（一）准据法的概念

准据法是国际私法所特有的概念，是指被冲突规范所援引的，用来确定国际民事关系当事人之间具体权利、义务的某国（特定国家）的实体法。例如，我国《民法通则》第 144 条规定："不动产的所有权，适用不动产所在地法律。"在这条冲突规范中，不动产所在地国家的实体法，就是有关不动产所有权关系的准据法。如受理案件的法院应用这条冲突规范，确认所涉不动产位于中国并适用中国实体法，则中国有关不动产所有权的实体法，就是该不动产所有权关系的准据法。可见，准据法是国际民事关系所具体适用的法律，而不是冲突规范所抽象指定的法律，所以，冲突规范的法律调整作用，不能离开准据法。

准据法的英文表述有三个含义类似的词：the proper law，the applicable law，the governing law。在我国，比较公认的英文是 the applicable law。

（二）准据法的特征

（1）准据法必须是由冲突规范援引的某国实体法。如不是由冲突规范所援引的某特定国家的实体法，则不能称为准据法。无论是统一实体法还是直接适用的国内专用实体法，未经冲突规范援引，不能称为准据法。

（2）准据法必须是能够具体确定国际民事关系当事人间权利、义务的某国的实体法。内国冲突规范基于反致、转致、间接反致而适用的外国冲突规范，虽然也是为冲突规范所援引的外国法，但因其不能直接用来确定当事人间的权利义务关系，不能称为准据法。准据法通常应该是现行有效，能够具体确定当事人权利、义务的某国实体法。但有时已失效的或被废除的或尚未生效的法律，也可能会成为准据法，这将根据我们下面所要讲的解决实际法律冲突问题时所持的态度而定。

（3）准据法不是冲突规范逻辑结构的组成部分，必须结合具体的事实才能确定。任何一个国际民事案件都有自己的准据法。准据法和系属是有区别的：系属是一个抽象的概念，准据法是具体确定当事人权利、义务的，只有和案件的具体事实结合起来才能确定。

（4）准据法不是笼统的法律制度或法律体系，而是一项项具体的"法"。也就是说，准据法是某国具体的实体法规范或法律文件，而非该国的法律制度或法律文件。因为法院不可能依据笼统的法律制度或法律体系（如中国法律或美国法律）来确定当事人的权利、义务，而只能依据具体规定了当事人权利、义务的法律规范或法律条文来确定。

二、准据法的确定

确定准据法，要有法可依。所谓准据法的确定，是指司法机关和仲裁机构等如何根据国际私法上冲突规范的规定，来确定应予适用的准据法。

（一）根据国际私法规范来确定准据法的过程

准据法都是经过国际私法规范的指引，结合具体的案情来确定的。一般来说，这个过程大致可以分为三个步骤。

1. 通过"识别"，确定应予适用的冲突规范、连结点和可能的准据法

通过"识别"，确定有关国际民事关系的性质，确定连结点，找出应予适用的冲突规范，从而初步确定何国实体法为准据法。

2. 解决可能出现的准据法确定中的几个特殊问题

在确定应予适用的冲突规范后，根据冲突规范的援引，确定应以某国实体法为准据法，但还可能出现一系列特殊的问题需要加以解决。通常是指存在区际法律冲突或时际法律冲突或人际法律冲突，需要确定先决问题的准据法等，但这些问题并不是所有案件都会遇到的。

3. 公共秩序保留等基本制度的制约

经过上述一系列过程，最终确定以某一外国法作为解决国际民事关系的准据法之后，还可能遇到公共秩序保留、反致、法律规避和外国法内容的查明等问题，这些都会对外国法的适用起到一定的限制作用。但其中的反致和法律规避，也不是所有的案件都会遇到的。

（二）解决准据法确定中的几个特殊问题

1. 区际法律冲突与准据法的确定

当冲突规范援引某一外国法，该外国是一个法律不统一的国家，而冲突规范又是以国籍而不是以住所、居所或行为地为连结点时，就会发生适用哪个法域的法律的区际法律冲突问题。

在国际实践中，解决区际法律冲突的原则有：（1）法院直接依据冲突规范中的连结点，如当事人住所、居所、行为地、物之所在地等，来确定准据法。（2）依该国的区际冲突规则确定准据法，就是根据冲突规范所援引的国家的法律规定的区际冲突法来确定。如1966年《波兰国际私法》第5条规定："应适用的外国法有数个法律体系时，应适用何种法律由该外国法律确定。"（3）按解决国际法律冲突的原则解决区际法律冲突。如《葡萄牙民法典》第20条规定："在外国无区际私法时，采用该外国的国际私法。"（4）如果冲突规范中的系属为"本国法"，以当事人的住所地法、居所地法或所属地法代替本国法。（5）两种方法结合运用，如1978年《奥地利联邦国际私法法规》第5条第3款规定："如外国法由几部分法域组成，则适用该外国法所指定的那一法域的法律。如无此种规则，则适用与之有最密切联系的那一法域的法律。"

我国1988年《民法通则意见》第192条规定："依法应当适用的外国法律，如果该外国不同地区实施不同的法律的，依据该国法律关于调整国内法律冲突的规定，确定应适用的法律。该国法律未作规定的，直接适用与该民事关系有最密切联系的地区的法律。"《涉外民事关系法律适用法》第6条规定："涉外民事关系适用外国法律，该国不同区域实施不同法律的，适用与该涉外民事关系有最密切联系区域的法律。"

2. 时际法律冲突与准据法的确定

时际法律冲突会发生在法律对时间因素不明确规定的场合。一国在制定国际私法规范时，对时间因素的考虑，会出现两种情况：(1) 考虑"时间"因素的影响，即在冲突规范中明确规定应适用何时的法律，这样就会避免时际法律冲突的产生。例如，我国《民法通则》第 149 条规定，遗产的法定继承，动产适用被继承人死亡时住所地法律。这就明确规定了是"死亡时"的住所地法律。(2) 并不明确规定适用何时和何地的法律。如果立法中没有明确规定应适用何时和何场所的法律，实践中往往就会产生新、旧法之间的矛盾，即产生时际法律冲突。例如，"不动产适用不动产所在地法律"就没有规定适用何时的"不动产所在地法律"，当不动产所有权关系产生前后的法律规定不一致时，就会发生时际法律冲突。在合同关系领域，往往采用当事人意思自治原则，当事人选定的法律在合同履行时如果发生变更，也会产生时际法律冲突。

国际私法上的时际法律冲突有以下三种情况。

(1) 法院地国的冲突规范在国际民事关系确立后发生变更（可能是冲突规范中的连结点发生变化，或限定连结点的时间因素发生变化，也可能是二者同时发生变化）。对于这种情况，一般按照时际冲突法的基本原则，即法律不溯及既往和新法优于旧法的原则加以解决。所以，在国家改变冲突规则时，应在有关立法中明确规定新的冲突规则是否有溯及力，如果有溯及力，应明确溯及的范围和条件。如 1964 年日本《关于动产遗嘱方式的准据法》的附则规定："本法也适用于施行本法之前所立的遗嘱，但遗嘱人在本法施行之前死亡的，其遗嘱仍依从前的法律。"

(2) 法院地的冲突规范未变，但其指定的准据法发生了改变。这时究竟是适用国际民事关系成立时的旧法，还是适用已经改变了的新法？一般也是按照时际冲突法的一般原则解决。但是对于在国际合同当事人合意所选择的准据法发生变化的情况下，是否应适用新法的问题，在国际私法理论上一直有争议。一种观点认为，应该适用国际合同关系成立时的旧法，理由是：当事人协议选择的准据法，是他们根据该国际合同关系成立时的情况决定的，它一旦订入合同，就成为合同的内容，不能随准据法本身的改变而改变，如依新法就等于改变了当事人之间的权利义务关系。另一种观点认为，应该以新法代替旧法，理由是：当事人既然选定某国的法律作为准据法，就表明他们已经认定他们之间的法律关系是由该国的整个法律制度调整的，包括其已经变化了的法律。

(3) 法院地国的冲突规范未变，但作为冲突规范的连结点的当事人的国籍、住所或物之所在地等发生了变化，需要确定是适用原来的连结点所指定的法律，还是适用新的连结点所指定的法律。这在国际私法理论上叫作"动态冲突"。对于这种情况，各国的立法和司法实践中没有形成一致的解决办法，一般是根据不同国际民事关系的性质，从有利于公正、合理解决案件的角度出发，分别采取可变原则和不变原则两种方法。所谓可变原则，是指某些国际民事关系可以适用变更后的连结点所指定的准据法。允许改变的连结点有动产所在地、船旗国、法人的经营或管理中心与个人的国籍、住所或居所。所谓不变原则，是指准据法不因连结点的变更而改变，即仍适用原来的连结点所指定的准据法。不允许变更的连结点包括不动产所在地、婚姻举行地、遗嘱成立地、侵权行为地和法人住所地等。

3. 人际法律冲突与准据法的确定

在理论上和实践中，人际法律冲突通常通过人际冲突法或人际私法来解决。当冲突规范指定适用存在人际法律冲突的国家的法律作为准据法时，就要根据该外国的人际私法确定应适用该外国哪一成员的法律，如果该外国没有人际私法，则适用与案件或当事人有最密切联系的法律，一般是分别不同民族、种族、宗教而适用各自的法律。例如，在新加坡，穆斯林结婚按伊斯兰法的规定，非穆斯林结婚适用妇女大宪章的规定；穆斯林和非穆斯林结婚，则根据其采用的仪式来决定适用伊斯兰法还是妇女大宪章。

4. 先决问题及其准据法的确定

先决问题（preliminary question）是指为解决国际民事关系的主要问题（principal question），而必须要先行解决的附带问题（incidental problem）。

由于这个问题往往成为解决国际民事案件的前提条件，故称为先决问题。一般地，构成国际私法上的先决问题的要件包括：（1）主要问题的解决依赖于先决问题的解决；（2）先决问题对主要问题来说，具有相对的独立性，在一个案件中可作为一项争议向法院提出，并且该先决问题自身有冲突规则可供援引。

案例 3-1

1968 年英国布伦特伍德婚姻登记员案

一个意大利人娶了瑞士女子为妻，不久，双方在共同住所地瑞士离婚。离婚后女方再婚，男方在英格兰准备和一个住所在瑞士的西班牙女子结婚，但婚姻登记员布伦特伍德以该意大利男子第一次离婚的效力有问题为由，拒绝为他们进行结婚登记。于是该男子就其婚姻能力问题向英国法院提起诉讼。该案中的主要问题是意大利男子的再婚能力问题。依英国冲突规则，再婚能力得依当事人住所地法即瑞士法，但对这个主要问题的解决，取决于他的第一次离婚是否有效，这成为该案主要问题的先决问题。依瑞士的实体规则，该离婚有效；但如果依确定该男子再婚能力的国家的冲突规则即瑞士冲突规则，离婚适用当事人的本国法即意大利法，而意大利法不承认意大利国民可以离婚。

在本案中，英国法院适用了瑞士冲突规则，因而确认该离婚无效，该意大利男子没有再婚能力。

从该案中我们可以看出以下几点。

（1）该案的主要问题是再婚能力的有无，依英国冲突规范，应适用瑞士法。

（2）离婚是否有效是因主要问题而产生的先决问题，它同时可以作为一个独立的问题存在，并且另有确定准据法的冲突规范。

（3）对于离婚效力这一先决问题，若依英国冲突规范（法院地国冲突规范）指定的准据法，离婚为有效；若依瑞士冲突规则（主要问题准据法所属国冲突规范）指定的准据法，离婚为无效。

在上述案件中，主要问题即再婚能力问题，依法院地英国的冲突规范指定的准据法为外国法即瑞士法；依主要问题的准据法所属国的冲突规范（即瑞士冲突规则），离婚适用当事人的本国法即意大利法，意大利法不承认其国民可以离婚；依法院地冲突规范（即英国冲突规范），离婚适用当事人的住所地法即瑞士法，则离婚为有效。

一般认为，上述案件是一个非常典型的具有先决问题的国际私法案例，主要问题依据法院地的冲突规范确定的准据法为外国法，那么在确定先决问题准据法时，就需要在主要问题准据法所属国冲突规范和法院地国冲突规范中做出选择，也就是说，只有在这种情况下，才会出现先决问题准据法确定的问题。

对于先决问题准据法的确定，目前国际私法实践中大致存在三种不同的做法。

（1）主要问题准据法主义，即先决问题的准据法应依主要问题准据法所属国家的冲突规范来确定。这种主张强调附随性，认为同一个先决问题无论在哪个国家审理，都应该适用主要问题准据法所属国的法律，以避免可能出现人为地分割主要问题和先决问题的现象，从而求得两者协调一致的判决结果。目前，英美等国采用此种做法。

（2）法院地主义，即先决问题的准据法应依法院地国家的冲突规范来确定。该主张主要考虑先决问题的相对独立性，因为主要问题与先决问题是两个独立的问题，应按照先决问题的性质，由法院地国的冲突规范来指定其准据法：首先，适用法院地法可以实现内国判决的一致；其次，适用法院地法可以保持法律政策的一致性；再次，先决问题既然是一个独立问题，就应该与主要问题一样，独立地适用法院地国的冲突规范；最后，先决问题经常涉及的是结婚、离婚及其他有关身份的问题，与法院地国有着非常密切的关系。因此，应当适用法院地国的冲突规范确定先决问题的准据法。2012年《最高人民法院关于适用〈中华人民共和国涉外民事关系法律适用法〉若干问题的解释（一）》第12条规定，"涉外民事争议的解决须以另一涉外民事关系的确认为前提时，人民法院应当根据该先决问题自身的性质确定其应当适用的法律"。

（3）个案分析主义，即根据个案不同情况决定先决问题的准据法应适用哪国冲突规范来确定。在大陆法系国家，大多数学者认为对先决问题准据法的解决倾向于根据先决问题与法院地国和主要问题准据法所属国中哪个国家的联系更加密切来决定，是否有密切联系主要根据重心所在地、当事人的利益、案件具体情况以及主要问题的特点等来判断。而在英美法系国家，大多数学者认为确定先决问题的准据法不应该有统一的规则，应该在个案中根据法院地国的政策利益、公共秩序问题、法院判决的一致性、法院地法的合理解释、国际协调的促进、反致、公平/正义等因素，来决定应适用哪国的冲突规范确定先决问题准据法。

课后练习

1. 简述准据法的概念和特点。（考研）
2. 简答属人法的含义及发展趋势。（考研）
3. 简述连结点在国际私法中的地位、作用和发展趋势。（考研）
4. 下列选项中哪些法律规定属于冲突规范？（　　）（法考）
   A. 不动产的所有权，适用不动产所在地法律
   B. 中华人民共和国民法调整平等主体的公民之间、法人之间、公民和法人之间的财产关系和人身关系
   C. 扶养适用与被扶养人有最密切联系的国家的法律
   D. 中国已婚的公民，夫妻双方在国外但未定居，一方向人民法院起诉离婚的，应由原告或被告原住所地人民法院管辖
5. "在中华人民共和国境内履行的中外合资经营企业合同、中外合作经营企业合同、中外合作勘探开发自然资源合同适用中华人民共和国法律。"该条属于下列选项中哪一类型的冲突规范？（　　）（法考）
   A. 单边冲突规范
   B. 双边冲突规范
   C. 重叠适用的冲突规范
   D. 选择适用的冲突规范

6. 下列选项中哪些属于冲突规范中的静态连结点？（　　　）（法考）
   A. 不动产所在地
   B. 婚姻举行地
   C. 合同缔结地
   D. 动产所在地

7. 李某房产继承案（1986 年）

李某于 1938 年在家乡广东台山与范某结婚，婚后一直没有子女。1943 年，李某前往美国定居，住在加利福尼亚州洛杉矶。1967 年 11 月李某与周某在美国内华达州结婚。1981 年 7 月，李某在美国去世。在李某的遗产中，有一栋位于广州的 4 层楼房。1986 年 5 月，已离开广东台山到香港定居多年的范某得知李某在美国去世后，到广州某公证处办理了继承上述房产的有关证明，同年 7 月领得房屋产权证。周某在美国得知这一情况后，立即委托代理人向广州某区人民法院起诉，要求继承其亡夫留下的上述房产。

问题：该案中是否存在先决问题？该案应如何处理？为什么？

第四章
与适用冲突规范有关的制度

本章概要

本章系统地介绍了国际私法上与适用冲突规范有关的基本制度，即识别、反致、法律规避、外国法内容的查明和公共秩序保留。这些问题是国际私法学者长期以来一直研究和探讨的国际私法理论中的基本制度。通过本章的学习，读者可以掌握这些基本制度的概念、特征和运用原理，了解这些基本制度的不同理论主张及其在实践中的具体运用。

关键术语

识别　识别依据　反致　转致　间接反致　法律规避　外国法查明　公共秩序保留

第一节　识　别

一、识别的概念

国际私法上的识别（characterization），又称为定性（qualification）或分类（classification），是指法院在适用冲突规范的过程中，根据特定的法律概念对有关的人、物、行为构成的事实进行法律上的分类和解释，赋予它以法律上的名称，给予它以法律上的地位，以便具体确定应予适用的冲突规范及其所援引的某国实体法，并对有关的冲突规范进行解释的认识活动。

国际私法上的识别具有特殊的含义和意义，是和冲突规范的适用过程紧密相连的。识别包括相互制约和影响的两个阶段：（1）对有关的法律事实和问题进行识别，从而确定应予适用的冲突规范，即确定争议问题的性质。如判定是合同问题还是侵权问题，是结婚能力问题还是婚姻形式问题，是实质问题还是程序问题，等等。（2）对冲突规范本身的识别，即对冲突规范中的"范围""连结点"中的有关法律概念进行解释。

国际私法学上对识别问题的研究，是由1889年法国最高法院对马耳他人案（或称安东诉巴特鲁案）的处理引起的。该案案情是：马耳他人安东夫妇在马耳他结婚，1870年前住在马耳他，后来移居到当时的法属阿尔及利亚，安东在那里购置了土地。1889 年安东去世，安东夫人根据马耳他法律向法院要求夫妻共同财产的一半和死者遗产土地的 1/4 用益权。在当时，按法国法，未亡妻依继承权取得亡夫的遗产，不能取得亡夫的不动产土地的收益；按马耳他法，未亡妻依配偶权取得亡夫的遗产，可取得亡夫不动产土地收益的 1/4。因此，对于安东夫人的要求这个事实，按法国法和马耳他法处理会得出不同的结果。而法国当时适用的冲突规范是：配偶权利依结婚时当事人的住所地法，不动产继承依物之所在地法（土地为不动产）。按法国冲突规范，如认为是配偶权利应适用马耳他法，安东夫人可取得亡夫不动产土地收益的 1/4；如认为是继承权则应适用法国法，安东夫人不能取得亡夫不动产土地的收益。最后，法国最高法院在 1889 年把安东夫人的要求确认为配偶权，按法国的冲突规范，应依结婚时当事人的住所地法，即马耳他法，安东夫人取得了亡夫不动产土地收益的 1/4。

从上述法国最高法院对马耳他人案的处理，可以看出：（1）首先要运用特定国家的法律概念对案件加以解释；（2）这种解释是针对特定的人、物和行为等事实构成进行的；（3）解释的结果是对所解释的对象进行法律上的分类，确定其法律性质，确定应予适用的冲突规范；（4）解决这个问题的认识过程就叫识别，也叫定性、分类。当时的识别只是对事实构成进行定性，确定应予适用的冲突规范，并不包括对冲突规范、连结点的解释。

法国最高法院对马耳他人案处理的过程，让国际私法学界产生了极大的兴趣。法国学者巴丹和德国学者卡恩，在 19 世纪末，首先把识别作为国际私法上的独立问题提出来，他们把各国适用同一冲突规范而得出不同结果的现象，称为"识别冲突"（巴丹）或"隐存的法律冲突"（卡恩）；后来，又有学者称之为"冲突规范的冲突"。自此，识别问题在国际私法学界引起了广泛的重视和研究讨论。

二、识别的原因

识别的原因实际上就是识别冲突产生的原因。在处理国际私法案件时，案件总是与两个或两个以上的国家相联系，依不同国家的法律进行识别，其结果往往不同。这就是所谓的识别冲突现象，即由于法院地法与有关外国法对于冲突规范的范围或连结点中同一法律概念赋予不同的内涵，或对于同一事实作出不同的分类，因而采用不同国家的法律进行识别会导致适用不同冲突规范和不同准据法的法律冲突现象。

产生识别冲突的原因主要有以下几个方面。

（1）不同国家对同一事实赋予不同的法律性质，因而可能援引不同的冲突规范。例如，关于未达到婚龄的子女结婚必须得到父母同意的问题，法国法认为属于婚姻能力问题，而英国法认为属于婚姻形式问题。如果是婚姻能力问题，应适用当事人的住所地法；如果是婚姻形式问题，应适用婚姻举行地法。

（2）不同国家往往把具有相同内容的法律问题分配到不同的法律部门中。例如，对于时效问题，一些国家认为它是实体法问题，应依有关冲突规范确定准据法；另一些国家则认为它是程序法问题，只能适用法院地法。

（3）不同国家对同一冲突规范中相同用语的连结点赋予不同的含义。例如，各国法律都主张"不动产物权依不动产所在地法"，但各国对于什么是不动产、什么是动产有不同理解。法国把蜂房当作动产，荷兰则认为是不动产。另外，对于"合同缔结地"，大陆法系国家一般采取到达主义，而英美法系一般采取投邮主义，因此，可能会导致同一个合同的成立地是不同的。对于"侵权行为地"，不同的国家理解也不相同，有的国家认为是侵权行为实施地，有的国家认为是损害后果发生地。

（4）由于社会制度和历史文化传统的不同，一些国家所具有的法律概念，是其他一些国家所没有的。例如，许多国家都有占有时效制度，而中国法中没有这一制度。

三、识别的依据

识别的依据，是指应根据什么原则来确定依何国法律进行识别的问题。由于各国法律、法律观念不同，依不同的法律对相同的法律事实或同一冲突规范进行识别时，可能得出不同的结论，从而对案件作出不同的审判结果。对于识别依据问题，各国国际私法理论、立法和司法实践存在不同主张，综合起来主要有以下主张。

（一）依法院地法识别

此学说是德国学者卡恩和法国学者巴丹首先提出来的，得到许多国际私法学者的支持和许多国家立法与司法实践的肯定。他们主张除动产和不动产依物之所在地法进行识别，合同关系依当事人选定的法律进行识别外，其他方面的识别都应依法院地法进行。理由如下。

（1）冲突规范是国内法，其使用的名词或概念只能依照所属国的法律即法院地法进行解释。依法院地法进行识别，可以保持一国冲突规范与该国其他法律对同一事实情况解释的同一性。

（2）法官熟悉自己国家的法律概念。依法院地法进行识别，简便易行，无须查明有关外国法的内容，并常常是唯一可行的途径。

（3）识别是适用冲突规范的先决条件，在没有解决识别问题之前，外国法的适用问题还没有被提出来，因此，除了法院地法外，不可能有其他法律可作为识别的依据。

反对这种做法的学者认为，依法院地法进行识别，比较武断、狭隘，在法院地法中没有被识别对象的法律概念时，就无法识别了。

综观各国的国际私法理论和立法及司法实践，在审理国际民事案件时采用法院地法进行识别，在大多数国家的理论和实践中占主导地位。

（二）依法律关系准据法识别

这是法国的德帕涅和德国的沃尔夫倡导的，他们认为应根据适用的冲突规范所援引的某特定国家的实体法（准据法）进行识别，即用于解决法律冲突的准据法，同时也应当是解决识别冲突的依据。其理由如下。

（1）准据法是支配具体法律关系的法律，如不依它进行识别，结果就等于准据法没有被适用。

（2）适用冲突规范的目的在于指定准据法，依准据法识别既可避免因对冲突规范识别不准确而歪曲适用法律，又可防止改变应适用的准据法。

（3）以事实构成为出发点来解决识别问题，应采用准据法识别，因为准据法是和事实构成有密切联系的法律。

当今大多数国际私法学者认为这种主张自身存在很大的矛盾，即：在识别之前尚未确定冲突规范，更无从确定准据法。因而这种主张，在理论上是本末倒置、自相矛盾的，在逻辑上是讲不通的；在理论上和实践中支持者不多。

（三）依比较法学和分析法学的方法识别

这是德国学者拉贝尔、英国学者贝克特等的主张，认为识别的标准不能仅仅局限于一国的法律，而应从建立在比较法研究基础上的分析法学中得来，即在比较研究各国法律的基础上得出普遍适用的共同原则、共同概念，寻找出某种各国都能接受的"普遍性概念"或"一般法律原则"，依此进行识别。其理由是：冲突规范是在涉及的若干个法律制度中选择适用何国法的规范，在认识上具有国际普遍性，因而应在比较法和分析法基础上来解决识别依据问题。这是一种理想化但脱离实际的想法，分析各国法律的工作将使法官不堪重负。

（四）个案识别

这是苏联学者隆茨和德国学者克格尔等所提出的，不主张对识别依据问题采取统一的解决办法，而主张对不同的案件分别依不同的法律进行识别。其理由是：识别问题归根到底是对冲突规范的解释问题，不存在统一的识别问题，因而不应采取统一的方法，应按照案情的具体情况和一国制定冲突规范时所追求的目标，来决定是依法院地法还是依相关国家的法律进行识别。该学说考虑到了识别问题的复杂性，具有一定的合理性，但是陷入了不可知论，使识别标准成为游移不定、经常变换的东西，不利于识别问题的解决。

（五）依法律制度的功能识别

此学说是德国的纽包斯在 1962 年提出的，主张依法律制度在社会生活中的功能进行识别。持这种观点的学者认为，以上各种方法都是从法律结构上的定性来解决识别依据问题的，存在一些不足，应该从考察法律制度的目的和社会功能入手，对相关问题进行识别，可以较好地解决问题。例如，对于后亡配偶的财产请求权，在国际私法上常用法律结构的定性方式，将之视为"夫妻财产法上的请求权"或"继承法上的请求权"，但它显然忽视了后亡配偶财产请求权的目的。因为无论是哪种请求权，其目的都是相同的，无非要使后亡的配偶得到应得的财产，使之生活不至于发生困难。依照纽包斯的观点，既然两种请求权具有同样目的、同样功能，不如将"财产法上的请求权"的行使限制在配偶双方生存时的财产关系上，而在一方死亡时，即应适用"继承法上的请求权"，也就是适用死亡配偶（被继承人）死亡时的本国法。[①]

（六）两级识别说

"两级识别说"（primary and secondary characterization）最早由英国学者戚希尔于 1938 年提出来，他把识别分为"一级识别"（primary characterization）和"二级识别"（secondary characterization）："一级识别"的任务是"把问题归入适当的法律范畴"或按照法律分类对事实加以归类；"二级识别"是"给准据法定界或决定其适用范围"。两者的区别在于：一级识别发生在准据法选出之前，必须依法院地法；二级识别发生在准据法选出之后，要依准据法进行识别。

历史上"两级识别"只反映在英、美等几个国家的判决中，如苏联十月革命后，英国法院

---

① 马汉宝. 国际私法论文选辑. 上. 台北：五南图书出版公司，1984：381-383.

对于哈斯股东公司在英国银行的存款被国有化后要求提款案，以及第二次世界大战后美国法院对第三世界国家的国有化案，都是采用了"两级识别"。现在多数国家都不采用两级识别的方法。

反对"两级识别"的理由是：（1）客观上根本不存在"二级识别"。识别是在冲突规范适用的过程中产生的一个问题，目的在于确定一条应予适用的冲突规范，从而确定准据法。既然找到了准据法，识别的任务也就完成了。（2）难以给无限多样的事实划分出"一级""二级"识别的标准。既然要区分"一级""二级"识别，就需要一个划分的标准，但是这个标准是很难确定的，而且将损害国际私法中原有的识别规则，导致混乱。因此，所谓的"二级识别"是不存在的，它实质上是对外国法的解释和运用问题。

综观上述各种理论，它们都有一些缺陷和不足。法院地法说、准据法说和两级识别说的缺陷在于，它们都试图用一种方式或一种固定的模式来解决形形色色的识别问题。个案识别说有相当大的灵活性，但其弹性太大，使识别方法成为游移不定的标准。

一般来说，各国法院普遍依法院地法对与案件有关的事实或问题进行识别，但又不能把依法院地法识别作为一种僵硬不变的模式，在下列情况下，应适当考虑依与案件有密切联系的有关法律制度来识别：（1）如果依法院地法识别，而法院地法中没有关于某一法律关系的概念，就应按照组成该法律关系的外国法确定它的概念；（2）如果有关冲突规范是由条约规定的，应以该条约作为识别的依据；（3）特殊的或专门的国际民事关系，如动产或不动产的识别，应根据财产所在地国家的法律规定。

四、中国有关识别的理论和立法

中国国际私法学界对于如何解决识别冲突问题，也有种种不同的主张，归纳起来主要有以下三种。

第一种主张认为：每一项涉外民事关系中都含有一个主要方面。识别冲突的解决应该是比较一项涉外民事关系的各个方面，找出其主要方面，依与主要方面关系有关的国家的法律进行识别。而所有的法律关系根据主要方面可分为三大类：第一类是以财产为中心的法律关系，应依财产所在地法进行识别；第二类是以人为中心的法律关系，应依人的属人法进行识别；第三类是以行为为中心的法律关系，应依行为地法进行识别。

第二种主张认为：一国法院在处理涉外民事案件时应依与案件有最密切联系的国家的法律进行识别。所谓与案件有最密切联系的国家的法律，实际上就是可能成为准据法的所属国家的法律。也就是说，用来解决争讼问题的准据法同时也就是对有关事实构成等识别对象进行识别的依据。其理由是，与涉外民事案件联系最密切的法律对事实构成、名词概念的解释最切合有关案件的实际。用这种法律进行识别，可以避免因对有关案件事实构成等识别对象定性不准确而造成适用不同冲突规范、歪曲案件性质、导致相互抵触的判决的不合理结果。

第三种主张认为：一国法院在处理涉外民事案件时，一般情况下应依法院地法进行识别。这种主张有利于促进国际民事交往，保护民事关系稳定；有利于当事人合法权益的维护，也便于案件的处理。只有当出现特殊情况时才考虑依与案件有密切联系的法律进行识别：（1）有条约明确规定时，依条约规定进行识别；（2）动产和不动产的识别依物之所在地法进行；（3）对于法院地法未作任何规定的问题的识别，依对该问题有规定的有关外国法。

我国最高人民法院 1989 年发布的《全国沿海地区涉外、涉港澳经济审判工作座谈会纪要》

专门提到了"两个诉因并存的案件的受理问题"，其中规定："一个法律事实或法律行为有时可以同时产生两个法律关系，最常见的是债权关系与物权关系并存，或者被告的行为同时构成破坏合同和民事侵害。原告可以选择两者之中有利于自己的一种诉因提起诉讼，有管辖权的受诉法院不应以存在其他诉因为由拒绝受理。但当事人不得就同一法律事实或法律行为，分别以不同的诉因提起两个诉讼。"1999 年《合同法》第 122 条规定："因当事人一方的违约行为，侵害对方人身、财产权益的，受损害方有权选择依照本法要求其承担违约责任或者依照其他法律要求其承担侵权责任。"可见，我国法院对于侵权和合同的竞合问题是允许当事人选择诉因的。

2010 年《涉外民事关系法律适用法》对识别的依据作出了明确的规定，采用了大多数国家的立法和司法实践所遵循的依法院地法进行识别的做法，其第 8 条规定："涉外民事关系的定性，适用法院地法律。"

第二节　反　致

一、反致的概念和种类

（一）反致的概念

广义的反致（renvoi）是指在处理国际民事案件时，法院根据本国冲突规范的援引，在确定准据法的过程中，没有援用外国的实体法，而是接受了外国冲突规范的援引，最终适用本国实体法或第二、第三、第四国的实体法处理了案件的法律适用过程。

尽管 17 世纪中叶，荷兰、瑞士法院中已出现过"反致"问题，但国际私法学界真正对"反致"问题产生广泛兴趣并进行研究，是从 1878 年法国最高法院对福尔果继承案的处理开始的。该案的案情是：居住在法国的巴伐利亚人的私生子福尔果，1801 年 5 岁时随母亲到法国，并一直在法国生活，在法国有事实上的住所。按照当时法国法律的规定，外国人在法国取得住所必须办理"住所准许"的法律手续，而福尔果在法国从未办过这种手续。1869 年福尔果死于法国，死前未立遗嘱，但在法国留下了一笔动产（存款）遗产，其在巴伐利亚的旁系亲属，根据巴伐利亚法律享有继承权，因而向法国法院要求取得这笔遗产。法国法院受理了这个案件，根据法国法，"动产继承依被继承人的原始住所地法"，应适用巴伐利亚法律；但根据巴伐利亚法律中的冲突规范，"无遗嘱的动产继承依事实上的住所（承认实际住所）地法"，据此，应适用法国法。法国最高法院在 1878 年根据法国法作出了判决，确认这笔遗产为无人继承的财产，收归法国国库所有。法国法院这个适用法律的过程，被称为反致。

（二）反致的种类

反致，包括狭义的反致和转致、间接反致，英国法中还有"双重反致"。

1. 狭义的反致（remission）

狭义的反致，又称"一级反致""直接反致"，是指当甲国法院在审理某个国际民事案件时，根据内国冲突规范的援引，应适用乙国法，但根据乙国法中的冲突规范，这个国际民事案件应适用甲国法，最后，甲国法院按照内国实体法处理这个案件的法律适用过程。例如，前述福尔果继承案。

2. 转致（transmission）

转致，又称"二级反致"，是指当甲国法院在处理某国际民事案件时，根据内国冲突规范的援引，应适用乙国法，但乙国法中的冲突规范规定，这个案件应适用丙国法（第三国法），最后甲国法院按丙国实体法处理这个案件的法律适用过程。例如，德国法院在确定一个定居在法国的中国公民是否具有行为能力的问题时，根据德国冲突规范"自然人的权利能力和行为能力依其本国法"的规定，应适用中国法，而中国《民法通则》第143条规定，"中华人民共和国公民定居国外的，他的民事行为能力可以适用定居国法律"，如果德国法院根据这条规定，转而适用法国的实体法确定该中国公民的行为能力问题，这个适用法律的过程，就构成了转致。从理论上讲，转致还可能出现再转致，即丙国冲突规范援引丁国法，丁国冲突规范又援引戊国法，最后，法院按戊国实体法处理了案件的法律适用过程。但这种再转致的情况不多。

3. 间接反致（indirect renvoi）

间接反致，又称"大反致"，是指当甲国法院在处理某个国际民事案件时，根据内国冲突规范的援引，应适用乙国法，但乙国法中的冲突规范规定，该案件应适用丙国法，而丙国法中的冲突规范指向适用甲国法，据此，甲国法院适用内国的实体法作为准据法处理这个案件的法律适用过程。它比反致、转致更复杂，司法实践中不多见。

4. 双重反致（double remission，double renvoi）

双重反致是英国冲突法中独有的反致制度，是指英国法官在处理特定范围（如家庭法问题以及遗赠有效性等问题）的涉外民事案件时，如果依英国冲突规范应适用某一外国法，英国法官应将自己视为在该外国审判，依该外国对反致的态度，决定最后所应适用的法律。如果英国冲突规范所指向的那个国家承认反致，就会出现双重反致；如果英国冲突规范所指向的那个国家不承认反致，就只会出现单一反致；如果英国冲突规范所指向的那个国家承认转致，还可能出现转致。

二、产生反致的原因

国际私法上出现反致问题，是因为具备了产生反致的主、客观两个方面的条件。

（1）主观原因，是产生反致的前提条件。审理涉外案件的法院认为，它的冲突规范指向的是某外国法的全部，既包括该国的实体法，又包括该国的冲突法。

如果法院地国把本国冲突规范所援引的外国法仅理解为该国实体法，依该实体法就可确定双方当事人的权利、义务，反致问题就不会发生。因此，认为本国冲突规范所指引的外国法是该外国法的全部，是反致产生的主观条件。

（2）客观原因，是产生反致的根本条件。相关国家针对同一国际民事关系或同一法律问题所制定的冲突规则内容不一致，彼此存在冲突，也就是说，不同国家就同一国际民事关系或法律问题制定的冲突规范的连结点不同，或在连结点表面相同的情况下，各自对连结点有不同的解释，是导致反致产生的客观原因。如果仅仅是法院认为法院地国冲突规范指定的外国法也包括冲突规范，但相关国家的冲突规范相同，也不会产生反致。因此，相关国家冲突法的冲突是反致产生的客观条件或法律条件。

例如，对于不动产的法定继承，甲国规定适用不动产所在地法，乙国规定适用被继承人的本国法，且都认为本国冲突规范指定的外国法律包括冲突法。假如一个乙国公民死于甲国并在甲国留下不动产，如在甲国提起继承诉讼，并不发生指定乙国法的情况；反之，如在乙国提起诉讼，也不发生指定甲国法的现象，反致问题就不会发生。

由此可见，必须同时具备上述两个条件，才会产生反致。实践中，由于对属人法和侵权行为地有不同的理解，因而在确定婚姻、家庭、继承及侵权行为的损害赔偿的准据法时，容易发生反致问题。

三、反致的理论分歧

在理论上，赞成反致制度和反对反致制度的焦点主要在于是否会妨碍尊重国家主权原则，能否达到判决结果的一致性，以及是否会把外国法的冲突规范和实体法规范加以分割等问题。

（一）赞成反致的理由

赞成反致的学者认为，反致应当成为国际私法中的一个制度。理由主要有：（1）承认反致制度符合尊重国家主权原则的要求。因为，根据外国冲突规范的规定而适用法院地法，是尊重了外国的立法主权。既然外国冲突规范作出了这样的规定，说明该外国自动放弃了其实体法的适用而指定适用法院地法或第三国法，与该国的主权和立法意旨相一致。（2）承认反致制度有利于达到判决结果的一致性。这样，就可以避免对于同一案件在不同国家的法院作出不同的判决，这正是国际私法的重要目的之一，有利于内国法院的判决为外国法院所承认与执行。（3）承认反致制度有利于维护和尊重一国（外国）法律的完整性。因为外国法律是由冲突规范和实体规范共同构成的、不可分割的整体，法院地国家的冲突规范援引外国法，是一种总括性的援引，包括了外国的冲突规范和实体规范，是合理的。恶性循环的现象实际上是不易发生的。（4）承认反致制度可以扩大内国法的适用范围。在反致和间接反致情况下，可以导致法院地国家法律的适用，有利于维护法院地国的公共秩序。

（二）反对反致的理由

反对反致的学者认为，采用反致制度不仅毫无实际意义，而且有碍于国际私法的发展和贯彻实施。其理由主要有：（1）采用反致制度只看到外国的主权而忽视了法院地国家的主权。既然法院地国家的冲突法规定适用外国法，就应依据规定去适用外国法，否则，就是不尊重自己国家的主权和立法意旨，实际上就等于放弃了自己国家的冲突规范。（2）在各国都采取反致的情况下，也并不一定能取得判决的一致性。所以，前述福尔果继承案，如分别在法国和巴伐利亚法院处理，结果就将不同。（3）采取反致制度将出现相互援引、无限循环的现象，永远无法确定准据法。如果被内国冲突规范所援引的外国法也包括冲突规范的话，就会出现无限循环、互相援引的情况，否则，最终确定适用内国法或第三、第四国实体法，就难免有过于武断之嫌疑，属于法律适用上的专横行为。所以，冲突规范所援引的外国法，不应包括冲突规范。1946年《希腊民法典》第32条就规定："在应适用的外国法中，不包括该外国法的国际私法在内。"（4）大大增加了法官和当事人查明外国法内容的任务，给司法实践带来很大不便，有时甚至要查明多个国家的冲突规范、有关识别和公共秩序保留制度后，才能作出法律适用的结论。

上述赞成和反对反致制度的不同主张，从不同的标准和视角出发，各有其合理和不合理之处。采用反致，增加了法律选择的手段，多了一个选择的可能。但是也不能否认，赞成反致制度的主张，反映了一些国家限制外国法适用的倾向。例如，1896年《德国民法施行法》规定了大量限制外国法适用的单边冲突规范，只规定了 8 条双边冲突规范，还在第 27 条规定了可以反致德国法，这就进一步限制了外国法的适用。一方面，一些国家采用反致的主要原因在于扩大少数领域的内国法的适用；另一方面，有的国家在发现依本国冲突规范适用外国实体法不利于贯彻自己国家的公共政策时，就有可能通过反致排除外国法的适用。

四、有关反致的各国立法与国际条约

对于反致制度，采用反致和反对采用反致这两种主张也都同样存在于各国立法和国际条约中。

（一）各国关于反致的立法

自从 1896 年《德国民法施行法》第 27 条最先规定反致以来，目前各国立法中，大致存在以下三种不同态度。

（1）接受全部反致制度，即在立法中对于狭义的反致、转致和间接反致都有规定。采取这种做法的国家主要有奥地利、法国、英国、波兰等国家。法国自 1878 年福尔果继承案以后就接受了反致制度；在 1967 年《补充民法典关于国际私法内容的草案》中肯定了反致和转致制度，但是规定，在合同、夫妻财产制及行为方式等方面，不应适用反致制度，在一定条件下，当遗嘱人选定了本国法时，也不适用反致。英国只在有限的问题上接受反致和转致。在这些问题中，最常见的是关于遗嘱的形式及实质要件以及无遗嘱继承的情况，以及子女因后继结婚准正的问题、婚姻的形式和能力问题，而在合同、侵权、保险、动产买卖、财产的生前赠与、抵押、票据、企业、合伙、外国公司的解散等领域，均不采用反致制度。1978 年《奥地利联邦国际私法法规》第 5 条第 1、2 款规定："（1）对外国法律的指定，也包括它的冲突法在内。（2）如外国法反致时，应适用奥地利内国法（不包括冲突法）；如外国法转致时，则对转致亦应予以尊重；但当某国内国法未指定任何其他国家的法律，或在它被其他法律首次反致时，则应当适用该外国的内国法。"这是最为详细规定反致制度的条款，而且各种法律关系都适用反致。

（2）接受部分反致制度，即在立法中只接受狭义的反致，拒绝转致和间接反致。采取这种做法的国家主要有俄罗斯、匈牙利、日本、泰国等。而且，日本只在以当事人国籍作为连结点的那些民事关系中接受反致，即只限于在当事人本国法与日本法之间发生反致。有的国家还规定了适用反致的具体的例外性规则。

（3）完全不接受反致制度。采取这种做法的国家主要有荷兰、希腊、巴西、埃及、秘鲁、伊朗、伊拉克、意大利、叙利亚、摩洛哥等，这些国家不接受任何形式的反致。例如，1964年《希腊民法典》第 32 条规定："在应适用的外国法中，不包括该外国的国际私法规则。"1942 年《意大利民法典》第 30 条规定："依上述各条之规定应适用外国法时，径行适用该外国自己的规定，而不考虑该法任何反致的规定。"但是，1995 年《意大利国际私法制度改革法》第 13 条采纳了反致制度。

（二）国际条约关于反致的规定

在国际条约中，目前对反致制度的态度也可分为赞成和反对两种：（1）赞成反致制度的国际条约。1902 年《婚姻法律冲突公约》、1930 年《关于解决汇票和本票某些法律冲突的公约》、

1931 年《解决支票法律冲突公约》等，都明确规定接受直接反致。而 1955 年《关于解决本国法和住所地法的法律冲突公约》，明确规定接受反致和转致。（2）排除反致制度的国际条约。有些国际条约明确规定排除反致制度，例如，1978 年《代理法律适用公约》。

五、中国有关反致的理论和立法

中国国际私法学界对于是否采用反致态度是有分歧的，存在赞成部分采用反致和反对采用反致两种意见。赞成部分采用反致的意见认为，既然反致制度是国际私法上与适用外国法有关的一项制度，没有反对的必要，不妨在继承等有限的领域采取部分采用反致的做法，即采用狭义的反致或直接反致。

1988 年《民法通则意见》对于反致没有明确的解释。学术界对于该《民法通则意见》第 178 条第 2 款的规定，即"人民法院在审理涉外民事关系的案件时，应当按照民法通则第八章的规定来确定应适用的实体法"，出现了不同的理解。一种认为，根据此规定，在司法实践中将不采用反致、转致制度；另一种认为，该规定只说按民法通则第八章的规定来确定应适用的实体法，并没有规定不采用反致制度，因此在实践中对于反致应采取灵活的态度，根据具体需要可以采取反致，也可以不采取反致。

2010 年《涉外民事关系法律适用法》采取了完全不接受反致的立场，该法第 9 条规定："涉外民事关系适用的外国法律，不包括该国的法律适用法。"

第三节　法律规避

一、法律规避的概念

国际私法上的法律规避（evasion of law），也称为"法律诈欺"或"诈欺设立连结点"，是指国际民事法律关系的当事人，为了逃避本来应该适用于他们之间民事关系的实体法，通过故意制造条件，改变冲突规范的连结点（联系因素），而适用了对其有利的另一国实体法的行为。

法律规避有广义和狭义两种不同的理解：狭义的法律规避只指规避内国法的行为；广义的法律规避是指所有法律规避行为，即不论规避内国法还是规避外国法，都属于法律规避。

法律规避在国际私法上引起广泛关注和研究，开始于 1878 年法国最高法院对鲍富莱蒙王妃离婚案的判决，该判决确定了规避内国法的行为无效的原则。该案案情是这样的：法国王子鲍富莱蒙的王妃原来是比利时人，与王子结婚后取得法国国籍。后来她想离婚，同一个罗马尼亚王子结婚，但在当时 1884 年以前法国的法律不准其国民离婚。于是，她便移居到德国并加入了德国国籍，随即在德国获得离婚判决，然后在柏林与罗马尼亚王子结婚。鲍富莱蒙王子得知此事后，在法国最高法院申请宣告其妻子加入德国国籍以及离婚、再婚均无效。法国最高法院认为，依照法国法，离婚虽然应适用当事人的本国法，但鲍富莱蒙王妃取得德国国籍，显然是为了逃避法国法律禁止离婚的规定，因而构成了法律规避，遂判决她在德国的离婚和再婚均属无效。至于入德国国籍问题，法院无权受理。这是有关法律规避的典型案件。

二、法律规避的性质

对于法律规避是一个独立问题还是公共秩序保留的一部分，在学术界存在不同的观点和主张。一派学者认为法律规避是一个独立的问题，不应与公共秩序保留问题混为一谈，法律规避着眼于当事人的虚假行为，而公共秩序保留着眼于外国法的内容和适用结果。另一派学者认为法律规避也属于公共秩序保留问题，是后者的一部分，在不适用外国法而适用内国法时，二者都是为了维护内国法的权威。

中国的大部分学者认为法律规避是一个独立的问题，法律规避和公共秩序保留之间是有明显的区别的，主要表现在：（1）二者发生的原因不同。法律规避是当事人故意制造或改变连结点而构成的，公共秩序保留则是由于适用内国冲突规范的结果与内国的公共秩序相冲突而产生的，是内国法律规定的结果。（2）二者的保护对象不同。法律规避是为了保护内国法或外国法中的强制性或禁止性规范，而公共秩序保留是为了保护内国的公共秩序。（3）二者的行为性质不同。法律规避是一种个人行为，是当事人通过故意制造或改变连结点来实现的，而公共秩序保留是一种国家司法行为。（4）二者的后果有所不同。二者都排除外国法的适用，但法律规避的当事人还可能承担其他的法律责任，而公共秩序保留的当事人一般不承担其他法律责任。（5）二者的地位和立法上的表现不同。法律规避并不是所有的国家都采用的一项制度，而公共秩序保留是各国立法中都普遍接受和采用的一项基本制度。

三、法律规避构成的要件

从法律规避的概念可以看出，构成法律规避必须具备下列要件。

（1）行为的主体是国际民事关系的当事人。

（2）当事人在主观上存在故意，也就是说，当事人主观上有逃避某种法律的动机，法律规避是当事人有目的、有意识的行为所致。因此，法律规避又被称为"僭窃法律""诈欺规避""诈欺设立连结点"等。

（3）规避的对象是本应适用的法律中的强制性或禁止性规范，而不是任意性规范。因为，任意性规范对当事人来说，既是可以适用的，也是可以不适用的，当事人根本不需要采用规避手段。这里需要说明的是，因为各国的规定不同，被规避的法律是内国法还是外国法，有时也决定是否构成法律规避。

（4）从行为方式上看，当事人是通过人为地制造或改变连结点来达到规避法律的目的的，如改变国籍、住所、行为地、物之所在地等。

（5）从客观结果上看，当事人达到了适用对自己有利的法律的目的。如前述鲍富莱蒙王妃离婚案的当事人就已经实现了适用对其有利的另一国实体法的目的。如果当事人"想"规避某国实体法，但只是处于主观规避的"意图"，则不构成国际私法上所说的法律规避。

四、法律规避的效力

对于法律规避的效力问题，大陆法系国家和英美法系国家存在尖锐的对立。大陆法系国家普遍认为，法律规避是一种欺诈行为，根据"欺诈使一切归于无效"的原则，在发生法律规避行为的情况下，就应排除当事人希望适用的法律，而应当适用本应适用的法律。一些英美法系国家的学者采取宽容态度，认为探知当事人的内心意思是非常困难的，无故意应承认有效，那么故意和无故意，结果也没有什么不同和害处。既然冲突规范给予当事人选择法律的可能，当事人为了达到自己的目的而选择某一国家的法律，就不应归咎于当事人。如果要防止冲突规范被人利用，就应该由立法者在冲突规范中有所规定。

从各国关于法律规避的法律规定来看，法律规避的效力大致可分为三种情况。

1. 规避法院地法无效，而规避外国法有效

法国法院在1922年审理佛莱案时就采取了这一立场。该案的当事人佛莱夫妇是意大利人，为了规避意大利法律中只许别居、不许离婚的限制性规定，两个人商定由妻子归化为法国人，并向法国法院申请离婚。法国法院对此案作出了准予离婚的判决。但是这种做法遭到很多批评。

2. 仅仅否认当事人规避内国法的效力

绝大多数国家的立法都明确否定当事人规避内国法的效力，而对于规避外国法的效力未作规定。如《加蓬民法典》第31条规定："任何人不得利用规避加蓬法而使某个外国法得以适用。"1982年《南斯拉夫法律冲突法》第5条规定："如适用依本法或其他联邦法可以适用的外国法是为了规避南斯拉夫法的适用，则该外国法不得适用。"1979年《匈牙利国际私法》第8条也有类似规定。

3. 所有的法律规避行为均无效

法律规避的本质是一种欺诈行为，只要不存在其他相反的解释，就不应该承认其效力，无论是规避内国法还是规避外国法。如《阿根廷民法典》第1207条规定："在国外缔结的规避阿根廷法律的契约无效，即使该契约依契约缔结地法是有效的。"该法第1208条又规定："在阿根廷缔结的规避外国法的契约无效。"美洲国家间于1979年缔结的《关于国际私法一般规则的公约》第6条规定："成员国的法律不得在另一成员国的法律基本原则被欺诈规避时作为外国法而适用。"

五、中国有关法律规避的理论和立法

依照我国多数学者的观点，由于国际私法所调整的法律关系不仅涉及本国和某外国两个国家的法律，甚至常常涉及三个或四个国家的法律，当事人既可适用外国法来规避本国法，也可适用第二国法来规避第三国法，而第二国法和第三国法对法院来说都是外国法。因此，国际私法上的法律规避应包括一切法律规避在内，既包括规避内国法，也包括规避外国法。至于法律规避的行为是否有效，应视不同情况而定。首先，规避本国法一律无效。其次，对于规避外国法要具体分析、区别对待，如果当事人规避外国法中某些正当的、合理的规定，应该认为规避行为无效；反之，则应认定该规避行为有效。

但是，也有学者认为，对于规避外国法的效力问题，我国理论界普遍主张的"依据具体情况具体分析"的做法，显然不符合现代国际法上的国家主权原则，因为用法院地法的观念去判断、识别外国法是否"正当、合理"存在明显的理论缺陷，"正当、合理"的标准也含糊不清，很难掌握。因此，主张规避外国法也应是无效的。即使外国法的规定确实不合理，当法院在适用它的时候，如果与本国的公共政策相抵触，便可借公共秩序保留排除其适用，这也不会妨害

法院地国的法制。[①]

我国 1988 年《民法通则意见》第 194 条规定："当事人规避我国强制性或者禁止性法律规范的行为，不发生适用外国法律的效力。"这里，也只是规定了当事人规避我国强制性或禁止性法律规范属于无效行为，而对于当事人规避我国法律行为无效后应适用者未作规定。2010年《涉外民事关系法律适用法》对于法律规避未作规定，但是 2012 年《涉外民事关系法律适用法司法解释（一）》第 11 条规定："一方当事人故意制造涉外民事关系的连结点，规避中华人民共和国法律、行政法规的强制性规定的，人民法院应认定为不发生适用外国法律的效力。"由此可见，目前我国法律只对规避我国强制性规定的行为作出了限制，对于规避外国法律的行为尚未作规定。

第四节　外国法查明

一、外国法查明的含义

外国法查明是指一国法院在审理国际民事案件时，当内国冲突规范指向某一外国法时，如何确定和证明该外国法关于这一特定问题的规定的问题。

世界各国的法律千差万别、纷繁复杂，任何法官都不可能通晓世界各国的法律。因此，当一国法院审理涉外民事案件时，如依本国冲突规范的指引应适用外国法，就必须通过一定的方式和途径来查明外国法。但是，各个国家对于经冲突规范援引而适用的外国法的性质如何有不同的观点，因而导致查明外国法的方法也各不相同。

对于外国法的性质，大致有以下三种主张。

1. 事实说

普通法系国家的学者普遍采取这种主张，他们认为，通过本国冲突规范的指引而适用的外国法相对于内国法而言，只是一个单纯的事实，而非法律。他们的理由是：第一，一国的法律只在其国境内有效，如果内国承认所适用的外国法是法律，就等于承认了外国法的域外效力，而这同国家主权原则及他们一直坚持的国际礼让原则是不相容的；第二，内国法官审理案件时，只有适用内国法的职责，而没有适用外国法的义务，因此，依本国冲突规范指引适用的外国法只能作为事实，而不能作为法律。因此，英国学者莫里斯说："外国法虽是一个事实问题，但它是'一个特殊类型的事实问题'。"[②]

但是，外国法本来就是法律，并不因为人们把它说成事实而改变其性质。如果把外国法说成是"事实"，就等于将一个"事实"适用于另外一些事实，那是毫无意义的。事实上，内国法院适用外国法是根据本国的冲突规范的指引，说到底，它是适用内国法的结果，承认外国法是法律也丝毫不会损害本国主权。

2. 法律说

此学说是意大利等国家的学者所主张的，认为一国依本国冲突规范而适用的外国法，具有

---

① 肖永平. 国际私法原理. 北京：法律出版社，2003：126.

② 转引自黄进. 国际私法. 北京：法律出版社，1999：274.

法律的性质，也就是法律。但是，这种主张又分为两种观点：一种观点认为内国法官适用外国法是根据法律关系的本座而确定的，因此，内国法与外国法是完全平等的，内国法官适用外国法和适用内国法一样，没有什么区别；另一种观点认为内国法官适用的外国法是法律，但在内国不能具有任何法律上的效力，必须成为内国法律的一部分，才能得到适用。

这种观点认为外国法也是法律，是对的，但是，认为外国法和内国法没有任何区别是错误的，而认为外国法必须成为内国法的一部分才能得到适用也是不对的。根据内国冲突规范的指引应该适用的外国法是法律，但始终是外国法，在适用该外国法时，通常会受到反致、法律规避等制度，尤其是公共秩序保留制度的制约。

3. 折中说

此学说是德国学者创立的，主要目的是调和事实说与法律说之间的矛盾。该学说主张，外国法既非单纯的事实，也非纯粹的法律，而是根据内国冲突规范的指引而适用的外国法。从内国法观点而言，外国法是根据法院地法而被援用的，因此，这样的外国法既有别于本国法，又有别于外国法，是一种特殊的法律事实。证明外国法必须采取有别于确定事实的程序，也不同于确定法律的程序。德国、日本等国家采取这种做法。

我国大多数国际私法学者认为，我国的诉讼法律制度并不是在严格区分事实问题和法律问题的基础上建立起来的，我国民事诉讼法确定的"以事实为根据，以法律为准绳"的基本原则，要求人民法院在审理国际民事案件时，要在查清事实和法律的基础上，作出切合实际的、合理的判决，所以，把外国法看成法律还是事实，在我国没有意义。

二、外国法查明的方法

由于不同国家对外国法性质的认识不同，外国法查明方法也就因此有很大的不同。从各国的理论和实践来看，外国法查明方法大致有三种。

1. 由当事人举证证明

依据普通法，依据冲突规范所援引的外国法被看作事实，而不是法律，从而要求当事人举证证明。

在英国，外国法的查明必须经过抗辩，而且对外国法的证明要使法官能够接受，如果对该外国法的证明缺乏令人信服的证据，法院将适用英国法。因此，在正常的情况下，不可以将外国法视为已知的事实。不过，英国将欧盟法律作为司法认知而接受，将英格兰、苏格兰及北爱尔兰的法律视为已知的事实。对外国法的查明必须进行抗辩，和任何其他令法官接受的事实一样，由适用外国法的一方当事人承担举证责任，证明该外国法的内容是什么以及与内国法的不同。外国法的查明必须依据适当的证据（如由适格的证人提供的证据）予以证明。根据英国1972年《民事证据法》第4条第1款的规定，任何人由于其具有的专业知识或阅历而成为关于外国法的查明的适格专家证人，不考虑他在有关国家是否从事法律事务或是否有资格从事法律事务。专家证人以口头陈述或提交正式书面陈述的方式对外国法予以证明。

目前，采用这种方法的国家主要有：英、美、英联邦国家、比利时、荷兰、阿根廷、墨西哥、智利、巴西以及部分东欧国家等，只不过各国在具体做法上又有所不同。法国原则上也把外国法看作事实，要求当事人举证证明，但如果当事人举证受到限制，法院也可以依职权查证该外国法的内容。

2. 法官依职权查明

把冲突规范所援引的外国法，当作法律而不是事实，外国法无须当事人负责证明，按照法官知法的原则，由法官依职权调查并证明。欧洲一些大陆法系国家如奥地利、意大利、荷兰等国家，以及采用《布斯塔曼特法典》的拉丁美洲国家，都采取这种方法。1978 年《奥地利联邦国际私法法规》第 3 条规定："外国法一经确定，应由法官依职权并按该法在原管辖范围那样予以适用。"第 4 条规定："外国法应由法官依职权查明，可以允许的辅助方法有：有关人员参加、联邦司法部门提供资料以及专家意见。"《布斯塔曼特法典》第 408 条规定："各缔约国的法官和法院应在适当的条件下依职权适用其他国家的法律。"

3. 法官依职权查明，当事人负有协助的义务

采用这种方法的国家有德国、瑞士、土耳其、秘鲁等国家，它们认为，经冲突规范援引的外国法既不是单纯的法律，也不是纯粹的事实，因此，查明的方法也与查明内国法及查明事实有所不同；原则上应由法官负责调查，同时，当事人也有协助举证的义务。当事人必须在而且只能是在法院要求时，才可以举证。但法院对当事人的证据既可以确认，也可以拒绝或限制，同时也不受当事人所提供的材料的限制，还可以寻求其他来源，比如比较法研究机构和其他研究机构等。1987 年《瑞士联邦国际私法法规》第 16 条规定："外国法的内容由法官依职权查明。为此可要求当事人予以合作。有关财产的事项，可令当事人负举证责任。"

三、外国法无法查明时的解决办法

在各国司法实践中，也会发生通过允许的方法仍然无法查明外国法的情况，各国的理论和实践常采用的方法有以下几种。

1. 适用法院地法即内国法

国际上采用这种方法的国家比较多，其理由为：外国法不能查明的事实，既可以推定为该外国法的内容与内国法的相同，也可以推定为当事人放弃了适用外国法的权利。在这种情况下，代之以法官最熟悉的法院地法，是公平可行的。

奥地利、瑞士等国家采用的是直接适用法院地法即内国法的方法。例如，1978 年《奥地利联邦国际私法法规》第 4 条规定："如经过充分努力，在适当时期内仍不能查明外国法内容时，应适用奥地利法。"1987 年《瑞士联邦国际私法法规》第 16 条规定："外国法不能查明时，适用瑞士法律。"

而英美法系国家通常采用的是类推适用法院地法即内国法的方法。它们认为既然外国法不能查明，就应推定外国法与内国法相同。如英国法院，在当事人提不出关于外国法内容的证据或法院认为该项证据不充分时，就用类推的方法适用英国法。英国 1972 年《民事证据法》第 4 条第 2 款规定："皇家法院、高等法院、枢密院委员会的判决和裁定，如引用外国法，则可以以它为证据；如果当事人提不出证据，或法院认为'证据不足'，则法院可用'推定'办法，来适用'类似'的英国法。"美国法院也采用类似的方法：当事人不能证明外国法时，推定外国法与美国法相同，但这种推定仅限于普通法系国家的法律，诸如英国、加拿大、澳大利亚等国家的法律。

2. 驳回当事人的诉讼请求或抗辩请求

当外国法无法查明时，法院有权拒绝受理当事人的诉讼请求或抗辩请求，作为无法查明外国法的解决办法或辅助解决方法。采取这种做法的国家主要是德国和美国。《德国民事诉讼法》

第 293 条规定：德国法院应依职权确定外国法的内容，但也有权要求当事人双方提供有关外国法的证明，如果负责证明外国法内容的一方不能提出证据，法院可以证据不足为由，驳回当事人的诉讼请求或抗辩请求。在美国，当事人不能证明外国法内容时，同属普通法系国家则可"类推"适用美国法，若属于非普通法系国家，则不能采用"类推"适用办法，在这种情况下，法院有权以"证据不足"为由，驳回当事人的请求。

在大多数情况下，适用外国法并不是当事人的要求，而是由于冲突规范的指引，因此，驳回当事人的诉讼请求或抗辩请求是不合适的；而且，这种解决方法也不利于解决国际民事纠纷，不利于国际民事交往的顺利进行。目前采取这种方法的国家并不多见。

3. 适用同本应适用的外国法相近或类似的法律

德国曾有案例采取这种做法。在该案例中，一个厄瓜多尔人依其父亲的遗嘱被剥夺了对其父亲遗产的保留份的权利，为此而发生争议。当时，第一次世界大战刚刚结束，法院无法得到《厄瓜多尔民法典》。但是，法院知道，《厄瓜多尔民法典》是以《智利民法典》为模本的，认为适用同《厄瓜多尔民法典》相似的《智利民法典》比适用法院地法（即德国法）似乎更接近于正确的解决方法。[1] 日本也有判例采取这种做法。东京家庭裁判所昭和三十八年（1963 年）6 月 13 日关于养子关系认可申请一案判决要点指出，被指定的外国法内容不明时，应依据《日本法例》关于准据法指定的精神探求其内容。首先应从该外国的整个法律秩序中推断其内容，如尚不明，则从其以前施行的法令，或政治上或民族上相近的国家的法律秩序中推定其法律的内容。[2]

在立法上明确规定外国法无法查明时，适用同本应适用的外国法相近或类似的法律的国家几乎没有。值得一提的是，1978 年《瑞士联邦国际私法法规草案》曾考虑采用这一解决方法，该草案第 5 条第 3 款规定，外国法内容无法查明时，法官可以考虑适用最相近似的法律，没有最相近似的法律，则适用瑞士法。但 1987 年《瑞士联邦国际私法法规》正式颁布时，却删除了这一规定。[3]

4. 适用最密切联系国家的法律

在应当适用的外国法无法查明的情况下，适用与当事人有最密切联系的国家的法律。例如，1995 年《朝鲜民主主义人民共和国涉外民事关系法》第 12 条规定："在外国的某一法律被确定为准据法而该法律内容无法查明的情况下，可以适用与当事人有密切联系的国家的法律。"这种方法也是被很少的国家采用的，因为看似一个好的解决方法，而实际上采用之后仍然有可能再次遇到外国法无法查明的问题。

5. 适用一般法律原则

这是法解释学中补充法律漏洞的通用方法在国际私法上的运用。所谓一般法律原则，应该是为各国普遍接受的法律原则和规则。这种方法在各国的立法中都没有规定，各国的司法实践中也很少采用。日本法院曾经在审理案件时采用过此种方法。日本大阪法院于昭和 41 年（1966 年）1 月 13 日关于亲子关系不存在的判决中确认：母之夫的本国法不明，依法理裁决。[4]

---

① 马丁·沃尔夫. 国际私法. 李浩培，等，译. 北京：法律出版社，1988：323－324.
② 北胁敏一. 国际私法——国际关系法Ⅱ. 姚梅镇，译. 北京：法律出版社，1989：63－64.
③ 黄进. 国际私法. 北京：法律出版社，2005：207.
④ 同②.

四、适用外国法错误的补救方法

在适用外国法时，也可能发生错误适用的情况。主要有两种：一是依冲突规范本应适用某一外国的法律，却适用了内国或另一外国的法律，或者本应适用内国法，却适用了外国法。这叫作"适用冲突规范的错误"。二是虽依冲突规范适用了某一外国法，但对外国法的内容作了错误的解释，并据此作出了错误的判决。这叫作"适用外国法的错误"。对于法院在审理案件过程中出现的上述错误，各国的理论和实践都给出了救济的方法。

1. 适用冲突规范的错误

对于这类错误，虽然也把它归入外国法的错误适用，但从本质上讲，它是直接违反了内国的冲突规范，具有错误适用内国法的性质。因此，在实践中，各国都认为与错误适用内国其他法律规范的性质相同，允许当事人依法上诉，以纠正这种错误。

2. 适用外国法的错误

对于这类错误，是否允许当事人上诉，在国际私法的理论和实践中，有两种不同的主张。

（1）不允许当事人上诉。持这种观点的国家一般都是把外国法看作一种事实，而这些国家的最高法院只是对下级法院所审理的案件进行法律审，即它必须接受下级法院关于事实的认定，只能审查从事实得出的法律上的结论。因此，对于适用外国法的错误不允许当事人上诉到最高法院。另外，还有一些国家虽然也把外国法看作事实，也不接受当事人的上诉，但是与上述国家的理由不同，它们认为：其最高法院之所以设立，是为了保证本国法律解释的正确性与一致性，至于外国法律的解释是否正确与一致，应由外国最高法院解决。而且，内国最高法院如果干涉外国法的解释，事实上也有所不便。况且，如果内国最高法院所作的解释与外国最高法院的不相一致，或对外国法作了错误的解释，也会影响自己的声誉。因此，它们对于外国法的错误适用问题，也不接受当事人的上诉。采取这种制度的国家有法国、德国、瑞士、西班牙、希腊、比利时、荷兰等。

（2）允许当事人上诉。允许当事人以适用外国法的错误为由提起上诉的国家，大致有两种类型：第一种是奥地利、葡萄牙、芬兰、意大利、波兰、美洲国家及苏联、东欧等国家。它们认为，对外国法内容的确定与解释有误，就是对规定适用外国法的内国冲突规范的错误；当外国法作为处理涉外民事关系的准据法时，它同内国法并无差异，两者应同等看待；此外，在外国法的查明方面，进行上诉审的上级法院更容易查明外国法，从法律的安全性出发，应允许上级法院或最高法院对下级法院关于他国法律在解释上有无错误作最后决定。因此，它们允许当事人上诉。例如，1928 年《布斯塔曼特法典》第 412 条规定："在有上诉或其他类似制度的各缔约国内，得以违反另一缔约国的法律或对之作错误解释或不当适用为理由提起上诉，与对其本国法有同样情况者相同，并以同样的条件为依据。"又如，2005 年保加利亚《关于国际私法的法典》第 44 条第 2 款规定："对外国法的不适用以及错误解释和适用，均可提出上诉。"第二种是以英国、美国为代表的普通法系国家。它们虽将外国法视为事实，但在诉讼程序上实行上诉审制度，法律赋予上诉审法院对于下级法院关于事实的认定和法律的适用问题进行审查的职能。所以，对于外国法的错误适用，是可以提起上诉的。

五、中国有关外国法查明的立法

1988 年《民法通则意见》第 193 条规定："对于应当适用的外国法律，可通过下列途径查明：①由当事人提供；②由与我国订立司法协助协定的缔约对方的中央机关提供；③由我国驻该国使领馆提供；④由该国驻我国使馆提供；⑤由中外法律专家提供。"该意见同时规定，通过以上途径仍不能查明时，适用中华人民共和国法律。1988 年 2 月 8 日生效的《中华人民共和国和法兰西共和国关于民事、商事司法协助的协定》第 28 条也规定："有关缔约一方的法律、法规、习惯法和司法实践的证明，可以由本国的外交或领事代表机关或者其他有资格的机关或个人以出具证明书的方式提交给缔约另一方法院。"

2010 年《涉外民事关系法律适用法》对于外国法查明的方法作出了明确的规定，该法第 10 条第 1 款规定："涉外民事关系适用的外国法律，由人民法院、仲裁机构或者行政机关查明。当事人选择适用外国法律的，应当提供该国法律。"该条规定表明，当涉外民事关系需适用外国法时，我国坚持法官依职权查明法律的原则，由人民法院、仲裁机构或者行政机关负责查明外国法；而只有在当事人选择适用外国法律的情况下，应当由当事人提供。

2012 年《最高人民法院关于适用〈中华人民共和国涉外民事关系法律适用法〉若干问题的解释（一）》第 17 条规定："人民法院通过由当事人提供、已对中华人民共和国生效的国际条约规定的途径、中外法律专家提供等合理途径仍不能获得外国法律的，可以认定为不能查明外国法律。根据涉外民事关系法律适用法第十条第一款的规定，当事人应当提供外国法律，其在人民法院指定的合理期限内无正当理由未提供该外国法律的，可以认定为不能查明外国法律。"该条司法解释明确了不能查明外国法律的认定。第 18 条规定，"人民法院应当听取各方当事人对应当适用的外国法律的内容及其理解与适用的意见，当事人对该外国法律的内容及其理解与适用均无异议的，人民法院可以予以确认；当事人有异议的，由人民法院审查认定。"该条司法解释赋予了当事人对于外国法的适用提出意见的权利，有利于外国法的正确适用。

第五节　公共秩序保留

一、公共秩序保留和公共秩序

（一）公共秩序保留和公共秩序的含义

1. 公共秩序保留

公共秩序保留（reservation of public order），是指一国法院依其所属国的冲突规范本应适用外国法时，因该外国法的适用会与法院地国的重大利益、基本政策、道德的基本观念或法律的基本原则相抵触而排除其适用的一种保留制度。其实质是一国通过冲突规范调整国际民事关系时，用以维护本国公共利益和重要法律秩序的工具。它既有排除与内国公共秩序相抵触的外国法的适用的否定作用，又有直接适用内国法中的强制性规范的肯定作用。

2. 公共秩序

对于公共秩序，国际上一直没有一个明确的定义，它是一个富有弹性的政治—法律概念，在各国立法中有各种各样的名称，例如，公共秩序、公共政策、外国法适用的限制、外国法的拒绝适用、适用外国法的例外、善良风俗、基本政策、制度基础、公共利益、社会利益、法律政策、法律目的等。从公共秩序的名称的多样化，便可知其含义是含混不清的。总的来说，公共秩序是指一国的根本利益问题，是指关系到一国的国内基本制度、基本政策、基本原则和社会公共利益的法律秩序和道德秩序。但是，各国在不同历史时期都有不同的解释：（1）公共秩序就是保证社会平衡的法律的总和，由法官自由裁量而定；（2）公共秩序就是善良风俗和道德；（3）英国的公共政策就是英国司法的基本观念、英国的道德观念、联合王国对外正常关系和利益，以及英国的个性解放与行动自由的观念（戚希尔）；（4）公共秩序就是一国政治与法律的基本原则或基础；等等。

（二）公共秩序保留的起源和发展

公共秩序保留的概念和实践由来已久，早在公元 14 世纪，意大利后期注释法学派巴托鲁斯主张，一城市国家可以不承认另一城市国家的"令人厌恶的法则"，如否认妇女继承权的规则。17 世纪，荷兰的胡伯在提出国际礼让说的同时也指出，承认外国法的域外效力时，必须以其本国及人民的权利和利益不因此而遭受损害为条件。但当时没有"公共秩序"的名词，"公共秩序"这个概念，是在法国资产阶级大革命以后提出来的，并风行于全世界，广泛规定在各国国内立法中。20 世纪 80 年代以来，在一些国际条约中也有了关于公共秩序保留的规定。

1. 国内立法规定

1804 年《法国民法典》首次对"公共秩序保留"作了明确规定："不得以私人协议取消有关公共秩序及善良风俗法律的效力。"（第 6 条）这一规定原本是适用于国内契约案件的，但后来法国的审判实践也把它运用到涉外案件中，即援用的外国法如果违反法国的公共秩序，则不予适用。后来，"公共秩序保留"为美国学者斯托里在 1834 年出版的《冲突法评论》所接受，后来在 19 世纪 60 年代又为英国戴西所接受，不过改称为"英国的公共政策"。在西欧和拉丁美洲，公共秩序保留也得到了广泛的应用，如意大利、西班牙、葡萄牙、阿根廷等国家的民法典，《德国民法施行法》（1896 年），《日本法例》（1898 年）等都对此作了明文规定。20 世纪以来，有更多的国家在立法中确立公共秩序保留制度，如 1918 年中国《法律适用条例》《泰国国际私法》《奥地利联邦国际私法法规》《加蓬民法典》《希腊民法典》《埃及民法典》《秘鲁民法典》《塞纳加尔家庭法》《土耳其国际私法和国际诉讼程序法》《瑞士联邦国际私法法规》等。

2. 国际条约中的规定

这里只介绍规定了关于"公共秩序保留"的国际私法公约中的规定，不涉及公共秩序保留应否受国际条约的约束问题。《布斯塔曼特法典》对公共秩序保留规定得很详细，其总则 8 条中有 6 条是关于公共秩序保留的，6 条中有 5 条采取直接规定方式，1 条采取间接规定方式，并把公共秩序区分为国内公共秩序和国际公共秩序。

（三）公共秩序保留的特点和作用

公共秩序保留之所以能起到排斥外国法适用的作用，而为世界各国所广泛采用，是因为它具有下列法律特点：（1）符合主权原则，为主权原则所允许；（2）内涵不具体、不明确、富有弹性，运用时具有较大的灵活性和伸缩性；（3）比其他限制外国法的制度更直接、更彻底地排除外国法的适用；（4）从法律上把不适用外国法的责任推给了相应外国法。

公共秩序保留的作用，就是排除外国法的适用，否定根据外国法产生的权利和义务，是适用冲突规范必要的补充手段，起"安全阀"的作用。

二、公共秩序保留适用的理论

各国对于公共秩序保留适用的理论有很大的分歧，主要是大陆法系国家和英美法系国家之间的差别，存在歧义源于这两大法系国家对于法律的本质的认识不同。归纳起来，大致上有以下不同的主张。

（一）区分国内公共秩序和国际公共秩序，只有国际公共秩序可以排除外国法的适用

这是大陆法系国家国际私法学者的主张，他们认为应该依据法律规范的性质来探讨公共秩序问题，任何国家的强行法都包括两类：（1）为保护个人利益而规定，例如自然人结婚年龄、行为能力年龄等，性质上属于"国内公共秩序"，不能作为排除外国法适用的根据；（2）既与保护个人利益有关，又与保护一国的基本制度、基本政策、基本原则、社会公共利益等有关的强行法，例如各国法律中关于禁止赌博和走私的规定等，性质上为"国际公共秩序"，通常可以作为排除外国法适用的根据。德国学者萨维尼和意大利学者孟西尼都持这样的观点。萨维尼把后一类强行法视为公共秩序法，不过，他主张，公共秩序是国际私法基本原则的一种例外。

（二）具体列举应适用公共秩序的情况和条件，反对只以法律规范的抽象性质作为结论根据

与大陆法系学者不同，英美法系学者更注重公共秩序保留适用的具体情况和具体条件，反对仅根据法律规范的抽象性质作出结论。但英美法系国家对公共秩序保留的适用，远不如大陆法系国家普遍。英国学者戴西认为，"英国法院将不承认基于他国法律而获得的权利，只要这种权利与英国法律政策或英国法所支配的道德准则或英国政治法律制度是不相容的"。他把下列5种情况列为可以排除外国法上既得权的公共秩序：（1）违反英国法院所支持的道德；（2）违反英国关于人的身份能力的规则；（3）违反英国关于土地财产法的规则；（4）违反英国关于侵权法的规则；（5）违反英国关于诉讼程序法的规则。与此类似，美国学者库恩把必须适用公共秩序保留的具体情况分为三类：（1）将违背文明国家或文明人类的道德准则时；（2）将违背法院地国的禁止性规定时；（3）将违背法院地国的重要政策时。

但大陆法系国家的学者认为这种列举方法难以包括公共秩序的各种情况。

三、适用公共秩序保留的条件

对于这个问题，学术界主要有两种观点。

1. 主观说

该学说认为，法院依所属国的冲突规范本应适用某一外国法时，如果该外国法的规定本身与法院地国的公共秩序相抵触，即可排除外国法的适用，而不问具体案件适用该外国法的结果如何。主观说强调外国法本身的可恶性、有害性或邪恶性，而不注重法院地国的公共秩序是否因适用该外国法而受到损害。例如，1978年《意大利民法典》第31条规定："在任何情况下，外国法律和法规、一个组织或法人的章程和规定，以及私人间的协议和约定，如果违反公共秩序或善良风俗，在意大利领土上无效。"

2. 客观说

此说不重视外国法本身是否不妥，而注重个案是否违反法院地国的公共秩序。客观说又分

两种情况。

（1）联系说。该学说认为，外国法是否应被排除适用，除了该外国法违背公共秩序外，还必须看个案与法院地国的联系如何。如果个案与法院地国有实质性联系，则应排除该外国法的适用；如果个案与法院地国无实质性联系，则不应排除该外国法的适用。

（2）结果说。此学说认为，在援用公共秩序保留时，应区分是外国法的内容违反法院地国的公共秩序，还是外国法适用的结果违反法院地国的公共秩序。如果只是内容上违反，则并不妨碍该外国法的适用。只有外国法的适用结果危及法院地国的公共秩序时，才可以援用公共秩序保留，排除该外国法的适用。[1] 例如，1978 年《奥地利联邦国际私法法规》第 6 条规定：“外国法的规定，在其适用会导致与奥地利法律的基本原则互相抵触的结果时，不得适用。”1964 年《捷克斯洛伐克社会主义共和国国际私法及国际民事诉讼法》第 36 条规定，适用“外国法的结果”，同其“社会制度、政治制度及法律原则相抵触时，不予适用”。按照这种规定，仅仅“规定”抵触还不构成适用公共秩序保留的理由，只有在导致违反公共秩序的结果时，才适用公共秩序保留。假如，甲国实行一夫一妻制，乙国允许一夫多妻，乙国一男子已经有一个妻子，拟在甲国再行结婚，按照甲国的冲突规则，婚姻的实质要件适用当事人的属人法，但甲国法院就会以适用乙国法会损害甲国的公共秩序为由，排除乙国法的适用，也就是说，适用乙国法的结果损害了甲国的公共秩序；但是，若乙国公民的第二个妻子到甲国要求继承遗产，甲国法院在依冲突规范适用乙国法确定其婚姻关系是否合法存在时，从法律适用后果来看，尽管乙国的多妻制与甲国婚姻法的原则相抵触，但并不违反甲国的公共秩序。

主观说尽管运用起来很方便，但因外国法内容本身违反法院地国的公共秩序的情况很少见，所以各国法院也很少采用。客观说，尤其是其中的结果说，重视个案的实际情况，对外国法内容违反法院地国的公共秩序及外国法的适用结果违反法院地国的公共秩序进行区分，既能维护法院地国的公共秩序，又有利于个案的公正、合理解决，故为各国实践普遍接受。[2]

公共秩序保留制度的最大特点是它的不确定性，其实施带有极大的灵活性和伸缩性。虽然这有利于法官根据本国利益的需要，随机应变地决定是否适用冲突规范所指引的外国法，只要法官感到适用某一外国法对本国不利，他就可以以公共秩序保留为法律依据，拒绝适用，但是，公共秩序保留制度必须在相当严重的情况下，作为一种例外的排除外国法适用的手段和措施，不能无限制地滥用。在运用公共秩序保留时，首先必须把国内民法上的公共秩序和国际私法上的公共秩序加以区别，其次援用公共秩序保留不应与他国主权行为相抵触，并且不应与外国公法的排除混为一谈。

总而言之，公共秩序是一个笼统的、含糊的概念，各国在什么情况下运用公共秩序保留制度，是随着时间、国际/国内形势、所涉及的问题以及其他条件的不同而变化着的。因此，不同时代、不同国家的学者，甚至同一国家的不同学者对这个问题都不可能有统一的认识，我们没有必要，也不可能要求政治制度、社会结构和历史文化传统等方面都不相同的各个国家，对公共秩序有一个共同、统一的理解。也就是说，哪一外国法的适用违反了内国的公共秩序，只能由内国的立法机关、法院或适用国际私法的其他机关决定。但并不是说，一国对公共秩序的

---

① 赵晋枚．国际私法上外国法适用限制之实际标准//马汉宝．国际私法论文选辑．上．台北：五南图书出版公司，1984：332-334.

② 李双元，金彭年．中国国际私法．北京：海洋出版社，1991：159.

解释不受任何限制，至少国际法和国际社会公认的准则，是任何国家都不能任意践踏和逾越的障碍。

四、公共秩序保留的立法形式

由于在理论上存在分歧，各国立法对于公共秩序保留的立法方式也不相同。通常认为公共秩序保留的立法方式大致有以下三种形式。

（一）间接限制的立法方式

这种方式，不直接规定在什么情况下排除适用外国法，只规定某些国内法规则为绝对强制性规范，必须直接适用，从而间接地排除了外国法适用的可能性。例如，《法国民法典》第3条第1款规定："有关警察和公共治安的法律，对于居住于法国境内的居民均有强行力。"此外，荷兰、比利时等国家也都有这种立法方式。这种间接限制的立法方式基本上属于排除外国公法的适用的范畴，也有不少是出于对经济、社会安全或特定人群利益保护的考虑，由此现代国际私法逐渐发展出直接适用的法或强制性适用法律理论和实践，而有从公共秩序保留的立法模式中脱离出来的趋势。

（二）直接限制的立法方式

这种方式直接规定违背内国公共秩序的外国法不予适用。目前在国际实践中，大多数国家都采用这种立法形式。例如，1948年《埃及民法典》第28条规定："如果外国法的适用与埃及的公共秩序或善良风俗相抵触，则将排除依上述条款而适用的外国法。"1978年《奥地利联邦国际私法法规》第6条规定："外国法的规定，在其适用会导致与奥地利法律的基本原则互相抵触的结果时，不得适用。"我国1986年《民法通则》第150条规定："依照本章规定适用外国法律或者国际惯例的，不得违背中华人民共和国的社会公共利益。"这种规定直接、明确，绝大多数国家都采用这种立法方式。这种方式完全依靠法官的自由裁量来确定，一方面有利于法官依据实际情况作出适当的决定，另一方面由于公共秩序概念的不确定性，也并不能保证法官的决定一定准确无误。

（三）合并限制的立法方式

这种方式是在同一法典中同时采用直接限制和间接限制两种立法方式。《西班牙民法典》《意大利民法典》都采用这种方式。1978年《意大利民法典》第28条规定："刑法以及警察和治安法拘束所有在意大利领土上的人。"第31条规定："尽管有前述各条的规定，外国国家的法律和法规、任何机构或实体的规则和规定或私人间的规定和协议，如果违背公共秩序或道德，在意大利领土上均无效力。"

值得注意的另外一个问题是，在外国法被排除适用以后，内国法官应如何处理法律适用问题。对于这个问题，各国的主张和做法很不一致，其中大多数主张和做法是用法院地法的相应规定取代被排除的外国法。这种做法符合某些国家通过公共秩序保留限制外国法的适用、扩大本国法适用范围的要求。因此，有许多国家的立法和实践采取这种做法。也有学者主张在外国法被排除后，法院可拒绝审判。其理由是，冲突规范既已指定应适用的外国法，就表明它不允许用其他法律代替。因此，在该外国法被排除后，可视同外国法的内容不能证明，拒绝审判是恰当的。

五、中国有关公共秩序保留的理论和立法

中国国际私法学界一般认为，公共秩序保留制度是在长期的国际实践中形成的一个国际私法基本制度，为不同的国家所普遍采用，我国在实践中也应运用这个法律制度，以使国际私法案件获得公平、合理的解决和维护我国的权益；同时认为，由于公共秩序本身的灵活性，究竟在什么情况下才能运用，立法中不可能、也无必要作出明确的硬性规定，它依赖于法官的自由裁量。但从我国的实际情况出发，在下列情况下可援用公共秩序保留排除外国法的适用：(1)如果适用外国法违反我国宪法的基本精神，违反四项基本原则，有损于国家统一和民族团结，就应排除；(2)如果适用外国法有损于我国主权和安全，就应排除；(3)如果适用外国法违反有关部门法的基本准则，就应排除；(4)如果适用外国法违背我国缔结或参加的国际条约所承担的义务，或违反国际法上公认的公平、正义原则，应予以排除；(5)如果某一外国法院在审理国际民事案件时，无理拒绝适用本应适用的中国法律，则根据对等原则，我国也可以以公共秩序保留排除该外国法的适用，以作为报复措施。①

从我国的立法上来看，早在1950年，中央人民政府法制委员会在《关于中国人与外侨、外侨与外侨婚姻问题的意见》中指出，对于中国人与外侨、外侨与外侨在中国结婚或离婚的问题，我国婚姻登记机关应不仅适用我国的婚姻法，而且应在适当限度内照顾到当事人本国婚姻法，以免当事人结婚或离婚被其本国认为无效。但适用当事人本国婚姻法以无损于我国的公共秩序为限度。我国1954年《宪法》也曾提到"公共利益"这个概念，1982年以来历次修订的《民事诉讼法》都有公共秩序保留条款，但都只适用于承认和执行外国法院判决、仲裁裁决方面。

1986年《民法通则》第150条规定："依照本章规定适用外国法律或者国际惯例的，不得违背中华人民共和国的社会公共利益。"这一规定被认为是我国在国际私法方面第一次全面地确定公共秩序保留制度。根据这个规定，我国国际私法学者得出以下结论：第一，我国采取了直接限制的立法方式，适用起来比较灵活；第二，对于确定违反公共秩序的实际标准，我国采取了结果说，这有利于适当限制公共秩序保留的运用；第三，我国的公共秩序保留条款不仅指向外国法律，还指向国际惯例，这是我国所特有的。不足之处是，没有规定排除外国法的适用后应该适用何种法律。另外，是否有必要借助公共秩序保留来排除国际惯例的适用问题，也需要进一步探讨。

2010年《涉外民事关系法律适用法》延续《民法通则》的做法并予以完善，明确规定排除外国法的适用后应适用我国法律，同时删除了借助公共秩序保留来排除国际惯例的适用的内容。该法第5条规定："外国法律的适用将损害中华人民共和国社会公共利益的，适用中华人民共和国法律。"

2012年《法律适用法司法解释（一）》第10条规定："有下列情形之一，涉及中华人民共和国社会公共利益、当事人不能通过约定排除适用、无需通过冲突规范指引而直接适用于涉外民事关系的法律、行政法规的规定，人民法院应当认定为涉外民事关系法律适用法第四条规定

① 肖永平.国际私法原理.北京：法律出版社，2003：132.

的强制性规定：（一）涉及劳动者权益保护的；（二）涉及食品或公共卫生安全的；（三）涉及环境安全的；（四）涉及外汇管制等金融安全的；（五）涉及反垄断、反倾销的；（六）应当认定为强制性规定的其他情形。"该条司法解释以保护公共利益为标准列举了直接适用我国强制性规定的情况，类似于前面提到的公共秩序保留中的"间接限制"方式。

课后练习

1. 请简述产生反致的原因。（考研）

2. 请简述关于法律规避行为效力的不同理论。我国对此问题做何规定？（考研）

3. 请简述关于外国法内容查明的不同方法以及我国的有关规定。（考研）

4. 请简述我国关于公共秩序保留的理论和实践。（考研）

5. 住所在英国的一阿根廷公民死于英国，在日本遗有不动产，因该不动产的继承在日本法院诉讼。日本冲突规范规定继承适用被继承人死亡时的属人法，即阿根廷法；阿根廷冲突规范规定继承适用死者最后住所地法，即英国法；英国冲突规范又规定，不动产继承适用不动产所在地法，即日本法。采用国际私法中的何种制度可以达到适用日本实体法的结果？（　　　）（法考）

    A. 直接反致

    B. 转致

    C. 间接反致

    D. 完全反致

6. 下列关于法律规避的说法中哪些是正确的？（　　　）（法考）

    A. 当事人有规避法律的故意

    B. 当事人是通过变更静态连结点而实现规避法律的

    C. 当事人规避我国强行法的行为无效

    D. 国际私法上的法律规避是当事人滥用冲突规范的结果

7. 我国"协航"号轮与甲国"瑟皇"号轮在乙国领海发生碰撞。"协航"号轮返回中国后，"瑟皇"号轮的所有人在我国法院对"协航"号轮所属的船公司提起侵权损害赔偿之诉。在庭审过程中，双方均依据乙国法律提出请求或进行抗辩。根据这一事实，下列哪一选项是正确的？（　　　）（法考）

    A. 因双方均依据乙国法律提出请求或进行抗辩，故应由当事人负责证明乙国法律，法院无须查明

    B. 法院应依职权查明乙国法律，双方当事人无须证明

    C. 法院应依职权查明乙国法律，也可要求当事人证明乙国法律的内容

    D. 应由双方当事人负责证明乙国法律，在其无法证明时，才由法院依职权查明

8. 中技公司诉瑞士资源公司案

原告中技公司受浙江省温州市金属材料公司的委托，于1984年12月28日与美国旭日公司签订了一份购买9 000吨钢材的合同。之后，旭日公司因无力履约，请求中技公司同意将卖方变更为瑞士资源公司。瑞士资源公司于1985年3月14日通知中技公司货物已装船，要求中技公司"将信用证开给挪威信贷银行（在卢森堡），以瑞士资源公司为受益人"。同年3月26

日，瑞士资源公司又告知钢材的价格、交货日期等。1985 年 4 月 19 日，中技公司通知中国银行上海分行开出了以瑞士资源公司为受益人、金额为 229.5 万美元的不可撤销的信用证。同年 6 月 1 日，中国银行上海分行将上述货款汇付瑞士资源公司。此后，原告一直未收到上述钢材，为此，原告于 1986 年 3 月 24 日向上海市中级人民法院提起诉讼，要求被告返还货款并赔偿经济损失。

上海市中级人民法院受理案件后，经审理查明，被告向原告提交的钢材质量检验证书、重量证书和装箱单均系伪造的，所提交的提单也是伪造的。因此，上海市中级人民法院支持了原告的诉求。瑞士资源公司不服一审判决，向上海市高级人民法院上诉，称：双方签订的购销钢材合同中有仲裁条款，原审法院对本案无管辖权，请求撤销原判。

上海市高级人民法院经公开审理确认：上诉人利用合同形式进行欺诈，已超出履行合同的范围，不仅破坏了合同，而且构成了侵权。被上诉人有权向法院提起侵权之诉，而不受双方所订立的仲裁条款的约束。依据《中华人民共和国民事诉讼法（试行）》第 22 条以及该法第 185 条和第 186 条的规定，上海市中级人民法院对本案具有管辖权。据此，上海市高级人民法院于 1988 年 10 月 11 日判决如下：（1）驳回上诉人瑞士资源公司的上诉，维持原判。（2）上诉人应增加赔偿被上诉人中技公司自原审法院判决后至本判决宣判之日的钢材货款的银行贷款利息 163 338.7 美元，自宣判之日起 10 日内一次付清。逾期按《中国人民银行结算办法》办理。本案二审诉讼费由上诉人承担。

问题：我国法院对本案进行识别的依据是什么？

9. 香港某公司贷款合同案

甲、乙双方在我国香港签订了贷款合同，约定适用香港法。合同签订后，甲方按约定提供了贷款，乙方后来只偿还了一部分本金和利息。于是，甲方在中国某市中级人民法院提起诉讼。依照我国内地有关法律规定的冲突规则，法院以双方约定的香港法作为处理案件的准据法，因此通知双方在规定的时间内提供有关香港法的证明资料。由于双方当事人都没有提供或证明有关贷款方面的香港成文法或判例，法院就适用了我国内地的有关实体法。

问题：（1）本案中法院采取了何种查明香港法的方法？是否合理？（2）法院适用中国内地法的依据是什么？

第五章

国际私法主体

本章概要

国际私法的主体是指能够参与国际民事关系，享有权利和承担义务的人。作为国际私法的合格主体应具备两个基本条件：一是具有独立地参与国际民事关系的能力，二是具有享有国际私法上的权利和承担国际私法上的义务的能力。国际私法上有 4 类主体：自然人、法人、国家和国际组织。对于自然人、法人，本章中主要介绍其国籍和住所的确定问题；对于国家，关注的重点是国家及其财产豁免问题；对于国际组织，只需了解它作为国际私法主体的一般特点。

关键术语

自然人国籍　自然人住所　法人国籍　法人住所　法人认可制　国家及其财产豁免　绝对豁免论　限制豁免论　国际组织

第一节　自然人

一、国籍与住所在国际私法中的意义

自然人是国际民事关系的重要参与者。在国际私法中，自然人既包括本国公民，也包括外国人和无国籍人。作为国际私法主体的自然人，首先，依其本国法或住所地法应是具有民事权利能力和行为能力的人。由于各国立法中对自然人的权利能力和行为能力的规定不同，因而会造成这一领域内的法律冲突现象，进而会产生自然人的权利能力和行为能力的法律适用问题。而自然人的权利能力和行为能力准据法的确定又与自然人的国籍和住所有着极为密切的联系，在目前各国立法当中，自然人的国籍和住所都是确定其权利能力和行为能力的重要连结点。其次，在人的身份关系、亲属、继承等领域，国籍与住所也是重要的连结点。最后，国籍与住所也是判断一个民事关系是否具有国际性和决定外国人民事法律地位的基本依据。因此，在探讨自然人作为国际私法的主体问题时，首先要解决的就是国籍和住所的确定

的问题。

需要注意的是，国际私法中所讲的国籍和住所冲突的解决，是指在某个具体的国际民事案件中，以哪一个具体的国籍和住所为准的问题，并不是要从根本上解决国籍和住所的冲突，不能理解为经过一次民事审判，就从法律上确定了某自然人的国籍和住所，这是要在国际公法和民法中解决的问题。

二、自然人国籍的确定

国籍，是指一个人作为一个特定国家的成员的资格，表明这个公民与所属国的一种特定的法律联系。国际私法研究国籍问题，主要研究自然人国籍的确定，目的在于确定自然人的本国法。

自然人国籍的冲突源于各国国籍法对取得国籍、丧失国籍的标准的规定不同。国籍的冲突包括积极的冲突和消极的冲突两种。

（一）国籍积极冲突的解决办法

国籍的积极冲突，也即一自然人具有两个以上的国籍。国际上有以下几种确定自然人国籍的做法。

（1）当事人具有的两个国籍中有一个是本国国籍（或法院地国籍）的，目前各国通行的做法是：只承认其本国国籍，不承认其外国国籍，即本国国籍优先原则。例如，《2001年韩国修正国际私法》第3条第1款规定：应适用当事人本国法情况下，若当事人有两个以上国籍，但是，其国籍中有一个是大韩民国国籍时，以大韩民国法律为其本国法。

（2）当事人所具有的国籍均为外国国籍而无本国国籍时，当事人国籍的确定，国际上做法不一致，大致有以下几种。

1）以当事人最后取得的国籍为其国籍。例如，1939年《泰国国际私法》第6条第1款规定，在应适用当事人本国法时，如当事人不同时期取得两个以上国籍，则适用最后取得国籍所属国家的法律。

2）以与当事人最密切联系的国家的国籍为准。如1978年《奥地利联邦国际私法法规》第9条规定：如一人具有多重国籍但无内国国籍，应以与之有最强联系的国家的国籍为准。1930年《关于国籍法冲突的若干问题的公约》也采用这一标准。至于何为最密切联系或最强联系地，一般视具体情况而定，诸如出生地、惯常居住地、住所地、从事业务地以及个人的意愿，只有综合上述情况加以分析，才能确定哪个因素与当事人有最密切联系。

3）由法院从当事人的两个或两个以上国籍中决定其中一个国籍为当事人的国籍。如1948年《埃及民法典》第25条规定：在无国籍或多重国籍的情况下，应适用的法律由法官确定。

（二）国籍消极冲突的解决办法

在国籍消极冲突的情况下，即当事人不具有任何国家的国籍，国际上一般以当事人住所、惯常居所或居所地法律为其本国法。《2001年韩国修正国际私法》第3条第2款规定：当事人的国籍不能确认或当事人没有国籍时，适用其惯常居所所在国家的法律，没有惯常居所时，适用其居所所在国家的法律。1954 年《关于无国籍人地位的公约》第 12 条也有类似的规定。对于在内国既无住所，又无居所的无国籍人的国籍的确定，有的国家规定通过办理一定手续即可加入内国国籍。但也有一些国家采取不同做法，如 1948 年《埃及民法典》规定：无国籍人的本国法，由法官确定。

（三）中国关于自然人国籍确定的立法

根据中国《国籍法》以及 1988 年《民法通则意见》，我国对于自然人国籍的确定有如下规定。

（1）不承认中国人具有双重国籍。《国籍法》第 5 条规定，父母双方或一方为中国公民，本人出生在外国，具有中国国籍；但父母双方或一方为中国公民并定居在外国，本人出生时即具有外国国籍的，不具有中国国籍。该法第 9 条规定，定居外国的中国公民，自愿加入或取得外国国籍的，即自动丧失中国国籍。

（2）根据 1988 年《民法通则意见》第 182 条的规定，有双重或多重国籍的外国人，以其有住所或与其有最密切联系的国家的法律为其本国法。

（3）对于无国籍人，中国《国籍法》第 6 条规定，父母无国籍或国籍不明，定居在中国，本人出生在中国，具有中国国籍。第 7 条规定，外国人或无国籍人，愿意遵守中国宪法和法律……可以经申请批准加入中国国籍。我国目前并没有关于解决国籍消极冲突的明文规定，但 1988 年《民法通则意见》第 181 条规定，无国籍人的民事行为能力，一般适用其定居国法律；如未定居的，适用其住所地国法律。

（4）2010 年《涉外民事关系法律适用法》第 19 条对于自然人国籍的确定作出了如下规定：依照本法适用国籍国法律，自然人具有两个以上国籍的，适用有经常居所的国籍国法律；在所有国籍国均无经常居所的，适用与其有最密切联系的国籍国法律。自然人无国籍或者国籍不明的，适用其经常居所地法律。

三、自然人住所的确定

住所在国际私法上有着重要意义，它对于确定管辖权以及准据法起着重要作用，是一个重要的连结点。19 世纪以来，大陆法系国家大都以国籍法为当事人的属人法。但由于种种原因，英美法系各国法律所说的属人法指的是住所地法。因此，住所在国际私法中，仍占相当重要的地位。

（一）住所的概念

关于住所的概念，各国并无统一的规定。《法国民法典》认为定居之地即为其住所，加拿大《魁北克民法典》以惯常居所地为住所，《瑞士民法典》则规定以有定居意图的地方为住所，英美法则认为住所是人具有久居意思的事实上居住的地方。我国 1986 年《民法通则》规定户籍所在地为住所，但经常居住地与住所不一致的，以经常居住地为住所。1986 年 11 月召开的海牙国际私法会议，对住所的概念进行了广泛的讨论。一般认为，确定一个人的住所应考虑两个标准：一是客观标准，如居住年限、家庭关系、财产所在地以及职业、社会和经济的联系等；另一个是主观标准，即当事人定居的意思。

通常认为，一个人仅能有一个住所，如《瑞士民法典》规定：一个人不能同时有一个以上的住所。但有的国家允许一个人有数个住所，如《日本民法典》第 24 条规定：就某行为选定临时住所时，关于该行为，即将临时住所视为住所。由于存在上述情况，加之各国关于住所的概念理解不同，就可能产生住所的冲突。

和国籍一样，住所的冲突也分积极的冲突和消极的冲突。前者指一个人在同一时间，在不同的地方或国家有一个以上的住所；后者指一个人在同一时间在任何国家或任何地方都没有住所。

（二）住所冲突的解决办法

（1）住所的积极冲突的解决方法有以下几种。

1）依当事人的意思确定其住所。法国学者罗梭（Loisseau）主张此说。持此主张者认为，住所的选择属个人的自由，一个人有数个住所时，应依自己个人的意思决定住所。反对者认为，这种做法势必导致当事人的意思左右其属人法的选择，很不妥当。

2）主张依法院地法确定当事人的住所。《美国冲突法重述（第二次）》第 13 条规定：法院在适用自己的冲突法规则时，依自己的标准确定住所。反对者认为，仅依法院地法解决住所冲突，就会因诉讼时法院地的不同而造成同一自然人的住所时有变更，导致住所不确定。

3）依法律关系的性质解决当事人的住所冲突。例如：在解决当事人的身份、能力问题时，住所的确定应依当事人本国法。解决无遗嘱继承时，依遗产所在地法，或当事人的本国法确定住所；解决破产问题时，当事人的住所，由诉讼地法确定。

4）同解决国籍积极冲突的方法相似，冲突的住所中有一个在国内的，则适用法院地法，即以内国住所为住所；如果冲突的住所皆为外国的住所，则适用与之有最密切联系的住所地法或当事人最后取得的住所地法。

（2）对于住所的消极冲突，各国立法中采取的解决办法比较一致，一般均以当事人的居所代替住所，无居所的，以当事人的现住地为居所。

（三）中国有关住所确定的规定

1986 年《民法通则》第 15 条规定，公民以他的户籍所在地的居住地为住所，经常居住地与住所不一致的，经常居住地视为住所。1992 年《最高人民法院关于适用〈中华人民共和国民事诉讼法〉若干问题的意见》（以下简称《民事诉讼法意见》，已失效）第 5 条规定，公民的经常居住地是指公民离开住所地至起诉时已连续居住 1 年以上的地方。但公民住院就医的地方除外。

1988 年《民法通则意见》第 183 条规定，当事人的住所不明或者不能确定的，以其经常居住地为住所。当事人有几个住所的，以与产生纠纷的民事关系有最密切联系的住所为住所。

2010 年《涉外民事关系法律适用法》第 20 条规定：依照本法适用经常居所地法律，自然人经常居所地不明的，适用其现在居所地法律。

2012 年《法律适用法司法解释（一）》第 15 条规定：自然人在涉外民事关系产生或者变更、终止时已经连续居住一年以上且作为其生活中心的地方，人民法院可以认定为涉外民事关系法律适用法规定的自然人的经常居所地，但就医、劳务派遣、公务等情形除外。

第二节 法 人

一、法人国籍的确定

（一）法人国籍的确定标志

法人国籍是法人与其所属国的一种永久联系，是区分内国法人与外国法人的标志。确定法人国籍的标志有以下几种。

（1）以法人设立地或注册成立地为标志，即注册成立地主义。英美法系国家普遍采用这一标准。这一主张也为《布斯塔曼特法典》所接受，该法典第 17 条规定，社团法人的原有国籍为其成立地，并依社团应予注册或登记地所属国家的国籍。该学说的理由是，一个组织之所以成为法人，具有民事权利能力和行为能力，是因为在设立地国家依法登记或得到批准。这种标准的优点在于确定法人国籍时简单、明确，且不易变更；缺点是易导致法律规避现象的发生，因为有些情况下法人的资本来源、实际的管理和经营活动可能都与法人的注册登记地没有太多的联系，法人选择在某国注册登记可能仅是出于手续简便或税收较为优惠的考虑。

（2）以法人的资本来源地为标志，即资本控制主义。该学说认为：法人的资本来自哪个国家，就具有哪国国籍。采用这一标准能够反映出法人的资本来源与法人国籍之间的内在联系，也有利于防范法律规避行为。但现实中有些法人的资本构成非常复杂，并且易于发生变更，所以单纯采用这一标准有时难以确定法人的国籍。在战争中或敌对状态下，许多国家为区分敌性公司，往往求助于这个标准。

（3）以法人住所地为标志，即住所地在内国者为内国法人，住所地在外国者为外国法人。由于各国关于住所的确定不一致，这一标准又分为：1）以管理中心地为标志。《奥地利联邦国际私法法规》第 10 条规定：法人，其属人法应是该法律实体设有事务所的国家的法律。《布斯塔曼特法典》第 19 条也采此标准。管理中心地一般情况下就是董事会所在地。2）以主要营业所所在地为标志。《泰国国际私法》第 7 条规定：法人国籍冲突时，以总店或主要营业所所在地国的国籍为法人的国籍。主张此说的学者认为：法人在哪里投资，在哪里实现自己的目的，就应以该地所在国为其国籍。

（4）以自然人国籍为准，即根据组成该法人的成员的国籍来确定该法人的国籍。该学说认为：法人只不过是覆盖在一群成员身上以使他们联合于其中的一层薄纱，它使他们凝聚成一个人，这个人同他们自身毫无差别，因为这个人是他们本身，它的国籍无非就是他们自己的国籍。目前这种主张在实践中已很少运用。

（5）以设立所依据的法律为标志，即准据法主义。依此主张，根据哪个国家的法律成立的法人，该法人就具有该国的国籍。

从各国立法和实践看，一国确定外国法人或内国法人的标志并不是一成不变的，一个国家总是根据自己的对外经济政策寻求确定法人国籍的标准，有时会同时采用多个标准来确定法人的国籍。

（二）中国有关法人国籍确定的立法与实践

新中国成立初，为了肃清帝国主义在华特权，维护我国的利益，曾运用资本控制说解决一些问题。如在上海永安公司案中，我国就采用过这一标准。该公司成立时登记为美商，太平洋战争爆发后，为逃避日本帝国主义的迫害，改为华商。抗战胜利后，又恢复为美商，但该公司实际上为我国人所投资、掌握，所以，新中国成立后我们确定其为我国的私营企业。

2019年制定的《外商投资法》第2条规定："本法所称外商投资企业，是指全部或部分由外国投资者投资，依照中国法律在中国境内登记注册设定的企业。"

2018年修正的《公司法》第191条规定："本法所称外国公司是指依照外国法律在中国境外设立的公司。"

1988年《民法通则意见》第184条第1款规定："外国法人以其注册登记地国家的法律为其本国法，法人的民事行为能力依其本国法确定。"

由以上规定中可以看出，在我国现行立法中主要采用注册成立地作为确定法人国籍的标志。

二、法人住所的确定

同自然人一样，法人也有其住所，法人住所的确定，在国际私法中有重要意义。

（1）法人住所确定的标志。对于法人住所的确定标志，在国际上有以下几种主张。

1）管理中心所在地说，也称为主事务所所在地说。其理由是法人的管理中心是法人的首脑机构所在地，法人经营活动的计划和决策都由该地作出。而且，通常法人的决策中心只有一个，在实践中比较容易确定其管理中心。许多西方国家都采纳该主张，但该学说应用于实践的主要弊端在于，法人只要将其主要事务所迁往国外，就可以轻易地达到规避法律的目的。

2）营业中心地说。依照该主张，法人的住所地是指法人从事实际经营活动的场所，因为法人的营业中心地是其利润的来源地，是实现法人经营目的的地方；并且法人的营业中心相对比较稳定，不容易搬迁，从而不易产生通过改变法人的住所规避法律的现象。许多发展中国家采纳这一主张。但这种做法的缺陷是，在实践中，常常遇到一个法人有多个营业地的现象，在现实生活中难以判断其中哪一个是法人的营业中心，从而难以确定法人的住所。

3）章程规定说。此说认为法人的住所就是其章程中所载明的住所，由于法人在登记成立时，章程中一般都会证明其住所，因而依照这种办法来判断法人的住所简单明了。如《瑞士民法典》第56条规定，法人的住所，依法人章程的规定（而在无章程规定时，则以执行其事务之住所为法人住所）。

（2）依照我国《民法通则》及《公司法》的有关规定，法人以它的主要办事机构所在地为住所。若法人只有一个办事机构，该办事机构即为法人的住所；有几个办事机构时，则以起决策作用的主要办事机构所在地为法人的住所。《涉外民事关系法律适用法》第14条第2款规定：法人的主营业地与登记地不一致的，可以适用主营业地法律。法人的经常居所地，为其主营业地。

三、外国法人的承认

确定了法人的国籍，并不意味着该法人就可以在内国从事业务活动，还需得到内国的承认。外国法人的承认，是指一国政府承认外国法人人格的存在，赋予其民事权利和地位，并允许其在法定的范围内从事民事活动的过程。

（一）外国法人承认的几种制度

一般地讲，除有条约规定外，外国法人的承认是内国行使主权的行为，应依内国法办理。各国关于外国法人的承认制度有以下几种。

（1）特别承认制。通过特别批准的程序加以认可，内国可基于国家利益或行政理由拒绝承认。这种承认方式手续较为烦琐，但有利于对外国法人的控制。

（2）一般承认制。外国法人根据他国内国法一般规定，办理必要的登记和注册手续，便可以在他国从事业务活动。英、美、法、西班牙、瑞士等都采此种制度。

（3）分别认可制。根据外国法人的性质，采取不同的认可办法：对商业性的法人采用一般认可制，对非商业性的法人（如文化、艺术、体育团体等）采取特别认可制。法国采用这种制度。

（4）相互认可制。根据条约的规定，相互承认对方的法人。如 1966 年《美国和多哥共和国友好和经济关系条约》规定：根据缔约任何一方的现行法律和条约而设立的公司，应被视为该方的公司，其法律地位应在缔约另一方领土内得到承认。1956 年在海牙签订的《关于承认外国公司、社团、财团法律人格公约》规定：凡公司、社团和财团按照缔约国法律在其国内履行登记或公告手续并设有法定所在地而取得法律人格的，其他缔约国当然应予承认……

（二）中国关于外国法人承认的规定

在外国法人的承认问题上，我国采取的是特别承认制，这主要体现在对外国法人在中国设立代表机构或分支机构的管理上。外国法人进入中国从事民事活动，主要有三种方式：一是在中国设立外商投资企业。在这种情况下，外商投资企业本身就具备了中国的法人或者非法人组织资格，对此类外商投资企业是不存在法人认可问题的。二是临时来华从事经营活动的外国法人，其资格也不需要政府机构的特别审批和认可。三是外国法人进入中国后，不在中国设立外商投资企业，但准备以外国法人的名义长期从事特定的民事活动。在这种情况下，就需要在中国设立代表机构或者分支机构，这就需要对其法人资格进行认可。

在此方面的主要法律依据有：1980 年 10 月 30 日《国务院关于管理外国企业常驻代表机构的暂行规定》，1983 年 3 月 15 日国家工商行政管理局颁布的《关于外国企业常驻代表机构的登记管理办法》（已失效），《中华人民共和国公司法》（1993 年 12 月 29 日通过，2018 年 10 月 26 日第四次修正）第十一章；此外，原对外贸易经济合作部（现商务部）还以 1995 年第 3 号令发布了《关于审批和管理外国企业在华常驻代表机构的实施细则》（已失效），对前述国务院 1980 年暂行规定作出了具体解释。依照上述法律、法规的规定，外国企业在中国设立常驻代表或分支机构，必须提出申请，报请中国主管机关批准后，向有关工商行政管理机关办理登记手续，未经批准登记的，不得开展业务。

第三节　国　家

一、国家是特殊的国际私法主体

国家对于国际民事关系的影响体现在两个方面：一方面，国家通过立法和缔结国际条约的方式为国际民事交往制定规则，同时，国家通过司法和行政手段管理着一国的对外民事交往秩序。在这里，国家是作为国际公法的主体或行政法的主体发挥着作用。另一方面，国家以自己的名义直接参与到国际民事交往中，比如，一国以国家的身份与外国法人签订对外经贸合同，进行对外直接投资或者发行债券等。这时，国家就成为国际民事关系的主体。本节要探讨的，就是在后一种情况下，国家作为国际私法主体的特殊性。

国家虽然与自然人和法人同为国际私法的主体，但在具体的权利和义务上与后者具有明显的差别。国家作为国际私法主体的特殊性主要表现在以下几方面。

（1）国家作为主权者，根据国际法和国际惯例，享有豁免权。国家豁免权是国家主权的体现。在国际关系中，任何国家都是平等的，不应存在一国主权高于另一国主权的情况，国家作为国际私法的主体参与国际民事交往时，同样也享有国家豁免。任何其他国家不能以国家参与了民事活动为由来限制或剥夺其豁免权，因为这样就构成了对一国国家主权的侵犯。但同时应当注意的是，为了保护国际民事秩序的安全和对方当事人的正当利益，有时国家会主动放弃其豁免权，比如，放弃司法管辖豁免，到外国法院去应诉，也就是对国家主权进行某方面的限制。但这种行为本身也是国家主权的体现，采取这种做法必须是国家自愿的，其他国家及其法院不能强制剥夺另一国的豁免权。

（2）国家作为国际民事关系的主体也具有民事能力，即具有民事权利能力和行为能力，但与自然人和法人的民事能力有很大不同：首先，国家的权利能力和行为能力往往是国家所独有的，一般自然人或法人不能享有，比如，发行国债的能力，这种能力只有主权者才能够享有。其次，关于国家的民事权利能力和行为能力范围与内容的规范是国家通过立法程序来制定的，也就是说，国家自己设定自己的权利能力和行为能力，自然人与法人则无此权力。

（3）国家以其国库的财产承担民事责任。从法律的意义上讲，这意味着国家承担的是无限责任。

（4）国家以自己的名义参与对外民事交往时，其行为是由其授权的机构或个人来实施的。国家只对经过其授权的机构或个人的行为负责，并且该机构或个人的行为应当是以国家的名义实施的，否则，国家不承担责任。

二、国家及其财产司法豁免问题

（一）国家豁免问题概述

国家豁免原则来源于国家主权原则，它包括行政豁免、司法豁免和税收豁免等。在国际私法中，最主要的就是国家的司法豁免。

国家及其财产的司法豁免有三个方面的内容：第一，管辖豁免，指的是未经一国同意，不得在另一国法院对它提起诉讼或提起以其财产为诉讼标的的诉讼；第二，诉讼程序豁免，是指即使一国放弃管辖豁免，未经其同意，不得对其财产采取诉讼保全措施，也不得强制其出庭作证或提供证据以及为其他诉讼行为；第三，执行豁免，系指即使一国放弃管辖豁免而同意在他国法院作为被告或主动作为原告参加民事诉讼，即使败诉，未经其同意，仍不得对其财产实行强制执行。

上述三种豁免既有区别，又有联系。区别在于三者各有不同的含义，并各自与国际民事诉讼的不同阶段相联系，放弃其中一项豁免，并不等于放弃其他两项豁免。联系在于：三者都源于国家主权和独立原则，共同构成国家及其财产豁免原则的整体；管辖豁免为其他两项豁免的前提条件，一个国家只有享有管辖豁免，才当然地享有另两种豁免；只有一个国家放弃管辖豁免，才能提出后两种豁免的问题。

国家及其财产享有司法豁免权是国际民事诉讼中的一个重要原则，任何对国家及其财产司法豁免原则进行片面限制的做法都是错误的。但是，这并不意味着这项原则不容许有合理的例外，这种例外一般发生在下列场合。

（1）一国明示放弃豁免，或根据条约的规定在某些事项上不享有司法豁免权。例如，我国参加了1969年《国际油污损害民事责任公约》，即承担了放弃国有商船的豁免权和执行有关判决的义务。但国家放弃豁免权，仅限于明示放弃的事项，不能对这种放弃作扩大解释。

（2）一国对另一国采取报复措施。当一国未根据公认的国际法原则或国际惯例对另一国的司法豁免权给予应有的尊重时，该另一国有权采取报复措施，也不给它司法豁免权。

（二）关于国家及其财产豁免的理论

关于国家及其财产豁免，主要存在两种不同的理论，即绝对国家豁免论和限制国家豁免论。

绝对国家豁免论可以追溯到14世纪著名法学家巴托尔的学说："平等者之间无裁判权。"16世纪以后，绝对国家豁免原则被认为是和君主的个人豁免相同的原则。从18世纪末到1886年，各国国内法院的司法实践一致确认这个原则，并拒绝对外国国家行使裁判权，无论有关的诉讼是对物的还是对人的，也不论有关的行为是公法性质的还是私法性质的。[①] 绝对国家豁免原则认为，在任何情况下，国家及其财产都享有司法豁免权，除非国家自愿放弃这种豁免权。

绝对豁免论所依据的国家主权平等原则无疑是正确的，国家作为主权者应当享有司法管辖豁免权的主张也是正确的，但该理论在实践中也存在如下问题。

第一，依据绝对豁免原则处理国家与外国私人（自然人、法人和非法人组织）之间的纠纷经常会导致将此类问题上升为国家之间的外交纠纷，这对于维护国家的对外关系的稳定性是不利的。

第二，绝对豁免原则的立场容易导致与国家进行交易的外国私人对自身利益的可靠保证产生怀疑，从而在一定程度上限制了国家从事对外经济活动的可能性。

限制国家豁免论认为，国家行为应分为主权行为和非主权行为，国家及其财产是否享有豁免权，要看它从事的是哪一类行为：外国国家以政治主体资格行使统治权活动，即所谓的主权行为或公法行为时，享有豁免权；反之，外国国家从事商业活动，为非主权行为或私法行为时，不享有豁免权。这种理论认为，国家越来越多地参加国际经济活动及其他国际民事活动，而民事关系中主体应是平等的，国家主张豁免权会使其处于特权地位，这样就对对方当事人不利，造成不公正、不合理的结果。

限制豁免的倾向是19世纪末20世纪初开始在国际上出现的。先是资本主义国家间对于国有商船是否享有豁免权出现意见分歧，之后由于国家参与通常属于私人经营范围的事业逐渐增多，为了保护私人资本的利益，意大利、德国、比利时、荷兰等国家的法院开始对外国国家及其财产的豁免权施加限制，只对外国国家所谓的主权行为给予豁免，对所谓非主权行为则拒绝

给予豁免。第一次世界大战后，限制豁免主义在欧洲大陆一些国家中逐渐形成一般趋势。第二次世界大战后，这种倾向变得明显起来，一些以前坚持绝对豁免的国家，如英、美等国，抛弃了绝对豁免主义，转而走上限制豁免的道路。1976 年美国《外国主权豁免法》和 1978 年英国《国家豁免法》在承认国家及其财产司法豁免原则的前提下，都规定了许多豁免的例外情形。目前，大多数国家都采取了限制豁免的主张，尤其是西方发达国家，几乎无一例外地接受了这一主张。

限制豁免论的主要理论依据是民事关系主体平等的原则，在理论基础上有一定的合理性，但同时也存在一定的缺陷，主要表现在以下两点。

第一，国家的任何行为从根本上说都是主权行为。限制豁免论试图人为地划分出"主权行为"和"非主权行为"，这在理论上和实践中都是十分困难的。

第二，依照这一理论，有些国家制定了关于国家豁免问题的国内立法，单方面主张这种立法具有拘束别国的效力。这不仅违背了国际法，在实践中也是行不通的。因为若作为被告的外国国家不愿接受法院管辖，即使法院强行进行了裁决，最终也几乎不可能得到执行。这样就使作为原告一方的当事人在诉讼中的可期待利益几乎完全不能得到实现，浪费当事人的时间和金钱；后果严重的，还可能导致两国外交关系恶化。

(三)《联合国国家及其财产管辖豁免公约》

2004 年 12 月 2 日第 59 届联合国大会通过了《联合国国家及其财产管辖豁免公约》，中国政府于 2005 年 9 月 14 日正式签署了该公约。虽然该公约目前尚未生效，但作为第一个全面规范国家及其财产豁免问题的国际公约，其对于国际法的发展、国家参与涉外经济活动都将产生重大的影响。该公约中的规定主要涉及以下内容。

(1) 在原则上肯定国家及其财产的管辖豁免是一项国际法规则的同时，具体规定了国家不得享有管辖豁免的 8 种情况：一是商业交易，二是雇佣合同，三是人身伤害和财产损害，四是财产所有、占有或使用，五是知识产权和工业产权，六是参加公司或集体机构，七是国家拥有或经营的商业用途的船舶，八是仲裁协定的效果。

(2) 在什么是国家的"商业交易"的判断标准问题上，该公约综合了"性质论"和"目的论"的主张。该公约第 2 条第 3 款规定，在确定一项合同或交易是否为"商业交易"时，应主要参考该合同或交易的性质，但如果合同或交易的当事方已达成一致，或者根据法院地国的实践，合同或交易的目的与确定其非商业性质有关，则其目的也应予以考虑。

(3) 该公约把对国家财产的强制措施分为判决前的强制措施和判决后的强制措施两种。对于判决前的强制措施，该公约采取了绝对豁免的立场，于第 18 条规定，不得在另一国法院的诉讼中针对一国财产采取判决前的强制措施，例如查封和扣押措施，除非该国以某种方式明示同意采取此类措施或该国已经拨出或专门指定该财产用于清偿该诉讼标的的请求。

对于判决后的强制执行问题，该公约基本上采取了限制豁免的立场。根据该公约第 19 条 c 项的规定，如果能够证明某项财产被该国具体用于或意图用于政府非商业性用途以外的目的，并且处于法院地国领土内，即可以对该财产采取判决后的强制措施，例如查封、扣押和执行措施，但条件是只可对与被诉实体有联系的财产采取判决后强制措施。至于哪类财产不属于非商业用途以外的财产，该公约中并未作出明确的定义，但在该公约第 21 条的规定中，列举了以下 5 类特定种类的财产不得被视为一国具体用于或意图用于政府非商业性用途以外目的的财产：

1）该国外交代表机构、领事机构、特别使团、驻国际组织代表团、派往国际组织的机关或国际会议的代表团履行公务所用或意图所用的财产，包括任何银行账户款项；2）属于军事性质，或用于或意图用于军事目的的财产；3）该国中央银行或其他货币当局的财产；4）构成该国文化遗产的一部分或该国档案的一部分，且非供出售或意图出售的财产；5）构成具有科学、文化或历史价值的物品展览的一部分，且非供出售或意图出售的财产。

（4）享有国家豁免的主体是主权国家，而国家的行为是通过具体的机关或人的行为体现出来的。至于可把谁视为代表国家行事的机关或人，该公约第2条第1款b项列举了以下4类。

1）国家及其政府的各种机关；2）有权行使主权权力，并以该身份行事的联邦国家的组成单位或国家政治区分单位；3）国家机构、部门或其他实体，但它们必须有权行使并且实际在行使国家的主权权力；4）以国家代表身份行事的国家代表。

（5）对于国有企业参与商业交易引起的责任是否影响国家享有的豁免权的问题，发达国家和发展中国家存在严重分歧：一些发展中国家，特别是社会主义国家认为，国有企业作为法人在商业交易中应独立承担责任，国家不承担连带责任。但在英、美等一些西方国家看来，这种制度可能为国家利用国有企业承担有限责任来逃避国家应该承担的责任提供借口，遂要求国家承担责任。为解决各方关切，该公约最后作了妥协。一方面，该公约第10条第3款规定，国家豁免不因那些具有独立法律人格的国有企业涉诉而受影响。该款意在避免国有企业被诉时，国家被连带受诉。另一方面，该公约又规定了例外，涉及国家实体故意虚报其财务状况，国家可能因国有企业的行为而被诉，即适用"掀开公司面纱"原则或者"否认公司法人人格"。该项例外照顾了一些西方国家的关切。[①]

（6）关于公约的适用范围，该公约第3条规定，国家根据国际法享有的下列特权和豁免不受影响。

1）其外交代表机构、领事机构、特别使团、驻国际组织代表团，或派往国际组织的机关或国际会议的代表团，以及与上述机构有关联的人员，所享有的特权与豁免；2）国家元首个人的特权和豁免；3）国家对其拥有或运营的航空器或空间物体所享有的豁免。

三、中国在国家及其财产豁免问题上的理论和实践

我国在实践中一贯坚持国家主权平等和独立的原则，坚持国家及其财产司法豁免原则，在法院司法审判实践中，也没有过以外国国家作为民事诉讼当事人的案例，但我国已在外国法院中多次成为民事诉讼的被告。其中，湖广铁路债券案就是一个典型的案例，该案本身的背景比较复杂，涉及诸多方面的问题，如政府继承、国际法上的"恶债"问题等，其中最核心的，仍是关于国家是否享有管辖豁免权的问题。

该案的基本情况是：中国清政府统治末期的1911年，为了修建湖广铁路，由清政府邮传部大臣与英国汇丰、法国东方汇理、德国德华和美国花旗等银行签订了"湖广铁路五厘利息递还金镑借款债券"的合同。依合同的规定，上述四国银行得以清政府的名义在国外公开发行债券，借款总额为600万金英镑，合同期限为40年，至1951年到期，借款以厘金、盐税作抵押。依照这一合同，外国人将获得铁路的建设和经营权；同时，借此债券的发行又将进一步控

---

① 马新民.《联合国国家及其财产管辖豁免公约》评介. 法学家，2005（6）.

制中国的财政。因此，这是一份典型的不平等合同。清政府的这种卖国行径，激起了全国人民的愤慨，这一事件也就成了辛亥革命的直接导火索，合同签订后仅4个月，清政府即倒台。此后的中国政府曾经继续支付利息直至1938年，后随着抗日战争的爆发，停止支付利息，也未归还本金。20世纪70年代末，中美关系解冻，两国开始了建立外交关系的谈判，而一些别有心计的美国人闻风而动，打起了湖广铁路债券的主意。以美国公民杰克逊为首的几个人在市场上以极低的价格收购了这种早已形同废纸的债券，并于1979年11月在美国亚拉巴马州地方法院对中华人民共和国提起诉讼，要求中国偿还湖广铁路债券本息共计约一亿美元。亚拉巴马州地方法院受理了此案，法院以我国外交部部长为代表人，向中华人民共和国发出了传票，并要求在规定期限内进行答辩，否则将作出缺席判决。

我国政府在诉讼的初期阶段，采取了拒绝应诉的态度，并发表声明指出，作为一个独立的主权国家，中国不应受美国法院的管辖。然而亚拉巴马州地方法院无视中国的声明，于1982年9月1日开庭并作出"缺席判决"，判处中华人民共和国偿还原告41 313 038美元的本金、利息及诉讼费。该判决的主要法律依据是美国1976年《外国主权豁免法》关于国家的商业行为不能豁免的规定。

当时正值中美建交初期，两国关系处于十分敏感的发展阶段，因而这一案件也引起了两国的外交部门和高层领导人的重视。针对此案的判决，中国外交部于1983年2月2日向美国国务院递交了备忘录，该备忘录指出："主权豁免是一项重要的国际法原则，它是以联合国宪章确认的国家主权平等原则为基础的。中国作为一个主权国家，无可争辩地享有司法豁免权。美国地方法院对一项以一个主权国家为被告的诉讼行使管辖权，作出缺席判决，甚至威胁要强制执行这项判决，完全违反了国家主权平等的国际法原则和联合国宪章。中国政府坚决反对把美国国内法强加于中国的这种有损于中国主权和国家尊严的做法。如果美国地方法院无视国际法，强制执行上面提到的判决，扣押中国在美国境内的财产，中国政府保留采取相应措施的权利。"但在中国政府作出声明之后，原告仍企图强制执行上述判决。我国政府在与美国政府协商的基础上，于1983年8月12日聘用当地律师在美国联邦地区法院代理出庭，提出撤销缺席判决和驳回起诉的动议。同时，美国国务院和司法部也分别向法院提出了"利益陈述"，从美国国家利益的角度考虑支持了中国的动议。

在1984年2月，亚拉巴马州地方法院进行重新裁决，中国的代理律师提出，1976年的《外国主权豁免法》不能溯及因1911年的行为引起的诉讼。法院研究认为，1976年《外国主权豁免法》没有溯及以往的效力，因此认定法院无管辖权基础，从而撤销了该案。原告不服，上诉至上诉法院。上诉法院维持了亚拉巴马州地方法院的原审判决。1986年，应原告的要求，美国最高法院复审了此案，作出最后裁定，驳回了原告的复审要求，维持了原判。

这一案件虽然最终获得了解决，避免了因强制执行中国国家财产可能带来的外交关系上的严重后果，然而，该案的解决过程中暴露出的以下问题也是值得我们深思的。

第一，美国法院在最终的判决中回避了国家主权豁免原则这个棘手的问题。美国最高法院的判决中也指出："（亚拉巴马州）地方法院没有就这些国际法问题（国家主权豁免问题）作出判决，因为法院认为本诉讼按美国国内法是不能进行的，本法院也认为是这样的。"① 美国法院之所以驳回原告起诉，理由是1976年《外国主权豁免法》没有溯及以往的效力，实际上该

---

① 转引自程晓霞. 国际法与国际私法案例分析. 北京：法律出版社，1997：15.

法并没有就溯及力问题作出任何规定，在以往适用该法的判例中也没有涉及这一问题。美国法院在对湖广铁路债券案的审理过程中，实际上创制了这样一个判例，肯定了《外国主权豁免法》没有溯及以往的效力。因此，我们不能从此案中得出这样的结论：美国法院是支持我国主权豁免的主张的。实际上，它并未支持这一主张，只是回避了这一问题。

第二，外交关系的因素在本案的最终判决中起了重大的作用。虽然 1976 年《外国主权豁免法》的重要作用和制定该法的重要原因之一，就是废除了"泰德公函"以来确定的"双轨制"体制，即在外国国家豁免问题上由法院和国务院共同决定的机制。也就是依照该法，此项问题只能由法院系统独立作出决定，国务院等政府机构无权干预。但从该案的审理情况看，国家的外交利益不能不说是法院在审理涉及外国国家的案件时一项重要的参考因素。实际上，若没有美国行政当局的干预，很难设想案件最终的审理结果会是这样一个结局。这表明，无论是采取哪一种理论，绝对论还是限制论，国家利益都是涉外民事诉讼中必须予以考虑的一个重要因素。

第三，我国政府从最初的拒不出庭应诉，到后期在美国政府的劝说下聘请当地律师出庭进行诉讼，并且在答辩中适当地提出了溯及力的问题；与此同时，在外交声明和答辩书中坚持了国家主权豁免原则的立场，体现了解决问题时原则性与灵活性相结合的处理方式。由于目前坚持限制豁免主义的国家较多，许多国家又有自己专门的立法，同时法院系统本身相对于行政部门的独立性，使得某些情况下单独依靠外交途径解决纠纷并不可靠。因此，研究这些国家的司法程序和立法内容，适当地利用司法渠道，会有助于纠纷的顺利解决。实际上，出庭本身并不意味着服从对方的管辖权，因为国家出庭时是可以申明自己管辖权豁免的主张的。

新中国成立以来，通过多次对涉及我国国家的诉讼的处理，在我国国际法理论和实践中逐渐形成了绝对豁免的主张，这些主张主要包括：（1）坚持国家及其财产豁免是国际法上的一项基本原则，反对限制豁免论；（2）坚持国家本身或者以国家名义从事的一切活动享有豁免权，除非国家自愿放弃；（3）在对外实践中，把国家本身的活动和国有企业的活动区分开来，认为国有企业是具有独立法律人格的经济实体，不享有豁免权；（4）赞成通过达成国际协议来消除各国在国家豁免问题上的分歧；（5）如果外国国家无视中国主权，对中国或其财产强行行使司法管辖权，中国可以对该国采取相应的报复措施；（6）中国到外国法院特别出庭抗辩该外国法院的管辖权，不得视为接受该外国法院的管辖。[1]

近年来，随着我国对外开放领域的不断扩大，涉及国家的民事诉讼案件日益增多，而在国际上支持限制豁免论的国家也越来越多，尤其是在《联合国国家及其财产管辖豁免公约》基本采取了限制豁免立场的形势下，我国国家及其财产豁免的理论面临着重大的挑战，有国内学者提出，中国结合自己的国情和现状接受限制豁免论，对中国自然人和法人的合法利益的保护更为有利。尤其是如果对方国家采取限制豁免原则，而我国对这些国家认为不应获得豁免的行为或财产，仍坚持绝对豁免，放弃对对方国家相应行为和财产的管辖，显然对我国的当事人是不利的。因此，中国既要坚持国家及其财产豁免这一《联合国国家及其财产管辖豁免公约》所确定的国际法原则，明确限制豁免主义的立场，又要在实践中采取灵活多样的措施来协调在这个问题上同其他国家及其自然人或法人的利害冲突，按照该公约所确立的规则，公正、合理地处理好涉及国家及其财产的诉讼案件。[2]

---

① 韩德培，肖永平. 国际私法学. 北京：人民法院出版社，中国社会科学出版社，2004：37.
② 黄进，杜焕芳. 国家及其财产管辖豁免立法的新发展. 法学家，2005（6）.

同时，《联合国国家及其财产管辖豁免公约》的通过也对相关的国内法制的完善提出了迫切要求。在国家及其财产管辖豁免方面，我国的国内立法十分欠缺，仅有一部于 2005 年 10 月 25 日通过的《中华人民共和国外国中央银行财产司法强制措施豁免法》，该法的规定仅涉及外国央行财产在华的豁免问题，适用范围有限。从长远来看，完善我国有关国内立法，对于在对外交往中更好地维护国家权益和我国当事人的利益是非常必要的。许多学者呼吁，我国应积极借鉴国际立法和外国相关立法的经验，结合《联合国国家及其财产管辖豁免公约》的规定，尽早制定一部完善的中国国家及其财产管辖豁免法。

第四节　国际组织

一、国际组织作为国际私法主体的法律问题

国际组织的出现是世界各国在政治、经济、文化等方面交往与合作的必然结果，自进入 19 世纪以来，尤其是第二次世界大战以后，国际组织得到了蓬勃发展，数量急剧增多，现今有影响力的国际组织已多达几千个，它们在促进各国交往与合作，维护正常、稳定的国际秩序方面发挥着不可替代的作用。对于国际组织的理解有广义和狭义之分，狭义的仅指国家政府间的组织，广义的则包括民间组织。实践中，无论政府间组织还是民间组织，都可以成为国际民事关系的主体，因为这些组织为了自身开展活动和发展，不可避免地要与其他的国家、国际组织、法人或个人发生民事或商事的联系。国际组织的法律人格来源于组建国际组织的法律文件（章程、条约等），这使得它参与国际民事交往的能力与国家的有所不同，当然也区别于法人和自然人。为了便于国际组织发挥其职能，其成员建立该组织时一般都在成立文件中赋予该组织以一定的权利能力和行为能力，使之拥有一定的法律人格。这些被赋予的能力不仅被其成员承认，根据国际法和惯例，一般也能得到非成员的尊重和承认。另外，在一些国际条约中，也对国际组织的资格和能力作出了规定，如《联合国宪章》《维也纳外交关系公约》。

作为国际私法主体的国际组织在法律上具有如下特点。

（1）国际组织具有民事能力，但其权利能力和行为能力是受到限制的。国际组织的民事能力是成员国为其履行职能的需要而赋予的，它的权利能力和行为能力的范围及内容都规定于成立该组织的基本法律文件之中，这种能力相对于国家来说，常常不完整，仅是与履行其自身职能相关的。国际组织在开展国际交往时，必须遵守这些法律文件中的规定。

（2）国际组织以自己的名义参加国际民事交往活动。国际组织虽然是由国家或其他成员组成的，但对外交往时，它是直接地以自己的名义而非其成员国的名义活动的。但这并不意味着国际组织具有凌驾于国家之上的特权，在国际法上，没有任何权力高于国家主权，在国际组织内部也不例外。各成员国是通过国际组织的决议规则来表达自己的意愿的，国际组织要秉承其成员国的共同意志行事。

（3）国际组织以自身的财产独立承担民事责任，其财产责任与其各成员之间没有连带关系。为了实现国际组织的职能的需要，在建立该组织时，一般其成员会给予其一定的财产，或国际组织通过自身活动积累起部分财产，这些财产就成为国际组织承担民事责任的基础。

（4）政府间国际组织为了履行职能的需要，享有一定的特权和豁免。

二、政府间国际组织的特权与豁免

国际组织不同于国家，它不享有主权，也就不享有像国家那样建立在主权原则基础之上的豁免权，它的特权与豁免主要通过国际条约确立，如 1946 年第 1 届联合国大会批准的《联合国特权及豁免公约》，就对联合国机构及其工作人员的特权和豁免作出了详细的规定。另外，联合国国际法委员会起草并于 1975 年维也纳外交会议上通过的《关于国家在其对普遍性国际组织关系上的代表权公约》，对国际组织的特权与豁免作了比较全面的规定，但是目前该公约还没有生效。此外，一些国家的国内立法也对本国参加的国际组织的特权与豁免问题作出了规定，如美国 1952 年《国际组织豁免法》。

有关国际组织豁免权的基础来源有两种不同的理论：一种是职能说。这种观点认为，国际组织之所以享有豁免权，是成员国为了正常履行其职能的需要而赋予的。《联合国宪章》第104 条和第 105 条的规定就体现了这一点，这两条明确规定，联合国组织在各会员国境内享有为执行其职务和实现宗旨所必需的法律行为能力；并且规定了它享有实现其宗旨所必需的特权与豁免。另一种是代表说，认为成员国之所以授予国际组织以特权和豁免，是因为国际组织在一定程度上或某些方面代表着成员国的利益和愿望。这两种观点都有一定的道理，但现在更多的是支持职能说。[①] 联合国国际法委员会在制定《维也纳外交关系公约》的过程中也认为，"国际组织的豁免权只能建立在职能的基础上"。

根据有关国际条约和国内立法的规定，国际组织在国际交往中的特权与豁免主要有：国际组织的会所、公文档案不受侵犯；国际组织的财产和资产免受搜集、征用、没收、侵夺或其他任何形式的干涉。另外，国际组织及其财产享受对当地国的司法管辖及执行豁免。

在某些情况下，国际组织的权利能力和行为能力也会产生法律冲突。例如，国际组织在非成员国境内活动时，各国可能会对国际组织的能力作出不同的限制规定，这样可能导致国际组织在一国境内可为的行为，在另一国被禁止的现象，也就产生了法律冲突。对于国际组织权利能力和行为能力的确定，一般认为应依行为地法。但有关这方面的冲突法立法非常少见。

课后练习

1. 国籍与住所在国际民事案件的处理中有何意义？

2. 简述有关外国法人认可的方式。（考研）

3. 你如何看待《联合国国家及其财产管辖豁免公约》对我国可能产生的影响？

4. 在当事人所具有的两个或两个以上的国籍均为外国国籍时，各国解决国籍积极冲突的做法有以下哪些？（　　　）（法考）

　　A. 以当事人最先取得的国籍为准

　　B. 以当事人最后取得的国籍为准

　　C. 以当事人住所或惯常居所所在国为准

---

① 韩德培. 国际私法新论. 武汉：武汉大学出版社，1997：113.

D. 以与当事人有最密切联系的国籍为准

5. 依照我国有关司法解释，法人的民事行为能力依其本国法确定。某一外国法人到中国从事商业活动，应以哪一国的法律为其本国法？（　　）（法考）

A. 主要营业地国的法律

B. 主要管理地国的法律

C. 注册登记地国的法律

D. 资本控制国的法律

6. 大卫是甲国人，同时具有乙国国籍，其住所在甲国，其惯常居所在乙国。后因在丙国为票据行为所引起的票据纠纷在我国涉诉。为了确定大卫之票据行为的效力，我国法院首先要确定他是否具有民事行为能力。按照我国《票据法》的规定，票据债务人的民事行为能力适用其本国法。大卫同时具有甲国国籍和乙国国籍，我国法院应如何确定其本国法？（　　）（法考）

A. 以大卫有住所的甲国法律为其本国法

B. 以票据行为地丙国的法律为其本国法

C. 以大卫有惯常居所的乙国法律为其本国法

D. 以与大卫有最密切联系的国家的法律为其本国法

7. 张某遗产继承案

中国公民张某系北京居民，1988 年大学毕业后自费赴日本留学深造，1994 年在日本某大学毕业并取得博士学位，毕业后一直在日本定居并工作。2003 年张某因病在日本去世，生前并未留有遗嘱，张某去世后其妻刘某（中国公民）变卖了在日本的全部财产，携女儿回国定居。其后张某的父母向刘某提出，要求获得张某的部分遗产，遭到刘某的拒绝。张某的父母遂向北京市某基层人民法院提起诉讼，要求按照中国继承法的规定，作为第一顺序继承人参与遗产的分配。在庭审中，刘某的代理律师提出了如下意见：（1）依照中国《民法通则》第 149 条的规定，遗产的法定继承，动产适用被继承人死亡时住所地法律，不动产适用不动产所在地法律。该案是一起涉外遗产继承案，应按该条的规定适用法律。（2）张某死亡时的住所在日本，他的全部遗产均为动产，故该案应适用日本法解决。（3）根据日本法律，在法定继承中，子女为第一顺序继承人，父母为第二顺序继承人，存在第一顺序继承人时，配偶和第一顺序继承人共同继承；没有第一顺序继承人时，配偶和第二顺序继承人共同继承。因此，张某的遗产应由其妻刘某和女儿共同继承，张某的父母不享有继承权。

问题：该案中张某的住所应该如何确定？本案应如何处理？

8. "海后一号"案

1977 年，一批由中国大连和福州起运的货物经香港转船后驶往尼日利亚，途中，运输该批货物的"海后一号"船舶在南非附近海域意外沉没。因此，四十余家收货人在美国纽约市南区联邦法院向作为承运人的中国远洋运输公司、日本大阪三井公司、香港海后公司提起诉讼，要求赔偿损失。在该案诉讼中，中国远洋运输公司出庭抗辩，主张了国家豁免权。1980 年 1 月 30 日，纽约市南区联邦法院作出判决，驳回原告提出的针对中国远洋运输公司的诉讼请求。其理由是，中国远洋运输公司由交通部，最终由中华人民共和国国务院管辖，确系一个外国机构。根据美国《外国主权豁免法》，外国机构在涉及商业活动或者放弃豁免权时才不具有豁免权。商业活动包括：（1）在美国进行的商业活动；（2）在美国履行在美国境外成立的商业活动行为；（3）在美国境外的商业行为，但对美国造成直接影响者。本案既不涉及中国远洋运输公司在美国的商业活动，也不涉及在美国履行商业行为，而且原告也承认本案对美国未造成任何影响，因此，中国远洋运输公司享有司法豁免权。

问题：国有企业是否可以成为国家豁免的主体，在不同国家的法律中有不同的理解，请以"海后一号"案为例，分析一下我国在此问题上应采取何种立场为宜。

第六章

外国人的民事法律地位

本章概要

外国人的民事法律地位问题是国际私法中的前提性问题，如果不了解外国人在本国境内在哪些领域享有民事权利，那么也就无从判断一个具体的涉外民事关系中外国人的主体资格是否合格，进而也就无法判断某一具体涉外民事关系的合法性。外国人的民事法律地位问题包含两方面的内容：一是外国人的民事法律地位的基本制度，如国民待遇、最惠国待遇。本章主要介绍这些制度的概念、特点和表现形式等问题。二是外国人在我国所享有的具体民事权利，这方面的问题涉及的内容非常广泛，涉及婚姻家庭、继承、知识产权、投资经营、民事诉讼等各个领域。由于这些方面的问题在其他部门法中都会有较为详细的阐述，因而本章中只对这类问题作一般性的介绍。

关键术语

国民待遇 最惠国待遇 不歧视待遇 普遍优惠待遇 外国人的民事法律地位

第一节 外国人民事法律地位的概念和历史发展

一、外国人民事法律地位的概念

外国人的民事法律地位，是指外国人在内国享有民事权利，承担民事义务的状况。在这里所指的"外国人"应做广义的理解，既包括外国的自然人，也包括外国法人和非法人组织。在国际私法中，外国的自然人是指不具有本国国籍的人，包括外国人和无国籍人。外国法人和非法人组织是指根据本国法律的规定不具有本国国籍的法人和非法人组织。

各国一般在国内法中都有关于外国人民事法律地位的规定，同时也通过缔结国际条约的形式对外国人的民事权利与义务加以规定。在这些规定中，既有原则性的制度，如国民待遇、最惠国待遇制度，也有大量的具体民事权利和义务，如劳动权、知识产权等。规定外国人民事法律地位的规范都是实体规范，它们对于冲突法具有非常重要的意义，因为赋予外国人以民事权利，是发生国际民事关系的前提。一个外国人，若根据内国法不享有任何权利，那就不可能产生国际民事关系，也就不会发生法律冲突。一国赋予外国人哪些民事权利，取决于该国的对外政策，同时，也反映了一国的社会经济状况。

二、外国人民事法律地位的历史发展

随着人类社会的发展，外国人享有的民事权利表现为从无到有、从很少到相当广泛的发展过程。

原始社会没有国家、法律，也就无外国人民事法律地位可言。人类脱离蒙昧的原始社会后，进入了马克思所称的第一个剥削社会——奴隶社会，生产力得到了一定的发展。但是由于当时的生产力水平还十分低下，尤其是交通工具仍很原始，社会因常年的战争而动荡不安，从根本上说，国家与国家之间除了战争之外，尚没有什么经济交往，更谈不上国际民事关系。而且占绝大多数人口的奴隶，没有任何地位，他们只不过是奴隶主的会说话的工具，被束缚在奴隶主的脚下。在当时的人们看来，外国人是"化外之人"，是敌人。奴隶制国家的典范——古罗马，虽然曾诞生了由最高裁判官通过实践创造出来的调整罗马人与外国人、外国人与外国人之间关系的民事规范①，但迄今为止，尚未发现现代意义上的规定外国人民事地位的法律规范。

封建社会的来临，把奴隶从奴隶主的手中解放出来，同时，又把他们束缚在土地上。从西欧的封建庄园到东方中国的自给自足的家族庭院，到处呈现的是农民对地主的依赖关系。在西欧，教会统掌世俗、精神领域内的一切大权，它们要求社会整齐划一，由基督教会来统治，各国家之间的交往很少，或者说，只有在特殊的环境下（如地中海沿岸国家），才有一定的涉外经济贸易关系。在中国，从总体上看，虽然与西欧社会相似，但是生产力毕竟有了一定的发展，指南针的发明极大地促进了航海事业的发展，客观上为国际民事关系的发展创造了良好的条件。据史载，汉朝时，中国就与大食、波斯等国有交往；唐宋时期，中国政府给予外国人各种优待，赋予外国人的民事权利也相当广泛，如外国人可享有财产所有权、婚姻权、继承权、民事诉讼权等。但总的来说，外国人在内国享有民事权利，是当时君主"特许"的结果。这正是这一时期外国人民事法律地位的特点。

随着封建社会的灭亡，人类跨入了一个被马克思称为在平等的旗帜下剥削工人的社会——资本主义社会，完成了人类社会"从身份到契约"（梅因语）的飞跃。商品——资本主义社会的最基本要素——的国际化，客观上要求内国赋予在其境内从事经营的外国人一定的民事地位，资本主义法律毫不犹豫地肯定了这一现实。最早把外国人民事法律地位规定于国内法中的是《法国民法典》，该法典第11条确定了有条件的国民待遇制度，一改过去《人权宣言》中的无条件国民待遇的规定，使国民待遇制度发展到第二阶段。但是，这只是一种形式上的平等，实际上，资本主义国家利用其强大的经济势力，在殖民地、半殖民地国家中大肆攫取采矿权、修路权等特权。因而，20世纪以前，外国人的民事法律地位表现出掠夺和不平等的特点。

第二次世界大战后，民族解放运动蓬勃发展，许多殖民地、半殖民地国家先后摆脱了帝国

---

① 周枏等. 罗马法. 北京：群众出版社，1983：62.

主义国家的统治，走上了独立自主的道路，它们要求在政治上、经济上的平等。一方面，它们取消了帝国主义国家在内国的特权；另一方面，在平等的基础上发展同各国的经济往来。在关于外国人的民事地位方面，它们在争取自己的权利的同时，为发展本国经济，扩大了外国人的民事权利范围。尤其是发展中国家实行对外开放以来，外国人在内国享有的民事权利的范围愈益扩大，诸如外国人享有投资、经商等各种权利。这一切对于丰富外国人民事法律地位制度，发挥了积极作用。但应该看到，由于世界经济发展的不平衡，一些外国人民事地位制度，如国民待遇、最惠国待遇，出现了在平等的名义下掩盖事实上的不平等的现象，发展中国家因此提出普遍优惠制。可以预见，发展中国家为谋求事实上的平等，尚需走一段艰难之路。

第二节　外国人民事法律地位的几种制度

一、国民待遇

国民待遇制度，是指一国根据条约或者法律，在一定范围内，给予在本国境内的外国自然人、法人和商船与本国自然人、法人和商船同等待遇的制度。从历史上看，国民待遇制度的发展主要经历了这样几个阶段。

1. 无条件国民待遇，即不附带任何条件地赋予外国人以国民待遇

这主要是在资产阶级革命的早期阶段实行的。例如，法国 1789 年的《人权宣言》，针对当时欧洲封建主的统治，提出："人类生来是自由的，在权利上是平等的。"根据这一指导思想，法国在 1793 年至 1799 年间实行"无条件的国民待遇"制度，把外国人同法国人一样看待。1862 年《荷兰民法典》第 9 条第 2 款、1868 年《葡萄牙民法典》第 36 条、1889 年《西班牙民法典》第 27 条，以及 1878 年南美八国的《利马条约》第 1 条，都有类似的规定。这是国民待遇制度发展的第一阶段。

2. 有条件的国民待遇，也称为互惠的国民待遇，即本国给予外国人以国民待遇，以该外国也同样地给予本国人以国民待遇为条件

当资产阶级稳固了自己的统治以后，发现无条件的国民待遇制度实行起来很困难，因此，无条件国民待遇的发源地——法国在 1804 年的《法国民法典》中一改从前的做法，实行以互惠为条件的国民待遇制度。该法典第 11 条规定："外国人，如其本国和法国订有条约允许法国人在其国内享有某些民事权利者，在法国亦得享有同样的民事权利。"之后，欧洲许多国家竞相模仿，国民待遇制发展到了第二阶段。

3. 特定的国民待遇

目前各国为维护本国人在外国的权利，限制外国人在本国的权利，普遍规定外国人在本国享有有限制的国民待遇，即外国人只在某些领域享有国民待遇。从传统上看，各国主要是在公民人身权利和诉讼权利的保护方面相互赋予国民待遇，但现在国民待遇的授予范围已扩展至财产权的保护，专利、商标权的保护，海难救助等领域。目前，在公用事业、劳动权利、内水航运等领域通常不赋予外国人以国民待遇。例如，在英国，不允许外国人拥有船舶所有权，外国人不能担任商船船长、引水员；在美国，大多数州不允许外国人担任律师。

我国在国内立法和条约实践中对国民待遇制度作了肯定。例如，《民事诉讼法》第 5 条第 1

款规定："外国人、无国籍人、外国企业和组织在人民法院起诉、应诉，同中华人民共和国公民、法人和其他组织有同等的诉讼权利义务。"1979 年 7 月 7 日签订的《中华人民共和国和美利坚合众国贸易关系协定》第 6 条第 2、3、5 款规定在专利、商标、版权方面，相互赋予国民待遇，其中第 5 款规定："缔约双方同意应采取适当措施，以保证根据各自的法律和规章并适当考虑国际做法，给予对方的法人或自然人的版权保护，应与对方给予自己的此类保护相适应。"

二、最惠国待遇

最惠国待遇，是指缔约国之间，一国已经或者即将给予任何第三国的优惠与权利，也同样给予缔约国对方即第二国。联合国国际法委员会 1978 年 7 月拟定的《关于最惠国条款的规定（草案）》给最惠国待遇下的定义是："最惠国待遇是指施惠国给予受惠国或与之有确定关系的人或事的待遇不低于施惠国给予第三国或与之有同于上述关系的人或事的待遇。"最惠国待遇涉及三方面的关系：第一国为施惠国；第三国为最惠国，享受最高水平的待遇；第二国为受惠国。

最惠国待遇主要具有以下特点：（1）最惠国待遇是一国对另一国的待遇，这种待遇是通过自然人、法人、商船及货物所享受的待遇表现出来的。（2）最惠国待遇条款一般都在对外经济贸易方面适用，主要的适用范围包括：商品进出口关税、捐税和其他费用的征收，商品进出口、过境时的许可程序、海关手续等方面。（3）最惠国待遇给予的权利和豁免，是同任何第三国相比而言的。（4）最惠国待遇是指现在已经给予而仍然存在的及从现在起将要给予任何第三国的优惠和豁免。

与前述国民待遇不同，最惠国待遇是使外国人在本国境内的民事地位平等，而国民待遇是使外国人享有的民事权利与本国人的相同。

最惠国待遇比国民待遇出现得要早些，在欧洲，早在 12 世纪就出现了最惠国待遇。到 18 世纪时，最惠国待遇制度开始在欧洲国家间普遍采用。目前，按照表现形式的不同，最惠国待遇可分为以下几种。

1. 非互惠的和互惠的最惠国待遇条款

非互惠的最惠国待遇是指缔约国单方面享受最惠国待遇，这是历史上初期最惠国条款所采用的一种形式，如 1858 年的《中美望厦条约》第 13 条规定：将来大清皇帝给予他国的"恩典"与"恩惠"，大合众国一体均沾，但并未规定美国也赋予中国公民最惠国待遇。这种类型的条款是帝国主义强迫殖民地、半殖民地国家签署的，具有不平等性，现在基本上不存在了。互惠的最惠国待遇是指缔约国双方相互给予对方人民以最惠国待遇。1979 年 7 月 7 日签订的《中华人民共和国和美利坚合众国贸易关系协定》第 2 条第 1 款的规定属于这一形式，该款规定："为了使两国贸易关系建立在非歧视性基础上，缔约双方对来自或输出至对方的产品应相互给予最惠国待遇。"互惠的最惠国待遇一般都规定一个确定的范围，受惠国一般只能在这个确定的范围内取得最惠国待遇。

2. 有条件的和无条件的最惠国待遇条款

有条件的最惠国待遇指缔约国给予另一缔约国最惠国待遇，应以受惠国（第二国）给予施惠国同样权利为条件。历史上，美国为保护本国的经济利益，首先采用这种形式，因此这种条款也称美国式最惠国条款。无条件的最惠国条款指缔约国给予第三国最惠国待遇时，应"自动地且无报偿地"给予缔约国另一方。欧洲国家普遍采用这种条款，因此也称欧洲式最惠国条款。又因这种形式的最惠国待遇条款最先体现在 1883 年的《英意通商航海条约》中，所以又称为英国意大利条款。值得注意的是，美国从 1923 年以后抛弃了有条件的最惠国待遇条款，而采用无条件的最惠国待遇条款。第二次世界大战以后，在美国与各国签订的此类条约中，几乎完全采取无条件的最惠国待遇形式。

3. 有限制的和无限制的最惠国待遇条款

无限制的最惠国待遇是指最惠国待遇的范围是不受任何限制的，涉及经济、贸易的任何领域，如 1962 年的《中华人民共和国和朝鲜民主主义人民共和国通商航海条约》第 13 条规定："缔约任何一方的法人和自然人在缔约另一方境内在各方面享受不低于给予任何第三国法人和自然人的优惠待遇。"该条约第 2 条的规定也属这种形式。此外，还有有限制的最惠国待遇，指施惠国给予的最惠国待遇受一定范围的限制，而不是包括经济、贸易的一切领域。实践中这是最常见的形式。

4. 双边的和多边的最惠国待遇

双边的最惠国待遇仅适用于缔约双方，即一方享有的最惠国待遇必须通过在双边条约中订立该项条款才能取得。多边条约如《关税和贸易总协定》中的最惠国待遇条款则属于多边的最惠国待遇，该协定的所有缔约国均自动享有各种优惠待遇，无须再缔结双边条约。

目前，国际上通行的做法是采用互惠的、无条件的、有限制的最惠国待遇条款。

最惠国待遇的实行也有例外，并受到限制。从各国条约实践上看，以下情形一般不适用最惠国待遇：（1）一国给予其边境邻国的特权与优惠，如互免入境签证、减免边贸关税；（2）关税同盟、自由贸易区或经济共同体内的优惠，如北美自由贸易区国家间的各种优惠、欧盟成员国间的各种优惠；（3）基于特殊的历史、政治、经济关系的国家和地区之间的特权与优惠；（4）发达国家给予特定的发展中国家的优惠，如普惠制原则下的进口关税优惠，其他国家不得享有；（5）国际条约规定的其他不适用最惠国待遇的情形。

新中国成立后，在废除不平等条约、废除"片面最惠国待遇"的基础上，在与外国签订的条约中规定了最惠国待遇，这对促进我国的对外交往，贯彻执行我国的对外政策，起到了积极的作用。

三、不歧视待遇

不歧视待遇是与歧视待遇相对应的。歧视待遇又叫差别待遇，是指一国给予另一特定国的自然人、法人的优惠或者权利，低于给予其他外国人的一般优惠或者权利；或者把给予内国或者其他外国的自然人、法人的某些优惠或者权利不给予特定外国的自然人或者法人；或者专门针对特定国家的自然人或者法人的权利，作出限制性规定。为防止这种歧视待遇的出现，条约中往往规定缔约国之间不得采用歧视待遇。

不歧视待遇又叫无差别待遇，是指国家之间通过缔结条约，规定缔约国一方不把低于内国或者其他外国自然人和法人的权利地位或者特别限制适用于缔约另一方的自然人和法人。例如，1984 年中英签订的《关于对所得和财产收益相互避免双重征税和防止偷漏税的协定》中规定了缔约一方不应把高于内国国民、企业在相同情况下负担的税收加于另一方的国民或企业。1985 年《中华人民共和国政府和丹麦王国政府关于鼓励和相互保护投资协定》第 3 条第 4 款规定："缔约任何一方保证，在不损害其法律和法规的情况下，对缔约另一方国民或公司参股的合资经营企业或缔约另一方国民或公司的投资，包括对该投资的管理、维持、使用、享有或处置，不采取歧视措施。"1962 年的《中华人民共和国和朝鲜民主主义人民共和国通商航海条约》第 7 条第 1 款则规定了："缔约任何一方对从缔约另一方领土的输入或向缔约另一方领土的输出，都不应当采用对任何其他国家所不适用的任何限制或禁止。"这几个条款的规定都是为了防止本国人在对方国家遭到特别的歧视待遇，这种歧视既有可能是相对于内国人而言的，也包括相对于其他外国人的歧视待遇。

不歧视待遇与国民待遇和最惠国待遇一样，也是规定外国人民事法律地位的制度，不同的是，不歧视待遇逻辑上是从消极的方面禁止，而国民待遇、最惠国待遇是从积极的方面来规定的。因此，在国际条约的实践中，最惠国待遇、国民待遇、不歧视待遇有时会同时规定于一个条约中。例如，1962 年 11 月 5 日的《中华人民共和国和朝鲜民主主义人民共和国通商航海条约》规定了最惠国待遇、国民待遇和不歧视待遇这三种待遇制度。

四、普遍优惠待遇

普遍优惠待遇是指发达国家从发展中国家进口工业制成品或半成品时，给予其减税或免税的优惠，而不要求发展中国家实行对等的措施。其特点是普遍的、非互惠的、只限于关税的临时措施，也称"普惠税制"或"普惠制"。

由于世界经济发展的不平衡，不论是国民待遇还是最惠国待遇，其所称的平等都仅仅是形式上的平等，这种形式上的平等掩盖了发达国家和发展中国家间经济发展的实质上的不平等。发达国家拥有资金、技术和生产能力上的优势，可以利用国民待遇和最惠国待遇等条款打开发展中国家的市场大门，大量输出商品；而很多发展中国家由于技术能力弱、产品成本高，在向发达国家出口产品时，很难从国民待遇和最惠国待遇中真正受益。长期以来，国际上就致力于建立一个新型的制度以帮助发展中国家民族工业的发展，促进发展中国家对外贸易的扩展。1968 年，联合国贸易与发展会议通过决议，建议发展中国家向发达国家出口制成品或半成品时，发达国家应给予发展中国家上述产品以免征关税和减收关税的优惠待遇，而不要求发展中国家就同样的产品对发达国家提供这种优惠。1974 年，联合国大会通过的《各国经济权利和义务宪章》第 19 条明确肯定了这项制度，该条规定："为了加速发展中国家的经济增长，弥合发达国家与发展中国家之间的经济差距，发达国家在国际经济合作可行的领域内应给予发展中国家普遍优惠的、非互惠的和非歧视的待遇。"此外，1978 年联合国国际法委员会拟定的《关于最惠国条款的规定（草案）》中也对普惠制作出了许多规定，《关税和贸易总协定》中也确定了这一制度。

依照上述文件的规定，普遍优惠待遇应遵循以下三个原则：（1）普遍原则，即所有发达国家从所有发展中国家进口制成品或半成品时，都应给予普遍的优惠待遇；（2）非歧视原则，即该待遇应使所有的发展中国家都无歧视地、无例外地享有到；（3）非互惠原则，即发达国家给予发展中国家的关税减让应当是单方面的，不能要求对等。

需要注意的是，普遍优惠待遇从性质上讲是非强制性的，是否给予发展中国家普遍优惠待遇，给予哪些国家，以及针对哪些产品给予普遍的优惠待遇，均取决于发达国家。因此，是否能够享有普遍的优惠待遇，主动权并不在发展中国家，而在发达国家手中。近年来，随着我国综合国力的不断增强，外贸出口总量的不断提高，以及国际经贸格局的变化，在有些发达国家中也出现了逐渐减少和限制我国的普遍优惠待遇的趋势。

第三节　外国人在中国的民事法律地位

一、外国人在中国的民事法律地位的历史

外国人在中国的民事法律地位经历了 4 个时期。

（1）从汉朝到 16 世纪，为皇帝恩典赋予外国人以权利时期。在这个时期，各朝政府基本采取"开放"政策，允许外国人在中国学习、旅游、通商甚至做官。据史载，唐朝时，在广州的外国人达几万人；元朝时，意大利人马可·波罗不但在中国旅游，而且在中国做了 3 年的扬州知府。但在这一时期，给予外国人的一定的权利，都是皇帝特许的结果。皇帝可以限制外国人的权利，如唐玄宗时，曾颁布命令，在长安的外国人不准做生意，不准雇人，不准结婚。

（2）从明末到 1840 年鸦片战争为第二时期，是闭关锁国时期。16 世纪以后，西方资本主义在封建社会内部孕育发展起来，经过战争，资产阶级取得了决定性的胜利，随后他们为商品的国际化奔走。而当时的中国，仍然沉浸在封建的自给自足的小农经济中，面对西方的近代文明，中国明朝政府惊恐万状，它们借助种种手段，限制外国人在中国的权利。到了清王朝，这种封建"闭关锁国"政策变本加厉，它们限制外国人在中国从事商业活动：外国人在中国经商，只能到广州的商馆，与指定的少数人做交易，不得与一般中国人做生意，甚至禁止外国人进入广州城。但"闭关锁国"并没有能阻挡住帝国主义对中国的侵略。1840 年的中英鸦片战争，标志着外国人在中国的民事地位进入了第三个时期。

（3）1840 年的鸦片战争到 1949 年中华人民共和国成立，为外国人的特权地位时期。1840 年的中英鸦片战争，打破了中国长期关闭的大门，帝国主义者带着他们的商品涌入中国。许多帝国主义国家凭借其坚船利炮，强迫腐败无能的清政府签订了一个又一个的不平等条约，取得了种种特权，践踏了中国的立法、司法主权。如英国通过 1842 年的《中英南京条约》，攫取了"五口通商"权；又通过 1843 年的《中英五口通商章程》，取得了领事裁判权。美国通过《中美望厦条约》《中美天津条约》《中美条约》（1903 年），取得了在中国的领事裁判权、传教权和房地产永租权。总之，外国人在中国处于特权地位是这一时期外国人在中国的民事法律地位的突出特点。

（4）新中国成立以后，我国政府宣布废除一切不平等的丧权辱国的条约，取消帝国主义者在华的一切特权，包括政治、经济和文化领域的非法权利，并在平等的基础上，保护外国人的合法权益。早在 1949 年，起临时宪法作用的《中国人民政治协商会议共同纲领》就明确规定："中华人民共和国人民政府保护守法的外国侨民""中华人民共和国可在平等互利的基础上，与各外国的政府和人民恢复并发展通商贸易关系"。同时，我国通过国内立法和平等的国际条约，参照国际惯例，赋予了外国人广泛的民事权利。

二、外国人在中国的民事法律地位

总的来讲，目前外国人在我国享有的民事权利是相当广泛的。我国现行法律主要从以下几个方面对外国人的民事权利作出了规定。

（一）一般规定

根据我国法律，外国人在我国进行民事活动，依法受到我国法律的保护。我国《宪法》第32条第1款规定："中华人民共和国保护在中国境内的外国人的合法权利和利益，在中国境内的外国人必须遵守中华人民共和国的法律。"上述规定是外国人在中国进行民事活动的最基本的法律依据。

在民事领域，《民法通则》第8条规定："在中华人民共和国领域内的民事活动，适用中华人民共和国法律，法律另有规定的除外。本法关于公民的规定，适用于在中华人民共和国领域内的外国人、无国籍人，法律另有规定的除外。"由此可见，外国人在我国进行民事活动，原则上与我国公民享有平等的权利，即外国人原则上享有国民待遇。

另外，《对外贸易法》第6条规定："中华人民共和国在对外贸易方面根据所缔结或者参加的国际条约、协定，给予其他缔约方、参加方最惠国待遇、国民待遇等待遇，或者根据互惠、对等原则给予对方最惠国待遇、国民待遇等待遇。"

（二）在婚姻家庭方面的权利

外国人和中国公民以及外国人之间均可以在中国自愿缔结或解除婚姻。根据我国《收养法》的规定，外国人可以在我国境内收养子女，也可以为中国公民收养。

（三）继承权

外国人在我国的合法继承权受到保护。外国人可根据《继承法》的有关规定继承在中国境内的动产和不动产。

（四）劳动权

除国防、机要和某些特殊职业（如律师、船舶引水员）外，外国人可以在中国从事各种劳动，并依法享有劳动保护。需要注意的是，根据我国《出境入境管理法》第41条的规定，未取得工作许可和工作类居留证件的外国人，不得在中国就业。

（五）知识产权

根据我国国内立法和参加或缔结的国际公约的规定，外国人依法取得的著作权、专利权和商标权受中国法律保护。我国《著作权法》第2条第2、3、4款规定："外国人、无国籍人的作品根据其作者所属国或者经常居住地同中国签订的协议或者共同参加的国际条约享有的著作权，受本法保护。外国人、无国籍人的作品首先在中国境内出版的，依照本法享有著作权。未与中国签订协议或者共同参加国际条约的国家的作者以及无国籍人的作品首次在中国参加的国际条约的成员国出版的，或者在成员国和非成员国同时出版的，受本法保护。"《商标法》第17条规定："外国人或者外国企业在中国申请商标注册的，应当按其所属国和中华人民共和国签订的协议或者共同参加的国际条约办理，或者按对等原则办理。"《专利法》第18条规定："在中国没有经常居所或者营业所的外国人、外国企业或者外国其他组织在中国申请专利的，依照其所属国同中国签订的协议或者共同参加的国际条约，或者依照互惠原则，根据本法办理。"

目前，我国已经加入了多项有关知识产权的国际公约，如《保护工业产权巴黎公约》《保护文学艺术作品伯尔尼公约》《世界版权公约》《国际商标注册马德里协定》以及世贸组织的《与贸易有关的知识产权协定》等。

（六）投资经营权

根据 2019 年 3 月 15 日第十三届全国人民代表大会第二次会议通过的《中华人民共和国外商投资法》的规定，外国人可以在我国进行投资和企业经营活动，外国投资者的合法权益受中国法律保护。例如该法第 3 条第 1 款规定："国家坚持对外开放的基本国策，鼓励外国投资者依法在中国境内投资。"第 5 条规定："国家依法保护外国投资者在中国境内的投资、收益和其他合法权益。"第 6 条规定："在中国境内进行投资活动的外国投资者、外商投资企业，应当遵守中国法律法规，不得危害中国国家安全、损害社会公共利益。"

在外商投资领域，我国目前实行准入前国民待遇加负面清单管理制度，同时遵循条约或协定的更优惠准入待遇规定。我国《外商投资法》第 4 条规定："国家对外商投资实行准入前国民待遇加负面清单管理制度。前款所称准入前国民待遇，是指在投资准入阶段给予外国投资者及其投资不低于本国投资者及其投资的待遇；所称负面清单，是指国家规定在特定领域对外商投资实施的准入特别管理措施。国家对负面清单之外的外商投资，给予国民待遇。负面清单由国务院发布或者批准发布。中华人民共和国缔结或者参加的国际条约、协定对外国投资者准入待遇有更优惠规定的，可以按照相关规定执行。"

随着我国国民经济的发展，并按照我国加入世贸组织时所作的承诺，外商投资的领域将不断地扩大，内、外资企业间在待遇上的差异也将逐步缩小。

（七）民事诉讼权

在外国人的诉讼权利方面，我国法律中规定了互惠基础上的国民待遇制度。《民事诉讼法》第 5 条规定："外国人、无国籍人、外国企业和组织在人民法院起诉、应诉，同中华人民共和国公民、法人和其他组织有同等的诉讼权利义务。外国法院对中华人民共和国公民、法人和其他组织的民事诉讼权利加以限制的，中华人民共和国人民法院对该国公民、企业和组织的民事诉讼权利，实行对等原则。"

课后练习

1. 外国人的民事法律地位的含义和在国际私法中的意义。
2. 国民待遇的发展经历了哪几个主要阶段？
3. 最惠国待遇有哪些特点和主要表现形式？
4. 设立不歧视待遇的主要作用是什么？
5. 为什么要建立普遍优惠待遇制度？它的设立应遵循哪些原则？
6. 当代在外国人民事法律地位方面一种非互惠的待遇制度是指（　　　）。
   A. 国民待遇
   B. 最惠国待遇
   C. 普遍优惠待遇
   D. 不歧视待遇

7. 最惠国待遇原则是世界贸易组织确认的一个基本原则，但该原则在实施中可以有例外。依照 1947 年关税与贸易总协定的规定，下列哪些选项可以作为例外情况不适用最惠国待遇原则？（   ）（法考）

    A. 有关输出或输入黄金或白银的措施

    B. 为保护本国具有艺术、历史或考古价值的文物而采取的措施

    C. 关税同盟之间相互给予的优惠

    D. 边境小额贸易优惠

第二编

国际民事关系法律适用

第七章
自然人、法人权利能力和行为能力的法律适用

本章概要

本章主要介绍作为国际私法主体的自然人和法人的权利能力和行为能力的法律适用问题。在司法实践中，各国民法一般认为自然人的权利能力"始于出生，终于死亡"，由于各国在这方面的立法比较一致，因而通常不会发生法律冲突，差异较大的地方是在宣告失踪和宣告死亡制度方面，自然人权利能力法律适用最主要的是解决宣告失踪与宣告死亡的管辖权及法律冲突问题。至于自然人的行为能力，由于各国民法对于行为能力取得的年龄、条件等因素规定不同，法律冲突时有发生。因法人权利能力及行为能力方面具有一致性，所以二者的法律适用原则也是比较一致的。涉外破产是法人能力终止的一种方式，本章对其中存在的法律问题给予了专门介绍。

关键术语

宣告失踪与宣告死亡　自然人行为能力的法律适用　法人权利能力和行为能力的法律适用
涉外破产　破产属地主义　破产普遍主义

第一节　自然人权利能力和行为能力的法律适用

一、自然人权利能力的法律冲突及法律适用

（一）自然人权利能力的法律冲突

自然人的权利能力是指自然人依法享有民事权利、承担民事义务的资格。自然人的权利能力是自然人成为国际私法主体的前提条件。各国民法都认为自然人的权利能力"始于出生，终于死亡"，非依法律规定不得剥夺，在这方面并没什么例外，所以在此方面本不应发生法律冲突。但是各国文化、民族传统等方面的差异，造成了各国在法律上对"出生"和"死亡"的理

解不同，以及对推定死亡、宣告死亡等制度的规定有所不同，所以在某些情况下也会产生法律冲突现象。自然人权利能力的法律冲突主要表现在以下两个方面。

1. 在权利能力的开始方面

自然人的权利能力始于出生，但对出生的判断标准，各国民法学界却有不同的主张，比较常见的标准有"阵痛说""初声说""部分露出说""独立呼吸说"等。各国立法上的规定也不尽相同，如1804年《法国民法典》要求出生时必须具有生命才取得自然人的权利能力。《瑞士民法典》规定：胎儿，只要其出生时尚生存，出生时即具有权利能力。《西班牙民法典》则规定自然人与其母体分离后需存活24小时以上才能取得权利能力。

2. 在权利能力的终止方面

民事权利能力终于死亡，死亡包括生理死亡和宣告死亡。关于生理死亡，各国基本上都以呼吸终止和心脏停止为条件，并没有什么差别；也有些国家采用脑死亡标准。但总的说来生理死亡比较容易判定，法律冲突不多。与其形成对比的是各国的宣告死亡与宣告失踪制度却有较大差异，这主要表现在，宣告失踪或死亡所要求的自然人下落不明的期间不同。如《日本民法典》规定，失踪人生死不明满7年可视为死亡；1804年《法国民法典》规定，当事人停止在其住所出现而又无音信时，由利害关系人提出，监护法官确认为推定失踪；确认推定失踪的判决满10年时，由民事法院宣告失踪；不经监护法官判决确认推定失踪的，当事人停止在其住所出现而又无音讯满20年的，直接由民事法院宣告失踪。宣告失踪的判决与确定失踪者死亡具有同样效力。中国1986年《民法通则》第23条规定：下落不明满4年，或因意外事故下落不明，从事故发生之日起满2年，经利害关系人申请，法院可宣告其死亡。

另外，针对互有继承权的数人死于同一事故，但无法确定谁先死亡的问题，许多国家规定了"推定死亡"（也称"推定存活"）制度，但对于推定死亡的顺序又规定不一致。如1804年《法国民法典》第721、722条分别规定：如果同时死亡者均不足15岁的，推定年长者后死；均在60岁以上的，推定年龄最小者后死；如既有15岁以下的又有60岁以上的，推定最年少者后死；如年龄相等或相差不超过1岁的，而其中既有男性又有女性的，则推定男性后死。1985年我国《最高人民法院关于贯彻执行〈中华人民共和国继承法〉若干问题的意见》规定，相互有继承关系的几个人在同一事件中死亡，如不能确定死亡先后时间的，应推定没有继承人的人先死亡。如他们均有继承人，则看他们辈分是否相同，如辈分不同，应推定长辈先死亡；如辈分相同，则应推定同时死亡，彼此不发生继承关系，而由他们各自的继承人继承。

（二）自然人权利能力的法律适用

依自然人的属人法（本国法或住所地法），是各国在解决自然人民事权利能力法律冲突时采取的普遍原则。例如，2005年保加利亚《关于国际私法的法典》第49条规定，人的权利能力，依其本国法。《德国民法施行法》（国际私法部分）第7条规定，人的权利能力和行为能力，适用该人所属国法律。这是因为，权利能力是自然人的基本属性，特定的人的这种属性是由一国伦理、历史、社会、经济、政治等方面的条件所决定的，因而适用其属人法较为合理。但在具体规定上有所不同，大陆法系国家一般以国籍国法为准，英美法系国家则以住所地法为准。另外，有的国家主张采取混合制度，对在内国的外国人以住所地为属人法，对在外国的内国人则以其本国法为属人法。此外，还有的国家规定，自然人的权利能力适用法院地法，但采取这种方式的国家很少。

（三）宣告失踪或死亡的法律适用

关于失踪或死亡宣告的法律适用问题，各国普遍主张适用失踪人的属人法，但在具体规定上，又有以下几种不同方式。

（1）适用失踪人的本国法。2005年保加利亚《关于国际私法的法典》第55条规定，失踪或死亡宣告的条件和后果，依被宣告失踪或死亡者有最后确切消息时的国籍所属国法律。若其为无国籍人，失踪或死亡宣告的条件和后果，依其最后的惯常居所国法。1982年《土耳其国际私法和国际诉讼程序法》第10条规定，死亡的宣告，适用当事人本国法律。《布斯塔曼特法典》第82条规定，一切关于失踪人死亡的推定及其可能有的权利，依失踪人的属人法调整。《斯洛文尼亚共和国关于国际私法与诉讼法的法律》第16条规定，对失踪人的死亡宣告，依照失踪人失踪时的国籍国法。

（2）适用失踪人的住所地法。《秘鲁民法典》第2069条规定，失踪宣告，依失踪人最后住所地法，失踪宣告对失踪财产的后果亦依该法。2005年保加利亚《关于国际私法的法典》第55条规定，根据具有合法利益者的申请，对惯常居所在保加利亚共和国境内者，可依照保加利亚法律宣告其失踪或死亡。1950年联合国《关于失踪者死亡宣告的公约》也肯定了这一做法。

（3）原则上适用失踪人属人法，但涉及财产问题时适用财产所在地法。1939年《泰国国际私法》第11条规定，对外国人的失踪宣告及宣告的效力，除在泰国的不动产外，依外国人本国法。2005年保加利亚《关于国际私法的法典》第55条规定，为保护某自然人的位于保加利亚共和国境内的财产而采取的临时措施，依保加利亚法律。《2001年韩国修正国际私法》第12条规定，外国人生死不明时，如果该外国人在大韩民国有财产，或存在应适用大韩民国法律的法律关系，或存在其他正当理由，法院可依据大韩民国法律对其作出失踪宣告。

（4）死亡宣告、死亡和死亡时间的确定以及推定存活和推定死亡，适用失踪人在最后有消息获知其尚存活的时间所属国法律。如果失踪人在该时间为外国人，则在存在正当利益的前提下可以依照法院地法律对其宣告死亡。2005年保加利亚《关于国际私法的法典》第55条规定，失踪或死亡宣告的条件和后果，依被宣告失踪或死亡者有最后确切消息时的国籍所属国法律。若其为无国籍人，失踪或死亡宣告的条件和后果，依其最后的惯常居所国法。《吉尔吉斯共和国民法典》第1179条规定，宣告自然人失踪或死亡，依照法院所在地法。

（四）我国关于自然人民事权利能力法律适用的规定

1986年《民法通则》等法律对自然人权利能力的法律冲突及法律适用问题未作出明确规定。2010年《涉外民事关系法律适用法》第11条规定，自然人的民事权利能力，适用经常居所地法律。第13条规定，宣告失踪或者宣告死亡，适用自然人经常居所地法律。第20条规定，依照本法适用经常居所地法律，自然人经常居所地不明的，适用其现在居所地法律。

二、自然人行为能力的法律冲突及法律适用

自然人的民事行为能力是指自然人通过自己的行为取得民事权利和承担民事义务的能力。自然人行为能力的取得必须符合一定的法定条件，每个自然人自出生时起至死亡时止，都拥有权利能力，但是拥有权利能力，不一定拥有行为能力。一般地说，享有民事行为能力的自然人

应符合两个条件：一是达到法定年龄，二是心智健全。

（一）自然人行为能力的法律冲突

有关自然人行为能力的法律冲突主要表现在以下几个方面。

1. 对成年年龄的规定不同

各国民法一般都规定有"成年"制度，即规定达到一定年龄的人为成年人，成年人即具有行为能力或完全行为能力，可以通过自己的行为取得民事权利和承担民事义务。墨西哥法律规定 23 周岁为成年，泰国规定 21 周岁为成年，西班牙、丹麦则规定 25 周岁为成年。中国 2017 年《民法总则》规定，18 周岁以上的自然人为成年人，具有完全民事行为能力，可以独立实施民事法律行为；16 周岁以上不满 18 周岁的为未成年人，以自己的劳动收入为主要生活来源的，视为具有完全民事行为能力人。

此外，各国关于无行为能力和限制行为能力的年龄界限的规定也不同。中国 2017 年《民法总则》规定，8 周岁以上的未成年人为限制民事行为能力人，不满 8 周岁的未成年人为无民事行为能力人。

2. 对宣告无行为能力或限制行为能力（禁治产或准禁治产）的规定不同

禁治产是指成年人因精神不健全而被限制行为能力的制度。许多国家的法律都规定，已达成年年龄的人，如果精神失常，不能独立处理自己事务的，可以被宣告为无民事行为能力人或限制行为能力人。这一制度在许多国家被称为禁治产或准禁治产宣告制度。但各国对禁治产的原因及禁治产的效力规定并不完全相同。《日本民法典》区分禁治产和准禁治产，把心神丧失者称为禁治产人，而把精神耗弱者和浪费者称为准禁治产人。1804 年《法国民法典》也有类似的规定。中国立法未采用禁治产或准禁治产的称谓，1986 年《民法通则》规定，不能辨认自己行为的精神病人，可以宣告其为无行为能力人；不能完全辨认自己行为的精神病人，可以宣告其为限制民事行为能力人。

（二）自然人行为能力的法律适用

各国关于自然人行为能力的法律适用的立法主要有以下几种。

1. 适用自然人的本国法

2005 年保加利亚《关于国际私法的法典》第 50 条规定，人的行为能力，依其本国法。如果相关法律关系的准据法在行为能力方面规定有特别条件的，则适用该关系的规定。《比利时国际私法典》第 34 条规定，身份和能力的准据法，除非本法另有规定，自然人的身份和能力适用其本国法。《2001 年韩国修正国际私法》第 13 条规定，人的行为能力依据其本国法。当行为能力扩大到婚姻的行为时，也同样应适用当事人的本国法。已经取得的行为能力不因为国籍的变更而丧失或受限制。

如果当事人的国籍有所变动，一般主张，依新的本国法判定其行为能力。因此，未成年人若依新国籍法为完全行为能力人，则成为成年人。《德国民法施行法》（国际私法部分）第 7 条规定，人的权利能力和行为能力，适用该人所属国法律。在行为能力通过结婚行为而得以扩展时，亦适用此规定。曾经取得的权利能力和行为能力，不因取得或丧失作为德国人的法律地位而受影响。

对于无国籍人，一般地说，其行为能力适用其住所地国家的法律；如无住所，则适用其居所地国家的法律；居所地也无法确定时，一般依当事人现在所在地的法律。如《加蓬民法典》

规定，无国籍人以其惯常居所地法为本国法；该法典又规定，个人的身份与能力依其本国法，也就是说，无国籍人的行为能力适用其惯常居所地法。

2. 适用自然人的住所地法

英美法系等国及南美部分国家采用此主张。如《阿根廷国际私法草案》第7条规定，自然人的存在、身份及一般能力，受其住所地法支配。1889年《蒙得维的亚国际民法公约》第1条规定，人的行为能力，按其住所地法规定。

住所地发生变更的，有的国家规定，一般不影响自然人根据原住所地（或惯常居所地）法取得的行为能力。如上述《阿根廷国际私法草案》规定，住所地的变更不限制已具有的能力，变更后惯常居所地国的法律如果对存在、身份及能力的规定较前惯常居所地法律更为优惠，则适用更优惠的法律。

3. 原则上依自然人本国法，但在内国所为的民事行为，自然人的行为能力适用行为地法

尽管许多国家规定人之行为能力适用属人法，但随着国际经济贸易的发展和扩大，关于当事人缔结合同等方面的行为能力也受行为地法制约。这种规定首见于1794年的《普鲁士法典》，该法典规定，当事人如依属人法或依缔约地法为有行为能力，便被认为有行为能力。

从国际私法的立法实践上看，并不是一切在国内所为的行为，当事人的行为能力都依行为地法，一般地说，行为人的行为出于恶意，如欺诈或其他不正当的动机和目的，则排除行为地法的适用。

至于依内国法无行为能力的自然人，如在外国所为的法律行为依行为地法有行为能力，内国法是否应承认？一般地，各国出于保护国际交易的安全考虑，大都持肯定态度，但有关身份的行为例外。《斯洛文尼亚共和国关于国际私法与诉讼法的法律》第13条规定，自然人的权利能力和行为能力，依其本国法。依照其本国法为无民事行为能力的自然人，若依义务产生地国法具有行为能力的，则为有民事行为能力。

4. 对不动产物权的行为能力依不动产所在地法

对不动产物权的行为能力，据各国立法，均采用不动产所在地法，而不适用当事人属人法。这里的对不动产物权的行为能力，指创设及变更不动产物权的能力，非指缔结处分不动产的合同的能力，后者一般受合同准据法支配。

（三）宣告无行为能力（禁治产）的法律适用和效力

宣告无行为能力（禁治产）的法律冲突根源在于各国关于无行为能力（禁治产）宣告的条件等的规定不同。

1. 无行为能力（禁治产）宣告的法律适用

对于这个问题，国际上有以下主张：（1）适用法院地法。（2）依被宣告人的本国法。《希腊民法典》第8条规定，禁治产适用本国法。（3）被宣告人本国法兼法院地法。

2. 宣告无行为能力（禁治产）效力的准据法

有以下两种主张。第一种主张认为，宣告无行为能力（禁治产）的效力，依宣告地法。《2001年韩国修正国际私法》第14条规定，法院可依照大韩民国法律对在大韩民国有惯常居所或居所的外国人作出限定治产或禁治产宣告。第二种主张适用被宣告人的属人法，如1978年《奥地利联邦国际私法法规》第15条规定，无行为能力宣告的要件、效力，依被监护人的属人法。

有的国家不区分宣告无行为能力（禁治产）的条件和效力，规定二者适用统一的准据法。

如《布斯塔曼特法典》第 30 条就规定，禁治产宣告应适用被宣告人的本国法。

（四）我国关于自然人民事行为能力法律适用的规定

1986 年《民法通则》第 143 条规定："中华人民共和国公民定居国外的，他的民事行为能力可以适用定居国法律。"1988 年《民法通则意见》进一步就该问题作出了规定：（1）定居国外的我国公民的民事行为能力，如其行为是在我国境内所为，适用我国法律；在定居国所为，可以适用定居国法律。（2）外国人在我国领域内进行民事活动，依其本国法律为无民事行为能力，而依我国法律为有民事行为能力，应认定有民事行为能力。（3）无国籍人的民事行为能力，一般适用其定居国法律；如未定居的，适用其住所地国的法律。

此外，我国《票据法》第 96 条规定："票据债务人的民事行为能力，适用其本国法律。票据债务人的民事行为能力，依照其本国法律为无民事行为能力或者为限制民事行为能力而依照行为地法律为完全民事行为能力的，适用行为地法律。"

2010 年《涉外民事关系法律适用法》第 12 条规定，自然人的民事行为能力，适用经常居所地法律。自然人从事民事活动，依照经常居所地法律为无民事行为能力，依照行为地法律为有民事行为能力的，适用行为地法律，但涉及婚姻家庭、继承的除外。

第二节　法人权利能力和行为能力的法律适用

一、法人权利能力和行为能力的法律冲突及法律适用

（一）法人权利能力和行为能力的法律冲突

法人的权利能力是指，法人依法享有民事权利和承担民事义务的资格。法人的行为能力是指，法人以自己的名义和意思独立进行民事活动，取得民事权利和承担民事义务的能力。

法人的权利能力、行为能力与自然人的权利能力、行为能力相比，具有如下特点：（1）法人的权利能力和行为能力在时间上是一致的，均始于法人的成立，终于法人的消灭。（2）法人的权利能力和行为能力在范围上是一致的。因此法人权利能力和行为能力的法律冲突在解决上采取的是完全一致的方法。（3）法人的行为能力由法人的机构的行为表现出来。这不同于自然人以自己的行为表现出来。

法人权利能力、行为能力的法律冲突主要表现在：（1）各国立法中规定的法人权利能力和行为能力的范围和内容不同，从而造成一国法人在内国可以从事的行为，在另一国可能被禁止的现象。（2）有的国家，如法国、意大利承认合伙是法人，英国、德国等国家则不承认合伙具有法人资格。（3）法人的解散问题，有的国家规定法人因自己的决定或破产而解散，在有的国家除自己决定或破产而解散外，法人还可因违背善良风俗而解散。

（二）法人权利能力和行为能力的法律适用

从各国的立法实践来看，法人的权利能力和行为能力一般是依法人属人法解决，但具体的规定又有所不同，大致可分为以下几种。

1. 适用法人的国籍法

1928 年《布斯塔曼特法典》第 33 条规定，除该法另有规定限制外，公司的民事能力受准许公司成立或承认公司的国家的法律支配。财团法人的民事能力受其组织规则的支配，如其本国法要求，此项规则应经主管当局核准。社团法人的民事能力则受其章程的支配，如其本国法要求，此项章程亦应经主管当局核准。

2. 适用法人的主要事务所所在地法

1978 年《奥地利联邦国际私法法规》第 10 条规定，法人或其他任何能承受权利或负担义务的社团或财团，其属人法应是该法律实体主要事务所所在地国家的法律。《希腊民法典》规定，法人的能力适用它的主要事务所所在地法。

3. 适用法人营业地法

《2001 年韩国修正国际私法》第 16 条规定，法人或团体应适用确定其设立的准据法。但如果在外国设立的法人或团体在大韩民国有主事务所或主要商业活动，则该法人或团体应适用大韩民国法律。

4. 适用法人成立地法

《秘鲁民法典》规定，私法人的存在和能力，由其成立地国的法律确定。一些社会主义国家也规定：外国企业和组织在订立外贸合同和与此有关的结算、保险及其他业务的合同时，其民事权利能力依据企业或组织成立地法律确定。

（三）我国关于法人权利能力和行为能力法律适用的规定

1988 年《民法通则意见》第 184 条规定，外国法人以其注册登记地国家的法律为其本国法，法人的民事行为能力依其本国法确定。外国法人在我国领域内进行的民事活动，必须符合我国的法律规定。

2010 年《涉外民事关系法律适用法》第 14 条规定，法人及其分支机构的民事权利能力、民事行为能力、组织机构、股东权利义务等事项，适用登记地法律。法人的主营业地与登记地不一致的，可以适用主营业地法律。法人的经常居所地，为其主营业地。

2012 年《最高人民法院关于适用〈中华人民共和国涉外民事关系法律适用法〉若干问题的解释（一）》第 16 条规定，人民法院应当将法人的设立登记地认定为涉外民事关系法律适用法规定的法人的登记地。

二、涉外破产的法律问题

破产是指债务人的全部财产不能清偿债务，法院依债务人本人或其债权人的申请宣告债务人破产。国际私法中的破产是指含有涉外因素的破产，如债权人与债务人具有不同的国籍或分处于不同国家的境内、破产债务人的财产位于不同国家等情况。由于破产案件本身的复杂性，其中既包含程序问题，又包含实体问题；而且各国立法对于破产的条件、程序、破产的法律适用以及破产宣告的效力的规定各不相同，因而在涉外破产案件中就产生了涉外破产的法律适用以及破产宣告的效力问题。

（一）破产的法律适用

一般地说，破产案件法律冲突主要表现在四个方面：破产程序、破产债权、破产财产和破产管理。

1. 破产程序的法律适用问题

由于破产程序属于诉讼程序，根据程序应适用法院地法的一般原则，破产程序也应该适用法院地法，即破产开始地法。

2. 破产债权的法律适用问题

一般主张破产债权依破产宣告国法，但是如果权利是依据合同取得的，则应适用合同的准据法解决。

3. 破产财产的法律适用问题

破产财产也称破产财团，是指在破产程序中，为清偿债权人的需要由破产管理人组织起来的破产人的全部财产，其中涉及的破产财产的范围问题，一般适用法院地法；不动产的问题，适用不动产所在地法；破产债权的抵销权应按与债权相应的准据法办理。对于有关债权人对破产财产的物权，如取回权、别除权，各国一般都规定适用物之所地法。

4. 破产管理的法律适用问题

破产管理主要包括破产管理人的任命，对破产的清查、估价、变卖等问题。一般认为，破产管理应适用管理地法，即法院地法。

（二）破产宣告的效力问题

由于涉外破产案件常常会遇到破产财产分处于几国境内的情况，因而由一国法院所作的破产宣告，是否在其他国家境内有效，就成为涉外破产中面临的一个非常重要问题，也是一个十分棘手的问题。对此在国际私法的理论和实践中存在两种对立的主张。

1. 破产属地主义

破产属地主义，即内国所作的破产宣告只在国内有效，不产生域外效力。持这种主张的国家允许当事人在国际上数处破产，如《阿根廷国际私法法规草案》规定，国外的破产宣告不是在阿根廷开始破产程序的原因，不得援引国外的破产对抗其债权必须在阿根廷清偿的债权人，以对他们在阿根廷领土的财产的权利提出异议；也不得使其与破产当事人做的交易无效。持这种主张的国家还有美国、日本等。

2. 破产普遍主义

主张破产宣告在他国具有效力，即破产普遍主义。这种主张认为，破产人在他国的财产与在宣告国的其他财产为统一的整体，因而只允许当事人在国际上一处破产。如 1987 年《瑞士联邦国际私法法规》第 166 条规定，外国作出的破产宣告，符合瑞士法律规定的承认和执行外国判决的条件的，或由外国破产财团或债权人提出申请的，瑞士予以承认。《布斯塔曼特法典》则是采取普遍主义的典型，该法典第 416 条规定，确定破产人能力的宣告在各缔约国内有域外效力，但以预先遵行各国立法所要求的登记或公告手续为条件；第 419 条规定，关于破产宣告的溯及效力以及由于此项判决而对某些文件宣告撤销，均依适用于各该项程序的法律予以确定，并得在所有其他缔约国领土内生效。

（三）我国关于涉外破产的规定

在 2006 年以前，我国规定破产问题的法律主要有：1986 年《中华人民共和国企业破产法（试行）》（已废止），1991 年《中华人民共和国民事诉讼法》，2005 年《中华人民共和国公司法》第十章。此外，最高人民法院还就破产问题作出了一系列司法解释。但这些规定主要都是针对国内破产，很少涉及国际破产问题。

关于涉外破产的法律适用问题，2010 年《涉外民事关系法律适用法》还没有规定。中国国际私法学会起草的示范法提出的立法建议是：破产，适用破产人主要办事机构所在地法或者破产人财产所在地法。破产人财产价值的评估，适用财产所在地法。破产清算，适用法院地法。[①]

关于涉外破产宣告的效力问题，2006 年《企业破产法》对国际破产的域外效力问题作出了明确规定，该法第 5 条规定：依照本法开始的破产程序，对债务人在中华人民共和国领域外的财产发生效力。对外国法院作出的发生法律效力的破产案件的判决、裁定，涉及债务人在中华人民共和国领域内的财产，申请或者请求人民法院承认和执行的，人民法院依照中华人民共和国缔结或者参加的国际条约，或者按照互惠原则进行审查，认为不违反中华人民共和国法律的基本原则，不损害国家主权、安全和社会公共利益，不损害中华人民共和国领域内债权人的合法权益的，裁定承认和执行。由此可以看出，中国在对待破产的域外效力问题上，采取了互惠、有条件的普遍主义立场。从长远来看，随着我国对外交往的不断扩大和对外投资的增长，这样的规定是符合我国国情的。

课后练习

1. 关于确定宣告失踪或死亡的管辖权和法律适用的一般原则有哪些？
2. 我国立法中关于自然人行为能力的法律适用有哪些规定？
3. 简述法人权利能力和行为能力的法律适用和我国的相关法律规定。（考研）
4. 简述涉外破产案件的法律适用和破产宣告的效力。（考研）
5. 依照我国有关司法解释，法人的民事行为能力依其本国法确定。某一外国法人到中国从事商业活动，应以哪一国的法律为其本国法？（　　　）（法考）
   A. 主要营业地国的法律
   B. 主要管理地国的法律
   C. 注册登记地国的法律
   D. 资本控制国的法律
6. 下列有关自然人民事行为能力的法律适用，不符合我国立法规定的是（　　　）。
   A. 定居国外的我国公民的民事行为能力，如其行为是在定居国所为，可以适用其定居国法律
   B. 定居国外的我国公民的民事行为能力，如其行为是在我国境内所为，适用我国法律
   C. 无国籍人的民事行为能力，一般适用其定居国法律；如未定居的，适用其住所地国法律
   D. 外国人的民事行为能力一概依其本国法

---

① 中国国际私法学会. 中华人民共和国国际私法示范法. 北京：法律出版社，2000：33.

第八章

法律行为、代理和时效的法律适用

本章概要

　　本章介绍了法律行为、代理和时效在民法上的基本含义和法律特征，并分析了在这些领域内法律冲突的产生原因，对国际上通行的法律行为、代理和时效的法律适用原则进行了分析和介绍，对中国现行立法和司法解释中的有关规定进行了详细的介绍，并对我国未来在此领域内的立法发展趋势进行了分析。通过本章的学习，需要重点了解法律行为、代理和时效在国际私法中的意义，以及中国立法发展变化的趋势及理由。

关键术语

　　法律行为　法律行为实质要件　法律行为形式要件　代理　代理内部关系　代理外部关系
《代理法律适用公约》　时效　取得时效　诉讼时效

第一节　法律行为的法律适用

一、法律行为的概念

　　法律行为指民事法律关系的主体之间建立、变更或终止民事权利和民事义务关系的合法行为。法律行为，按不同标准可以进行不同分类：按照法律行为所需的意思表示的构成，可以分为单方行为和双方行为；按照当事人之间民事权利和民事义务的构成，可以分为单务行为和双务行为；按照一方当事人承担义务是否要求对方给付对价，可以分为有偿行为和无偿行为；按照法律行为的成立是否以交付实物为条件，可分为诺成性行为和实践性行为；按照法律行为的成立是否必须采用特定形式，可分为要式行为和不要式行为。这样的分类还有很多，根据不同角度和标准，可以列举出各种各样的法律行为。从实体权利的种类划分，还可以有物权行为、债权行为等。

　　在国际私法上，法律行为是产生各种国际民事关系的一个基本要素，也是引起国际民事关系变动最典型的法律事实。国际民事法律行为的主体包括自然人、法人、国家和国际组织，但主要是自然人和法人。国际私法上的法律行为，是在国际民事交往中产生的法律行为，具有以下特征：（1）具有国际或外国因素；（2）跨越一国范围；（3）其建立、变更和终止往往涉及两个或两个以上国家的法律甚至国际条约和国际惯例；（4）其争议的解决可能在外国法院或外国/国际仲裁机构依法律适用原则适用外国法或国际条约、国际惯例处理。

二、法律行为的法律冲突

一个合法、有效的法律行为，必须具备成立法律行为的实质要件和形式要件。关于法律行为的实质要件和形式要件，各国立法中的具体规定千差万别。由于各种法律关系的建立、变更和终止都要通过法律行为来确立，因而法律行为的法律冲突也反映在各种民事法律行为的实质要件和形式要件的规定上，如反映在物权行为、知识产权行为、债权行为、婚姻家庭和继承行为等各方面。

（一）法律行为实质要件的法律冲突

关于法律行为的实质要件问题，包括法律行为成立的实质要件和效力，国际上和各国立法中并没有一个综合的、普遍性的、共同的要件或要素或规则，而是各国分别依照不同法律关系的性质，各自作了规定。但总体来说，法律冲突集中在以下几点。

（1）关于当事人的行为能力的法律冲突。关于自然人、法人的行为能力，各国法律规定互有差异。各国一般规定成年人具有完全行为能力，未成年人、禁治产人没有订立合同的行为能力，但是，对自然人享有何种行为能力的年龄限制，规定却不尽相同。即使对成年人，有些国家立法也作出限制，如法国民法，对已婚妇女的行为能力就作了限制。各国对法人成立的要求不完全相同，对行为能力的主体范围的规定也有区别。因此，在国际民事领域，处处存在有关法律行为的法律冲突。

（2）关于法律行为主体的有效意思表示的法律冲突。各国法律对意思表示都有规定，但对于意思表示的性质的规定，也有不同。如关于合同的意思表示，各国立法对要约和承诺的理解与解释就有差别。有些国家规定为要约的，有些国家则认为是要约邀请。还有，关于承诺生效的时间，有些国家采用"投邮生效"原则，有些国家采用"送达生效"原则。对意思表示错误的后果，有些国家规定为无效，如日本；有些国家规定为可撤销，如德国。

（3）关于法律行为内容合法性的法律冲突。法律行为内容必须合法，是各国法律中普遍加以规定的。除此之外，各国法律还援引"善良风俗""公共秩序""社会基本利益"等法律原则作为该项规定的重要补充，各国可以根据自身利益的需要，以此为由排除外国法律的适用。对"善良风俗""公共秩序""社会基本利益"的不同解释，也导致了法律冲突的产生。

（二）法律行为形式要件的法律冲突

法律行为形式要件或简称形式、方式，是指法律行为成立要件中的形式要件，是法律行为合法、有效成立所必需的意思表示方法的外部形式。只有符合有关国家的法律规定，该法律行为方为有效。对此方式或形式要求，各国规定不同。

（1）关于书面形式和口头形式的法律冲突。各国法律规定法律行为一般为书面形式和口头形式，大多数国家从便利民事交往的角度出发，对合同采取不要式原则，规定合同的订立可采用书面形式、口头形式和其他形式。1980年《联合国国际货物销售合同公约》对合同的形式规定得更为宽松，该公约第11条规定："销售合同无须以书面订立或书面证明，在形式方面也不受任何其他条件的限制。"但有些国家对国际合同规定必须采用书面形式。

（2）关于要式行为和不要式行为的法律冲突。有些国家要求法律行为必须采用特定形式，各国具体的规定又有不同。例如法国法律规定赠与、夫妻财产、抵押合同必须公证，否则无效。而多数国家对此没有特定形式的要求，允许采用意思自治原则。

（3）·关于特定形式的法律冲突。各国法律对特定形式的法律行为都有特别的规定，但规定的内容却有不同。例如婚姻成立的形式要件，有些国家只承认民事登记方式，有些国家只承认宗教方式，有些国家同时承认民事登记方式和宗教方式，有些国家除了同时承认民事登记方式和宗教方式外，还承认事实婚姻的方式。因为各国规定不同，法律冲突不可避免。

三、法律行为的法律适用

（一）关于法律行为实质要件的准据法

在国际私法的普遍实践中，对于法律行为的实质要件的准据法，各国大多依法律行为所成立、变更、终止的法律关系的性质分别加以规定。如物权行为适用物权关系的准据法，知识产权行为适用知识产权关系的准据法，债权行为适用债权关系的准据法，婚姻家庭行为适用婚姻家庭关系的准据法，继承法律行为适用继承关系的准据法，等等。没有专门的单一的关于法律行为实质问题的准据法，这是其法律适用问题突出的特点。

（二）关于法律行为形式要件的准据法

虽然有各种各样的法律行为和方式，但相对于法律行为实质问题来说，相对较为统一，比如口头、书面形式，书面签字、书面公证认证、书面批准等。因此，法律行为形式要件的法律适用问题，也相对容易找出大致的规律性。综合来看，其法律适用原则如下。

1. 根据"场所支配行为原则"适用行为地法

"场所支配行为原则"是一个古老的法律原则，按照这一原则，法律行为的实质要件和形式要件都应适用行为地法。随着国际民事法律关系的发展，适用行为地法被认为是法律行为形式要件的法律适用原则。不过，在国际实践中，对"场所支配行为原则"的性质仍有不同主张：有些国家认为它是一条强制性规范，如阿根廷、智利、哥伦比亚、古巴、危地马拉、洪都拉斯、荷兰、西班牙等国的法律规定，法律行为方式只适用行为地法；有些国家认为它是一条任意性规范，德国、瑞士、比利时、意大利、瑞典、日本等国的法律规定，在行为地法和其他法律之间选择适用，实现"与其使之无效，不如使之有效的原则"。

2. 选择适用法律行为本身的准据法和行为地法

现在许多国家已不再局限于场所支配行为原则，而是兼顾法律行为本身的准据法。法律行为本身的准据法，就是指用来支配法律行为成立与效力的准据法。适用这一原则，可以在行为地法之外将适用于法律行为实质要件的准据法亦适用于法律行为的方式。

选择适用法律行为本身的准据法在国际上是普遍采用的做法，不过，在具体采用这项原则时，各国的做法仍不尽相同。有的国家是以法律行为本身的准据法为主，以行为地法为辅。德国、奥地利、匈牙利、挪威、波兰、日本、瑞士等国均是采取此种做法，如1978年《奥地利联邦国际私法法规》第8条规定："法律行为的方式，依支配该法律行为本身的同一法律；但符合该法律行为发生地国对方式的要求者亦可。"1966年《波兰国际私法》第12条也规定："法律行为的方式，依支配法律行为实质的法律，但如遵守行为地国家法律所规定的方式，亦为有效。"有的国家则是以行为地法为主，以法律行为本身的准据法为辅。例如，1982年《土耳其国际私法和国际诉讼程序法》第6条规定："法律行为的方式适用行为完成地的法律，也可以适用调整行为效力的法律。"

3. 选择适用当事人的共同属人法和行为地法

对于法律行为的方式，原则上应适用行为地法，但是当行为地难以确定、行为地法不存在或无以证明，或者行为地的偶然性使行为地法与当事人及其法律关系并无实际联系或仅有松散联系时，如果双方当事人国籍相同或在同一个国家有住所或惯常居所，则依其共同的属人法来确定其法律行为应具备的形式或应采取的方式。目前，一些国家采取此种方式确立法律行为方式的准据法。

4. 采用灵活、多元的法律适用原则确定准据法

当前，各国普遍放弃了对法律行为方式的严格要求，对有关的冲突法规则进行软化处理或规定多数连结点以增强准据法的可选性，如允许对法律行为的方式选择适用法律行为实质要件的准据法、行为地法、当事人共同的属人法、法院地法和法律关系成立地法等。1946年《希腊民法典》第11条即规定："法律行为的方式如果符合决定行为内容的法律，或者符合行为地法，或者符合全体当事人的本国法，就认为有效。"2010年中国《涉外民事关系法律适用法》第24条规定："夫妻财产关系，当事人可以协议选择适用一方当事人经常居所地法律、国籍国法律或者主要财产所在地法律。当事人没有选择的，适用共同经常居所地法律；没有共同经常居所地的，适用共同国籍国法律。"

5. 物权法律行为方式如物权的登记、抵押设定方式、不动产转移方式等一般适用物之所在地法

上述法律行为方式的准据法原则，并不适用于物权方面的一些行为方式，物权行为方式例外。物权登记、设定抵押方式、不动产转移方式等，适用物之所在地法。2006年日本《法律适用通则法》第13条规定："物权以及其他需要登记的权利：（1）动产物权、不动产物权以及其他需要登记的权利适用物之所在地法。（2）尽管有前款的规定，导致前款所述之权利的取得与丧失的事件如果已经完成，则上述权利的取得与丧失适用财产所在地法。"

6. 引入最密切联系原则和特征履行说

1898年《日本法例》第7条、第8条和第9条规定的是法律行为的法律适用，由于《日本法例》已在其他部分就物权行为和身份法律行为的法律适用作了规定（第10条及第13条以下），因而第7条虽然是有关法律行为的一般性条款，但其适用对象却应是除以上行为之外的其他法律行为，一般理解为仅限于债权法律行为。又因为《日本法例》第11条已就侵权、无因管理和不当得利作了规定，因而这里的"债权"可以进一步限定为合同之债。2006年日本《法律适用通则法》在法律行为的法律适用上引入最密切联系原则和特征履行说。该法第8条第1款首先规定最密切联系原则，即在当事人没有选择准据法的情况下，合同适用与其有最密切联系的地方的法律。该条第2款进一步规定特征履行说，该款规定，假如合同的特征给付仅由一方当事人实施，则实施该特征给付行为的一方当事人的经常居住地法，应被推定为合同的最密切联系地法。鉴于以不动产作为标的物的合同的特殊性，该法第8条第3款规定特征履行说不适用于该类合同，此时不动产所在地法应被推定为该类合同的最密切联系地法。该法第9

条规定当事人可以变更适用于法律行为的成立及效力的法律，但侵害第三人权利时，该变更不得对抗该第三人。

四、中国关于法律行为法律适用的规定

在立法上，中国尚无关于法律行为的法律适用的一般性规定。我国的一些法律对法律行为的法律适用虽然作出了规定，但没有明确这些规定是对法律行为实质要件的规定，还是对法律行为形式要件的规定。例如《民法通则》第 144 条规定，"不动产的所有权，适用不动产所在地法律"；第 147 条规定，"中华人民共和国公民和外国人结婚适用婚姻缔结地法律"。从理论和实践来看，我国把这类规定理解为既是对法律行为实质要件的法律适用的规定，也是对法律行为形式要件的法律适用的规定。

还有一些单行法规，对法律行为的形式要件的法律适用作了规定，如我国《票据法》第 97 条、第 98 条规定："汇票、本票出票时的记载事项，适用出票地法律。支票出票时的记载事项，适用出票地法律，经当事人协议，也可以适用付款地法律。票据的背书、承兑、付款和保证行为，适用行为地法律。"《涉外民事关系法律适用法》第 21 条规定："结婚条件，适用当事人共同经常居所地法律；没有共同经常居所地的，适用共同国籍国法律；没有共同国籍，在一方当事人经常居所地或者国籍国缔结婚姻的，适用婚姻缔结地法律。"

第二节　代理的法律适用

一、代理的概念

在国际上，对代理的概念有不同的理解，有广、狭义之分。狭义的代理，指代理人在代理权限范围内以本人（被代理人）名义与第三人为民事法律行为，而由本人对代理人的代理行为直接承担民事责任的法律制度。这就是直接代理。广义的代理，指代理人以本人（被代理人）名义或以自己的名义，在代理权限范围内，代本人与第三人为民事法律行为，而所产生的法律效果，则直接或间接由本人承担民事责任的法律制度。这就是直接代理和间接代理。间接代理就是代理人以自己的名义为法律行为，而其法律后果间接地归于本人的代理。我国《民法通则》第 63 条规定："代理人在代理权限内，以被代理人的名义实施民事法律行为。被代理人对代理人的代理行为，承担民事责任。"这属于直接代理。

英美法系国家将代理分为"全部显名代理""部分显名代理"和"隐名代理"。全部显名代理是指代理人向第三人表明自己代理人的身份，以自己的名义与第三人为一定法律行为，代理行为所产生的后果由本人承担。部分显名代理是指代理人不公开本人的身份，仅向第三人表明自己代理人的身份，以自己的名义与第三人为一定法律行为，代理行为所产生的后果由本人承担。隐名代理是指代理人以自己的名义从事代理活动，实施本人所委托的法律行为，该法律行为的后果由本人承担。大陆法系国家的间接代理与英美法系国家的隐名代理有些近似，直接代理与全部显名代理和部分显名代理存在一定重合。

因此，不同的国家根据不同的标准、不同的角度、不同的做法，将代理区分为各种各样的

代理，主要种类有以下一些：（1）直接代理和间接代理；（2）显名代理和隐名代理；（3）常设代理和临时代理；（4）法定代理和意定代理；（5）其他各种代理，如诉讼代理、船长代理、不动产代理、保险代理、委托代理，以及居间、行纪、信托、承揽，我国还曾有过外贸代理等。按照代理权产生的原因，通常将代理归纳为：法定代理、意定代理和指定代理。

国际私法上的代理，则指国际代理，是指代理人和本人（被代理人）具有不同的国籍或者住所在不同的国家，或代理人和第三人具有不同的国籍或者住所在不同的国家，或代理人根据本人的委托，在另一国家或地区实施代理行为等的代理。

二、代理的法律冲突

（一）代理法律冲突的表现

各国民法对代理的理论、立法互不相同，差异较大，因而在国际民事交往中，不可避免地遇到了代理的法律冲突问题。

1. 代理的立法体例不尽一致

不仅大陆法系国家和英美法系国家之间立法体例不同，而且大陆法系国家之间立法体例也有不同，例如，同为大陆法系国家的法国、德国就有所不同：在《法国民法典》中，代理不是一个独立的法律制度，而是作为"委任"契约列入"取得财产的各种方法"；在《德国民法典》中，代理与委任分别规定，代理列入总则编的"法律行为"章。在普通法系国家，代理法自成一体，既有大量的有关代理的判例规则，也有有关代理的单行法规，如英国有《贷款代理法》《王室代理人法》《不动产代理人法》《代理商法》等。

2. 代理的分类不同

不仅对代理的广、狭义理解不同，而且大陆法系国家和英美法系国家对代理的分类也不同：一些大陆法系国家十分强调代理人必须以本人的名义实施代理行为，认为只有以本人的名义实施的直接代理才属于代理的范畴，而间接代理代理人虽在事实上受本人委托，但在与第三人为法律行为时，既不披露本人的身份，也不表明自己代理人的身份，因此，不属于严格意义上的代理，只是一种经纪关系。但在英美法系国家，不仅显名代理、隐名代理、保险代理等，而且居间、行纪、信托等法律行为，均可纳入代理范畴，由代理法来调整。大陆法系国家则不存在这些代理。

3. 代理的范围大小不同

英美法系国家代理的范围比大陆法系国家的广泛得多，有许多英美法系国家把含有代理业务者都列入代理之中，代理还有间接代理、居间、行纪、信托，合伙也被认为是代理的分支，合伙人之间、合伙人与企业之间互为代理关系；还有"企业交易代理"，即无论交易是以企业的名义还是以企业成员的名义进行，企业本身必须对由交易产生的侵权之债与合同之债负责。而《美国代理法重述》第1条第1款规定，代理是一种信任关系，这种关系产生的理论基础在于，一方表示同意由另一方代表自己实施法律行为，并受自己控制；另一方也表示同意实施该法律行为。其中，前者称为被代理人，后者称为代理人。代理包括：雇主与受雇人之间的关系；非受雇人的代理人即独立缔约人与被代理人之间的关系。而雇佣关系在大陆法系国家不属于代理法调整的范围。

4. 关于代理的产生和终止，代理关系当事人之间的相互关系，各国立法中也都各有不同的规定

关于代理权产生的原因，大陆法系国家多规定代理权一般通过本人意思表示的委托授权和基于法律的直接规定两种途径获得。英美法系国家的规定非常宽泛，代理权产生的原因可以是实际授权、表见授权、职业或惯常授权、必要的授权或授权追认等多种方式。关于代理的终止、代理关系当事人之间的相互关系、本人单方面撤回代理权、无权代理人的责任等，各国立法也存在很大差异。

（二）《代理法律适用公约》

为了解决代理的法律冲突问题，海牙国际私法会议在 1978 年 3 月 14 日通过了《代理法律适用公约》，共 5 章、28 条，已于 1992 年 5 月 1 日生效（中国尚未加入）。该公约的主要内容如下。

1. 公约的适用范围

公约第 1 条规定，公约适用于具有国际性质的商业行为代理，即代理人代表本人与第三人进行或打算进行交易，但也不排除适用于代理人负责以他人名义接收和传达意思表示，或者与第三人进行谈判等场合。亦即不管是显名代理或隐名代理、常设代理或临时代理，公约规定均应予适用。第 2 条规定，公约不适用于代理关系中的当事人的行为能力、形式方面的要求，家庭法、夫妻财产制和继承法中的法定代理、诉讼代理以及船长执行职务上的代理。

2. 公约调整的代理关系

公约调整的代理关系包括本人和代理人之间的关系、本人和第三人之间的关系、代理人和第三人之间的关系。

3. 一般条款和最后条款

为了制约当事人意思自治，防止当事人规避有关强行法规范，公约第 16 条规定，适用公约时，如根据与案件有重大联系的任何国家的法律，该国强制性规范必须适用，则该强制性规范可予以实施，而不管该国国际私法规定应适用何种法律。为了使公共秩序保留条款对公约的普遍效力的限制减少到最低限度，公约第 17 条规定，本公约规定应适用的法律只有在其适用会明显地与公共政策相抵触时才可以拒绝适用。公约倾向于实体法的适用，不接受反致、转致和间接反致。为保持公约适用的普遍性，公约第 18 条作了保留规定，在银行交易中为银行或银行团进行的代理，保险业务中的代理，以及在行使职权时替私人从事这类代理活动中的公职人员的行为，缔约国有权保留不适用公约等。

三、代理内部关系的法律适用

代理内部关系仅指本人（被代理人）与代理人间的关系。本人与代理人间是基于合同的委托关系还是法定代理关系，代理人是否具有代理权限、代理关系是否成立、代理权限的范围、代理时期、双方责任等，均依照代理合同的准据法。确定代理合同准据法的原则如下。

（一）意思自治原则

各国立法一般都允许合同当事人选择合同适用的法律，就国际代理合同而言，允许当事人选择某一国家或地区的法律作为本人与代理人关系的准据法。英、美、德、瑞士等国都有这方

面的规定，《代理法律适用公约》也确立了这一原则。在中国，按照《民法通则》第 145 条的规定，代理合同也可以适用当事人选择的法律。

（二）代理合同当事人未选择适用的法律时确定准据法原则

当代理合同当事人未选择合同适用的法律时，在各国立法和判例中，主要有以下几种做法。

1. 适用与代理关系最密切联系地法

我国《民法通则》第 145 条第 2 款规定，当事人没有选择的，适用与合同有最密切联系的国家的法律。《美国冲突法重述（第二次）》第 291 条规定："本人与代理人间的权利义务，就特定问题而言，根据第 6 条所述原则，依与当事人及交易有最重要联系的州的本地法确定。"确定准据法应考虑的原则包括政府的利益、政策，适用法律，结果的预见性、确定性和一致性；考虑的因素包括合同缔结地、谈判地、履行地、标的物所在地，当事人的住所、居所、国籍，公司成立地以及营业地等。通常，代理关系成立地法律和代理人为代理行为地法律应予考虑。

2. 适用代理人住所地法或营业地法

采用这一原则的国家比较多。例如，1966 年《波兰国际私法》第 27 条第 1 款规定：如果双方当事人住所不在同一国内，又未选择法律时，则本人与代理人的代理合同，适用缔结该代理合同时的代理人所在地法。在法国，当事人未选择法律时，一般适用代理人营业地法。1979 年《匈牙利国际私法》第 25 条、1964 年《捷克斯洛伐克社会主义共和国国际私法及国际民事诉讼法》第 10 条、1982 年《南斯拉夫法律冲突法》第 20 条第 3 款也有类似规定。

3. 适用代理人代理行为地法

采用代理人代理行为地法的做法，如 1978 年《奥地利联邦国际私法法规》第 49 条规定，若当事人未指定适用的法律，则依代理人按委托人为第三者明显可见的意旨而在其中行事的国家的法律；如果代理人受委托为几种行为，则依代理人在通常情况下按委托人为第三者明显可见的意旨而在其中行事的国家的法律；如果依上款规定仍不能作出法律的选择，依代理人在其中为代理行为的国家的法律。

（三）《代理法律适用公约》对本人和代理人间关系法律适用的规定

（1）第 5 条规定，本人与代理人之间的关系，适用当事人按照双方共同的意思表示所选择的某国国内法。选择必须是明示的，或是从当事人间的协议以及案件的事实中合理而必然地可以推定的。

（2）第 6 条规定，如果当事人未作选择，则适用代理关系成立时代理人的营业所所在地法；如代理人无营业所，则改为适用其惯常居所地法。如果本人在代理人为代理行为的国家内有营业所或惯常居所，则应适用代理人为代理行为地法。在本人或代理人有一个以上的营业所时，上述所谓的营业所则是指与代理关系有最密切联系的营业所。但在代理关系是基于雇佣合同而产生的场合，本人与代理人间关系的准据法的确定，不适用公约上述规定。

（3）第 8 条规定，本人与代理人间关系准据法的适用范围包括：代理关系的成立及效力、双方当事人的义务、履行的条件、不履行的后果以及此项义务的消灭。本人与代理人间关系的准据法特别适用于下列事项：1）代理权的存在和范围，变更或终止，代理人逾越权限或滥用代理权的后果；2）代理人指定替补代理人、分代理人或增设代理人的权利；3）在代理人和本人之间存在潜在的利益冲突的场合，代理人以本人名义订立合同的权利；4）非竞争性营业的条款和信用担保条款；5）在顾客中树立的信誉的补偿；6）可以获得赔偿的损害的种类。

四、代理外部关系的法律适用

代理外部关系指本人（被代理人）、代理人与第三人之间的权利义务关系。在国际实践中，他们之间关系的法律适用原则如下。

（一）本人与第三人关系的法律适用原则

本人（被代理人）与第三人的关系是指代理人与第三人所为的法律行为是否对本人有拘束力的问题。因为本人是通过代理人来从事某项活动的，所以他与第三人的关系是通过代理人的行为来建立的，这就存在代理人是否具有代理权、代理权的范围、代理权是否已被撤销以及越权或无权代理的责任归属等问题。关于解决这些问题应适用的法律、适用的理论、司法中的不同做法和《代理法律适用公约》的规定，简介如下。

1. 各国理论、立法、司法中的不同做法

（1）适用本人住所地法。适用本人住所地法，是最古老的做法，在 19 世纪末为各国所普遍采用，最有利于保护本人的利益，因为本人对住所地法最为熟悉。既然代理的作用在于扩张和补充人（当事人）的法律行为能力，而行为能力适用当事人的属人法，代理关系自然也应适用本人的属人法，尤其是其住所地法。

（2）适用主合同准据法。主合同，就是代理人和第三人所缔结的合同。有主张认为：代理人和第三人所缔结的合同是主要的问题，而代理人的行为是否有权约束本人是附属于主要问题的附随问题，即是代理人缔结的合同的附随问题，两者应受同一法律调整。这种做法对第三人有利，因为主合同的准据法往往就是代理人和第三人选择的，或者是与主合同有最密切联系的法律，第三人可以事先预料到，例如，美洲国家在 1889 年订立的《蒙得维的亚国际民法公约》第 36 条，1940 年订立的同名公约第 41 条都规定，主合同的准据法是规范代理整个外部关系的准据法。

（3）适用代理人代理行为地法。代理行为地法就是代理人和第三人缔结合同（主合同）地法，较易为第三人所了解和接受，也被认为有利于保护第三人的利益；同时，对本人合理。例如，瑞士、奥地利、日本、挪威、美国等国家采用这一原则；《美国冲突法重述（第二次）》第 292 条第 2 款规定："依据代理人与第三人从事交易地州的本地法，被代理人应受其代理人行为约束时，得被认为被代理人应受此种约束，但必须以被代理人此前已授权代理人以其名义在该州进行活动或已使第三人有理由相信代理人有此项授权为条件。"根据这一规定，在美国如果被代理人（本人）曾授权代理人在某地为代理行为，或导致第三人有理由相信代理人有此授权，则一般也适用代理人为代理行为地法来判定被代理人是否应对代理行为负责。此外，1951年《荷兰、比利时、卢森堡国际私法统一法》第 22 条也采用了这一原则。

（4）适用调整本人与代理人的内部关系的法律。有许多学者主张，本人和第三人的关系，应适用调整本人与代理人间关系的准据法，即适用代理关系的准据法。

2.《代理法律适用公约》关于本人与第三人关系的法律适用的规定

（1）第 11 条第 1 款规定，在本人与第三人关系中，代理权的存在与范围，以及代理人行使或意图行使代理权所产生的效力，应适用代理人为有关行为时其营业所所在地法。为保护第三人的利益，第 2 款规定：有下列情形之一的，不适用上述规定，而适用代理人行为地国家的法律：1）本人在代理人为有关代理行为地国家内设有营业所，或虽无营业所但设有惯常居所，并且代理人以本人名义进行活动的；2）第三人在代理行为地国家内设有营业所，或者虽无营业所但设有惯常居所；3）代理人在交易所或拍卖行为代理行为的；4）代理人无营业所。公约规定，在当事人一方有数个营业所的场合，该条款所指营业所系指与代理人的有关行为有最密切联系的营业所。

（2）第 12 条规定，根据代理人与本人间的雇佣合同而进行活动的代理人，没有营业所，则本人的营业所视为代理人的营业所。

（3）第 13 条规定，如果代理人与第三人在不同国家通过信件、电报、电传、电话或其他类似手段进行通信联系的，则应视为在其营业所所在地从事此类代理活动，不适用代理人为代理行为地法，改为适用代理人营业所所在地法；无营业所的，则适用代理人惯常居所地法。同时，公约也允许按照意思自治原则，由当事人合意选择：公约规定，如果本人或第三人已就第 11 条涉及的问题的法律适用作了书面约定，并且此项约定已为另一方当事人所接受，该约定的法律应适用于此类问题。

（二）代理人与第三人关系的法律适用原则

代理人与第三人的关系，指代理人代表本人与第三人进行或打算进行交易，或代理人负责以本人名义接收和传达意思表示，或与第三人进行谈判等建立起来的关系。代理人在代理权限内为代理行为而发生的法律关系的权利、义务由本人承担，但是，当代理人因实施代理行为而构成对第三人的侵权，或者代理人无权代理或超越代理权限时，就需要确定代理人与第三人关系的准据法。

1. 代理人与第三人的关系适用被代理人（本人）与第三人关系的准据法

这是国际上通常的做法，理由是，在代理关系中，代理人在代理权限内以被代理人的名义所为的代理行为的法律后果，由被代理人承担，代理人不负责任，所以，其关系适用同一准据法。但对无权代理或越权代理，存在不同主张：（1）应适用代理人行为地法；（2）适用主合同准据法；（3）适用支配被代理人与第三人关系的准据法；（4）代理人的无权代理或超越代理权的行为，被代理人不承担由此产生的民事责任。《美国冲突法重述（第二次）》第 292 条第 2 款的规定，含有这个意思。

2.《代理法律适用公约》关于代理人与第三人关系法律适用的规定

公约第 15 条规定，支配本人与第三人关系的准据法也应支配代理人与第三人之间因代理人行使其代理权、超越代理权或无权代理所产生的关系。

五、中国关于代理法律适用的规定

我国《民法总则》第七章以专章形式规定了代理制度，包括代理的定义、代理的种类、委托代理、代理终止等内容。但是，有关国际代理关系的法律适用，却无明文规定。

1999 年《合同法》取消了代理合同，增加了委托合同、行纪合同和居间合同。委托合同是委托人和受托人约定，由受托人处理委托人事务的合同；行纪合同是行纪人以自己的名义为委托人从事贸易活动，委托人支付报酬的合同；居间合同是居间人向委托人报告订立合同的机会或者提供订立合同的媒介服务，委托人支付报酬的合同。《合同法》第402条规定：受托人以自己的名义，在委托人的授权范围内与第三人订立的合同，第三人在订立合同时知道受托人与委托人之间的代理关系的，该合同直接约束委托人和第三人，但有确切证据证明该合同只约束受托人和第三人的除外。

《合同法》第126条规定：涉外合同的当事人可以选择处理合同争议所适用的法律，但法律另有规定的除外。涉外合同的当事人没有选择的，适用与合同有最密切联系的国家的法律。对于国际代理，《合同法》没有区分代理内部关系的法律适用和代理外部关系的法律适用。总的来说，《合同法》所调整的代理行为，仍然仅限于委托、行纪以及居间合同层面。2007年《最高人民法院关于审理涉外民事或商事合同纠纷案件法律适用若干问题的规定》（已废止）进一步将上述三种合同类型适用与合同有最密切联系的国家或者地区的法律，分别确定为：委托合同，适用受托人住所地法；行纪合同，适用行纪人住所地法；居间合同，适用居间人住所地法。

2010年《涉外民事关系法律适用法》第16条明确规定，代理适用代理行为地法律，但被代理人与代理人的民事关系，适用代理关系发生地法律。当事人可以协议选择委托代理适用的法律。

第三节　时效的法律适用

一、时效的概念

时效是导致民事法律关系产生、变更和终止的法律事实，是指一定的事实状态经过一定时间而发生一定法律后果的法律制度，就是法律确认的某种权利得以行使的时间范围。由于时间的经过是一种客观存在，不以人的意志为转移，因而时效属于法律事实中的事件。这种权利，超越法定的期限而不行使，即归消灭。时效，如民事法律规定的"取得时效""消灭时效"（诉讼时效），刑事法律规定的"追诉时效""行刑时效"。这里只讲民法上的时效。

时效的意义，主要在于确认和保障权利人的权利行使的期间，避免权利被任意侵犯或得不到保障。例如，确立诉讼时效制度，对保障当事人合法权益，督促权利人和义务人双方及时清结债务，维持民事交往关系和社会经济秩序的稳定，以及给法院处理民事案件带来方便等，都有重要意义。

民法上的时效，依其成立的前提和产生的法律后果分为两种：一为取得时效，即当事人占有他人财产的事实状态经过一定时间而取得该财产的所有权的法律制度。二为消灭时效，也称诉讼时效，指权利人于一定期间不行使请求法院保护其民事权利的权利，即丧失该权利的法律制度。关于保障权利人通过诉讼实现请求权利的有效期限，分普通诉讼时效和特殊诉讼时效。

我国《民法通则》规定的诉讼时效，指权利人于一定期间不行使请求法院保护其民事权利的权利，即丧失其胜诉权，而实体权利不丧失的法律制度。时效涉及的问题有：时效中止（时效停止）、时效中断（事由消灭，可以重新开始）、时效延长、消灭时效等。

二、时效的法律冲突

各国关于时效的性质、种类、时效期间的长短的法律规定不同，容易导致时效的法律冲突。时效的法律冲突大致表现在下列各方面。

（一）关于时效法律性质的认定不同

时效问题，到底属于实体法问题还是程序法问题，各国认定不同。大陆法系国家，如法国等，认为时效问题为实体法问题，因而在民法典中加以规定；我国也把时效规定在实体法中。而英美法系国家，如英国等认为时效是程序问题。

（二）各国对取得时效和诉讼时效的态度不同

这方面表现在，有的国家既规定取得时效，也承认诉讼时效；有的国家只规定诉讼时效，不承认占有（取得）时效。前者如《法国民法典》，后者如《蒙古国民法典》。我国《民法通则》只规定了诉讼时效。

（三）关于时效期间的长短规定不同

这方面的规定，相差很大：（1）《法国民法典》。一切物权或债权的诉讼时效为 30 年，适用于不动产占有的时效为 10 年。（2）《日本民法典》。债权的消灭时效为 20 年，物权或所有权以外的财产的消灭时效为 10 年，医生、助产妇等关于治疗、护理的债权的消灭时效为 3 年。除此之外，还规定有 2 年、1 年的短期诉讼时效，而占有时效分别为 20 年和 10 年（不动产）。

三、时效的法律适用

时效，可以分为取得时效和诉讼时效，其法律适用也区分为取得时效和诉讼时效，受不同的准据法调整。

（一）取得时效的法律适用

总的来说，取得时效依物之所在地法，即占有一物经过多长时间、占有何种物品满足一定时间才能取得该物的所有权等问题，适用该物的所在地法律。例如，《布斯塔曼特法典》第 227 条规定，不动产和动产的取得时效均受财产所在地法律支配。但是，即使采用同样以物之所在地为原则的国家间具体规定也有不同。

1. 适用时效完成时的物之所在地的法律

有的国家或地区的国际私法作此规定。例如，1889 年《蒙得维的亚国际民法公约》第 55 条规定，如果标的物是动产，并且该动产的所在地已经变更时，其取得时效按规定时期的期限届满时所在地的法律规定。而 2010 年我国台湾地区"涉外民事法律适用法"第 38 条第 3 款规定，物之所在地如有变更，其物权之取得、丧失或变更，依其原因事实完成时物之所在地法，也即适用时效完成时物之所在地法。

2. 适用时效期限开始时物之所在地法

1948 年《埃及民法典》第 18 条规定："占有、所有以及其他物权，不动产适用不动产所在地法，动产适用导致取得或丧失占有、所有或其他物权的原因发生时的该动产所在地法。"

（二）诉讼时效的法律适用

对此，各国规定不同。

1. 区分对人诉讼时效和对物诉讼时效，分别适用不同的准据法

有的国家的法律、有的国际条约，作此区分。例如，《秘鲁民法典》第 2091 条规定："在诉讼时效期间变更所在地的财产，其诉讼时效，由财产所在地法规定的时效期满时该财产所在地法确定。"第 2099 条规定："因不作为而产生的对人诉讼的时效，依支配主要债务的法律。"《布斯塔曼特法典》对人和对物的诉讼时间作了与《秘鲁民法典》相同的规定，对因商业契约和商业行为所发生的诉讼时效，规定应依本法典对民事诉讼权所设定的规则。

2. 适用依冲突规范确定的民事法律关系的准据法

国际民事关系的诉讼时效适用依冲突规范确定的民事法律关系的准据法。中国 1988 年《民法通则意见》第 195 条规定："涉外民事法律关系的诉讼时效，依冲突规范确定的民事法律关系的准据法确定。"

3. 适用法院地法

《美国冲突法重述（第一次）》把诉讼时效识别为程序事项，适用法院地法。1982 年《统一时效冲突法》对此作了不同的规定，即适用诉因依据的法律的诉讼时效法。1988 年修订版的《美国冲突法重述（第二次）》则规定适用法院地法，除非诉因所依据的法律的时效更短。第 142 条规定："除特殊情况外，（1）法院得引用法院地的诉讼时效阻止诉讼；（2）法院得引用法院地的诉讼时效允许诉讼的进行，除非阻止诉讼会影响法院地的利益或者与当事人或者该民事关系有更重要联系的州的时效会阻止诉讼。"

4. 特殊的民事关系的时效适用本国法

《哥斯达黎加国际私法》1887 年版本第 6 条规定在该国境内实施或者履行的任何民事法律行为和合同所产生的债，其履行和消灭及诉讼时效均适用哥斯达黎加法律，不论当事人是否是外国人和该合同是否在境内签订。《蒙古国民法典》第 247 条规定，涉外民事案件的诉讼时效问题，依调整该关系适用的蒙古国法律、蒙古国缔结或参加的国际条约的规定处理。蒙古国法律可确定不适用诉讼时效的抗辩。

5. 时效适用调整行为内容和法律关系的法律

不分对人和对物诉讼时效，只笼统作出规定。例如，1982 年《土耳其国际私法和国际诉讼程序法》第 7 条规定："时效，适用调整行为内容和法律关系的法律。"

四、中国关于时效法律适用的规定

我国规定诉讼时效的准据法依照其民事法律关系的准据法确定。我国《民法通则》规定普通诉讼时效为 2 年，特殊诉讼时效期间为 1 年，适用于：身体受到伤害而要求赔偿的；出售劣质不合格商品未声明的；迟付或拒付租金的；寄存财物被丢失或者损毁的。我国《继承法》规定，诉讼期间为 2 年，根据最高人民法院的司法解释，继的诉讼时效依《继承法》而不依《民法通则》；我国《合同法》第 129 条规定，国际货物买卖合同和技术进出口合同争议的诉讼时效为 4 年，自当事人知道或者应当知道其权利受到侵害之日起计算，其他合同的时效则依有关法律的规定。《民法总则》第 188 条规定向人民法院请求保护民事权利的诉讼时效期间为

3 年。

在我国，《民法通则》第八章没有规定诉讼时效的法律适用；《民法通则意见》第 195 条规定："涉外民事法律关系的诉讼时效，依冲突规范确定的民事法律关系的准据法确定。"2008 年 8 月 21 日颁布的《最高人民法院关于审理民事案件适用诉讼时效制度若干问题的规定》对诉讼时效的抗辩以及诉讼时效的期间作了规定，但没有明确规定国际民事案件的诉讼时效的法律适用问题。但是 2010 年《涉外民事关系法律适用法》第 7 条明确规定："诉讼时效，适用相关涉外民事关系应当适用的法律。"也就是说，一个具体涉外民事案件的诉讼时效，依据该案件所适用的准据法确定。

课后练习

1. 试述法律行为的法律适用原则。
2. 国际代理关系的法律适用原则有哪些？
3.《代理法律适用公约》的主要内容是什么？
4. 什么叫时效？有哪些法律适用原则？
5. 对于不动产物权的行为方式，包括登记或进行处分的法律行为方式，一般只允许适用（　　）。
   A. 当事人属人法
   B. 法院地法
   C. 物之所在地法
   D. 当事人自主选择的法律
6. 关于代理行为是否有权拘束本人所应适用的法律，因保护的着眼点不同，常采用不同的法律适用原则，如主张适用主要合同准据法，一般是认为着眼于保护（　　）。
   A. 代理人　　　　　　　　　　B. 本人
   C. 第三人　　　　　　　　　　D. 本人和代理人
7. 1978 年海牙《代理法律适用公约》的特点是（　　）。
   A. 该公约不接受反致、转致和间接反致
   B. 该公约接受反致、转致和间接反致
   C. 在适用该公约时，如与案件有密切联系的国家法律中的强行性规范必须适用时，当事人不得加以规避
   D. 如依该公约规定应适用外国法时，只有在其适用与自己国家的公共秩序明显抵触时，才得排除其适用

第九章

婚姻家庭的法律适用

本章概要

在世界各国人民之间交往日趋频繁的情况下，不可避免地会产生一些跨国婚姻家庭法律问题。国际私法所调整的跨国婚姻家庭关系，也就是含有跨国因素或外国因素的婚姻家庭关系。这种关系既包括在一国国境内本国人与外国人之间以及外国人之间的婚姻家庭关系，也包括在一国国境外本国人之间以及本国人与外国人之间的婚姻家庭关系。一般而言，跨国婚姻家庭关系主要包括结婚关系、离婚关系、夫妻关系、父母子女关系、扶养关系、监护关系和收养关系等内容。目前，尚缺乏调整跨国婚姻家庭关系的统一的冲突法规范。本章将重点阐述跨国婚姻家庭关系的法律冲突和法律适用原则，介绍跨国夫妻关系、父母子女关系、扶养关系、监护关系和收养关系的法律适用问题，以及我国处理涉外婚姻家庭关系的立法与实践。

关键术语

结婚　离婚　夫妻关系　父母子女关系　扶养　监护　收养

第一节　结婚的法律适用

一、结婚和跨国结婚

婚姻成立的标志是结婚，而结婚是婚姻关系当事人依据法律规定的条件和程序确立配偶关系的行为。因此，有效的婚姻一定要符合法律规定的实质要件和形式要件。由于各国法律的规定不同，这方面经常发生法律冲突，各国在解决跨国结婚关系时往往采取不同的法律冲突原则。

跨国结婚是指含有跨国因素或外国因素的婚姻成立行为。跨国结婚也包括跨国结婚的实质要件和形式要件。

二、结婚实质要件的法律适用

所谓结婚实质要件，是指结婚当事人必须具备的和必须排除的条件。其中，必须具备的条件，又称必备条件或积极要件，包括当事人的合意、达到法定婚龄、法定代理人同意、一夫一妻制等；必须排除的条件，又称禁止条件或消极要件，即婚姻障碍，包括男女双方为近亲、一方或双方有配偶、有生理缺陷或患有某种不能结婚的疾病等。各国法律对结婚的实质要件规定不同，在跨国结婚方面容易产生法律冲突。

在法定婚龄问题上，各国婚姻法的规定就有较大的差别，经常产生法律冲突。例如，中国现行婚姻法对于结婚年龄规定，男子不得早于 22 周岁，女子不得早于 20 周岁；英国规定男女均为 16 岁；法国规定男 18 岁、女 15 岁；意大利规定男 16 岁、女 14 岁；西班牙规定男 14 岁、女 12 岁；美国各州对最低婚龄规定又不尽相同，男子从 15 岁到 21 岁不等，女子从 14 岁到 18 岁不等。

结婚双方完全自愿原则是世界大多数国家普遍采纳的实质要件之一。中国现行婚姻法坚持婚姻自由原则，结婚必须双方完全自愿，不许任何一方对他方加以强迫或任何第三者加以干涉，禁止买卖婚姻和包办婚姻。然而，有些国家规定，在特殊条件下，还应取得监护人的同意。例如，法国、日本、美国、意大利等国的法律规定，未成年人结婚，除双方自愿同意外，还应取得父母或监护人的同意。

目前，世界上大多数国家法律都规定禁止结婚男女有近亲关系，但对于旁系血亲通婚的禁止，各国的规定却有差别。如中国婚姻法规定，直系和三代以内的旁系血亲禁止结婚；日本法律规定，三等内的旁系血亲之间不准结婚；菲律宾法律规定，四等以内的旁系血亲不准结婚。

世界上许多国家规定禁止某些疾病患者结婚，但各国规定的具体疾病却有差异。如中国婚姻法规定，患麻风病未经治愈或患其他医学上认为不应当结婚的疾病的人，禁止结婚。瑞士法律则完全禁止精神病人结婚。

由于各国法律的规定不同，结婚实质要件的法律冲突在所难免，严重影响了各国正常的民事交往。为此，解决这类法律冲突问题，一般适用如下原则。

(一) 婚姻举行地法

凡婚姻举行地认为有效的婚姻，在任何地方都有效；反之，凡婚姻举行地认为无效的婚姻，在任何地方都无效。采取这一做法，简便易行，婚姻举行地容易辨认，便于解决法律冲突。而且有的国家认为婚姻也是一种契约关系或法律行为，根据"场所支配行为"原则，婚姻成立的实质要件当然应受婚姻举行地法支配。美国许多州和一些拉丁美洲国家，如阿根廷、巴拉圭、墨西哥、秘鲁、危地马拉、哥斯达黎加等国都采取这一做法。

(二) 当事人属人法

有些国家认为婚姻关系属于身份关系，因此主张婚姻的实质要件适用当事人属人法。奥地利、比利时、法国、德国、希腊、意大利、卢森堡、荷兰、葡萄牙、西班牙、瑞士、土耳其、瑞典、日本、泰国等国主张适用当事人本国法，英国、加拿大、澳大利亚、新西兰、丹麦、挪威等国主张适用当事人住所地法。但婚姻实质要件适用当事人属人法时，还需要解决以下几个问题。

（1）当遇到双方当事人因国籍或住所不一致，各自的属人法对婚姻实质要件规定不同时，根据各国的立法和实践，婚姻实质要件一般适用以下法律。

1）适用丈夫的属人法。但这一做法有悖于现在普遍主张的男女平等原则，因此已为各国所放弃。

2）分别适用双方当事人各自的属人法。只要婚姻分别符合双方当事人各自属人法规定的实质要件，该婚姻就是有效的婚姻，而不管他们的属人法是否存在抵触。如日本法律规定，婚姻成立的实质要件适用夫妻双方各自的本国法。奥地利、秘鲁、埃及等国也采取这一做法。

3）重叠适用双方当事人的属人法。婚姻只有在满足双方当事人的属人法所规定的实质要件时，才被认为是有效的婚姻。如1979年《匈牙利国际私法》就是如此规定的。

4）适用法院地法。在当事人中有一方的国籍或住所在法院地国时，有的国家就主张适用法院地法。如德国1986年修改的国际私法就作了如此规定。

5）适用其他法律。当双方当事人隶属于不同的属人法时，有的国家既不适用当事人各自的属人法，也不适用法院地法，而是改为适用第三国法律，如适用婚姻举行地法、婚姻住所地法等。

（2）当遇到无国籍人结婚时，一般均以其住所地法或惯常居所地法作为属人法。如果当事人没有住所或惯常居所，则适用结婚时的居所地法或法院地法。对于政治避难者的结婚问题，也应适用其住所地法或惯常居所地法，而不宜适用其本国法。

（三）混合原则

不少国家适用混合原则来解决婚姻实质要件的法律冲突问题，具体做法有：第一，以婚姻举行地法为主，兼采当事人住所地法或本国法。如俄罗斯法律作了如此规定。第二，以当事人住所地法或本国法为主，兼采婚姻举行地法。如1979年《匈牙利国际私法》和1982年《南斯拉夫法律冲突法》就是这样规定的。适用混合原则可以避免以往机械地理解和适用传统冲突规则的不足，有利于提高法律适用的灵活性，已为越来越多的国家所接受。1971年《美国冲突法重述（第二次）》采用了这一原则，英国法院近年来审理案件时也经常适用这项原则。

三、结婚形式要件的法律适用

结婚形式要件是指成立合法婚姻的具体方式。世界各国立法对结婚的形式要件的规定并不相同，因此，在跨国结婚中，在结婚形式上也会产生法律冲突现象。

目前，世界上多数国家把民事登记作为合法婚姻成立的形式要件，中国婚姻法也将民事登记作为结婚的重要形式要件，但是各国对于民事登记的要求却有不同的规定。如日本民法规定，结婚经登记而生效，而登记必须由双方当事人和成年证人以口头或书面形式作出；法国民法规定，结婚既要进行登记，又要举行仪式才为有效，要求按照一定的形式将未来配偶的姓名、职业、住所以及举行结婚的地点张贴公告。

有些国家的法律规定，只有按照宗教教规要求举行仪式的婚姻才是合法、有效的，如西班牙、葡萄牙、希腊等国和美国的某些州就是这样规定的。也有许多国家允许当事人在宗教婚姻和民事登记中可以任选一种，如英国、挪威、瑞典、丹麦、巴西等国。

此外，还有一些国家将事实婚姻的方式作为结婚的形式要件。事实婚姻，不要求通过任何法律手续和仪式，男女双方以夫妻身份同居，国家承认这种婚姻的效力。冰岛、苏格兰和美国一些州的立法都将事实婚姻形式作为婚姻成立的形式要件。目前，瑞士、奥地利、瑞典也开始承认这种婚姻的有效性。中国曾经存在过大量的事实婚姻，当时的法规也承认其效力，但为了维护稳定的婚姻家庭关系，保护妇女、儿童的合法利益，中国现已不承认事实婚姻的有效性。

针对结婚形式要件产生的法律冲突问题，一般有如下几种法律适用的主张。

（一）婚姻举行地法

目前世界上大多数国家都根据"场所支配行为"原则，采用婚姻举行地法。一般认为，结婚的形式要件涉及婚姻举行地的公共秩序和善良风俗，因而强制采用婚姻举行地法，而不考虑当事人的本国法。日本、土耳其、前南斯拉夫、匈牙利等国在结婚形式要件上，一直主张采用婚姻举行地法。

（二）当事人本国法

一些推行宗教婚姻的国家要求当事人在结婚形式问题上适用当事人本国法。它们认为，皈依于某个宗教的教徒的婚姻，即使在外国举行，也应符合本国法律规定的宗教形式，否则，不承认其国民在外国结婚的有效性。西班牙、希腊、塞浦路斯等国坚持这一做法。

（三）婚姻举行地法和当事人本国法

上述两种结婚形式的法律适用是两种极端相反的制度，容易产生冲突。为了调和矛盾，近年来许多国家采取混合原则来解决法律冲突问题。英国、法国、意大利、奥地利以及东欧等国，在结婚形式要件的准据法上采用混合原则，兼顾婚姻举行地法和当事人本国法。1902 年《海牙婚姻公约》也采用了这种做法，以婚姻举行地法为主，兼采当事人本国法。

除了以上几种法律适用原则外，针对领事婚姻则有一些特殊的要求。领事婚姻，又称外交婚姻，是指在驻在国不反对的情况下，国家授权其驻外领事或外交代表为本国侨民按照本国法律规定的结婚方式，办理结婚手续，而成立婚姻的制度。领事婚姻问题的实质是驻在国是否承认外国人之间在其内国按照当事人本国法举行的婚姻。就结婚形式而言，领事婚姻是办理在国外的本国人的婚姻的一种变通形式，是国内结婚形式在国外的延伸。这一制度已为许多国家国内立法和国际条约所接受。在领事婚姻中，不仅婚姻的形式要件要适用本国法的规定，婚姻的实质要件也要适用本国法的规定，而且这些规定与驻在国的公共秩序不能产生抵触。日本、英国、匈牙利、土耳其等国都在各自立法中承认领事婚姻的效力。中国与一些国家签订的条约中也规定了在互惠条件下相互承认领事婚姻的效力。

四、中国关于涉外结婚的法律适用

目前，中国对于涉外结婚的法律适用，一般不区分其实质要件和形式要件，普遍适用婚姻缔结地法。如《民法通则》第 147 条规定："中华人民共和国公民和外国人结婚适用婚姻缔结地法。"此外，调整涉外结婚关系的法律法规还有：1980 年颁布并于 2001 年修正的《婚姻法》，1983 年 8 月由民政部发布的《中国公民同外国人办理婚姻登记的几项规定》，1983 年 11 月由外交部、最高人民法院、民政部、司法部、国务院侨务办公室联合发布的《关于驻外使、领馆处理华侨婚姻问题的若干规定》，1983年12月由民政部作出的《关于办理婚姻登记中几个涉外问题处理意见的批复》，2003年8月国务院颁布的《婚姻登记条例》以及2010年《涉外民事关系法律适用法》等。

从上述法律、法规可以看出，中国处理涉外结婚问题涉及以下几种情况：中国人和外国人在中国境内结婚；外国人之间在中国境内结婚；中国人和外国人在中国境外结婚；中国人之间在中国境外结婚；外国人之间在境外结婚，要求在中国承认其效力。

第一，对于中国公民同外国人（包括常驻中国和临时来华的外国人、外籍华人、定居中国的侨民）在中国境内自愿结婚的，双方当事人必须到中国公民一方常住户口所在地的省、自治区、直辖市人民政府的民政部门或其确定的婚姻登记机关申请结婚登记，办理结婚手续。中国公民须持本人户口簿、身份证和本人无配偶以及与对方当事人没有直系血亲和三代以内旁系血亲关系的签字声明。外国人须持有本人的有效护照或者其他有效的国际旅行证件；所在国公证机构或者有权机关出具的、经中华人民共和国驻该国使领馆认证的或者该国驻华使领馆认证的本人无配偶的证明，或者所在国驻华使领馆出具的本人无配偶的证明。

第二，对于在中国境内外国人之间结婚的问题，一般要求当事人遵守中国婚姻法的规定，即依婚姻缔结地法，但也适当照顾有关外国法中关于结婚实质要件的具体规定。根据中国有关法规，如果男女双方都是来华工作的外国人，或者一方是在华工作的外国人，另一方是临时来华的外国人，要求在华办理结婚登记的，只要他们具备了《中国公民同外国人办理婚姻登记的几项规定》所要求的证件，符合中国婚姻法关于结婚的规定，可以办理结婚登记。为了保证中国婚姻登记的有效性，可以让婚姻当事人提供本国法律规定在国外办理结婚登记的有效法律条款。长期居住在中国港澳地区的外籍华人申请与内地公民结婚的，对持有其国籍所属国证明的，也按《中国公民同外国人办理婚姻登记的几项规定》办理。由此可见，在结婚形式要件方面也应适用婚姻缔结地法。

第三，对于在中国境外中国公民与外国人之间缔结的婚姻，按照中国《民法通则》第147条的规定，承认他们之间婚姻的有效性。但对于结婚双方均为中国公民在中国境外缔结的婚姻适用什么法律尚无明文规定。为了使其婚姻在国内得到保护，一般要求他们结婚时不要与中国婚姻法确立的基本原则相抵触，并按照《中国公民同外国人办理婚姻登记的几项规定》办理有关手续。凡双方均为华侨，且符合中国婚姻法的规定，要求在驻在国的中国使领馆结婚的，只要驻在国法律许可，中国使领馆可为他们办理结婚登记，颁发结婚证书。

第四，对于双方均为外国人在中国境外结婚而申请在中国承认其效力，根据前述《民法通则》的规定，对这种婚姻也适用婚姻缔结地法。只要婚姻缔结地法认为有效，中国也承认其效力。

《涉外民事关系法律适用法》对涉外结婚的法律适用作出了规定：第21条规定，结婚条件，适用当事人共同经常居所地法律；没有共同经常居所地的，适用共同国籍国法律；没有共同国籍，在一方当事人经常居所地或者国籍国缔结婚姻的，适用婚姻缔结地法律。第22条规定，结婚手续，符合婚姻缔结地法律、一方当事人经常居所地法律或者国籍国法律的，均为有效。显然，《涉外民事关系法律适用法》关于结婚的法律适用规则的规定与《民法通则》第147条的规定有较大不同，根据《涉外民事关系法律适用法》第51条的规定，《民法通则》第147条与该法的规定不一致的，适用《涉外民事关系法律适用法》。

第二节　离婚的法律适用

一、离婚与跨国离婚

　　离婚是指在配偶生存期间解除婚姻关系的法律行为。国际私法所调整的跨国离婚是指含有涉外因素或国际因素的婚姻解除行为。离婚制度是各国婚姻法律的不可缺少的组成部分。离婚同结婚一样，受到各国历史文化、宗教信仰、风俗习惯等的影响，各国离婚立法存在很大的差异。目前，世界上除了极少数国家以外，绝大部分国家对离婚持自由主义态度，允许当事人离婚，但各国立法对离婚原因、方式、程序及法律后果等方面的规定有冲突，因此，跨国离婚的法律适用问题也成为国际私法研究的重要领域。

二、离婚实质要件的法律适用

　　离婚实质要件是指婚姻法律规定的准许离婚的条件。综观各国立法，一般采取原则性规定和列举性规定的方式确定离婚的实质要件。

　　中国现行《婚姻法》第 31 条规定，男女双方自愿离婚的，准予离婚；第 32 条规定，一方要求离婚，感情确已破裂，经调解无效，准予离婚。由此可见，中国婚姻法采取了原则性规定的方式。在司法实践中，人民法院对于"感情确已破裂"难以判断，而且以此作为离婚理由也有不妥之处，所以，许多学者提出修订中国婚姻家庭法时，应将离婚标准改为"婚姻关系确已破裂"，这样更为准确。

　　一些国家的立法一般要求在婚姻关系中，无过错的一方能够证明他方有罪过，才准许提出离婚，因此，采取列举性规定的方式，如《法国民法典》第 229～232 条将通奸、重大暴行、虐待、侮辱、受刑事处分、双方无法共同生活等列为离婚的理由。英国《离婚改革法》规定，可以申请离婚的基本依据是婚姻关系已破裂到不可挽回的地步。申请人可提出以下情况之一作为证明：被告有通奸行为；由于被告的行为，双方无法继续同居；被告持续遗弃原告至少两年，并且被告已同意离婚；双方持续分居达 5 年之久。日本民法规定，夫妻一方限于以下情形，才可以提起离婚之诉：配偶有不贞的行为；被配偶恶意遗弃；配偶生死不明在 3 年以上；配偶患严重精神病没有康复的希望；有其他难以维持婚姻的重大事由。

　　目前，美国、澳大利亚、意大利、西班牙、瑞典、挪威等国的离婚法律基本上采取这种规定方式。

　　东欧国家的立法一般对离婚理由不作列举性规定，仅在原则上规定如果夫妻感情确已破裂或婚姻关系无法维持，当事人即可提出离婚，离婚并不因夫妻一方的过错而引起。

　　各国立法在离婚实质要件方面发生的冲突，增加了解决跨国离婚案件的难度。那么，如何确定离婚实质要件的准据法呢？各国采取的法律适用原则主要有以下几种。

（一）夫妻共同本国法

　　欧洲大陆国家、除芬兰和瑞典以外的北欧国家以及日本等国均采取这一原则。这些国家认为，离婚涉及人的身份问题，理应受当事人的本国法支配；而且婚姻关系的创设既然适用当事人的本国法，那么，婚姻关系的解除也应适用同一法律。采取这一原则遇到的难题是：如果夫妻双方的国籍不同，应选择哪一国法律作为准据法呢？对此的解决方法有以下几种。

（1）适用丈夫的本国法。这一制度与现今主张的男女平等原则相违背，因而被大多数国家放弃，目前，只有希腊、埃及等国坚持这种主张。

（2）适用原告的本国法。这一原则在离婚问题上忽视了被告的本国法，因此采用的国家并不多，瑞士、比利时等国主张这种做法。

（3）同时适用夫妻各自的本国法。这种做法虽然顾及夫妻双方的本国法，比较公平，但只有在夫妻双方的本国法都认为符合离婚条件时，才准予离婚，由此限制了离婚的自由，与当今离婚自由化趋势不符。1982年《南斯拉夫法律冲突法》作了如此规定。

（4）适用夫妻共同住所地法。法国、波兰等国采取这种做法。

（5）适用法院地法。东欧一些国家法律规定，如果夫妻国籍不同，没有共同的本国法时，可直接适用法院地法。

（6）选择适用某个准据法。如1979年《匈牙利国际私法》规定，在夫妻离婚时双方国籍不同的情况下，法院可从几个准据法中选择适用一个准据法。

（二）夫妻共同或一方的住所地法

采取这一原则的国家认为，住所地是当事人生活的中心，与当事人的关系最为密切，因此离婚应适用夫妻共同或一方的住所地法。英国、美国等国采取这种做法。

（三）法院地法

这种主张最早是在19世纪由德国学者萨维尼提出的，20世纪初期被大陆法系国家接受。目前，采用这一制度的国家有中国、丹麦、挪威、拉丁美洲一些国家等。在英美国家，解决离婚问题首先以住所地为根据来确定其管辖权，然后又依管辖权来确定离婚实质要件的法律适用，因此，它们所谓适用住所地法，从另一个角度来看也就是适用法院地法。

（四）重叠当事人的属人法和法院地法

其中又分为三种类型：（1）以当事人属人法为主，兼采法院地法。如《德国民法施行法》和《2001年韩国修正国际私法》作了如此规定。（2）以法院地法为主，兼采当事人属人法。过去的瑞士国际私法采取这一原则。（3）平行适用当事人属人法和法院地法。1902年《海牙离婚公约》作了这样规定。

（五）有利于实现离婚的法律

近年来，欧洲大陆一些国家为了适应离婚自由化的趋势，逐渐放松了离婚的条件，在跨国离婚问题上采取适用有利于实现离婚的法律的原则。如《德国民法施行法》、1978年《奥地利联邦国际私法法规》、1982年《南斯拉夫法律冲突法》等都采取这一原则。

三、离婚形式要件的法律适用

离婚形式要件是指解除合法婚姻关系的具体程序和方式。一般地说，各国在离婚形式要件上普遍采用诉讼程序和行政程序两种，极少数国家还采用宗教方式离婚。诉讼程序是指通过法院的判决来解除婚姻关系，也就是判决离婚方式；行政程序是指经婚姻行政主管机关确认后发给离婚证书来解除婚姻关系，也就是协议离婚方式。

中国现行《婚姻法》对于离婚形式要件规定了判决离婚和协议离婚两种。针对协议离婚，《婚姻法》第 31 条规定："男女双方自愿离婚的，准予离婚。双方必须到婚姻登记机关申请离婚。婚姻登记机关查明双方确实是自愿并对子女和财产问题已有适当处理时，发给离婚证。"在实行协议离婚制的其他国家中，各国的做法不尽相同。如法国、荷兰、比利时等国规定，结婚要满一定期限后才能协议离婚；日本民法要求，协议离婚应根据户籍法的规定申报；法国、前南斯拉夫等国还规定，协议离婚要经过法院批准。此外，欧洲一些国家，如德国、意大利、瑞典等国采取判决离婚方式。美国某些州婚姻法还规定了快速离婚方式，对于结婚不久又无子女以及财产较少的夫妻提出离婚的，先就分割财产达成协议，6 个月后再认可一下并表明仍要求快速离婚的，即可办成离婚手续。

由此可见，在离婚形式要件上，各国立法并不相同，在处理跨国离婚时常常发生法律冲突，要解决这个问题必须确定法律适用原则。对于离婚形式要件的法律适用一般主张适用法院地法。在这种情况下，凡是在某国提起的离婚诉讼，不论其本国法是如何规定的，均依法院地法的程序办理。这是由于根据国际私法的普遍原则，有关诉讼程序问题一般依法院地法，实质问题一般依当事人属人法。因此，在处理跨国离婚形式要件的法律冲突时，也应适用法院地法。

四、中国关于涉外离婚的法律适用

中国原先并没有制定处理涉外离婚案件的正式法律，在不妨碍中国基本国策的前提下，当时在实践中尽量避免作出被当事人本国认为无效或无法执行的离婚判决。随着中国经济建设的不断发展，对外经济文化交流日益扩大，中外人员往来频繁，涉外婚姻逐渐增多。为此，1986年《民法通则》确立了中国处理涉外离婚的法律适用原则。

根据《民法通则》第 147 条的规定，中华人民共和国公民和外国人离婚适用受理案件的法院所在地法律。在这种涉外离婚关系中，一方当事人必须是中国公民，另一方当事人是外国人。根据"法院地"的位置不同，具体适用时有三种情况。

第一，法院地在中国境内，即由中国法院受理中国公民与外国人之间的离婚案件，根据中国《民法通则》的这条规定，应适用法院地法即中国法，也就是中方当事人的本国法。

第二，由外方当事人本国法院受理的中国公民与外国人之间的离婚案件，适用法院地法，也就是外方当事人的本国法。

上述两种情况，受案法院所适用的法院地法，实际上就是离婚一方当事人的本国法。法院所适用的法律与离婚当事人有着密切联系，法院作出的判决也比较容易为当事人本国所接受。

第三，如果受案法院在第三国，依第三国法律处理中国公民与外国人之间的离婚案件，由于第三国与中国公民或外方当事人都没有直接联系，因而由第三国法院依其法律所作出的离婚判决往往不符合中国法或外方当事人本国法的规定，从而引起离婚判决承认与执行上的困难。此外，对于居住在中国境内的外国人与外国人之间离婚的法律适用，中国法律尚未规定。在上述两种情况下，不能单纯地采用法院地法作为准据法，而应采用比较灵活的方式，如适用当事人共同的属人法，或对当事人任意选择与案件毫无关系的国家的法院起诉的行为作出适当限制等。

《涉外民事关系法律适用法》第 26 条规定：协议离婚，当事人可以协议选择适用一方当事人经常居所地法律或者国籍国法律。当事人没有选择的，适用共同经常居所地法律；没有共同经常居所地的，适用共同国籍国法律；没有共同国籍的，适用办理离婚手续机构所在地法律。第 27 条规定，诉讼离婚，适用法院地法律。《涉外民事关系法律适用法》关于离婚的法律适用规则的规定与《民法通则》第 147 条的规定不尽相同，根据《涉外民事关系法律适用法》第 51 条的规定，《民法通则》第 147 条与该法的规定不一致的，适用《涉外民事关系法律适用法》。

第三节　夫妻关系和父母子女关系的法律适用

一、夫妻关系的法律适用

夫妻关系是整个家庭关系的核心，夫妻在家庭中起着承上启下、养老育幼的作用。在不同性质的社会里，夫妻关系的性质和内容，夫妻在家庭中的法律地位，都有很大的差别。夫妻关系是合法、有效的婚姻所产生的特定男女当事人之间的一种法律关系，一般涉及夫妻人身关系和夫妻财产关系两个方面。国际私法一般分别确定它们的法律适用。

（一）夫妻人身关系的法律适用

夫妻人身关系是指具有合法婚姻关系的男女双方，在社会和家庭中的地位、身份等方面的权利与义务关系，一般包括姓氏权、同居义务、忠诚义务、住所决定权、从事劳动和社会活动的权利、夫妻间的日常家务代理权等方面内容。在上述问题上，由于各国政治制度、经济状况、社会风俗、历史传统、宗教信仰等不同，法律规定也有较大差异，极易产生法律冲突。为了解决跨国夫妻人身关系的法律冲突，一般采取以下几种法律适用原则。

1. 当事人的本国法

有不少国家认为，人的身份能力适用当事人的本国法，这是一条具有普遍意义的法律适用原则，因此夫妻人身关系也应适用当事人的本国法。但在具体适用上又有几种不同的主张：（1）适用丈夫的本国法。如日本、约旦、阿联酋等都对此作了规定。（2）适用夫妻双方的共同本国法，在没有共同本国法时，则适用丈夫的本国法。如法国和泰国的国际私法作了如此规定。（3）适用夫妻双方共同的本国法，如夫妻双方没有共同本国法时，则适用夫妻住所地法或法院地法。如 1966 年《波兰国际私法》、1982 年《南斯拉夫法律冲突法》等作了如此规定。

2. 当事人的住所地法

采用这一原则的国家认为，婚姻关系与住所地的公共秩序和经济负担有关，因此婚姻与住所地的关系极为密切，夫妻人身关系主要应适用住所地法。英国、美国、丹麦、乌拉圭、秘鲁、巴西、瑞士等国采用这一原则。近几年来，东欧一些国家也开始倾向于采用住所地法。

3. 允许在比较广泛的范围内选择准据法

如 1978 年《奥地利联邦国际私法法规》第 18 条规定：（1）婚姻的人身效力依配偶双方的共同属人法；如无共同属人法，依他们的最后共同属人法，只要还有一方仍保有它；否则，（2）依配偶双方均有习惯居所的国家的法律，只要一方仍保有它；（3）如婚姻依第 1 款指定的法律未生效，而在奥地利的管辖范围内为有效，其人身法律效力依奥地利法；但如配偶双方与第三国有较强联系，并且根据它的法律该婚姻也产生效力，则以该第三国法律取代奥地利法。《德国民法施行法》规定，婚姻的人身效力依：（1）夫妻双方所属国家的法律或在婚姻关系存续期间夫妻一方最后所属国家的法律；否则，（2）夫妻双方有惯常住所国家的法律或在婚姻关系存续期间夫妻一方最后惯常居所的国家的法律；此外，（3）与夫妻双方有最密切联系的国家的法律。

（二）夫妻财产关系的法律适用

夫妻财产关系又称夫妻财产制，是指具有合法婚姻关系的男女双方对于家庭财产的权利义务关系，主要包括婚姻对双方当事人的婚前财产发生什么效力，婚姻存续期间所获财产的归属，以及夫妻对财产的管理、处分和债务承担等方面的制度。

一般而言，夫妻财产制分为法定财产制和约定财产制两种。法定财产制是指法律明文规定的夫妻财产制，又有共同财产制和分割财产制两种不同的形式。各国对法定财产制的具体规定有很大的差异：中国、法国、罗马尼亚等国将共同财产制作为其法定财产制，而英国、美国、加拿大、新西兰等国以分割财产制作为其法定财产制。各国对于约定财产制的规定也有很大差异：有的国家用法律规定了几种约定财产制，由当事人选定，如法国规定了共同财产制和分割财产制。有的国家的法律没有明文规定财产制的形式，只要不违反社会善良风俗和法律基本原则，当事人可以自行约定，如日本。对于法定财产制和约定财产制的效力，各国规定也不尽相同：有的国家只实行法定财产制，不承认约定财产制，如罗马尼亚、波兰、匈牙利等国；有的国家以约定财产制为主，在没有约定财产制的情况下才适用法定财产制。

由于各国对夫妻财产制的内容规定不同，在这方面产生法律冲突现象在所难免，由此采用的法律适用原则主要有以下几种。

1. 意思自治原则

西方国家，特别是英国、美国、法国和奥地利等国，主张适用意思自治原则来解决跨国夫妻财产关系的法律冲突问题。这些国家认为，夫妻之间的财产关系是一种特殊的契约关系，因此，允许当事人自愿选择法律。《法国民法典》规定，夫妻间的财产关系，只有在当事人未作出他们自己认为合适的，并且不违背道德和应遵守的法律的特别约定时，才适用法定财产制。英国法也规定，凡订有婚姻契约或结婚时已作出分授财产的处理，则此种契约或授予条款，对所有属于此条款范围内的包括结婚时已有或婚后取得的财产均有法律效力。但是，并非所有的法律都允许当事人广泛自主地选择法律，有些国家允许当事人有限制地作出选择。如1987年《瑞士联邦国际私法法规》对夫妻财产制的基本原则是允许当事人自主选择准据法，但允许选择的只能是双方都是其住所者的国家的法律，或夫妻打算于婚后去居住的国家的法律，或双方中的任何一方为其公民的国家的法律。至于不动产，则规定只能选择此种财产所在地国家的法律。1978年海牙《关于婚姻财产制公约》也规定，夫妻财产制以当事人自愿选择为主，但也应有一定的限制。

2. 属人法原则

以属人法原则来解决夫妻财产制问题为大多数欧洲大陆国家所采用，如意大利、西班牙、匈牙利、波兰、前南斯拉夫等国。这里所指的属人法包括本国法和住所地法。如波兰法规定，夫妻之间的财产关系依夫妻双方共同的本国法。捷克法也规定，夫妻之间的财产关系，依夫妻本国法；夫妻国籍不同时，依捷克法。而1978年海牙《关于婚姻财产制公约》采用住所地法为属人法。

（三）中国关于涉外夫妻关系的法律适用

中国对于涉外夫妻关系的法律适用的规定，可以参照《民法通则》《涉外民事关系法律适用法》和现行《婚姻法》的有关规定。

在涉外夫妻关系中的人身关系方面，《民法通则》及《民法通则意见》规定，夫妻间相互扶养，应当适用与被扶养人有最密切联系的国家的法律。扶养人和被扶养人的国籍、住所以及供养财产所在地，均可视为最密切联系地。

在涉外夫妻关系中的财产关系方面，中国采取夫妻共同财产制。《婚姻法》规定，夫妻在婚姻关系存续期间所得的财产，归夫妻共同所有，双方另有约定的除外。对共同所有的财产，夫妻双方有平等处理权。在与此有关的法律适用方面，可参照《民法通则意见》第188条：在中国法院受理的涉外离婚案件……引起的财产分割，适用中国法律。因此，中国一般采用法院地法原则来解决这个问题。

《涉外民事关系法律适用法》第23条规定，夫妻人身关系，适用共同经常居所地法律；没有共同经常居所地的，适用共同国籍国法律。第24条规定：夫妻财产关系，当事人可以协议选择适用一方当事人经常居所地法律、国籍国法律或者主要财产所在地法律。当事人没有选择的，适用共同经常居所地法律；没有共同经常居所地的，适用共同国籍国法律。

二、父母子女关系的法律适用

父母子女关系，又称亲子关系，是指父母与子女之间的一种法律关系，包括人身关系和财产关系两个方面。父母子女关系按照父母与子女之间是否有血缘关系，分为亲生父母子女关系和养父母子女关系。在亲生父母子女关系中，依子女是否为在有效婚姻关系中所生，又可分为父母与婚生子女关系和父母与非婚生子女关系。除了上述传统的父母子女关系外，还包括父母与人工生育的子女关系。

（一）婚生子女

婚生子女是指在有效婚姻关系中怀孕所生育的子女。各国对于如何确认婚生子女有不同的法律规定，由此产生法律冲突。对于跨国婚生子女的法律适用原则一般有以下几种。

1. 父母属人法

主张适用父母属人法又分为：（1）适用生母之夫的本国法。如德国、泰国、希腊、意大利等国都有类似的法律规定。这是早期采用的冲突规则。在这里，生母之夫的本国法实际上就是指子女生父的本国法。（2）适用生父的住所地法。英国有些学者和判例主张适用生父的住所地法来确定子女是否为婚生的子女，丹麦也采用生父住所地法作为准据法。（3）适用子女出生时生母的属人法。如《法国民法典》第311～414条规定，子女是否是婚生问题由子女出生时生母的属人法决定。（4）适用父母的共同属人法。如《奥地利联邦国际私法法规》规定，子女婚生的要件及因此发生的争议，依该子女出生时配偶双方的属人法，如子女出生前婚姻已解除，依解除时配偶双方的属人法，配偶双方的属人法不同时，依其中更有利于子女为婚生的一方的法律。（5）分别适用父母各自的属人法。1934年《美国冲突法重述（第一次）》以及卢森堡、比利时、荷兰等国采用这一做法。

2. 子女属人法

近几十年来，一些国家从保护子女利益出发，相继采用子女的属人法作为准据法，如波兰、前南斯拉夫等国。《法国民法典》第 311～414 条同时也规定：如果子女的属人法对子女更为有利，则应适用子女的属人法来决定其是否为婚生的问题。但以子女的属人法为准据法并不一定总是对确认子女的婚生地位有利，特别是在依血统确定国籍的国家中，子女的国籍在子女被确定为婚生之前，是不能确定的。

3. 支配婚姻效力的法律

如土耳其国际私法规定，子女婚生适用子女出生时调整其父母婚姻效力的法律。阿根廷、塞内加尔等国也都规定，子女是否为婚生由支配其父母婚姻效力的法律决定。适用支配婚姻效力的法律并不意味着如果婚姻无效，子女就一定为非婚生子女。子女是否为婚生依支配婚姻效力的冲突规则所指向的实体法来决定，只有该实体法以有效婚姻作为婚生的前提条件，才会导致所生子女为非婚生子女，否则，即使婚姻无效，也不会影响子女的婚生地位。

4. 对子女婚生更为有利的法律

适用子女属人法也不一定对子女有利，因此近来更有明确规定适用对子女婚生更为有利的法律。如 1978 年《奥地利联邦国际私法法规》规定，在适用配偶双方的属人法时，如果他们的属人法不同，应依其中更有利于子女为婚生的法律。此外，匈牙利、捷克、秘鲁等国也有类似的法律规定。

（二）非婚生子女及其准正

非婚生子女是指在非婚姻关系中怀孕所生的子女。在世界上不少国家中，婚生子女和非婚生子女的地位并不相同，很多国家在立法上确立了非婚生子女的准正制度，使非婚生子女在法律上取得婚生子女的地位。对于非婚生子女及其准正的法律规定，各国有较大的差异，因而需要国际私法来调整。

1. 关于父母与非婚生子女关系的法律适用

对于非婚生子女与母亲的关系，西方国家立法一般主张适用母亲的属人法，即母亲的本国法或住所地法。如德国法律规定，私生子女与其父母的法律关系，如母为德国人时依德国法；如母已丧失德国国籍而子女仍保持德国国籍时亦同。对于非婚生子女与父亲的关系，西方国家一般主张适用法院地法或当事人的属人法。美国、丹麦、荷兰等国主张适用法院地法；英国主张适用生母怀孕时或非婚生子女出生时生父的住所地法；巴西主张适用非婚生子女的本国法。德国规定，父对于私生子女的抚养义务，依子女出生时母的本国法。1978 年《奥地利联邦国际私法法规》规定，非婚生的父子关系的确定的要件，依非婚生子出生时的本国法。

2. 非婚生子女准正的法律适用

所谓准正是指使非婚生子女取得视同婚生子女的法律地位。有些国家规定，非婚生子女可因生父的认领而准正；有些国家规定，非婚生子女在其生父母结婚后即取得婚生子女的法律地位；还有一些国家规定，准正必须同时具备认领和生父母结婚这两个条件。关于非婚生子女准正的法律适用原则主要有以下几种。

（1）事后婚姻准正的准据法：1）住所地法。英国和美国主张父母事后结婚时的住所地法决定与此相关的准正。2）本国法。由事后结婚或认领的父的本国法决定准正。3）父母的属人法。如奥地利国际私法采取这一原则。4）子女的属人法。如准正是否应取得子女或其监护人同意方面一般适用这一原则。5）适用支配婚姻效力的法律。1986 年修改后的《德国民法施行法》作了如此规定。

（2）认领的准据法。认领的形式要件的准据法一般为认领行为地法；认领的实质要件的准据法主要有：1）父母的属人法。泰国和美国的一些州主张认领子女的父母的住所地法或本国法可用来决定有关认领问题。2）子女的属人法。波兰、秘鲁和匈牙利等国主张子女的认领依认领时子女所属国法。3）适用父或母或子女的属人法。如瑞士国际私法规定，在瑞士对子女的认领，可以依子女的习惯居所地法、本国法、父或母一方的住所地法或本国法作出。

（三）父母与人工生育的子女之间的关系

人工生育子女是指根据生物遗传工程原理，采用人工方法取出精子或卵子，然后用人工方法将精子或受精卵胚胎注入妇女子宫内，使其受孕所生育的子女。采用这种方法出生的婴儿俗称"试管婴儿"，目前世界主要国家大多存在这一现象。

在现代科技条件下，人工生育子女主要有以下几种情况：（1）同质人工授精，是指采用科技手段使丈夫的精子和妻子的卵子进行人工授精，由妻子怀孕、分娩生育子女。（2）异质人工授精，是指用丈夫以外的第三人提供的精子（供精）与妻子的卵子，或者用丈夫的精子与妻子以外的第三人提供的卵子（供卵），或者同时使用供精和供卵进行人工授精，由妻子怀孕、分娩生育子女。（3）代理母亲，是指用现代医疗技术将丈夫的精子注入自愿代理妻子怀孕者的体内受精，或者将人工授精培育成功的受精卵或胚胎植入自愿代理妻子怀孕者的体内怀孕，等生育后由妻子以亲生母亲的身份抚养子女。

时至今日，世界上大多数国家对于人工生育子女的问题尚无明文法律规定，少数国家的有关立法的内容也不尽相同。但是，在婚姻关系存续期间，因夫妻双方同意而进行人工生育的子女与该夫妻形成亲子关系，这点已基本成为共识。如《美国统一亲子法》规定，在使用第三人精子的情况下，丈夫必须书面承诺，并要求经夫妻双方签字，法律对丈夫和胎儿的自然父亲同样对待。精子的提供者在法律上不视为胎儿的父亲。德国在1991年颁布了《胚胎保护法》，其中规定：只允许在婚姻关系内进行人工授精。如果丈夫不育，可以用另一男子的精子进行体外授精。1991年中国《最高人民法院关于夫妻关系存续期间以人工授精所生子女的法律地位的函》规定，在夫妻关系存续期间，双方一致同意进行人工授精，所生子女应视为夫妻双方的婚生子女，父母子女关系适用《婚姻法》的有关规定。因此，只要夫妻双方协议一致同意进行人工授精的，不论所生子女是否与父母具有血缘关系，都应视为夫妻双方的婚生子女。

由于人工生育子女是一个较新的问题，国际私法对此尚无相关的法律适用规定。国际私法调整的是具有跨国因素或外国因素的人工生育子女与父母关系问题。鉴于不少国家的法律、法规都认可将在婚姻关系存续期间，经夫妻双方一致同意而进行人工生育的子女视为婚生子女的做法，人工生育子女与父母关系的法律适用可以参照婚生子女与父母关系的法律适用原则。

（四）父母子女间权利义务关系的法律适用

一般来说，父母子女间的权利义务关系包括两个方面：一是人身方面的权利与义务，二是财产方面的权利与义务。解决父母子女权利义务关系的法律适用原则主要有以下几点。

1. 父母的属人法

如意大利民法规定，父母子女间的法律关系，依父的本国法；无父时，依母的本国法。

2. 子女的属人法

目前一些国家从保护子女利益的角度出发，主张在这个问题上适用子女的属人法，如波兰、匈牙利、瑞士、日本等国采用这一原则。如 2006 年日本《法律适用通则法》规定，亲子间的法律关系，如果子女的本国法与父的本国法或母的本国法，或如果父母一方死亡时与另一方的本国法相同，依子女本国法；在其他情况下，依子女的惯常居所地法。

（五）中国关于涉外父母子女关系的法律适用

目前，中国在这方面的规定较少。根据《民法通则》和《婚姻法》的有关规定，在中国，婚生子女和非婚生子女与他们父母之间的权利义务关系是没有差别的。中国现行《婚姻法》第 25 条规定：非婚生子女享有与婚生子女同等的权利，任何人不得加以危害和歧视。在父母子女关系的法律适用方面，《民法通则》第 148 条涉及父母子女之间的相互扶养问题。该条规定，扶养适用与被扶养人有最密切联系的国家的法律。根据具体情况，在涉外父母子女相互扶养的案件中，扶养人和被扶养人的国籍、住所以及供养被扶养人的财产所在地，均可视为与被扶养人有最密切的联系。关于父母子女关系的法律适用，《涉外民事关系法律适用法》第 25 条规定，父母子女人身、财产关系，适用共同经常居所地法律；没有共同经常居所地的，适用一方当事人经常居所地法律或者国籍国法律中有利于保护弱者权益的法律。

第四节　扶养、监护和收养的法律适用

一、扶养的法律适用

扶养是指根据身份关系，在特定的亲属间，一方对另一方给予生活上的扶助。扶养有广义和狭义之分。广义上的扶养包括抚养（即尊亲属对卑亲属的扶养）、赡养（即卑亲属对尊亲属的扶养）和狭义上的扶养（即配偶之间的扶养）。在扶养关系中，提供扶养的人称为扶养义务人或扶养人，接受扶养的人称为扶养权利人或被扶养人。一般认为，扶养具有以下法律特征：第一，扶养只在法律规定的特定的亲属之间成立，是一种法律上的义务，法律规定以外的亲属或其他人之间则不具有扶养义务。第二，扶养关系只发生于一方有扶养的必要而另一方有扶养能力的一定亲属之间。

国际私法所调整的跨国扶养关系，是指含有跨国因素或外国因素的扶养关系，亦即在扶养人和被扶养人中至少有一方为外国人的扶养关系。各国法律在扶养的范围、成立、方式、顺序和终止等方面有不少差别，在跨国扶养关系中难免产生冲突。在理论和实践中，关于跨国扶养的法律适用原则主要有下列几种。

1. 扶养人的属人法

这种主张认为，扶养义务是扶养制度的基础，因而对扶养的法律适用不作分类处理，笼统地规定适用扶养人的属人法。如 1982 年《土耳其国际私法和国际诉讼程序法》规定，扶养义务适用扶养人的本国法。

2. 被扶养人的属人法

目前大多数国家采取这一做法。这种主张认为，扶养制度是为被扶养人利益而设置的，扶养适用被扶养人的属人法能够符合这一宗旨。这种主张对扶养的法律适用也不作分类处理，概括地规定适用被扶养人的属人法。如《泰国国际私法》规定，扶养的义务，依扶养请求人的本国法。

3. 扶养人和被扶养人共同的属人法

这种主张认为，扶养义务在一定亲属间是双向的，因此，扶养的准据法选择应兼顾两者的利益而适用双方的共同属人法。如 1986 年修改后的《德国民法施行法》就作了类似的规定。

4. 根据扶养的不同类别，分别适用不同的法律

如上所述，扶养有夫妻之间的扶养、父母子女之间的扶养以及其他亲属之间的扶养之分。因此，有些国家立法对各类扶养分别规定应适用的法律。如 1979 年《匈牙利国际私法》第 39 条规定，夫妻之间的扶养，适用起诉时夫妻共同的属人法；如有不同，适用其最后的共同属人法；再无，适用其最后的共同住所地法；如其共同住所地也没有，适用法院地或其他机构地法。而第 45 条规定，父母子女之间的扶养适用子女的属人法。第 47 条规定，亲属间相互扶养义务适用扶养权利人亦即被扶养人的属人法。

我国《民法通则》第 148 条关于扶养法律适用的规定较为特殊，该条规定，扶养适用与被扶养人有最密切联系的国家的法律。这是按最密切联系原则来确定扶养的准据法。在具体适用上要注意，这里所指的“扶养”应作广义解释，它包括父母子女之间的扶养、夫妻相互之间的扶养以及其他有扶养关系的人之间的扶养。根据中国最高人民法院有关的司法解释，在确定“与被扶养人有最密切联系的国家的法律”时，扶养人和被扶养人的国籍、住所以及供养被扶养人的财产所在地，均可视为与被扶养人有最密切的联系。

《涉外民事关系法律适用法》对于涉外扶养的法律适用作出规定，其中第 29 条规定，扶养，适用一方当事人经常居所地法律、国籍国法律或者主要财产所在地法律中有利于保护被扶养人权益的法律。

二、监护的法律适用

监护是监护人对未成年人和精神病人的人身、财产以及其他合法权益进行监督和保护。在监护关系中，承担监护义务的人称为监护人，接受监护人监督和保护的人称为被监护人。监护不是一种权利，而是一种法律义务。根据被监护的对象不同，监护一般又分为对未成年人的监护和对精神病人的监护。监护机关是监护制度中的重要组成部分，监护机关是指行使监护职能的组织或个人。按其职能，监护机关分为监护权力机关、监护监督机关、监护执行机关和监护保障机关等。

跨国监护，是指含有跨国因素或外国因素的监护，也就是说，在监护关系中，或许监护人或被监护人为外国人，或许监护机关为外国机关，或许还有其他的涉外因素。由于各国法律对于监护人的职责和权利、被监护人、监护机关、监护终止等方面规定不同，在跨国监护中常常产生法律冲突问题。根据各国现有的冲突规则以及 1961 年海牙《关于未成年人保护的机关的权限和法律适用公约》，跨国监护的法律适用原则主要有以下两点。

1. 被监护人的属人法

这是各国普遍采取的原则，大陆法系国家主张适用被监护人的本国法，而英美普通法系国家和一些南美洲国家主张适用被监护人的住所地法。前者如 1978 年《奥地利联邦国际私法法

规》规定，监督与保护的构成与终止的要件及效力，依被监护人的属人法。该法所指的属人法为国籍国法。后者如 1984 年《秘鲁民法典》规定，监护和其他保护无行为能力人的制度，依无行为能力人的住所地法。

2. 法院地法

例如英国，在监护问题上仍首先从管辖权入手，只要英国法院对某一涉及监护的案件有管辖权，便只适用英国法。

中国 1988 年《民法通则意见》中规定，监护的设立、变更和终止，适用被监护人的本国法律。但是，被监护人在中国境内有住所的，适用中国法律。《涉外民事关系法律适用法》对于涉外监护的法律适用作了规定，其中第 30 条规定，监护，适用一方当事人经常居所地法律或者国籍国法律中有利于保护被监护人权益的法律。

三、收养的法律适用

收养是指在收养人和他人子女（被收养人）之间建立起法律拟制的父母子女关系的行为。收养必须符合一定的条件和程序才能成立。收养关系一经成立，在收养人与被收养人之间产生拟制血亲关系。收养关系在一定条件下也可解除。跨国收养是指含有跨国因素或外国因素的收养，在收养人与被收养人之间至少有一方为外国人。世界上绝大多数国家都承认收养制度，但各国法律关于收养的成立、效力以及解除的规定却有差别，在跨国收养方面产生法律冲突在所难免。关于跨国收养的法律冲突及其法律适用原则主要有以下几点。

（一）跨国收养成立的法律适用

收养的成立必须符合一定的条件和程序，也就是必须符合收养的实质要件和形式要件。收养的实质要件包括收养关系中双方当事人的年龄、身份和意思表示等内容。各国法律一般规定收养人必须大于被收养人，而且必须是成年人，但具体规定的年龄相差多大却不尽相同。收养的形式要件是指收养的法律程序。各国法律一般要求经过申请及有关主管部门核准登记，收养才能生效。

1. 收养实质要件的法律适用

世界各国对于收养实质要件的法律适用原则主要有：（1）适用收养人本国法。如 1986 年修改后的《德国民法施行法》规定，子女的收养适用收养人收养时的国籍所属国法。如果收养夫妇双方国籍不同时，有的国家规定依各自本国法，有的国家规定依收养地法。（2）适用收养人和被收养人各自的本国法。如 1982 年《土耳其国际私法和国际诉讼程序法》规定，收养的能力和条件，适用收养时当事人本国法。（3）适用当事人住所地法。英、美等国一般从收养案件的管辖权入手来解决有关收养的法律冲突。只要收养人和被收养的未成年人在英国有住所，英国法院对收养案件就有管辖权，并且适用英国法。1984 年《秘鲁民法典》规定，在收养人和被收养人的住所地法均允许时，才能收养。（4）适用收养行为地法。如 1987 年《瑞士联邦国际私法法规》规定，在瑞士宣告收养的条件，由瑞士法律支配。这条规定实际上就是主张收养的成立适用收养行为地法。

2. 收养形式要件的法律适用

在收养的形式要件上，各国的做法主要有两种：一是适用与解决收养实质要件相同的准据法，二是适用收养行为地法。不少国家为了使侨居国外的本国公民在收养问题上适用本国法，还规定了使领馆收养登记制度。

（二）跨国收养效力的法律适用

收养的效力涉及收养对养子女与养父母关系的法律效力和收养对养子女与生父母关系的法律效力。收养的效力大体上包括收养关系能否解除，收养后被收养人与生父母的关系，以及收养后被收养人能否自动取得收养人国籍等问题。在收养关系能否解除问题上，日本法律认为可以解除；欧美一些国家则认为，收养关系一经成立，一般不准解除。在养子女与生父母的关系问题上，各国法律规定也不一致：有的国家规定，收养成立后，养子女与生父母即丧失父母子女关系；有的国家如法国规定，养子女与生父母的关系，不因收养而终止；有的国家规定，养子女与生父母的关系问题必须由收养合同决定。至于被收养人能否自动取得收养人国籍问题，有的国家认为可以自动取得，有的国家认为应保留原国籍，有的国家认为在符合一定条件下才能取得收养人的国籍。

对于跨国收养效力的法律冲突问题，一般的法律适用原则主要有：（1）适用收养人本国法。如日本就是采取这种做法。（2）适用收养人或被收养人的住所地法。如秘鲁、阿根廷等国主张，收养的效力依收养人住所地法。（3）适用收养行为地法。如1987年《瑞士联邦国际私法法规》作了如此规定。（4）根据不同情况，分别适用收养人和被收养人的属人法。如1928年《布斯塔曼特法典》第74条就是这样规定的。（5）原则上适用收养人或被收养人或者他们共同的本国法，同时以其他法律作为补充。如1978年《奥地利联邦国际私法法规》规定，收养的效力，依收养人的属人法；如为配偶双方所收养，依支配他们婚姻的人身法律效力的法律；但在配偶一方死亡后，依另一方的属人法。

（三）跨国收养解除的法律适用

除收养人或被收养人死亡外，一般来说，收养关系可以依法解除。收养的解除一般可依双方协议解除，也可依当事人一方的要求解除。各国法律在这方面的规定不尽相同。关于收养解除的法律适用原则，各国的做法主要有：（1）适用与收养成立相同的准据法。如奥地利国际私法采取这一做法。（2）适用与收养效力相同的准据法。如《日本法例》规定，收养的效力及收养的终止，依收养人本国法。

中国1991年《收养法》对于涉外收养问题作了专门规定。在涉外收养实质要件的法律适用上，现行《收养法》（1998年修正）第21条第1款规定，外国人依照本法可以在中华人民共和国收养子女。也就是说，在中国境内的收养关系，适用中国法。在涉外收养形式要件的法律适用上，《收养法》规定必须适用中国法，也就是说，只有按照中国规定的收养程序，收养才有法律效力。按照《收养法》以及国务院民政部门发布的《外国人在中华人民共和国收养子女登记办法》的规定，收养人必须在民政部门进行收养登记，并在公证处公证后，收养关系才能成立。而且外国人在华收养子女，除了符合《收养法》的规定外，还应当符合收养人所在国的法律。

《涉外民事关系法律适用法》对于涉外收养的法律适用作出规定，其中第28条规定：收养的条件和手续，适用收养人和被收养人经常居所地法律。收养的效力，适用收养时收养人经常居所地法律。收养关系的解除，适用收养时被收养人经常居所地法律或者法院地法律。

课后练习

1. 简评《民法通则》对涉外婚姻法律适用的规定。（考研）

2. 简述涉外婚姻实质要件的法律冲突以及法律适用。（考研）

3. 简述我国关于涉外扶养法律适用规定的特点。（考研）

4. 简述跨国监护关系的法律适用原则。

5. 依我国法律规定，在我国法院受理的涉外离婚案件审理过程中，认定婚姻是否有效应以下列哪一项为准据法？（　　）（法考）

　　A. 婚姻缔结地法

　　B. 当事人本国法

　　C. 当事人住所地法

　　D. 法院地法

6. 美国人马丁和英国人安娜夫妇是来华工作的外国专家。来华之前两人长期在印度工作并在那里有惯常居所。在中国工作期间，马丁向我国人民法院提出离婚的诉讼请求。对于马丁和安娜的离婚纠纷，我国法院应该适用下列哪一国法律加以解决？（　　）（法考）

　　A. 美国法

　　B. 英国法

　　C. 中国法

　　D. 印度法

7. 按照我国《民法通则》及其司法解释的规定，父母子女相互之间的扶养、夫妻相互之间的扶养以及其他有扶养关系的人之间的扶养，应适用与被扶养人有最密切联系的国家的法律。下列哪些国家可以被视为与被扶养人有最密切联系的国家？（　　）（法考）

　　A. 扶养人和被扶养人的国籍国

　　B. 扶养人和被扶养人的住所地国

　　C. 扶养人和被扶养人的居所地国

　　D. 供养被扶养人的财产所在地国

第十章
继承的法律适用

本章概要

　　继承是指财产所有者死亡或宣告死亡后，依法将其遗留下来的财产或与此有关的权利、义务转移给继承人所有的一种法律制度。国际私法中的跨国继承是指含有外国因素的继承，即在继承法律关系的主体（继承人或被继承人）、客体（遗产）和法律事实（死亡）等要素中，有一个或一个以上的外国因素。随着国际民事交往的发展，跨国继承关系与其他跨国民事关系一样，会不可避免地发生。各国继承法律制度存在各种差异，因而在跨国继承方面难免会产生法律冲突现象。研究和解决跨国继承关系的法律冲突和法律适用，是国际私法的重要内容之一。

关键术语

　　跨国继承　跨国法定继承　跨国遗嘱继承　跨国无人继承财产　遗产继承的分割制　遗产继承的单一制　继承取得　先占取得　继承的法律适用

第一节　法定继承的法律适用

一、法定继承和跨国法定继承

　　法定继承又称无遗嘱继承，是指必须根据法律规定的继承人范围、继承顺序和遗产分配原则所进行的继承。法定继承是以一定的人身关系为前提的，即依继承人和被继承人之间的婚姻、血缘关系而确定。在法定继承中，对继承人的范围、继承顺序、遗产分配等问题，各国都以强制性的法律规范来调整，除了被继承人依法用遗嘱方式加以变更外，其他任何人都无权变更。

　　跨国法定继承是指含有外国因素的法定继承，即继承法律关系的主体（继承人或被继承人）、客体（遗产）和法律事实（死亡）等要素中，有一个或一个以上的外国因素。

二、跨国法定继承的法律冲突

各国立法受政治制度、经济状况、社会文化、宗教信仰、风俗习惯等的影响，对法定继承的规定存在较大差异，因此，当跨国法定继承发生时，就可能产生法律冲突。跨国法定继承的法律冲突主要表现在以下几个方面。

（一）法定继承人的范围

各国法律对继承人范围的规定不尽相同。中国 1985 年颁布的《继承法》主要根据婚姻关系、血缘关系以及抚养关系来确定继承人的范围，继承人的范围包括配偶、子女、父母、兄弟姐妹、祖父母、外祖父母、其他对死者尽了生养死葬义务的人，以及被继承人生前抚养的缺乏劳动能力而又没有生活来源的人。西方国家法律从保护私有财产的角度出发，一般把继承人范围规定得较宽，以防止被继承人的财产因其死亡而流失。如《德国民法典》规定，死者的亲属分成五个继承人顺序继承财产，甚至包括死者的曾祖父母及其后裔，以及死者较远的后裔及其后裔，几乎死者的所有亲属都有资格继承其遗产；意大利法律规定十亲等以内的亲属都有继承权；《法国民法典》规定，十二亲等以内的亲属均有继承权，母系的尊血亲与父系的尊血亲有同等的继承权。荷兰法律规定六亲等以内的亲属享有继承权。

（二）法定继承人的顺序

对于法定继承人的顺序，各国法律的规定有较大差异。中国 1985 年《继承法》根据血统和生活上相互依赖程度，将法定继承人分为两个顺序：第一顺序是配偶、子女、父母，第二顺序是兄弟姐妹、祖父母、外祖父母。同一顺序的继承人之间没有先后次序之分。《法国民法典》则规定了四个继承顺序，即死者的子女、子女的直系卑血亲、直系尊血亲、其他旁系血亲。《德国民法典》规定了五个顺序，即死者的后裔、死者的父母及其后裔、死者的祖父母和外祖父母及其后裔、死者的曾祖父母及其后裔、死者较远的后裔及其后裔。日本民法规定了四个顺序，即直系卑亲属、直系尊亲属、兄弟姐妹、兄弟姐妹的直系卑亲属。

（三）继承遗产的分配份额

各国立法大体上都规定，根据亲等的远近来确定分配的遗产份额，但具体规定内容又有许多不同之处。中国 1985 年《继承法》第 13 条规定，同一顺序继承人继承遗产的份额，一般应均等。对生活有特殊困难的缺乏劳动能力的继承人，分配遗产时，应予以照顾。对被继承人尽了主要扶养义务或者与被继承人共同生活的继承人，分配遗产时，可以多分。对有扶养能力和扶养条件的继承人，不尽扶养义务的，分配遗产时，应当不分或者少分。继承人协商同意的，也可以不均等。日本民法对继承人应继承的份额作了固定的规定，如直系卑亲属和配偶是继承人时，直系卑亲属应继承遗产的 2/3，配偶应继承遗产的 1/3；直系尊亲属和配偶是继承人时，直系尊亲属和配偶各继承遗产的 1/2；配偶和兄弟姐妹是继承人时，配偶份额为遗产的 2/3，兄弟姐妹为 1/3；直系卑血亲、直系尊血亲或兄弟姐妹有数人时，各自继承的份额应相等。《法国民法典》对不同顺序的继承人取得遗产的份额所作的规定不同，但对同一顺序的继承人则采取平均分配的原则。

三、跨国法定继承的法律适用

继承制度直接关系有关国家及其公民的切身利益，各国从维护其自身利益的角度出发，在这一问题上一直难以达成一致性协议，因而迄今为止，国际上尚没有直接调整跨国继承当事人权利与义务的统一实体规范，各国国内专门调整跨国继承关系的实体规范也不多，大多数国家都是通过援引国际条约或国内法中的冲突规范来解决跨国继承问题。目前，国际上有三个涉及跨国继承关系的海牙公约：1961 年《遗嘱处分方式法律冲突公约》、1973 年《死者遗产国际管理公约》和 1989 年《死者遗产继承法律适用公约》。这三个公约是各缔约国解决跨国继承法律适用问题的重要依据。

关于调整跨国继承关系的国内冲突规范，各国规定差异很大。就跨国法定继承来说，各国一般采取分割制和单一制两种做法。

（一）分割制

分割制又称区别制，是指将被继承人的遗产区分为动产与不动产，对不同的遗产继承分别适用不同的准据法的制度。一般主张动产适用被继承人的属人法，不动产适用物之所在地法。

分割制深受法则区别说的影响并得到 16 世纪法国学者杜摩兰的推崇，在 19 世纪成为占主导地位的原则。目前，英国、美国、法国、泰国、比利时、卢森堡、匈牙利、保加利亚、智利、玻利维亚等国仍然采用这一制度，中国也是采用分割制的国家。

在采用分割制的国家中，对不动产继承都适用物之所在地法，但在动产继承方面，各国的做法又不相同：有的国家如英国主张适用被继承人的最后住所地法；有的国家如法国则主张适用被继承人的本国法，泰国主张适用被继承人死亡时的住所地法。

采用分割制可以避免遗产分配执行困难的缺点，尤其对不动产来说更是如此，因为物之所在地是不动产的最密切联系地，适用物之所在地法来解决不动产继承问题最为合理。但分割制也有弊端，它将一个人的遗产（有些甚至分散在几个国家）分为动产和不动产，分别受几个不同的法律支配，这会导致法律适用上的不统一。

（二）单一制

单一制又称同一制，是指在处理跨国法定继承时，对遗产不区分动产与不动产，适用同一准据法的制度。单一制比分割制具有更古老的历史渊源，它是从古罗马法的"普遍继承"制度发展而来的。依古罗马法的观点，继承就是继承人在法律上取得被继承人的地位，其意义在于使死者的人格得到延续，而不仅仅是某项权利的延续，故应当统一适用当事人的属人法来解决继承问题。单一制在 19 世纪中叶以后，得到越来越多国家的承认和采纳。

在实行单一制的国家中，具体做法又有不同，主要有如下几种：（1）适用遗产所在地法。对于跨国法定继承，不分动产与不动产，一律适用遗产所在地法是较早采用的冲突规范，不过，目前除了拉丁美洲少数国家如巴拉圭、乌拉圭等国仍采用这一原则外，其他国家基本不采用。（2）适用被继承人死亡时的住所地法。德国学者萨维尼根据罗马法认为，既然继承是人格总体的继承，继承的法律关系就应适用一个统一的法律，而这个统一的法律应是被继承人最后的住所地法，因为被继承人的最后住所地与被继承人的关系最为密切。目前采用这一原则的国家主要有瑞士、丹麦、挪威、巴西、哥伦比亚、危地马拉等国。（3）适用被继承人死亡时的本国法。采取这种做法的国家有：德国、日本、奥地利、意大利、荷兰、西班牙、葡萄牙、波兰等。

单一制在一些国际条约中也有体现，如 1928 年《布斯塔曼特法典》、1989 年《死者遗产继承法律适用公约》都采用了单一制。

四、中国关于跨国法定继承法律适用的规定

随着中国改革开放的深入和全球化趋势的进一步展开，中国与其他国家的各种民事交往日益频繁，中国公民与外国公民间的民事法律关系包括继承关系逐渐增多，跨国继承问题也越来越多地出现在人们的日常生活中。目前，中国调整跨国继承关系的法律主要有 1985 年《继承法》、1986 年《民法通则》，特别是 2010 年《涉外民事关系法律适用法》设有专章，对跨国继承关系专门作了规定，它将成为中国调整跨国继承关系的主要法律依据。

根据以上法律，中国在解决跨国法定继承的法律冲突时，采用分割制原则，即把被继承人的遗产区分为动产和不动产，动产适用属人法，不动产适用物之所在地法。

动产适用被继承人死亡时的住所地法或经常居住地法，这样的规定有一个发展的过程。《继承法》第 36 条规定，跨国法定继承中，动产适用被继承人住所地法律。但在司法实践中，经常会碰到这样的问题：被继承人的住所地可能有好几个，也可能经常发生变动，究竟应适用哪个住所地法律？据此，最高人民法院于 1985 年发布的《关于贯彻执行〈中华人民共和国继承法〉若干问题的意见》第 63 条规定："涉外继承，遗产为动产的，适用被继承人住所地法律，即适用被继承人生前最后住所地国家的法律。"《民法通则》采纳了这个解释，于第 149 条规定得非常明确：遗产的法定继承，动产适用被继承人死亡时住所地法律。

《涉外民事关系法律适用法》第 31 条规定："法定继承，适用被继承人死亡时经常居所地法律，但不动产法定继承，适用不动产所在地法律。"根据《涉外民事关系法律适用法》第 51 条的规定，《继承法》第 36 条与该法的规定不一致的，适用《涉外民事关系法律适用法》。

第二节　遗嘱继承的法律适用

一、遗嘱继承和跨国遗嘱继承

遗嘱是遗嘱人生前对其遗产所做的处分或对其死后事务所做的安排，并在死亡时发生效力的行为。遗嘱继承，是指继承人按照被继承人的遗嘱，继承被继承人遗产的行为。立遗嘱的被继承人称为遗嘱人，遗嘱指定的继承人称为遗嘱继承人。在一般情况下，遗嘱继承优先于法定继承。遗嘱继承主要涉及遗嘱人的遗嘱能力、遗嘱方式、遗嘱内容和效力以及遗嘱的撤销等问题。

跨国遗嘱继承是指含有外国因素的遗嘱继承，也就是在遗嘱继承关系的主体、客体以及法律事实等要素中，有一个或一个以上的外国因素。

二、跨国遗嘱继承的法律冲突

（一）遗嘱实质要件的法律冲突

这方面的法律冲突包括遗嘱能力和遗嘱内容的冲突。

1. 遗嘱能力方面

设立遗嘱是一种法律行为，各国立法都规定公民必须达到一定的年龄才能设立遗嘱，但具体年龄界限不同。有的国家规定有行为能力的成年人才能设立遗嘱；有的国家则规定，达到一定年龄的未成年人也具有遗嘱能力。在中国，具有完全民事行为能力人才能设立遗嘱，《继承法》第 22 条规定，无行为能力人或者限制行为能力人所立的遗嘱无效。日本民法则规定，已满 15 岁的未成年人可以设立遗嘱。瑞士法律规定，设立遗嘱的人必须是成年人。德国民法规定，年满 16 岁的人可以设立遗嘱。

2. 遗嘱内容方面

遗嘱内容实质上是指遗嘱自由的范围，也就是遗嘱人通过立遗嘱在多大范围内可以处分个人财产。各国立法普遍要求遗嘱内容不得违反法律规定，但对遗嘱自由的限制程度有不同规定。中国《继承法》第 16 条规定，公民可以立遗嘱将个人财产指定由法定继承人的一人或者数人继承。第 19 条规定，遗嘱应当对缺乏劳动能力又无生活来源的继承人保留必要的份额。英国法律对遗嘱人的遗嘱自由作了若干限制，比如，遗嘱应当对未亡的配偶、未成年或无劳动能力的儿子、未成年或未出嫁的女儿保留必要的数额。法国也把被继承人的财产分为自由处分和不能任意处分两部分。

（二）遗嘱形式要件的法律冲突

遗嘱的形式涉及遗嘱的有效性，各国法律对于立遗嘱的方式都作了不同规定。中国《继承法》第 17 条规定，公证遗嘱由遗嘱人经公证机关办理。自书遗嘱由遗嘱人亲笔书写，签名并注明日期。代书遗嘱、录音遗嘱和口头遗嘱的设立也必须符合法律规定。英国法律规定，不论是自书遗嘱还是公证遗嘱，只要有遗嘱人签字，并且该签字有两人证明，即为合法有效。根据日本民法的规定，遗嘱方式可分为普通方式和特殊方式两大类。普通方式有三种：自书证书遗嘱、公证证书遗嘱和密封证书遗嘱。特殊方式有四种：生命危急者的遗嘱、因传染病流行而被隔离者的遗嘱、船上人的遗嘱和船舶遇难人的遗嘱。每一种遗嘱都要求有一定的形式，如自书证书遗嘱要求由遗嘱人亲笔书写遗嘱全文、日期，签名盖章。

三、跨国遗嘱继承的法律适用

（一）遗嘱能力的法律适用

1. 遗嘱人立遗嘱时的属人法

在采用这个原则的国家中，日本、波兰、前南斯拉夫、捷克等国主张适用遗嘱人立遗嘱时的本国法。如 1989 年修订的《日本法例》第 27 条规定："遗嘱的成立及效力，依立遗嘱时遗嘱人本国法。"1966 年《波兰国际私法》第 35 条规定："遗嘱及其他因死亡而成立之行为，其成立依为法律行为时死者本国法。"而德国等国家主张适用遗嘱人立遗嘱时的住所地或习惯居所地法。

2. 遗嘱人死亡时的属人法

如1979年《匈牙利国际私法》第36条规定："遗嘱依遗嘱人死亡时的属人法。"

3. 遗嘱人立遗嘱时或死亡时的本国法

如《奥地利联邦国际私法法规》规定，立遗嘱的能力依死者为该法律行为时的属人法；如该法不认为有效，而死者死亡时的属人法认为有效的，以后者为准。

4. 采用分割制

英国、美国、法国和比利时等国在解决遗嘱能力法律冲突问题上采用分割制原则，即涉及不动产的遗嘱能力依物之所在地法，涉及动产的遗嘱能力依遗嘱人的住所地法。但究竟是指遗嘱人立遗嘱时还是死亡时的住所地法，各国规定不同。

（二）遗嘱方式的法律适用

1. 采用单一制

采用单一制即不分动产和不动产，遗嘱方式只要符合遗嘱人的本国法或立遗嘱地法，均为有效。如1939年《泰国国际私法》第40条规定："遗嘱方式，依遗嘱人本国法，或依立遗嘱地法。"

2. 采用分割制

采用分割制即区分动产与不动产，分别适用不同的法律。英国、美国、日本、匈牙利等国采用这一做法。这些国家对于不动产遗嘱方式都适用不动产所在地法，而对动产遗嘱方式适用的法律比较灵活。如日本1964年《关于遗嘱方式准据法的法令》第2条规定，动产遗嘱方式只要符合以下法律均为有效：立遗嘱地法、遗嘱人立遗嘱时或死亡时的住所地法、遗嘱人立遗嘱时或死亡时的本国法、遗嘱人立遗嘱时或死亡时的惯常居所地法。1961年海牙《遗嘱处分方式法律冲突公约》也采纳了这一做法。

（三）遗嘱内容和效力的法律适用

1. 遗嘱人立遗嘱时或死亡时的本国法

德国、奥地利、波兰、匈牙利、日本等国采用这一原则。这些国家认为，遗嘱的内容和效力与遗嘱人的本国有密切联系，因此主张适用遗嘱人的本国法。然而，在跨国遗嘱继承中，可能发生这种情况：一个人立遗嘱后由于种种原因改变了国籍，其死亡时的国籍和立遗嘱时的国籍不一致，那么，究竟应适用哪一国法呢？各国对此做法不一。有的国家主张适用遗嘱人立遗嘱时的本国法，如1989年修订的《日本法例》第27条第1款规定："遗嘱的成立及效力，依立遗嘱时遗嘱人本国法。"有的国家规定适用遗嘱人死亡时的本国法，如波兰主张适用遗嘱人死亡时的本国法。1978年《奥地利联邦国际私法法规》第30条规定，适用遗嘱人立遗嘱时本国法或其死亡时本国法均可，但以先适用遗嘱人立遗嘱时本国法为条件。

2. 遗嘱人立遗嘱时或死亡时的住所地法

有些国家认为，继承及继承的财产与死者的住所有密切联系，因此遗嘱的内容和效力依遗嘱人的住所地法。其中，有的国家主张适用遗嘱人死亡时的住所地法，有的国家则主张适用遗嘱人立遗嘱时的住所地法。

3. 采用分割制

就像对待遗嘱能力和遗嘱方式问题一样，英国、美国、法国等国家对于遗嘱继承的效力问题同样也采用分割制，将遗产区分为动产与不动产，对不动产的遗嘱效力适用物之所在地法，对动产的遗嘱效力适用被继承人住所地法。但在司法实践中，如果出现被继承人立遗嘱时和死亡时的住所地不一致的情况，各国的做法又不尽相同：大多数国家主张适用被继承人死亡时的住所地法，而法国认为，如当事人住所发生变更，允许遗嘱人变更遗嘱内容，使其符合新的住所地法的规定。

（四）遗嘱撤销的法律适用

遗嘱的撤销主要涉及撤销人撤销遗嘱的能力和撤销的方式两个问题。有些国家如日本、奥地利、捷克等国规定，遗嘱撤销的能力应适用与遗嘱能力相同的准据法，遗嘱撤销的方式应适用与遗嘱方式相同的准据法。但是，另一些国家对遗嘱撤销的法律适用单独加以规定，如1939年《泰国国际私法》第42条规定："撤销全部或部分遗嘱，依撤销时遗嘱人住所地法。"一些国际条约也采取了这一做法，如1928年《布斯塔曼特法典》第151条规定："关于撤销遗嘱的程序、条件和效力，依遗嘱人的属人法，但撤销的推定决定于当地法。"

四、中国关于跨国遗嘱继承法律适用的规定

中国《继承法》和《民法通则》都没有关于跨国遗嘱继承法律适用的明确规定。在总结中国多年司法实践的经验，并参考国际上大多数国家的普遍做法和发展趋势的基础上，《涉外民事关系法律适用法》对跨国遗嘱继承的遗嘱能力、遗嘱方式、遗嘱效力、遗产管理等方面都作了比较详细、明确的规定，解读这些规定可以发现，中国对于跨国遗嘱继承的法律适用问题，采用多元连结因素的原则和更加灵活的方式。

1. 立遗嘱能力

在以往的司法实践中，中国对于遗嘱人立遗嘱能力一般适用立遗嘱行为地法，比如外国人在中国境内设立遗嘱，无论其处分的财产在中国境内或境外，都必须是完全民事行为能力人；外国人在外国设立遗嘱处分其在中国境内的遗产，应符合其本国法或其住所地法；中国人在外国设立遗嘱，不论其处分的财产在何国，必须符合其定居国法律。《涉外民事关系法律适用法》第12条规定："自然人的民事行为能力，适用经常居所地法律。自然人从事民事活动，依照经常居所地法律为无民事行为能力，依照行为地法律为有民事行为能力的，适用行为地法律，但涉及婚姻家庭、继承的除外。"据此，对于遗嘱人的立遗嘱能力问题，目前法律采用遗嘱人立遗嘱时的属人法，且连结点为经常居所地。

2. 遗嘱方式

对于遗嘱方式，目前世界上大多数国家都采用多种准据法，一些国际条约也是如此。中国借鉴了这一做法。《涉外民事关系法律适用法》第32条规定："遗嘱方式，符合遗嘱人立遗嘱时或者死亡时经常居所地法律、国籍国法律或者遗嘱行为地法律的，遗嘱均为成立。"

3. 遗嘱效力

《涉外民事关系法律适用法》第33条规定："遗嘱效力，适用遗嘱人立遗嘱时或者死亡时经常居所地法律或者国籍国法律。"

第三节　无人继承财产的法律适用

一、无人继承财产和跨国无人继承财产

无人继承财产，在国内法上又称为绝产，是指没有合法继承人或合法继承人都放弃继承权的遗产。根据各国的立法理论与实践，出现无人继承财产的情形有：（1）没有法定继承人，又没有立遗嘱指定继承人；（2）所有的继承人都放弃继承权；（3）被继承人以遗嘱剥夺一切继承人的继承权而又没有指定受遗赠人；（4）有无继承人情况不明，经有权机关发布公告，期满后仍无人主张继承权。

国际私法上的跨国无人继承财产，是指含有外国因素的无人继承财产，一般来说，是指一国公民在另一国死亡后留下的无人继承财产。从一国的角度来看，它是指本国公民死亡后留在外国的无人继承财产和外国公民死亡后留在本国的无人继承财产。

二、跨国无人继承财产的法律冲突和法律适用

（一）跨国无人继承财产的法律冲突

目前几乎所有国家都规定，无人继承财产收归国有，但国家以什么资格取得无人继承财产，则有不同的解说。

一种主张认为，国家是以特殊的继承人的资格取得无人继承财产，这种方法叫作继承取得，因此，无人继承财产应由被继承人国籍所属的国家取得。德国、意大利、瑞士、西班牙等国采取这一做法。如德国民法规定：继承开始时，被继承人既无血亲又无配偶，以被继承人死亡时所属邦之国库为法定继承人。被继承人如果是不属于任何邦的德国公民，则以德国国库为其法定继承人。

另一种主张认为，国家是以无主物先占者的资格取得无人继承财产，这种方法叫作先占取得，因此，无人继承财产应由遗产所在地国家取得。英国、美国、法国、奥地利、土耳其等国采取这一做法。如《法国民法典》规定，一切无主或无继承人的财产，或继承人放弃继承的财产，均归国家所有。1971 年《美国冲突法重述（第二次）》第 266 条规定，在依法确定无人有权继承无遗嘱财产时，该项动产归管理州或国家所有。

由于各国对无人继承财产由国家取得有不同的法律规定，当无人继承财产涉及外国因素时，自然会产生法律冲突，因此，解决跨国无人继承财产归属问题也是国际私法的任务之一。

（二）跨国无人继承财产的法律适用

一般而言，关于无人继承财产的法律适用，主要包括两方面内容：一是以何国法确定什么财产是无人继承财产，二是以何国法决定无人继承财产的归属问题。

以何国法确定什么财产是无人继承财产问题，各国一般主张依继承关系本身的准据法来确定。然而，由于各国关于继承关系的准据法规定不一，因而确定什么财产是无人继承财产的准

据法也不一致，可能是被继承人的本国法，也可能是被继承人的住所地法，还可能是遗产所在地法。

对于以何国法决定无人继承财产的归属问题，各国的立法和司法实践采取的做法有以下几种。

1. 继承关系本身的准据法

德国采用被继承人的本国法来解决在德国的无人继承财产的归属问题：如果被继承人本国法把国家对无人继承财产的权利视为继承权，则德国就把财产交给被继承人国籍所属的国家。如果被继承人本国法把国家对无人继承财产的权利视为对无主财产的先占权，则德国就以无主物先占者的资格把该项财产收归德国国库。

2. 遗产所在地法

1978年《奥地利联邦国际私法法规》第29条规定，如果依死亡继承的准据法，即死者死亡时的属人法，遗产为无人继承财产或将归于作为法定继承人的领土当局，应以死者的财产于其死亡时所在地国家的法律取代死者死亡时的属人法。也就是说，无人继承财产应适用该财产所在地国家的法律。

3. 采用区别制

一些国家将无人继承财产分为动产与不动产，分别加以处理，即无人继承财产中动产的处理依被继承人死亡时国籍所属国法，而不动产的处理依不动产所在地法。

三、中国关于跨国无人继承财产的处理

关于跨国无人继承财产的问题，《继承法》和《民法通则》均无明确规定，但是，《民法通则意见》第191条规定："在我国境内死亡的外国人，遗留在我国境内的财产如果无人继承又无人受遗赠的，依照我国法律处理，两国缔结或者参加的国际条约另有规定的除外。"可见，对于跨国无人继承财产，凡与中国订立条约有规定的，按照条约规定处理；没有条约的，按照中国法律即遗产所在地法处理。在司法实践中，位于中国境内的跨国无人继承财产中的不动产，一般收归中国国库；跨国无人继承财产中的动产，一般在互惠基础上交给被继承人的国籍所属国处理。

《涉外民事关系法律适用法》第35条规定："无人继承遗产的归属，适用被继承人死亡时遗产所在地法律。"该规定吸收了《民法通则意见》中的规定精神，适用遗产所在地法原则，并进一步明确了是死者死亡时的遗产所在地法。但是，对于什么财产属于无人继承财产，该法没有明确规定。

课后练习

1. 对于跨国继承关系中的单一制和分割制原则，你认为哪个更合理？哪个更适合中国？

2. 你认为中国目前关于跨国继承关系的法律规定是否完善？如果不完善，应当怎样修改完善？

3. 你对中国《涉外民事关系法律适用法》关于跨国继承的法律适用的规定有何评价？

4. 侨居甲国的中国公民田某，在乙国旅行时遇车祸身亡，他在中国遗有价值人民币300

万元的房子一处，在丙国遗有10万美元的股票及一批珠宝。田某在中国的父母要求继承这批珠宝和股票，我国与甲、乙、丙三国均无有关遗产的特别协议。依我国法律，前述股票和珠宝的继承应适用哪一国的法律？（　　）

  A. 中国法   B. 甲国法

  C. 乙国法   D. 丙国法

  5. 甲国人琼斯在我国工作期间不幸病故。他在我国境内遗留有价值300万元的财产，但未留遗嘱，亦无继承人。在这种情况下，琼斯遗留在中国的财产应该依据什么法律处理？（　　）（法考）

  A. 依甲国法处理

  B. 依涉外继承的准据法处理

  C. 依中国法律处理，但中甲两国缔结或参加的国际条约另有约定的除外

  D. 交甲国驻华使领馆依甲国法处理

  6. 有关1989年《死者遗产继承法律适用公约》，下列表述正确的是（　　）。

  A. 将意思自治融入了继承领域

  B. 该公约适用的范围包括当事人的遗嘱能力

  C. 采用了"同一制"的继承制度

  D. 该公约规定继承应适用死者的国籍法

第十一章

物权的法律适用

本章概要

物权的法律适用在国际私法中占有非常重要的地位。基于历史和法律传统的原因，大陆法系国家与英美法系国家的物权制度具有极大的不同；在同一法系内，各国的物权法规则也具有复杂的差别，而此种有差别的物权法制度又构成各国民商法的基础。从目前来看，各国物权制度的法律冲突实际上很难通过统一国际实体法的方式得到统一或协调，这就决定了国际私法的间接调整方式在此领域内具有难以替代的重要作用。通过本章的学习，应掌握物权关系的法律冲突、物之所在地法原则、物之所在地法适用的范围和例外、权利财产的法律适用、信托财产的法律适用。

关键术语

物权关系的法律冲突　物之所在地法　国家财产豁免权原则　权利财产的法律适用　信托财产的法律适用　《关于信托的法律适用及其承认的公约》

第一节　物权及其法律冲突

一、物权的概念和类型

（一）物权的概念

物权一词最早起源于罗马法，直到 1900 年才由《德国民法典》第一次在法律上予以正式确认。此后，许多国家的民法典都规定了物权制度。物权作为一个法律范畴，是法律确认的主体对物依法所享有的支配权利，换言之，是指权利人在法定的范围内直接支配一定的物，并排斥他人干涉的权利。①

物权是与债权相对应的一种民事权利。物权的权利主体是特定的，而义务主体是不特定的；物权的内容是直接支配一定的物，并排斥他人干涉；物权的标的是物。从本质上讲，物权为支配权，物权人无须借助他人的行为，就能够行使其权利即直接支配其标的物，并通过对标的物的直接支配来享受其利益；物权为绝对权，可对抗世间一切人的权利，权利人之外的一切人均为义务主体，均负有不得侵害其权利和妨害其权利行使的义务。② 在英美法中，没有"物权"这一法律术语，与之相近的是"财产权"；基于多重所有权观念，英美法将财产权在整体上分为法律上的所有权、衡平法上的所有权和期限性财产权，其每一种财产权又可细分为无限多样的"物权类型"。

国际物权是指具有外国因素的物权或"财产权"。这就是说，国际物权既包括物权主体为外国人的情况，也包括物权客体处于外国的情况，还包括引起物权产生、变更或消灭的法律事实发生在国外的情况。在国际物权关系中，具有重要性的是国际所有权关系，各国所有权法上的冲突往往构成各类国际私法问题的基础。尽管各国的物权法或财产法有差别，但确认物权人在法律规定的范围内对其权利客体享有支配权和排除他人干涉的权利，是各国法所共同接受的基本原则。

（二）物权的类型

从国际上看，不同国家的物权类型有差别，其中，大陆法系物权类型与英美法系财产权类型的差别尤其令人瞩目。

按照物权关系的客体不同，大陆法系国家通常将物权仅分为动产物权和不动产物权两类，并认为物权的客体仅限于物；英美法系国家的法律则认为，财产权关系的客体并不限于既存物，还应包括利益、权利和"未来存在的物"等，依此，财产权应包括动产财产权、不动产财产权和对利益的所有权等多种。英美法上的这一观念对于大陆法系的物权法有着深刻的影响，近几十年来，一些大陆法系国家的法律亦将"权利财产"作为物权的客体，由此产生了对股票、债券、票据、专有权证书的"所有权"概念。

按照大陆法系所奉行的物权类型法定原则，大陆法系国家通常将物权分为自物权（所有权）和他物权两类，他物权又分用益物权和担保物权两类，用益物权中通常包括地役权、地上权、永佃权、典权等，担保物权中通常包括抵押权、质权、留置权等。大陆法系国家的法律认为，此等物权类型仅可由法律规定，禁止当事人通过特约创设"物权类型"。英美法系国家则否认物权类型法定和一物一权原则的必要性。在英美各国财产法中，财产权可分为衡平法上的所有权、法律上的所有权和期限性财产权三类，每一类所有权或财产权又均可分为上级所有权与下级所有权多种；此外，每一类财产权均可依其客体不同、权利期限不同、产生形式不同、特约权利内容不同而分为不同种类，其中最能体现这一特征的就是信托受益人所有权和各种各样的信托财产所有权。

在物权内容上，大陆法系国家根据物权内容法定原则通常以立法明确规定各种类型物权的具体内容，禁止当事人以特约规定有别于法律规定的具体物权内容。依此立法原则，任一当事人依法取得的所有权或任一他物权均具有完全等同的内容。而在英美法系国家，法律并不禁止

---

①　王利明. 民法. 北京：中国人民大学出版社，2000：142.
②　梁慧星. 中国物权法研. 上. 北京：法律出版社，1998：26.

当事人以信托证书、私法文件、公司章程创设特定内容的所有权或财产权。依此原则，不同当事人依法创设或取得的同名所有权或财产权可能具有不同的内容和含义，以此满足经营性财产权多样性的要求。

二、物权关系的法律冲突

物权或财产权是各国民法中的重要制度，由于政治、经济、历史传统和法律文化上的不同，各国物权法的规定往往存在较大的差异，这不仅体现在不同法系的国家之间，而且体现在同一法系的国家之间，因此，在国际物权关系中往往产生复杂的法律冲突，这些法律冲突主要体现在以下几方面。

（一）物权的主体

依照多数国家的法律，自然人、法人、国家和外国人均可作为平等的主体取得物权，享有同等的法律保护。但有些国家基于政策考虑，对于不同主体的物权取得能力加以限制。例如挪威等国的法律规定：外国人在内国不能取得房屋的所有权，而只能取得房屋租赁权。中国目前的法律规定：土地所有权的主体仅限于国家和集体组织，其中，矿藏、水流、水面、海陆资源仅归国家所有，因而在我国，一般的法人、自然人不能成为此类不动产的所有权主体。

（二）物权的客体

按照多数国家的法律，物权的客体可以分为动产和不动产，但各国在对动产和不动产的内容规定上则有所差别。例如德国和日本的法律仅将土地及固定在土地上的物视为不动产，法国和奥地利的法律则认为土地和地上设施的收益以及固定附着物皆为不动产。此外，英国、美国和法国的法律认为，除有体物之外，"权利财产"或"无体财产"也可以作为物权或财产权的客体，因而诸如股票所有权、债券所有权、信托利益所有权之类的说法并无不妥；德国法系的民法则认为，物权的客体仅为有体物，所谓股票"所有权"实质上即为股权，而债券、票据、按揭的"所有权"实质上为债权。

（三）物权的种类与内容

各国法律对物权的种类及各种物权的具体内容往往有不同的规定，这不仅体现在大陆法系和英美法系各国之间，而且体现在同一法系的不同国家之间。例如，德国民法规定的法定他物权包括地上权、地役权、先买权、抵押权、动产质权和不动产质权等，法国民法规定的法定他物权包括人役权、地役权、优先权、抵押权、质权等，我国《民法通则》规定的用益物权则包括土地使用权、承包经营权、采矿权、企业经营管理权、相邻权等。

（四）物权的取得与变动规则

各国法律对于物权的原始取得规则往往有不同的规定。例如，《日本民法典》规定物权原始取得方式为无主物先占，遗失物拾得，埋藏物发现，财产附合，物之混合、加工、添附，取得时效等；《意大利民法典》规定物权原始取得方式包括先占、发现、添附、加工、附合、混合及多种占有时效。在物权变动规则上，德国民法规定动产移转以交付为变动要件，不动产移转以登记为变动要件；日本和法国民法则规定动产和不动产移转均以当事人意思表示为变动要件，交付和登记仅为对抗第三人之要件；英美国家的法律不仅允许财产依当事人意思表示而移转，而且允许当事人约定在交付财产占有后仍保留所有权不变动，即"所有权保留条款"。

（五）物权的保护方法

各国法律对于物权的保护方法往往也有不同的规定，其中，德国民法对于各种物权提供了详尽的保护方法，包括所谓"自力救济"和"公力救济"，包括占有保护和本权保护，还包括物权保护方法和债权保护方法等。法国民法对于物权保护的规定较为简练，依其占有保护制度，财产权利人仅在其占有物遗失或被盗窃时，才可在时效期内主张财产返还之保护方法；其物上请求权制度也较德国法简单。

由于各国物权法在上述各方面的规定不同，因而同一物权关系依不同国家的法律处理，将会得到很不相同的结果。为了合理、公平地解决物权关系的法律适用，国际私法在长期的实践中逐渐形成了接近于当事人法律行为预期且有利于司法执行的冲突原则，物之所在地法原则即为解决国际物权关系法律适用的基本原则。

第二节　物之所在地法原则

一、物之所在地法原则的产生和发展

物之所在地法原则是对物权法律冲突依标的物所在地法解决的概括表述，它反映了物权关系与特定法律之间的规律性联系。这一冲突规则目前已成为世界各国普遍接受的解决物权冲突的原则。

物之所在地法原则是一古老的原则，其产生可追溯至 13、14 世纪意大利的法则区别说。当时的著名法学家巴托鲁斯即主张将物权区分为动产物权和不动产物权，并进而提出不动产物权依物之所在地法，即"物法"，动产物权则依当事人的属人法，即"人法"。自法则区别说之后，不动产物权适用物之所在地法原则相继为世界各国的法律所接受；19 世纪后，该原则又为欧陆各国的法典法所沿袭；目前，世界各国的国际私法均确认了不动产物权适用物之所在地法的原则。例如 1804 年《法国民法典》第 3 条规定："不动产，虽为外国人所有，亦适用法国法。"1865 年《意大利民法典》第 7 条规定："不动产物权，适用物之所在地法。"我国《民法通则》第 144 条也规定："不动产的所有权，适用不动产所在地法律。"《民法通则意见》第 186 条又进一步规定："不动产的所有权、买卖、租赁、抵押、使用等民事关系，均应适用不动产所在地法律。"不动产物权适用物之所在地法原则为世界各国普遍接受的原因在于：首先，世界各国的诉讼制度基于专属管辖原理，几乎均对位于其境内的不动产主张司法管辖权，这必然要在实体法律适用上也采取与之相适应的原则；其次，非不动产所在地国即使想适用其本国法律，但由于该不动产的处所和司法管辖权均不在其境内，故在财产控制和司法执行方面实际上很难实现；最后，不动产物权关系的当事人在取得权利或转让权利时实际上已经遵守和考虑到物之所在地法，而不可能对其没有预期，否则，其权利根本无从实现。

至于动产物权的法律适用，各国法在很长一个时期内均采取属人法原则。传统的国际私法学者往往以"动产随人""动产附骨""动产无场所"等理由解释动产物权依当事人本国法或住所地法的规则。这实际上反映了早期国际民商事活动中，动产价值较小、种类少，其重要性远不及不动产，且通常存放于所有者住所的现实；反映了在早期国际民事诉讼中，动产与当事人所在地密切联系的现实。自 19 世纪末以来，随着现代社会中国际经贸活动的发展，涉外民事关系越来越复杂，动产在经营性财产中所占的比例越来越高，它们往往分布于世界各地，而动产所有人的住所也日益具有复杂性和多变性。这时再将动产物权的法律适用集中于所有者的住所地法或本国法，不仅有悖于当事人的利益和意志，会受到来自动产所在国的抵制，而且在多数情况下，物权争议双方的住所地往往也并不相同。鉴于此，19 世纪以后，许多国家相继在立法和司法中抛弃了"动产随人"的规则，而使动产和不动产物权关系尽可能地统一适用物之所在地法。至此，物之所在地法原则不仅成为支配不动产物权的基本原则，而且成为支配动产物权的原则。目前，英国、美国、日本、法国、意大利、西班牙、智利、阿根廷等许多国家均在一定程度上确认了这一原则；此外，1889 年《蒙得维的亚国际民法公约》和 1928 年《布斯塔曼特法典》也接受了这一原则。

值得说明的是，尽管动产物权和不动产物权统一适用物之所在地法代表了国际私法的发展趋势，并且许多国家的冲突法也接受了这一原则，但动产物权适用物之所在地法的问题较之不动产物权的法律适用问题要更为复杂。一方面，动产的构成较之不动产要更复杂，在许多情况下，不同类型动产的处所是很难确定的；另一方面，简单地使动产物权一律适用物之所在地法原则仍会发生难于适用或不合理适用的情形，故许多确认这一冲突原则的国家往往又规定了种种例外规则。

二、物之所在地的确定

以物之所在地法来解决物权法律冲突，须首先解决物之所在地的确定问题。原则上，对于物之所在地的确定，应以法院地法为依据，但由于动产之所在地，特别是权利财产或无体动产之所在地具有相当的复杂性，故多数国家的法律对其鲜有明确的规定，实践中的做法可简要归纳为以下几点。

（1）对于不动产而言，物之所在地应以其物理所在地为准。

（2）对于有体动产而言，物之所在地的确定方法主要有以下情况：一是某些国家在其立法中对动产所在地加以时间限定。例如，1948 年《埃及民法典》第 18 条规定，占有、所有以及其他物权，不动产适用不动产所在地法，动产适用导致取得或丧失占有、所有或其他物权的原因发生时该动产所在地法。二是就处在运输过程中的有体动产而言，以发送地或目的地作为物之所在地，或者以从事运输的船舶或飞行器的注册国为准。如 1966 年《葡萄牙民法典》第 46 条规定，在运输过程中的物，被视为位于目的地国家的领域内。正在经过登记注册的运输工具上运输的物的物权，适用运输工具登记地国法。三是船舶、航空器等交通工具，多以其登记、注册地为其所在地。

（3）对于权利财产或无体动产而言，其情况较为复杂。按照许多国家的冲突法理论与实践，无体动产所在地原则上以该无体财产能够被追索或被执行的地点为准。依此原则，有价证券和流通票据的物之所在地以证券上权利的实现地为准，公司股票的物之所在地以股票的过户登记地为准，信托权益的物之所在地以信托财产所在地或受托人居住地为准，专利、商标权的物之所在地以允许此项权利转让的登记地为准，等等。应当说明的是，德国法系国家的法律尚未普遍承认权利财产可以作为物权的客体，因而关于债券、票据、专利权、商标权的法律冲突，实际上被纳入债权的法律冲突、专利权的法律冲突、商标权的法律冲突等。

三、物之所在地法的适用范围

物之所在地法原则是各国解决国际物权法律冲突的基本原则，从世界各国的立法和实践来看，这一原则主要用于解决以下有关物权的法律冲突。

1. 物权客体的范围

各国民法对于物权客体的范围有不同的规定，在发生此类法律冲突时，通常依据物之所在地法解决。这一原则实际上避免了涉外物权依物之所在地法不可能或不合法的情况。

2. 动产与不动产的识别

各国民法对于动产和不动产的区分规则不同，往往会造成识别冲突，随着国际民事交往的发展和法律观念的变动，传统的一成不变的标准正在发生变化。尽管各国国际私法要求对于识别问题适用法院地法，但在动产与不动产识别上却无一例外地适用物之所在地法。

3. 物权的内容和种类

如前所述，各国民法对于物权种类和内容的规定极不相同，除两大法系在物权法制度上具有根本性差别外，在同一法系内部，各国在法定物权之外的物权发展（如公司财产权）和法律规则间的差别均可形成法律冲突。此类法律冲突也只能依物之所在地法解决。

4. 物权的取得与变动

在国际私法实践中，在物权的取得、变动和消灭上也常常发生复杂的法律冲突，这不仅仅涉及物权移转变动规则，而且涉及物权原始取得规则、物权灭失风险规则等。在通常情况下，在物权取得、变动和消灭上的法律冲突也是依物之所在地法解决的。

5. 物权的保护方法

各国民法对于物权保护方法的规定也不尽相同，其中大陆法系国家规定的公力救济方法主要是对物上请求权的维护，主要包括判令停止侵害、排除妨碍、消除危险、恢复原状、返还原物、确认产权、损害赔偿等；英美法中对物权保护的方法更为烦琐和全面，但其主旨大体相同。在发生物权保护方法上的法律冲突时，多以物之所在地法来解决。由于在物权客体、物权内容与类型、物权取得与变动、物权保护方法等方面的法律冲突具有关联性，因而其准据法的确定通常是统一解决的。

需要指出的是，虽然物之所在地法作为基本法律适用原则适用于国际物权关系，但由于国际物权关系日益复杂，在国际物权关系的某些方面也出现了可以适用其他法律适用原则的情况，因此，讲到"物之所在地法的适用范围"时，不可使用"绝对化"命题，而只可能界定它的"大致适用范围"，因为在许多情况下，都有可能得适用别的冲突规则。[①]

四、物之所在地法原则的例外

虽然物之所在地法原则在解决物权法律冲突方面有广泛的适用，但由于某些客体物具有特殊性或者处于某种特殊状态之中，若适用物之所在地法则或是不可能，或是不合理。故世界各

---

① 李双元等．趋同之中见差异——论进一步丰富我国国际私法物权法律适用问题的研究内容．中国法学，2002 (1).

国通常将一些特殊情况作为物之所在地法原则的例外，令其适用其他的冲突原则。

1. 关于运输途中货物的物权

对于运输途中的货物而言，其位置处于不断变化中。如在此过程中发生了货物的出售、抵押等物权变动，则很难确定该货物在权利变动时处于哪个国家；即使能够确定物之所在国，依此种偶然因素确定该国法律为准据法也未必合理。此外，运输中的货物在途中转让时，可能处于公海或公海的上空，在此种情况下，也不可能适用物之所在地法。因此，各国国际私法通常规定，运输途中货物的物权变动不适用物之所在地法原则，而适用例外规则。

2. 关于船舶和飞行器的物权

船舶、飞机等运输工具在航运过程中往往途经许多国家，难以确定其所在地，并且可能处于公海或公海的上空，因此，有关船舶、飞机等运输工具的物权变动也不适用物之所在地法。

3. 关于外国法人主体终止时的财产清算

根据多数国家接受的国际私法规则，在外国法人自行终止或者依其登记国法令被解散时，其财产清算和清算财产的归属问题也不适用物之所在地法，而通常适用该法人的国籍国法或设立登记国法。这一冲突原则实际上与各国的管辖权规则和法人财产整体清算的要求有着内在的联系。应当说明的是，这一例外规则仅仅适用于外国法人依据其国籍国法终止时的财产清算冲突，如果外国法人因侵害了东道国的利益而被东道国取缔营业，或者外国法人在其终止清算程序之外的财产物权变动，仍应适用东道国法律或物之所在地法律。

4. 关于享有豁免权的国家财产的物权

根据世界各国所普遍接受的国家财产豁免权原则，外国国家享有司法豁免权的财产也不受物之所在地法管辖，而应适用该财产所属国法律。实际上，国家财产豁免权的本质正在于司法管辖豁免、法律适用豁免、诉讼程序豁免和强制执行豁免。但是，按照发达国家所普遍接受的有限豁免主张，仅以主权国家名义从事的主权行为和与此有关的国家财产才享有豁免权。依此主张，下列行为和相关的国有财产不享有豁免权：（1）一国有法人从事的国际民事活动及与之相关的财产；（2）一国驻外的代理机构或办事机构从事的商业性活动或财务活动及与之相关的财产；（3）主权国家因涉外商业行为而引起的财产负担或争议，如境外债务或留置船舶；（4）由东道国专属管辖案件涉及的财产或行为，如主权国家位于专属管辖国的不动产或因境外侵权而被扣押的财产。而不少发展中国家主张绝对豁免主义，要求对以主权国家名义从事的行为和相关的财产均赋予豁免权，除非主权国家以明示或默示方式放弃该权利。

第三节　不动产、动产物权的法律适用

尽管各国关于物的分类有多种，但是动产和不动产，是法律上对物进行的重要分类。特别是在国际私法中，动产与不动产的区分尤为重要①，几乎所有国家有关物权的国际私法规则主要是通过区分动产与不动产而对其物权的法律适用作出规定的。

---

① 马丁·沃尔夫. 国际私法，李浩培，等，译. 北京：法律出版社，1988：714.

一、不动产物权的法律适用

（一）各国关于不动产物权法律适用的规定

1. 不动产物权适用不动产所在地法

如前所述，不动产物权适用不动产所在地法已被世界各国冲突法所普遍采用。从当代各国立法的具体情况看，作为一般规则，多数国家都规定动产和不动产物权适用物之所在地法。例如，1939 年《泰国国际私法》第 16 条规定："动产及不动产，依物之所在地法。"1982 年《土耳其国际私法和国际诉讼程序法》第 23 条第 1 款规定："动产和不动产的所有权以及其他物权适用物之所在地法。"1995 年《意大利国际私法制度改革法》第 51 条规定，对动产和不动产的占有、所有权以及其他物权受财产所在地法支配。有少数国家则明确对不动产物权适用不动产所在地法作出单独规定。例如，1987 年《瑞士联邦国际私法法规》第 99 条规定："不动产物权适用不动产所在地国家的法律。"也有一些国家则规定，"物权及其公示适用所涉财产之所在地法"（1991 年加拿大《魁北克民法典》第 3097 条第 1 款），"有体财产物权的产生、内容、消灭，依这种物权形成时物之所在地法"（1984 年《秘鲁民法典》第 2088 条）。无论是哪一种规定方法，都可以毫无疑问地确定物之所在地法适用于不动产物权。

2. 不动产物权适用其他法律适用规则

应当注意到，在各国普遍采用不动产物权适用不动产所在地法的同时，有些国家立法中规定某些情况下适用其他法律适用规则。例如 1966 年《葡萄牙民法典》第 47 条规定："不动产的占有权和使用权适用物之所在地法，如果该法对此有规定的。在其他情况下，适用当事人的属人法。"又例如，1999 年德国《关于非合同债权关系和物权的国际私法立法》第 43 条第 1 款规定："对物的权利，适用物之所在地国法律。"而该法第 46 条规定，如果存在比照上述规定"所确定的法律具有更密切联系的另一国法律，则适用该国法律"。德国该法的规定已明确地表示，物权除与物之所在地有密切的联系之外，还可能存在与之有更密切联系的另一国法律。但与物权还有更密切联系的法律可能是什么法律，该法未提出具体衡量标准，而交由法院自由裁量。这显然在坚持物之所在地法为主导原则的前提下，又赋予了物权法律适用上的灵活性，从而突破了传统的物之所在地法。[①]

（二）中国关于不动产物权法律适用的规定

关于不动产物权的法律适用，《民法通则》第 144 条规定："不动产的所有权，适用不动产所在地法律。"《民法通则意见》第 186 条进一步规定："不动产的所有权、买卖、租赁、抵押、使用等民事关系，均应适用不动产所在地法律。"何谓不动产，该司法解释第 186 条作如下解释："土地、附着于土地的建筑物及其他定着物、建筑物的固定附属设备为不动产。"《担保法》第 92 条第 1 款规定："本法所称不动产是指土地以及房屋、林木等地上定着物。"《涉外民事关系法律适用法》第 36 条规定，不动产物权，适用不动产所在地法律。可以说，我国立法关于不动产物权法律适用的规定，与各国普遍采用的不动产物权适用物之所在地法的原则是一

---

① 李双元等. 趋同之中见差异——论进一步丰富我国国际私法物权法律适用问题的研究内容. 中国法学，2002 (1).

致的。

二、动产物权的法律适用

（一）各国关于动产物权法律适用的规定

1. 一般动产物权关系的法律适用原则

关于动产物权的法律适用，自 19 世纪以后，许多国家相继在立法和实践中采用物之所在地法原则，而不再适用属人法原则。目前，大多数国家都在一定程度上确认了动产物权适用物之所在地法的原则。根据各国立法，大部分采用物之所在地法原则确定动产物权的国家，都是将物之所在地法作为确定一般动产物权法律适用的基本规则。

由于动产是可以移动的，因而许多国家对动产物权的法律适用往往对物之所在地加以时间限定。例如，1948 年《埃及民法典》第 18 条规定："动产适用导致取得或丧失占有、所有或其他物权的原因发生时该动产所在地法。"1987 年《瑞士联邦国际私法法规》第 100 条规定："动产物权的取得与丧失，适用物权取得或丧失时动产所在地国家的法律。动产物权的内容和行使，适用动产所在地的法律。"1991 年加拿大《魁北克民法典》第 3102 条规定："动产担保的有效性依照担保设立时作为担保物的财产所在地国法确定。"1982 年《土耳其国际私法和国际诉讼程序法》第 23 条第 3 款规定："动产场所的变化和尚未取得的物权，适用财产最后的所在地法律。"1992 年罗马尼亚《关于调整国际私法法律关系的第 105 号法》关于动产的第 53 条规定："物之所在地发生改变后，物权的成立、转让和灭失应适用导致物权成立、转让或灭失的事实发生时物之所在地法律。"

动产作为物权的客体，具有多样性，某些动产具有特殊性或处于特殊的状态，因此，与不动产物权的法律适用相比较，动产的法律适用更加复杂，各国立法中关于动产物权的法律适用规则的规定内容也比较多，往往针对这些特殊的动产物权作出专门的规定。

2. 特殊动产物权关系的法律适用

（1）关于运输途中货物的物权关系的法律适用。对于运输途中的货物，由于无法判断物之所在地，许多国家就其物权的法律适用都作了专门的规定，而不适用物之所在地法原则。根据各国的立法，关于运输中的货物的物权法律适用规则主要包括以下几种：1）适用货物运输目的地法。这是多数国家普遍采用的规则，且具有合理之处。在实践中，无论法律效力如何，对货物的途中处分一般仅在运达目的地时，才会发生实际效果。2）适用货物运输的起运地法。目前，捷克、罗马尼亚、白俄罗斯等国的国际私法采用这一规则。而且，罗马尼亚和白俄罗斯的国际私法还允许当事人协议约定适用其他法律。3）适用货物所有人的属人法。这一冲突规则由萨维尼提出，《泰国国际私法》目前仍采用此规则，该法第 16 条第 2 款规定："把动产运出国外时，依起运时其所有人本国法。"

应当说明的是，运输途中的货物并非绝对不适用物之所在地法，在有些情况下，如运输货物的所有人的债权人申请扣押了运送中的货物，结果运送暂时停止，或运送中的物品因其他原因长期滞留于某地，该物品的买卖和抵押应适用该物品的现实所在地法。此外，当运输货物的权利已被证券化，成为提单交易的工具时，其物权变动也应依属物原则适用交易所登记地法。

（2）关于船舶、飞行器及其他运输工具的物权关系的法律适用。目前，多数国家的法律规定，有关船舶和飞机等运输工具的物权关系，应适用其旗帜国法或其注册登记国法，即该船舶或飞机等运输工具悬挂何国旗帜或在何国登记注册，即适用何国法。这实际上是一种属人法。例如，1978 年《奥地利联邦国际私法法规》第 33 条第 1 款规定，水上或空中运输工具的物权，依注册登记国的法律；铁路车辆依营业中使用该车辆的铁路企业有其主营业所的国家的法律。1999 年《白俄罗斯共和国民法典》第 1121 条规定："交通工具及其他应在国家注册登记簿上登记的财产的所有权及其他物权应依该交通工具和其他财产注册登记地国家法律规定。"但是这并不能排除所有权人或其债权人把在外国领水内的船只依其实际所在地法予以处置的权利。

3. 关于动产物权关系法律适用的其他原则

物之所在地法原则是确定动产物权关系的基本法律适用原则，但物权关系也有许多方面不适用物之所在地法；即使在物之所在地法的适用范围内，虽然物权关系的许多问题是用物之所在地法来解决的，但对此不能绝对理解，从目前各国的立法来看，也存在适用其他法律适用规则的可能。

关于动产物权人的行为能力，一些国家的法律规定适用当事人的属人法，如 2006 年日本《法律适用通则法》第 4 条规定，人的行为能力，依其本国法而定。奥地利、葡萄牙等国的法律也有此规定。英美法系国家则主张，当事人对动产的能力适用住所地法；在当事人根据行为地法有能力，而根据住所地法没有能力时，则适用行为地法。[1]

关于动产物权的行为方式，一般应依物之所在地法。如 1946 年《希腊民法典》第 12 条规定："物权的法律行为的方式适用物之所在地法。"但在英美法系国家，行为的方式是按照商业契约的规则解决的；所以，除财产所在地法，也可遵行行为地法。

关于物权取得、变更和消灭的条件，只能说一般应适用物之所在地法。物权的得失、变更，往往由于物权法律行为而发生，而作为这种物权法律行为的根据却可能是债权法律行为，因此，多主张对其中独立的物权行为（如物的交付、权利的登记等），其成立与效力依物之所在地法，而对因转移物权产生债务的债权行为，则不应适用物之所在地法。例如 1999 年《白俄罗斯民法典》第 1102 条规定，作为法律行为标的财产的所有权及其他物权，如果构成某一法律行为的标的，则其产生和消灭适用行为地法律。只有不是因某一法律行为而产生的财产所有权及其他物权（如因时效、继承等），才应适用该权利产生和灭失的行为或结果发生时该财产所在地国法律。也有的国家如上述《瑞士联邦国际私法法规》第 100 条确定了动产物权适用物之所在地法的基本原则，但在该法第 104 条则直接规定动产物权适用当事人意思自治原则，即"动产物权的取得和丧失受发送地国家或目的地国家的法律支配或受物权的取得和丧失据以发生的法律行为所适用的法律支配"，只是"此项法律选择不得用以对抗第三人"。此外，根据 1999 年德国《关于非合同债权关系和物权的国际私法立法》第 46 条的规定，动产物权也可能运用最密切联系原则而适用物之所在地法之外的另一国的法律。《美国冲突法重述（第二次）》第 244 条规定，动产权益转让的有效性和效力，由当事人、动产及转让与之有最重要联系的州的本地法在该特定问题上的规定来决定。在这个规定中，物之所在地法只是适用法律的考虑因素之一。

关于物权的保护方法，一般也应受物之所在地法支配。但 1999 年《白俄罗斯民法典》在物权的法律保护的法律适用中引入了当事人意思自治原则，该法第 1123 条第 1 款规定："对于所有权及其他物权的保护，权利人可以选择适用财产所在地法或法院地法。"

---

① 马丁·沃尔夫. 国际私法. 李浩培，等，译. 北京：法律出版社，1988：742.

（二）中国关于动产物权的法律适用规定

《民法通则》并未规定关于动产物权的法律适用规则，因此，在《涉外民事关系法律适用法》制定前，我国立法中尚无涉外动产物权关系的一般法律适用原则，只是在相关的单行立法中有一些零星的规定。《海商法》第 270 条规定："船舶所有权的取得、转让和消灭，适用船旗国法律。"第 271 条规定："船舶抵押权适用船旗国法律。船舶在光船租赁以前或者光船租赁期间，设立船舶抵押权的，适用原船舶登记国的法律。"第 272 条规定："船舶优先权，适用受理案件的法院所在地法律。"《民用航空法》第 185 条也规定："民用航空器所有权的取得、转让和消灭，适用民用航空器国籍登记国法律。"第 186 条规定："民用航空器抵押权适用民用航空器国籍登记国法律。"第 187 条规定："民用航空器优先权适用受理案件的法院所在地法律。"《海商法》和《民用航空法》的这些规定是关于船舶和航空器的有关物权的法律适用问题，其所确定的法律适用原则与多数国家的规定基本一致。

在国际经济关系迅速发展的今天，国际物权关系本身特别是动产物权已呈现复杂性、多样性和广泛性，因此，其法律适用也越来越复杂，许多国家关于涉外动产物权的法律适用规定的条文众多。我国关于涉外动产物权的法律适用规则在《涉外民事关系法律适用法》制定后，得到了一定程度的完善。《涉外民事关系法律适用法》第 37 条规定，当事人可以协议选择动产物权适用的法律。当事人没有选择的，适用法律事实发生时动产所在地法律。第 38 条规定，当事人可以协议选择运输中动产物权发生变更适用的法律；当事人没有选择的，适用运输目的地法律。

第四节　权利财产的法律适用

一、权利财产的概念和特征

权利财产（Chose in action）在英美法中又称为"无体财产"，它是指可以作为所有权客体，并且可以被自由转让和支配的权利和利益的集合，通常包括可流通股票上的权利、信托证券上的权利、债券上的权利、流通票据的权利、可流通提单上的权利、可流通专有权利等。

按照大陆法系，特别是德国法系的立法与理论，权利财产不仅不能被称为无形财产或无体财产（在大陆法系中，无形财产仅指智力成果），而且不能作为物权的客体，否则将损害传统物权法与债权法的体系。但按照英美法中极为灵活的所有权制度，"权利财产"实际上已经被证券化，具有可流通性，权利人处分或转让此类财产已不再适用债权变更或请求权变更的规则，而与对所有物的处分几乎没有差别。近几十年来，源自英美法的权利财产概念被相当一部分大陆法系国家所接受，并对其立法产生了深刻的影响。

尽管各国的立法与理论对于权利财产没有统一的概括，但在理论上均须确认此类财产具有以下两方面的特征：其一，权利财产所代表的实质上仅为财产性权利，并且通常为请求权，因此，权利财产的国际私法适用不可能简单地等同于有体动产，而必然要牵连与请求权有关的法律制度。其二，作为所有权客体的权利财产必然具有证券化或可流通性的特征。这就是说，承认权利财产的国家在法律上必然要确认对此类财产的转让无须再适用债法上关于债的变更的规则，无须向债务人或义务人通知或取得其同意，而可依据所有权人和受让人的意志即可实现转让，否则将否定各国法律关于所有权的基本观念。

二、权利财产的法律冲突

各国在权利财产的法律适用上往往具有较多的法律冲突，其中多数法律冲突集中在以下两个方面。

（1）关于权利财产范围的法律冲突。由于各国法律对于权利财产并无统一的认识，某些请求权依照一国法律被认为是权利财产，依照另一国法律则往往不被认为是权利财产，由此造成法律适用上的冲突。一般来说，大陆法系国家所认定的权利财产范围较狭，而英美法系国家所认定的权利财产范围较为广泛。总的来说，各国关于权利财产的法律冲突原则上被作为识别问题，依照各国关于识别冲突的法律规则来解决；股票上的权利和债券上的权利则被普遍认同为基本的权利财产，依照各国关于权利财产的冲突规则来解决。应当说，关于权利财产范围的法律冲突是这一范围内最为重要的法律冲突。

（2）关于权利财产转让的法律冲突。各国法律对于权利财产的转让、变动之要件规则是权利财产范围内的另一重要法律冲突。从理论上来说，一国法律在确认某种请求权为权利财产的基础上，也应当确认该种财产的转让、变动规则：记名的权利财产适用过户转让或背书转让规则，而无记名的权利财产适用交付转让或拟制交付转让规则。因此，也应当确认该种权利财产的过户地或拟制交付地之法律为其权利变动的基本准据法。但从各国的实践来看，不同国家对于权利财产的法律冲突往往并无统一、明确的规定，而学者对此往往也并无一致的意见。实践中，这一问题其实依赖于个别性方案解决或合同方式解决。

三、权利财产的法律适用

按照目前国际私法的实践与理论，关于国际权利财产的争议实际上不完全适用物之所在地法原则，与其相关的冲突规则在英美法中较为发达，主要包括以下内容。

（1）对于股票权利或记名股权性证券的权利争议，多数国家的法律均认同应适用公司股票的登记地法。按照不同国家的法律和具体情况，这可能是公司设立的登记地法，也可能是公司上市股票的登记地法；而对于此类证券转让的争议，英美法律均认为应适用证券的登记地（即登记机构所在地）法。[①]

（2）对于债券和可转让债权财产的财产权争议，英国、美国和法国的法律认为应适用该债权"可以正当地获得清偿"的处所地法，"通常这就是债务人的居所地法"[②]，这实际上与债权的冲突原则已无本质差别。而关于此类权利财产转让争议的冲突规则较为复杂，美国的冲突法主张对其适用行为地法，英国学者则认为应当从债的准据法、行为地法和所谓"证券所在地

① 马丁·沃尔夫. 国际私法. 李浩培，等，译. 北京：法律出版社，1988：440、770、774. 英国《1984年公司法》第119条、第120条。
② 同①：769.

法"中作出选择，英国法院的判例实际上也支持了证券所在地法原则。^① 依此原则，凡以登记为转移要件的债券和债权财产的转让争议，应适用债券登记地法；凡不记名债券和背书债券的转让争议，适用交付移转时的行为地法。

（3）关于涉外票据财产权的国际私法争议主要集中于票据上权利的法律冲突和票据转让的法律冲突两个方面。

根据日内瓦《关于解决汇票和本票的法律冲突的公约》和相关规范的规定，票据上兑付请求权的争议适用付款地法，票据追索权的争议适用其责任签字人行为地法；对于国际票据的转让争议则适用每一背书签名地国家的法律，但各个背书均具有独立的效力。此外，日内瓦公约还对票据行为能力、票据行为方式、票据义务的履行等方面的冲突提供了可以借鉴的规则。从实践来看，许多国家关于票据上权利和票据转让的冲突规则较之日内瓦公约的规定要更为复杂。

1987 年《瑞士联邦国际私法法规》第 105 条对无体动产如债权、有价证券或其他权利的抵押，规定了"由当事人选择的法律支配"，引进了"意思自治原则"。而在当事人未选择法律时，债权与有价证券的抵押则应由抵押债权人的习惯居所地法支配，"其他权利"的抵押应由适用于该权利的法律（即该权利的准据法）支配。

我国《涉外民事关系法律适用法》第 39 条规定，有价证券，适用有价证券权利实现地法律或者其他与该有价证券有最密切联系的法律。第 40 条规定，权利质权，适用质权设立地法律。

第五节　信托财产权的法律适用

一、信托及其构成

信托法是英美法中特有的制度，是其财产法的重要组成部分，在大陆法中并没有与其完全对应的制度。20 世纪以来，日本、韩国等大陆法系国家以法典法方式移植、概括了英美信托法的某些基本规则，创信托法成文化之先河。信托是指委托人将其财产附有信托意图交付于受托人（Trustee）所有，并使信托受益人依法享有信托财产上利益或受益请求权的制度。

按照英美法学者的意见，成立一般的财产信托须具备 4 项构成要件：（1）确定的信托财产。英美法上的信托并非合同制度，而属于财产法范畴，确定的信托财产是构成信托关系和信托财产权的必备要素。（2）确定的信托意图。使信托意图附着于信托财产是信托法的主旨，信托意图具有限定受托人信托财产权内容和权利行使意图的作用，超越信托意图而滥用信托财产权将构成"违背信托"；正是依据信托意图，才使信托分成了私益信托、公益信托、商事信托、遗产信托、年金信托等名目繁多的类型，产生了无限多样的信托财产权类型。（3）确定的受托人。尽管信托的成立不一定取决于受托人的意志，但受托人却是信托成立的必备要素。根据信托法规则，当信托依法成立后，受托人将对信托财产享有"法律上的所有权"，而非一般意义

---

① 马丁·沃尔夫. 国际私法. 李浩培, 等, 译. 北京：法律出版社, 1988：779. 英国《1984 年公司法》第 119 条、第 120 条。

上的受托管理权。（4）确定范围的受益人。根据信托法原理，受益人仅对信托财产利益享有"衡平法上的所有权"，但无权直接支配信托财产。受益人可以是委托人，也可以是委托人的亲属或其他无关第三人；可以是法人，也可以是自然人，还可以是一定范围的当事人。

二、信托关系的法律冲突

信托法并非各国普遍存在的制度，而且在某些设有信托制度的国家中，其具体规定也不尽一致，这就使得有关信托财产权或类似信托财产权的法律冲突显得复杂和尖锐。这些法律冲突主要包括以下几类。

1. 信托法原理和规则建立在多重所有权的基础上，与多数大陆法系国家的物权法规则产生了冲突

按照英美法的规定，受益人享有的请求权（衡平法上的所有权）属于上级所有权，而受托人享有的法律上的所有权属于下级所有权。许多接受信托法的大陆法系国家则认为，受益人享有的权利本质上为所有权，受托人的信托财产权本质上则为限制物权。这一状况甚至阻碍了大陆法系国家将信托财产权制度与物权制度作类同比较。

2. 关于信托财产权客体的问题，两大法系国家的法律规定和法律观念也有很大的差别

多数大陆法系国家的法律认为，物权的客体仅限于既存物；而英美法系国家的法律历来认为除有体物之外，诸如未来将存在的物、有体物上将形成的利益、土地使用权、租赁权、请求权、债权等均可成为信托财产权或所有权的客体。

3. 在信托财产权的类型和内容上，两大法系国家的法律原则也有着很大差别

多数大陆法系国家基于物权法定原则，认为物权的类型和每种物权的内容仅可由法律规定，禁止当事人以特约创设物权类型和具有特约内容的物权，以此来维护物权之公示性。英美信托法和财产法则不限制当事人以信托证书创设信托类型和每种信托财产权的特约内容，依此，信托财产权实际上具有无限多样的类型和无具体限制的内容（但受到原则限制）。这虽然使得信托财产权具有极为重要的社会、经济作用，但显然阻碍了对两大法系的物权制度作类同比较。

4. 在信托的成立和效力问题上，许多业已接受信托制度的大陆法系国家的法律与英美信托法仍有很大的差异

根据英国的判例法和成文法，信托的成立按照委托人意志，按照信托成立方式，按照信托的公益性质也可分为复杂的类型，每一类型的信托又适用复杂的成立规则、效力规则和内容推定规则。这是大陆法系国家成文信托法所不能比拟的。由于此类法律冲突具有较强的技术性，它往往是信托法律冲突的重点。

5. 在关于信托的管制法规则上，各国的信托法之间也有很大的差异

英美法学者认为，信托法不同于合同法，对它的移植不能简单地套用意思自治原理，信托法必须保有某些基本的强行法或管制法规则。按照戴西和莫里斯的意见，信托管制规则中至少应包括以下内容：（1）各类信托受托人最低限度的权利和义务；（2）受托人违背信托的责任制度和规则；（3）对于信托财产、资本和收益的定义规则和判断规则；（4）判断受托人正当投资行为和正当权利行为的规则；（5）任命受托人规则和受托人变动更新规则；（6）不得担任受托人的范围及规则；（7）法院对于信托的权力，包括指定受托人、裁定信托内容、对受托人发出命令等。应当说，各国对于信托法上的此类具体规则也有着许多差异。

三、信托财产权的法律适用

随着国际民商事交往的发展，信托制度不仅在英美法系国家被广泛运用，而且为一些大陆法系国家所采用。但是，并非各国都对信托制度有所规定，即使存在信托制度的国家，其有关信托的法律规定也不一致，国际信托法律冲突问题日益突出。从各国的国际私法立法来看，直接对国际信托的法律适用作出规定的比较少，主要是少数英美国家，如英国、美国。而制定了信托法的大陆法系国家大多未对国际信托的法律适用作出规定。需要指出的是，我国《涉外民事关系法律适用法》对信托的法律适用作出了规定，该法第 17 条规定："当事人可以协议选择信托适用的法律。当事人没有选择的，适用信托财产所在地法律或者信托关系发生地法律。"

由于各国通过其内国冲突法规范解决信托法律冲突的情形并不一致，还经常出现冲突规范所指向的国家无信托制度的情况，为了解决信托法国家之间的信托法冲突，也为了解决它们与非信托法国家之间的法律冲突，1984 年第 15 届海牙国际私法会议制定了《关于信托的法律适用及其承认的公约》（以下简称《信托公约》），该公约已于 1992 年 1 月 1 日生效。该公约对信托的概念、可以适用公约的信托类型、先决问题、法律适用、信托的承认和适用法律时应考虑的强行性规则都作了统一的规定。

1. 信托的界定和适用范围

《信托公约》第 2 条对信托作了描述：在本公约中，当财产为受益人的利益或为了特定目的而置于受托人的控制之下时，"信托"这一术语系指财产授予人设定的在其生前或死后发生效力的法律关系。信托具有下列特点：该项财产为独立的资金，而不是受托人自有财产的一部分；以受托人名义或以代表受托人的另一个人的名义握有信托财产；受托人有根据信托的条件和法律所加于他的特殊职责，管理、使用或处分财产的权利和应尽的义务。财产授予人保留某些权利和权力以及受托人本身得享有作为受益人的权利这一事实，并不一定与信托的存在相矛盾。

《信托公约》第 3 条规定，本公约仅适用于自愿设定并以书面证明的信托。但也允许成员国将其扩展适用于法定信托和指定信托，如英国 1987 年《信托承认法》已将其规定适用于根据英国法创设的各类信托。

2. 信托的法律适用

关于信托的法律适用，《信托公约》第 6 条至第 10 条作了规定。（1）信托依当事人的意思自治，即信托依财产授予人所选择的法律。该项选择必须是在明示地或默示地设定或书面证明信托的文件条款中，必要时，须根据案件的情况予以解释。（2）如果当事人选择国家的法律中不存在信托制度，则其选择无效。如果当事人没有选择信托的准据法，或者其选择无效时，则应当适用与该信托有最密切联系的法律，最密切联系地通常包括信托管理地、信托财产所在地、受托人居所或营业所、信托意图及该意图的实现地等。在信托的法律适用中，如果与信托有最密切联系的国家没有信托法制度，可对该信托法律关系不予承认。（3）对于信托的法律适用可适用分割制原则，同一信托关系中的不同事项，特别是法律管制事项可以受不同国家法律的支配。适用于信托有效性的法律应决定该项法律或支配信托某一可分割事项的法律能否为另一法律所替代。

《信托公约》第 8 条规定，当事人所选择的法律或根据最密切联系原则确定应适用的法律应支配信托的有效性、解释、效力及其管理。该项法律尤其应适用于：（1）受托人的委派、辞职或撤换，作为受托人的行为能力，受托人职责的转移；（2）受托人相互间的权利和义务；（3）受托人将其义务的履行或权利行使全部或部分地委托给他人的权利；（4）受托人管理或处分信托财产、在信托财产上设定担保利益或取得新的财产的权利；（5）受托人进行投资的权利；（6）对信托存续时间以及积累信托收益的权利的限制；（7）包括受托人对受益人的个人责任在内的受托人和受益人之间的关系；（8）信托的变更和终止；（9）信托财产的分配；（10）受托人报告管理情况的义务。

第六节　国有化

一、国有化的含义

国有化是指主权国家根据其本国的法律制度，将原属于私人（包括外国自然人和法人）所有的某项财产以征收、征用或其他类似方式收归国有的法律措施。通常认为，征收又称为"没收"，它是指国家以不支付补偿的方式将原属于私人所有的某项财产收归国有的法律措施，它具有无偿性与惩罚性；征用是指国家以支付补偿的方式将原属于私人所有的某项财产收归国有的法律措施；所谓其他类似方式是指实际上将产生所有权变动效果的类似法律措施，包括逐步国有化等措施。国有化的结果导致所涉财产所有权的变更，使该财产的所有权从原私人转移到实施国有化措施的国家，是一种物权变动，因而属于物权问题。

二、国有化的法律效力

国有化的国际私法问题主要是国有化的效力问题，包括国有化法令的域内效力即国有化法令的效力能否及于外国人在东道国境内的财产，以及国有化法令的域外效力即国有化法令的效力能否及于本国人在外国的财产。根据世界各国目前的实践，国有化措施是一种主权行为，它可发生使私人财产转归国家所有的效力，这一原则是没有争议的。然而对于国有化措施之效力是否及于外国人在本国的财产，以及国有化措施是否具有域外效力的问题，不同国家的法律则有不尽相同的主张。

本教材认为，国有化作为一种主权行为具有域内效力，其效果及于一国境内的所有财产，既包括本国人的财产，也包括外国人在本国的财产；同时，国有化措施又具有域外效力，其效果及于本国人在境外的财产。在国际交往中，各国应当在不影响其公共秩序的基础上相互承认对方国家法律的效力，包括承认对方国有化措施对其本国人在境外财产的效力。

西方国家的法律在原则承认外国国家国有化措施法律效力的基础上，通常以三种方式否定该外国国有化措施的效力（特别是域外效力）：（1）公共秩序保留，即凡外国国家的国有化措施与该国的公共秩序有抵触时，其国法院有权以公共秩序保留为由否认其国有化措施的效力；（2）以法院地法识别，凡属于无偿征收或没收的国有化措施将被认为属于"刑罚性处分"，从而以外国刑法不予适用为由否认其国有化措施的效力；（3）"实际控制理论"，凡外国国家国有化措施所依据的国有化法令生效时，有关财产实际上已经处于该国之境外的，其国法院可以以该外国法令对相关财产没有实际控制力为由否认其国有化措施的效力。

三、国有化的条件与补偿

　　尽管各国法律原则上均承认国有化措施的法律效力，但在对国有化措施的条件和国有化补偿问题上，发达国家与发展中国家却有着尖锐的对立。多数发达国家认为，国有化作为一种主权行为是可以采取的，但应当有"前提条件"，在一般情况下，主权国家只有基于公共政策，并依据正当程序方可实施此种措施；另外，国有化措施在实现所有权变动的同时，东道国应当给予充分、有效、及时的补偿。许多发展中国家则认为，国有化仅仅为东道国本身的主权行为，不应受主权之外的限制；在国有化补偿问题上，发展中国家多根据国际经贸中的不平等事实，主张"适当、合理的补偿"。

　　中国目前基于本国国情和发展与世界各国平等互利投资关系的宗旨，通过与许多国家签署的双边投资保护协定和国内立法，在国有化和国家征收问题上确定了以下基本规则：（1）我国原则上对外国投资者的财产不实行国有化和征收；只有在特殊情况下，根据公共利益的需要①，按照法律程序，并且是在非歧视性的条件下，才可对外国投资者的财产采取征收或其他相同效果的措施。（2）对实行国有化或相同效果的措施给予补偿，该补偿应当等同于被征收财产的实际价值，该补偿应当是可自由兑换和可自由转移的，该补偿不能不适当和无故地迟延。（3）对于外国投资保护和国有化补偿的争议可以提交第三方，按照双方所签订的协定和一般的国际法原则进行仲裁。（4）确认和承认与中国缔约的资本输出国在对其私人投资者进行了保险补偿后，将取得代位求偿权，但该代位权只有在经过国内司法救济和仲裁仍得不到解决之后才可行使。②

课后练习

1. 说明大陆法系与英美法系在物权关系上的法律冲突。
2. 简述物之所在地法的适用范围及其例外。（考研）
3. 简述我国关于物权法律适用的规定。
4. 简述我国对国有化问题的立场。（考研）
5. 物之所在地法是物权关系中最普遍适用的法律，它的适用范围主要包括（　　　）。
   A. 动产与不动产的识别
   B. 物权的保护方法
   C. 物权客体的范围
   D. 物权的内容
   E. 物权的取得与变动
6. 在下列各项中，依我国最高人民法院的司法解释，应适用物之所在地法的有（　　　）。
   A. 不动产的所有权和买卖

---

① 参见《中华人民共和国外商投资法》第 20 条。
② 李双元. 中国国际私法通论. 北京：法律出版社，1996：240. 1982 年《中华人民共和国政府和瑞典王国政府关于相互投资的协定》第 3 条。

B. 不动产的租赁和抵押

C. 不动产的使用

D. 动产的所有权、买卖、租赁、抵押和使用

7. 一艘装满货物的 A 国货轮从 B 国出发，其目的地为 C 国，货主为该国某商人，途中在 D 国某港口停留，在此期间，船长擅自将货物转让给该国某商人，因此引发争议。案子最后在 E 国审理，本案应适用（　　）。

A. B 国法或 C 国法

B. E 国法

C. D 国法

D. A 国法

第十二章

合同的法律适用

本章概要

我国实行对外开放政策以来，国际民事交往日益增多，合同已成为人们享有权利、承担义务的主要法律依据。随着合同争议的不断增多，从法律上对合同的法律适用加以明确规定的需要也越来越迫切。为了解决这个问题，我国《民法通则》和《合同法》在制定过程中吸收了国际上的一些做法，并参照了我国长期的实践，对合同准据法作出了明确的规定。本章在介绍当前世界各国关于合同法律适用的各种理论的基础上，重点讲述合同准据法的确定方法，系统阐述我国有关合同法律适用的原则和实践。

关键术语

合同准据法　整体论　分割论　意思自治原则　最密切联系原则　特征性履行说

第一节　国际合同及其法律适用理论

一、国际合同

合同是当事人设立、变更或消灭某种民事权利义务关系的协议。合同是民法上产生债的主要原因，国际合同是国际私法上债的重要依据，在国际民事流转中占有重要地位。国际合同，是指含有国际因素的合同。这里所说的国际因素主要表现在以下几个方面。

（一）合同当事人一方或双方具有外国国籍，或者虽然不具有外国国籍，但住所或营业所设在外国

当事人具有不同国籍的合同为国际合同，这为许多国家特别是大陆法系国家所接受。但是，英美法系国家历来都把合同当事人具有不同住所作为确定合同国际性的主要因素。

在当今的国际交易中，合同的当事人除了自然人以外，主要或绝大部分由公司、企业等法

人来充当，它们通常在其营业所进行经营活动。当事人的营业所客观而实在，便于国家对当事人的监督和管理。因此，以当事人的营业地位于不同的国家作为"国际"的判断标准比较合理。以当事人的"国籍"作为合同国际性的判断标准虽为许多国家所接受，常识上也为人们易于接受，"国籍"可以使合同当事人隶属于一定国家的支配和保护，但作为国际合同当事人的法人的"国籍"，各国有不同的确定标准，再加上跨国公司的存在，使法人的"国籍"产生了很大的不确定性。一个跨国公司在奉行不同的确定法人国籍标准的不同国家便有不同的国籍，这往往掩盖了跨国公司所从事的国际交易与有关国家的真正联系。鉴于此，在一些有关国际货物买卖的国际公约中，如 1980 年《联合国国际货物销售合同公约》、1985 年海牙《国际货物销售合同法律适用公约》（以下简称 1985 年《海牙合同公约》）等明确规定，以当事人的营业地在不同的国家为"国际性"的判断标准。①

（二）合同标的物是位于外国的物、财产或需要在外国完成的行为

合同当事人的国籍或住所（营业所）具有外国因素是判定合同"国际性"的两个基本标准，这两个基本标准在国际法律实践中得到了广泛的运用。但是，有些合同，虽然合同当事人的国籍或住所（营业所）都相同，但它们也可以被称为国际合同，这是因为合同的标的物是位于外国的物、财产或需要在外国完成的行为。例如，国际货物运输合同既不考虑合同当事人的国籍，也不考虑当事人的营业地（住所），而是看所运输货物的发运地或目的地是否位于国外，也就是说看所运货物是否位于国外。在关于国际海上运输的 1978 年《联合国海上货物运输公约》（以下简称《汉堡规则》）以及关于国际航空运输的 1929 年《统一国际航空运输某些规则的公约》（以下简称《华沙公约》）中都有此种规定。②

（三）合同当事人权利义务关系据以产生的法律事实发生在外国

也就是说合同的订立或变更发生在国外，从而使合同具有国际性。

以上是传统的确定合同"国际"性的三要素，只要合同中三要素的任何一项涉及外国，就是国际合同。国际合同由于含有国际因素，因而在合同的诸方面会涉及不同国家的法律，而不同国家的法律存在很大的差别。例如，关于合同要约的生效、合同的成立、合同的撤销等方面，大陆法系和英美法系就存在区别，因此，就同一合同会产生法律冲突，需要确定其应适用的法律。

二、国际合同法律适用理论

国际合同的法律适用是指如何确定国际合同的准据法，即依照冲突规范确定国际合同应适用的实体法。合同准据法的确定比任何其他问题准据法的确定都要复杂。这不仅因为合同本身种类很多，而且因为同一合同也会涉及很多不同的法律问题，如合同当事人的缔约能力、合同的形式、合同的成立、合同的内容和效力、合同的解释、合同的履行以及合同的违约救济等。因此，国内外国际私法学界历来对如何确定国际合同准据法，存在不同的观点，归纳起来主要有以下几种理论。

---

① 邵景春．国际合同法律适用论．北京：北京大学出版社，1997：3.
② 赵承璧．国际贸易统一法．北京：法律出版社，1998：430 - 435.

（一）主观论和客观论

合同法律适用的主观论和客观论是关于如何确定合同准据法的两种不同理论。

合同法律适用的主观论认为，在合同中，当事人既然有权按照自己的意志和协议创设某种权利、义务，他们当然有权选择适用于他们之间的合同的法律。这两个方面应该是一致的，有机地结合在一个合同之中。按照普遍的实践，为更好地选择支配一个合同的法律，既不能由立法通过机械的规定来完成，又不能由法庭来实现，而只能由当事人依据自己切身的利益在各种不同国家的法律中选择那个最合适的法律。只有在当事人无明示与默示选择时，才能适用其他法律。

合同法律适用的客观论认为，合同的有效成立和效力是与一定的客观标志相联系的，因而合同应适用何国法律不能根据当事人自己的选择，应根据合同与一国或哪几种因素有最密切联系的客观标志来确定。综观历史上客观论者，或认为最适合于合同的法律是缔约地法，例如《美国冲突法重述（第一次）》，或认为是债务人住所地法，或认为是履行地法（如萨维尼），或认为是当事人的本国法（如齐特尔曼）。①

（二）单一论和分割论

合同法律适用的单一论和分割论是关于合同准据法适用范围的两种不同理论。

合同法律适用的单一论认为，一项合同无论从经济观点还是从法律观点看，都应是一个整体，因而其履行、解释、解除都应该只由一种法律支配。② 从当事人的主观愿望来讲，他们也不可能期望将一合同分割为若干方面，分别受制于不同的法律。一些英联邦国家和法国、比利时、荷兰、卢森堡等国家，以及 20 世纪 60 年代后的捷克斯洛伐克、波兰、葡萄牙等国家的立法采取这一主张。

合同法律适用的分割论认为，合同当事人的行为能力、合同的方式、合同的有效成立以及合同的效力，可以受不同的法律调整。这一理论可以追溯到意大利巴托鲁斯的法则区别说。巴托鲁斯主张对合同的不同方面适用不同的法律，例如，合同的方式及合同的实质有效性，应适用合同缔结地法；合同当事人的能力，适用住所地法；合同的效力，在当事人一致同意于某地履行的情况下，应适用该履行地法律；如果当事人没有一致同意的履行地，则可以依法院地法解决；等等。后来许多国家的理论和实践都沿用了这种分割方法。如美国最高法院法官亨特（Hunt）在 1875 年的斯卡德诉芝加哥联合国民银行案③中认为，合同的解释与有效性适用缔结地法，而履行应适用履行地法。这种分割方法在 1934 年写进了《美国冲突法重述（第一次）》，《美国冲突法重述（第二次）》延续了这一主张。1928 年《布斯塔曼特法典》关于一般合同的规定是典型的分割方法，其第四编第二章"一般合同"中规定了能力、同意的瑕疵、形式、无效、撤销、解释等诸多合同问题的法律适用。

但是必须指出的是，这些原本对立的理论和实践，在它们发展的不同阶段，并未相互否定和相互排斥，而是交错存在、互为补充、互为结合，在不同的阶段一种理论为主导，另一种理论作补充，从而大大丰富了合同准据法的确定方法。比如，以客观方法确定合同的准据法（主

---

① 李双元. 国际私法（冲突法篇）. 武汉：武汉大学出版社，2001：508.

② 兰多. 国际比较法百科全书. 第 3 卷·国际私法. 英文版：第二十四章"合同".

③ Scudder v. Union National Bank of Chicago，91U. S. 406.

要是缔结地法），从法则区别说产生到 16 世纪杜摩兰提出"意思自治"说，它们一直占据主导地位。以意思自治为主，强调依当事人主观意向确定合同准据法，自 1865 年《意大利民法典》首次确定后，成为各国确定合同准据法的最为普遍的原则。进入 20 世纪后，意思自治原则虽为各国立法所接受，但最密切联系说也占据了十分重要的位置。

第二节　合同准据法及其确定方法

一、合同准据法

合同准据法，英语一般译为 "the applicable law of contract"，它是英国学者韦斯特勒克 (Westlake) 在萨维尼"法律关系本座说"理论的基础上提出的一个概念，最初见于其《国际私法论》一书，他在该书中认为，一个合同违反其准据法即为无效，但对于何为合同的准据法，并未阐述。[①] 后来，各国学者从不同的角度对合同准据法进行定义。戴西在其 1896 年《冲突法》（第 1 版）认为，合同准据法就是合同双方当事人打算，或能合理地认为他们打算使合同受其支配的那一个或那几个法律。1980 年莫里斯修订的戴西《冲突法》（第 10 版）认为，合同准据法是指当事人意欲适用于合同的法律，或者在当事人意思没有表示，也不能根据情况作出推断时，指与交易有最密切和最真实联系的法律。[②] 努斯鲍姆则认为，合同准据法是根据合同的具体情况，指定为最适合于合同的法律。[③] 有的学者采用分割论的观点，认为合同准据法是指经当事人自主选择，适用于合同的最重要方面如合同的成立和效力的法律，至于合同的形式和缔约能力，则因不允许当事人意思自治而应由别的冲突规则来决定它们的准据法。

从上面的定义中可以看出，合同准据法就是通过冲突规范的指引，合同所应适用的实体法。

二、合同准据法的确定方法

（一）当事人意思自治原则

1. 意思自治原则的含义、产生及发展

意思自治原则是指合同当事人可以通过协商一致的意思表示自由选择支配合同的准据法，这是一项古老的原则，在 14 世纪意大利波伦亚大学教授萨利塞的著作中已出现过这种观念。到 15 世纪，巴黎大学教授罗朱斯·库尔蒂乌斯明确指出，合同之所以适用行为地法，是因为"当事人默示同意适用该法"。这就为当事人选择法律的观念开辟了道路。但是这种思想没有引起人们更多的注意，直到 1525 年法国法则区别说的代表人物杜摩兰再次提起之后，才受到人们的广泛关注。杜摩兰在对加内夫妇夫妻财产制的法律咨询中，赞成对全部财产适用结婚时的

---

①　中国政法大学研究生院. 国际法文集. 北京：中国政法大学出版社，1987：187.

②　莫里斯. 戴西和莫里斯论冲突法. 李双元，等，译. 北京：中国大百科全书出版社，1998：1114.

③　李双元. 国际私法（冲突法篇）. 武汉：武汉大学出版社，2001：513.

共同住所地即巴黎的习惯法。其理由是夫妻财产制应视为一种默示合同，可以认为，夫妻双方已将该合同置于其婚姻住所地法的支配下。他还指出，如果说行为地法是出于当事人的意愿，那么，他们也可以要求适用另一种法律。后人把杜摩兰的这一论述概括为意思自治原则。这一项原则适应了时代的需要，为许多国家的理论和实践所接受。

在理论上最先接受意思自治原则的是荷兰法学家胡伯，随后德国的萨维尼、意大利的孟西尼、美国的斯托里都接受了这一学说。在实践中，英国是第一个适用意思自治原则的国家。1760年，曼斯菲尔德勋爵在罗宾逊诉布兰德案①中指出，作为一种例外，当事人可以选择缔约地以外的法律。到1865年英国法院通过利比里亚半岛—东方海运公司诉香德案②和劳埃德诉吉伯特案③，最终确立了意思自治原则在合同法律适用领域的支配地位。美国于1825年由马歇尔法官在韦曼诉索沙德案④中引入意思自治原则。另外，法国、德国、比利时、荷兰、瑞士等国的法院也都承认了这一项原则。⑤ 1865年《意大利民法典》最早在立法上明确接受意思自治原则，并将其提高到合同准据法首要原则的高度。该法第25条规定："……在任何情况下，如当事人另有意思表示，从当事人的选择。"此后，日本、泰国、埃及、西班牙、希腊、阿根廷、土耳其、秘鲁、波兰、德国、瑞士等国也都在立法上确立了意思自治原则的地位。《美国冲突法重述（第二次）》接受了这一项原则。此外，一些重要的国际公约，如1965年《解决国家与他国国民间投资争端公约》、1980年欧洲共同体《关于合同义务的法律适用公约》（以下称《罗马公约》）以及1985年《海牙合同公约》等都接受了这一原则。

2. 当事人意思自治的效力

当事人选择法律的协议（包括合同中的法律适用条款和单独的法律选择协议）是否有效关系到合同准据法的确定。只有在肯定了法律选择有效性的情况下，才能进而依照这个有效的选择确定合同的准据法。目前，当事人的法律选择协议是一个独立的合同已经得到普遍接受。主合同的效力并不影响法律选择协议的效力。对法律选择协议准据法的确定，主要有以下两种主张。

一是适用法院地法。持该主张的学者认为：（1）合同当事人选择法律的行为与他们之间的合同行为不同，它并不是关于合同当事人之间实体权利、义务的，而是关于确定支配他们之间合同的法律的。因此，客观上，可以把当事人选择法律的行为和其他合同行为分离开来，区别对待。法律选择条款应是独立于合同整体的，可以看作独立于合同的另一项协议。也就是说，法律选择条款的有效性不受主合同的影响。鉴于此，确定合同实体权利的准据法不一定就是确定法律选择条款的准据法，两者可以分别确定自己的准据法。（2）当事人意思自治原则和其他的冲突规则一样，它只是赋予了当事人协议选择适用法律的一种特殊权利。但确定一个国际合同的准据法，是法院的司法任务，即使当事人不选择法律，法院也得通过其他的冲突规则确定合同准据法，既然法院地法律可以决定其他冲突规则的有效性，那么，理所当然地也应决定当事人意思自治这一冲突规则的有效性。（3）如果当事人选择的法律的效力由当事人选择的准据

① Robinson v. Bland, 2 Burr 1077. I. f. Sir John Comyns, Stewart Kyd, *A Digest of the Laws of England*（Ⅱ），L. White，1793：535.

② P. & O. Steam Navigation Co. v. Shand，3moo. P. C. （n. s. ）27216E. R. 103（P. C. ）.

③ Lloyd v. Guibert，L. R. 1Q. B. 115.

④ Wayman v. Southard，23U. S. 1（1825）.

⑤ 韩德培. 国际私法. 北京：高等教育出版社，北京大学出版社，2000：197.

法来决定，则是不符合逻辑的，因为此时当事人选择的法律还未被确定为准据法，还不能作为准据法。由一个未被确定效力的法律来确定该法自身的效力，无疑会陷入一个循环的怪圈。法国学者兰多曾分析道：合同当事人意思自治由法院地的冲突规则来裁决可以最大限度地满足逻辑的需要，不能因为在订立合同的时候当事人还不知道要起诉的法院，就主张法院地法不能适用于当事人的合意。[①]《美国冲突法重述（第二次）》中对第 187 条规定的解释是：如果合同一方当事人对法律选择条款所做的同意，是通过不正当的方式诸如谎报、胁迫或过度地影响或错误地获得的，该条款无效。这种同意是否事实上通过不正当方式或错误获得，将由法院依据它自己的规则确定。德国法院在司法实践中也采这样的主张。

二是当事人选择的法律。持此主张的学者认为：既然允许当事人选择法律，就应依其选择的法律决定法律选择条款的有效性，若依据其他法律来确定，则使意思自治成为一句空话。另外，法律选择条款的有效性由他们选择的法律来决定，合同当事人对自己约定的法律选择条款的有效性就有了一定的预见性。这种主张为一些国际公约所采纳。1955 年海牙《关于有体动产国际买卖法律适用的公约》第 2 条第 3 款规定：影响当事人对被声称适用的法律同意的条件由该法律决定。1980 年《罗马公约》和 1985 年《海牙合同公约》也采用了此主张，但都有一定的补充。1980 年《罗马公约》第 8 条规定：合同或合同的任何条款是否存在，是否有效，应由如果该合同或条款有效时，根据本公约应予适用的法律来决定。如果情况表明，按照前述规定的法律来决定当事人行为的效果不够合理时，一方当事人得援引其惯常居所地国的法律以确定其不同意适用该项法律。欧洲议会和（欧盟）理事会于 2008 年 6 月 17 日通过的《关于合同之债法律适用的第 593/2008 号（欧共体）条例》（以下称《罗马条例 I》）沿袭了这一主张。1985 年《海牙合同公约》第 10 条规定：凡符合第 7 条规定的，则关于当事人选择适用的法律，这种同意是否存在，是否具有实质意义上的效力的问题，由所选择的法律来决定。但是如果依据情况，按照前述所规定的法律确定这个问题是不合理的，则为了确定他们没有同意的这种法律选择，这个合同或者任何合同条款，当事人可以依据它设有营业所的国家的法律。[②]

3. 当事人意思自治的空间范围

有关当事人意思自治的空间范围历来存在两种对立的观点。

一种主张意思自治是绝对的、无限制的，当事人可以选择与合同毫不相关的法律。传统的英国冲突法理论和判例就主张无限制的意思自治。1939 年，英国枢密院在审理维他食品公司诉乌纳斯轮船公司一案[③]中充分体现了这一主张。该案原告维他食品公司与被告加拿大乌纳斯轮船公司订立了一份租船合同，由原告租用被告所有的船只从纽芬兰装货去纽约。根据提单的规定，合同受英国法支配，并约定被告对于其船员因过失而造成的损害负责。后来因船长过失引起了货损，此案上诉到英国枢密院。审理此案的英国枢密院赖特法官认为，合同虽然与英国毫无联系，而当事人却选择了英国法，这并不妨碍合同适用英国法。除英国以外，目前日本、泰国、奥地利、丹麦、比利时、瑞士等国在立法中也没有要求必须选择与合同有客观联系的法律。1978 年海牙《代理法律适用公约》、1980 年《罗马公约》、1985 年《海牙合同公约》以及 2008 年《罗马条例 I》，也都没有禁止当事人选择与合同无任何联系的国家的法律。

另一种则主张意思自治是相对的、有限制的，当事人必须选择与合同有实际联系的法律。

① See O. Lando The Conflict of Laws of Contracts//Recueil des cours. Vol. 189，1984：285.
② 邵景春. 国际合同法律适用论. 北京：北京大学出版社，1997：86.
③ Vita Food Products Inc. v. Unus Shipping Co. ，A. C. 277（P. C.）.

如《美国统一商法典》第一章第 105 条规定：有关货物买卖合同，当事人可以任意选择另一国、州的法律，但这些国家或州的法律必须与合同有"合理的联系"。

4. 当事人意思自治的内容范围

当代世界各国的立法和司法实践特别强调对当事人意思自治的内容限制。这主要体现在以下几个方面。

（1）当事人选择的法律不违反公共秩序。适用公共秩序保留制度来限制当事人的意思自治是各国通行的做法。例如，1986 年联邦德国《关于改革国际私法的立法》第 6 条规定："如果适用某一外国法律将导致违背德国法律的原则，尤其是与其基本法发生冲突时，则不适用该外国的法律，而适用德国的法律。"2010 年 1 月 2 日修订的《德国民法施行法》第 6 条延续了这样的规定。

（2）当事人选择的法律不违背强制性规则。强制性规则（mandatory rules），也有人称之为"直接适用的法律"①，是指当事人不能通过协议减损的法律规则。它具有直接适用的效力，不管当事人是否选择了它，或者是否选择了其他法律，都应予以适用。目前各国立法和国际公约基本上都承认强制性规则的优越地位和优先适用性，例如，1980 年《罗马公约》第 5 条第 2 款规定：在消费合同中，由双方当事人作出的选择不具有剥夺消费者惯常居所国法律强制性规定所给予他的保护的后果。2008 年《罗马条例 I》关于消费者合同的第 6 条第 2 款延续了这一规定。

（3）禁止选择不确定的准据法。当事人不能凭想象来确定某一不确定的法律为准据法，该法律在订立合同时已经存在，并能够辨认，不能是被废除的无效的法律。

（4）当事人选择的法律应是实体法，而不包括该国的冲突法。例如 2008 年《罗马条例 I》第 20 条规定："凡适用依本条例确定的任何国家的法律，系指适用该国现行的法律规范而非其国际私法规范，但本条例另有规定者除外。"

5. 当事人意思自治的适用范围

当事人选择的法律是适用于整个合同，还是适用于合同的一部分？目前国际上倾向于采取一种宽松的态度，当事人既可以选择适用于整个合同关系的法律，也可以选择适用于合同某些部分的法律。例如，1980 年《罗马公约》第 3 条第 1 款规定：当事人可以选择准据法适用于整个合同，或只适用于合同的某一部分。2008 年《罗马条例 I》第 3 条第 1 款延续了这样的规定。

6. 当事人意思自治的方式

当事人意思自治的方式通常有明示与默示两种。明示选择是指当事人用文字或言辞明确表示合同应适用的法律。默示选择是指当事人未明确表示合同应适用的法律，而由法院根据合同的有关条款、词语以及其他事实来推定。目前，大多数国家的法律和有关国际条约同时接受这两种方法。例如，1985 年《海牙合同公约》第 7 条规定：当事人选择法律的协议是明示的，或者从整体看合同规定或当事人行为清楚地显示了这种选择。但也有少数国家只承认明示选择，不承认任何形式的默示选择，例如，土耳其、尼日利亚、秘鲁等国家。

7. 当事人意思自治的时间

关于当事人选择法律的时间，一般认为既可以在订立合同时选择，也可以在订立合同之后选择。至于当事人选择后能否加以更改，多数国家允许。因为允许当事人选择后更改是当事人

---

① 转引自韩德培. 国际私法的晚近发展趋势. 中国国际法年刊，1988.

的自由，更符合意思自治原则的本意，但对当事人在变更选择时作了一些限制，即：不得使合同归于无效或使第三人的合法利益遭受损害。例如 2008 年《罗马条例 I》第 3 条第 2 款规定："当事人可随时协议变更原先支配合同的法律，无论这种支配是根据本条款规定的结果，还是依据本条例其他条款规定的结果。合同订立后，所作出的任何关于法律适用的变更，不得损害第 11 条所规定的合同形式效力，也不得对第三人的权利造成任何不利影响。"

（二）客观标志原则

客观标志原则认为，合同准据法就是与合同有一定场所联系的国家的法律。在意思自治原则产生之前，各国立法及理论多主张按客观标志原则确定合同的准据法。在意思自治原则产生并得到各国立法及司法实践肯定后，只有在当事人没有意思自治或意思不明而无法确定合同准据法时，法院依照"场所支配行为"的原则，以与合同有关的客观标志为依据，确定合同的准据法。这是对意思自治的补充。在各国的立法和司法实践中，常用的与合同有关的客观标志有以下几种。

1. 合同缔结地

合同的有效成立，除当事人之间合意外，还必须为缔结地法所允许，如果缔约时缔结地法不认为当事人的行为有效，那么，合同就不能有效成立，而且缔结地法也为双方当事人所熟悉。另外，缔结地这一客观标志容易确定。鉴于上述原因，各国广泛采用这一客观标志。例如，《加蓬民法典》规定，合同双方无明示的意思表示，则依缔结地法。但采用这一客观标志确定合同的准据法，也存在一些弊端：（1）合同缔结地具有一定的偶然性，与合同不一定有最密切的联系，缺乏针对性。（2）当事人可以任意选择合同缔结地，达到规避本应适用于他们的法律的目的。（3）对于隔地缔结的合同，其缔结地难以确立。英美法系国家主张合同缔结地为承诺发出地，大陆法系国家则认为合同缔结地为承诺接受地。

2. 合同履行地

合同履行地在实践中通常是合同预定结果的发生地、合同标的物所在地，也是最容易发生争议的地方。无疑它与合同联系最密切。因此，许多国家主张以履行地法为合同准据法，例如，1982 年《土耳其国际私法和国际诉讼程序法》第 24 条第 2 款规定：当事人没有作出明示选择，适用合同履行地法律。但采用这一客观标志也存在一些弊端，例如，双务合同常有两个履行地，究竟以哪个履行地作为准据法确定的地点呢？因此，2007 年《土耳其国际私法和国际诉讼程序法的第 5718 号法令》修正了这一规定，采用了最密切联系原则。

3. 法院地（仲裁地）

当事人对合同的法律适用未做选择时，适用法院地的法律。其理由是当事人既然在法院地起诉，法官就有责任适用法院地法，而且在当事人不指定其合同所应适用的法律时，法官只有依其职责，适用内国法。在英国的法律实践中曾有这种判例。但这种主张也有不妥之处，原告可以在有利于自己的法院地起诉，而忽略了与合同有真正联系的法律。

4. 当事人国籍

有的国家规定，在当事人对他们之间的合同的法律适用未做选择时，如果当事人国籍相同，则适用当事人国籍国法。例如，1939 年《泰国国际私法》第 13 条规定：当事人明示或默示的意思不明时，如当事人是同一国家的，依共同的本国法。但这一客观标志的不妥之处在于，当当事人的国籍国法与当事人之间的合同无任何关系时，适用当事人的国籍国法有些不公平。

5. 债务人住所地

调整合同关系的法律应保护债务人的利益，而债务人住所地法最能体现这一点，因此，在当事人无协议时，宜适用债务人住所地法。例如，1978 年《奥地利联邦国际私法法规》第 37 条规定："单务合同及产生单方债务的法律行为，依债务人有习惯居所的国家的法律。"但如果是双务合同，当事人互为债务人时，应以哪个当事人的住所地法为其准据法呢？所以，2009 年《奥地利关于国际私法的联邦法》放弃了这一规定。

6. 不动产所在地

对于涉及不动产的合同，一般主张依不动产所在地法。例如，1972 年《加蓬民法典》第 58 条规定：与不动产物权转让有关的合同，依财产所在地法。

从以上分析中我们可以看出，采用客观标志原则只着重某一方面，从而忽视了另一方面，而且客观标志具有僵化、执行困难等缺点。为了避免上述弱点，各国纷纷探求一种灵活、易于执行的解决方法，即最密切联系原则。

（三）最密切联系原则

1. 最密切联系原则的含义及产生、发展

最密切联系原则（the most significant relationship theory）又称最强联系原则，是指法院在审理某一国际民事案件时，不能拘泥于某一个或几个客观因素来决定适用哪一国家的法律，而应从质和量这两个角度对与案件有关的各种主、客观因素进行分析，寻找法律关系的"重力中心地"，该重力中心地所属国的法律即为审理该案应适用的法律。

最密切联系原则是近年来世界范围内广为流行的一种法律选择与法律适用理论，代表了当代国际私法理论的最新发展，其思想渊源可以追溯到萨维尼的"法律关系本座说"。萨维尼认为每一种法律关系，根据其自身的特性，都与某一法律制度相联系，而其联系依据所在，就是该法律关系的本座。萨维尼的"本座"理论是一套机械的法律选择理论，而最密切联系原则恰恰反对这种机械的法律选择理论，它不是对萨维尼理论的简单承袭，而是对它的扬弃。后来，英国学者韦斯特勒克在 1880 年的《国际私法论》一书中提出了"最真实联系"的概念。在 20 世纪 40 年代和 50 年代，美国法院作出的判例中已有不少涉及这一概念。1954 年，富德法官在审理奥汀诉奥汀案[1]中明确采用了"重力中心地"和"联系聚集地"的法律选择方法。在 1963 年贝科克诉杰克逊案[2]中，富德法官又发展了他的上述法律选择方法。里斯在研究和评论上述案例以后，创立了"最密切联系"原则，并成为《美国冲突法重述（第二次）》的理论基础。

2. 最密切联系原则的优劣

最密切联系原则摆脱了僵化、刻板和机械地着眼于某一客观标志确定合同准据法的传统模式，是一种软化的确定合同准据法的方法，可以说，它兼收意思自治和客观标志两种传统理论的长处。根据最密切联系原则，法院在确定合同准据法时不是拘泥于某一个或某几个客观标志，而是要从质和量两个方面全面考察与合同有关的各种主、客观因素。

由于合同具有高度的人为性、技术性，采用这一理论通常就是通过对合同的谈判地、订立地、履行地、合同标的物所在地、争议发生地、当事人的国籍所属国、住所地、营业地等客观因素和合同中使用的文字、术语、单据格式，当事人约定使用的货币以及共同选择的法院地、

---

① Auten v. Auten, 308, N, Y. 155 (1954).
② Babcock v. Jackson, 191N. E. 2d279 (1963).

仲裁地等主观因素进行综合评估，寻求一个与合同有关的法律关系的"聚集地"，"聚集地"的法律就是与合同有最密切联系的法律。

也就是说，在具体考察、探求某一与合同有密切联系的因素时，法院采用的是主观推定的方法，并且还充分考虑当事人的主观因素。所以，最密切联系原则是一种综合性方法，作为意思自治原则的补充被广泛运用于合同领域。它适应了合同关系复杂多变的需要，增强了法律适用的针对性、合理性。但同时我们也看到了它赋予法官较大的自由裁量权，易于导致主观随意性，减损法律适用的确定性和可预见性，并影响案件的公正性。

3. 特征性履行说

为了更好地运用最密切联系原则，自 20 世纪 60 年代开始，大陆法系国家纷纷采用特征性履行方法来具体贯彻最密切联系原则。特征性履行说（doctrine of characteristic performance）也称特征性给付说，是由瑞士学者施尼泽（Schnitcer）创立的。该学说主张按照合同的特征性给付来决定合同的准据法，实际上就是关于如何认定最密切联系的根据的学说。

所谓特征性履行，就是指双务合同中代表合同本质特征的当事人履行合同的行为，例如，买卖合同中卖方交付物品的给付行为、雇佣合同中受雇人提供劳务的给付行为，反映了这两种合同的本质特征，因而属特征性履行，而买方支付货款的行为、雇用人支付劳务费的行为均属金钱给付，这种金钱给付反映了双务合同的共性，不能反映买卖合同和雇佣合同的本质特征。

按照特征性履行说，合同准据法应为负担特征给付性义务的当事人的住所地法或惯常居所地法，或者当事人营业所所在地法。从实践中看，最密切联系原则和特征性履行说常常是结合运用的，前者作为基本的原则，后者则为前者的确定找出根据。目前，瑞士、奥地利、荷兰、德国、匈牙利、日本等国，以及 1985 年《海牙合同公约》、2008 年《罗马条例 I》都采纳了这一学说。

（四）合同自体法

合同自体法说（the proper law of the contract）是英国学者创立的一种学说。关于其具体内容，不同时期的学者有不同的论述。早期，一些学者认为合同自体法是支配合同内在有效性和效力的，与合同存在最真实联系的法律。后来有些学者认为合同自体法是缔结合同所关联的法律制度，就是当事人选择的法律，或者与合同有最密切联系的法律。目前一般都认为，合同自体法首先是当事人明示选择的法律；如当事人未明示选择，便是依合同有关情况推定当事人所选择的法律；如推定不可能，则为与合同有最密切和最真实联系的法律。

合同自体法说实质上是合同法律适用上的意思自治和最密切联系原则的结合，合同自体法是对支配与合同有关的各种问题的法律的一种概括、简洁和方便的表述，它完成了合同法律适用问题上的主观论与客观论的协调和结合，既肯定了意思自治原则，适应了各国经济发展的要求，又补充了意思自治原则的不足，对当事人没有选择的情况作出规定。值得注意的是，尽管合同自体法说仍在英国一些场合适用，但它已开始为英国关于合同的成文规则和在英国适用的关于合同的国际公约所代替和限制。例如 1990 年英国《合同（准据法）条例》已广泛地取代了合同自体法理论。①

---

① 李双元. 国际私法（冲突法篇）. 武汉：武汉大学出版社，2001：511.

第三节　中国关于合同法律适用的规定

中国关于合同法律适用的原则主要规定在《民法通则》《合同法》《涉外民事关系法律适用法》等法律中。此外，《海商法》等单行法规中也有合同法律适用的规定。《民法通则意见》和2012年《最高人民法院关于适用〈中华人民共和国涉外民事关系法律适用法〉若干问题的解释（一）》等司法解释，对一些涉外合同法律适用的具体问题作了规定。总的来看，中国有关合同法律适用的立法和司法实践既适应了国际上通行的惯例，同时又具有鲜明的中国特点。归纳起来，中国确定合同准据法的规则有以下几个方面。

一、当事人意思自治原则

《合同法》第126条规定：涉外合同的当事人可以选择处理合同争议所适用的法律，但法律另有规定的除外。《涉外民事关系法律适用法》第41条规定：当事人可以协议选择合同适用的法律。《民法通则》第145条、《海商法》第269条也作了类似的规定。这说明，我国关于合同法律适用的首要原则是当事人意思自治原则。

1. 当事人选择法律的时间

关于当事人选择法律的时间，中国采用比较宽松和灵活的规定，即当事人在订立合同时，或者在发生争议后，甚至在一审法庭辩论终结前，都可以作出选择。例如2012年《最高人民法院关于适用〈中华人民共和国涉外民事关系法律适用法〉若干问题的解释（一）》第8条第1款规定：当事人在一审法庭辩论终结前协议选择或者变更选择适用的法律的，人民法院应予准许。

2. 当事人选择法律的方式

对于选择方式，《涉外民事关系法律适用法》明确规定应明示选择，其第3条规定：当事人依照法律规定可以明示选择涉外民事关系适用的法律。《最高人民法院关于适用〈中华人民共和国涉外民事关系法律适用法〉若干问题的解释（一）》第8条第2款规定：各方当事人援引相同国家的法律且未提出法律适用异议的，人民法院可以认定当事人已经就涉外民事关系适用的法律做出了选择。

3. 当事人选择法律的范围

当事人选择的法律，既可以是中国法，也可以是外国法，但必须是实体法，不包括冲突法规范和程序法。如《涉外民事关系法律适用法》第9条规定：涉外民事关系适用的外国法律，不包括该国的法律适用法。《最高人民法院关于适用〈中华人民共和国涉外民事关系法律适用法〉若干问题的解释（一）》第7条规定：一方当事人以双方协议选择的法律与系争的涉外民事关系没有实际联系为由主张选择无效的，人民法院不予支持。第9条规定：当事人在合同中援引尚未对中华人民共和国生效的国际条约的，人民法院可以根据该国际条约的内容确定当事人之间的权利义务，但违反中华人民共和国社会公共利益或中华人民共和国法律、行政法规强制性规定的除外。

4. 当事人选择法律的适用范围

当事人所选择的法律可以适用于合同的成立、成立时间、合同内容的解释、合同的履行、违约责任，以及合同的变更、中止、转让、解除、终止等方面。

5. 当事人选择法律的限制

我国通过公共秩序保留和强制性规范对当事人的意思自治作出了限制。《涉外民事关系法律适用法》对此有明确规定，其第 4 条规定：中华人民共和国法律对涉外民事关系有强制性规定的，直接适用该强制性规定。第 5 条规定：外国法律的适用将损害中华人民共和国社会公共利益的，适用中华人民共和国法律。《最高人民法院关于适用〈中华人民共和国涉外民事关系法律适用法〉若干问题的解释（一）》第 6 条规定：中华人民共和国法律没有明确规定当事人可以选择涉外民事关系适用的法律，当事人选择适用法律的，人民法院应认定该选择无效。

2007 年《最高人民法院关于审理涉外民事或商事合同纠纷案件法律适用若干问题的规定》（已失效）第 7 条规定：适用外国法律违反中华人民共和国社会公共利益的，该外国法律不予适用，而应当适用中华人民共和国法律。第 8 条规定："在中华人民共和国领域内履行的下列合同，适用中华人民共和国法律：（一）中外合资经营企业合同；（二）中外合作经营企业合同；（三）中外合作勘探、开发自然资源合同；（四）中外合资经营企业、中外合作经营企业、外商独资企业股份转让合同；（五）外国自然人、法人或者其他组织承包经营在中华人民共和国领域内设立的中外合资经营企业、中外合作经营企业的合同；（六）外国自然人、法人或者其他组织购买中华人民共和国领域内的非外商投资企业股东的股权的合同；（七）外国自然人、法人或者其他组织认购中华人民共和国领域内的非外商投资有限责任公司或者股份有限公司增资的合同；（八）外国自然人、法人或者其他组织购买中华人民共和国领域内的非外商投资企业资产的合同；（九）中华人民共和国法律、行政法规规定应适用中华人民共和国法律的其他合同。"

二、最密切联系原则

《合同法》第 126 条规定：涉外合同的当事人没有选择处理合同争议所适用的法律的，适用与合同有最密切联系的国家的法律。《涉外民事关系法律适用法》在第 2 条第 2 款中肯定了最密切联系原则，规定："本法和其他法律对涉外民事关系法律适用没有规定的，适用与该涉外民事关系有最密切联系的法律。"第 41 条进一步明确了在合同当事人没有选择合同应适用的法律时，应依据特征履行说确定合同应适用的法律，该条规定：没有协议选择的，适用履行义务最能体现该合同特征的一方当事人经常居所地法律或者其他与该合同有最密切联系的法律。《民法通则》《海商法》也有类似规定。可以说最密切联系原则是中国涉外合同法律适用的补充原则。

2007 年《最高人民法院关于审理涉外民事或商事合同纠纷案件法律适用若干问题的规定》（已失效）按照最密切联系原则，结合特征性履行方法，作出了如下规定：当事人未选择合同争议应适用的法律的，适用与合同有最密切联系的国家或者地区的法律。人民法院根据最密切联系原则确定合同争议应适用的法律时，应根据合同的特殊性质，以及某一方当事人履行的义务最能体现合同的本质特性等因素，确定与合同有最密切联系的国家或者地区的法律作为合同的准据法。（1）买卖合同，适用合同订立时卖方住所地法；如果合同是在买方住所地谈判并订立的，或者合同明确规定卖方须在买方住所地履行交货义务的，适用买方住所地法。（2）来料加工、来件装配以及其他各种加工承揽合同，适用加工承揽人住所地法。（3）成套设备供应合同，适用设备安装地法。（4）不动产买卖、租赁或者抵押合同，适用不动产所在地法。（5）动产租赁合同，适用出租人住所地法。（6）动产质押合同，适用质权人住所地法。（7）借款合同，适用贷款人住所地法。（8）保险合同，适用保险人住所地法。（9）融资租赁合同，适用承租人住所地法。（10）建设工程合同，适用建设工程所在地法。（11）仓储、保管合同，适用仓储、保管人住所地法。（12）保证合同，适用保证人住所地法。（13）委托合同，适用受托人住所地法。（14）债券的发行、销售和转让合同，分别适用债券发行地法、债券销售地法和债券转让地法。（15）拍卖合同，适用拍卖举行地法。（16）行纪合同，适用行纪人住所地法。（17）居间合同，适用居间人住所地法。如果上述合同明显与另一国家或者地区有更密切联系的，适用该另一国家或者地区的法律。

三、消费者合同和劳动合同的法律适用

《涉外民事关系法律适用法》专门对消费者合同和劳动合同的法律适用作出了规定，限制或排除了当事人意思自治原则，充分体现了对弱者的保护。

该法第 42 条规定：消费者合同，适用消费者经常居所地法律；消费者选择适用商品、服务提供地法律或者经营者在消费者经常居所地没有从事相关经营活动的，适用商品、服务提供地法律。

第 43 条规定：劳动合同，适用劳动者工作地法律；难以确定劳动者工作地的，适用用人单位主营业地法律。劳务派遣，可以适用劳务派出地法律。

四、国际条约和国际惯例的适用

（一）国际条约的适用

《民法通则》第 142 条规定：中华人民共和国缔结或者参加的国际条约同中华人民共和国的民事法律有不同规定的，适用国际条约的规定，但中华人民共和国声明保留的条款除外。作为一个主权独立的国家，中国一贯恪守条约必须遵守的国际法原则。国际条约依照不同的标准可以划分为不同的种类，这里所指的国际条约主要是与合同有关的各类国际民事条约，既包括国际统一实体法条约，也包括国际统一冲突法条约。而且这些条约对于司法机关来讲具有直接适用性。

从中国司法实践来看，与合同有关的国际条约的适用主要有以下途径：（1）国际条约的直接适用。它主要是指一国的司法机关及其他法律适用的专门机关，以条约的规定作为其适用法律的渊源，并以与适用国内法同样的方式适用条约的规定。[①] 但直接适用有两个条件：1）国际条约在中国的直接适用通常需要完成一定的法律程序，包括批准程序和在政府公报上公布。2）具体到某一案，双方当事人所属国均是条约缔约国。（2）国际条约的间接适用。如果某一案件的双方当事人中的任何一方当事人所属国不是国际条约的缔约国，国际条约就不能在中国直接适用，只有双方当事人在合同中或争议发生后，协议选择适用某一国际条约，该国际条

---

① 肖永平 . 国际私法原理 . 北京：法律出版社，2003：295.

约才可以得到适用，但必须符合以下条件：1）当事人的选择必须是共同的明示选择，其具体形式既可以是书面的也可以是口头的。2）具体案件所争讼的问题属于该条约的调整范围。3）当事人的选择不违反中国法律中强制性规则和公共秩序。

当应适用的国际条约与国内法有冲突时，根据国际法的原则，一国不得以援引国内法规定为由而不履行条约。但在实践中，各国的具体做法不同：有些国家以国内法优先为原则（如阿根廷）；有些国家以条约优于国内法为原则（如荷兰）；有些国家则认为国内法与条约地位相等，如有冲突，则生效在后的国际条约或国内法优先（如美国）。中国在《民法通则》第142条、《海商法》第268条等相关法中均规定了优先适用国际条约的原则，但中国声明保留的条款除外。

（二）国际惯例的适用

《民法通则》第142条第3款规定：中华人民共和国法律和中华人民共和国缔结或者参加的国际条约没有规定的，可以适用国际惯例。关于国际惯例的性质及效力，不同的学者对此有不同的理解，但就与合同有关的国际惯例来说，主要是指国际商事惯例，是在长期的商业或贸易实践基础上发展起来的，用于解决国际商事问题的国际惯例，它不具有当然的法律约束力，是任意性规范。

从司法实践中看，中国法院在援用国际惯例作为合同的准据法时，一般通过以下途径：（1）当事人协议选择。如果当事人在合同中或在争议发生后选择国际商事惯例作为合同准据法，法院或仲裁机构应适用国际惯例。但这种选择不能与国内强制性规范相抵触，更不能违背公共秩序原则。如2005年《最高人民法院关于审理信用证纠纷案件若干问题的规定》第2条规定：人民法院审理信用证纠纷案件时，当事人约定适用相关国际惯例或者其他规定的，从其约定；当事人没有约定的，适用国际商会《跟单信用证统一惯例》或者其他相关国际惯例。（2）补充适用。《民法通则》与《海商法》中均有这样的规定：中华人民共和国法律未作规定和中华人民共和国缔结或者参加的国际条约没有规定的，可以适用国际惯例。但同时应符合以下条件：1）根据中国国际私法的规定，某个涉外合同应适用中国法作为准据法。2）中国法律没有解决有关涉外合同争议的法律规定。3）中国参加或者缔结的国际条约也没有相应规定。4）适用国际惯例不得损害中国的社会公共利益，不得与中国的相关的强制性规定相抵触。《最高人民法院关于适用〈中华人民共和国涉外民事关系法律适用法〉若干问题的解释（一）》第5条规定：涉外民事关系的法律适用涉及适用国际惯例的，人民法院应当根据《中华人民共和国民法通则》第142条第3款以及《中华人民共和国票据法》第95条第2款、《中华人民共和国海商法》第268条第2款、《中华人民共和国民用航空法》第184条第2款等法律规定予以适用。

五、公共秩序保留原则

根据《民法通则》第150条的规定，如果适用该外国法律或国际惯例违反中国法律的基本原则和中国的社会公共利益则不予以适用，而应适用中国相应的法律作为合同的准据法。《涉外民事关系法律适用法》第5条、《最高人民法院关于适用〈中华人民共和国涉外民事关系法律适用法〉若干问题的解释（一）》第10条也有类似规定。

课后练习

1. 简述意思自治原则及其在我国的应用。（考研）

2. 简述特征履行理论。（考研）

3. 简述最密切联系原则及其在我国的应用。（考研）

4. 合同准据法的发展，大致经历了以下哪几个历史阶段？（　　）

    A. 以法院地法为合同准据法的阶段

    B. 以缔约地法或合同履行地法为合同准据法的阶段

    C. 依意思自治决定合同准据法的阶段

    D. 以意思自治原则为主而以最密切联系原则为辅的合同自体法阶段

5. 中国豫达公司向甲国来科公司出售一批成套设备，该设备将安装在乙国。合同约定有关的纠纷将由被告一方法院管辖，但未约定合同的准据法。后双方因履约发生争议，来科公司在中国法院起诉豫达公司。根据《最高人民法院关于审理涉外民事或商事合同纠纷案件法律适用若干问题的规定》，关于我国法院在该案中应推定适用的法律，下列哪一选项是正确的？（　　）（法考）

    A. 中国法，因豫达公司为设备供应方

    B. 甲国法，因来科公司为该批设备的买方

    C. 乙国法，因乙国为该批设备的安装地

    D. 《国际商事合同通则》，因该通则确定的规则具有更广泛的国际性

6. 依照我国法律的规定，下列哪些合同必须适用我国法律？（　　）（法考）

    A. 英国甲公司与法国乙公司依照《中华人民共和国外资企业法》共同投资在中国设立企业丙而订立的合同

    B. 德国甲公司与我国乙公司依照《中华人民共和国中外合资经营企业法》，为共同投资在中国设立企业丙而订立的合同

    C. 日本甲公司与意大利乙公司及中国丙公司依照《中华人民共和国中外合资经营企业法》，为共同投资在中国设立企业丁而订立的合同

    D. 中国甲公司与韩国乙公司签订的在中国境内履行的中外合作勘探开发自然资源合同

7. 荷兰商业银行上海分行诉苏州工业园区壳牌燃气有限公司担保合同偿付纠纷案[①]

1997 年 5 月 14 日，荷兰商业银行上海分行（以下简称上海分行）与苏州工业园区壳牌燃气有限公司（以下简称苏州壳牌公司）签订了一份融资担保协议，载明由上海分行为苏州壳牌公司开立金额不超过 650 万美元的备用信用证。协议又约定了违约事由、违约补偿等款项，并明确本协议经借款人苏州壳牌公司签署后生效，适用法律为英格兰法律并根据英格兰法律予以解释，服从英国法院的非专属管辖。

1999 年 10 月 18 日，上海分行开立了受益人为苏州农行、编号为 SHSC990039 的备用信用证。该备用信用证载明：本备用信用证受制于 UCP500（即"跟单信用证统一惯例"第 500 号

---

① 江苏省高级人民法院（2000）苏经初字第 1 号民事判决书.

出版物）。后来苏州壳牌公司未偿还其在受益人授予其贷款协议项下的本金、年利以及法律费用。上海分行按照受益人苏州分行的索偿要求，向其支付了 4 899 669.72 美元。后来苏州壳牌公司经多次催讨仍未能将 4 899 669.72 美元款项及其相应利息偿付给上海分行，上海分行遂于 1999 年 12 月 22 日向上海高级人民法院提起诉讼。

问题：如果你是法官，审理此案时应适用什么法律？为什么？如果适用英国法，有哪些途径可以查明？

8. 山东省威海船厂诉 SCHOELLER 控股有限公司确认无船舶买卖合同关系案①

1996 年 4 月 6 日原告山东省威海船厂作为卖方与湖北省机械设备进出口公司（以下称湖北机械公司）签订了船舶收购合同，该合同的最后一页由买卖双方签字确认，合同的每一页由原告方代表闫福池和湖北机械公司代表韩建欧分别以简写"闫"字和"韩"字签字确认。在此之前，韩建欧曾与被告 SCHOELLER 控股有限公司（塞浦路斯）签订两份船舶购买合同，两份合同均载明：当事方为湖北机械公司（卖方）、威海船厂（建造方，亦与前者为联合卖方）、SCHOELLER 控股有限公司（买方）；当事方同意依照合同规定的条件，由建造方建造，卖方出售且交付给买方，买方购买、支付价款、接受和提取合同项下的船舶。合同第 12 条"适用法律及管辖"规定："对于建造方/卖方和买方之间的争议，依照伦敦海事仲裁员协会（LMAA）规则在伦敦仲裁。适用英国法律。"该合同由韩建欧代表卖方签署，原告方在合同上无签字或者盖章。后双方对船舶质量发生争议。2000 年 11 月 21 日，被告以湖北机械公司和原告为被申请人，向英国高等法院王座司商务庭提起仲裁索赔。

原告以其根本不知湖北机械公司与被告之间何时签订了两份船舶购买合同，也不知道该两份合同中将原告列为共同卖方，原告也从未委托或答应过湖北机械公司以原告的名义再签订其他船舶买卖协议为由，向青岛海事法院提起买卖合同关系确认之诉，并称：根据我国相关法律的规定，针对合同争议，合同履行地具有管辖权，故中国法院具有当然管辖权。请求法院依法判决原告与被告之间不存在船舶购买合同的合同关系，也不存在仲裁协议。被告未提交任何书面答辩状，经法院依法传唤，无正当理由未到庭。

青岛海事法院经审理认为：本案系因涉外船舶建造、买卖合同纠纷产生的争议，原告起诉后被告未依法向法院提出管辖异议。本案涉及的合同履行地在中国境内，依照我国《民事诉讼法》（2007 年）第 243 条的规定，中国法院对此案具有管辖权。涉外合同当事人可以选择处理合同争议所适用的法律，应当是指双方当事人共同明确选定的合同发生争议时所应适用的实体法。本案争议的本身就是原、被告之间是否存在合同法律关系。虽然被告与案外人湖北机械公司签署的合同中将原告列为合同一方并有"适用英国法律"的条款，但原告认为其没有签字盖章，并非合同一方当事人。此种情形下，应视为原、被告双方对适用法律没有选择，根据《民法通则》第 145 条的规定，应适用与合同有最密切联系的国家的法律，即中华人民共和国法律。根据我国《合同法》，判决原告与被告之间不存在船舶购买合同关系，原告与被告之间也不存在仲裁协议。

问题：本案法院以原合同无效为由，否定了合同中约定的仲裁条款和法律选择条款的效力，是否正确？为什么？

---

① 青岛海事法院 2002 年 9 月 9 日民事判决书，http：//www.chinacase.cn/pload/1075861275575/html/272.htm.

第十三章

国际经济贸易关系的法律适用

本章概要

随着国际经济贸易交往广泛而深入地开展，交往的形式日益增多，不同种类的交往形式具有不同的特点，因此，它们所应适用的法律也各不相同，研究和把握这些交往形式的法律适用问题，是现代冲突法学面临的一个新课题。研究并掌握这些交往形式中的法律适用原则，把它应用到中国目前的国际经济贸易交往中，是学习本章的目的所在。本章主要以国际经济贸易交往中的不同领域为单位，分析不同法律关系的法律适用原则。

关键术语

国际货物买卖　国际技术转让　国际服务贸易　国际投资经营　国际商业贷款　国际证券　离岸金融　国际票据　国际保理　国际海事

第一节　国际货物买卖的法律适用

国际货物买卖是指营业所在不同国家的当事人之间进行的进出口货物交易。提供出口货物并收取货款的一方称为卖方，接受进口货物并支付货款的一方称为买方。

国际货物买卖具有以下特点：(1) 买卖双方当事人营业地必须分属不同的国家。签订合同的主体既可以是不同国家从事国际贸易的各个不同的专业公司，也可以是作为自然人的商人或合伙组织。在较少情况下，国家也可能以自己的名义订立合同。(2) 买卖双方的权利、义务是，卖方提供货物，移交一切与货物有关的单据并转移货物所有权；买方则依合同约定条件接受货物和交付货款，并以此构成合同权利、义务的核心内容。(3) 买卖标的是指一切有形货物，既不包括股票、债券及其他流通票据，也不包括专门提供服务的交易和专门提供技术的交易。(4) 买卖的完成必须经过多项环节，例如，必须做超越国境、途经多处港口的运输，时间长，风险大。所以一般要投运输保险。买方支付货款，一般采取外汇结算方式进行。由此可以看出，一项国际货物买卖的完成要历经买卖合同、运输、运输保险、支付四个环节。

一、国际货物买卖合同的法律适用

（一）国际货物买卖合同及其法律适用规则

国际货物买卖合同是指营业地分处在不同国家的当事人之间为了进行进出口交易而订立的协议。国际货物买卖合同的法律适用，是指从事国际货物买卖活动的双方当事人之间，因合同的订立、履行等发生争议，依照冲突规范来确定合同的准据法。可以作为国际货物买卖合同准据法的，既有国内法，也有统一实体规范。由于国际货物买卖在历史上一直是各国国际贸易的重要组成部分，因而各国对这一领域的法律环境关注得比较多。在这个领域中，统一实体法规范出现得较早，也较为集中，这些统一实体法规范或者载于国际条约（如 1980 年《联合国国际货物销售合同公约》）中，或者载于经加工整理的、规则化的国际贸易惯例（如国际商会的《国际贸易术语解释通则》）中，以不同的方式调整国际货物买卖合同关系。这是国际货物买卖合同法律适用的特点。

从各国立法及实践来看，当事人的意思自治原则是国际货物买卖合同法律适用的首选原则。但在当事人未作出有效的法律选择时，各国的法律规定和司法实践各不相同。

1. 最密切联系原则

中国《民法通则》《合同法》《涉外民事关系法律适用法》都规定，在当事人没有选择时，适用最密切联系原则确定合同的准据法。目前，大多数国家或地区在确定国际货物买卖合同时采用此原则。

2. 行为地法

如果当事人未作出有效的法律选择，国际货物买卖合同受当事人的行为地法的支配。例如，1989 年修订的《日本法例》第 7 条规定，法律行为的成立及效力，依当事人意思确定应适用的国家的法律；当事人意思不明时，依行为地法。接着在该法第 9 条中又解释了"行为地"：对于不同法域的当事人之间的合同的成立及效力，以要约通知地为行为地，但若接受要约的人承诺时不知其要约发生地，则以要约人的住所地为行为地。但需要注意的是 2006 年日本《法律适用通则法》修正了这一做法，改为依据最密切联系原则确定准据法。

3. 卖方营业地法

如果当事人未作出有效的法律选择，国际货物买卖合同受卖方营业地法的支配。例如，1964 年《捷克斯洛伐克社会主义共和国国际私法及国际民事诉讼法》第 10 条第 1 款和第 2 款第 1 项规定，在当事人未选择法律时，国际货物买卖合同一般应受缔结合同时卖方所在地法的支配；1978 年《奥地利联邦国际私法法规》在第 35 条、第 36 条中规定，在当事人未作出法律选择时，或虽然作出法律选择但不为联邦法院所承认时，主要由一方负担金钱债务的双务合同，依他方有习惯居所的国家的法律，如果他方是以企业家身份缔结该合同的，则以与缔结合同有关的那个常设营业所代替习惯居所。2009 年《奥地利关于国际私法的联邦法》已经废除了此规定。

4. 各种硬性法律适用规范综合适用

1966 年《波兰国际私法》第 26 条、第 27 条规定，合同当事人未选择准据法时，受缔结合同时双方当事人住所地法的支配；当事人住所不在同一国内，又未选择法律时，国际动产的买卖合同或交货买卖合同依卖方或交货人缔结合同时的住所地法支配。当卖方或交货人为公司或企业时，适用公司或企业的主事务所所在地法或营业地法。

5. 硬性法律适用规范与最密切联系原则相结合

1979 年《匈牙利国际私法》第 24 条、第 25 条规定，如果当事人没有选择法律，国际买卖合同应适用卖方订立合同时的住所地法或居所地法或商业主事务所所在地法或工厂所在地法；如果仍不能确定买卖合同准据法，则应以与该合同关系的主要因素具有最密切关系的法律作为准据法。

但是有些国家的法律规定，既不采取"当事人意思自治"原则，也不诉诸"最密切联系"原则，而是直接适用硬性法律适用规范。例如，根据阿根廷的法律规定，在确定合同有效与否及效力如何时，应适用合同订立地法。

（二）1985 年《海牙合同公约》

海牙国际私法会议曾于 1955 年订立《国际有体动产买卖法律适用公约》，但该公约因过分考虑法律适用上的简便、通俗，以及主要反映大陆法国家的观点，影响不大。同时，随着国际贸易关系的进一步发展，该公约显得过时和陈旧，于是，在 1976 年第 13 届海牙国际私法会议上便提出对其进行修改。经过多年努力和准备，1985 年 10 月 30 日出台了《海牙合同公约》。该公约充分考虑到与 1980 年《联合国国际货物销售合同公约》的配套与衔接。公约关于合同的法律适用规定如下。

1. 公约不调整以下事项的准据法

它们是：（1）合同当事人的行为能力或因某一当事人无能力而导致合同无效或撤销的后果。（2）代理人能否使委托人受合同约束或某一机关能使某一法人或非法人公司或团体受合同约束。（3）所有权的转移。（4）买卖对当事人以外的任何人的影响。（5）关于仲裁或选择法院的协议，即使此种协议已载入合同。

2. 合同准据法的确定原则

国际货物销售合同应受当事人选择的法律支配。这种选择必须是明示的或能从合同条款和当事人的行为中得到表现的（即不排除默示方式）。合同当事人可以约定将合同的一部分或全部置于他们选择的法律的支配之下，并且可以随时改变已作出的这种选择而使之受另一法律支配。

如果当事人未进行选择，合同应适用卖方营业地法律，但在下列情况下，应适用买方营业地所在国法律：（1）合同谈判在该国进行，并由当事人当场签订。（2）合同约定卖方应在该国履行其义务。（3）合同主要是根据买方提出的条件通过投标而缔结的。除以上各种情况外，合同应适用最密切联系的国家的法律。由于拍卖、展销等方式进行的国际货物买卖的特殊性，公约另行规定，虽然仍适用当事人自行选择的法律，但应以该交易进行地国法律不禁止这种选择为条件。

3. 合同准据法的适用范围

合同准据法适用于以下事项：（1）合同的解释。（2）各方的权利和义务及合同的履行。（3）买方能成为由货物产生的产品、成果和收入的权利人的时间。（4）买方对货物承担风险的时刻。（5）对货物保留所有权的条款在各当事人之间的效力和后果。（6）不履行合同的后果，包括可以获得赔偿的损失的种类，但以不妨碍法院地诉讼法的适用为限。（7）消灭义务的各种方式，如时效和诉讼期限。（8）合同无效或被撤销的后果。

另外，公约对当事人营业地也作了规定：如当事人有一个以上的营业地时，应以与合同及合同履行关系最密切的那一个营业地为营业地，但亦应注意各当事人在订立合同前或订立合同时所知道或所考虑过的种种情况。如果当事人无营业地，则以其习惯居所地为营业地。

二、国际货物运输合同的法律适用

国际货物运输是指采用一种或多种运输方式，把货物从一国运至另一国的运输。它包括以下几种方式：海上运输、江河运输、铁路运输、公路运输、航空运输、管道运输以及由以上若干方式组成的多式联运。不论采用哪种方式，一般都是通过当事人之间订立运输合同来实现的。目前国际货物运输仍以海运为主，铁路运输和航空运输也占有相当大的比例。近年来国际多式联运发展也较快。

（一）国际海上货物运输合同

根据各国海商法和有关国际公约的规定，海上货物运输合同是指承运人或船舶出租人用船舶将货物由装运港运至目的港交给收货人，由托运人或承租人支付约定运费的协议。该协议有两种形式：一种是租船运输合同，另一种是班轮合同。租船合同是指出租人和承租人之间关于租赁船舶以运送货物而签订的一种海上货物运输合同。班轮合同的形式为提单，提单是指用以证明海上货物运输合同已经成立和货物已经由承运人接收或者装船，以及承运人保证据以交付货物的单证。班轮运输多用于运输数量少、交接港分散的货物，是海上货物运输中使用最广泛的一种方式。

关于租船合同的准据法的确定，各国的普遍做法是适用合同约定选用的法律。实践中，因英国的航海业发达，法律完备，目前相当数量的租船合同都选用英国的法律，或者是根据英国法律形成的习惯法。租船合同中没有约定应适用的法律时，受理争议纠纷的法院或仲裁机构一般都按最密切联系原则，适用船旗国法或合同缔结地法。

关于提单的准据法的确定，首先由当事人在提单中约定，如果提单中没有约定，则应适用与提单有最密切联系的法律，例如，装运港所在地法、船旗国法、目的港所在地法、承运人主要营业所所在地法等，多数国家倾向于适用船旗国法和承运人的属人法。例如，法国法规定，除非当事人协议选择了法律，否则，海上货运合同涉及国际性争议，受船旗国法律支配。而1978年《奥地利联邦国际私法法规》和1987年《瑞士联邦国际私法法规》都规定，在当事人未选择法律时，适用承运人在合同订立时的属人法。相比之下，2008年《罗马条例 I》的规定更为科学、合理，其第 5 条规定：当事人未根据第 3 条规定选择适用于货物运输合同的法律时，如果接货地、交货地或者发运人的惯常居所地也在承运人的惯常居所地国境内，则适用承运人的惯常居所地国法。不满足这些要求的，则应适用当事人协议选择的货物交付地国法。

目前还有调整提单的 4 个国际条约：1924 年《关于统一提单的若干法律规定的国际公约》（简称《海牙规则》）、1968 年《有关修改海牙规则的议定书》（简称《维斯比规则》）、1978 年《联合国海上货物运输公约》（简称《汉堡规则》）、2008 年《联合国全程或部分海上国际货物运输合同公约》（简称《鹿特丹规则》）。

在提单中通常都有一条"首要条款"（clause paramount），它通常是用来将有关提单的国际公约并入提单，并具有高于提单其他所有条款的效力。提单首要条款并非法律适用条款，而是使有关国际条约的规定成为提单的一部分。因此，首要条款必须得到适用。多数海运公司的提单中除了有"首要条款"外，另有"法律适用和管辖条款"。

（二）国际铁路运输合同

国际铁路运输，是指利用两个或两个以上国家的铁路，按照政府间共同签署的有关协定进行进出国境货物的联合运输。铁路运单是运输合同的凭证，货运单随货物全程附送，最后交给收货人。

关于国际铁路运输的法律适用，首先依据的是国际公约，目前有关国际铁路运输的国际公约有两个：（1）1961年《关于铁路货物运输的国际公约》，在瑞士伯尔尼签订，主要参加国是西欧的奥地利、法国、德国和比利时等，简称《国际货约》。1980年制定了《国际铁路运输公约》，《国际货约》作为其中的国际铁路运输合同统一规则的一个附件。参加国增加了苏联和一些亚非国家。（2）1951年的《国际铁路联运协定》，简称《国际货协》，参加国主要是原社会主义国家，我国是参加国之一。1990年后东欧的一些国家退出了该公约。这两个公约就合同的签订、托运人的权利和义务、承运人的权利和义务、承运人的责任限额和免责等都作了详细规定。如果国际条约中未作规定的，则适用国内铁路规章，如《国际货协》第35条规定：如本协定、运价规则、办事细则及其他规则内缺少必要的规定，则适用该国法令或国内规章中的规定。这里的"该国"主要指货物途经国。另外，如果两个相邻国家铁路间有专门规定的，则适用专门规定。

（三）国际航空运输合同

国际航空运输合同，是航空货物运输承运人以航空器超越国境运送货物而向托运人收取报酬的协议。实践中，国际航空运输没有特定的正式的合同形式，通常以承运人出具的航空运单为合同凭证。

目前，国际上调整航空货物运输的国际公约主要有：1929年《统一国际航空运输某些规则的公约》（简称《华沙公约》）、1955年《修改1929年10月12日在华沙签订的统一国际航空运输某些规则的公约的议定书》（简称《海牙议定书》）、1961年《统一非缔约承运人所办国际航空运输某些规则以补充华沙公约的公约》（简称《瓜达拉哈拉公约》），从而形成了以《华沙公约》为主体的华沙公约体系。《华沙公约》是最基本的规定，其他都是对《华沙公约》的补充，但又相互独立。我国参加了前两个公约。1999年在蒙特利尔签订了《关于国际航空运输的统一公约》，该公约于2003年11月4日生效，我国于2005年2月批准加入了该公约。该公约具有优先适用的效力，主要是对航空运单、承运人的责任和免责、托运人和收货人的权利与义务、索赔和诉讼作出规定。

其中《华沙公约》影响最大，它不但统一了国际航空运输中合同的形式、托运人的权利与义务、承运人的权利与义务、承运人的责任限制、索赔通知、诉讼时效等方面的规则，也成为各国制定国内法的根据。

各国在确定国际航空运输合同准据法时，通常依据以下原则：当事人可以选择合同应适用的法律，在当事人没有选择法律时，适用与合同有最密切联系国家的法律。

（四）国际多式联运合同

国际多式联运是指由多式联运经营人按照多式联运合同，以至少两种不同的运输方式，将货物从一国境内接管货物的地点运至另一国境内指定地点交货的运输方式。

调整国际多式联运的国际规则主要有两个：一是1980年《联合国国际货物多式联运公

约》，主要就多式联运经营人的责任体系、多式联运单据、发货人的赔偿责任、索赔与诉讼等问题作了规定。公约对多式联运经营人的责任体系采用单一责任制，即多式联运经营人对全程运输按统一的责任标准负责。二是 1992 年《国际贸易法委员会、国际商会多式联运单规则》，这套规则作为标准合同条款供当事人自由选择，如果当事人选择适用该规则，那么规则优先于多式联运合同中任何与规则不一致的规定，除非这些规定增加了多式联运经营人的责任与义务。规则对多式联运经营人的责任体系采用网状责任制，即虽由多式联运经营人对全程运输负责，但货物损害赔偿的标准仍依据不同的运输区段所适用的法律规定。

各国国内关于国际多式联运合同的法律适用，多采用一般的合同准据法原则，即由当事人选择合同应适用的法律，当事人没有选择的适用最密切联系原则。

三、国际货物运输保险的法律适用

国际货物运输保险是指在国际货物运输过程中，一方当事人以支付一定费用为条件，要求另一方当事人对在国家间运输的货物可能发生的损失承担约定的赔偿责任的一种法律关系。根据运输途径和保险人责任范围的不同，国际货物运输保险可分为国际海上货物运输保险、国际航空货物运输保险、国际陆地货物运输保险和国际多式货物联运保险。这里主要以国际海上货物运输保险为例，来说明国际货物运输保险的法律适用。

国际海上货物运输保险合同是指保险人按照约定，对被保险人遭受保险事故造成保险货物的损失负责赔偿，而由被保险人支付保险费的合同。海上货物运输保险合同是附合性合同，保险人根据保险标的的性质和风险状况，对不同险种分别拟定若干保险条款，供被保险人选择。对此，被保险人只有依照保险条款，表示同意投保或不投保，不能提出自己所需要的保险条款，或修改其中的内容；即使被保险人有某种特殊要求，也只能采用保险人事先准备的附加条款作为对原有条款的补充，或另附特别约定批单。

关于海上货物运输保险合同的准据法的确定，意思自治为重要原则，但海上货物运输保险合同的附合性，使得这种意思自治很特别：对法律适用的选择权常常在保险人一方。被保险人享有的选择权，实际上只是选择向哪个保险人或保险公司的投保权，被保险人选择向哪个保险公司投保，就表明他同意适用该保险人或保险公司所在地法。①

随着最密切联系原则的普遍适用，海上货物运输保险合同的准据法的确定也开始采用最密切联系原则，找出与合同有最密切联系国家的法律，往往也是保险人营业所所在地法。

海上货物运输保险合同的附合性，使得海上货物运输保险合同的法律适用还有下列特点。

1. 强行规范的适用

保险业属于一国金融业的重要组成部分，往往对国家的经济具有举足轻重的作用，因此，各国对保险业颁布了不少监管的立法，这些立法都属于强行规范的范畴，它们在国际保险法律纠纷中应当不受当事人协议的影响而得到强制适用。

2. 保护弱方当事人原则

保险合同的附合性，使得被保险人面对保险人事先印制的保险单，面对保险人指定的准据法要么全面接受，要么不接受，没有讨价还价的余地。因此，往往会导致保险人熟悉或对其有

---

① 张仲伯. 国际私法. 北京：中国政法大学出版社，1995：244.

利的法律得以适用。立法者或者法官基于社会公共利益或基于对公平、公正的追求，倾向于在保险合同中限制意思自治原则的适用，以保护弱方当事人利益。

四、国际货物买卖支付的法律适用

国际货物买卖支付是指营业地位于不同国家的当事人之间围绕着货物买卖收和付的活动。国际货物买卖支付的手段有货币和票据。货币是国际货物买卖中的计价单位，同时也是支付的标的。能用于买卖支付的一般都是可自由兑换的货币。票据是指以支付一定金额为目的，可自由流通转让的有价证券，它具有结算作用、信用保证作用、流通作用和融资作用。国际货物买卖的支付方式主要有汇付、托收、信用证。国际货物买卖支付的法律适用主要包括票据的法律适用和支付方式的法律适用。关于票据的法律适用在后面有专节论述，这里只介绍主要支付方式的法律适用。

国际货物买卖支付方式的法律适用主要采取国际惯例的做法。目前国际上广泛适用的是《托收统一规则》和《跟单信用证统一惯例》两项国际惯例。《托收统一规则》是国际商会于1956年制定的，后在1967年、1978年进行修改，现适用的是1995年修订、1996年1月1日生效的版本。该规则的目的是将托收业务中的各方权利、义务标准化。它不是一项国际立法，只有在被明确并入托收指示书时才适用。《跟单信用证统一惯例》是国际商会于1933年制定的，后经1951年、1962年、1974年、1983年多次修订，现适用的是2007年的600号修订版本。《跟单信用证统一惯例》对信用证中各方当事人的权利、义务都作了规定。其影响很大，几乎得到了世界大部分国家银行的采纳，银行在其开出的信用证中几乎都规定适用该统一惯例。

实践中，信用证当事人多约定适用国际惯例，且《跟单信用证统一惯例》是当前被世界各国司法界和银行界普遍接受的国际惯例，因此，在确定调整信用证法律关系的法律时，如果当事人明确约定了应适用的法律，应当充分尊重当事人的选择，适用当事人约定的法律；在当事人之间没有约定的情况下，法院则可以适用相关国际惯例来确定信用证法律关系各方当事人的权利、义务。必须注意的是，以《跟单信用证统一惯例》为代表的国际惯例并不能解决信用证法律关系中的全部问题，因此，有些问题的法律依据还要回到国内法中去寻找。也就是说，在法律适用上，除了采用上述惯例外，还可能适用一些冲突规则确定支付方式的准据法，如托收和信用证的准据法，分别为托收行、开证行营业所所在地法，如1978年《澳大利亚国际私法》第38条规定：信用证关系适用开证行营业所所在地国家的法律。

五、中国关于国际货物买卖的法律适用的规定

从国际货物买卖合同的法律适用来看，中国法律没有明文规定，只是在相关的司法解释或行政法规中有涉及。

原对外经济贸易部在1987年12月4日发布了《关于执行〈联合国国际货物销售合同公约〉应注意的几个问题》，其中相关规定有：（1）我国既已参加公约，根据公约第1条第1款的规定，自1988年1月1日起，我国各公司与其他受条约约束的国家（匈牙利除外）的公司达成的货物买卖合同如不另作法律选择，则合同规定事项自动适用公约的有关规定，发生纠纷或诉讼亦得依据公约处理……但我国各公司也可根据交易的性质、产品的特性以及国别等具体

因素，与外商达成与公约条文不一致的合同条款，或在合同中明确规定排除适用公约，转而选择某一国的国内法为合同的准据法。（2）公约并未对解决合同纠纷的所有法律都作出规定。我国贸易公司应根据实际情况，对公约未予规定的问题，或在合同中作出明确规定，或选择某一国内法作为应适用的法律。

《最高人民法院关于审理涉外民事或商事合同纠纷案件法律适用若干问题的规定》（已失效）第 5 条规定："人民法院根据最密切联系原则确定合同争议应适用的法律时，应根据合同的特殊性质，以及某一方当事人履行的义务最能体现合同的本质特性等因素，确定与合同有最密切联系的国家或者地区的法律作为合同的准据法。（一）买卖合同，适用合同订立时卖方住所地法；如果合同是在买方住所地谈判并订立的，或者合同明确规定卖方须在买方住所地履行交货义务的，适用买方住所地法……"

《海商法》第 269 条对海商合同的法律适用作出了原则规定，即合同当事人可以选择合同适用的法律，法律另有规定的除外。合同当事人没有选择的，适用与合同有最密切联系的国家的法律。

《民用航空法》第 188 条规定：民用航空运输合同当事人可以选择合同适用的法律，但法律另有规定的除外；合同当事人没有选择的，适用与合同有最密切联系的国家的法律。

2005 年颁布的《最高人民法院关于审理信用证纠纷案件若干问题的规定》规定了信用证纠纷的法律适用问题：在确定调整信用证法律关系的法律时，如果当事人明确约定了应适用的法律，即应当充分尊重当事人的选择，适用当事人约定的法律；在当事人之间没有约定的情况下，人民法院则可以适用相关国际惯例，确定信用证法律关系各方当事人的权利、义务。

第二节　国际技术转让的法律适用

国际技术转让是指一国的技术转让人将一定的技术越过国境，通过某种方式转让给他国的技术受让人。[①] 在广义上，可以将国际技术转让分为两类：一类是非商业性的国际技术转让，另一类是商业性的国际技术转让。在狭义上，国际技术转让就是指商业性的国际技术转让。在这里我们讨论的就是狭义的国际技术转让，也就是当事人之间通过合同以有偿的形式所做的转让。

国际技术转让有以下特点：（1）转让的标的是无形的技术知识，包括工业产权、专有技术等。（2）转让的内容是技术的使用权和与技术使用权相关的其他权利，例如，制造、生产、销售技术产品的权利，而不是技术的所有权。（3）被转让的技术必须跨越国境。（4）国际技术交易双方要在相当长的时期内进行密切合作。交易双方是一种跨越国界的合作关系。

国际技术转让合同是一国的技术转让人同他国的技术受让人所达成的、约定由技术转让人将一定的技术转让给他国受让人，并由他国受让人为此支付一定报酬的协议。国际技术转让合同因国际技术转让方式不同而不同，其表现形式是多种多样的，主要有单纯的技术转让合同和包括在货物买卖、设备提供、合作生产等交易中的技术转让合同，具体包括国际许可合同、国

---

① 邵景春. 国际合同法律适用论. 北京：北京大学出版社，1997：404.

际技术咨询服务合同、补偿贸易合同、国际工程承包合同、合作生产合同等。

国际技术转让，无论是技术进口还是技术出口，都与相关国家的政治、经济利益相联系，它关系到各国的经济发展，涉及外交、国防。因此，各国都很重视国际技术转让的立法，对技术出口和技术进口进行法律管制，一般国家都规定国际技术转让合同必须经主管机关审查批准、注册登记才生效，要求国际技术转让合同不但要遵守一般合同法，还要遵守工业产权法和有关技术转让的特别法。

国际技术转让的"国际性"，很容易导致两个以上国家的法律适用于某一具体合同，由于各国对某一具体问题的法律规定不同，法律冲突在所难免。

一、国际许可合同的法律适用

关于国际许可合同的法律适用，国际上一直有两种不同的观点：一是适用合同的一般法律适用原则；二是主张制定一些专门调整国际许可合同的法律冲突规则，以满足国际技术转让合同的特殊性。在各国立法实践中，大多数采取适用合同的一般法律适用原则，但对一般原则的适用作出了种种限制。

（一）当事人选择法律适用

根据"意思自治原则"，当事人有权选择合同适用的法律，只要此种选择不违反有关国家的有关涉外技术转让的公共秩序和强制性法规。当事人选择的准据法既包括当事人在合同中明文规定选择适用的法律，也包括当事人在争议发生后协商一致适用的准据法。

在各国的实践中，技术输出国的法律冲突规则一般允许当事人自由选择国际许可合同适用的法律。而技术输入国对当事人选择法律的原则却并不一致，有关立法主要有以下几种。

（1）规定技术引进合同只能适用本国法。如《墨西哥技术转让法》规定，凡在墨西哥领土内产生效果的国际技术转让合同，由墨西哥法律和墨西哥参加的国际条约调整。

（2）要求当事人在合同中订立适用本国法的法律选择条款。这主要是一些拉丁美洲国家，例如，厄瓜多尔、哥伦比亚和委内瑞拉的立法。

（3）禁止国际许可合同选择适用外国法。例如，阿根廷法律就是这样规定的。

（4）有条件地允许当事人选择适用的法律。这种规定把关于国际许可合同的法律分为两类：一类是纯粹合同法律，当事人可以根据"意思自治原则"选择适用的法律；另一类是涉及有关国家的公共政策或公共秩序的法律，当事人必须无条件地遵守。

（5）对法律选择不作明文规定。一般通过国内机构对国际许可合同的审查、批准程序来达到适用本国法的目的。例如，要求合同中规定适用本国法的方予以批准，合同中规定适用外国法的不予以批准，甚至在合同批准书中规定适用东道国的法律。[①]

（二）当事人未做法律选择时适用最密切联系原则

当事人没有选择法律适用时，法院将根据最密切联系原则、特征履行说等规则来确定合同适用的法律，通常为法院地法、合同履行地法、工业产权保护地法。

---

① 白映福，黄瑞.国际技术转让法.武汉：武汉大学出版社，1995：240-241.

1. 法院地法

如果当事人没有在合同中选择合同的准据法，却选择了解决争议的法院地，这时，法院就可以推定当事人选择了法院地法。

2. 合同履行地法

如果当事人没有约定合同应适用的法律，则适用合同履行地的法律。这主要是根据国际商事合同法律适用的一般原理得出的结论。然而对于何谓合同履行地的问题，容易产生争议。这就需要根据"特征履行说"来加以判断。一种意见认为，受让方的履行构成特征履行，因为受让方虽然有付款义务，但也有其他除付款以外的义务。另一种意见认为，出让方的履行为特征履行，因为出让方不承担付款义务，它所承担的义务如提供技术等，能够体现合同的特色。还有一种折中的意见认为，如果在技术转让中受让方的义务主要为支付使用费，而没有其他义务，则出让方的履行为特征履行；如果受让方的义务除付款以外，还有使用许可发明的义务或者在独占许可合同的情况下，则受让方的履行才是特征履行。

3. 工业产权保护地法

从国际许可合同的诸多因素来看，工业产权保护地法与合同有最密切和最重要的联系。当甲国工业产权所有人将其在乙国取得的工业产权转让给乙国的受让方时，对技术引进实行管制的国家同时又是工业产权保护国，工业产权保护地法与技术引进管制地法重合，这与合同法律适用上的确定性、统一性、可预见性等要求都极为符合。

二、国际承包合同的法律适用

国际工程承包是指一国的公司自己组织人力、物力和技术，在他国境内承包兴建该国政府、国际组织、公司集团所委托的工程建设项目或其他有关业务的一种国际经济合作活动。它是一种综合性的国际经济技术合作活动，内容广泛，其中既包括商品出口、劳务输出，又包括技术转让，承包方一般要负责采购设备和提供技术服务等。承包方提供的技术通常都是完整的工艺流程、生产技术或生产线，所以，大家通常把它归为国际技术转让的一种方式。国际工程承包合同，是指在国际工程承包关系中明确业主和承包人双方权利义务关系的协议。关于国际工程承包合同的法律适用，国际上普遍的做法是采用当事人意思自治原则，可以由合同当事人协议选择决定。而无此种协议时，一般多主张适用工程实施所在国法。

三、国际科技研发的法律适用

国际科技共同研发和合作实施是国际技术转让的一种特殊形式，它的法律基础是有关国家间缔结的国际经济和科技合作条约。条约通常是一般性的，主要规定两国的科技合作方向、课题和基本条件，然后两国各自在本国指定某一公司或某几个公司专门负责与外国进行科技合作的有关商业性业务，例如，订立关于转让科技资料、协作进行科学研究和其他工作、技术传授等合同。两国被指定的公司之间在科技合作条约的基础上的合作形式是多种多样的，主要有以下两种形式：协作化基础上的科技合作和成立统一的科研集体。

协作化基础上的科技合作就是两国被指定的公司之间签订科技合作协议，其中规定工作规划、提供资金的办法、工作程序、转让和利用成果的办法、法律保护、相互结算、双方责任、解决争议的程序等。关于这种形式的法律适用，各国的一般做法是，如果合同中当事人选择了法律适用，就依当事人的意思自治；如果合同中没有其他规定，就依协议订立地法律（实体法）。

成立统一的科研集体，科研集体可以有以下三种形式：临时的国际科技集体、共同的实验室、国际科学研究所（组织、公司）。不论是哪种形式的科研集体，都要通过签订合同来形成。合同中一般规定：为科研集体提供活动资金的程序、利用和保护取得的科研成果的办法、双方的责任、适用的法律、争议的解决。关于这种科技合作形式的法律适用，一般做法是：如果当事人在合同中选择了法律适用，就依当事人的意思自治；如果当事人在合同中没有选择法律适用，则依科研集体所在地国的实体法。

第三节　国际服务贸易的法律适用

近三十年来，特别是进入 20 世纪 90 年代以来，随着全球经济的发展，世界经济一体化的加强，国际经济结构逐步调整，服务贸易的发展十分迅速。特别是世贸组织《服务贸易总协定》（GATS）的签订和有关国际服务贸易市场开放的各项谈判的进展，标志着服务贸易的发展无论是在广度上还是在深度上，都已达到了一个新的阶段。

关于国际服务贸易，《服务贸易总协定》（GATS）中定义的是 4 种形式的服务提供，即从一成员境内向任何其他成员境内提供服务，一成员的服务提供者在任何其他成员境内通过商业存在提供服务，在一成员境内向任何其他成员的消费者提供服务，一成员的服务提供者在任何其他成员境内通过自然人提供服务。[①] 国际服务贸易内容极为广泛，在关贸总协定乌拉圭回合多边服务贸易谈判中，各方提出了 150 多个服务贸易项目，其中较为重要的项目有：国际运输；国际旅游；跨国银行、国际投资公司及其他金融服务；国际保险和再保险；国际电信服务；国际视听服务；国际咨询服务；广告、设计、会计等服务；国际租赁；维修和保养、技术指导等售后服务；商业批发与零售服务；劳务输出等。在这些服务项目中，国际运输（主要是海上货物运输）、国际金融服务（主要是银行贷款、证券、保险）等的法律适用，我们在其他章节中已有论述，以下只就一些具有代表性、在各国间经常发生的服务项目的法律适用作初步探讨。

一、国际电信服务的法律适用

电信服务是指通过电信基础设施，为客户提供的实时信息（声音、数据、图像等）传递活动。国际服务贸易中的电信服务一般系指公共电信传递服务，它包括明确而有效地向广大公众提供的任何电信传递服务，例如，电报、电话、电传和涉及两处或多处用户提供信息的现时传递，以及由用户提供的信息，不论在形式上或内容上两终端不需要变换的数据传送。电信服务按其技术含量的高低，分为基础电信服务和增值电信服务。基础电信服务是指对一般公众提供的声话类服务（像电话等）。增值电信服务是指用计算机处理文件或与此类似的用户信息服务，

---

① 参见《服务贸易总协定》第 1 条。

或提供用户附加信息的分类、重新整理和储存信息的内部处理等服务。

电信服务业是一国国民经济的基本部门，它是国民经济其他部门经济活动的基本传递手段，因此，电信服务是一种战略性的服务，既是国家发展的基础，又是国家安全的组成部分。各国对电信服务都进行垄断性经营和管理，无论是对于国内服务还是对于国际服务，各国都订有严格的规章制度。鉴于此，各国在电信服务的法律适用上一般都采取适用服务提供者所在地的法律。

二、国际旅游服务的法律适用

在国际服务业中，旅游业的历史是比较悠久的。旅游一词最早出现于19世纪初。19世纪中叶英国人托友马斯·库克开创的火车包价旅游，被公认为现代旅游业诞生的标志。此后，国际旅游业得到了迅猛发展，成为世界上最为重要、也最富有活力的部门之一。旅游服务业对各国经济发展的贡献是十分巨大的，它给旅游国带来了巨额的外汇收入，同时对一国的交通、通信、城市建设等行业也起到了极大的推进作用，大批游客的到来又促进了当地的餐饮、旅馆、零售等行业的发展。因此，各国都很重视国际旅游服务，纷纷立法，从各方面规范国际旅游服务。

在旅游服务过程中形成了大量的旅游法律关系，这些旅游法律关系主要包括：政府有关主管部门对旅游企业纵向管理关系；旅游企业与旅游者的关系；各旅游企业相互之间以及旅游企业与其他有关企业之间的关系；旅游接待国与客源发生国之间的关系；等等。其中政府对旅游企业的管理关系以及接待国与客源国之间的关系属于公法范围，不在讨论之列。其他三种关系概括起来主要涉及两个方面，即合同关系与侵权关系。以下从这两个方面着手探讨国际旅游服务的法律适用。

（一）国际旅游服务合同的法律适用

在旅游服务中各主体之间会形成各种各样的合同关系，例如，旅行社和旅游者之间的包价旅游合同、旅行社或旅游者个人同饭店之间的客房租赁合同、旅行社或旅游者个人与航空公司等交通企业之间的客运合同、旅行社或旅游者个人与保险公司的旅游保险合同、各类旅游企业同物资供应部门之间的供货合同等。[①] 关于国际旅游服务合同的法律适用，各国一般都允许有关当事人选择法律适用，在当事人没有选择时，则根据最密切联系原则确定合同的法律适用。不论是当事人自己选择，还是依最密切联系原则确定，一般可以从下列法律中选择或确定，即旅游者个人的属人法、旅行社营业所所在地法、旅游饭店所在地法、交通企业营业所所在地法、保险公司营业所所在地法等。

（二）国际旅游服务侵权的法律适用

在旅游过程中对旅游者个人财产或人身的侵害，就构成国际旅游服务中的侵权行为。

关于旅游服务侵权行为的法律适用，一般采取侵权行为地法。因为侵权行为地同时又是旅游服务提供地，根据最密切联系原则，也应适用侵权行为地法。1982年10月，美国人珍妮·霍姆德与其丈夫参加了一个美国儿科医生访华团，在中国游览20天，10月26日参观山西大同

---

① 王健．旅游法原理与实务．天津：南开大学出版社，1998：97.

机车车辆厂。旅游者从机车旁边的铁梯登车，珍妮登梯时车身启动带倒铁梯，使她跌倒并被压在梯下受伤，中方陪同人员将珍妮送往机车厂医院，后又转至太原市第一人民医院检查，诊断为左腿腓骨骨折，复位后以石膏固定。当时曾建议她住院治疗，但珍妮本人不肯住院，表示愿意随团活动。在医生同意下，中方为她准备了轮椅，完成了全部参观活动。中方为她承担了全部医疗费用和必要的营养费。1982 年 11 月 15 日，该旅游团由广州出境经香港回国。珍妮回国后在一美国医生处检查，认为太原市第一人民医院所做的复位不妥，应重新进行手术，使珍妮卧床 3 个月。后珍妮以中国某国际旅行社为被告提起诉讼，要求赔偿其 65 万美元。在这一案件中，中方就坚持了"侵权行为应适用侵权行为地法律"这一原则，最后经协商，以 16 万美元结案。

三、国际劳务合作的法律适用

国际劳务合作，是指不同国籍或营业地在不同国家的当事人之间所进行的劳务输出和输入活动。从形式上可以分为单纯的劳务输出与输入和通过国际工程承包形式带动的劳务输出与输入。以下只就单纯的劳务合作的法律适用加以介绍。

国际劳务的输出与输入一般通过合同进行。国际劳务合同，是指由派遣劳务人员的国家的专门劳务输出公司或有关的国际经济技术合作公司与外国接受劳务人员一方就此所签订的合同。常见的有派遣工程技术人员合同，农艺师、园艺师、医师合同，海员合同，劳工合同等。在国际劳务合同中，有时要涉及三个国家的法律：一是雇主所属国的法律，二是受雇人所属国的法律，三是受雇人实际从事劳务地国家的法律。

关于如何适用法律，国际上大致有两种做法。第一种做法是采取有限制的意思自治原则，首先准许当事人选择法律，但有一定的限制。例如 2008 年《罗马条例 I》第 8 条规定：（1）个人雇佣合同，依当事人根据第 3 条规定所选择的法律。但是，这种法律选择的结果，不得剥夺未进行法律选择时依照本条第 2 款、第 3 款和第 4 款规定应适用的法律中那些不得通过协议加以减损的强制性条款给雇员提供的保护。（2）当事人未选择适用于个人雇佣合同的法律时，该合同由雇员在履行合同的过程中从事惯常工作地国家法支配，若无此种国家，则由雇员为履行合同从事惯常工作的出发地国法律支配。即使雇员只是暂时性地受雇于另一国，也不得认为从事惯常工作所在地国家发生了变化。（3）如果依照第 2 款不能确定应适用的法律，则合同由聘用该雇员的营业所所在地国法支配。（4）如果整体情况表明，合同与本条第 2 款或第 3 款所指国家之外的另一国有更密切联系，则适用该另一国的法律。

第二种做法是排除当事人的意思自治，直接规定应适用的法律。例如 2010 年《瑞士关于国际私法的联邦法》第 121 条规定：（1）劳动合同，适用劳动者惯常完成其工作所在地国家的法律。（2）如果劳动者惯常在多个国家完成其工作，则劳动合同适用雇主的营业所所在地国家的法律，或者在雇主无营业所时，适用其住所地或惯常居所地国家的法律。（3）当事人可以使劳动合同适用劳动者的惯常居所地国家的法律或者雇主的营业所所在地、住所地或惯常居所地国家的法律。

四、国际租赁的法律适用

国际租赁是指不同国家的出租人与承租人之间，在约定期限内将财产或设备交承租人有偿使用的协议。

对于国际租赁合同所适用的法律，各国立法普遍允许当事人自行做出选择，在当事人没有做出选择时，适用出租人住所地法或主要营业所所在地法。例如1982年《南斯拉夫法律冲突法》第20条规定："如未选择应适用的法律，而案件的具体情况也未指向其他法律，应适用法律为……（7）动产租赁合同，依承诺时出租人的住所地或其主事务所所在地法。"也有人主张，租赁合同的关键在于租赁标的物的使用，而不是标的物的支付。这种使用往往不是在出租人的营业机构所在地，相反，是在承租人的营业机构所在地。所以，与租赁合同有最密切联系的地方不是出租人的住所地或主要营业机构所在地，而是租赁标的物的使用地，因此，租赁合同的当事人未选择所适用的法律时，以适用租赁设备使用地国家的法律为妥。

中国立法允许当事人选择租赁合同的准据法，当事人未做选择的，在实践中按照最密切联系原则确定所应适用的法律，在通常情况下是出租人营业所所在地的法律。

第四节　国际投资关系的法律适用

国际投资是国际资金流动的一种主要形式，也是世界上各国间经济交往的一个重要方面。国际投资对投资的国家来说，是为剩余资本谋求出路；对接受国际投资的国家来讲，是通过这种途径引进外国资金和外国先进技术。国际投资有直接投资、间接投资和灵活投资之分。直接投资是资本输出国通过输出生产资本，把资本直接投放到资本输入国的生产中去。间接投资是指国外官方金融机构或商业银行通过贷款或者购买外国发行的债券等方式，把资本输出国外。灵活投资方式就是指通过补偿贸易、来料加工、来件装配等形式进行的投资。关于间接投资的法律适用问题将在国际金融关系的法律适用一节中论述。

一、国际投资经营合同的法律适用

根据中国同许多国家缔结的双边投资协定的规定，可以作为投资的主要包括：动产和不动产以及其他物权（诸如抵押权、质权、留置权、用益权等）；公司股份、股票和债券或该公司财产中的利益；金钱请求权或根据合同具有金钱价值的行为请求权；著作权、专利权、商标权、专有技术和商名；依照法律或法律允许根据合同赋予的特许权；等等。[1] 直接投资的形式主要包括投资者直接在国外参加举办合资企业、合作企业、合作开采等。合资企业是两个或两个以上国家的公司、企业、经济组织或个人，按照一定的资金比例共同投资、共同兴建的企业。合作企业是由外方投资者一方提供资金、设备、技术，本国合营者一方提供场地、厂房及劳务，双方进行合作，按照约定的比例分配收益，分担亏损。合作开采是资源国利用外国的投资，共同开发自然资源的一种国际合作形式。不管采用哪种形式，都要通过合同来确定投资一方和接受投资一方相互之间的权利、义务。这类合同统称为国际投资经营合同。

---

[1] 李双元等．中国国际私法通论．北京：法律出版社，1996：367.

（一）适用东道国国家的法律

在当代世界，国际投资关系适用东道国国家的法律这一原则已被国际法和国际实践接受和承认。采取此种原则的主要依据有以下几点。

1. 最密切联系原则

根据最密切联系原则的理论，国际投资合同与东道国存在最集中和最实质的联系：（1）合同成立地是东道国，无论哪一种投资经营合同，都是依照东道国法律成立的，并且要经过东道国政府的批准方能生效。（2）合同的标的物在东道国境内，无论是自然资源开发，还是设立企业，其合同的标的物如自然资源、设备、产品等投资财产，都位于东道国境内，东道国是物之所在地国。（3）合同的履行地为东道国。国际投资经营合同所规定的投资经营活动都在东道国境内进行，合同的履行在东道国境内。（4）依据国际投资经营合同设立的企业或其他经济组织具有东道国国籍，其主要营业所或事务活动中心都在东道国境内。

2. 政府利益分析原则

按照西方国家政府利益分析的法律适用原则，国际投资经营合同也应适用东道国法律。国际投资经营合同涉及东道国的国家主权利益，东道国允许外国投资的目的是促进本国经济发展，东道国必须通过法律对外国投资加以指导、调整，引导外资为本国经济发展目标服务，所以，国际投资经营合同与东道国主权利益有直接的利害关系，应适用东道国法律。

（二）当事人自己选择的法律

经东道国同意，合同各方当事人可以依据意思自治原则在合同中选择合同适用的法律，既可以选择东道国的法律，也可以选择投资者本国的法律。

（三）适用国际条约的规定

如果东道国与投资国都是 1965 年《解决国家与他国国民间投资争端公约》的成员国，则解决国家与外国私人间的投资合同纠纷所适用的法律为：优先适用双方同意选择的法律规则；双方未选择时，首先适用东道国法律，其次是国际法规则，或者适用当事人同意的公平、善良原则。如果东道国在与投资国签订的投资保护条约中直接规定外国投资者在东道国的权利、义务，以及投资争议的解决和解决争议所应适用的法律，那么，合同各方必须遵守。

二、BOT 项目的法律适用

BOT 是 20 世纪 80 年代初才出现的一种新型的利用国际私人资本进行基础设施项目投资的方式。BOT 是英文 Build-Operate-Transfer 的缩写，即建设—经营—移交。典型的 BOT 是指政府部门通过特许权协议，在规定的时间内，将项目授予外商为特许权项目成立的项目公司，由项目公司负责该项目的投融资、建设、运营和维护。特许期满，项目公司将特许权项目的设施无偿移交给政府部门。[①] BOT 是国际投资的一种特殊形式，外国投资者出于为投资寻求投资出路及获得足够利润的目的，将资本直接投入另一国的基础设施项目，并直接进行生产经营活

---

① 于安. 外商投资特许权项目协议（BOT）与行政合同法. 北京：法律出版社，1998：5.

动，直接承担风险、获得利润，具有直接投资的本质特征。

与传统的国际直接投资形式相比，BOT 具有以下特征：（1）政府在 BOT 的法律关系中不仅仅是管理者，而且是直接参与者。在 BOT 法律关系中通常由政府的主管部门和地方政府出面将某基础设施特许给项目公司营建，政府的特许权对法律关系影响重大。（2）BOT 项目通常为东道国的基础设施，例如，高速公路、铁路、桥梁、隧道、机场等，其投资数额大、技术要求高、建设周期长、经营风险大。（3）BOT 项目规模大，参加者多，需要各方（如项目公司、项目投资者、金融机构、用户、保险公司等）通力合作和协调。（4）对东道国影响较大。BOT 项目涉及公共利益，具有较强的公众形象，有时会受到地方利益以及对立势力的干扰，政府的支持程度直接影响到项目成功与否。（5）双方风险分担的形式不同于传统投资方式。东道国政府在特许期内一般不承担风险，项目的全部或大部分风险由项目公司承担。（6）BOT 项目终结后不需要进行清算，而是由政府收回特许权，并全部、无偿地收回整个项目。

从上面的论述可以得知，BOT 项目运作的基础是政府主管部门与私人投资者签订的协议，即目前许多学者所称的"特许协议"。依据该协议，私人投资者被准许在政府所在国设立一项目公司，然后由该项目公司分别同贷款人、承建公司、供应公司、设计公司、经营管理公司等签订借款合同、工程承包合同、供应合同、设计合同、经营管理合同等[1]，从而达到将建设好的项目设施转移给政府主管部门经营的目的。由此可见，BOT 项目可以分为政府主管部门与私人投资者签订的 BOT 合同和为实现 BOT 合同目的而签订的设计合同、供应合同、工程承包合同等 BOT 合同的附助合同两个部分。

（一）BOT 合同的法律适用

BOT 合同主体一方为东道国政府，另一方为外国私人投资者。它是一种特殊的合同关系，东道国政府在 BOT 合同中实际上具有双重身份：一是具有与缔约对方平等的缔约当事人身份，二是具有公共利益维护者的政府身份。作为缔约当事人身份，政府享有协议规定的权利，承担协议规定的义务；基于政府身份，政府享有命令、指挥、监督、制裁等权力，同时亦负有维护公共利益的义务。因此，许多学者把 BOT 合同称为"特许协议"。鉴于 BOT 合同的特殊性，多数学者认为 BOT 合同不宜适用意思自治原则来确定它的法律适用。由于 BOT 合同是在政府所属国签订，在该国履行，项目设施亦位于该国，项目公司也多为该国法人，合同主体一方是该国政府，因而合同与政府所属国有密切的联系，应适用政府所属国的法律。

（二）BOT 合同附助合同的法律适用

BOT 合同的附助合同，即借款合同、供应合同、工程承包合同等，其合同主体双方都是平等的自然人或法人，在法律性质上属于一般的民事合同。因此，法律适用原则也同于一般的民事合同：首先适用当事人双方所选择的法律，当事人没有选择的，适用与合同有最密切联系的国家的法律。

三、灵活投资方式的法律适用

灵活投资方式主要是指通过补偿贸易、来料加工、来件装配和来样制作等形式进行的投

---

① 杨松.BOT 方式法律性质分析.武汉大学学报，1997（2）.

资。补偿贸易是由一方提供技术、设备和材料供另一方进行生产，另一方用产品偿还的一种合作方式。加工装配是一方提供一定的原材料或同时提供一定的设备、技术，另一方按要求加工装配并收取加工费，成品交对方销售的一种合作形式。不管哪种合作方式，一般都是通过合同完成的。其法律适用采用一般合同准据法确定的原则，首先由当事人自己选择法律适用，如果当事人没有选择，适用最密切联系原则确定准据法。在实践中无论是由当事人选择还是适用最密切联系原则，通常指向的是生产企业所在地国家的法律。

四、中国关于国际投资法律适用的规定

依照《民法通则》、《合同法》、我国缔结或参加的有关国际条约的规定和相关司法解释，中国关于国际投资法律适用的规定主要有以下两个方面。

（1）中国缔结或参加的与国际投资有关的国际条约或公约同中国法律有不同规定的，适用该国际条约或公约的规定，但中国声明保留的条款除外，我国已经参加《解决国家与他国国民间投资争端公约》，在解决我国国家与其他缔约国国民之间投资纠纷时应依照该公约的规定。

（2）在中华人民共和国领域内履行的中外合资经营企业合同，中外合作经营企业合同，中外合作勘探、开发自然资源合同，中外合资经营企业、中外合作经营企业、外商独资企业股份转让合同，外国自然人、法人或者其他组织承包经营在中华人民共和国领域内设立的中外合资经营企业、中外合作经营企业的合同，外国自然人、法人或者其他组织购买中华人民共和国领域内的非外商投资企业股东的股权的合同，外国自然人、法人或者其他组织认购中华人民共和国领域内的非外商投资有限责任公司或者股份有限公司增资的合同，外国自然人、法人或者其他组织购买中华人民共和国领域内的非外商投资企业资产的合同，适用中华人民共和国法律。

第五节　国际金融关系的法律适用

国际金融关系涉及的范围很广，比如国际货币兑换、国际借贷、国际收付方式、国际结算、国际金融市场以及国际金融机构等诸多方面。本节主要探讨国际贷款、国际证券和离岸金融等国际金融关系的法律适用。

一、国际贷款协议的法律适用

国际贷款协议是指具有不同国籍的当事人或政府之间或国际金融组织与其成员国之间就借贷一定数额的货币所达成的确定双方权利、义务的协定或合同。国际贷款协议的主要种类可以分为政府间的贷款协议或国际金融组织与其成员国间的贷款协议和国际商业贷款协议，后者又可以细分为独家银行贷款协议和国际银团贷款协议。

国际贷款协议因主体不同，合同的性质也就不同，法律适用原则也相应不同。

（一）政府间贷款协议的法律适用

政府间贷款属于政府间的对外援助，政府间贷款协议属于国际协议，因此，其争议的解决

多通过外交途径进行，在协议中不规定法律适用问题。

（二）国际金融组织与其成员国间的贷款协议的法律适用

国际金融组织，诸如国际货币基金组织、世界银行及其下属国际开发协会和国际金融公司、亚洲开发银行等，对其成员国的贷款一般都只适用该组织的有关规定，而不适用任何国家的国内法。比如在世界银行与其成员国之间的贷款协议中，通常规定：世界银行、借款者、担保者依本贷款协定、担保协议及其合约的权利和义务应根据各该合约的规定具有法律效力并付诸实施，无论任何国家或国家政府部门的法律规定如何。[①]

（三）国际商业贷款协议的法律适用

国际商业贷款协议允许协议当事人自主地按照共同的意思表示选择协议的准据法。但鉴于国际商业贷款合同的特殊性，各国在立法中又程度不同地对当事人选择法律的自由作出了种种限制，概括起来主要有以下几点。

（1）当事人协商选择的法律必须是与协议有某种联系的国家的法律。和贷款协议有联系的国家的法律包括：贷款协议缔结地法、当事人所属国法、集资地法、偿付地法等。在实践中，当事人多约定适用贷方所属国法律。

（2）双方当事人选择适用于协议的法律，不得规避原应适用于协议的强制性法律。

（3）双方当事人选择的法律不能违背法院地国家的公共秩序。

（4）双方当事人对法律的选择应是明示的。

在双方当事人没有明示选择法律时，各国法律都规定应根据最密切联系原则或客观标志原则确定合同的准据法，概括起来主要有：贷款人住所地法、特征履行人住所地法、缔约地法、履约地法、贷款支付地法等。例如1979年《匈牙利国际私法》第25条第10款规定：金钱和借贷合同，在当事人没有选择法律的情况下，适用贷款人"住所地法、居所地法、商业主事务所所在地法"等。

二、国际证券的法律适用

国际证券是指一国政府和金融机构、企业、团体在国际证券市场发行并销售、流通的，以一种或几种可以自由兑换货币为面值的证明或设立财产所有权的书面凭证。

国际证券的种类很多，基本上分为两大类：国际股票和国际债券。国际股票是指跨国股东投入一国某股份公司资本的入股凭证，是股票持有人凭以领取股息、红利，参与或监督企业经营管理的权利证书。国际债券是指一国政府、金融机构、企业公司以及国际经济组织为筹集资金，在国际证券市场上发行的，以某种货币为面值的有价证券。

国际证券的法律适用包括国际证券发行的法律适用，国际证券交易的法律适用，国际证券当事人（发行人与持有人）之间的权利、义务的法律适用。从国际证券交易惯例及各国立法和实践来看，上述三个方面的法律适用原则大同小异，主要包括以下几项。

---

① 王贵国.国际货币金融法.北京：北京大学出版社，1996：707.

（一）当事人意思自治原则

发行国际证券时，证券发行人与证券承销人之间的代理或买卖关系，发行人与律师、会计师等的委托关系都是通过合同来确定的；在国际证券交易中，集中议价交易的投资者与证券交易所会员的委托关系以及证券买卖关系，场外交易中投资者通过相对买卖、拍卖、标购等方式的证券买卖关系也都是通过合同来确定的，因此，按照有关合同法律适用的一般原则，在国际惯例和各国立法中都允许国际证券的各种当事人自由选择有关协议的法律适用。但是，当事人选择法律适用不得违反有关国家的法律规定，不得违反有关国家的公共秩序，不得规避有关国家的法律。在国际证券实践中，可供当事人选择的法律主要有：证券发行人所属国法律、证券发行地法律、证券交易所所在地法律、证券购买人所在国法律、证券转让地或买卖地法律、证券面值货币国法律等。一般情况下，当事人常常选择证券发行地和证券交易所所在地法律。

（二）最密切联系原则

在国际证券当事人没有选择所适用的法律时，各国法律一般规定，由法院按最密切联系原则确定所适用的法律。一般是下列其中一国的法律：证券发行人所属国法律、证券投资者所属国法律、证券发行地法或证券交易所所在地的法律。

（三）证券发行地法和证券交易所所在地法

有的国家在立法中直接规定证券交易适用证券发行地法和证券交易所所在地法。正如上面所述，当事人和法院也往往选择适用证券发行地或证券交易所所在地的法律。分析其原因主要有以下几点。

（1）证券发行与发行地国的法律、证券交易与证券交易所所在地国的法律有最密切联系的因素。证券发行人要在某一国发行证券，必须事先征得该国主管机构的批准，证券发行活动受该国法律的管辖和保护。所发行的国际证券如果要在某国证券交易所挂牌上市交易，首先必须在上市国有关机关登记注册，并披露有关资料，其买卖活动受上市国的法律管辖和保护。同时，国际证券的买卖活动还必须遵守挂牌上市的证券交易所的各种规定和习惯做法，满足交易所的各种条件。证券发行地国和证券交易所所在地国的法律对国际证券的发行、买卖起决定性作用。

（2）证券投资者大都是证券发行地国或证券交易所所在地国的居民，他们从事的证券投资活动都受发行地国和交易所所在地国法律管辖和保护。在国际证券市场上，证券投资者的购买和认购是证券发行或买卖的决定性因素，但他们的利益最容易受到侵害，需要其本国法或当地法律给予保护。

（3）证券发行人为了鼓励外国公司或外国居民购买其发行的证券，也愿意选择发行地或证券交易所所在地法，以提高证券的信誉，增加证券的吸引力。

（四）相关中间人所在地原则

传统的证券交易方式，证券持有、交易和结算都是采用直接持有的方式，证券发行人和投资者都有直接接触，不论是交易行为发生地还是证券所在地，都比较容易确定。但从20世纪后半期开始，证券交易开始由直接交易向间接持有方式转变，投资者不再与发行人直接接触，投资者对证券的权益反映在中间人①的记录系统中，证券发行人和投资者之间可能有多个中间人。在间接持有方式下很难确定证券所在地以及交易发生地。这样，以证券所在地和交易发生地为连结点的冲突规则已不适应现代证券交易的方式。在这种背景下，海牙国际私法会议于2002年12月通过了《关于由中间人持有的证券若干权利的法律适用公约》（以下简称《证券法律适用公约》），该公约对证券法律适用规则作了新的规定。

根据《证券法律适用公约》第4、5条的规定，证券准据法首先应该是证券上所明确指定的法律，这里的指定必须符合一定的条件，即相关中间人在该国从事证券业务。如果依据第4条不能确定准据法，即证券上没有指定应适用的法律，但证券账户协议表明是通过相关中间人位于某国境内的分支机构所订立的，则适用该分支机构所在地法律，该分支机构要在该国从事证券业务；如果据此仍不能确定准据法，则适用中间人成立地、中间人营业中心所在地的法律。当有多个中间人时，适用作为直接处分权利的中间人所在地法律。

根据《证券法律适用公约》第2条的规定，公约的适用范围是：（1）因通过证券账户贷出证券而产生的权利对抗中间人和第三人的法律性质和效力；（2）对经由中间人持有的证券进行处分而产生的权利对抗中间人和第三人的法律性质和效力；（3）对经由中间人持有的证券进行处分所需的条件；（4）某人对经由中间人持有的证券所享有的权益是否使另一人的权利消灭或者是否与之相比享有优先权；（5）中间人对除了账户持有人之外的对该证券竞争性主张权益的第三人应尽的义务；（6）实现对经由中间人持有的证券所享有的权益的要件；（7）对经由中间人持有的证券进行处分是否扩展到享有红利、收益或其他分红的权利，或是否扩展到回赎、出售或其他变卖所得收益的权利。

三、离岸金融的法律适用

离岸金融是指有关货币游离于货币发行国境外所形成的，通常在非居民之间以离岸货币进行证券发行的各种交易和资金融通。其主要特征是：（1）离岸金融需具备离岸性，如欧洲美元市场是在美元发行国美国之外所形成的以美元进行交易的场所。（2）离岸金融是"两头在外"，资金的提供者和资金的需求者都是外国的，是非居民之间以离岸货币从事的交易。②1981年美联储批准设立了"国际银行设施"（IBF），IBF具有以下特点：（1）所有获准吸收存款的美国银行、外国银行均可申请加入IBF，在美国境内吸收非居民美元或外币的存款，与非居民进行交易；（2）该市场交易享受离岸金融市场的优待，免除适用美国其他金融交易的存款准备金、利率上限、存款保险、利息预提税等限制和负担；（3）存放在国际银行账户上的美元视同境外美元，与国内美元账户严格分开。在IBF的背景下，离岸金融有了新的含义，即在货币发行国境内金融循环系统或体系之外，并且在非居民之间，以离岸货币进行的各种金融交易或资金融通。③

离岸金融是有关货币游离于发行国之外或货币发行国国内经济运行体系之外而形成的境外或外部市场，市场的资金来源和出路通常是市场所在地的非居民，市场中介也来自世界各国，

---

①　根据《证券法律适用公约》第1条，中间人是指在经营或日常活动中为他人或者同时为他人和自己持有证券账户的人。

②　龚柏华.国际金融法新论.上海：上海人民出版社，2002：408.

③　韩龙.离岸金融的法律问题研究.北京：法律出版社，2001：6.

所以该市场同时受到来自市场所在地国、货币发行国、资金供给者母国、资金需求者母国、市场中介母国以及行业自律组织和国际机构的法律、规则的影响，在市场运作过程的每一个环节的法律适用问题都显得尤其重要。不能否认各有关国家对其本国居民或市场监管的纵向管理，但在这里只涉及横向的平等主体之间的法律适用。

（一）离岸存款运作的法律适用

离岸存款运作引起了大量的复杂的法律关系，其中主要包括存款银行与客户的关系、存款银行与往来行的关系、客户与往来行的关系、收款行与收款人的关系、付款行与资金划拨网络的关系等，而这些关系主要是通过合同来确定的，其法律适用问题可以分为离岸资金划拨的法律适用与离岸存款合同的法律适用。

1. 离岸资金划拨的法律适用

对于离岸资金划拨的法律适用，目前各国理论界和司法实践并无统一的观点和做法。一般认为可以借鉴《美国统一商法典》及联合国国际贸易法委员会《电子资金划拨示范法》的规定，即首先承认当事人意思自治原则，在当事人既无明示选择，也不能推定其选择的情况下，应根据不同当事人之间的不同情况分别规定其法律适用：对于支付指令发出人和接受指令银行间权利义务关系，适用接受指令银行所在地的法律；对于收款人和收款行之间的权利义务关系，适用收款行所在国的法律；当资金划拨系统的规则与当事人选择适用的法律不一致时，优先适用当事人选择的法律；离岸资金划拨有时需经过数个资金划拨系统，而各系统的适用规则可能不同，在这种情况下，资金划拨中各当事人之间关系应适用与争议问题有最密切联系的法律。[①]

2. 离岸存款合同的法律适用

离岸存款凭证本身几乎都没有规定法律适用条款，而传统的存款合同的法律适用原则已经不适应离岸存款合同。鉴于此，有些学者提出依照合同自体法来确定离岸存款的法律适用，即当事人有权选择法律适用，在当事人没有明示选择，也无法推定选择时，适用与合同有最密切联系的法律。在确定与合同有最密切联系的法律时，至少应关注以下因素：决定客户与离岸银行债权债务关系的法律，决定双方债权债务关系的法律等。

（二）离岸债券的法律适用

离岸债券交易在整个离岸金融交易中占有约三分之二的比重。离岸债券通常是指非债券发行地国的居民发行的，由多国投资银行组成的承销银团承销的，在全球范围内向众多国家投资者同时发行出售的债券。其法律适用可分为债券合同的法律适用和债券所有权的法律适用。

1. 债券合同的法律适用

各国一般适用当事人意思自治原则，由当事人选择法律适用。从实践效果来看，对债券合同方面的问题适用债券券面所选择的法律，有利于债券当事人在债券发行时预测和稳定彼此间的权利义务关系。

2. 债券所有权的法律适用

在传统的冲突法中，可流通债券被看作动产即有形的可移动财产。债券是否可以流通由转

---

① 韩龙. 离岸金融的法律问题研究. 北京：法律出版社，2001：100.

让所在国的法律决定，也就是债券交付时所处国家的法律决定。而离岸债券的转让通常通过电脑记账系统完成而没有任何有形债券的交付或转移，交付地很难确定，所以，关于离岸债券所有权的法律适用，学者们主张依据离岸债券券面上当事人选择的法律，认为离岸债券含有的法律选择条款，如果能决定因债券而产生的权利义务问题，则没有必要将这一法律排除适用于债券的流通性问题。

第六节　国际票据关系的法律适用

一、票据以及法律冲突

票据是指某些可以代替现金流通的有价证券。票据的根本作用在于结算，票据具有要式性、文义性、无因性和流通性。各国关于票据的立法不尽相同，因而在票据的国际流通以及支付过程中就会发生各种法律冲突。

1. 关于票据的种类

德国、法国的票据法仅将汇票和本票称为票据，而不包括支票。英美法系的票据法则认为票据应包括汇票、支票和本票。汇票是出票人向受票人开出的，要求该受票人在见票时或在一定时间内，对某人或其指定的人或持票人支付一定金额的无条件的书面支付命令。本票是出票人自己签发的，到指定日期，由本人无条件地支付给收款人或持票人一定金额的票据。支票是由出票人签发一定金额，委托银行见票时无条件地支付给收款人或持票人的票据。

2. 关于票据的形式要件

以德国为代表的一些国家多采用严格的形式定义，规定了多种票据的形式要件，而以英国为首的一些国家对票据的形式要求比较宽松。

3. 关于票据关系与其发生原因之间的关系

有些国家的法律认为两者彼此独立，有些国家的法律却认为两者彼此关联。采取独立主义的德国认为票据是不要因证券，而采取关联主义的法国认为票据是要因证券。

另外，关于票据的当事人的行为能力、票据行为的方式等许多问题，各国的立法也有不同。

二、票据关系法律适用原则

关于票据的法律适用，随着票据在国际经济贸易领域的广泛使用，各国已形成了一些较为统一的原则。

（一）关于票据行为能力的准据法

关于票据行为能力的法律冲突，国际上一般通过当事人的属人法解决。大陆法系各国一般主张票据当事人的行为能力由其本国法来决定。英美法系国家则主张票据当事人的行为能力依其住所地法或行为地法。1930年日内瓦《解决汇票、本票法律冲突公约》第2条在规定票据当事人的行为能力依其本国法决定的同时，采取了一种较为折中的方式，即肯定行为地法的适用。当事人承担票据义务的能力，原则上由其本国法决定，但依其本国法无行为能力或仅有限制行为能力而依行为地法有完全行为能力者，则适用行为地法。此外，该公约还允许反致，即票据当事人的行为能力依其本国法应包括其国际私法，故依当事人本国国际私法的规定，关于票据行为能力应适用内国法或其他国家的法律时，法院地国应以内国法或他国法代替当事人本国法之适用。

（二）关于票据的行为方式的准据法

票据的行为方式适用行为地法，这一项原则源于"场所支配行为"法则，票据的出票、背书、承兑等行为在方式上的有效与否完全取决于是不是遵守了行为地法。无论是1930年日内瓦《解决汇票、本票法律冲突公约》还是英美法系国家的票据法，均有相同的或类似的规定，只是对"行为地"理解不同：前者认为"契约的签名地"为"行为地"，后者则认为"支付地"为"行为地"。

（三）关于票据债务的准据法

票据一经开出，即在当事人之间产生一种债权债务关系。其中出票人、受票人和受款人之间的债务为主债，而背书人、参加承兑人与持票人之间的债务为从债务，它主要是因为主债务人未能履行付款义务而产生的。关于票据主债务的准据法，按照1930年日内瓦《解决汇票、本票法律冲突公约》的规定，应依付款地法律。关于票据从债务的准据法，按照上述公约的规定，应依签字地的法律。

（四）关于票据追索权行使期限的准据法

追索权是指票据不获承兑或者不获付款时，持票人对其前手请求偿还的权利。行使追索权必须具备三个前提条件：一是必须在规定的期限内向付款人为承兑或付款的提示，二是必须在规定的期限内向出票人和所有的背书人发出退票的通知，三是必须在规定的期限内做成拒绝证书。持票人不在规定的期限行使或者保全票据权利的，通常丧失对其前手的追索权。1930年日内瓦《解决汇票、本票法律冲突公约》关于追索权期限的法律适用规定，适用票据成立地法或出票地法。

（五）关于票据权利保全与行使的准据法

有关票据权利的保全与行使等行为，例如，票据的提示、付款、拒绝证书的做成及拒绝通知等细节问题，应依票据付款地法的规定。这主要是因为付款地单一，容易确定；适用法律简便；还有，付款是票据关系的重心，为各当事人所重视，不论各该行为的种类有何不同，均应适用付款地法。

三、中国关于票据法律适用的规定

我国《票据法》于1995年5月10日公布，并自1996年1月1日起实施，2004年8月28日进行修正。这是我国第一部完整的规范票据制度的法律。该法第五章对涉外票据的法律适用作出了较全面的规定，其主要原则如下。

（1）国际条约适用原则。中华人民共和国缔结或者参加的国际条约同该法有不同规定的，适用国际条约的规定。但是，中华人民共和国声明保留的条款除外。

（2）国际惯例补缺适用。该法和中华人民共和国缔结或者参加的国际条约没有规定的，可以适用国际惯例。

（3）票据债务人的民事行为能力，适用其本国法律。票据债务人的民事行为能力，依照其本国法律为无民事行为能力或者为限制民事行为能力而依照行为地法律为完全民事行为能力的，适用行为地法律。

（4）汇票、本票出票时的记载事项，适用出票地法律。支票出票时的记载事项，适用出票地法律，经当事人协议，也可以适用付款地法律。

（5）票据的背书、承兑、付款和保证行为，适用行为地法律。

（6）票据追索权的行使期限，适用出票地法律。

（7）票据的提示期限、有关拒绝证明的方式、出具拒绝证明的期限，适用付款地法律。

（8）票据丧失时，失票人请求保全票据权利的程序，适用付款地法律。

第七节　国际保理关系的法律适用

国际保理（Factoring），即保付代理，是一种综合性的金融服务，即保理商从他的客户即供应商那里，买进通常以发票表示的对债务人（进口商）的应收账款，并负责信用销售控制，销售分户账管理和债款回收。[①]

保理通常涉及四方当事人，即供应商、债务人（进口商）、出口保理商和进口保理商。供应商委托本国出口保理商，出口保理商再从进口国的保理商中挑选进口保理商。进口保理商对各进口商进行资信调查，逐一核定相应的信用额度，并通知出口保理商转供应商执行。供应商于信用额度内发货后，将发票和货运单据直接寄交进口商，发票副本送出口保理商。如果有融资的要求，出口保理商即以预付款方式向供应商提供不超过80％发票金额的无追索权短期贸易融资，并向进口保理商定期提供应收款清单，由其协助催收货款。到期后，进口商将全部货款付给进口保理商，进口保理商则立即将款项转交出口保理商，出口保理商扣除有关垫款费用及贴息后，将剩余20％的货款付给供应商。在整个业务过程中，供应商只需要同出口保理商接触，进口商也只同进口保理商联系。

一、供应商与出口保理商之间关系的法律适用

供应商与出口保理商之间的权利义务关系是由双方签订的国际保理合同加以规定的，根据合同：（1）供应商可以或将要向保付代理人转让供应商和其客户（债务人）订立的货物销售合同产生的应收账款，但主要供债务人个人、家人或家庭使用的货物销售所产生的应收账款除外。（2）保付代理人应履行至少两项下列职能：1）为供应商融通资金，包括货款和预付款。2）保管与应收账款有关的账目（总账）。3）托收应收账款。（3）应收账款转让的通知应送交

---

① 中国银行教育部．国际结算业务指南．北京：中华工商联合出版社，1996：397．

债务人。①

国际保理合同的双方当事人——供应商和出口保理商一般情况下具有相同的属人法，故关于国际保理合同的法律适用，原则上依它们共同的属人法。另外，根据合同法律适用的国际条约适用原则，如果它们的共同属人法与所缔结或参加的国际条约，即《国际统一私法协会国际保付代理公约》，有不同的规定，则适用国际公约的有关规定。根据合同法律适用的国际惯例适用原则，如果它们的共同属人法和所缔结或参加的国际条约都没有规定的，则适用有关的国际惯例，即国际保理联合会颁布的国际保理惯例规则。

就中国目前的情况而言，中国既没有专门调整保理关系的法规，也没有批准加入国际保理公约，但是中国银行已加入国际保理联合会，因此，一般情况下所进行的国际保理业务适用国际保理惯例规则。

二、出口保理商与进口保理商之间关系的法律适用

出口保理商与进口保理商之间的权利义务关系由双方签订的保理商代理合同加以规定。根据合同，出口保理商负有传递信用额度申请表等有关文件、转让应收账款等义务，进口保理商则承担资信调查、评估，坏账风险担保，转交货款等义务。

关于保理商代理合同的法律适用，一般情况下允许合同当事人选择合同的法律适用，如果当事人没有作出选择的，通常适用当事人（包括出口保理商和进口保理商）的惯常居所地或营业机构所在地国家的法律。根据各国的立法和实践以及国际惯例，不论是当事人自己选择，还是法院根据国际私法规则作出决定，关于保理商代理合同一般适用进口保理商所在国的法律。例如，《国际保理规则》第21条规定，出口保理商与进口保理商均同意，向进口保理商进行转让的，适用的法律应是进口保理商所在国的法律。

三、供应商与债务人（进口商）之间关系的法律适用

供应商与债务人之间权利义务关系的基础是双方签订的销售合同。在双方同意采用国际保理业务时，供应商只与出口保理商接触，债务人也只与进口保理商接触。因此，供应商和债务人之间的权利、义务一部分转到了保理商身上，但并不是说供应商与债务人之间不存在权利义务关系了，在国际保理业务中，它们仍负有相当义务：供应商要按合同规定及时交付货物或提供服务，在应收账款转让后应及时通知债务人。债务人应按时支付货款或劳务费用。

供应商与债务人之间的关系是以销售合同为基础的，因此，它们之间的法律关系适用法律问题，也就是国际货物销售合同的法律适用问题，前面章节我们已作过论述，不再赘述。

一般情况下，进口保理商与债务人之间没有契约关系。进口保理商收取债款的权利产生于它对应收账款的收购。进口保理商只对出口保理商负责，而出口保理商只对供应商负责。对于发生贸易纠纷的应收账款，进口保理商可以向出口保理商追索，出口保理商再向供应商追索，因此，只要债务人与进口保理商之间有直接关系，就不会产生法律适用问题。

---

① 参见《国际统一私法协会国际保付代理公约》第1条.

第八节 国际海事关系的法律适用

一、海事关系及其法律冲突

（一）海事关系

海事关系是指由海商法所确认和调整的，具有民事权利、义务内容的海上运输关系和船舶关系。[①] 海上运输关系包括各种合同关系、侵权关系及因海上特殊风险而导致的其他法律关系，主要是指承运人同托运人、收货人或者旅客之间，承拖方同被拖方之间，保险人同被保险人之间的关系。例如，提单反映了承运人与托运人、收货人之间的关系；船舶碰撞反映了侵权方与受害人之间的关系；共同海损反映了海上特殊风险下船舶所有人与债权人之间分摊这种风险的关系。船舶关系主要是指船舶所有权、船舶抵押权和船舶优先权等物权关系。

概括起来，海事关系应包括以下几种。

1. 海事合同关系

海事合同包括海上货物运输合同，海上旅客运输合同，船舶的制造、买卖、修理和拆解合同，以船舶作抵押的借贷合同，租船合同，海上保险合同，救助合同，海上拖航合同等。

2. 海事侵权关系

海事侵权关系包括多种形式，例如，船舶上人员之间发生的侵权行为，船舶碰撞，船舶运输过程中发生的海难事故，船舶对港口内工程、航道造成损害或对海上有关设施发生的侵权行为，船舶排出的油污损害等。

3. 船舶物权关系

船舶物权是指权利人直接对船舶行使并排除他人干涉的权利，通常包括船舶所有权、船舶抵押权和船舶优先权。船舶所有权是指船舶所有人依法对其船舶享有占有、使用、收益和处分的权利。船舶抵押权是指债权人对于债务人或第三人提供担保的船舶，在债务到期未受清偿时，享有就其出卖的价金而受清偿的权利。船舶优先权是海事请求人依照法律的规定向船舶所有人、船舶经营人提出海事请求，对产生该海事请求的船舶享有优先受偿的权利。根据我国《海商法》第22条第1款规定，具有船舶优先权的海事请求包括：（1）船长、船员和在船上工作的其他在编人员根据劳动法律、行政法规或者劳动合同所产生的工资、其他劳动报酬、船员遣返费用和社会保险费用的给付请求。（2）在船舶营运中发生的人身伤亡的赔偿请求。（3）船舶吨税、引航费、港务费和其他港口规费的缴付请求。（4）海难救助的救助款项的给付请求。（5）船舶在营运中因侵权行为产生的财产赔偿请求。

4. 因海上特殊风险而导致的其他法律关系

因海上特殊风险导致的关系有多种，例如，共同海损就是指在同一船舶航程中，船舶、货物和其他财产遭遇共同危险时，为了共同安全，有意、合理地采取措施所直接造成的特殊牺牲、支付的特殊费用。船舶发生共同海损后，因共同海损措施所引起的共同海损牺牲和费用，

---

① 於世成等. 海商法. 北京：法律出版社，1997：493.

应由全部受益方根据抵达目的港或航程终止港时获救的财产价值按比例分摊。再比如，海事赔偿责任限制是指船舶在营运中发生海难，造成重大财产损失和人身伤亡，责任人依法将其赔偿责任限制在一定范围的赔偿制度。它反映了海上特殊风险下船舶所有人与债权人之间分摊这种风险的关系。

（二）海事关系的法律冲突

海事关系的法律冲突，是指海事关系涉及两个或两个以上不同国家的法律，而各有关国家的海事法律对于处理该海事关系的规定不一致，却又竞相要求适用于这种法律关系，从而引起法律适用上的冲突状态。例如，各国对于船舶的登记，利比里亚法律规定，只有利比里亚公民或国民拥有的船舶才能在利比里亚登记，悬挂利比里亚国旗。但在特殊情况下，如船舶已符合所有其他登记要求或事实证明有放弃所有权要求的必要，或船舶所有人以外国海运实体的身份在利比里亚登记或在利比里亚设有经营机构，或按照法律规定在利比里亚指定了合格的代理人，则利比里亚共和国海运事务专员或副专员可以放弃有关所有权的要求。巴拿马法律对于悬挂巴拿马国旗的所有人没有国籍的限制，且船舶所有人既可以是个人，也可以是公司。新加坡法律规定，公司和个人都可以拥有在新加坡登记的船舶，但船舶要在新加坡登记，船东必须是在新加坡注册成立的公司或是新加坡公民或是享有在新加坡永久居留权的个人；被其他国家注销登记的，不得在新加坡登记。我国法律规定，只有中国公民或法人才可以拥有中国船舶。拥有中国船舶的船东既可以是国家企业、集体企业，也可以是中国公民。

再比如，各国法律及国际公约对海难救助的规定也不尽相同。希腊将救助标的规定为危险中的船舶、船上财产、运费和旅客；德国将救助标的规定为危险中的船舶和货物；我国将救助标的规定为遇险的船舶和其他财产；1910年《统一海难援助和救助某些法律规定的公约》（以下简称《救助公约》）规定，救助标的包括遇难的海船、船上财物和客货运费；而1989年《国际救助公约》规定，救助标的包括处于危险中的船舶或任何其他财产。这些法律冲突无疑阻碍了各国航海通商事业的发展，因此各国纷纷寻找解决方法，其中通过冲突规范来确定海事关系的准据法是一种重要的解决方法。

二、海事关系法律适用原则

（一）国际条约的适用

由于经济、历史、文化、传统等方面的原因，各国关于海事的法律不尽相同，这样在客观上阻碍了各国航海通商事业的发展。因此，从19世纪开始，各国就开始谋求海事立法的国际统一化。在一些国际组织的努力下，制定了若干国际公约，例如，1910年《统一船舶碰撞若干法律规则的国际公约》、1910年《救助公约》、1924年《海牙规则》、1993年《船舶优先权和抵押权公约》、1952年《统一船舶碰撞民事管辖权若干规定的公约》、1957年《船东责任限制公约》、1969年《国际油污损害民事责任公约》等。这些国际公约在缔约国范围内，确实起到了预防和减少海事法律冲突的作用。国际公约的存在也充分表明了各国对减少海事法律冲突的愿望和要求，对协调各方相互之间的利益具有重要的意义。关于公约的适用途径有两种：直接适用和间接适用。直接适用的情况是：公约本身具有可直接适用性，而且双方当事人所在国都是公约的缔约国，根据公约必须遵守的国际法原则，公约可直接适用。间接适用是指尽管一方当事人所在国不是公约缔约国，如果双方当事人选择适用公约，公约也可适用。

（二）国际惯例的适用

国际惯例，这里主要是指国际航海惯例，通常是指在国际航海中经过长期反复实践逐渐形成的为大多数航运国家所接受的行为规则。当事人一旦采用这些惯例，就具有法律约束力。这种国际航运惯例，具有灵活性和实用性的特点，可以弥补国际条约及有关国内法规定的不足。目前比较具有代表性的国际航运惯例是《约克·安特卫普规则》。

《约克·安特卫普规则》是一项关于共同海损的国际惯例，其前身是 1860 年由英国社会科学促进会发起，并会同欧洲各海运国家的航运保险及共同海损理算等各界人士在英国格拉斯哥城制定的《格拉斯哥决议》；嗣后，又分别于 1864 年和 1877 年先后两次在约克城和比利时的安特卫普对该协议进行了修改，正式定名为《约克·安特卫普规则》。该规则又分别于 1890 年、1924 年、1950 年、1974 年和 1994 年加以修订。从 1877 年规则起算，至今前后已出现了 6 个规则，它们之间不是后者否定前者，而是可以并存的。只要当事人愿意，在合同中可以明确规定采用哪一年的规则。从实践情况来看，人们通常倾向于适用最新的规则。

国际惯例的适用可以因国家立法的规定而产生法律效力，也可因当事人的选择适用而产生法律效力。

三、海事关系准据法的确定

（一）海上合同关系

海上合同包括诸多种类，有些合同，如海上货物运输合同、海上货物运输保险合同，在前面已论述过。在这里我们再选择其中几种来说明其准据法的确定。

1. 海上旅客运输合同

海上旅客运输合同是指承运人以适合运送旅客的船舶经海路将旅客及其行李从一港口运至另一港口，由旅客支付票款的合同。旅客向承运人或其代理人提出将其由一港口运到另一港口的申请，承运人接受旅客支付的票款，接受这一申请，就意味着承运人和旅客之间的海上旅客运输合同成立。

关于海上旅客运输合同的准据法的确定，多数国家采用承运人属人法或船旗国法。例如，德国规定适用承运人住所地法。1971 年《美国冲突法重述（第二次）》规定适用乘客启程地法。

2. 海上拖航合同

海上拖航合同是指承拖方用拖轮将被拖物经海路从一地拖至另一地，而由被拖方支付拖船费的合同。拖航是一项新兴的海上作业，历史不长，各国关于拖航的立法很不完善，或者完全没有规定。苏联的海商法规定了一般拖航合同的定义、形式，当事人权利、义务，损害赔偿责任等，比较完备。我国《海商法》也对拖航合同作了专章规定。拖航合同的法律适用，多适用承拖方属人法或船旗国法。若拖轮所有人是拖带其所有的或经营的驳船载运货物，经海路由一港口运至另一港口的，视为海上货物运输。此种情况下合同的法律适用就成为海上货运合同的法律适用。

（二）海上侵权

以下着重论述船舶污染损害海洋环境这种特殊的海上侵权行为的法律适用问题。

随着海上运输及其他海上活动的迅速发展，船舶污染损害海洋环境日趋严重，例如，大型油轮因搁浅、触礁造成大面积油污损害，船上所载有害、有毒物质因海难流入海洋导致环境损害，给生态环境和社会的可持续发展带来严重威胁，这些已引起国际社会的广泛重视。

船舶污染损害海洋环境主要有两类：一类是油污损害，另一类是有害、有毒物质的损害。油污损害是指由于船舶溢出或排放油类后，在运油船本身以外因污染而产生的灭失或损害，并包括预防措施的费用以及由于采取预防措施而造成的进一步灭失和损害。有害、有毒物质损害是指在运输有害、有毒物质的船上或船外由于这类物质造成人身伤亡和财产损失。由运输有害、有毒物质造成的环境污染引起的灭失或损害，除这种损害造成的赢利损失外，应限于已实际采取或行将采取的合理复原措施的费用。预防措施的费用和由预防造成的进一步的灭失或损害，在无法将有害、有毒物质造成的损害与其他因素造成的损害合理分开时，除油类和放射性物质造成的损害外，所有此种损害应视为有害、有毒物质造成的。

不论是油污损害还是有害、有毒物质造成的损害，如果发生在一国领土或领海范围内，那么，其赔偿责任应适用领海所属国的法律。在这里需要注意的是，所谓在一国领土或领海范围内发生损害，强调的是损害结果，也就是污染了一国领土或领海，而不论这种溢出或排放发生在何处。

（三）海上物权

海上物权包括船舶所有权、抵押权和优先权。

船舶所有权是指船舶所有人依法对其船舶享有占有、使用、收益和处分的权利。船舶抵押权是指抵押权人对于抵押人提供的作为债务担保的船舶，在抵押人不履行债务时，可以依法拍卖，从卖得的价款中优先受偿的权利。抵押权具有担保物权的特质。关于物权关系的准据法的确定，适用最广泛的原则就是"物之所在地法"原则。但船舶的"物之所在地"应如何确定？船舶经常移动，不易确定其所在地，或常处于公海之上，无法律可循。鉴于此，世界各国都设置了船舶登记制度，船舶在哪国登记，就属于哪国，就应悬挂这个国家的国旗，那么，也就是说船舶的船旗国易于确定，船舶的所在地也就确定了。目前，船舶的所有权和抵押权适用船旗国法已得到了各国的普遍认可。

船舶优先权是指海事请求人依法向船舶所有人、光船承租人、船舶经营人提出海事请求，对产生该海事请求的船舶具有优先受偿的权利。船舶优先权是一种法定的担保物权，它所担保的是法律规定的某些海事请求权，海事请求权是多种多样的，有些是基于合同而产生的海事请求，有些是因为侵权行为而产生的。前者有船员工资的请求权、救助报酬的请求权等；后者有船舶碰撞损害赔偿的请求权、人身伤亡的损害赔偿请求权等。船舶优先权设定于特定的海上财产，从海事请求产生之时起就根据法律规定，自动地设定于该特定的海上财产，并无条件地始终依附于该海上财产。船舶优先权应通过一定的法律手段强制执行，一般都是通过法院扣押产生优先权的船舶行使。关于船舶优先权的法律适用，各国学者、各国的立法和实践都有不同的主张，主要有以下几点。

1. 船舶优先权的准据法应是被担保债权的准据法，也称为原因行为准据法

该主张认为船舶优先权制度是为了保护债权人而设立的，因此，主债权适用哪国法律，优

先权就应适用哪国法律，这样才能达到保护债权人的目的。在美国和荷兰的判例中出现过此种主张。

2. 船舶优先权的准据法为船舶所在地法

该主张认为关于动产的物权，为保护标的物所在地的公益起见，不论动产所有人的国籍如何，原则上应以其所在地法为准据法。船舶为特殊动产，基于物权法的属地性，关于船舶优先权的法律适用也应依债权发生时船舶所在地法。此种主张曾出现在美国、德国、法国及比利时的判例中，此种主张中船舶所在地如何确定值得探讨。

3. 船舶的优先权应适用船旗国法

该主张认为船舶优先权是依附于船舶之上，不论船舶走到哪里，均应以船舶的国籍国法即船旗国法为其准据法。美国、法国、意大利的判例中有此主张。《葡萄牙商法典》、中国台湾地区"涉外民事法律适用法"都采取此种主张。

4. 船舶优先权应适用法院地法

该主张认为船舶优先权是一种法定担保物权，其权利具有属地性质，而且船舶优先权具有法律强制性，一般都是通过法院扣押产生优先权的船舶来行使。此种主张多见于英国、美国、法国、德国等各国的判例和立法中。

5. 以最密切联系原则确定船舶优先权的准据法

该主张主要体现在1971年《美国冲突法重述（第二次）》中。我国台湾地区的赖来焜教授在其博士学位论文《海事国际私法中船舶优先权之研究》中（第204~237页），即持此种观点。

（四）共同海损

共同海损，是指在船舶和船上载运的货物和其他财产遭遇共同危险时，为了共同安全，有意地采取合理的措施而人为造成的特殊牺牲和特殊费用。共同海损的损失可以分为两类：共同海损牺牲和共同海损费用。共同海损牺牲是指因共同海损行为直接造成的物质损失，主要有船舶牺牲、货物牺牲和运费牺牲。共同海损费用是指为了船舶、货物和其他财产的共同安全，有意而合理支付的额外费用，通常包括在避难港等地发生的额外费用、代替费用和救助费用等。船舶发生共同海损事故后，因共同海损措施所引起的共同海损牺牲和费用，应由全部受益方根据抵达目的港或航程终止港时获救的财产价值按比例分摊。

关于共同海损的准据法确定，一般也准许当事人按照意思自治原则，在运输合同、提单中指定特定国家的法律或采用《约克·安特卫普规则》作为准据法。共同海损是海商法中一项特有的制度，其法律适用问题不同于一般民事关系的法律适用。比如，关于共同海损的理算，有的国家主张适用理算地法。也有的国家主张适用法院地法，如意大利。还有的国家认为共同海损属于不当得利，应依事实发生地法，即共同海损发生地法：海损处分如发生在一国领水内，依领水所属国法；如果发生在公海上，则依终航地法或船旗国法。

（五）海事赔偿责任限制

海事赔偿责任限制是海商法中的一项特殊法律制度，是指在发生重大海损事故时，作为责任人的船舶所有人、经营人和承租人等，可以根据法律的规定，将其赔偿责任限制在一定范围内的法律制度。它不同于民法的损害赔偿制度，在民法中无论是侵权还是违约，责任人均按规定对受损方承担全部损害赔偿责任。海商法则不然，由于海上运输总有特殊风险相随，损害随时会发生，如果是全部赔偿，赔偿额常常会超过肇事船舶的总价值，无疑会影响航海事业的发展，因而允许船舶所有人等责任人依法将自己对受损方的损害赔偿责任限制在规定的范围内，超出这个范围的，对其免除进一步的赔偿责任。关于海事赔偿责任限制的准据法的确定，一般适用受理案件的法院所在地的法律。

四、中国关于海事关系法律适用的规定

我国《海商法》第十四章第268条至第276条对海事关系的法律适用作了明确的规定，归纳起来主要有以下几点。

（1）对于海事合同争议，适用意思自治原则来确定其准据法；当事人未做选择的，适用最密切联系原则确定其准据法。

（2）船舶所有权的取得、转让和消灭，适用船旗国法。

（3）船舶抵押权，适用船旗国法。

（4）船舶优先权，适用受理案件的法院所在地法。

（5）船舶碰撞适用侵权行为地法。发生在公海上的船舶碰撞，适用法院地法；同一国籍的船舶，不论碰撞发生于何地，碰撞船舶间的损害赔偿适用船旗国法。

（6）共同海损理算适用理算地法。

（7）海事赔偿责任限制适用受理案件的法院所在地法。

（8）中华人民共和国缔结或参加的国际条约同《海商法》有不同规定的，适用国际条约的规定，但中华人民共和国声明保留的条款除外。

（9）中华人民共和国法律和中华人民共和国缔结或参加的条约没有规定的，可以适用国际惯例。

（10）所适用的外国法违反中华人民共和国法律基本原则和社会公共利益的，不予以适用。

课后练习

1. 请简述在国际投资经营合同的法律适用中，适用东道国法律的法律依据。

2. 请简述国际商业贷款协议的法律适用原则及限制。

3. 请简述在国际证券的法律适用中，适用证券发行地法和证券交易所所在地法的主要依据。

4. 国际货物销售合同应受当事人选择的法律支配，如果当事人未进行选择，合同应适用卖方营业地法律，但在下列哪些情况下，应适用买方营业地法律？（　　　）

　　A. 合同主要是根据买方提出的条件通过投标而缔结的

　　B. 合同约定卖方应在该国履行其义务

　　C. 国际动产的买卖合同

　　D. 合同谈判在该国进行，并由当事人当场签订

5. 鉴于国际商业贷款合同的特殊性，各国在立法中程度不同地对当事人选择法律的自由作出了种种限制，包括（　　　）。

　　A. 当事人协商选择的法律必须是与协议有最密切联系的国家的法律

B. 双方当事人选择适用于协议的法律，不得规避原应适用于协议的强制性法律

C. 双方当事人选择的法律不能违背法院地国家的公共秩序

D. 双方当事人对法律的选择应是明示的

6. 1997 年 10 月，英国 A 公司向大连海事法院起诉，根据其对我国 B 公司货轮"明星号"享有的贷款抵押权求偿。经法院调查，"明星号"是我国 B 公司从希腊租用的一艘在巴拿马登记并挂巴拿马国旗的光船。大连海事法院在处理该案时，应适用下列哪一法律？（　　）（法考）

A. 英国法

B. 希腊法

C. 巴拿马法

D. 中国法

7. 美国联合企业有限公司与中国山东省对外贸易总公司烟台公司购销合同纠纷上诉案[①]

1993 年美国联合企业有限公司（以下简称联合公司）与中国山东省对外贸易总公司烟台公司（以下简称烟台公司）签订了合同，约定烟台公司向联合公司销售大蒜，价格条件为 CIF，装运时间为 1993 年 6 月至 12 月，装运口岸为中国港，付款条件为不可撤销即期付款信用证，装运日期后 15 天内在中国议付有效。合同签订后，烟台公司依约先后分 39 批将大蒜发往美国，联合公司付给烟台公司 12 万美元，尚欠货款 1 935 972.5 美元。联合公司提出质量问题。此后协商未果，1998 年 2 月烟台公司诉至山东省高级人民法院，请求判令联合公司支付所欠货款并赔偿损失。

山东省高级人民法院依照《联合国国际货物销售合同公约》第 53 条及有关法律判决联合公司败诉。联合公司不服，向最高人民法院上诉称：（1）原审法院对此案没有管辖权。本案所涉及的合同签订地在美国，合同履行地、合同标的物均不在中国，联合公司在中国无代表机构，无可供扣押的财产，亦不存在侵权行为地问题，因此，本案纠纷应在美国法院提起诉讼。（2）原审审理此案时严重违反法定诉讼程序。1）送达诉讼文书没有通过外交途径；2）联合公司的法人代表身份证明书、授权委托书未经公证认证即开庭审理；3）应诉通知规定的提交有关文件的时间不合理；4）剥夺了联合公司收集、提供证据并进行答辩的权利。（3）原审判决认定事实和适用法律均有错误。本案产品质量问题发生在美国，因原审法院剥夺联合公司回美国搜集证据的权利，导致认定事实错误。按与合同最密切联系原则，本案应适用美国法，原审法院片面援引《联合国国际货物销售合同公约》属适用法律错误。本案的交货地点是美国和其他国家，按国际惯例，产品质量的确定应以交货地国家的商品检验为依据。烟台公司发给联合公司的大蒜经美国商检部门检验有质量问题，联合公司将通过美国法院索赔。请求撤销原审判决。

问题：美国联合公司上述理由中的第三点是否成立？为什么？

8. 江苏省海外企业集团有限公司与丰泰保险（亚洲）有限公司上海分公司海上货物运输保险合同赔偿纠纷[②]

1999 年 7 月 16 日，海外集团与法国 S 公司达成木材进口贸易协议，货物由法国 A 公司承运从法国加蓬港至中国张家港。同年 10 月 14 日，海外集团向丰泰保险公司投保货物运输险。

① 最高人民法院（1998）经终字第 358 号民事判决书.
② 上海海事法院（2001）沪海法商初字第 398 号民事判决书.

双方签订的格式保险单背面条款约定适用英国《1906 年海上保险法》。后载货船遭遇暴风雨沉没，货物全损。海外集团向丰泰保险公司提出理赔要求，但被丰泰保险公司以海外集团违反保险单正面载明的保证条款，未依最大诚信原则披露真实情况及丰泰保险公司有权废止和终止保险合同为由，拒绝支付保险赔款。原告向上海海事法院起诉。上海海事法院认为，根据《中华人民共和国民法通则》的规定，涉外合同的当事人可以选择处理合同争议所适用的法律，法律另有规定的除外。本案双方当事人同意适用英国《1906 年海上保险法》处理本案争议，本案保险合同纠纷应当适用英国《1906 年海上保险法》。

问题：法院在依据当事人意思自治原则确定涉外保险合同的准据法时，应考量的因素有哪些？

第十四章

非合同之债的法律适用

本章概要

一般来说，债产生的原因除了合同之外，还有侵权、不当得利和无因管理，这些统称为非合同之债。随着当代科学技术日新月异的发展，非合同之债的内涵和形式都发生了很大的变化。例如，产品制造与销售的国际化，使得国家间的产品责任争端增多；民用航空等大型交通工具的现代化，使空难事故屡有发生等。这些新问题、新变化给学者带来了新的研究课题。本章介绍了一般侵权行为通用的法律适用原则及最新发展，着重分析了不同类型的特殊侵权行为的法律适用原则，并对不当得利和无因管理的法律适用作了简单介绍。

关键术语

侵权行为之债　侵权行为地法　特殊类型侵权行为之债　空中侵权　公路交通侵权　产品责任　网上侵权行为　不当得利　无因管理

第一节　侵权行为之债及其法律冲突

一、侵权行为之债

侵权行为之债是指不法侵害他人人身或财产权利并造成损失而承担民事责任所构成的债。不法侵害他人权利的人为致害人（或加害人），权利受到损害的人称受害人。受害人是债权人，致害人是债务人。

一般地讲，构成侵权行为必须具备以下要件：（1）损害事实的客观存在，指致害人给受害人造成财产上或人身上的损失，包括直接损失和间接损失。（2）致害行为的违法性，指造成损害的行为必须具有违法的性质，致害人才负民事责任。（3）侵权行为与损害事实之间具有因果关系，即损害结果由侵权行为造成。（4）致害人有过错，致害人对其行为及其可能产生的结果存在故意或过失的心理状态。① 根据各国民事立法及理论，对于侵权行为可以从不同的角度进行分类，但就国际侵权行为法律适用而言，早期各国通常不划分侵权行为之债的种类而规定不同的法律适用原则。随着科学技术的进步及社会的发展，侵权行为的种类越来越多，出现了一般侵权行为之债和特殊侵权行为之债的区分，其法律适用的规则也有所不同。

根据中国立法，侵权行为分为一般侵权行为和特殊侵权行为：一般侵权行为是指行为人由于过错侵害他人的财产或者人身，依法一定承担民事责任的行为。特殊侵权行为是指当事人基于与自己有关的行为、物件、事件或者其他特别原因致人损害，依照民法上的特别责任条款或者民事特别法的规定应当承担民事责任的行为。② 20世纪七八十年代，一些国家国际私法立法中将侵权行为区分为一般侵权行为和特殊侵权行为，对其法律适用分别加以规定。如1971年《美国冲突法重述（第二次）》和1987年《瑞士联邦国际私法法规》。

二、侵权行为之债的法律冲突

各国关于侵权行为之债的法律冲突主要体现在以下几个方面。

1. 由于各国历史、经济等方面的原因，各国侵权行为法涉及的领域有所不同，因而侵权行为的外延也有所不同

在一些法制尚不健全的国家，法律所保护的权利不够广泛，侵权行为发生的领域也就比较小。在一些发达国家被认为侵权行为，而在其他国家则可能不被视为侵权行为。例如，对家庭关系的侵扰、侵犯秘密等，在法制健全的国家被认为侵权行为，而在法制尚不完善的国家则很少被如此认定。

2. 侵权行为的构成要件不同

各国法律关于侵权行为构成的规定各有特色。例如，法国法规定侵权行为构成要件是过错、损害以及两者之间的因果关系。德国法规定其构成要件是违法性、侵犯权利和错意。而英国法规定判断侵权行为要看某人是否有权在法院从另一人处获得救济，能够获得救济，则另一人的行为构成侵权行为。

3. 侵权行为的相对人不同

在一般情况下，不存在对未出生的人的侵权行为。但《日本民法典》第721条规定，胎儿，就损害赔偿请求权，视为已出生。美国在判例中也强调胎儿可以获得损害赔偿。

4. 损害赔偿的数额及计算方法、赔偿的原则、标准和限额不同

关于赔偿数额，一般地讲，发达国家的要高于发展中国家的。关于赔偿原则和标准基本上有两种：一是英美法系国家的做法，即充分补充受害人的损失；对有严重过失的侵权人予以严厉的惩罚。二是一些国家采取全部补偿原则，即损失多少，赔偿多少。关于赔偿限额，各国法律规定的差别主要体现在有无限额和限额高低两个方面，并且集中在对人身和人格权的侵害上。

---

① 章尚锦. 国际私法. 北京：中国人民大学出版社，1992：151.
② 王利明. 民法. 北京：中国人民大学出版社，2001：546、553.

第二节　一般侵权行为之债的法律适用

一、一般侵权行为之债的法律适用原则

侵权行为之债属于非合意之债，具有法律上的强制性。根据各国的立法实践，通常依照下列原则确定侵权行为之债的准据法。

(一) 侵权行为地法原则

1. 侵权行为地法的含义及适用理由

侵权行为地法表示侵权行为要适用侵权行为完成地国家的法律。侵权行为地法是一项传统的"场所支配行为"的原则，在冲突法的演变、发展过程中，以侵权行为地法作为侵权行为之债的准据法在各国的立法中始终占主导地位。

例如，1804 年《法国民法典》规定，有关警察与公共治安的法律对于居住在法国境内的居民均有强制力。根据法国最高法院的解释，该条适用于侵权行为。1989 年修订的《日本法例》第 11 条规定，因侵权行为而发生债权的成立及效力，依其原因事实发生地的法律。1978 年《奥地利联邦国际私法法规》第 48 条第 1 款规定，非契约损害赔偿，依造成此种损害的行为发生地国家的法律。2006 年日本《法律适用通则法》第 17 条规定，因侵权行为而产生的债权的成立及效力，依加害行为结果发生地法；无法预测在其地的结果的发生时，依加害行为进行地法。2007 年关于非合同之债准据法的《罗马规则Ⅱ》第 4 条是关于侵权行为准据法的通则性规定，其第 4 条第 1 款规定，除《罗马规则Ⅱ》有相反规定外，因侵权行为而发生的非合同之债的准据法是损害发生地国家的法律，而不论损害的原因事实发生于何国，也不论该事实的间接后果发生于何国。

当然，各国以侵权行为地法作为准据法的理由各不相同：有的学者认为，这是由侵权行为之债的发生根据所决定的，因为侵权行为发生是基于法律的规定、法律的权威性，而非当事人的自由意志，因此，只能采用侵权行为地法。有的学者提出侵权行为是一种违反法律义务并对他人造成损害的不法行为，而侵权行为地因此行为而蒙受的损失最大，因此，适用侵权行为地法是维护行为地公共秩序的需要。有的学者主张，侵权行为打破了侵权行为地法律所保证的每个人的权利平衡，为了在行为地维持这种权利平衡，应以侵权行为地法为准据法。[1] 还有的学者直截了当地把适用侵权行为地法看作侵权行为地实行地域管辖的需要。本教材认为，一方面，传统民法中的侵权行为的责任具有惩罚性质，侵权行为既然是对行为地法律秩序的破坏，那么，致害人当然要受到行为地法的制裁；另外，侵权损害赔偿依侵权行为地法，判决结果有明确性，并且执行也方便。应当指出的是，侵权行为地法原则是侵权行为之债法律适用的基本原则或者一般原则。

2. 侵权行为地的确定

侵权行为适用行为地法虽然被很多国家遵循，但在当代社会，人员交往频繁，交通发达，

---

① 巴迪福. 国际私法各论. 曾陈明汝，译. 台北：台湾中山学术文化基金会董事会出版，1979：256.

侵权行为可能发生在一国，其结果却可能在另一国产生，此时，如何确定行为地？各国法律的规定不同。

（1）主张以加害行为地为侵权行为地。例如，1978 年《奥地利联邦国际私法法规》第 48 条第 1 款采纳了这一主张。

（2）主张以损害发生地为侵权行为地。例如，1971 年《美国冲突法重述（第二次）》第 377 条及 1972 年《加蓬民法典》第 41 条即这样规定。2007 年关于非合同之债准据法的《罗马规则Ⅱ》原则上对于侵权行为之债适用损害发生地法（lex loci damni），这一做法为荷兰、英格兰等采用，而且被法国最高法院的司法判例所采用。

（3）主张侵权行为地既包括行为实施地，也包括损害发生地，甚至还可以包括其他相关的地方。例如，1964 年《捷克斯洛伐克社会主义共和国国际私法和国际民事诉讼法》第 15 条、1982 年《南斯拉夫法律冲突法》第 41 条均如此规定。根据《葡萄牙民法典》第 45 条第 1 款的规定，侵权责任，无论是产生于非法行为、风险，还是由某些合法行为所引起的，都适用造成损害的主要行为实施地国家的法律。因不作为造成的侵权责任，适用责任者本应作为的行为地法。而该法第 45 条第 2 款规定："如果侵权结果发生地国的法律认为行为人是侵权人，但侵权行为实施地法不认为是侵权人的，适用前者的法律。"

（二）法院地法原则

侵权行为之债适用法院地法的理论起源于德国，主要由德国学者瓦希特和萨维尼所倡导。1841 年瓦希特在《民事实务》杂志上发表《国际私法法律的各种冲突》一文，在该文章中他抛弃了侵权行为地法作为侵权行为之债准据法的主张，认为侵权行为近似犯罪，因而如果法官对犯罪判处刑罚只能依法院地法，对侵权行为也只能依法院地法。[①] 1849 年萨维尼在《现代罗马法体系》第八卷中也认为：有关侵权行为的法律一直被公认为是强制性的、严格的实在法，因此在侵权行为之债中，应该一直考虑诉讼地法，而不是侵权行为地法；并认为这一问题与刑事法律问题大体相同，不论犯罪是否在国外，其可惩罚性及处以什么刑罚均由法院依法院地法判定。[②] 侵权行为责任与法院地的基本公共秩序有关，因此，应适用法院地法。

侵权行为之债适用法院地法理论没有多大影响，也没有为德国立法所采纳。英国在很长的一段历史时期采用侵权行为之债适用法院地法。英国早期侵权行为的起诉权以国王的名义由大法官颁发的"令状"为基础，当事人获得"令状"才能到法院去起诉，通过法院保护其权利。直到 1852 年《普通法程序法案》颁布以后才建立了当事人诉讼制度。即使如此，在英国由于侵权行为程序法观点影响很深，侵权行为之债适用法院地法还是保留了很长一段时间。国际私法学者沃尔夫和莫里斯都认为上述侵权行为之债适用法院地法理论，对英国法的发展有深刻影响。[③] 现代英国的国际私法理论和实践采用以法院地法为主、以侵权行为地法为辅的重叠适用原则，同时还有其他法律适用原则。

侵权行为之债适用法院地法的理论受到一些国际私法学者的批评，例如，美国加利福尼亚

---

① 钱骅．国际私法．北京：中国政法大学出版社，1988：460.

② 弗里德里希·卡尔·冯·萨维尼．法律冲突与法律规则的地域和时间范围．李双元，等，译．北京：法律出版社，1999：151－152.

③ 马丁·沃尔夫．国际私法．李浩培，等，译．北京：法律出版社，1988：689. 莫里斯．法律冲突法．李东来，等，译．北京：中国对外翻译出版公司，1990：303.

大学艾伦茨威格教授对此进行了全面、系统的分析和研究，归纳了"法院地法"的三大缺陷，即缺乏实践价值，具有不确定性，导致当事人任意挑选法院的倾向，从而使问题在实质上得不到公正的解决。但是也应该看到，一国有时为了维护本国的利益，必要时适用法院地法，不无可取之处。现在几乎所有的国家都放弃了单纯适用法院地法的这种理论。

（三）重叠适用侵权行为地法与法院地法的原则

一些学者认为，一种行为合法与否，应以行为地法为原则，但为维护法院地的公共秩序，对依行为地法发生的债权，必须是在法院地法承认的范围内，才能得到清偿，因此，一种行为是否构成侵权行为，应受行为地法和法院地法双重支配。在实践中，一些国家采用了重叠适用侵权行为地法与法院地法的原则，其中有的国家主张以侵权行为地法为主、以法院地法为辅。例如，1989 年修订的《日本法例》第 11 条的规定就体现了前一主张，它规定：因无因管理、不当得利或不法行为而产生债权的成立及效力，依原因事实发生地法。不法行为的事实发生在国外，依日本法不认为是不法行为时，不适用前述的规定。也有的国家主张以法院地法为主、以侵权行为地法为辅。如英国则以法院地法为主，只参考侵权行为地法。1870 年英国法院审理的菲利普斯诉艾尔（Phillipsv. Eyre）一案[①]中，威尔斯（Willes）法官指出，作为一般规则，要在英国提起据称发生在国外的诉讼，必须符合两个条件：第一，侵权行为必须具有这样的性质，即该行为如果发生在英国，也是可以起诉的；第二，根据行为发生地法，该行为一定是不正当的行为。[②] 这就是英国著名的"双重可诉"原则。

二、一般侵权行为之债法律适用原则的新发展

20 世纪中期以来，在国际民商事交往过程中，侵权行为的表现形式越来越复杂，原有的国际侵权行为之债的法律适用原则不能适应现实发展的需要，各国学者对法院地法原则和侵权行为地法原则有种种批判。同时，随着社会的进步和法律文化的不断发展，侵权行为之债的法律适用原则也出现了新的发展，具体表现在以下几个方面。

（一）侵权行为自体法和最密切联系原则

侵权行为自体法（proper law of tort）的概念首先由英国莫里斯于 1951 年在《哈佛法学评论》上发表的《论侵权行为自体法》一文中提出。莫里斯指出，侵权行为自体法理论的要旨是，尽管在大多数情况下，法院不需要在侵权行为地法以外寻找准据法，但仍应当有一种足够广泛而且足够灵活的冲突规则，既能适用于各种例外情况，也能适用于通常的情况，否则，难免会出现违背常理的结果。侵权行为自体法理论如加以合理的运用，将会提供必需的灵活性，能够区分不同性质的争议，便于对所涉及的各种社会因素进行更加充分的分析，也便于合理解决侵权行为发生在甲国而损害后果发生在乙国时所产生的各种问题。该理论能够提供一个更为

---

① 菲利普斯诉艾尔案的简单情况如下：被告在牙买加（当时英国殖民地）革命时殴打了原告，并将原告监禁起来。当时被告是该岛的行政长官，在本案诉讼前，牙买加议会通过了一项赔偿法案，对于在动乱期间所采取的行动不加追究。虽然艾尔的行为构成英国法认为的侵权行为，但根据行为地法，即牙买加法变为合法，于是，王座法院驳回诉讼。

② 莫里斯. 法律冲突法. 李东来，等，译. 北京：中国对外翻译出版公司，1990：307.

合情合理的解决方法。正如存在各种各样不同性质的合同一样，客观上也存在各种各样的侵权行为，如果对各种侵权行为及其各种问题一律适用一种机械的公式，是不太可能产生令人满意的结果的。① 莫里斯认为，如果采用侵权行为自体法方法，能够选择的法律，至少是在特定案情中，与该案一系列行为和结果有着最重大联系的法律。② 侵权行为自体法的含义不同于合同自体法的含义，它主要是指对侵权行为地法、法院地法以及当事人属人法加以综合考虑。③ 这种方法改进了传统的国际私法上侵权行为的法律适用。

莫里斯的侵权行为自体法理论对 20 世纪 50 年代后期到 70 年代的美国冲突法"革命"起了有力的推动作用，在侵权行为之债的法律适用中确立了最密切联系原则。最密切联系原则的概念首次由英国学者在合同领域提出之后，在国际私法界产生了深远的影响。虽然它是在合同法律适用领域产生的，但在侵权法上也同样被广泛适用。美国在 1954 年的奥汀诉奥汀案中首次运用最密切联系原则确定合同之债的准据法。在侵权行为的法律适用领域，对最密切联系原则的确立具有近乎里程碑意义而最引人注目的案件，是 1963 年的贝科克诉杰克逊案，该案的主要案情是这样的：1960 年 9 月 16 日，住在纽约州的贝科克小姐乘坐杰克逊驾驶的汽车前往加拿大度周末，汽车来到加拿大安大略省境内时，撞在高速公路边的一堵墙上，贝科克小姐因此受重伤。回到纽约后，贝科克就对杰克逊提起诉讼，指控杰克逊驾车时疏忽，并请求赔偿。根据侵权行为发生地加拿大安大略省公路交通法令第 105 条规定，除了为了赢利的商业性运载乘客以外，汽车的所有者或驾驶员对乘坐在车内的任何人由于身体受伤所遭受的任何损害或损失以至于死亡不负责任。但法院地纽约州当时的法律规定，在这种情况下，汽车所有者或驾驶者要负赔偿责任。被告根据侵权行为地法的传统做法要求法院适用安大略省法律，驳回原告的诉讼请求。初审法院采纳了被告的主张。原告不服，提出上诉。审理该案的纽约州上诉法院法官为 1954 年审理奥汀诉奥汀案的富德法官。富德法官认为，侵权行为适用侵权行为地法不免显得呆板、机械，往往忽视侵权行为地以外的州对解决同一案件具有的利益。从该案的情况看，该案的原告、被告皆为纽约人，被告驾驶的汽车在纽约取得执照，车在纽约保险，车库也在纽约，当事人旅游的出发点和终点也在纽约，安大略省与本案的唯一联系是事故发生在那里，这纯属偶然，因此，与安大略省相比，纽约与本案有更密切的联系。本案应适用纽约州法律，推翻原判。④ 贝科克诉杰克逊案的判决标志着行之已久的、以侵权行为地法作为唯一准据法的美国国际私法理论从根本上发生了动摇。从此，最密切联系原则成为美国确定侵权行为准据法的主要依据。

1971 年《美国冲突法重述（第二次）》正式确认了这一项原则，其第 145 节规定："侵权行为争端中双方的权利和责任，由与争端的产生和当事人双方具有最密切关系的国家（州）的法律决定。"选择"最密切关系"的法律可以从下列几个方面着手：（1）损害发生地法。（2）导致损害发生地法。（3）双方当事人的住所、居所、国籍国、法人所在地以及营业所所在地法。（4）双方当事人关系最集中的地方的法律。这一规定也充分体现了莫里斯关于侵权行为自体法理论的观点。⑤ 在英国 1971 年的博伊斯诉查普林案（Boys v. Chaplin）中，霍申（Holson）和

① 莫里斯. 法律冲突法. 李东来，等，译. 北京：中国对外翻译出版公司，1990：306.
② Morris. The Proper Law of Tort. *Harvard Law Review* 64. 1951：888.
③ 韩德培. 国际私法. 北京：高等教育出版社，北京大学出版社，2000：207.
④ 里斯. 冲突法——案例与资料. 英文版. 1971：536-545.
⑤ 同①.

韦伯弗斯（Wilberforce）法官运用了侵权行为自体法方法和《美国冲突法重述（第二次）》的观点。该案作为英国最高司法机关的判例，是以最密切联系为基本内涵的侵权行为自体法方法在英国侵权法律适用理论及实践中占有重要地位的实践标志。不过，莫里斯的侵权行为自体法理论在英国曾经遭到不少批评，直到1984年，英国法律委员会和苏格兰法律委员会的联合工作小组在就侵权行为的准据法问题提出的报告中，才采纳了莫里斯的侵权行为自体法理论。进而1995年《英国国际私法（杂项规定）》第11条规定，作为一般规则，侵权行为或不法行为之事件发生地法为其准据法。在该法第12条的例外规则体现了最密切联系原则。以最密切联系原则确定侵权行为之债准据法也为一些大陆法系国家的国际私法立法所采用。1978年《奥地利联邦国际私法法规》第48条规定："非契约损害求偿权，依造成此种损害的行为发生地国家的法律，但如所涉及的人均与另外一国家的法律有更密切联系时，适用该国家的法律。"1982年《土耳其国际私法和国际诉讼程序法》第25条以及1999年德国《关于非合同债权关系和物权的国际私法立法》第41条等也有类似的规定。2006年日本《法律适用通则法》第20条规定了关于侵权行为法律适用中"明显有更密切关系地时的例外"。该条规定，因侵权行为而产生的债权的成立及效力，综合考虑侵权行为时，当事人在同一法域有经常居所，违反当事人间合同义务的侵权行为及其他情况，与依前三条规定应适用法地相比，明显有其他更密切关系地时，依该其他地法。2007年关于非合同之债准据法的《罗马规则Ⅱ》第4条第3款规定：如果从全部情况来看，侵权行为与第4条第1款或第2款所指定的国家以外的另一国家有显然更密切的联系，则应适用该另一国家的法律体系。与另一国家显然更密切的联系，尤可基于当事人之间先存在的关系（诸如与所称侵权行为有密切联系的合同）得出。该规定是侵权行为之债法律适用的例外条款。

（二）当事人的共同属人法原则

当事人的共同属人法原则是指侵权行为之债的双方当事人具有共同的国籍或者住所地、居所地位于同一国家，则侵权行为之债适用当事人的共同本国法、共同住所地法或共同居所地法。在实践中，侵权行为地具有一定的偶然性，假如当事人国籍或者住所地相同，仅仅因偶然原因外出而发生侵权行为，则撇开当事人的本国法或住所地法，片面地强调侵权行为地法，未必妥当；而如果适用当事人共同的本国法或住所地法，则具有较大的针对性和灵活性，并且可以避免一味地适用侵权行为地法产生的不合理现象。因此，一些国家在确立侵权行为之债适用侵权行为地法一般原则的基础上，在立法中也规定适用当事人共同属人法的原则，以期增加法律选择的灵活性和适应能力。

例如，1966年《波兰国际私法》第31条第1项、第2项规定，非法律行为所产生之债，依债务原因事实发生地法，但当事人有同一国籍，又在同一国内有住所时，依当事人本国法。1966年《葡萄牙民法典》第45条第3款规定，如果侵权行为人和受害人具有相同国籍，或拥有共同惯常居所地的，恰好双方都临时在国外，则可适用其共同本国法或共同惯常居所地法。1979年《匈牙利国际私法》第32条第3款、1987年《瑞士联邦国际私法法规》第133条、1999年德国《关于非合同债权关系和物权的国际私法立法》第40条第2款第1句等，都有类似的规定。2007年关于非合同之债准据法的《罗马规则Ⅱ》第4条第2款规定，但在损害发生时，如果加害人与受害人在同一国家有其惯常居所，则应适用该国的法律。这意味着在加害人与受害人在同一国家有惯常居所的情况下，该国的法律应优先于第4条第1款所规定的损害发生地国家的法律而予以适用。

（三）当事人的意思自治

有些国家的立法把当事人意思自治原则引入了侵权法领域。如 1999 年德国《关于非合同债权关系和物权的国际私法立法》第 42 条规定，非合同债权关系据以产生的事件发生后，当事人可以选择应适用的法律，第三人的权利不受影响。2006 年日本《法律适用通则法》第 21 条规定，侵权行为的当事人可以在侵权行为后变更应适用于因侵权行为而产生的债权的成立及效力的法，但侵害第三者权利时，其变更不能对抗该第三者。此外，2001 年《俄罗斯联邦民法典》第 1219 条第 3 款规定，导致损害发生的行为或者其情况出现后，双方当事人可以约定对损害行为所生之债适用法院地法。2007 年关于非合同之债准据法的《罗马规则Ⅱ》第 14 条承认双方当事人有选择非合同之债准据法的权能。这种法律选择既可以事后为之，也可以事前为之：其第 14 条第 1 款规定，双方当事人可以通过损害的原因事实发生后的协议来选择非合同之债的准据法，也可以通过损害的原因事实发生前自由商订的协议来选择非合同之债的准据法，前提是双方均从事商业活动。该法律选择必须是明示的或以确定的方式从情况中得出的，且不得妨碍第三人的权利。相比之下，1987 年《瑞士联邦国际私法法规》第 132 条则准许当事人在损害事件发生后的任何时候约定适用法院地法。

根据 2007 年关于非合同之债准据法的《罗马规则Ⅱ》第 14 条的规定，当事人选择准据法的权能并非不受限制：其第 14 条第 2 款规定，如果在损害的原因事实发生时，案情的全部因素均位于被选择的法律体系所属国以外的另一国家，则双方当事人的法律选择不得妨碍该另一国家的、不得以协议加以损抑的规定的适用。其第 14 条第 3 款规定，如果在损害的原因事实发生时，案情的全部要素均位于一个或一个以上成员国，有必要时，双方当事人对第三国法律的选择，不得妨碍不得以协议加以损抑且已被法院地成员国实施的共同体法规定的适用。显然，第 3 款的规定旨在保证共同体法最低标准的适用。所谓"不得以协议加以损抑的"规定，是指强制性规定。

（四）对受害人有利的法律

侵权行为之债适用对受害人有利的法律是国际侵权行为之债法律适用的新发展。1979 年《匈牙利国际私法》第 32 条第 2 款规定，如果损害发生地法对受害人更有利，以该法作为准据法。1982 年《南斯拉夫法律冲突法》第 28 条、1995 年《意大利国际私法制度改革法》第 62 条第 1 款，以及德国《关于非合同债权关系和物权的国际私法立法》第 40 条第 1 款的规定，都体现了对受害人有利的法律的适用。

三、中国关于一般侵权行为之债法律适用的规定

中国立法中关于一般侵权行为之债法律适用的规定，在《涉外民事关系法律适用法》制定以前，集中体现在《民法通则》第 146 条之中，该条第 1 款规定："侵权行为的损害赔偿，适用侵权行为地法律。当事人双方国籍相同或者在同一国家有住所的，也可以适用当事人本国法律或者住所地法律。"该条第 2 款规定："中华人民共和国法律不认为在中华人民共和国领域外发生的行为是侵权行为的，不作为侵权行为处理。"从这些规定中可以看出，我国的侵权行为之债的法律适用应遵循以下三项原则。

1. 侵权行为地法原则

这是我国确定侵权行为之债的准据法的基本原则，普遍适用于各种性质的侵权行为案件。《民法通则意见》第 187 条规定："侵权行为地的法律包括侵权行为实施地法律和侵权结果发生地法律。如果两者不一致时，人民法院可以选择适用。"

2. 共同属人法原则

这是我国确定侵权行为之债准据法的补充原则。《民法通则》第 146 条第 1 款的规定表明，当事人双方如国籍相同或者在同一国家有住所，既可以适用侵权行为地法，也可以适用当事人共同的本国法或者住所地法。

3. 重叠适用侵权行为地法和法院地法原则

这是我国确定国际侵权行为之债准据法的特殊原则。《民法通则》第 146 条第 2 款的规定表明，我国人民法院在审理发生在我国领域外的侵权行为案件时，只有中国法律也认为构成侵权行为的，才能作为侵权行为来处理。也就是说，我国人民法院在审理这类案件时，同时适用了作为法院地法的中国法和作为侵权行为地法的外国法。

《涉外民事关系法律适用法》第 44 条规定："侵权责任，适用侵权行为地法律，但当事人有共同经常居所地的，适用共同经常居所地法律。侵权行为发生后，当事人协议选择适用法律的，按照其协议。"从中可以看出，该法对于一般侵权责任的法律适用规则，采用了适用侵权行为地法的做法，但是在当事人有共同经常居所地的情况下，则共同居所地法应当优先于侵权行为地法而适用。另外，《涉外民事关系法律适用法》规定了当事人有选择侵权行为之债准据法的权利，其协议选择适用法律的时间是在侵权行为发生之后。该法关于侵权责任的法律适用规则的规定反映了国际上在该领域法律适用规则的新发展，与《民法通则》的规定有不同之处。根据该法第 51 条的规定，《民法通则》第 146 条与该法的规定不一致的，适用该法。

第三节　特殊类型侵权行为之债的法律适用

近半个世纪以来，随着现代科学技术的发展，侵权行为也发生了显著的变化。例如，由海上运输中的交通事故和航空运输中的交通事故而引起的侵权行为，由产品责任而引起的侵权行为等，这些侵权行为与一般的侵权行为有所不同，由此种侵权行为引起的债权债务关系，不能完全套用上述一般侵权行为的法律适用原则。

一、公路交通侵权行为的法律适用

有关公路交通中侵权行为法律适用的国内立法实践，并未显示出特别的发展，侵权行为地法仍是许多国家解决这类问题的主要冲突原则。美国自贝科克诉杰克逊案之后，公路交通中侵权行为适用"最密切联系州（国）法"。1968 年 10 月，第 11 届海牙国际私法会议通过了《关于公路交通事故法律适用的公约》，该公约于 1971 年 5 月开始签字，1975 年 6 月生效，目前有 12 个成员国、3 个非成员国已批准生效。

该公约对准据法的规定主要是第 3 条，根据其规定，交通事故的准据法是事故发生地国法，但也有例外：（1）如果仅有一辆车涉及事故，且它又是在非事故发生地国登记的，则可以适用登记地国法。如果有两辆或两辆以上的车涉及事故，则只有在所有车辆均在同一国内登记才能适用登记地国法。如果有一人或数人与事故有关，而在事故发生时在车辆之外并可能负有责任，则要求所有这些人均在车辆登记地国有惯常居所，才能适用登记地国法。(2) 如果车辆没有登记或在几个国家登记，则以车辆的经常停放地法取代登记地法。同时，公约还规定，不管适用的法律是什么，在确定责任时，应考虑事故发生时当地有效的交通规则和安全规则。交通事故的准据法支配以下事项：(1) 责任的根据和范围。(2) 免除责任以及任何限制责任和划分责任的理由。(3) 侵害或损害的存在及种类。(4) 损害赔偿的方式及范围。(5) 请求权的转让和继承。(6) 遭受损害和能直接请求损害赔偿的人。(7) 本人对其代理人的行为或雇主对其雇员的行为所负的责任。(8) 消灭时效和除斥期间的开始、中止和中断。①

二、空中侵权行为的法律适用

空中侵权行为是指发生在航空器内、飞行器相撞、飞行器与其他物体相撞，因飞行事故使旅客受到伤亡或其物品受到毁损的侵权行为。由于航空器及其人员与空域的联系是偶然的、不断变化的，很难精确地确定侵权行为地，因而空中侵权行为的法律适用就显得比较复杂，一般来说分为三类，分别确定其准据法。

(1) 发生在航空器内的侵权行为，一般主张适用航空器登记地国家的法律。例如，1982年《南斯拉夫法律冲突法》第29条规定，如果造成损害赔偿之债的事件发生在航空器内，则航空器登记国法律应视为损害赔偿之债的事实发生地法律。

(2) 因航空器碰撞或航空器与其他物体碰撞发生的侵权行为，一般主张适用被碰撞或受害一方的航空器登记地法；如果被碰撞一方也有过失，则可以适用其本国法。例如，1928年《布斯塔曼特法典》第289条至第294条对航空器碰撞的法律适用作了明确规定：在领空内发生的意外碰撞事件，如果碰撞各方属于同一国旗国，则适用该国的法律；如果碰撞各方不属于同一国旗国，则适用当地的法律；如果是出于过失的同一国旗国的飞机碰撞事件，则适用当地法律。在公海上空发生的意外或者有过失碰撞事件，如果碰撞各方属于同一国旗国，则适用该国的法律；如果碰撞各方不属于同一国旗国，而碰撞是出于过失，则该碰撞事件应依被撞飞机国旗所属国家的法律调整。

(3) 因航空器事故使旅客受到伤亡或其物品受到毁损的侵权行为，一般依航空器登记地法，或适用有关国际公约的规定。现在世界上这一类公约主要有1929年《华沙公约》、1955年《海牙议定书》《瓜达拉哈拉公约》以及1999年《蒙特利尔公约》。《蒙特利尔公约》已于2003年11月4日生效，我国第十届全国人大第十四次常委会于2005年2月28日批准加入该公约。《蒙特利尔公约》在规范国际航空运输方面有许多创新，在保护航空旅客权益方面创立了许多新制度，在损害赔偿限制方面制定了若干新规则，是《华沙公约》体系精华的集成，也是对《华沙公约》体系的超越和发展。《蒙特利尔公约》创立了"双梯度责任制度"，提高了旅客伤亡损害的赔偿数额，明确规定了航班延误的赔偿责任，明确规定了行李和货物毁损、延误的赔偿责任，创立了前所未有的先行付款制度，规定了保障受害人利益的赔偿限额定期复审制度，增加第五管辖权，引入仲裁机制解决航空侵权争议等。可以说，国际公约是解决此类航空侵权

---

① 徐冬根，单海玲. 国际公约与惯例（国际私法卷）. 北京：法律出版社，1998：155-156.

所要适用的主要法律依据。

此外，与航空器有关的侵权行为还有航空器对地（水）面第三人造成损害的侵权行为，主要分两种情况：一种情况是侵权损害发生在一国领域内。对这种侵权行为各国一般规定适用侵权行为地法律。例如，中国《民用航空法》第 189 条第 1 款规定，民用航空器对水面第三人的损害赔偿，适用侵权行为地法律。1992 年罗马尼亚《关于调整国际私法法律关系的第 105 号法》第 144 条规定，飞机对陆地造成之损害适用损害发生地国法。另一种情况是航空器对地（水）面第三人造成损害的侵权行为发生在公海，或发生在各国主权范围以外的地面或水面。对这种侵权行为，一般适用受理案件的法院地法律。例如，中国《民用航空法》第 189 条第 2 款规定，民用航空器在公海上空对水面第三人的损害赔偿，适用受理案件的法院所在地法律。也有的国家将航空器国籍国法与法院地法结合。例如，1995 年《越南社会主义共和国民法典》第 835 条第 2 款规定，飞行器在国际空间造成的损害赔偿，由飞行器国籍国法确定，但《越南社会主义共和国航空法》另有规定的除外。对于航空器对地（水）面第三人造成损害的侵权责任，《华沙公约》没有涉及。关于航空器对地（水）面第三人造成损害的国际公约主要有：1933 年《同一有关航空器对地（水）面第三方造成损害的某些规则的公约》、1952 年《关于外国航空器对地（水）面第三者造成损害的公约》以及 1978 年《修改 1952 年 10 月 7 日订于罗马的关于外国航空器对地（水）面第三者造成损害的公约的议定书》（简称《蒙特利尔议定书》）。

三、产品责任的法律适用

产品责任是指产品在消费过程中造成人身伤害或财产损害所引起的民事责任。产品责任作为一种特殊的侵权责任，始于 20 世纪的英、美国家。在此以前，产品责任一直规定在民法的契约部分，奉行"无合同，无责任"原则，即生产者生产的产品的责任大小由买卖合同中的担保责任制约。进入 20 世纪，特别是六七十年代以来，随着保护消费者利益的要求日益突出，各国在立法上给予产品责任以高度重视，尤其是发达国家开始了专门的产品责任立法。

（一）各国有关产品责任法律适用的规定

目前，各国对于产品责任的法律适用作出明确规定的并不多，实践中绝大多数国家把产品责任视为一种侵权责任，按照解决一般侵权行为之债的冲突原则来确定产品责任的准据法，或者主张适用侵权行为地法，如法国、奥地利；或者主张依侵权行为地法和法院地法，如英国；或者主张产品责任受最密切联系州（国）的法律支配，如美国。但在这里需要提及的是 1987 年《瑞士联邦国际私法法规》，这个法规在第 135 条对产品责任的法律适用作了明确的规定：基于产品的缺陷或有缺陷的产品说明而提出的诉讼请求，由受害人选择的以下法律支配：（1）侵权行为人营业地，或无营业地时他的习惯居所地国家法律。（2）获得产品的国家的法律，除非侵权行为人证明该产品未经其同意而在该国销售。[①] 这一规定已经排除了传统侵权行为地法的原则而采用有限制的意思自治原则。

我国《涉外民事关系法律适用法》对涉外产品责任的法律适用规则作出了规定。根据该法第 45 条的规定，"产品责任，适用被侵权人经常居所地法律；被侵权人选择适用侵权人主营业

---

① 陈卫佐. 瑞士国际私法法典研究. 北京：法律出版社，1998：302.

地法律、损害发生地法律的，或者侵权人在被侵权人经常居所地没有从事相关经营活动的，适用侵权人主营业地法律或者损害发生地法律"。我国《涉外民事关系法律适用法》关于涉外产品责任的法律适用吸收了有限制的意思自治的做法。

（二）解决产品责任法律适用问题的统一立法

为了协调各国关于产品责任的法律冲突，统一产品责任的法律适用原则，1973年第12届海牙国际私法会议制定了《产品责任法律适用公约》，该公约已于1977年10月生效。公约共22条，其中关于法律适用确定了以下几项原则：（1）适用直接遭受损害的人的惯常居所地国家的内国法，但该国必须同时又是被请求承担责任人的主营业地，或者直接遭受损害的人取得产品的地方。（2）适用侵害地国家的内国法，但该国又必须同时是直接遭受损害的人的惯常居所地，或者被请求承担责任人的主营业地，或者直接遭受损害的人取得产品的地方。（3）如果上述法律都不适用，除非原告基于侵害地国家的内国法提出其请求，适用的法律应为被请求承担责任人的营业地国家的内国法。（4）如果被请求承担责任人证明他不能合理地预见产品或他自己的同类产品会经由商业渠道在该国出售，则上述规定的侵害地国家和直接遭受损害的人的惯常居所地国法均不适用。

同时公约规定，根据公约适用的法律应确定：（1）责任的依据与范围。（2）免除、限制和划分责任的依据。（3）可以得到赔偿的损害的种类。（4）赔偿的方式及其范围。（5）损害赔偿的权利能否转让或继承的问题。（6）有权请求损害赔偿的人。（7）本人对其代理人行为或雇主对其雇员行为所负的责任。（8）对法律适用规则有关产品责任举证方面的举证责任。（9）时效规则，包括有关时效的开始、中断和中止的规则。公约还规定，根据上述法律适用原则确定的准据法是该国的实体法，从而排除了反致和转致，而且只有在明显地与公共秩序相抵触时才可以拒绝适用，即使应适用的法律是非缔约国的法律，亦应予以适用。①

此外，欧洲联盟2007年关于非合同之债准据法的《罗马规则Ⅱ》第5条对产品责任法律适用作了规定，它采取"连结点梯子"的方式规定了因产品所引起的损害而发生的非合同之债的准据法。第5条第1款规定：a. 它通常是受害人在受损害时的惯常居所地国家的法律，只要产品已在该国上市；b. 如不存在受害人在受损害时的惯常居所地国家，则适用产品购买地国家的法律，只要产品在该国上市；c. 如不存在产品购买地国家，则适用损害发生地国家的法律，只要产品在该国上市。然而，如果加害人不能合理地预见该产品或同类产品在依a、b或c项应适用的法律所属国上市，则准据法是加害人惯常居所地国家的法律。不过，以上三个法律的适用是以"不妨碍第4条第2款"为前提的，这意味着在损害发生时，如果加害人和受害人在同一国家有其惯常居所，则应首先适用其惯常居所地国家的法律。此外，根据《罗马规则Ⅱ》第5条第2款的规定，如果从全部情况来看，侵权行为与第1款所指定的国家以外的另一国家显然有更密切的联系，则应适用该另一国家的法律体系。与另一国家显然有更密切的联系，尤可基于当事人之间先存在的关系（诸如与所称的侵权行为有密切联系的合同）得出。

四、环境污染的法律适用

随着科学技术的进步和各国间民商事交往的加深，由国际贸易、跨国投资、远洋运输等所

---

① 徐冬根，单海玲. 国际公约与惯例（国际私法卷）. 北京：法律出版社，1998：191－192.

带来的严重的国际环境污染问题越来越受到国际社会的普遍关注。从国际环境污染发生的范围来讲，国际环境污染可以分为：国际河流污染、国际海洋污染、大气的跨国污染以及国际核污染。国际环境污染会给他国境内的生命和财产造成损害或损害威胁，因此，国际环境污染也是一种特殊的侵权行为。

（一）各国有关环境污染法律适用的规定

从各国的立法与司法实践来看，有关确定国际环境污染准据法的规则大致包括以下几种。

1. 适用对受害方最有利的法律

依德国法律的规定，跨国污染的受害者有权选择遭受损害地或污染行为作出地的法律。希腊、捷克、斯洛文尼亚等国的立法修正案中均采用这一原则。①

2. 适用遭受损害地的法律

损害结果发生地常常就是原告住所地或财产所在地。1995 年《英国国际私法（杂项规定）》第 11 条规定，在同一环境污染事件中受害人和财产位于不同国家时，涉及造成的人身伤害或由人身伤害所引起死亡的诉讼，适用受害人遭受损害时的住所地法；涉及对财产损害的诉讼适用损害发生时财产所在地法律。荷兰、奥地利、丹麦、芬兰等国也采用此原则。

3. 适用最密切联系原则

1971 年《美国冲突法重述（第二次）》采用此原则。

4. 当事人意思自治

1987 年《瑞士联邦国际私法法规》第 138 条规定，由不动产的致害排放物所引起的请求应依受害人的选择，适用不动产所在地国家的法律或损害结果发生地的法律。

（二）解决环境污染法律适用问题的统一立法

通过国际条约来协调各国在跨国环境侵权领域立法及司法实践的不同，无疑是一种最富有成效的努力。目前国际上制定的条约和规则包括：1962 年《关于海洋运输核物质方面的民事责任公约》、1966 年《关于国际河流水利用的规则》、1969 年《国际油污损害民事责任公约》、1969 年《国际干预公海油污事故公约》、1972 年《防止倾倒废物及其他物质污染海洋的公约》、1973 年《干预公海非油类物质污染议定书》、1979 年《远程跨国界大气污染公约》、1982 年《联合国海洋法公约》等。这些公约和规则以实体法的形式规定了国际环境污染有关各方的权利与义务，是目前国际环境污染法律适用的重要依据。

此外，欧洲联盟 2007 年关于非合同之债准据法的《罗马规则Ⅱ》第 7 条对环境损害的法律适用作出规定，根据该条规定，因环境损害或人员或财产所遭受的后续损害而发生的非合同之债的准据法，是适用第 4 条第 1 款而得出的法律（即损害发生地国家的法律），但请求赔偿的原告已选择使其请求权以损害的原因事实发生地国家的法律为基础的除外。

五、不正当竞争的法律适用

不正当竞争主要发生在经济领域，是指经营者实施低价销售商品、串通投标、发布虚假广

---

① 蒲芳. 试论跨国环境侵权所引起的国际私法问题. 中国国际私法与比较法年刊，2000.

告、进行商业贿赂等行为，损害其他经营者的利益，扰乱正常经济秩序。它随着国际经济渗透日益发展为一种重要的国际侵权行为。

关于不正当竞争的法律适用，各国一般依受竞争影响的市场所在地国家的法律，不同的国家还有一些其他原则的补充。如1987年《瑞士联邦国际私法法规》第136条规定：因不正当竞争而提起的索赔，适用该不正当竞争行为对其有影响的市场所在地国家的法律。如果不正当竞争行为专门针对受害人的经营利益，则适用受害人营业机构所在地国家的法律。同时，第133条第3款规定：基于侵权行为违反了加害人和受害人之间既存法律关系的请求，则受既存法律关系的法律支配。1978年《奥地利联邦国际私法法规》第48条第2款规定：因不正当竞争而发生的损害与求偿权，依受竞争影响的市场所在地国家的法律。

此外，欧洲联盟2007年关于非合同之债准据法的《罗马规则Ⅱ》第6条规定了因不正当竞争和限制自由竞争行为而发生的非合同之债的准据法的确定：根据第6条第1款的规定，因不正当竞争行为而发生的非合同之债的准据法，是竞争关系或消费者的集体利益在其境内受影响或可能受影响的国家的法律。根据第6条第2款的规定，如果不正当竞争行为唯独影响某一特定竞争者的利益，则适用第4条的一般规则，即适用损害发生地国家的法律。根据第6条第3款的规定，因限制竞争的行为而发生的非合同之债的准据法，是市场受影响或可能受影响地国家的法律。如果市场在一个以上国家受影响或可能受影响，则在被告住所地法院提起损害赔偿之诉的原告，可以使其请求以受诉法院地的法律体系为基础，只要该成员国的市场算作构成请求的基础的非合同之债因之而发生的限制竞争行为所直接和基本地影响的市场。如果原告依照裁判管辖权方面可适用的规则，在该法院起诉一个以上被告，则原告可以只选择使其请求以该法院所在地的法律为基础，前提是与对其中一个被告提起的诉讼有关的限制竞争行为，也直接和基本地影响该法院所属成员国的市场。

六、诽谤的法律适用

从目前各国的相关立法来看，关于诽谤侵权的法律适用主要有两种做法。

1. 以澳大利亚为代表的较为保守的做法

1992年《澳大利亚法律选择法案》第6条第5款规定：基于诽谤而提起的请求权，依照诽谤发生时以下地点有效的法律规定：（1）请求人居住地，或（2）如果请求人是一法人实体，则为请求人主要营业地。

2. 以美国、瑞士、罗马尼亚等国为代表的采用较为灵活的做法

如美国主要采用最密切联系原则，1971年《美国冲突法重述（第二次）》第150条规定：因书籍或报刊的任何一个版本、电台或电视台的任何一次广播、电影的任何一次放映或类似的一次性传播中的诽谤性内容而引起的权利义务，依在该问题上，依照第6条规定的原则，与该事件或当事人有最重要联系的州的法律……瑞士主要采用受害人的意思自治确定诽谤侵权的准据法。1987年《瑞士联邦国际私法法规》第139条规定，受印刷品、广播、电视、互联网或其他大众传播工具的诽谤而提出的损害赔偿诉讼，原告可以在下列法律中选择所适用的法律：（1）受害人习惯居所地国家的法律；（2）加害人的主要营业机构所在地或习惯居所地国家的法律；（3）侵权结果发生地国家的法律……

七、网络侵权的法律适用

网络侵权的表现形式是多种多样的，既有利用技术手段和数据传输侵吞别人财产的侵权行为，也有侵犯知识产权的行为，还有侵犯人格权（如名誉权、名称权、姓名权、肖像权、隐私权等）的行为。在各国的司法实践中，网络侵权行为时有发生，但如何确定侵权行为的法律适用，不论是理论上还是实践中，都是尚待解决的问题。

（一）侵权行为地法

侵权行为地法是国际私法上确定侵权行为准据法的最重要的原则之一，在各国的立法与实践中得以广泛适用。但在网络侵权案件中适用这一古老原则却带来许多不确定性，甚至是弊端：（1）网络空间具有虚拟性和全球性，它作为一种全球资讯系统，连接着全球许多计算机，当事人在随意任何一台计算机上就可以实施相同的侵权行为，侵权行为地的确定具有很大的偶然性；（2）如果某个企业打算在互联网上进行商贸活动，它就必须使其行为具有全球合法性，否则就面临着来自不同国家的责任风险，面临着全球被诉的风险。尽管在网络侵权中适用侵权行为所在地法有这样或那样的不足，但在司法实践中适用这一原则的案例仍相当多，如1996年的美国诉汤玛斯夫妇案和1998年英国的Meckler Media ilf 诉 D. C. Congress 案。①

（二）法院地法

在网络侵权行为的法律适用中，也有主张适用法院地法的，但适用法院地法的缺陷也不少，主要表现在：（1）法院地法认为不法行为者，在行为地未必为不法行为，绝对地对侵权行为适用法院地法，就会导致被告要对在行为地被视为无错的行为负侵权责任，这显然有失公平。（2）适用法院地法极易导致原告挑选法院情况的出现，原告提起侵权之诉时可以选择对其更为有利的国家起诉，从而规避对其不利的国家的法律。因为互联网的全球性触角，所以可以在全球任何一个地方上网查找有关资料，这为当事人挑选法院提供了更加方便的选择。②

（三）原始国规则

原始国规则是从卫星通信领域发展而来的。由于卫星传播能够覆盖全球或者地球大部分地区，因而一旦传播内容中有侵权材料，适用哪个国家的法律就很难确定。原始国规则是指适用卫星信号的发出国的法律。尽管在一些网络侵权案件（如利用网络侵犯隐私权）中适用原始国原则有一定的合理性，但它忽略了侵权结果地的法律，对保护受害人十分不利。

（四）当事人意思自治原则

在侵权领域适用意思自治原则，是当代国际私法在侵权行为法律适用方面新的发展趋势。一些学者主张在网络侵权领域也应引入当事人意思自治原则，以适应网络侵权行为的复杂性。虽然目前各国立法尚没有明文规定，但司法实践中已有适用当事人协议选择的案例，如 World

---

① 何其生. 电子商务的国际私法问题. 北京：法律出版社，2004：234 - 235.
② 同①：237.

Wrestling Federation Entertainment Inc. v. Michael Bosman。[①] 适用当事人意思自治原则，由当事人自己选择他们认为最有利的法律，更能体现一种正义的立场，达到公平的结果。与此同时，我们也应看到准许当事人选择法律，有可能产生大量的规避法律的现象，从而会破坏一国的公共秩序。因此，建议在网络侵权行为法律适用中引入当事人意思自治原则时，应给予适度的限制。

（五）最密切联系原则

在侵权领域采用最密切联系原则已是目前侵权行为法律适用的一个重要趋势，对于复杂多变的网络侵权行为，也应采用最密切联系原则。这一主张已经得到大多数学者的广泛认同。（1）由于网络空间的虚拟性和无疆界性，许多属地性连结点，如侵权行为地、法院地等与当事人的权益纠纷的联系越来越薄弱，即使某一连结点得以确定，也具有很大的随意性和偶然性。采用"最密切联系"的连结点，综合考虑各种因素，克服随意性和偶然性，真实反映法律关系与一定地域的本质联系，有助于案件的公正解决。（2）最密切联系原则不以单纯的某一连结点作为确定侵权行为准据法的根据，而是综合加害行为地、损害发生地、当事人的国籍、住所、居所以及营业所等因素，有很大的弹性空间。（3）采用最密切联系原则有利于保护受害人的利益。在网络环境中，由于侵权行为的实施常常是在受害人不知情的情形下发生的，人们能见到的只是损害结果，在各种联系因素中损害结果发生地得以凸显，法官在权衡过程中，势必朝着有利于受害人的方向发展。

综上所述，在网络侵权行为法律适用中，不少国家通过对侵权行为地法作扩大解释，仍旧适用侵权行为地法。而当事人意思自治原则和最密切联系原则因其灵活性，适应了复杂多变的网络环境，将会在网络侵权行为案件中得到越来越多的适用。

我国《涉外民事关系法律适用法》第46条规定："通过网络或者采用其他方式侵害姓名权、肖像权、名誉权、隐私权等人格权的，适用被侵权人经常居所地法律。"

第四节　不当得利和无因管理之债的法律适用

因不当得利（unjust enrichment）和无因管理（voluntary agency）而发生的债，又称准合同之债（quasi-contractual obligation）。它们既不是由于合同，也不是由于侵权行为产生的具有债的特征的法律关系。

一、不当得利的法律适用

（一）不当得利的含义及法律冲突

不当得利是指没有法律上或合同上的根据，使自己获得利益而使他人受到损害的情况。不当得利应返还给受损失之人，这种不当得利返还的权利义务关系就是不当得利之债。其中，获

---

① 何其生. 电子商务的国际私法问题. 北京：法律出版社，2004：243-244.

得不当得利的人称为受益人，是不当得利的债务人；财产受损失的人称为受害人，是不当得利之债的债权人。

自罗马法至当代各国民法对不当得利均有规定，但具体内容不一致。例如，《德国民法典》第 977 条规定，遗失物的发现者如果在他占有遗失物 1 年之内，仍无人认领，可以成为遗失物的所有人，但在以后 3 年内，原所有人仍可以不当得利请求返还。《法国民法典》第 953 条规定，在生前赠与时，如因不履行赠与的条件可以取消此种赠与，这样的受赠人所得的利益也为不当得利，赠与人有请求返还的权利。由于各国对不当得利的法律规定不同，就有可能产生法律冲突。

（二）不当得利的法律适用

根据各国国际私法关于不当得利的规定，不当得利的法律适用原则有以下几项。

1. 适用事实发生地法律

多数国家主张不当得利之债适用事实发生地法律。1978 年《奥地利联邦国际私法法规》第 46 条规定，不当得利的求偿权，依不当得利发生地国家的法律。1992 年罗马尼亚《关于调整国际私法法律关系的第 105 号法》第 104 条规定，自然人或法人的不当得利适用行为发生地国家法律。2006 年日本《法律适用通则法》第 14 条规定，因不当得利而产生的债权的成立及效力，依其原因事实发生地法。泰国、秘鲁、意大利、匈牙利等国家也采用此原则。根据不同国家对"事实发生地法"的不同认识，具体可以分为以下几类：利益发生地法、行为发生地法、行为完成地法、原因事实发生地法、损害发生地法、财产返还或给付地法等。欧洲联盟 2007 年关于非合同之债准据法的《罗马规则Ⅱ》第 10 条第 3 款规定，如依第 10 条第 1 款或第 2 款不能确定准据法，则准据法是不当得利发生地国家的法律。

2. 适用不当得利据以发生的法律关系的准据法

1992 年罗马尼亚《关于调整国际私法法律关系的第 105 号法》第 105 条规定，根据一个无效或失效的法律关系所为之履行导致的不当得利适用支配该法律关系的法律。1999 年德国《关于非合同债权关系和物权的国际私法立法》第 38 条第 1 款规定，基于履行行为产生的不当得利的返还请求，适用该履行行为所依据的法律关系的准据法。1982 年《南斯拉夫法律冲突法》第 27 条第 1 款规定，对不当得利，依该项得利由之产生、可能产生或以之为前提的、由之造成的那种法律关系所应适用的法律。

欧洲联盟 2007 年关于非合同之债准据法的《罗马规则Ⅱ》第 10 条第 1 款规定，如果因不当得利（包括非债清偿）发生的非合同之债与当事人之间现有的关系有关联，而该项关系是诸如因合同或侵权行为发生的、与不当得利有密切联系的债，则准据法是该项关系的准据法。

3. 选择适用事实发生地法或当事人属人法

以事实发生地法为主，以当事人属人法为辅。如 1966 年《波兰国际私法》第 31 条第 1 款规定，非法律行为所生之债，依债务原因事实发生地法；第 2 款规定，当事人有同一国籍，又在同一国内有住所时，依当事人本国法。

以当事人属人法为主，以行为地法为辅。如 1928 年《布斯塔曼特法典》第 221 条规定，不当得利依各当事人的共同属人法，如果没有共同属人法，则依给付地法律。

欧洲联盟 2007 年关于非合同之债准据法的《罗马规则Ⅱ》第 10 条第 2 款规定，如依第 10 条第 1 款不能确定准据法，且在引起不当得利的事实发生时，双方当事人在同一国家有其惯常居所，则准据法是该国的法律。

4. 当事人意思自治

1987 年《瑞士联邦国际私法法规》关于不当得利法律适用规则的规定颇有特色，该法第128 条规定，"因不当得利提起的求偿诉讼，如果不当得利起因于某一法律关系时，适用调整这种关系的法律。如果不存在这种法律关系，则适用不当得利行为发生地国家法律。当事人也可以选择适用法院地法律"。这一规定增加了法律选择的灵活性，同时，也反映了一定的意思自治思想，尽管只是很有限的意思自治，即当事人只能选择法院地法律。

2005 年《乌克兰国际私法》第 51 条第 2 款规定：无充分法律依据而获得财产所生之债，适用该行为发生地国的法律。债的双方当事人在其发生后的任何时候可以约定适用法院地国法。2006 年日本《法律适用通则法》第 16 条规定：不当得利的当事人可以在其原因事实发生后变更应适用于因不当得利而产生的债权的成立及效力的法。但侵害第三者权利时，其变更不能对抗该第三者。

5. 最密切联系原则

2006 年日本《法律适用通则法》第 15 条规定，因不当得利而产生的债权的成立及效力，综合考虑其原因事实发生时，当事人在同一法域有经常居所，与当事人间合同相关而产生的不当得利，与依该条规定应适用法地相比，明显有其他更密切关系地时，依该其他地法。

欧洲联盟 2007 年关于非合同之债准据法的《罗马规则Ⅱ》第 10 条第 4 款规定，如果全部情况表明，因不当得利而产生的非合同之债明显与依前三款指定的国家之外的另一国家有更为密切的联系，则该国的法律得予适用。

我国《涉外民事关系法律适用法》第 47 条规定：不当得利，适用当事人协议选择适用的法律。当事人没有选择的，适用当事人共同经常居所地法律；没有共同经常居所地的，适用不当得利发生地法律。

二、无因管理的法律适用

（一）无因管理的含义及法律冲突

无因管理，是指没有法定的或约定的义务，为避免他人权益受损失，自愿管理他人事务或为他人提供服务的行为。实施管理行为的人，称为管理人；接受管理事务的人，称为本人。管理人和本人之间的权利义务关系就是无因管理之债。各国民法对无因管理的处理不同：有的国家，如英国，没有无因管理的规定。即使规定无因管理的国家，对无因管理的安排也不同：日本民法把无因管理同不当得利、侵权行为并列，作为债发生的根据来规定；而《法国民法典》将无因管理列入准契约中。同时，各国关于无因管理的规定也不同，因此，就有可能产生法律冲突。

（二）无因管理的法律适用

关于无因管理的法律适用，各国大多适用事实发生地法。例如，1982 年《南斯拉夫法律冲突法》第 27 条规定，对无因管理，适用管理人行为实施地法律；对于利用无因管理之物产生的债及对其他非出自损害责任的非合同之债，适用债务的事实发生地法律。1984 年《秘鲁民法典》第 2098 条规定，因无因管理，适用已经或将要引起该债的事实发生地法律。2005 年《乌克兰国际私法》第 51 条第 1 款规定，无充分法律依据而保管财产所生之债，适用该行为发生地国的法律。2006 年日本《法律适用通则法》第 14 条规定，因无因管理而产生的债权的成立及效力，依其原因事实发生地法。加拿大《魁北克民法典》第 3125 条也有类似规定。

对于无因管理所生之债的法律适用，也有一些国家采用其他法律适用原则。例如，1978年《奥地利联邦国际私法法规》第 47 条规定，无因管理依此种管理行为地的法律。但如与另一法律义务或关系有密切联系，类推适用第 45 条的规定。而根据该法第 45 条，应适用支配该义务关系的国家的法律。1996 年《列支敦士登关于国际私法的立法》第 50 条、2006 年日本《法律适用通则法》第 15 条也有类似的规定。但这种规则是作为无因管理适用事实发生地法原则的补充。

另外，有一些国家对无因管理所生之债允许适用当事人选择的法律：2006 年日本《法律适用通则法》第 16 条规定，无因管理的当事人可以在其原因事实发生后变更应适用于因无因管理而产生的债权的成立及效力的法。但侵害第三者权利时，其变更不能对抗该第三者。2005年《乌克兰国际私法》第 51 条第 2 款规定，无充分法律依据而保管财产所生之债，债的双方当事人在其发生后的任何时候可以约定适用法院地国法。马达加斯加和中非国际私法都有这样的规定。

欧洲联盟 2007 年关于非合同之债准据法的《罗马规则Ⅱ》第 11 条对因无因管理所生之债的法律适用作了规定：根据第 11 条第 1 款的规定，如果因无因管理发生的非合同之债与当事人之间现有的关系有关联，而该项关系是诸如因合同（如委托合同）或侵权行为而发生的、与该无因管理之债有密切联系的债，则准据法是该项关系的准据法（如委托合同准据法）。根据第 11 条第 2 款的规定，如依第 11 条第 1 款不能确定准据法，且在引起损害的事实发生时，双方当事人在同一国家有其惯常居所，则准据法是该国的法律。根据第 11 条第 3 款的规定，如依第 11 条第 1 款或第 2 款不能确定准据法，则准据法是无因管理发生地国家的法律。但是，第 10 条第 4 款规定，如果全部情况表明，因不当得利而产生的非合同之债明显与依前三款指定之外的另　国家有更为密切的联系，则该另一国的法律得予适用。

我国《涉外民事关系法律适用法》第 47 条规定：无因管理，适用当事人协议选择适用的法律。当事人没有选择的，适用当事人共同经常居所地法律；没有共同经常居所地的，适用无因管理发生地法律。

课后练习

1. 一般侵权行为之债有哪些法律适用原则？

2. 我国《涉外民事关系法律适用法》关于侵权之债法律适用的规定与《民法通则》第 146条的规定有何不同？

3. 《关于产品责任法律适用公约》中对产品责任准据法的确定有哪些规定？

4. 不当得利和无因管理之债有哪些法律适用原则？我国《涉外民事关系法律适用法》对此是如何规定的？

5. 简评关于网络侵权行为法律适用的不同主张。

6. A 国在华留学生甲与 B 国在华留学生乙颇有积怨。乙在暑假期间回国度假，通过国际互联网致函甲在华就读的学校，称甲在暑假期间因车祸在 A 国丧生。暑假过后，甲返回学校，发现他已被注销学籍，并查明是因乙上述行为所致。甲遂向中国法院对于乙提起诉讼。中国法

院对案件的处理应适用何国法律？（　　）（法考）

    A. 中国法

    B. A 国法或 B 国法

    C. 中国法或 A 国法

    D. 中国法或 B 国法

    7. 韩国"大宇号"货轮在我国渤海湾内与另一艘韩国货轮相撞，两船损失都十分严重，"大宇号"向我国海事法院起诉。大连海事法院在审理这一案件时，应适用（　　）。（法考）

    A. 中国法

    B. 韩国法

    C. 双方商定的法律

    D. 大连海事法院指定的法律

    8. 甲国人 A 和 B 同受雇于香港某公司，二人均在中国上海有住所。某日，他们同乘轮船自乙国赴中国，途经公海时，二人发生口角，A 顺手抓起 B 的旅行箱向 B 掷去，造成旅行箱内的贵重物品被损坏。轮船抵达上海后，B 向我国法院提起诉讼，要求 A 承担赔偿责任。我国法院可以适用何种法律？（　　）（法考）

    A. 甲国法

    B. 香港法

    C. 乙国法

    D. 中国法

第十五章
知识产权的法律适用

本章概要

知识产权是 19 世纪以来随着科学技术的迅猛发展而逐渐形成的一种无形财产权，在国际民商事交往日益繁多的当代社会，知识产权不仅成为各国民商法的研究新领域，也成为国际私法的重要研究对象。本章重点阐述的是知识产权的法律冲突及法律适用的基本问题。知识产权的法律适用问题，实质上是通过冲突规范援引准据法来调整国际知识产权关系，也就是探讨用什么样的法律来保护跨越一国国界的知识产权。它的历史发展经历了一个完全由国内法进行调整到以国内立法和国际条约相结合来进行调整的过程。目前，越来越多的国家通过制定相应的国内实体法和冲突法来保护国际知识产权，与此同时，世界上不少与调整国际知识产权关系有关的国际条约也应运而生。

关键术语

国际知识产权　工业产权　专利权　商标权　著作权

第一节　知识产权的法律保护和法律冲突

一、知识产权与国际知识产权

知识产权（Intellectual property）又称无形财产权、智慧财产权，是指个人或集体对其从事科学、技术、文学艺术等智力活动而创造的精神财富或智力成果依法所享有的权利。在法律学科中，它作为一种特殊的财产权，与有形财产权不同，具有独占性、时间性和地域性等特点。知识产权一般分为两大类：一类是工业产权（industrial property），包括专利权和商标权，具体指发明、实用新型、外观设计、商标、服务标记、厂商名称和标记、原产地名称等内容；另一类是著作权，亦称版权，具体包括文学、艺术、科学作品的版权和音像以及计算机软件的版权等。

知识产权作为一种特殊的民事权利，与其他民事权利相比，在法律上具有以下特点：第一，知识产权虽然也是一种财产权，但其客体是智力成果，属于精神财富，既不是有体物，也不是行为；第二，知识产权的主体、客体和内容须经法律直接确认；第三，知识产权的内容具有财产权和人身权的双重属性；第四，知识产权具有独占性，只有权利主体本人才能享有这种权利，其他任何人未经权利人同意或法律特别规定，不得享有或使用这种权利；第五，知识产权具有地域性，在一国境内根据该国法律取得的权利，只在该国境内有效，受该国法律保护，在其他国家则没有效力；第六，知识产权具有时间性，各国法律对知识产权的保护有严格的时间限制。

国际知识产权是指含有国际因素或外国因素的知识产权，也就是在知识产权法律关系的主体、客体、法律事实等环节上含有一个或一个以上的国际因素或外国因素。这里所讲的国际因素中的"国际"应作广义的理解，除了通常意义上所指的外国国家之外，有时候还包括一个国家中的不同法域。国际私法研究的国际知识产权，除了具有以上知识产权的一般特点外，还具有下列特点：第一，国际知识产权的主体突破了一国国籍的限制，除了本国人外，外国人也能取得主体资格；第二，国际知识产权通常受到两个或两个以上国家法律的保护，权利人一般先在一国取得知识产权，然后向外扩张到另一国或多国去取得知识产权；第三，国际知识产权可能同时受到国内法和国际法的双重保护。

传统观点认为，知识产权具有的严格的地域性决定了在一国取得的知识产权仅仅具有域内效力，原则上不发生域外效力，因而根本不会产生法律冲突问题。然而，自人类进入 19 世纪后半叶以来，随着各国之间经济、技术和文化交流的迅速开展，知识产权也逐步国际化，人们在一国取得的专利、商标和著作的专有权，也迫切需要在其他国家得到相应的承认和保护。但由于各国有关知识产权的法律在保护范围、保护期限以及权利取得方式等问题上存在立法差异，知识产权在法律保护方面也出现了明显的冲突现象。由此可见，研究和解决各国在保护知识产权过程中的法律冲突问题，已成为国际私法学的新任务和要求。

二、知识产权的国内法保护

知识产权的法律保护制度是随着西方社会工业革命的到来和对外经济交往的开展而逐渐发展起来的，这种保护首先是由一国的国内法保护开始的。时至今日，世界上几乎所有的国家都颁布了各自的专利法、商标法和版权法，以将知识产权纳入法律保护轨道。

世界上最早建立的知识产权保护制度是专利制度。世界上第一部专利法是威尼斯共和国于1474 年 3 月颁布的专利法。该法规定的三个基本原则，即"保护发明创造原则、专利独占原则、侵权处罚原则"，为现代专利制度奠定了基础。英国于 1624 年颁布了具有现代专利法意义的《垄断法》（又称《专卖条例》），它所确立的一些原则，至今仍被大多数国家专利法所沿用。随后，法、美、德、日等国相继颁布了各自的专利法，建立自己的专利保护制度。迄今为止，世界上已有 190 多个国家和地区制定了专利法，专利制度已成为世界上应用最为广泛的制度之一。世界上最早的商标法是 1809 年法国制定的《关于工厂、制造场和作坊的法律》，在该法中，把假冒商标行为比照私自伪造文件罪加以处罚。1857 年法国又制定了《关于以使用原则和不审查原则为内容的制造标记和商标的法律》，在全国范围内统一施行。此后，英国于 1862年、美国于 1870 年、德国于 1874 年、日本于 1875 年相继制定了商标法。世界上第一部现代意义的版权法是 1709 年英国议会通过的《安娜法》，它首次通过立法形式确认了作者对作品享有首先印刷的权利。美国于 1790 年颁布了联邦版权法。法国于 1791 年颁布了《表演权法》，1793 年颁布了《作者权法》。此后，其他国家也相继颁布了版权法。

各国保护知识产权的国内法虽然内容不尽相同，但它们都具有严格的地域性，受到一国领土范围的限制，在一国取得的知识产权只在授予国境内有效，没有域外效力。在这种情况下，不会发生法律冲突现象，因此，国际私法学也没有必要去研究知识产权的法律保护问题。

三、知识产权的国际法保护

随着西方社会垄断资本主义的形成和国际经济技术文化交流日趋频繁，知识产权具有严格地域性的国内法保护已满足不了现实需要。特别是 19 世纪末以来，西方垄断资本家为了扩张，不仅输出商品，而且输出资本和技术。他们迫切需要把知识产品的专有权从国内扩张到国外，使其知识产权能在域外产生效力。在国际商品市场、投资市场不断扩大的同时，知识产品的国际市场也开始形成和发展起来。许多知识产品打破一国界限，流入其他国家，成为全人类共享的财富，在客观上促进了国际科学文化的交流，也产生了知识产权国际保护的需要。为了适应这种需要，国际社会先后签订了一些保护知识产权的国际条约，并成立了一些全球性或地区性的国际组织，在世界范围内逐步形成一套卓有成效的知识产权保护体系。

世界上签订的知识产权保护公约主要如下。

工业产权方面：（1）1883 年《保护工业产权巴黎公约》。该公约自缔结以来，先后经过 7 次修订，目前大多数成员国采用的是 1967 年的斯德哥尔摩文本。该公约发起成员国有 11 个，至今已有包括中国在内的一百多个国家加入了该公约。（2）1970 年在美国华盛顿缔结的《专利合作条约》，该条约于 1978 年 6 月正式生效，包括中国在内的成员国有六十多个。（3）1891 年《国际商标注册马德里协定》，目前有包括中国在内的四十多个成员国。（4）1994 年缔结的《商标法条约》，包括中国在内的四十多个国家签署了该条约，但条约至今尚未生效。（5）此外，还有《制止商品产地虚假或欺骗性标记马德里协定》《保护原产地名称及其国际注册里斯本协定》《工业品外观设计国际保存海牙协定》《保护奥林匹克会徽内罗毕条约》《国际专利分类斯特拉斯堡协定》《建立商品图形要素国际分类维也纳协定》等。

著作权方面：（1）1886 年《保护文学艺术作品伯尔尼公约》，该公约签订后经过 8 次修订，最近一次修订是在 1971 年进行的，目前已有包括中国在内的一百七十多个成员国。（2）1952 年《世界版权公约》，目前包括中国在内的九十多个国家参加了该公约。（3）《罗马公约》，又称《保护表演者、唱片制作者和广播组织的国际公约》，于 1961 年 10 月在罗马签订，1964 年 5 月生效，目前有四十多个国家参加了公约。（4）《唱片公约》，全称是《保护唱片制作者禁止未经许可复制其唱片的日内瓦公约》，目前有包括中国在内的五十多个成员国。（5）1989 年 4 月在日内瓦签订的《视听作品国际登记公约》，缔约时有 13 个国家，目前该公约已生效。（6）《卫星公约》，全称为《发送卫星传输节目信号布鲁塞尔公约》，1974 年通过，1979 年生效，目前有二十多个国家参加了该公约。（7）1989 年在华盛顿外交会议上缔结的《集成电路知识产权公约》。

国际社会还建立了一些全球性和地区性的国际组织来保护知识产权，其中重要的有：（1）世界知识产权组织（WIPO）是当今国际上最重要的世界性保护知识产权组织。1967 年斯德哥尔摩外交会议上缔结了《成立世界知识产权组织公约》，该公约于 1970 年生效。根据公约的规定，成立了世界知识产权组织，其常设机构世界知识产权组织国际局设在日内瓦。1974 年该组织正式成为联合国的专门机构之一。至今包括中国在内的一百八十多个国家参加了该组织。（2）1995 年 1 月正式成立的世贸组织（WTO）也在知识产权的国际保护方面发挥了作用。世贸组织是在关税及贸易总协定的基础上建立的。关贸总协定在第八轮乌拉圭回合谈判中将知识产权问题列入三项新议题之中，经过各方努力于 1993 年乌拉圭回合谈判结束前达成《与贸易有关的知识产权协定》（TRIPs），该协定为世贸组织在全球范围内保护知识产权规定了基本原则、适用范围标准、实施、程序以及争端解决等问题。

四、知识产权的法律冲突

随着知识产权国际法保护的发展，有关知识产权国际保护的法律冲突也逐渐产生。特别是 20 世纪中叶以来，信息产业的国际化趋势更为知识产权的跨国保护提出了新的要求。在这种情况下，国际私法学逐渐重视知识产权国际保护中产生的法律冲突现象，并提出了一系列与此相关的法律适用原则。

知识产权在国际保护中产生法律冲突的原因是多种多样的，其中主要有：第一，国际条约的缔约国之间相互承认和保护知识产权，为法律冲突的产生提供了前提条件。如前所述，知识产权具有严格的地域性，但通过缔结或参加国际条约，缔约国之间相互承认和保护对方的知识产权，就为法律冲突的产生提供了前提条件。第二，各国法律在知识产权的取得、行使、保护范围和保护期限等方面的规定有所不同。由于历史文化传统的差异，各国有关知识产权的国内立法不可能完全相同，而根据条约的规定又要相互承认知识产权所有人的独占权，法律冲突的产生由此不可避免。第三，即使是受国际条约约束的国家，相互给予对方公民或法人的也是"有限制的国民待遇"，因此在权利原始国的法律与被请求给予属地保护国家的法律之间，就会因各自的法律规定不同而发生法律冲突。

五、互联网与知识产权的保护

近年来，随着互联网技术的迅猛发展，网络知识产权的侵权现象日益严重，切实保护互联网上的知识产权也成为备受人们关注的重点问题。

众所周知，由于互联网的特点，在现实生活中发生网络侵权案中，其直接侵权主体往往是大量的个人用户，而网络用户的匿名性和不确定性（如通过电话拨号的上网者，其 IP 地址实际上是经常处于不确定的状态），导致网上的实际侵权者通常很难被发现。对于含有国际因素或外国因素的侵权行为，就更加复杂。仅就著作权方面的保护而言，在这种情况下，被侵权的版权人、版权管理组织会将矛头指向网络服务提供商，追究其为他人提供侵权便利的责任，因为网络服务提供商是通过为用户提供网络服务而获利者。在这里，网络服务提供商包括提供内容服务的网络服务提供者 ICP（Internet Content Provider）和一般网络服务提供者 ISP（Internet Service Provider）。在实践中，根据从事服务的性质不同，一般网络服务提供者至少可分为三种类型。第一是提供连线服务的网络服务提供者，如联通、电信公司对互联网的连线接入服务等。第二是为互联网用户提供在线信息等服务的网络服务提供者，如电子公告栏、聊天室、电子邮件等。第三是提供中介和信息载体及其相关的网络内容服务者。三者的服务范围和方式不同，因而各自的责任也应分别予以明确。上述三种类型网络服务提供者中只有为用户提供服务器的服务商在明知侵权行为存在时不作为才承担侵权责任，其他类型的网络服务提供者一般不承担民事责任。当然，如能证明网络服务提供者主动参与他人侵犯著作权行为，或教唆、积极帮助他人实施侵权行为的除外。

关于互联网的知识产权保护尤其是著作权保护问题，业已引起国际社会的高度重视。由于世贸组织的 TRIPs 并未解决新技术带来的许多具体问题，1996 年 12 月 20 日，在世界知识产权组织主持召开的"关于著作权及邻接权问题的外交会议"上通过了两个被新闻界称为"因特网条约"的《世界知识产权组织版权条约》（WIPO Copyright Treaty）和《世界知识产权组织表演和录音条约》（WIPO Performance and Phonograms Treaty）。此后，美国、日本、欧盟等很多国家和地区均通过修改国内法的形式，分别针对网络环境下的著作权及相关权利保护作出了不同的立法选择，以顺应两个版权条约的要求，如美国 1998 年《数字千年版权法》（CDMA）、法国《信息与通讯服务规范法》等。其中像美国《数字千年版权法》中关于 ISP 如果只是作为被动的传输管道，未主动传输、挑选编辑受指控侵权信息及暂存这些信息，未超限定时间的情况下，不因其系统传输或者机器自动复制而承担直接侵权责任的规定，以及协助侵权责任或者代理侵权责任的规定，和只要 ISP 遵循了预先确定的程序与规则，就可以以此条款抗辩侵权指控的"安全港"条款（Safeharbor）等，在网络立法和知识产权保护方面具有一定的现实意义。中国已先后出台了与此相关的若干法律规范、司法解释和行政规章，包括 2010 年 2 月 26 日第二次修正的《中华人民共和国著作权法》，国务院于 2012 年 1 月 30 日第二次修订的《计算机软件保护条例》，以及最高人民法院于 2012 年 12 月 17 日发布的《关于审理侵害信息网络传播权民事纠纷案件适用法律若干问题的规定》，于 2002 年 10 月 15 日施行的《关于审理著作权民事纠纷案件适用法律若干问题的规定》等，这些法律、行政法规、司法解释等在各自的适用领域均发挥着重要作用。

网络知识产权保护是一个崭新的领域，新问题层出不穷，因此，这方面需要国际社会积极努力和协作，逐步健全和完善一套行之有效的网络知识产权保护体系。

第二节　专利权的法律冲突和法律适用

一、专利权的法律冲突

专利权（patent）是指一国专利主管部门根据该国法律的规定，授予发明创造人或合法申请人对某项发明创造在法定期限内所享有的一种独占权或专有权。专利权的主要内容有制造权、使用权、销售权、进口权、转让权和许可使用权等。一般而言，专利包括发明专利、外观设计专利和实用新型专利三类。专利权具有独占性、商品性、地域性和时间性等特点，是知识产权最重要的组成部分。

专利制度是世界上最早建立的知识产权保护制度。迄今为止，世界上已有一百九十多个国家和地区制定了专利法。然而，各国专利制度的建立和专利法的内容都是由本国的政治、经济、技术、文化发展状况所决定的，因此，各国的专利法存在差别，这也是造成国际专利权的保护产生法律冲突的直接原因。专利权的法律冲突主要表现在以下几点。

（1）专利种类的冲突。各国专利法对于专利种类的保护不尽相同。如英国和德国现行专利法只保护发明专利，不保护实用新型专利和外观设计专利。美国现行专利法保护发明专利、外观设计专利和植物专利三种，不保护实用新型专利。法国专利法则保护发明专利、实用新型专利。中国专利法对于发明、实用新型和外观设计三种专利都加以保护。

（2）保护范围的冲突。各国专利法关于专利的保护范围的规定也不一样。英国、德国专利法保护范围较广，几乎所有技术领域的发明都给予保护，对于食品、饮料、调味品、药品、化学物质、微生物品种也不例外。美国专利法规定除了原子核裂变物质不能取得专利外，对于一切科技发明创造都给予保护。法国专利法规定除了动物品种外，凡具有创造性及工业实用性的新发明均可获得专利。中国专利法规定除了动物和植物品种以及用原子核变换方法获得的物质之外，其他领域的科技发明均可授予专利。

（3）申请原则的冲突。主要解决两个或两个以上申请人分别就同样的发明创造申请专利时，专利权的归属问题。英国、法国、德国、日本和中国的专利法规定了先申请原则：当两个或两个以上相同的发明分别申请专利时，按申请日的先后确定，将专利权授予最先申请的人。目前，世界上绝大多数国家实行先申请原则。美国的专利法规定了先发明原则：当两个或两个以上同样发明分别申请专利时，专利权授予先发明的人，而不考虑申请时间的先后。

（4）审查制度的冲突。各国专利机关在受理专利申请之后如何进行审查和批准，各国专利法对此规定不同。英国、德国、日本和中国的专利法都规定了早期公开、延迟审查制度，但具体时间上的规定有差别。英国法规定专利申请自申请日或优先权之日起 18 个月以后公开，公开后 6 个月申请人可提出实质审查请求，然后专利局对该申请进行实质审查。德国和日本的专利法规定专利申请自申请日后 18 个月早期公开，7 年内可以提出实质审查请求。中国专利法规定，国务院专利行政部门收到申请文件后经初审合格，自申请日起满 18 个月即行公开，也可根据申请人的请求提前公开，公开后 3 年内可提出实质审查请求。美国专利法采用完全审查制：凡提交到专利局的申请，全部进行形式审查和实质审查，直至专利申请被批准后，才公布其申请文件并授予专利权。法国专利法采用登记与半审查相结合的制度，只进行形式审查和新颖性审查，不审查创造性。

（5）保护期限的冲突。各国专利法对于专利权的有效期限规定不同，这也是国际专利权产生法律冲突的原因之一。英国规定发明专利的保护期限为 20 年，自申请日起计算。美国法规定发明专利和植物专利保护期限为 17 年，外观设计保护期限分别为 3 年半、4 年或 14 年。法国法规定发明专利保护期限为 20 年，实用新型保护期限为 6 年，均自申请日起计算。德国法规定发明专利保护期限为 20 年，自提出申请第二天起计算。中国专利法规定发明专利的保护期限为 20 年，实用新型和外观设计保护期限为 10 年，均自申请日起计算。

二、专利权的法律适用

各国专利法对于专利保护规定了不同的法律制度，总而言之，专利权的保护受属地主义和专利权独立原则支配。在一国取得的专利权仅能在该国领域内受到保护，原则上不发生域外效力，要想在他国受保护，则应分别依各国法律提出申请，并且在各国取得的专利权，彼此之间互为独立。专利权由于跨国保护而产生了法律冲突现象，关于解决与此有关的法律适用问题，现有如下几种主张。

（1）专利权的成立、内容和效力，适用专利申请地法。专利权具有明显的地域性，无论申请人国籍、住所在何处，只要在一国申请专利，就必须按那里的法律规定办理申请手续。被授予的专利权，也只能在授予国境内有效。专利权人要想就同一发明创造在另一国境内享有权利，必须按该国的专利法，到其境内办理有关申请手续并获得批准。因此，一项发明创造是否符合法定申请条件，是否能被授予专利以及专利权的内容和效力如何，只能依专利申请地法律来确定。

（2）专利权的保护，适用专利权原始国法。这条冲突规范适用得最为普遍。如 1928 年《布斯塔曼特法典》第 105 条规定："一切财产，不论其种类如何，均依其所在地法。"第 108 条规定："工业产权、著作权以及法律所授予并准许进行某种活动的一切其他经济性的类似权利，均以其正式登记地为其所在地。"第 115 条规定："著作权和工业产权应受现行有效的或将来缔结的特别国际公约的规定支配。""如无上述国际公约，则此权利的取得、登记和享有均应依授予此项权利的当地法。"由此可见，国际专利权的保护，应适用专利权原始授予国的法律。

（3）专利权的保护，适用专利证发出国或专利申请地国法。原则上，专利在登记国的保护依登记地国的法律。但是，这种法律适用显得过于机械，不能适应现今国际交流的发展，因此，有的国家提出了专利权原始国法与申请地法兼用的双边冲突规范。如 1979 年《匈牙利国际私法》规定："对发明者或其利益继承人的保护，适用专利证发出国或专利申请地法。"因此，解决国际专利权冲突问题应平等地适用内国法或外国法，主要看专利证发出国或专利申请地国在何处。

（4）专利权的创立、内容和消灭，适用实施权利行为或侵权行为发生地法。一项在原始国产生的专利权能否在某外国真正得到保护，应取决于专利权实施地法或侵权行为地法，而不是其他准据法。如 1978 年《奥地利联邦国际私法法规》第 34 条规定："无形财产权的创立、内容和消灭，依使用行为或侵权行为发生地国家的法律。"

（5）对于专利权的法律冲突，应根据其特点，分别适用不同的准据法，亦即法律适用上的"分割论"。如有关专利申请日及优先权，适用被申请的国内法；关于是否批准外国人的发明专利权，适用被申请国法律；专利权的保护范围和保护方法，适用被请求保护该权利国家的法律；有关专利职务发明，适用劳动合同准据法；有关专利的转让，适用当事人选择的法律，在当事人没有明示或默示选择法律时，适用与专利权转让有最密切联系国家的法律、受让方或转让方国家的法律。

目前，中国涉及专利权方面的立法主要有：1984 年 3 月颁布、1985 年 4 月施行和 1992 年、2000 年、2008 年修正的《专利法》，2010 年修订的《专利法实施细则》，2019 年 5 月 1 日施行的《专利代理管理办法》，2010 年《关于台胞专利申请的若干规定》，2017 年国家知识产权局《关于受理台胞国际申请的通知》，1995 年 8 月公布的《关于港澳地区专利申请若干问题的规定》，1997 年《中国专利局关于香港回归后中国内地和香港专利申请若干问题的说明》，以及 2010 年《涉外民事关系法律适用法》等。

中国有关涉外专利权方面的法律适用主要有以下几种做法。

（1）在中国没有经常居所或者营业所的外国人、外国企业或外国其他组织在中国申请专利的，按照其所属国同中国签订的协议或共同参加的国际条约，或者按照互惠原则，根据中国专利法办理。外国人的一切专利事务应当委托中国国务院指定的专利代理机构，向中国国务院专利行政部门提出有关申请，经国务院专利行政部门依中国法律审查批准和授予专利权。

（2）外国申请人就同一发明或实用新型在外国提出申请之日起 12 个月内，或者就同一外观设计在外国第一次提出申请之日起 6 个月内，又在中国提出申请的，依照其所属国同中国签订的协议或者共同参加的国际条约，或者依照相互承认优先权的原则，可以享有优先权。

（3）港澳地区的法人向中国国务院专利行政部门申请专利时，应当委托国务院指定的或者授权中国国务院专利行政部门指定的专利代理机构办理。港澳地区居民向中国国务院专利行政部门申请专利时，除可以委托上述专利代理机构外，还可以通过其在内地的亲友委托国内专利代理机构办理。

（4）中国单位或者个人将其在国内完成的发明创造向外国申请专利的，应当首先向中国国务院专利行政部门申请专利，并经国务院有关主管部门同意后，委托国务院指定的专利代理机构办理。

《涉外民事关系法律适用法》对于知识产权的法律适用没有具体区分专利权、商标权和著作权的法律适用原则，而是作了统一法律适用的规定。该法第 48 条规定，知识产权的归属和内容，适用被请求保护地法律。第 49 条规定：当事人可以协议选择知识产权转让和许可使用适用的法律。当事人没有选择的，适用本法对合同的有关规定。第 50 条规定，知识产权的侵权责任，适用被请求保护地法律，当事人也可以在侵权行为发生后协议选择适用法院地法律。

第三节　商标权的法律冲突和法律适用

一、商标权的法律冲突

商标（trademark）通常由文字、图形、字母、数字、三维标志和颜色组合或上述要素的组合而构成，是商品生产者或销售者在自己的商品上使用的，用于区别其他商品生产者或销售者的商品的一种专有的可视性标记。商标权是商标所有人对法律确认并给予保护的商标所享有的权利，主要包括商标专用权、商标续展权、商标转让权、商标许可使用权等。商标权是一种无形产权，属于工业产权的一种，具有专有性、时间性和地域性等特征。

商标作为在商品上使用的专有的可视性标记，是商品经济社会发展的产物。随着商标的广泛使用和商业竞争的加剧，仿制商标行为屡有发生。为了维护商标权人的合法利益，制止商业欺骗行为，保护商品生产者、销售者和消费者的合法权益，世界各国的法律对于商标权的保护由来已久。目前，世界上大多数国家和地区都颁布了商标法，但是各国商标法因其各自的社会、历史、文化传统不同而有所差异，这就使得商标权的跨国保护产生了法律冲突现象。商标权的法律冲突主要表现为以下几个方面。

（1）商标权获取原则的冲突。在如何获得商标权的问题上，有的国家采取"注册在先"原则，依据法定的注册程序先后取得商标权；有的国家采取"使用在先"原则，依据对商标的使用先后获得商标权；还有国家采取"使用与注册互补"原则。如美国联邦商标法实行"使用与注册互补"原则，商标权原则上属于最先注册的人，但最先使用人可以在 5 年内提出异议，请求撤销注册商标，如果法律确认请求成立，则商标权属于最先使用的人。法国、日本、中国等国的商标法采用"注册在先"原则，按照申请注册的先后程序来确定商标权的归属，即谁先申请商标注册，商标权就授予谁。如果商标最先使用人不及时申请注册，一旦被他人抢先申请注册，便无法对该商标取得商标权。

（2）商标注册原则的冲突。采取"注册在先"原则的国家在获取商标权的规定上也存有差别，主要有自愿注册、全面注册、自愿与强制相结合注册三种做法。有些国家采取自愿注册的原则，任由商标使用人自愿决定对其使用的商标是否采取注册的做法。苏联、东欧等国采用全面注册，要求所有生产者生产的产品和销售者经销的商品都应当使用注册商标。多数国家采取自愿注册与强制注册相结合的方式，规定除药品、食品、化妆品、烟草制品等必须使用注册商标外，其他商品是否使用注册商标听由当事人自愿申请而定。

（3）注册商标使用规定的冲突。一般而言，对注册商标的使用分两种情况：一是实际使用，即注册人或经注册人许可的人将商标使用在商品之上；二是商业使用，除了实际使用之外，将商标用于广告或展览。有些国家只承认第一种情况为使用，大多数国家将两种情况都看作使用。各国商标法一般都规定，注册商标在获得注册后一段时间内必须使用，否则，利害关系人可以申请撤销注册商标，商标局也可以主动撤销注册商标。至于在商标获准后多长时间内必须使用，各国商标法的规定有异，这也是容易引起冲突之处。

（4）注册商标保护期限的冲突。各国商标法对于商标专用权的有效期限规定从5年到60年不等，包括中国在内的世界上半数国家规定为10年。保护期限有的国家从申请日起计算，有的国家从核准日起计算。另外，各国一般都规定商标注册期满可以续展，续展次数不限。

二、商标权的法律适用

世界各国商标法对于注册商标的规定存在差异，同一商标如在数国注册，其权利内容、范围、效力等相互独立，因此，商标权保护的法律冲突在所难免。为了解决这一问题，目前有关商标权的法律适用有如下几种主张。

（1）商标权的成立、内容和效力，适用商标注册地法。世界上大部分国家采取商标注册原则，商标权通过注册核准产生，受法律保护。商标权具有严格的地域性，在一国或地区内核准的商标，只能在该国或地区内才有效力，因此，有关商标权的得失、内容、范围和效力等的法律适用，均应依注册地法，亦即权利成立地法。《布斯塔曼特法典》第108条和第115条对此作了类似的规定。

（2）商标权的成立、内容和效力，适用商标先使用地法。世界上有些国家的商标法按照使用商标的先后来确定商标权的归属，商标注册手续只从法律上起到申请和告示作用，而不能决定商标权的归属，他人可以使用在先为理由对抗使用在后、注册在先的人，请求撤销注册商标。商标权的地域性也要求有关商标权的生效要件、范围、效力及存续期间等的法律适用，依商标先使用地法。

（3）商标权的保护，适用商标注册证发出国或商标申请地法。1979年《匈牙利国际私法》规定，商标权的法律冲突可以采用专利权法律冲突的原则，也就是依商标注册证发出国或商标申请地国法。

（4）商标权的创立、内容和消灭，适用实施权利行为或侵权行为地法。1978年《奥地利联邦国际私法法规》第34条规定："无形财产权的创立、内容和消灭，依使用行为或侵权行为发生地国家的法律。"商标权是无形财产权的一种，可以适用这条冲突规范。

（5）商标权法律适用的"分割论"。对于商标权的法律适用，根据其具有的特点，分别适用不同的准据法。如有关商标注册申请日及优先权依被申请注册国法；有关是否批准外国人的商标注册适用被申请国家的法律；有关商标的保护范围和保护方法依被请求保护国法；有关商标的转让，适用当事人选择的法律，当事人没有作出选择的，按照最密切联系原则来确定准据法。

中国调整涉外商标权关系的现行法律、法规主要有：1982年颁布和1993年、2001年、2013年、2019年修正的《商标法》，2014年修订的《商标法实施条例》，1997年《特殊标志管理条例》以及 2010 年《涉外民事关系法律适用法》等。

根据以上法律、法规，中国在涉外商标权方面的法律适用的规定主要有以下几点。

（1）外国人或外国企业在中国申请注册商标的，应按其所属国和中华人民共和国签订的协议或者共同参加的国际公约办理或者按对等原则办理。在具体程序上，外国人在中国申请注册商标或办理其他商标事宜，应当委托国家认可的具有商标代理资格的机构进行代理，并应当使用中文，外文书件应附中文译文。提交的代理委托书应办理有关公证、认证手续。

（2）外国人在中国注册商标所享受的优先权问题，根据中国参加的《保护工业产权巴黎公约》的原则，中国政府规定，凡是公约成员国国民，已向《保护工业产权巴黎公约》的任何一个成员国提出了商标注册申请之后，又在中国就同一商标在相同商品上提出注册申请的，可以从第一次申请后 6 个月内要求享受优先权。凡要求享受优先权的，应当提交书面声明以及在其他成员国第一次申请的副本和其他有关证明文件。

（3）中国商品需在国外注册的，首先应在国务院工商行政管理部门商标局注册，然后按照中国参加的《保护工业产权巴黎公约》和《商标国际注册马德里协定》或根据对等原则以及对方国家规定的无条件国民待遇原则，并委托国家认可的具有商标代理资格的机构在外国申请商标注册。到国外申请商标注册的，申请者应先到所在地县、市工商行政管理局登记。到国外申请商标，必须是申请者自己的商标。

第四节　著作权的法律冲突和法律适用

一、著作权的法律冲突

著作权（copyright）又称版权、文学产权，是指文学、艺术和科学作品的创作者依法对这些作品所享有的一种民事权利。这里所指的作品具有特定的含义，是指于文学、艺术和科学领域，具有独创性并能以某种有形形式复制的智力创作成果，它是一种无形财产。著作权包括人身权和财产权两类。人身权是指与作者本身不可分割的权利，又称精神权利，它包括发表权、署名权、修改权和保护作品完整权。财产权是指作者对于自己所创作的作品所享有的使用和获得报酬的权利，又称经济权利，它是指以复制、表演、播放、展览、发行、摄制电影、电视、录像或者改编、翻译、注释、编辑等方式使用作品的权利，以及许可他人以上述方式使用作品，并由此获得报酬的权利。

著作权作为一种特殊的民事权利，受到世界各国法律的保护，这样可以鼓励和调动作者创作的积极性以及推动作品在社会的广泛传播。著作权法也成为调整文学、艺术和科学技术领域因创作作品而产生的各种社会关系的法律。随着版权保护为各国国内法所确认以及作品跨国界的广泛传播，世界上也出现了保护国际著作权的国际条约。著作权作为知识产权的组成部分，它的保护具有严格的地域性，各国著作权法只是国内法，只在本国境内有效，不具有域外效力。各国著作权法客观上的差异，使得著作权的跨国保护产生了冲突，这些法律冲突主要表现如下。

（1）著作权保护范围的冲突。各国著作权法关于著作权保护范围的规定有所不同，如中国著作权法保护的范围较广，有文字作品，口述作品，音乐、戏剧、曲艺、舞蹈作品，美术、摄影作品，电影、电视、录像作品，工程设计、产品设计图纸及其说明，地图、示意图等图形作品，计算机软件，法律、法规规定的其他作品。有的国家将计算机软件另外列入商业秘密法、合同法或专利法加以保护，或者采用专门立法加以保护。

（2）著作权取得原则的冲突。对于著作权的取得，有的国家采用"创作主义"，作品不论是否发表，均享有著作权，著作权的取得不需要任何手续；有的国家采用"注册主义"，作品必须经过注册登记并具有版权标记才能受著作权法保护。

（3）著作权内容的限制的冲突。大多数国家著作权法对于著作权的行使规定了"合理使用"和"强制许可"制度，但是具体做法不同。如英国现行版权法对版权合理使用的情况规定较严，只允许为科研或个人学习目的而使用文字、音乐、绘画或雕塑等艺术作品，因此，在英国为个人娱乐目的未经作者同意而使用作品也被认为是一种侵权行为。日本著作权法却规定了较宽的强制许可制度：对于版权所有者不明的作品、广播或录制已发表的作品都可以得到强制许可；为印刷供教学使用的课本，可以不经作者同意而复制已经公开的作品，但必须支付报酬。

（4）著作权保护期限的冲突。如美国联邦版权法对作者权利的保护期限是作者有生之年加50年，共同作品的保护期限为最后一位作者的有生之年加50年，匿名作者的作品及雇佣作者的作品的保护期限是自发表之日起75年。德国版权法版权保护期限为作者有生之年加70年，遗著如在作者去世后60年至70年间发表的，其保护期为10年，作者不详的作品保护期自发表之日起70年，摄影作品的保护期为自发表之日起25年，生前未发表的作品保护期自完成创作之日起25年。

二、著作权的法律适用

著作权保护具有严格的地域性，各国著作权法属于国内法，只在本国境内生效，跨国保护著作权就可能产生法律冲突现象，从而涉及法律适用问题。目前，关于著作权法律适用主要有如下几种主张。

（1）著作权的成立、内容和范围，适用最初发表地法。作者的文学、艺术和科学作品通过正式发表，即享有著作人格权，并在社会上产生经济价值和文化价值，因此，发表地与该著作权的联系最为自然和重要。如《法国民法典》第2305条规定："文化及艺术产权由作品的首次发表地法规定，工业产权由注册或登记地法规定。"1974年《阿根廷国际私法》第21条规定："文学和艺术作品受作品首次发表国的法律支配。外国文学艺术作品的保护期依照其原始国的规定，但不得超过阿根廷准许的期限。"对于同时在数国发表的作品，发表日期不同者，以最先发表日为准；如为同期发表，从顾全大众利益和作者利益的角度出发，依据作品的重要性来决定其主要发表地。

（2）未发表作品的著作权，适用作者的属人法。对于未发表作品的著作权保护的内容、范围等问题，因其缺乏最初发表地的因素，所以应适用作者的属人法，包括本国法、住所地法或惯常居住地法。作品是创作者人格的直接表露，因此作品与作者有着密不可分的关系，对于未发表作品的著作权的保护，适用作者的属人法较适宜。

（3）著作权的创立、内容和消灭，适用实施权利行为或侵权行为地法。著作权是无形财产权的一种，这种权利的保护在权利实施地或侵权行为地最能体现其有效性。1978年《奥地利联邦国际私法法规》第34条规定："无形财产权的创立、内容和消灭，依使用行为或侵权行为发生地国家的法律。"

（4）著作权的保护，适用被请求保护国法。如 1979 年《匈牙利国际私法》第 19 条规定："著作权依被请求保护的国家的法律。"1987 年《瑞士联邦国际私法法规》也规定，智慧财产权受请求保护国之法律的支配。

（5）有的国家主张从著作权合同的角度来确定解决法律冲突的原则。如 1966 年《波兰国际私法》规定，出版契约依发行人缔约时住所地法。也有国家规定，对于利用受著作权法保护的作品的合同的，依利用人主营业所所在地所依据的法律。有人主张也可依当事人意思自治原则或最密切联系原则来确定国际著作权的准据法。

（6）著作权法律适用的"分割论"。著作权的法律适用应根据著作权的特点来分别适用不同的准据法。如有关作品国籍的取得依作品最初刊行国法；有关著作权是否存在，适用作品最初刊行国法或作品来源地法；有关是否和如何保护著作权，依该国缔结或参加的国际公约和所在国法律规定；有关著作权保护的范围、期限和向作者提供保护的救济方法，依向其提出要求保护的国家的法律；有关著作权的转让，适用当事人选择的法律或按最密切联系原则来确定准据法。

中国现行的有关涉外著作权的法律、法规主要有：1990 年 9 月颁布和 2001 年、2010 年修正的《著作权法》，2013 年修订的《著作权法实施条例》，1992 年《实施国际著作权条约的规定》，2013 年修订的《计算机软件保护条例》，2002 年《计算机软件著作权登记办法》以及 2010 年《涉外民事关系法律适用法》等。

根据以上法律、法规，中国在涉外著作权适用方面的主要做法有以下几点。

（1）对于著作权的保护采取"双国籍国民待遇原则"，即：中国公民、法人或非法人单位的作品无论其在境内或境外是否发表，均作为中国作品，受中国著作权法保护；外国人的作品，首先在中国境内发表的，也视为中国作品，受中国著作权法保护。如果外国人的作品在中国境外首先发表，30 天内在中国境内发表的，也视为在中国境内首先发表，受中国著作权法的保护。

（2）外国人已在中国境外发表的作品，应根据其所属国同中国签订的协议或共同参加的国际条约，受中国著作权法保护。

（3）中国公民、法人或非法人单位的作品，要想在外国受到法律保护，可根据中国已参加的国际公约的规定，在公约某一成员国首次发表，在其他成员国也同时得到保护；或者首次在中国发表后 30 天内在《伯尔尼公约》中的成员国发表，也被视为同时发表，受到所有成员国的法律保护。

课后练习

1. 知识产权的法律冲突是如何产生的？
2. 专利权有哪些法律适用原则？
3. 商标权有哪些法律适用做法？
4. 如何解决著作权的法律冲突问题？
5. 简述 TRIPs 的主要内容。（考研）
6. 依据《与贸易有关的知识产权协定》，下列哪些表述是正确的？（　　）（法考）

A. 计算机程序应作为文学作品保护

B. 各成员方可决定商标许可与转让的条件，但不允许商标的强制许可

C. 成员方必须以专利形式对植物品种提供保护

D. 成员方司法当局有权禁止那些对知识产权构成侵权行为的进口商品进入商业渠道

7.《巴黎公约》规定，对发明、实用新型、外观设计和商标的申请人给予优先权，该优先权期限为（　　）。

A. 发明和实用新型为 12 个月，外观设计和商标为 6 个月

B. 发明和实用新型为 6 个月，外观设计和商标为 12 个月

C. 发明、实用新型、外观设计、商标均为 12 个月

D. 发明、实用新型、外观设计、商标均为 6 个月

8.《伯尔尼公约》规定了"双国籍国民待遇"原则，双国籍是指（　　）。

A. 作者国籍

B. 作品国籍

C. 出版者国籍

D. 发行者国籍

E. 印刷者国籍

第三编

国际民事诉讼与国际商事仲裁

第十六章

国际民事诉讼

本章概要

国际民事诉讼程序规范是国际私法的规范构成之一，因此，国际民事诉讼程序是本教材体系的重要组成部分。国际民事诉讼法规定的事项，一般涵盖外国人的民事诉讼地位、国际民事管辖权、国际民事诉讼中的期间和诉讼保全、国际民事司法文书送达、国际民事调查取证协助、外国法院判决的相互承认与执行等。

关键术语

国际民事诉讼程序　外国人民事诉讼地位　国际民事管辖权　国际民事司法协助　域外送达　域外取证　外国法院判决的承认与执行

第一节　国际民事诉讼概述

一、国际民事争议及其处理途径

国际民事争议，是指国际民事交往中各方当事人之间在权利、义务方面所产生的各种纠纷。在国际民事交往中，各方当事人具有不同的利益，而且他们具有不同的国籍或分处于不同的国家或地区，因而具有不同的文化传统和价值理念，难免会在各有关当事人之间发生争议。

国际民事争议一旦发生，采取哪些途径解决呢？传统上，司法诉讼被认为是解决国际民事争议的正统方式。现在，替代性争议解决方式即 ADR（Alternative Dispute Resolution）的方式越来越受到重视。ADR 的方式主要包括和解或协商、调解、仲裁等方式。目前，在实践中，通常采用的国际民事争议的解决方式主要有和解、调解、仲裁和司法诉讼等。本章仅就国际民事诉讼程序予以论述，至于国际商事仲裁将在第十七章论述。

二、国际民事诉讼程序的概念和特点

国际民事诉讼程序（international civil procedure），是指一国法院在审理国际民事案件时，法院、当事人及其他诉讼参与人所必须遵循的专用的特殊程序。

在国际民事诉讼程序中，既可以因实体法律关系含有国际因素而需要适用国际民事诉讼规范，也可以因诉讼程序本身含有国际因素而需要适用国际民事诉讼规范。[①] 具体说来，国际民事诉讼中的国际因素主要有：诉讼当事人中至少有一方为外国人或当事人的住所、居所位于外国；诉讼客体是位于外国的物；导致国际民事关系产生、变更或消灭的法律事实发生在外国；援用的证据具有国际因素；法院根据冲突规范的指引，需要适用某一外国法作为案件的准据法；诉讼请求是外国法院或其他机构的判决在内国的承认与执行；诉讼程序涉及的是国际司法协助问题等。

正因为如此，在法院审理各类国际民事案件的过程中，面临着各种不同于一般国内民事案件的特殊程序问题，例如：(1) 外国人民事诉讼地位问题；(2) 一国法院对各类国际民事案件的管辖权问题；(3) 国际民事诉讼的期间和诉讼保全问题；(4) 国际民事司法协助问题等。

国际民事诉讼法（international civil procedure law）就是规定国际民事诉讼程序的各种法律规范的总称，其法律渊源具有双重性，既有国内渊源，又有国际渊源，国内渊源表现为国内立法和判例，国际渊源则表现为国际条约和国际惯例。国内立法作为国际民事诉讼法的主要渊源，主要有几种表现形式：(1) 在国内民事诉讼法典或国内民法典中以专编或专章形式，较系统地就国际民事诉讼程序作出规定，例如，《法国民事诉讼法典》第一卷第十七编第三章、第二十编第二章、第四卷第六编，《秘鲁民法典》第十编第四章等。(2) 在国际私法典中以专编、专章或分散形式就国际民事诉讼程序作出规定，例如，1979 年《匈牙利国际私法》第九、十、十一章等。(3) 就国际民事诉讼中的某个具体问题颁布专门立法或条例，例如，1975 年《英国域外取证法》、1976 年《美国外国主权豁免法》等。

在中国立法中，1991 年制定和 2012 年、2017 年修正的《民事诉讼法》第四编为"涉外民事诉讼程序的特别规定"，该编共 5 章，分别就涉外民事诉讼程序的一般原则、管辖、送达和期间、仲裁以及司法协助作了规定；1986 年颁布的《外交特权与豁免条例》和 1990 年颁布的《领事特权与豁免条例》对于外交人员和领事人员在中国法院进行民事诉讼时的地位、豁免权以及对豁免权的限制等作了详细的规定；最高人民法院 1992 年《民事诉讼法意见》、2015 年《民事诉讼法解释》也是中国国际民事诉讼法的主要渊源。同时，我国还加入了 1965 年 11 月 15 日海牙《关于向国外送达民事或商事司法文书和司法外文书公约》等多边条约，并且已先后与法国、波兰、蒙古、比利时、罗马尼亚、意大利、西班牙、俄罗斯、土耳其、古巴、泰国、埃及、保加利亚、白俄罗斯、哈萨克斯坦、乌克兰等四十多个国家签署了双边民事司法协助条约。

三、国际民事诉讼程序的基本原则

国际民事诉讼程序的基本原则是作为国际民事诉讼程序具体规定基础的，贯穿于国际民事

---

① 李双元，谢石松. 国际民事诉讼法概论. 武汉：武汉大学出版社，2001：8.

诉讼程序的各个领域和各个阶段，并具有普遍的立法和司法指导意义的根本性原则。国际民事诉讼程序的基本原则主要有以下几项。

（一）主权原则

主权原则本是国际公法的基本原则之一，因国际民事诉讼涉及不同国家的管辖权，因此主权原则也成为国际民事诉讼程序的首要基本原则。在国际民事诉讼程序中，国家主权原则体现在以下几个方面：第一，任何一个国家对于其领域内的一切人和物，除依国际法享有豁免权者外，都有权行使司法管辖权；一个国家对本国公民，即使其位于本国境外，也可行使管辖权。第二，一个国家及其财产在国外享有司法豁免权。第三，诉讼程序依法院地法，即一国在其领域内审理国际民事案件，除其缔结或参加的国际条约另有规定外，只适用本国的民事诉讼程序规范。第四，非经内国法院承认，外国法院的判决不能在内国生效，更不能在内国强制执行。如果内国法院认为外国法院的判决违反内国国家主权或公共秩序，可以拒绝承认和执行。

（二）国民待遇原则

在国际民事诉讼中，国民待遇表现为一个国家把给予其本国国民的民事诉讼权利也给予在本国境内的外国人，该国法院不能仅仅以有关当事人具有外国国籍为理由而要求其提供诉讼费用担保等限制其诉讼权利的措施。

（三）平等互惠原则

平等互惠原则表现在国际民事诉讼中，就是国家在平等的基础上相互赋予对方国民以民事诉讼权利，相互给予司法上的协助，包括相互承认与执行对方法院的判决和仲裁裁决，在规范有关程序或处理国际民事争议时给予互惠待遇。

（四）遵守国际条约和参照国际惯例原则

根据"条约必须信守"的原则，一国法院在审理国际民事案件时，应当受该国缔结或参加的国际条约的约束，即使其规定与国内法的规定不同。对于国际惯例，只要不违背本国的主权和安全，也可以考虑参照适用。

第二节　国际民事诉讼当事人

一、外国人的民事诉讼地位

外国人的民事诉讼地位是指根据内国法或国际条约的规定，外国人（包括自然人和法人）在内国境内享有什么样的民事诉讼权利、承担什么样的民事诉讼义务。

外国人的民事诉讼地位问题是国际民事诉讼程序必须首先解决的问题，因为只有一国赋予外国人在内国以相应的民事诉讼地位，民事诉讼活动才能得以进行。所以，规范外国人民事诉讼地位的法律规范也是国际民事诉讼法的重要组成部分。

（一）外国人民事诉讼地位的一般原则

当今，世界各国的民事诉讼立法和有关的国际条约在规范外国人的民事诉讼地位时都原则上赋予外国人以国民待遇，即规定外国人享有与内国国民同等的民事诉讼权利、承担同等的民事诉讼义务。

在民事诉讼地位上赋予外国人以国民待遇，保证了在内国的内、外国人之间在民事诉讼地位上的平等。但是，为了保证本国国民在外国也能得到所在国的国民待遇，各国在规定外国人享有国民待遇的同时，往往附有对等或互惠条件，即如果证实某一外国国家对内国在该国的国民的民事诉讼地位加以限制，则根据对等原则，也有权对对方国家的国民在内国的民事诉讼地位加以限制。

在中国立法中，也规定了国民待遇原则。2017 年修正的《民事诉讼法》第 5 条第 1 款规定："外国人、无国籍人、外国企业和组织在人民法院起诉、应诉，同中华人民共和国公民、法人和其他组织有同等的诉讼权利义务。"同时，与国际惯例一致，中国也是采取有条件的国民待遇原则，于《民事诉讼法》第 5 条第 2 款规定："外国法院对中华人民共和国公民、法人和其他组织的民事诉讼权利加以限制的，中华人民共和国人民法院对该国公民、企业和组织的民事诉讼权利，实行对等原则。"

中国近年来还与许多国家签订了一系列的双边司法协助条约或协定，其中都规定有国民待遇原则。从已经生效的我国与法国、波兰和蒙古国缔结的司法协助协定来看，一般都规定：缔约一方的国民在缔约另一方领域内，享有与另一方国民同等的司法保护，有权在与另一方国民同等的条件下，在另一方法院进行民事诉讼。并且进一步规定，此种国民待遇，也适用于缔约双方的法人。

（二）外国人的诉讼行为能力

外国人的诉讼行为能力，是指外国人以自己的行为行使民事诉讼权利和承担民事诉讼义务的能力。民事诉讼行为能力与实体民事行为能力是相对应的，但二者并非完全一致。在某些案件中，不具有完全实体民事行为能力的人，例如一个在有关身份关系的诉讼中的限制行为能力人，却具有完全的民事诉讼行为能力。

关于外国人的民事诉讼行为能力，目前各国普遍是依属人法，但具体规定又有所不同。大陆法系国家，如德国、日本等国，规定依当事人的本国法确定；而英美法系国家通常依当事人的住所地法来判定。为了保护善意的对方当事人尤其是内国当事人的正当权益，各国在规定外国人的民事诉讼行为能力适用其属人法的同时，往往还对此加以限制：如果根据法院地法，有关的当事人有民事诉讼行为能力，则不问其属人法规定如何，应认定为有诉讼行为能力。如《日本民事诉讼法》第 51 条规定："外国人依据其本国法律虽然没有诉讼能力，但如果依据日本法律有诉讼行为能力的，视为有诉讼行为能力的人。"

关于外国人的民事诉讼行为能力问题，中国《民事诉讼法》没有明确规定，学者们对该问题的看法也不一致。参照国际上的惯行做法和我国的立法精神，《民法通则意见》第 180 条规定："外国人在我国领域内进行民事活动，如依其本国法律为无民事行为能力，而依我国法律为有民事行为能力，应当认定为有民事行为能力。"本教材认为，原则上应该依外国人的属人法来确定其民事诉讼行为能力，但是，如果依其属人法没有民事诉讼行为能力，而依中国法律有民事诉讼行为能力，应当认定为有民事诉讼行为能力。

（三）诉讼费用担保

诉讼费用担保（warranty for expense of proceedings）是指外国人或在内国未设有住所的人在内国法院提起民事诉讼时，应被告的请求或依内国法律的规定，由内国法院责令原告提供的担保。其目的是防止原告滥用其诉讼权利，或防止其败诉后不支付诉讼费用。因此，诉讼费用担保实质上就是为了防止一方当事人滥用诉权，给内国法院及被告造成不必要损失，而对作为原告的外国人或在内国没有住所的人的诉权加以限制的一种特殊制度。

由于诉讼费用担保是专门限制外国人民事诉讼权利的特殊规定，所以，对于其必要性，学者有不同的看法。持肯定意见的学者认为，必须充分考虑到一个没有充足根据的诉讼很容易对被告造成严重损害，也可能造成法院所属国费用上的损失，所以不能废除诉讼费用担保制度。但是，诉讼费用担保使得内、外国人在同一案件中诉讼权利处于不平等状态，限制了外国人在内国法院的诉权，因而遭到了更多学者的批评。目前，各国往往在国际条约中规定，在互惠基础上相互免除缔约国对方国民的诉讼费用担保。例如1954年订于海牙的《民事诉讼程序公约》第17条规定："对在其中一国有住所的缔约国国民在另一国法院作为原告或诉讼参加人时，不得以他们是外国人或者在境内没有住所或居所，命令他们提供任何（不管以何种名称）的担保或保证金。"

对于诉讼费用担保问题，我国经历了从要求外国人提供担保到实行互惠条件下互免担保的转变过程。1984年最高人民法院发布的《民事诉讼收费办法（试行）》（已失效）第14条第2款规定："外国人、无国籍人、外国企业和组织在人民法院进行诉讼，应当对诉讼费用提供担保。"随着改革开放的需要，这种仅要求外国当事人提供诉讼费用担保的做法已不合时宜，因此，1989年最高人民法院发布的《人民法院诉讼收费办法》（已失效）第35条规定："外国人、无国籍人、外国企业和组织在人民法院进行诉讼，适用本办法。但外国法院对我国公民、企业和组织的诉讼费用负担，与其本国公民、企业和组织不同等对待的，人民法院按对等原则处理。"2006年国务院通过的《诉讼费用交纳办法》第5条采取了类似的规定。所以，目前我国实行的是在互惠对等条件下的国民待遇原则。另外，在我国与外国签订的双边司法协助条约或协定中，一般都规定了互相免除缔约对方国民的诉讼费用担保。例如，1987年《中华人民共和国和法兰西共和国关于民事、商事司法协助的协定》第1条规定："缔约一方的法院对于另一方国民，不得因为他们是外国人而令其提供诉讼费用保证金。"

（四）诉讼代理制度

诉讼代理（procedure deputize）是指诉讼代理人基于诉讼当事人或其法定代理人的授权，以当事人的名义代为实施诉讼行为的一种制度。在国际民事诉讼中，由于国际民商事法律关系十分复杂，以及外国当事人对法院地国家法律的不了解，所以，外国当事人一般都需要诉讼代理人代其参与诉讼活动。对于外国当事人可以委托什么样的人作为代理人，以及代理人的权限如何等问题，各国的规定不尽相同，但一般都规定应由律师，而且是内国律师担任诉讼代理人。这一方面是考虑到内国律师和外国律师相比较，其更熟悉和精通内国的法律，从而能更好地为当事人提供法律服务；另一方面也是考虑到若允许外国律师出席内国法院参与诉讼，将有损内国的司法主权。

在诉讼代理人的权限问题上，以法国、德国为代表的律师诉讼主义国家规定，当事人必须委托律师作为诉讼代理人代为参加诉讼，律师可基于授权实施所有诉讼行为，当事人无须参加诉讼；以英国、美国为代表的当事人诉讼主义国家则规定，无论当事人是否委托了诉讼代理人，当事人都必须参加诉讼。

在国际民事诉讼代理中，还存在一种领事代理（consul deputize）制度，它是指一国的领事可以根据有关国家的诉讼立法和有关国际条约的规定，在其职权范围内，在驻在国的有关法院代表派遣国国民或法人参与有关的诉讼，以保护派遣国国民或法人在驻在国的合法权益。1963 年《维也纳领事关系公约》就明确肯定了领事代理制度，这一制度也被许多国家签订的双边领事条约和国内立法采纳。

需要明确的是，领事代理与律师代理是有显著区别的。领事代理是领事官员的一项职务，律师代理则是律师基于其与被代理人的委托代理合同并且以律师身份所进行的诉讼代理；律师代理的终结以律师完成被代理人的委托事项为前提，而领事代理具有临时性，即只要当事人委托了诉讼代理人，或自己参加了诉讼，领事代理随即终止。[①] 例如，1980 年《中华人民共和国和美利坚合众国领事条约》第 24 条规定："当派遣国国民包括法人由于不在接受国境内或其他任何原因无法及时保护自己的权利和利益的时候，领事官员遵照接受国的法律有权采取适当措施，在接受国的法庭上和其他当局面前，保护此类国民，包括法人的权利和利益。一旦该国民指定了自己的代表，或者自己担当起保护自己权利和利益的任务，本条第一款所提到的措施即应停止。但是本条不能被解释为授权领事官员作为律师。"

我国 2017 年修正的《民事诉讼法》第 263 条规定："外国人、无国籍人、外国企业和组织在人民法院起诉、应诉，需要委托律师代理诉讼的，必须委托中华人民共和国的律师。"1992 年《民事诉讼法意见》还规定："涉外民事诉讼中的外籍当事人，可以委托本国人为诉讼代理人，也可以委托本国律师以非律师身份担任诉讼代理人；外国驻华使、领馆官员，受本国公民的委托，可以以个人名义担任诉讼代理人，但在诉讼中不享有外交特权和豁免权。"并且，在"涉外民事诉讼中，外国驻华使、领馆授权其本馆官员，在作为当事人的本国国民不在我国领域内的情况下，可以以外交代表身份为其本国国民在我国聘请中国律师或中国公民代理民事诉讼"[②]。此外，外国当事人委托我国律师或者其他人代理诉讼，应该在开庭前将授权委托书送交人民法院，授权委托书应当经所在国公证机关证明，并经中华人民共和国驻该国使领馆认证，或者履行中华人民共和国与该所在国订立的有关条约中规定的证明手续后，才具有效力。

（五）外交豁免

1. 外交豁免的含义

外交豁免（diplomatic immunity）是指按照国际习惯法或有关协议，在国家间互惠的基础上，为了使一国的外交代表机关及其人员在驻在国能够有效地执行职务，而由驻在国给予的特别权利和优惠待遇。

关于外交豁免权的理论根据，主要有治外法权说、代表性质说和职务需要说三种。1961 年《维也纳外交关系公约》抛弃了已经落伍的治外法权说，采用了职务需要说，同时又结合了代表性质说。该公约序言称："鉴于各国人民自古即已确立外交代表之地位……深信关于外交往来，特权及豁免之国际公约当能有助于各国间友好关系之发展……确认此等特权与豁免之目的不在于给予个人以利益而在于确保代表国家之使馆能有效执行职务……"

---

① 张仲伯. 国际私法学. 北京：中国政法大学出版社，2002：309.
② 最高人民法院《关于适用〈中华人民共和国民事诉讼法〉若干问题的意见》第 308 条、第 309 条。

2. 国际条约的规定

1961年《维也纳外交关系公约》第31条规定，外交代表在驻在国法院享有刑事、民事和行政管辖的豁免，但在下列民事案件中不享受司法豁免权：（1）外交代表以私人身份在驻在国境内有关私有不动产物权的诉讼；（2）外交代表以私人身份为遗嘱执行人、遗产管理人、继承人或受遗赠人的继承事件的诉讼；（3）外交代表于驻在国境内在公务范围以外所从事的专业或商务活动的诉讼。该公约第32条还规定，外交代表及其他依法享有司法豁免权的人，在下列情况下，也不享受司法豁免权：（1）派遣国明确表示放弃司法管辖豁免的诉讼。（2）主动在外国法院以原告身份提起诉讼，从而引起与本诉直接相关的反诉。

该公约还特别强调规定，外交代表以及其他依法享有司法豁免权的人，在民事或行政诉讼程序上放弃管辖豁免，不等于也默示放弃了判决的强制执行豁免。对于判决强制执行豁免的放弃，必须单独作出，而且必须是明示的。

根据1963年《维也纳领事关系公约》的规定，领事官员和领事馆雇佣人员只有在与其公务行为有关的案件中才能享受接受国法院的管辖豁免，但下列民事诉讼除外：（1）因领事官员或领事馆雇员并未明示或默示以派遣国代表身份订立的契约所产生的诉讼；（2）第三者因车辆、船舶或航空器在接受国内所造成的意外事故而要求赔偿的诉讼。关于豁免权放弃的规定，与《维也纳外交关系公约》的内容基本相同。

3. 中国关于外交和领事豁免的规定

2017年修正的《民事诉讼法》第261条规定："对享有外交特权与豁免的外国人、外国组织或者国际组织提起的民事诉讼，应当依照中华人民共和国有关法律和中华人民共和国缔结或者参加的国际条约的规定办理。"我国缔结或者参加的这方面的国际条约就是指《维也纳外交关系公约》和《维也纳领事关系公约》，而"我国法律"则是指1986年颁布的《外交特权与豁免条例》和1990年颁布的《领事特权与豁免条例》。

根据《外交特权与豁免条例》第14条第2款的规定，外交代表享有民事管辖豁免和行政管辖豁免，但下列各项除外：（1）以私人身份进行的遗产继承的诉讼；（2）违反该条例第25条第3项的规定在中国境内从事公务范围以外的职业或者商业活动的诉讼。此外，外交代表一般也免受强制执行，并且无以证人身份作证的义务。根据该条例第15条的规定，上述豁免可由派遣国政府明确表示放弃；外交代表和其他依法享受豁免的人，如果主动向我国人民法院起诉，对与本诉直接有关的反诉，不得援用管辖豁免；放弃民事或行政管辖豁免的，不包括对判决的执行也放弃豁免，放弃对判决执行的豁免必须另作明确表示。

《领事特权与豁免条例》第14条规定，领事官员和领馆行政技术人员执行职务的行为享有司法豁免权，但下列诉讼除外：涉及未明示以派遣国代表身份所订的契约的诉讼；涉及在中国境内的私有不动产诉讼，但以派遣国代表身份所拥有的为领馆使用的不动产不在此限；以私人身份进行的遗产继承的诉讼；因车辆、船舶或航空器在中国境内造成的事故涉及损害赔偿的诉讼。

为严格执行《民事诉讼法》以及我国参加的有关国际公约的规定，保障正确受理涉及特权与豁免的民事案件，最高人民法院于2007年5月22日下发《关于人民法院受理涉及特权与豁免的民事案件有关问题的通知》，决定对于人民法院受理的涉及特权与豁免的案件建立报告制度。其主要内容如下：凡以下列在中国享有特权与豁免的主体为被告、第三人向人民法院起诉的民事案件，人民法院应在决定受理之前，报请本辖区高级人民法院审查；高级人民法院同意受理的，应当将其审查意见报最高人民法院。在最高人民法院答复前，一律暂不受理：（1）外国国家；（2）外国驻中国使馆和使馆人员；（3）外国驻中国领馆和领馆成员；（4）途经中国的外国驻第三国的外交代表和与其共同生活的配偶及未成年子女；（5）途经中国的外国驻第三国的领事官员和与其共同生活的配偶及未成年子女；（6）持有中国外交签证或者持有外交护照（仅限互免签证的国家）来中国的外国官员；（7）持有中国外交签证或者持有与中国互免签证国家外交护照的领事官员；（8）来中国访问的外国国家元首、政府首脑、外交部长及其他具有同等身份的官员；（9）来中国参加联合国及其专门机构召开的国际会议的外国代表；（10）临时来中国的联合国及其专门机构的官员和专家；（11）联合国系统组织驻中国的代表机构和人员；（12）其他在中国享有特权与豁免的主体。

二、外国国家的民事诉讼地位

国家及其财产享有司法豁免权是国际法上的一项重要原则，也是主权原则在国际民事诉讼领域的具体体现。该原则又被称为国家主权豁免，是指一个国家及其财产未经该国明确同意不得在另一个国家的法院被诉，其财产不得被另一个国家扣押或用于强制执行。

国家司法豁免权的内容一般包括以下三个方面：（1）司法管辖豁免。未经一国明确同意，任何其他国家的法院都不得受理以该外国国家为被告或者以该外国的国家财产为诉讼标的的案件。（2）诉讼程序豁免。未经一国明确同意，不得强迫其出庭作证或提供证据，不得对该外国的国家财产采取诉讼保全等诉讼程序上的强制措施。（3）强制执行豁免。未经一国明确同意，受诉法院不得依据有关判决对该外国的国家财产实行强制执行。

国家及其财产的豁免权，可通过国家的自愿行为而放弃。国家放弃豁免权的方式一般有以下几种：（1）国家通过条约或与私人签订合同中的有关条款，明示放弃豁免；（2）国家授权其代表在外国法院正式发表声明，或通过外交途径提出书面函件放弃豁免；（3）国家通过在外国法院的与特定诉讼直接有关的积极行为默示放弃豁免，例如，国家作为原告在外国法院提起诉讼，国家作为被告正式应诉、提起反诉，等等。

关于国家及其财产豁免的理论，各国学说和实践存在较大分歧。传统的理论有绝对豁免理论和限制豁免理论。绝对豁免理论的主要内容是，一个国家，不论其行为的性质如何，在其他国家享有绝对的豁免，除非该国放弃其豁免权。限制豁免理论又称为职能豁免论，产生于19世纪末，主张把国家的活动分为主权行为和非主权行为，或公法行为和私法行为：一个国家的主权行为在他国享有豁免，而非主权行为在他国不享有豁免。从国际层面上看，大多数国家已抛弃或者正在抛弃绝对豁免理论。2004年《联合国国家及其财产管辖豁免公约》第5条规定："一国本身及其财产遵照本公约的规定在另一国法院享有管辖豁免。"第10条至第17条规定了不享有豁免的情况，包括商业交易，雇佣合同，人身伤害和财产损害，财产的所有、占有和使用，知识产权和工业产权，参加公司或其他集体机构、国家拥有或经营的船舶，仲裁协定的效果等方面。应当说，限制豁免理论代表了国际法发展的基本趋势。

三、国际组织的民事诉讼地位

国际组织是若干国家为特定目的依条约建立的各种常设机构。这里所探讨的国际组织是严格国际法意义上的国际组织，不包括民间的国际团体。国际组织要有效地开展活动，就必须具有一定的法律人格以行使权利并承担义务，反映到国际民事诉讼关系中，就是指国际组织在一国法院必须具有一定的民事诉讼地位。一般说来，某一国际组织在法律关系中的法律地位问题，即国际组织在多大程度上享有权利和承担义务，一般都是由该组织的各成员国在建立该组织的基本文件或其他有关条约中加以规定。

就目前国际社会的立法和司法实践来看，国际组织一般都是基于一定的国际条约在有关国家的法院诉讼程序中享有绝对豁免权。[①] 例如《联合国宪章》第 105 条规定，联合国组织在各成员国境内享有达成其宗旨所必需的特权与豁免，联合国各成员国的代表及联合国的职员也同样享有独立行使关于本组织的职务所必需的特权与豁免。1946 年《联合国特权与豁免公约》更明确规定，联合国享有对一切诉讼的完全豁免权。[②] 1965 年在华盛顿签订的《解决国家与他国国民间投资争端公约》第 20 条也明确规定，依据该公约所建立的解决投资争议国际中心及其财产享有豁免一切法律诉讼的权利，除非中心放弃这种豁免。而且，该公约第 21 条还进一步规定，中心的主席、行政理事会成员、调解人或仲裁人或按照第 52 条第 3 款的规定担任委员会成员的人以及秘书处的官员和雇员对于他们在执行职务时所作出的行为，享有豁免法律诉讼的权利，除非中心放弃此种豁免。

关于国际组织在我国法院的民事诉讼地位问题，根据 2017 年修正的《民事诉讼法》第 261 条的规定，应根据我国的有关法律及我国缔结或者参加的国际条约的规定来确定，如我国参加的《联合国特权与豁免公约》《解决国家与他国国民间投资争端公约》等。这些公约中有关国际组织的司法豁免权的规定是我国法院在确定该国际组织的国际民事诉讼地位时的法律依据。至于其他没有条约依据的国际组织的国际民事诉讼地位问题，则要通过外交途径处理。

第三节 国际民事管辖权

一、国际民事管辖权的概念

国际民事管辖权（international civil jurisdiction）是指一国法院根据本国缔结或参加的国际条约和国内法的规定，对特定的国际民事案件行使审判的权限。

国际民事管辖权是一种司法管辖权，具有强制性。这与国际商事仲裁中的仲裁管辖权有着本质的区别，国际商事仲裁机构的管辖权来源于双方当事人所达成的仲裁协议。

国际民事管辖权与国内民事管辖权既有联系，又有区别。前者主要是解决国与国之间对民事案件管辖权的合理分配，后者则要解决一国之内不同种类、不同地域、不同级别的法院之间对民事管辖权的合理分配。

在国际民事诉讼中，管辖权问题具有非常重要的意义。首先，国际民事管辖权是国家主权在国际民事诉讼领域的具体体现。按照国家主权原则，每一国家都有属地管辖权和属人管辖权。其次，国际民事管辖权是一国法院审理有关国际民事案件的前提。如果一国法院对某一国际民事案件没有管辖权，它就无权受理这一案件，更不可能有效地向国外的有关当事人送达诉讼文书或非诉讼文书，也不可能得到外国法院的司法协助。最后，国际民事管辖权的确定直接

① 韩德培.国际私法新论.武汉：武汉大学出版社，1997：615.
② 梁西.国际组织法.武汉：武汉大学出版社，2001：112.

影响到案件的审判结果。因为同一涉外民商事案件在不同国家法院审理，会因各国法院对案件识别的不同而适用不同的冲突规范，导致适用不同的准据法，使案件的最终结果也各不相同，从而直接影响到当事人的利益。

二、国际民事管辖权的分类

世界各国有关立法和司法实践的侧重点不同，在理论上的分类标准各异，从而对国际民事管辖权作了如下不同的分类。

（一）属地管辖权和属人管辖权

在国际民事案件中，诉讼当事人或其财产、诉讼标的物、产生争执的法律关系或法律事实，如果其中有一项存在于一国境内或者发生在该国境内，或者当事人一方具有该国国籍，就会引起该国能否据以主张它有权管辖的问题。凡根据人、物和事的存在地或发生地行使管辖就是属地管辖权，根据人的国籍归属行使管辖则是属人管辖权。前者强调一国法院对于其领域内的一切人、物和事以及法律事件与行为都具有管辖权，而后者强调一国法院对本国公民具有管辖权，即使该公民位于外国。

（二）一般管辖权和特别管辖权

在国际民事案件中，如以人的住所或居所为标准或以事件的种类为标准，可以分为一般管辖权和特别管辖权。

一般管辖权是指以当事人特别是被告的住所或居所所在地为标准确立的国际民事管辖权。特别管辖权是指以有关事件的种类为标准所确定的国际民事管辖权，它主要包括对物权争议、侵权行为、合同之债、财产继承诉讼的管辖等。

（三）专属管辖权和任意管辖权

专属管辖权是指对于某些具有特别性质的国际民事案件强制规定只能由特定国家的内国法院行使独占、排他的管辖，而不承认任何其他国家的法院对此类国际民事案件具有管辖权。一般而言，世界各国均规定，对于位于内国境内的关于不动产的诉讼，有关法人的有效、无效或解散的诉讼，以内国公共登记项目的有效、无效为标的的诉讼和内国国民的身份关系的国际民事案件，属于内国法院的专属管辖。一般来说，这些案件都与国家的公共政策密切联系。

任意管辖权，亦称平行管辖权，是指国家在主张对某些种类的国际民事案件具有管辖权的同时，并不否认外国法院对此类案件的管辖权。平行管辖多适用于与国家和社会的重大利益关系不大，但连结因素又复杂多样的有关合同及财产纠纷的案件，原告可以选择在合同签订地、合同履行地、合同争议标的物所在地、被告住所地或营业所所在地、被告财产所在地等众多连结因素所在地法院之一提起诉讼。

（四）协议管辖权和强制管辖权

协议管辖权是指国际民事诉讼的双方当事人在争议发生前后，用协议的方式来确定他们之间的争议应由何国法院来管辖。协议管辖权是意思自治原则在国际民事诉讼领域的体现。

强制管辖权是指国家立法机关考虑到某些诉讼案件的审理与该国的重大利益密切相关，规定由内国法院统一实行管辖，不允许案件的当事人予以改变。根据各国立法的规定，凡属内国法院专属管辖的诉讼都是内国法院强制管辖的内容。

（五）直接管辖权和间接管辖权

国际民事管辖权按其作用又可分为直接管辖权和间接管辖权，前者是指一国法院在受理国际民事案件时据以决定其本身是否有权审理这些案件的管辖权，后者是指一国法院在承认与执行外国法院的判决时根据该国法据以决定外国法院是否有权审理该案的管辖权。[①] 一国法律中规定的这两种管辖权，并不总是一致的，但它们之间存在密切的联系：后者是前者的进一步引申，其精神实质如出一辙。这两种管辖权的区分，在一些国家的法律中是明示的，在另一些国家的法律中则是默示的，在有的国家甚至未作这种区分。

三、国际民事管辖权的国内立法

（一）拉丁法系国家的立法

在属于拉丁法系的法国、荷兰、意大利等国家，国家主权原则和保护本国国民的原则占据了绝对的主导地位，以此为出发点，其国际民事管辖权的基础是属人管辖原则，即把当事人具有内国国籍作为本国法院行使管辖权的主要依据。

在法国，法院管辖权规则被规定在《法国民法典》第 14 条和第 15 条："不居住在法国的外国人，曾在法国与法国人订立契约者，由此契约所产生的债务履行问题，得由法国法院受理；其曾在外国订约对法国人有债务时，亦得被移送法国法院受理。""法国人在外国订约所负的债务，即使对方为外国人时，得由法国法院受理。"法国的司法实践已将民法典第 14 条和第 15 条的效力（原来只及于有关契约债务的案件）扩张到准契约债务和侵权、婚姻的解除和无效宣告以及父母子女关系等案件。

在协议管辖方面，拉丁法系国家只在很小的范围内考虑当事人的意思自治，所以法国和其他仿效法国的国家对于至少一方是内国国民的案件一般都限于内国法院管辖。意大利只允许外国人之间或在外国人和居住在意大利境外的意大利人之间的案件中约定外国法院的管辖权和排除意大利法院的管辖权。

（二）德国法系国家的立法

在德国及仿效德国法的其他国家（如日本、奥地利、希腊等），多以地域管辖原则作为确定国际民事管辖权的主要原则，当事人的国籍只在婚姻案件和各种涉及身份地位的诉讼、继承诉讼和死亡宣告等案件中，才起着重要的作用。

在德国法中，对于一些与德国存在地域联系的案件，规定了本国法院的专属管辖权，例如，有关内国不动产方面的物权和所有权的诉讼、继承案件和租赁案件、再审案件、特定的婚姻案件、禁治产案件、某些有关执行和破产的案件等，其他案件都依被告的住所地来确定国际民事管辖权。

在协议管辖方面，德国法律在相当广泛的范围内尊重当事人的意思自治，只要本国法律未

---

① 李浩培．国际民事程序法概论．北京：法律出版社，1996：46.

规定专属管辖权，当事人双方均可自由地选择内国管辖或外国管辖。

（三）普通法系国家的立法

普通法系国家一般都区分对人诉讼和对物诉讼，管辖权的基本原则是有效原则或实际控制原则。

对人诉讼是指对某个人提起的强迫其做某一特定事项的诉讼。在英国，在对人诉讼中，任何在英国被送达传票的被告都要受英国法院的管辖。在美国，法院在对人诉讼中的实际控制表现为对在法院地的被告能送达传票。当被告是法人时，只要该法人在某一州内从事经常性的业务活动，该州法院即拥有对该法人的管辖权。但在 1945 年美国联邦最高法院审理的国际鞋业公司诉华盛顿州一案中，管辖权的确立不再以公司的"存在"作为衡量尺度，而是代之以"最低联系"（minimum contacts），即只要被告与法院地之间有"最低联系"，以保证对被告进行诉讼不致违反传统的公平与正义观念，法院地州便可对该非居民被告行使属人管辖权。[①]

对物诉讼是就某一特定财产的权利或利益的诉讼。在对物诉讼中，只要有关的财产在法院地国家，法院就对有关的案件具有管辖权。

此外，协议管辖也是英美法系国家行使管辖权的依据，即当事人明示选择了某国法院或通过自己的行为不反对某国法院行使管辖权的，则该国法院有管辖权。

四、国际民事管辖权的国际条约

自 19 世纪末起，随着国际社会的发展和各国间交往的增多，出现了统一国际私法运动。海牙国际私法会议、美洲国家组织、欧盟以及联合国等国际组织做了大量的、卓有成效的工作，在这些组织制定的国际公约中，大多含有协调国际管辖权冲突的内容。这些公约主要有：海牙国际私法会议制定的《国际有体动产买卖协议管辖权公约》（1958 年）、《关于未成年人保护的管辖权和法律适用公约》（1961 年）、《收养管辖权、法律适用和判决承认公约》（1965 年）、《选择法院协议公约》（2005 年）、《民商事判决承认与执行公约》（2019 年）等；欧洲经济共同体于 1968 年制定的《民商事案件管辖权和判决执行的布鲁塞尔公约》（以下简称《布鲁塞尔公约》）等。这里简要介绍 1968 年《布鲁塞尔公约》、2005 年海牙《选择法院协议公约》和 2019 年海牙《民商事判决承认与执行公约》所确定的基本规则。

1968 年《布鲁塞尔公约》是目前国际社会在国际民事案件管辖权方面规定得最为详细、完整，也是适用范围最为广泛的国际公约。公约第 1 条明确规定，本公约仅适用于民、商事，不适用于下列事项：自然人的身份或能力、从婚姻关系发生的财产权利、遗嘱和继承、破产、清偿及类似程序、社会保障、仲裁。公约所确定的基本管辖规则是：（1）把被告的住所确定为基本的管辖根据。（2）公约明确列举了一些禁止的管辖权根据。根据其第 3 条的规定，当事人的国籍、被告的出现、被告的财产所在地、原告的住所地都被宣布为过度的管辖权根据。（3）明确规定了法院的专属管辖权。（4）公约还对特别管辖权作了规定，例如对合同案件、侵权案件、抚养费请求权案件、保险案件等规定了管辖权根据。另外，公约还确立了协议管辖原则。

海牙国际私法会议于 1992 年开始研究管辖权公约的起草问题，并于 1996 年成立特委会着

---

① 韩德培，韩健.美国国际私法（冲突法）导论.北京：法律出版社，1994：27-44.

手起草公约草案。① 海牙管辖权公约的目的是在民事诉讼的管辖和判决承认与执行方面制定全球性的统一规则，但由于欧美立场严重对立，各方未能达成妥协，转而制定一个关于协议管辖权的公约。2005 年 6 月 30 日在海牙国际私法会议第 20 届外交大会上终于通过了《选择法院协议公约》，公约关于协议管辖权的规定总体上较为灵活。该公约第 5 条规定了"被选择法院的管辖权"：（1）根据排他性选择法院协议指定的缔约国一个或多个法院应该有管辖权以裁决协议适用的争议，除非该协议依据被选择法院国家的法律是无效的。（2）依据第 1 款有管辖权的法院不得以争议应由另一国法院判决为由，拒绝行使管辖权。（3）前款不得影响下列规则：a）有关标的或索赔金额的管辖权；b）关于缔约国国内法院间的管辖权划分。但被选择法院在判断是否移送案件时，应合理考虑当事人的选择。第 6 条规定了"未被选择法院的义务"：被选择法院之外的缔约国法院应中止或驳回排他性选择法院协议所适用的诉讼，除非 a）根据被选择法院国家的法律，该协议是无效的；b）当事人根据受理法院国家的法律不具有缔约能力；c）赋予协议效力会导致明显不公正或会将明显违背受理法院国家的公共政策；d）因当事人控制之外的特殊原因，协议不能合理地执行；或 e）被选择法院业已决定不审理该案件。目前该公约已在欧盟、墨西哥、新加坡以及黑山共和国生效。中国于 2017 年 9 月 12 日签署了该公约，但目前尚未正式批准。

由于各国在管辖权问题上的较大分歧，全面的判决承认与执行项目在 2005 年完成《选择法院协议公约》后又停滞了相当长的一段时间。2012 年，海牙国际私法会议决定重启"判决项目"，并设立工作组就外国判决的承认与执行起草一项新的国际法律文书。经过反复磋商，2015 年 10 月，判决承认与执行问题工作组第五次会议就《承认和执行外国民商事判决公约》（草案）的框架结构和核心条款达成一致，形成建议草案。在此基础上，海牙国际私法会议设立特别委员会，开始政府层面制订公约的谈判，并于 2016 年、2017 年和 2018 年共召开了 4 次特别委员会会议，对上述公约草案进行谈判，最终产生了 2018 年 5 月公约草案文本。2019 年 6 月 18 日至 7 月 2 日召开的第 22 届海牙外交大会，对上述 2018 年 5 月公约草案进行了最后的外交谈判，并最终一读和二读通过公约，在外交大会闭幕式上由包括中国政府代表团在内的各国全体与会代表签署通过。这标志着，海牙国际私法会议自 1992 年以来历经近二十余年漫长和艰巨的外交谈判，旨在制定人类历史上第一部使各国法院的民商事判决可以在全球范围内得到承认与执行的国际公约，并从而确立外国民商事法院判决实现全球流通的国际司法制度的努力终于取得了成功。

2019 年《承认和执行外国民商事判决公约》除序言外共四章 32 条。序言规定本公约的目标和宗旨，其中特别强调通过司法合作促进以规则为基础的多边贸易和投资的公约宗旨，并通过创设判决承认和执行的统一规则加强司法合作，实现外国判决全球流通目的。公约第 4 条第 1 款被认为是该公约最为核心的条款，据此，缔约国（原审国）法院做出的一项判决在另一缔约国（被请求国）应予获得承认和执行。只有在具有该公约所规定的理由时才可以拒绝承认或执行。它明确规定外国民商事判决的全球流通原则。但是，并不是所有民商事判决都可以依据本公约实现全球流通，公约明确全部或部分排除了 17 类民商事事项法院判决，包括自然人的

① 关于公约的谈判过程可参见徐宏，郭晓梅. 海牙国际私法会议关于民商事管辖权和判决承认与执行问题特委会会议情况. 中国国际私法与比较法年刊，1998. 胡斌，孙昂. 海牙"国际民商事管辖权和判决的承认与执行"特委会 1998 年会议. 中国国际私法与比较法年刊，1999. 胡斌，田妮. 十字路口的海牙管辖权公约——海牙《民商事管辖权和外国判决公约》谈判情况介绍. 中国国际私法与比较法年刊，2002.

身份和法律能力、属于家庭法的事项、遗嘱与继承、破产及类似事项、旅客和货物运输、特定的海洋污染、核损害责任、隐私与诽谤、知识产权、大部分的反垄断事项以及通过单方国家措施进行主权债务重组等。公约第 5 条规定了判决承认和执行基础，也就是只有符合这些条件的判决才可以依公约获得承认和执行。而这些标准和条件主要是原审国法院对于案件的管辖权，被称为间接管辖权依据，或管辖过滤器（jurisdictional filters）。形象地说公约设置了一把有 13 个孔的大筛子，可以通过任何一个孔被筛下去的判决便适格依据公约获得承认和执行。在这些核心规定外，公约还规定了诸如不动产物权专属管辖问题、被请求国对于判决拒绝承认和执行的情形、被公约排除的民商事事项作为先决问题而由法院做出裁定的承认和执行问题等。①

五、国际民事管辖权的冲突及其解决

（一）国际民事管辖权冲突产生的原因

在某一国际民事案件中，如果与案件相联系的国家对该案件都主张行使管辖权，则会引起管辖权的积极冲突，也可能出现另一种情况，即与案件相联系的国家都不主张行使管辖，如此则会引起管辖权的消极冲突。由于管辖权是国家主权在司法领域的延伸，当今各国都在极力扩大本国的管辖权，因而管辖权消极冲突的现象比较少见。通常说来，引起管辖权积极冲突的原因主要有以下几点。

1. 属人管辖权和属地管辖权的冲突

如果在某一国际民事案件中，一些国家以当事人是本国公民，从保护本国公民利益出发主张管辖权，而另一些国家以被告在该国有住所、居所，诉讼标的物在该国境内，或法律行为发生在其境内为理由主张管辖权，就会引起管辖权积极冲突。

2. "一事两诉"

国际民事诉讼中的"一事两诉"，亦称"平行诉讼"或"诉讼竞合"，是指相同当事人就同一争议基于相同事实以及相同目的同时在两个或两个以上国家的法院进行诉讼的现象。

"一事两诉"问题的产生和平行管辖紧密联系在一起。如前所述，通常国家只对于涉及国家和社会重大利益的案件采用专属管辖，更多的案件仍属于平行管辖的范畴，对于此类案件，国家在主张本国法院具有管辖权的同时，并不否认外国法院对之享有管辖权。有一个以上的国家对同一国际民事争议进行管辖，就为诉讼竞合提供了可能性。不同国家法院之间的差异又促使各方当事人选择向对其有利的国家提起诉讼，这样就不可避免地产生平行诉讼。

造成国际民事管辖权冲突还有其他的原因，例如平行管辖与专属管辖的冲突等，而冲突的结果也是非常严重的，不仅造成诉讼资源的重复和浪费，还会出现内国判决和外国判决的效力何者优先的问题。因此，如何解决国际民事管辖权的冲突问题，是国际私法的一个重要问题。

（二）国际民事管辖权冲突的解决方法

1. 承认当事人协议选择管辖法院的权利

国际民事管辖权的冲突可以通过当事人的协议得到解决。当事人可以在争议发生之前或之

---

① 关于公约的谈判过程和评价，可参见《海牙判决公约 ABC——访中国谈判代表团徐国建博士》，［2019 - 08 - 28］. http://www.shupl.edu.cn/2019/0714/c1170a54725/page.htm.

后，用协议的方式来确定他们之间的争议应由哪一国法院来管辖，这样就排除了与案件有关的其他国家法院的管辖权，从而解决了国际民事管辖权的冲突问题。

2. 采用不方便法院原则

所谓不方便法院原则（inconvenience forum principle），是指一国法院根据其国内法规定，对国际民事案件有管辖权，但法院认定本法院地对任何当事人来说是一个不公平或十分不便的地点，因而放弃或拒绝行使管辖权。在实践中，这一原则多为英美国家所采用。这一原则有利于限制原告滥用诉讼，符合当事人的利益和社会公共利益。

3. 采用一事不再理原则

在"一事两诉"情况下，若后一受诉法院能停止或暂停其诉讼，无疑将减少管辖权的冲突。一事不再理的原则也得到很多国家国内立法和国际公约的采用。

4. 对过度管辖权进行限制

当受诉法院与案件当事人、案件事实、诉讼标的之间不存在足够联系时，该法院行使的管辖权便为过度管辖权。对过度管辖权的限制主要表现在：当一国法院就某一国际民事案件的判决或裁决需要委托某一外国法院承认和执行时，如果该受托法院根据有关条约的规定认为该委托法院行使管辖权是过度的，该受托法院即可拒绝承认和执行该判决。通常下列管辖权依据被视为是过度的：在判决作出国境内有被告的财产或这种财产经原告申请而被扣押，当事人的国籍为内国国籍或原告在内国有住所，被告的出现，原告单方指定法院等。

六、中国关于国际民事管辖权的规定

中国关于国际民事管辖权的规定，一方面体现在有关的国内立法和司法实践中，另一方面体现在中国参加的有关国际条约中。就国内立法来说，《民事诉讼法》除了在第二章就民事案件管辖权问题作了一般规定以外，还特别在第四编第二十四章就涉外民事诉讼的管辖权问题作了专门规定。中国参加的涉及国际民事管辖权的国际条约有 1953 年《国际铁路货物联运协定》、1958 年《统一国际航空运输某些规则的公约》和 1980 年《国际油污损害民事责任公约》等。此外，在与一些国家签订的双边司法协助协定中，也有涉及国际民事管辖权的规定。

在立法和司法实践中，我国一般把管辖权分为一般管辖、特别管辖、专属管辖和协议管辖。

（一）一般管辖

2017 年修正的《民事诉讼法》第 21 条第 1、2 款规定："对公民提起的民事诉讼，由被告住所地人民法院管辖；被告住所地与经常居住地不一致的，由经常居住地人民法院管辖。对法人或者其他组织提起的民事诉讼，由被告住所地人民法院管辖。"依据此规定，凡被告（自然人、法人或其他组织）的住所在中国境内的涉外民事案件，中国法院有管辖权。

《民事诉讼法》在确立了"原告就被告原则"作为一般管辖原则的同时，还规定了以原告的住所和经常居所作为一般管辖依据的补充。《民事诉讼法》第 22 条规定，对于不在中国领域内居住的人、下落不明或者宣告失踪的人提起的有关身份关系的诉讼，由原告住所地或经常居住地法院管辖。另外，2015 年《民事诉讼法解释》还补充道："中国公民双方在国外但未定居，一方向人民法院起诉离婚的，应由原告或者被告原住所地的人民法院管辖。"（第 16 条）"中国公民一方居住在国外，一方居住在国内，不论哪一方向人民法院提起离婚诉讼，国内一方住所地的人民法院都有权管辖。国外一方在居住国法院起诉，国内一方向人民法院起诉的，受诉人民法院有权管辖。"（第 15 条）

（二）特别管辖

2017 年修正的《民事诉讼法》第 265 条规定，对于在中国领域内没有住所的被告提起的合同或其他财产权益的诉讼，如果合同的签订地或履行地或诉讼标的物在中国领域内，或者被告在中国领域内有可供扣押的财产或设有代表机构的，或者侵权行为在中国领域内的，中国法院有管辖权。

此外，2017 年修正的《民事诉讼法》第 23 条至第 32 条还规定了一些特殊的民事案件可以由被告住所地或者有关地方的人民法院管辖，因此，如果这些特殊的民事案件中含有涉外因素或国际因素，而被告住所不在中国境内，有关地方的人民法院同样具有管辖权。具体内容有：（1）因合同纠纷提起的诉讼，由合同履行地人民法院管辖；（2）因保险合同纠纷提起的诉讼，可以由保险标的物所在地法院管辖；（3）因票据纠纷提起的诉讼，可以由票据支付地的人民法院管辖；（4）因公司设立、确认股东资格、分配利润、解散等纠纷提起的诉讼，可以由公司住所地法院管辖；（5）因铁路、公路、水上、航空运输和联合运输合同纠纷提起的诉讼，可以由运输始发地、目的地的人民法院管辖；（6）因侵权纠纷提起的诉讼，由侵权行为地人民法院管辖；（7）因铁路、公路、水上和航空事故请求损害赔偿提起的诉讼，可以由事故发生地或者车辆、船舶最先到达地以及航空器最先降落地的人民法院管辖；（8）因船舶碰撞或者其他海事损害事故请求损害赔偿提起的诉讼，由碰撞发生地、碰撞船舶最先到达地、加害船舶被扣押地人民法院管辖；（9）因海难救助费用提起的诉讼，可以由救助地或者被救助船舶最先到达地的人民法院管辖；（10）因共同海损提起的诉讼，可以由船舶最先到达地、共同海损理算地或者航程终止地的人民法院管辖。

此外，根据最高人民法院 2012 年发布的《关于审理侵害信息网络传播权民事纠纷案件适用法律若干问题的规定》第 15 条的规定，侵害信息网络传播权民事纠纷案件由侵权行为地或者被告住所地人民法院管辖。侵权行为地包括实施被诉侵权行为的网络服务器、计算机终端等设备所在地。对于难以确定侵权行为地和被告住所地的，原告发现侵权内容的计算机终端等设备所在地可以视为侵权行为地。

（三）专属管辖

2017 年修正的《民事诉讼法》第 266 条规定，因在中国境内履行中外合资经营企业合同、中外合作经营企业合同、中外合作勘探开发自然资源合同发生纠纷提起的诉讼，由中国法院管辖。

另外，根据 2017 年修正的《民事诉讼法》第 259 条和第 33 条的规定，下列案件由我国法院专属管辖：（1）因不动产纠纷提起的诉讼，不动产所在地在我国境内的；（2）在我国的港口作业中因发生纠纷提起的诉讼；（3）因继承遗产纠纷提起的诉讼，被继承人死亡时住所地或主要遗产所在地在我国境内的。

（四）协议管辖

2007 年修正的《民事诉讼法》第 242 条规定："涉外合同或者涉外财产权益纠纷的当事人，可以用书面协议选择与争议有实际联系的地点的法院管辖。选择中华人民共和国人民法院管辖的，不得违反本法关于级别管辖和专属管辖的规定。"2012年修正《民事诉讼法》时删掉了该条，而将涉外协议管辖与国内协议管辖合一，于第34条统一规定："合同或者其他财产权益纠纷的当事人可以书面协议选择被告住所地、合同履行地、合同签订地、原告住所地、标的物所在地等与争议有实际联系的地点的人民法院管辖，但不得违反本法对级别管辖和专属管辖的规定。"这样规定一方面肯定了国际民事案件中双方当事人合意选择管辖法院的权利，另一方面又对当事人的这种意思自治权作了一定的限制：（1）协议管辖的范围一般限于涉外合同或涉外财产权益纠纷，至于人的身份、能力、家庭关系方面纠纷的当事人，不得选择管辖法院；（2）协议管辖必须以书面形式作出，并且当事人只能选择与有关的法律关系有实际联系的国家的法院；（3）协议管辖不能违反我国关于专属管辖和级别管辖的规定，当事人只能协议选择一审法院。

此外，2007年修正的《民事诉讼法》第243条确立了默示协议的管辖原则："涉外民事诉讼的被告对人民法院的管辖不提出异议，并应诉答辩的，视为承认该人民法院为有管辖权的法院。"默示协议管辖也被称为推定管辖，当事人虽然没有明示选择管辖法院，但如果原告向中国法院起诉，中国法院受理后，被告对中国法院的管辖权并未提出异议，并出庭应诉、答辩的，可以推定当事人承认中国法院的管辖权。如果被告的出庭只是就案件的管辖权提出抗辩，那么就不能作为法院行使管辖权的基础。这种方式在美国法上称为"特别出庭"（special appearance），以区别于"一般出庭"（general appearance）[①]。遗憾的是，2012年修正《民事诉讼法》时已将此条删掉。

（五）级别管辖

2017年修正的《民事诉讼法》第18条第1项规定中级人民法院为重大涉外案件的第一审法院，一般涉外民事案件一审由基层人民法院管辖。2015年《民事诉讼法解释》第1条指出，重大涉外案件是指争议标的额大、案情复杂的案件，或者一方当事人人数众多等具有重大影响的案件。按照该司法解释第2条的规定，涉外专利纠纷案件由知识产权法院、最高人民法院确定的中级人民法院和基层人民法院管辖，涉外海事、海商案件由海事法院管辖。

为了适应中国加入世贸组织的要求，并提高涉外案件的审判质量，最高人民法院于2002年2月25日颁布了《关于涉外民商事案件诉讼管辖若干问题的规定》（以下简称《规定》），主要内容如下。第1条："第一审涉外民商事案件由下列人民法院管辖：（一）国务院批准设立的经济技术开发区人民法院；（二）省会、自治区首府、直辖市所在地的中级人民法院；（三）经济特区、计划单列市中级人民法院；（四）最高人民法院指定的其他中级人民法院；（五）高级人民法院。上述中级人民法院的区域管辖范围由所在地的高级人民法院确定。"第2条："对国务院批准设立的经济技术开发区人民法院所作的第一审判决、裁定不服的，其第二审由所在地中级人民法院管辖。"第3条："本规定适用于下列案件：（一）涉外合同和侵权纠纷案件；（二）信用证纠纷案件；（三）申请撤销、承认与强制执行国际仲裁裁决的案件；（四）审查有关涉外民商事仲裁条款效力的案件；（五）申请承认和强制执行外国法院民商事判决、裁定的案件。"第4条："发生在与外国接壤的边境省份的边境贸易纠纷案件，涉外房地产案件和涉外知识产权案件，不适用本规定。"第5条："涉及香港、澳门特别行政区和台湾地区当事人的民

---

① 李双元，谢石松.国际民事诉讼法概论.武汉：武汉大学出版社，1990：220.

商事纠纷案件的管辖，参照本规定处理。"第6条："高级人民法院应当对涉外民商事案件的管辖实施监督，凡越权受理涉外民商事案件的，应当通知或者裁定将案件移送有管辖权的人民法院审理。"

为依法公正及时审理国际商事案件，平等保护中外当事人合法权益，营造稳定、公平、透明、便捷的法治化国际营商环境，服务和保障"一带一路"建设，2018年6月25日最高人民法院审判委员会第1743次会议通过了《最高人民法院关于设立国际商事法庭若干问题的规定》，自2018年7月1日起施行。该司法解释第1条规定，最高人民法院设立国际商事法庭，国际商事法庭是最高人民法院的常设审判机构。第2条规定国际商事法庭受理下列案件：（1）当事人依照民事诉讼法第三十四条的规定协议选择最高人民法院管辖且标的额为人民币3亿元以上的第一审国际商事案件；（2）高级人民法院对其所管辖的第一审国际商事案件，认为需要由最高人民法院审理并获准许的；（3）在全国有重大影响的第一审国际商事案件；（4）依照本规定第十四条申请仲裁保全、申请撤销或者执行国际商事仲裁裁决的；（5）最高人民法院认为应当由国际商事法庭审理的其他国际商事案件。

第四节　国际民事诉讼中的期间和诉讼保全

一、国际民事诉讼中的期间

在国际民事诉讼中，往往涉及国外当事人，或某些诉讼行为需要在国外完成，因此，国际民事诉讼中的期间通常要比国内民事诉讼的期间要长。例如，关于国际民事案件一审被告的答辩期，我国《民事诉讼法》规定的期间是30天，比国内民事诉讼中的相应期间多了15天。[①]

1. 期间的计算

国际民事诉讼中的期间除了比国内民事诉讼中的期间长些外，其计算方法与国内民事诉讼期间的计算方法相同：一般用时、日、月、年计算。期间开始的时和日，不计算在期间内。期间届满的最后一日是节假日的，以节假日后的第一日为期间届满的日期。期间不包括在途时间，诉讼文书在期满前交邮的，不算过期。[②]

2. 期间的延误及其后果

期间的延误是指在诉讼期间内，法院或当事人应当进行某项诉讼行为而未进行的行为或事实。延误期间，会引起一定的诉讼后果，对当事人来说，不能再行使其本来可以行使的诉讼权利。但如果当事人延误诉讼期间是不可抗力或非主观原因造成的，各国法律一般都允许顺延期限。例如我国2017年修正的《民事诉讼法》第83条规定："当事人因不可抗拒的事由或者其他正当理由延误期限的，在障碍消除后的十日内，可以申请顺延期限，是否准许，由人民法院决定。"

---

① 《民事诉讼法》第268条．
② 《民事诉讼法》第82条．

二、国际民事诉讼中的诉讼保全

(一) 诉讼保全的概念和特点

诉讼保全是指法院在判决作出之前为保证将来判决的执行而应当事人申请或者依职权对有关当事人的财产所采取的一种强制措施。在国际民事诉讼中，特别是那些涉及贸易、运输和海事纠纷的案件，不但案情复杂、争议金额大，而且诉讼周期往往较长。因此，为了确保法院日后作出的判决能够得到执行，当今各国的民事诉讼法都规定了诉讼保全制度，并同等地适用于国际民事诉讼的内、外国当事人。

诉讼保全具有以下特点：第一，它是一种强制措施，是应当事人申请或依职权由法院采取的。第二，它是一项紧急措施，只有在紧急情况下才能适用。第三，它是一项临时措施，并不是法院对案件的最终判决，它的生效期间由法律或采取诉讼保全措施的法院规定。

(二) 诉讼保全的申请和条件

一般说来，诉讼保全既可以基于一方当事人的申请而由法院裁定实施，也可以由法院依职权主动采取。例如，根据我国 2017 年修正的《民事诉讼法》第 100 条第 1 款的规定，"人民法院对于可能因当事人一方的行为或者其他原因，使判决难以执行或者造成当事人其他损害的案件，根据对方当事人的申请，可以裁定对其财产进行保全、责令其作出一定行为或者禁止其作出一定行为；当事人没有提出申请的，人民法院在必要时也可以裁定采取保全措施"。

各国对诉讼保全都规定了相应的条件。例如原苏俄民事诉讼法典第 133 条规定，如果不采取保全措施就可能使法院判决的执行发生困难或者不可能执行，允许实行诉讼保全。根据我国 2017 年修止的《民事诉讼法》第 100 条和第 101 条的规定，人民法院对于可能因当事人一方的行为或者其他原因，使判决难以执行或者造成当事人其他损害的案件，根据对方当事人的申请，可以裁定对其财产进行保全、责令其作出一定行为或者禁止其作出一定行为；利害关系人因情况紧急，不立即申请保全将会使其合法权益受到难以弥补的损害的，也可以在提起诉讼或者申请仲裁前向被保全财产所在地、被申请人住所地或者对案件有管辖权的人民法院申请采取保全措施。

(三) 诉讼保全的范围和方法

各国关于诉讼保全的范围和方法规定得不尽一致。《德国民事诉讼法》把诉讼保全分为假扣押和假处分。实施假处分，可以交付保管人保管，或命令对方当事人为一定行为或禁止对方当事人为一定行为，特别是禁止对土地、已登记的船舶或建造中船舶进行让与、设置负担或抵押。在特殊情况下还可以实施人的保全假扣押，即限制债务人的人身自由。

根据我国 2017 年修正的《民事诉讼法》第 102、103、104 条的规定，"保全限于请求的范围，或者与本案有关的财物"；"财产保全采取查封、扣押、冻结或者法律规定的其他办法。人民法院保全财产后，应当立即通知被保全财产的人。财产已被查封、冻结的，不得重复查封、冻结"；"财产纠纷案件，被申请人提供担保的，人民法院应当裁定解除保全"。

第五节　国际民事司法协助

一、国际民事司法协助的含义

国际民事司法协助（international judicial assistance in civil matters）是国际民事诉讼程序的重要组成部分，它是指一国法院应另一国法院或有关当事人的请求，代为履行某些诉讼行为，或者在司法方面提供其他的协助，如送达诉讼文书、传讯证人、提取证据以及承认与执行外国法院判决和仲裁裁决等。从当前各国的司法实践来看，司法协助除了传统意义上的民事司法协助以外，还包括行政及刑事司法协助。[①] 本教材仅讨论民事司法协助。

国际民事司法协助应包括哪些内容？无论在国际法学界还是在各国的立法和条约实践中，都存在很大的差异，有狭义和广义两种主张。狭义的国际司法协助包括协助送达诉讼文书、代为讯问证人和收集证据。英美国家、德国和日本的学者多持这种狭义观点。广义的国际司法协助除了送达诉讼文书、传讯证人、收集证据以外，还包括外国法院判决和仲裁裁决的承认与执行。

中国采用广义司法协助的做法。2017 年修正的《民事诉讼法》在第四编"涉外民事诉讼程序的特别规定"第二十七章"司法协助"下对丁送达文书、调查取证、法院判决和仲裁裁决的承认与执行作了比较详细的规定。在中国与外国缔结的司法协助条约或协定中，一般都对司法协助中的送达文书、调查取证以及外国法院民事判决的承认与执行一并加以规定。如 1987 年《中华人民共和国和法兰西共和国关于民事、商事司法协助的协定》第 2 条规定："本协定中的民事、商事方面的司法协助包括：（一）转递和送达司法文书和司法外文书；（二）代为调查取证；（三）承认和执行已经确定的民事、商事裁决以及仲裁裁决；（四）根据请求提供本国民事、商事法律、法规文本以及本国在民事、商事诉讼程序方面司法实践的情报资料。"

二、国际民事司法协助的依据

国际民事司法协助一般都是根据各国国内立法和有关的国际条约的规定进行，而且通常要求互惠，否则，被请求国有权拒绝履行。如我国 2017 年修正的《民事诉讼法》第 276 条第 1 款规定："根据中华人民共和国缔结或者参加的国际条约，或者按照互惠原则，人民法院和外国法院可以相互请求，代为送达文书、调查取证以及进行其他诉讼行为。"

三、国际民事司法协助中的法律适用

在司法协助中，请求国和被请求国是两个不同的国家，具有诉讼性质的司法协助如送达文书、调查取证等必须依据相关的法律予以实施，否则，就难以保证其效力，因此，司法协助也

---

① 《中华人民共和国和波兰人民共和国关于民事和刑事司法协助的协定》《中华人民共和国和俄罗斯联邦关于民事和刑事司法协助的条约》等。

同样涉及法律适用问题。

　　一般的国际实践和各国的民事诉讼法都规定，被请求国在提供司法协助时都适用其本国的民事诉讼法和诉讼规则，而不管请求国法律关于程序问题的规定如何。例如，1954 年海牙《民事诉讼程序公约》第 5 条第 1 款，1965 年海牙《关于向国外送达民事或商事司法文书和司法外文书公约》（以下简称 1965 年海牙《域外送达公约》）第 5 条第 1 款，1970 年海牙《关于从国外调取民事或商事证据公约》（以下简称 1970 年海牙《域外取证公约》）第 9 条第 1 款、第 10 条等，都明确规定受委托的法院应根据本国法律来执行委托的行为，并应适用对本国同样行为所适用的强制措施。如我国 2017 年修正的《民事诉讼法》第 279 条明确规定，人民法院提供司法协助，依照中华人民共和国法律规定的程序进行。

　　不过，提供司法协助依被请求国法律并不是绝对的，还存在例外：在一定情况下，被请求国的司法机关也可以根据请求国的请求，适用请求国的某些诉讼程序规则。如我国 2017 年修正的《民事诉讼法》第 279 条进一步规定，外国法院请求采用特殊方式的，也可以按照其请求的特殊方式进行，但请求采用的特殊方式不得违反中华人民共和国法律。

四、国际民事司法协助的机关

　　国际民事司法协助的机关有中央机关、主管机关和外交机关，它们在司法协助中的作用是各不相同的。

（一）中央机关

　　司法协助的中央机关，是指一国根据本国缔结或参加的国际条约的规定而指定建立的在司法协助中起联系或转递作用的机关。往昔，一国法院需要外国法院代为执行有关司法行为时，其请求通常要经过外交途径转递。现今，如果两国间没有条约关系，此种请求仍应通过外交途径进行，如我国 2017 年修正的《民事诉讼法》第 277 条的规定。为了方便各国之间司法协助请求的转递，减轻各国外交机关在司法协助上的工作压力，1965 年海牙国际私法会议成员国在缔结《域外送达公约》时，创建了中央机关制度，即各缔约国应指定或组建一个中央机关取代外交机关作为司法协助专门的联系途径或工作机关。此后，有关的司法协助方面的国际条约以及各国间的双边司法协助条约纷纷仿效，普遍采用了中央机关制度。

　　但各国在实践中为司法协助而指定的中央机关不尽相同。以 1965 年海牙《域外送达公约》成员国的做法为例，大多数国家如法国、比利时、芬兰等国家指定本国的司法部为中央机关；意大利、荷兰、卢森堡等国家则指定本国最高法院为中央机关；加拿大在指定各省的司法部为各省的中央机关后，又特别指定其外交部为全国统一的中央机关。我国于 1991 年批准加入海牙《域外送达公约》的决定中，指定我国司法部为中央机关和有权接受外国通过领事途径转递文书的机关。

（二）主管机关

　　司法协助中的主管机关是指根据国际条约或国内法的规定有权向外国提出司法协助请求并有权执行外国提出的司法协助请求的机关。

　　司法协助的主管机关与中央机关在司法协助中的作用是不同的。中央机关主要负责司法协助中缔约国之间的相互联系，而主管机关是司法协助请求行为的提出者和具体完成者。

一般而言，各国司法协助中主管机关也主要是司法机关。但由于各国国情和司法制度的差异，有些国家除了司法机关外，其他机关或人员也可以执行外国提出的司法协助请求。例如，在波兰，除了法院是民商事案件的主管机关外，公证处也有权处理数额不大的财产纠纷以及有关遗嘱的有效性、遗产保护方面的纠纷。在司法协助方面，中国的主管机关是人民法院。

（三）外交机关

在司法协助中，外交机关的作用主要有以下几个方面：（1）作为司法协助的联系途径；（2）作为解决司法协助条约纠纷的途径；（3）查明外国法；（4）出具诉讼费用减免证明书。

五、域外送达

（一）域外送达的概念

域外送达（service abroad），是指一国法院根据国际条约或本国法律或按照互惠原则将司法文书和司法外文书送交给居住在国外的诉讼当事人或其他诉讼参与人的行为。

司法文书的送达是一国司法机关代表国家行使国家主权的一种表现，因而具有严格的属地性。一国的司法机关在未征得外国同意的情况下，不能在该外国境内向任何人实施送达行为。

为建立和完善域外送达制度，一方面，各国在国内法中就司法文书的域外送达和外国司法文书在内国的送达作出相应的规定；另一方面，各国往往通过订立双边或多边条约的方式，就司法文书的域外送达所涉及的问题作出相应的规定。目前，关于域外送达的国际公约主要有1965年在海牙订立的《域外送达公约》以及各国之间缔结的大量的双边司法协助条约和领事条约。

（二）域外送达的方式

司法文书的域外送达主要通过以下两种途径进行：其一是直接送达，其二是间接送达。

1. 直接送达

一般而言，直接送达的方式主要有以下几种。

（1）外交代表或领事送达。外交代表或领事送达，即由内国法院将需要在国外送达的司法文书委托给内国驻有关国家的外交代表或领事代表代为送达。采用这种方式进行域外送达的对象只能是所属国国民，且不得采取强制措施。这种方式已为国际社会普遍认可和采用。

（2）邮寄送达。邮寄送达即由内国法院通过邮局直接将司法文书寄给国外的诉讼当事人或其他诉讼参与人。1965年海牙《域外送达公约》第10条规定了这种送达方式。但各国立法和司法实践对这种送达方式所持的态度不同。美国、法国等国家在批准和加入1965年海牙《域外送达公约》时均认可了这一方式，但中国、德国、瑞士、卢森堡、挪威、土耳其、埃及、希腊等国家对这一方式作出保留。

（3）个人送达。个人送达即内国法院将司法文书委托给具有一定身份的个人代为送达。这种个人可以是有关当事人的诉讼代理人，也可以是当事人选定的人或与当事人关系密切的人。个人送达方式一般为英美法系国家所承认和采用。

（4）公告送达。公告送达即内国法院将需要送达的司法文书的内容以张贴公告或登报的方式告知有关当事人或其他诉讼参与人，自公告之日起一定期限届满后视为已送达。关于公告送达的期间，各国的规定长短不一。

（5）以当事人协商的方式送达。这一方式主要为英美法系国家所采用。在美国，对外国国家的代理人或代理处的送达，以及对外国国家或外国政治实体的送达，可以依诉讼双方当事人之间特别协商的方法进行。在英国，合同当事人甚至可以在其合同中约定送达方式。

2. 间接送达

间接送达，也即通过国际司法协助的途径来进行送达，它必须按照双方共同缔结或参加的双边或多边条约的规定，通过缔约国的中央机关来进行。根据各国法律和有关司法协助的条约，此种间接送达必须经过特别的程序。

（1）请求的提出。一般认为，提出请求的机关应依请求国法律来界定。如1965年海牙《域外送达公约》第3条将提出请求的机关规定为"依文书发出国法律有权主管的当局或司法助理人员"。对中国而言，由于送达文书属于法院职权范围，所以，有权向外国提出请求的主体只能是法院。

请求途径一般应依条约的规定进行，没有条约关系的，通过外交途径进行。在实践中，中国法院向外国提出送达文书的请求是通过统一的途径进行的，即有关中级人民法院或专门人民法院应将请求书和需要送达的司法文书送有关高级人民法院转最高人民法院，由最高人民法院送司法部转送给该国指定的中央机关；必要时，也可由最高人民法院送中国驻该国使领馆转送给该国指定的中央机关。

另外，请求书应以一定的格式和语文做成。我国参加的双边司法协助条约都对请求书的内容、格式等作了相应的规定。如1987年《中华人民共和国和法兰西共和国关于民事、商事司法协助的协定》第6条规定："送达请求书的格式应与本协定附录中的示范样本相符，空白部分用中、法两国文字填写。请求送达的司法文书和司法外文书应一式两份，并附有被请求一方文字的译本。"

（2）请求的执行和执行情况的通知。根据1965年海牙《域外送达公约》和有关国家的实践，一国执行外国提出的送达请求，主要有以下三种方式：第一种是正式送达，即被请求国法院按照其国内法规定的在国内诉讼中对于在其境内的人员送达文书的方法自行送达该文书。第二种是特定方式送达，即文书可按照请求方的要求采用特定方法进行送达。但此种特定方法不得与被请求国的法律相抵触。第三种是非正式送达，即由被请求国法院按照本国法律的规定进行一般性送达，完全以有关当事人或其他诉讼参与人自愿接受为条件。

至于执行结果的通知，国际社会的普遍做法是采用送达回证或由有关机构出具送达证明书的形式将执行情况通知请求机构，而且这种通知的途径与司法协助请求书的转递途径相同。

（3）请求的拒绝。基于国家主权的考虑，世界各国都在其国内立法和有关国际公约中规定了拒绝履行送达委托的条件。一般来说，当某些文书的送达将损害被请求国主权、国家安全或国内公共秩序时，被请求国有关机构可拒绝履行这种送达委托。另外，按照1965年海牙《域外送达公约》第1条和第4条的规定，受送达人地址不详或请求书不符合要求并且不能及时补正的，也可拒绝执行或对请求书提出异议。

（三）中国的域外送达制度

中国关于司法文书和司法外文书的域外送达制度主要体现在我国缔结或参加的有关国际条约以及我国的国内立法和有关规定中。国际条约包括我国于1991年5月3日加入的1965年海牙《域外送达公约》（该公约于1992年1月1日起对我国生效）以及我国与外国缔结的一系列双边司法协助条约，国内立法包括我国的《民事诉讼法》和相关的司法解释，以及最高人民法院、外交部、司法部分别于 1986 年 8 月 14 日、1992 年 3 月 4 日、1992 年 9 月 19 日联合发布的《关于我国法院和外国法院通过外交途径相互委托送达法律文书若干问题的通知》《关于执行〈关于向国外送达民事或商事司法文书和司法外文书公约〉有关程序的通知》和《关于执行海牙送达公约的实施办法》，2006 年 8 月 10 日最高人民法院发布的《关于涉外民事或商事案件司法文书送达问题若干规定》等。

1. 中国法院向国外送达诉讼文书的方式

按照我国 2017 年修正的《民事诉讼法》第 267 条的规定，人民法院对在中国领域内没有住所的当事人送达诉讼文书，可以采用下列方式：（1）依照受送达人所在国与我国缔结或共同参加的国际条约中规定的方式送达；（2）通过外交途径送达；（3）对于具有我国国籍的受送达人，可以委托我国驻受送达人所在国的使领馆代为送达；（4）向受送达人委托的有权代其接受送达的诉讼代理人送达；（5）向受送达人在我国领域内设立的代表机构或者有权接受送达的分支机构、业务代办人送达；（6）受送达人所在国的法律允许邮寄送达的，可以邮寄送达，自邮寄之日起满 3 个月，送达回证没有退回，但根据各种情况足以认定已经送达的，期间届满之日视为送达；（7）采用传真、电子邮件等能够确认受送达人收悉的方式送达；（8）不能用上述方式送达的，公告送达，自公告之日起满 3 个月，即视为送达。

为适应我国涉外案件审理实践中的新情况，解决司法实践中的"送达难"问题，2006 年 8 月 10 日最高人民法院发布了《关于涉外民事或商事案件司法文书送达问题若干规定》，该司法解释系统地规定了我国对外进行司法文书送达的方式和程序。按照该司法解释，人民法院审理涉外民事或商事案件时，向在中华人民共和国领域内没有住所的受送达人送达司法文书，可以通过以下方式：（1）直接送达，作为受送达人的自然人或者企业、其他组织的法定代表人、主要负责人在中华人民共和国领域内的，人民法院可以向该自然人或者法定代表人、主要负责人送达。（2）诉讼代理人送达，除受送达人在授权委托书中明确表明其诉讼代理人无权代为接收有关司法文书外，其委托的诉讼代理人为《民事诉讼法》规定的有权代其接受送达的诉讼代理人，人民法院可以向该诉讼代理人送达。（3）代表机构送达，人民法院向受送达人送达司法文书，可以送达给其在中华人民共和国领域内设立的代表机构。受送达人在中华人民共和国领域内有分支机构或者业务代办人的，经该受送达人授权，人民法院可以向其分支机构或者业务代办人送达。（4）国际条约方式送达，人民法院向在中华人民共和国领域内没有住所的受送达人送达司法文书时，若该受送达人所在国与中华人民共和国签订有司法协助协定，可以依照司法协助协定规定的方式送达；若该受送达人所在国是 1965 年《域外送达公约》的成员国，可以依照该公约规定的方式送达。受送达人所在国与中华人民共和国签订有司法协助协定，且为1965 年《域外送达公约》成员国的，人民法院依照司法协助协定的规定办理。（5）邮寄送达，受送达人所在国允许邮寄送达的，人民法院可以邮寄送达。（6）公告送达，人民法院依照《民事诉讼法》规定的公告方式送达时，公告内容应在国内外公开发行的报刊上刊登。（7）传真电子送达，除上述送达方式外，人民法院可以通过传真、电子邮件等能够确认收悉的其他适当方式向受送达人送达。（8）多种送达方式，除公告送达方式外，人民法院可以同时采取多种方式向受送达人进行送达，但应根据最先实现送达的方式确定送达日期。（9）留置送达，人民法院向受送达人在中华人民共和国领域内的法定代表人、主要负责人、诉讼代理人、代表机构以及有权接受送达的分支机构、业务代办人送达司法文书，可以适用留置送达的方式。

2. 外国法院向在我国境内的当事人送达诉讼文书的方式

根据我国 2017 年修正的《民事诉讼法》第 277 条的规定以及有关的司法解释，外国法院向在中国境内的当事人送达诉讼文书的，可以采用以下方式：（1）外国与我国有条约关系的，依照缔结或参加的国际条约规定的途径进行；（2）没有条约关系的，通过外交途径进行；（3）外国驻华使领馆可以直接向在华的本国国民送达法律文书，但不得损害我国的主权、安全和社会公共利益，不得采取强制措施；（4）对于拒绝转递我国法院通过外交途径委托送达法律文书的国家或有特殊限制的国家，可根据情况采取相应的对等措施。

六、域外取证

（一）域外取证的概念

域外取证（taking of evidence abroad），是指一国司法机关请求外国主管机关代为收集、提取与案件有关而又处在该外国境内的证据。

域外取证同域外送达一样，是诉讼过程中的一项必经程序。域外取证是一种重要的司法行为，具有严格的属地性，一国的司法机关只能在本国境内行使调查取证的权力，未经有关国家的同意，是不能在别国境内实施取证行为的。在域外取证领域比较有影响的国际公约是 1970 年海牙《域外取证公约》。

（二）域外取证的方式

关于域外取证的方式，大致可分为直接和间接两种途径。直接取证是指受诉法院国在征得有关国家同意的情况下直接提取有关案件所必需的证据；间接取证是指受诉法院通过司法协助的途径采用请求书方式委托有关国家的主管机构进行取证。

1. 直接取证

直接取证一般不涉及取证地国家主管机关的司法行为，其方式主要有以下几种。

（1）外交和领事人员取证。这种方式是国际社会所普遍承认和采用的方式。1961 年《维也纳外交关系公约》第 3 条和 1964 年《维也纳领事关系公约》第 5 条都规定，依据现行的国际协定，或者在没有这类国际协定时依照符合接受国法律和规章的任何其他方式，外交代表和领事代表可以为派遣国法院录取证词。

除少数国家如葡萄牙和丹麦等不允许外国外交代表和领事在其境内自行取证外，多数国家都在一定条件下给予外国外交代表和领事这种权力。依据各国诉讼法和有关国际条约，这些条件主要有：第一，有条约依据或存在互惠关系；第二，派遣国法院对有关案件具有管辖权并已受理；第三，取证行为不违反内国法律规定；第四，一般只允许向其本国国民取证，如果要向所在国或第三国民取证，则必须得到所在国主管机关的特别许可，并遵循一定的程序；第五，不得采取任何强制措施。此外，有些国家还规定外交代表和领事的任何取证行为都必须事先向指定的主管机关提出请求，获得许可后才能向有关人员提取证据。

根据我国 2017 年修正的《民事诉讼法》第 277 条第 2 款的规定，外国驻我国的使领馆可以向该国公民调查取证，但不得违反中国的法律，并不得采取强制措施。中国和其他国家签订的司法协助条约中也都规定缔约国任何一方可以通过本国派驻缔约一方的外交或领事机关向其本国侨民调查取证。此外，中国是 1961 年《维也纳外交关系公约》和 1964 年《维也纳领事关系公约》的参加国，因此，我国人民法院可以基于我国参加的国际条约或和有关国家的互惠关系，通过我国驻外国使领馆向居住在境外的中国公民提取有关案件所必需的证据，外国法院也可以通过其驻华使领馆向居住在我国境内的本国公民在不违反我国法律的前提下进行调查取证。

（2）当事人或诉讼代理人自行取证。这种取证方式为一些普通法系国家所采用，主要是美国。依据美国的民事诉讼法，取证主要是由有关律师代表他们各自的当事人进行的。美国民事诉讼法允许并且实际上要求诉讼当事人在提出正式的诉讼之后，并于审理开始之前进行调查取证。1970 年海牙《域外取证公约》在原则上并不否认这一取证方式，但同时也允许缔约国对此声明保留。除美国以外的所有缔约国都对这一方式予以保留。根据我国 2017 年修正的《民事诉讼法》第 277 条第 3 款的规定，未经我国主管机关的准许，任何外国机关或者个人不得在我国领域内调查取证。

（3）特派员取证。这一取证方式是指法院在审理涉外民商事案件时委派专门的官员去外国境内提取证据的行为。这种取证方式主要为普通法系国家所采用，大陆法系国家一般认为这种方式有损于一国的司法主权，所以在适用时采取了极为谨慎的态度。1970 年海牙《域外取证公约》第 17 条规定，在民、商事案件中，被合法地专门指定为特派员的人，如果得到作为缔约国的取证地国家指定的主管机关已给予一般性或对特定案件的许可，并且遵守主管机关在许可中设定的条件，则可在不加强制的情况下进行取证。公约同时允许缔约国对此提出保留。葡萄牙、丹麦、阿根廷等国家完全禁止外国特派员在其境内取证。我国对该条也提出了保留。根据我国 2017 年修正的《民事诉讼法》第 277 条第 3 款的规定，未经我国主管机关的准许，任何外国机关或个人不得在我国领域内调查取证。

2. 间接取证

间接取证即是以请求书方式，通过司法协助途径进行的取证。因此，依这一方式取证必须要经过一些特别程序。

（1）请求的提出。请求应以请求书的形式向外国的中央机关提出，并由中央机关转交该国主管机关执行。请求书应以被请求国官方文字或有关条约中所规定的文字并用一定的格式写成，或附有该文字的译文。

（2）取证行为的实施和证据的移交。被请求国法院一般应依本国法律的规定，按照国内民、商事案件的取证方式和程序提取证据。被请求国法院也可按请求书所要求的特殊方式和程序取证，但以该方式和程序不违背被请求国法律为限。

被请求国法院实施取证行为后，无论结果如何，都应通过某种途径将执行情况通知请求机关，并将已提取的有关证据材料移交给请求机关。如果有关请求的一部分或全部未得到执行，被请求国法院应通过同一途径及时地将这一情况及理由通知请求机关。

（3）请求的拒绝。一般认为，请求书的执行不属于被请求国司法机关的职权范围，或被请求国认为其主权、安全将会受到损害的，被请求国机构可拒绝执行该项请求，并将拒绝的理由及取证请求书通过一定途径退回请求国。

（三）中国的域外取证制度

我国的域外取证制度，一部分规定于国内法中，一部分规定于我国与外国缔结的双边司法协助条约中。

我国 2017 年修正的《民事诉讼法》第 276 条规定，我国人民法院和外国法院可以依据国际条约和互惠原则，相互请求代为调查取证。但外国法院请求我国法院代为调查取证，不得有损于我国的主权、安全和社会公共利益，否则，不予执行。第 277 条第 2 款还规定，外国驻我国使领馆可以向该国国民调查取证，但不得违反我国法律，并不得采取强制措施。此外，前述 1986 年最高人民法院、外交部、司法部颁布的《关于我国法院和外国法院通过外交途径相互委托送达法律文书若干问题的通知》中也指出，我国法院和外国法院通过外交途径相互委托代为调查或取证，可参照该通知的有关规定办理。

中国与外国缔结的一系列双边司法协助条约中都有域外取证方面的规定，我国与这些国家相互委托调查取证时，就应根据条约的规定办理。

1997 年 7 月 3 日第八届全国人大常委会第二十六次会议决定我国加入 1970 年海牙《域外取证公约》。如前所述，我国对公约的某些条款作出了保留，因此，保留的条款不适用于我国。

七、外国法院判决的承认与执行

（一）外国法院判决的承认与执行的概念

通常认为，外国法院判决是指所有外国法院代表其主权国家对有关案件所作出的判决的总称。它既包括民商事判决，也包括行政判决和刑事判决。事实上，行政判决和刑事判决较民商事判决具有更严格的属地性，因此，这里所讲的外国法院的判决仅限于民商事方面，即某一外国法院根据查明的事实和有关法律规定，对当事人之间有关民事权利、义务的争议或申请人提出的申请所作出的具有约束力的裁判。

承认外国法院判决和执行外国法院判决是两个既有联系又有区别的概念。承认外国法院判决，是指承认外国法院判决在确定当事人的权利和义务方面具有与本国法院判决同等的法律效力，其法律效果是，如果在本国境内他人就判决同样的事项，提出与该判决内容不同的请求，可以用该判决作为对抗他人的理由。而执行外国法院判决不仅承认外国法院判决在本国的效力，而且就其应执行的部分，通过适当程序付诸执行，其法律后果是使判决中的财产部分得到实现。

一般而言，承认外国法院判决是执行外国法院判决的前提条件，任何被执行的外国法院判决，都必须先由执行国法院承认其效力。但承认外国法院判决并非一定导致执行判决，因为有的判决只需要承认就够了。例如关于单纯的离婚判决，承认它就意味着可以允许离婚当事人再行结婚，而不存在执行问题。但如果离婚判决涉及有关财产和给付子女抚养费的问题，则不仅要求承认，而且要求执行，即由法院采取强制措施使一方当事人按判决的规定把一定数量的财产或抚养费交给另一方当事人。

（二）承认和执行外国法院判决的方式

根据国际实践，各国承认与执行外国法院判决的方式一般有以下几种。

1. 发给执行令

这种方式是执行地国法院对外国法院的判决进行审查，认为符合执行的条件，即发给执行令，按执行地国法律规定的程序执行。法国、德国等采用这种方式。

2. 重新作出判决

这种方式是执行地国法院不直接承认和执行外国法院判决，而是由要求执行的当事人，以外国法院判决为根据，向执行地国法院重新起诉，该法院进行审理，认为外国法院判决与本国法律规定不相抵触，于是作出与外国法院判决相同的判决，而且按执行本国法院判决的程序予以执行。从形式上看，执行的只是本国法院的判决，而不是外国法院的判决。英国、美国、荷兰、瑞典等采用这种方法。

3. 登记执行

这是英国的一种特殊方法，由其 1933 年《相互执行外国法院判决法》所规定。它是指申请执行的当事人，将外国判决拿到英国高等法院进行登记，英国法院即按执行本国法院判决的程序执行。这种方法较为简单，但仅限于支付一定金额的判决及离婚和别居的判决，而且只适用于英联邦内部及与英国有互惠协定的国家。

（三）承认与执行外国法院判决的条件

由于外国法院作出的判决毕竟不同于内国法院作出的判决，因而各国对这种判决的承认与执行都附有一定的条件，凡不符合内国所规定条件的外国法院的判决，就不可能得到内国承认与执行。各国国内立法及有关国际条约所规定的条件主要包括以下方面。

1. 原判决国法院必须具有合格的管辖权

法院对国际民商事案件具有管辖权，是其审理并作出判决的先决条件，直接关系到当事人权利的取得。因此，原判决国法院具有合格的管辖权，是国际社会普遍公认的承认与执行外国法院判决的首要条件。

2. 外国法院的判决必须是已经确定的判决

外国法院的判决必须是已经确定的判决，这几乎是所有国家法律和有关国际公约规定的承认与执行外国法院判决的最基本条件。所谓确定的判决，就是指根据判决作出国法律已经发生法律效力或具有执行力的判决。

3. 外国法院进行的诉讼程序是公正的

基于对败诉一方当事人的保护，各国立法及有关国际条约都规定，内国法院在承认与执行外国法院判决时，必须对其诉讼权利是否受到损害进行审查。这种审查主要包括：一是败诉方是否得到合法传唤，从而出庭陈述了自己的诉讼主张和行使了自己的辩护权；二是在败诉方没有诉讼行为能力时是否得到了适当的代理。

4. 不存在"诉讼竞合"情形

各国法律和有关国际公约均规定，一旦出现"诉讼竞合"的情形，即外国法院判决与内国法院就同一当事人之间的同一争议所作的判决或内国法院已经承认的第三国法院就同一当事人之间的同一争议所作的判决相冲突，内国法院可以拒绝承认与执行。

另外，如果一国法院正在对某一案件进行审理，而一方当事人请求承认外国法院对相同当事人之间就同一诉讼标的的诉讼所作的判决时，被请求国法院也可以拒绝承认与执行该外国法院判决。

5. 外国法院的判决不违反内国的公共秩序

外国法院的判决不得与内国的公共秩序相抵触，这是国际社会普遍公认的一个条件。

（四）中国关于外国法院判决承认与执行的规定

1. 承认与执行外国法院判决的依据

我国 2017 年修正的《民事诉讼法》第 281 条规定，外国法院作出的发生法律效力的判决、裁定，需要我国人民法院承认和执行的，可以由当事人直接向我国有管辖权的中级人民法院申请承认和执行，也可以由外国法院依照与我国缔结或参加的国际条约的规定，或者按照互惠原则，请求人民法院承认与执行。中国还与许多国家签订了双边司法协助协定，其中有关于承认与执行外国法院判决的规定。此外，中国参加的国际公约中也有关于这方面的规定，例如1969年《国际油污损害民事责任公约》的第10条。

2. 承认与执行外国法院判决的方式

承认与执行外国法院判决的方式有发给执行令和重新作出判决两种：（1）发给执行令。根据2012年修订的《民事诉讼法》第282条的规定，人民法院对于申请或请求承认和执行外国法院作出的发生法律效力的判决、裁定，依照我国缔结或参加的国际条约，或者按照互惠原则进行审查后，认为不违反我国法律的基本原则或国家主权、安全、社会公共利益的，裁定承认其效力，需要执行的，发出执行令，依照本法的有关规定进行。（2）重新作出判决。根据1992年《民事诉讼法意见》第318条的规定，当事人向我国有管辖权的中级人民法院申请承认和执行外国法院作出的发生法律效力的判决、裁定的，如果该法院所在国与我国没有缔结或共同参加国际条约的，也没有互惠关系的，当事人可以向人民法院起诉，由有管辖权的人民法院作出判决，予以执行。

此外，外国法院作出的发生法律效力的判决、裁定，需要我国法院承认和执行的，可以由当事人直接向我国有管辖权的中级人民法院申请承认和执行，也可以由原判决作出国法院依照该国与我国缔结或参加的国际条约的规定，或者按照互惠原则，请求人民法院承认和执行。

3. 承认与执行外国法院判决的条件

根据2017年修正的《民事诉讼法》第281条、第282条和1992年《民事诉讼法意见》第306条的有关规定，外国法院的判决要在我国得到承认和执行，必须是发生法律效力的判决、裁定。此外，在下列情况下，我国法院将拒绝承认和执行外国法院的判决：（1）外国法院的判决、裁定违反我国法律的基本原则或者国家主权、安全、社会公共利益的，不予承认和执行；（2）我国法院和外国法院都有管辖权的案件，一方当事人在外国法院起诉，另一方当事人在我国人民法院起诉并且我国法院予以受理的，判决后，外国法院申请或当事人请求人民法院承认和执行外国法院对本案作出的判决、裁决的，不予准许，但双方共同参加或签订的国际条约另有规定的除外。

1991年7月最高人民法院通过的《关于中国公民申请承认外国法院离婚判决程序问题的规定》还特别规定，外国法院的离婚判决具有下列情形之一的，不予承认：判决尚未发生法律效力；作出判决的外国法院对案件无管辖权；判决是在被告缺席且未得到合法传唤情况下作出的；该当事人之间的离婚案件，我国法院正在审理或已作出判决，或者第三国法院对该当事人之间作出的离婚案件判决已为我国法院所承认；判决违反中国法律的基本原则或者危害中国国家主权、安全和社会公共利益。

此外，我国2017年修正的《民事诉讼法》第280条还对于我国法院判决在外国得到承认和执行作了规定，根据这一规定，人民法院作出的发生法律效力的判决、裁定，如果被执行人或者其财产不在我国领域内，当事人请求执行的，可以由当事人直接向有管辖权的外国法院申请承认和执行，也可以由人民法院依照我国缔结或参加的国际条约的规定，或者按照互惠原则，请求外国法院承认和执行。

课后练习

1. 简述国际民事管辖权在国际私法中的重要意义。（考研）

2. 简述国际民事诉讼程序的基本原则。（考研）

3. 简述 1970 年《关于从国外获取民事或商事证据公约》的主要取证方式。（考研）

4. 什么是国际民事诉讼中的"一事两诉"和"一事不再理"？

5. 外国法院可以通过哪些方式向在中国境内的当事人送达司法文书？

6. 承认与执行外国法院判决的条件主要有哪些？

7. 朗文与戴某缔结了一个在甲国和中国履行的合同。履约过程中发生争议，朗文向甲国法院起诉戴某并获得胜诉判决。戴某败诉后就同一案件向我国法院提起诉讼。朗文以该案件已经甲国法院判决生效为由对中国法院提出管辖权异议。依据我国法律、司法解释以及我国缔结的相关条约，下列哪一选项是正确的？（   ）（法考）

    A. 朗文的主张构成对我国法院就同一案件实体问题行使管辖权的有效异议

    B. 我国法院对戴某的起诉没有管辖权

    C. 我国法院对涉外民事诉讼案件的管辖权不受任何限制

    D. 我国法院可以受理戴某的起诉

8. 依据现行的司法解释，我国法院受理对在我国享有特权与豁免的主体起诉的民事案件，须按法院内部报告制度，报请最高人民法院批准。为此，下列表述正确的是（   ）。（法考）

    A. 在我国享有特权与豁免的主体若为民事案件中的第三人，该报告制度不适用

    B. 若在我国享有特权与豁免的主体在我国从事商业活动，则对其作为被告的民事案件的受理无须适用上述报告制度

    C. 对外国驻华使馆的外交官作为原告的民事案件，其受理不适用上述报告制度

    D. 若被告是临时来华的联合国官员，则对其作为被告的有关的民事案件的受理不适用上述报告制度

第十七章

国际商事仲裁

本章概要

随着国际贸易与经济合作的广泛开展，世界各国普遍把仲裁作为解决国际商事争议的一种有效方式。与此同时，国际社会还制定通过了 1958 年《关于承认及执行外国仲裁裁决公约》等国际条约，从而使国际商事仲裁制度日益完善。本章主要介绍和阐述国际商事仲裁的基本概念、基本理论、基本制度和基本规则。通过本章的学习，主要理解国际商事仲裁的概念、特点、性质、机构及其发展，掌握国际商事仲裁协议的基本内容、仲裁协议的效力及其认定和仲裁协议独立性理论，了解国际商事仲裁程序进行中的基本步骤和环节，理解国际商事仲裁中仲裁协议、仲裁实体和仲裁程序等不同方面的法律适用原则，把握国际商事仲裁裁决的撤销和执行问题，从而能在国际商事仲裁实践中正确地运用上述理论、制度和规则。

关键术语

国际商事仲裁　临时仲裁　仲裁机构　仲裁协议　仲裁条款独立性　管辖权/管辖权原则
友好仲裁　仲裁裁决　仲裁裁决的撤销　《纽约公约》

第一节　国际商事仲裁概述

一、国际商事仲裁的概念

仲裁（arbitration）亦称"公断"，是指双方当事人自愿将其争议提交给第三者居中进行审理，由其依据法律或公平原则作出裁决，并约定自觉履行该裁决的一种制度。而国际商事仲裁（international commercial arbitration），即指含有国际因素的商事争议的仲裁。提交国际商事仲裁的争议，多发生于国际经济、贸易领域，故通常又称国际商事仲裁为国际经济贸易仲裁。相对于一国而言，国际商事仲裁又可以称为涉外商事仲裁。长期以来，由于各国政治、经济制度的不一，价值取向和法律文化的差异，在界定国际商事仲裁中的"国际"和"商事"问题上，各国国内法及有关国际条约至今仍然未能达成比较一致的看法，一般认为应对"国际"和"商事"作广义的解释。

（一）关于"国际"的标准

对于"国际"仲裁的认定，一般有以下三种做法。[①]

1. 以实质性连结因素为认定标准

若仲裁地点、当事人国籍、住所或居所、法人注册地及公司管理中心所在地等连结因素之一具有国际因素，此类商事仲裁即被视为国际商事仲裁，故此类标准又称为地理标准。如英国、瑞典、瑞士等欧洲国家以及埃及、叙利亚等阿拉伯国家在认定仲裁的国际性时，仲裁地点和当事人的国籍是重要的根据，当事人是自然人的，除国籍外，还考虑其惯常居所地；当事人是法人的，并不简单以该法人的注册或登记地为依据，还要考虑其管理中心所在地。例如，1987年《瑞士联邦国际私法法规》第十二章"国际仲裁"第176条第1款规定："本章的规定适用于所有仲裁庭在瑞士的、并且至少有一方当事人在缔结仲裁协议时在瑞士既没有住所地也没有习惯居所的仲裁。"此外，有的国际公约也采用此标准。例如，1961年日内瓦《关于国际商事仲裁的欧洲公约》第1条第1款第1项规定："本公约适用于旨在解决自然人或法人之间进行的国际贸易所引起的争议的仲裁协议，但以签订协议时，该自然人和法人在不同的缔约国内有其惯常居住地或所在地为限。"

2. 以争议的国际性质为认定标准

争议性质标准是指依照争议性质确定仲裁的归属，若争议涉及国际商事利益，为解决这一争议的商事仲裁即为国际商事仲裁。采用这一标准的主要有法国、美国和加拿大等国家。《法国新民事诉讼法典》第1492条即规定，"牵涉到国际商业利益的仲裁是国际仲裁"。国际商会国际仲裁院在设立初期仅把涉及不同国籍的当事人间的商事争议视作国际争议，但在1927年修改了仲裁规则，把国际争议扩大为含有涉外因素的一切争议，即使争议双方当事人具有同一国籍。1998年《国际商会国际仲裁规则》第1条第1款也明确规定，仲裁院的职能是"按照本规则以仲裁方式解决国际性的商事争议"。至于如何认定什么样的争议才属于国际性商事争议，国际商会1977年颁布的说明手册中作了说明："仲裁的国际性质并不意味着当事人必须具有不同的国籍。由于合同客体的缘故，合同可以超越国界，例如，同一国家的两个公民订立了在另一个国家履行的合同或者一个国家与在其国内经商的外国公司的子公司订立了合同。"[②]

3. 混合标准

鉴于以上两种标准的分歧，国际商事仲裁的实践要求国际社会对仲裁的"国际性"作出较为明确的规定，以便于仲裁裁决的承认和执行。联合国国际贸易法委员会（the United Nations Commission on International Trade Law，简称联合国贸法会或UNCITRAL）1985年6月21日通过的《国际商事仲裁示范法》（以下简称《示范法》）对国际仲裁作了更为广泛的界定。《示范法》第1条第3款规定："仲裁如有下列情况即为国际仲裁：（A）仲裁协议的当事各方在缔结协议时，他们的营业地点位于不同的国家。或（B）下列地点之一位于当事各方营业地点所在国以外：（a）仲裁协议中确定的或根据仲裁协议而确定的仲裁地点；（b）履行商事关系的大部分义务的任何地点或与争议标的关系最密切的地点。或（C）当事各方明确地同意，仲裁协

① A. Redfern & M. Hunter. *Law and Practice of International Commercial Arbitration*. 2nd ed.，1991：15-16.

② 李双元，金彭年，张茂，欧福永. 中国国际私法通论. 2版. 北京：法律出版社，2003：362.

议的标的与一个以上的国家有关。"这一规定将国际仲裁扩及：第一，其营业地在不同国家的当事人之间的争议的仲裁；第二，仲裁地和当事各方的营业地位于不同国家的仲裁；第三，主要义务履行地和当事各方的营业地位于不同国家的仲裁；第四，与争议标的关系最密切的地点和当事各方营业地位于不同国家的仲裁；第五，当事各方明确同意仲裁标的与一个以上国家有关的仲裁。可以说，《示范法》的规定反映了国际商事仲裁实践对"国际"含义扩大解释的趋势。

（二）关于"商事"的标准

无论在大陆法系国家还是在英美法系国家，"商事"的含义都具有重要意义。在法国，只有关于商事问题的仲裁协议才是有效的；在美国，只有海事或商事合同中的仲裁协议才是有效的。[①] 但是关于如何界定国际商事仲裁中的"商事"也存有争议。

1958 年 6 月 10 日订于纽约的联合国《关于承认及执行外国仲裁裁决公约》（以下简称《纽约公约》）第 1 条第 3 款规定，任何缔约国可以声明，"本国只对根据本国法律属于商事的法律关系，不论是不是合同关系，所引起的争议适用本公约"。这就是说，什么样的法律关系属于商事关系，应由各缔约国的内国法进行识别；如果一项仲裁裁决请求某缔约国承认及执行，而该缔约国作了商事保留声明，并且依该缔约国内国法不属于该国关于"商事"的定义范围内，那么该缔约国将会因此拒绝承认及执行该裁决。

一般而言，多数国家认为"商事"的含义具有不确定性，同时应尽可能作广义解释。《示范法》对"商事"所作的广义解释是：它包括不论是契约性或非契约性的一切商事关系所引起的种种事情。商事性质的关系包括但不限于下列交易：供应或交换货物或服务的任何贸易交易；销售协议；商事代表或代理；代理；租赁；建造工厂；咨询；工程；许可证；投资；筹资；银行；保险；开发协议或特许；合营和其他形式的工业或商业合作；货物或旅客的航空、海上、铁路或公路的载运。

（三）关于中国的做法

中国目前采取以多种连结因素界定仲裁国际性的混合标准。2017 年修正的《民事诉讼法》第二十六章"仲裁"第 271 条第 1 款规定，涉外经济贸易、运输和海事中发生的纠纷，当事人在合同中订有仲裁条款或者事后达成书面仲裁协议，提交中华人民共和国涉外仲裁机构或者其他仲裁机构仲裁的，当事人不得向人民法院起诉。2017 年修正的《仲裁法》第 65 条同样规定，涉外经济贸易、运输和海事中发生的纠纷的仲裁，适用该法第七章关于涉外仲裁的特别规定。按照中国国际私法学界的通说及司法实践，民商事法律关系的涉外或国际性应作广义理解，即其主体、客体或内容这三个因素中至少有一个与中国内地之外的法域相联系。[②] 按此理解，在中国，国际商事仲裁中的"国际"或"涉外"一词应包括如下内容：第一，当事人一方或双方的国籍不是中国的；第二，当事人一方或双方的住所不在中国的；第三，争议标的物不在中国境内的；第四，设立、变更或终止民商事法律关系的法律事实发生在中国境外的；第五，当事人住所、争议标的物或法律事实发生在中国港、澳、台地区的，也可视为"国际"或"涉外"

---

① 《法国商法典》第 631 条，《美国联邦仲裁法》第 2 条.
② 韩德培. 国际私法. 北京：高等教育出版社，北京大学出版社，2000：3-5；1988 年《民法通则意见》第 178 条，1992 年《民事诉讼法意见》第 304 条.

仲裁。

至于"商事"，中国在 1986 年 12 月 2 日全国人大常委会《关于我国加入〈承认及执行外国仲裁裁决公约〉的决定》中作了"保留"，即中国仅对于按照中国法律属于契约性或非契约性商事法律关系所引起的争议适用该公约。按照中国的司法实践，所谓"契约性或非契约性商事法律关系"，具体指由于合同、侵权或者根据有关法律规定而产生的经济上的权利义务关系，如货物买卖、财产租赁、工程承包、加工承揽、技术转让、合资经营、合作经营、勘探开发自然资源、保险、信贷、劳务、代理、咨询服务和海上、民航、铁路、公路的客货运输以及产品责任、环境污染、海上事故和所有权争议等，但不包括外国投资者与东道国政府之间的争端。[①] 可见，中国对"商事"的解释基本上与《示范法》的广义解释相同。

二、国际商事仲裁的特点

国际商事仲裁的特点，可通过它与国际民事诉讼、国际仲裁和国内仲裁的比较体现出来。

（一）国际商事仲裁不同于国际民事诉讼

尽管国际社会普遍承认，国际商事仲裁和国际民事诉讼都是解决国际民商事争议的常用的有效方法，均属于国际私法的范围，但二者有着本质的区别。

第一，就机构的性质而言，国际商事仲裁机构只具有民间团体的性质，如中国国际经济贸易仲裁委员会，各仲裁机构是相互独立的，彼此没有上下级隶属关系，也不存在级别管辖、地域管辖等限制；而审理国际民商事纠纷的法院，是国家司法机关，是国家机器的重要组成部分，法院之间有上下级关系等。

第二，就管辖权来源而言，国际商事仲裁的管辖权完全来自双方当事人的合意，建立在双方当事人自愿达成的仲裁协议的基础上，因而是非强制性的；而法院审理国际民商事诉讼的管辖权来自国家的强制力，是由法律赋予的，而非当事人双方的授权，只要一方当事人提起诉讼，法院就可以管辖，而不必有双方当事人的合意。

第三，就审理程序的公开性而言，国际商事仲裁程序一般都是不公开进行的，即使双方当事人要求公开审理，也仍由仲裁庭作出是否公开审理的决定；而法院审理国际民商事争议，除了极少数涉及国家秘密或个人隐私的之外，原则上必须公开进行。

第四，就当事人的自治性而言，国际商事仲裁中当事人的自治性大大超过国际民商事诉讼中当事人的自治性。例如，国际商事仲裁中的当事人可以选择审理案件的仲裁员，而国际民商事诉讼的当事人不能选择审理案件的法官。再如，国际商事仲裁中的当事人可以合意选择仲裁程序，而国际民商事诉讼中的当事人必须遵守法院地国家的诉讼程序法。

第五，就作出的裁决而言，国际商事仲裁裁决实行一裁终局制，任何一方当事人均不得向法院上诉；而在国际民商事诉讼中一般实行二审终审制，只有二审判决或过了上诉期而未被上诉的一审判决才具有法律效力。

---

① 最高人民法院《关于执行中国加入的〈承认及执行外国仲裁裁决公约〉的通知》第 3 条，法（经）发〔1987〕5 号，1987 年 4 月 10 日。

（二）国际商事仲裁不同于国际仲裁

国际商事仲裁属于国际私法的范畴，它只解决具有涉外因素的自然人或法人之间的商事争议，以及自然人或法人与他国国家或国际组织之间的商事争议。通常，国际商事仲裁中的双方当事人根据合意把上述争议提交给某个常设仲裁机构或临时仲裁机构去仲裁，而仲裁庭作出的仲裁裁决是终局性的，对双方当事人均有约束力，如一方不履行裁决确定的义务，另一方当事人可以根据国际条约或国内法的有关规定申请有关法院强制执行。而国际仲裁属于国际公法的范畴，它是指在各主权国家发生争端时，由各当事国选定一名或几名仲裁员组成仲裁庭，根据国际公法或者依照公平原则和平解决该项争端的一种制度。早在 1899 年第一次海牙会议就通过了《和平解决国际争端公约》，1900 年据此在荷兰海牙正式成立了国际常设仲裁法院。由于主权国家享有司法豁免权，因此，国际常设仲裁法院作出的国际仲裁并无强制力，其裁决依赖于当事国的自觉履行。

（三）国际商事仲裁不同于国内经济仲裁

国际商事仲裁是一种涉及国际因素的仲裁制度，具有广泛的国际性，其国际性表现为当事人双方或一方不是内国国民或住所不在内国，或者争议的标的物或需要履行的行为在国外，或者设立、变更或终止民商事法律关系的法律事实发生在国外，等等。国际商事仲裁一般涉及国际贸易、经济合作、运输、海事等方面关系中所发生的争议，其裁决通常需要外国予以承认及执行。而且，从事国际商事仲裁的仲裁机构往往还聘请一些外国籍人担任仲裁员，以体现其国际性。而国内经济仲裁只是一种适用于内国当事人之间的仲裁制度，一般只涉及国内经济贸易方面的争议，有的国家还规定只有法人或其他经济组织之间的争议才能提交仲裁；仲裁员也多来自内国国民，其裁决也只在内国执行，因而属于国内程序法的范围。

三、国际商事仲裁的性质

关于国际商事仲裁的性质，传统学说认为仲裁具有司法性，或者认为具有契约性，或者认为仲裁兼具司法性和契约性，即混合理论，而晚近以来兴起自治理论。[①]

（一）司法权理论（Jurisdictional Theory）

司法权理论认为：国家具有监督和管理发生在其管辖领域内的一切仲裁的权力。该理论虽然也承认仲裁源于当事人之间的协议，但同时强调，在仲裁协议的效力、仲裁员的权力、仲裁员的仲裁行为以及仲裁裁决的承认和执行等方面，其权威性均取决于有关国家的法律，是国家承认和授权的结果。该理论还认为，审判权是一种国家主权职能，只有国家才能行使审判权。如果没有仲裁地国家法律的授权，仲裁员是不能行使通常只能由法院或法官行使的权力。在仲裁实践中，奉行此说的主要有德国、奥地利、意大利和埃及等国家。

（二）契约理论（Contractual Theory）

传统的契约理论认为：仲裁是基于当事人的意志和同意创立的，是完全建立在当事人合意

---

① 黄进，宋连斌，徐前权．仲裁法学．修订版．北京：中国政法大学出版社，2002：8 页以下．

达成的仲裁协议的基础上，没有仲裁协议就没有仲裁。仲裁员是当事人的代理人，他所作出的裁决就是代理人为当事人所订立的契约，对当事人具有约束力，当事人有义务自动执行，否则，胜诉方可向法院申请强制执行。在仲裁实践中，奉行此说的主要有法国、荷兰和斯堪的那维亚半岛国家等。现代的契约论者对传统观点进行了扬弃，认为：仲裁属私法或债法而非民事诉讼法范畴，本质上仍是私权、合同性质的。仲裁协议和仲裁裁决的约束力均属于合同约束力的范畴，其约束力来自"合约必须信守"这一古训，而无国家的任何授权。与传统契约论最大的区别在于，现代契约论摈弃了仲裁员是当事人的代理人的说法，认为仲裁本质上是私人机制，当事人的合意是仲裁的基础，当订立作为主合同一部分的仲裁协议时，当事人便确立了他们认为更具优越性的有关仲裁的各项权利，裁决是合同关系的直接后果。仲裁协议是自成一类的合同，适用于它的规范既要考虑调整合同的一般原理，也要考虑仲裁员发挥功用的特别性质。

（三）混合理论（Mixed or Hybrid Theory）

混合理论认为，尽管从表面上看，司法权理论和契约理论好像是两种相互对立的理论，但从仲裁实践而论，这两种貌似对立的理论却是可以协调的，也就是说，仲裁的司法性和契约性同时存在，且不可分割。现实中的仲裁明显地具有司法性和契约性双重性质：一方面，仲裁来源于仲裁协议，而仲裁协议无疑是一种契约，因而，仲裁协议的效力应依适用于契约的同一准则去确定，仲裁员的任命、仲裁规则的选择、仲裁实质问题准据法的确定等也主要取决于当事人之间订立的仲裁协议；但是，另一方面，仲裁程序一般都要遵循仲裁地法，仲裁不可能超越于所有法制之外，仲裁协议的有效性以及仲裁裁决的承认和执行最终归由法院决定，因此，如果仲裁事项依有关法律是不可仲裁的，或者仲裁裁决违反了法院地公共秩序，有关法院将行使否决权，撤销或者拒绝承认和执行该项仲裁裁决。混合理论试图兼采司法权论和契约论的长处，在现代仲裁理论上较有影响。

（四）自治理论（Autonomous Theory）

自治理论是在 20 世纪 60 年代发展起来的一种新学说。自治理论既反对将仲裁制度归结为纯司法性或者纯契约性，也反对混合论的观点，而是主张不能把仲裁跟司法权或契约联系起来判断仲裁的性质，仲裁实际上是超越司法权或契约的，具有自治性。持自治理论的学者们把仲裁的产生和发展归结为商人们注重实效的结果，是商人们首先在不顾及法律的情况下创设并发展了仲裁，而后才得到了法律的承认。他们认为，仲裁中奉行的当事人自治原则既不是基于仲裁的契约性，也不是基于司法性，而是完全出于仲裁制度的实际需要；仲裁协议和仲裁裁决之所以具有强制性，既不是因为契约，也不是因为执行仲裁协议或仲裁裁决的法院所属国法律的授权，而是国际商业关系的基本需要或内在要求使然。

上述四种理论，从不同角度和侧面揭示了仲裁的某种属性，但又失之偏颇或者折中调和，不同程度地存在片面性。仲裁制度赖以建立的基础是当事人的自由意志，仲裁本身固有的基本属性应该是自治性。这是因为，是否将争议提交仲裁、提交哪个仲裁机构仲裁、仲裁庭如何组成、按何种规则进行仲裁程序，甚至适用何种法律，都出于当事人之间的自愿协议，而不需要国家或者他人的授权。至于国家法律赋予仲裁协议和仲裁裁决强制效力，只不过是国家出于其利益和秩序的考虑，对当事人的这种合法和有效的自由意志的确认、尊重与支持。但是，仲裁的自治性并不是像自治理论所主张的使仲裁具有超国家的性质，而是仍然要受到国家法律的监督和控制。因此，与其将仲裁的性质简单地理解为司法性、契约性或自治性，不如全面地将其视为兼具司法性、契约性、自治性和民间性的一种争议解决方式。

四、国际商事仲裁机构

仲裁机构就是受理案件的仲裁组织形式。一般而言，国际商事仲裁机构根据其组织形式的不同，可以分为临时仲裁机构和常设仲裁机构。

（一）临时仲裁机构

临时仲裁（ad hoc arbitration）机构又称特别仲裁机构，是指根据当事人之间所达成的仲裁协议，在实际争议发生后，由双方当事人推选仲裁员临时组成仲裁庭进行仲裁，并在审理终结作出裁决后即行解散的仲裁机构。临时仲裁是国际商事仲裁中最早采用的方式。在 19 世纪之前，国际社会基本上采用临时仲裁机构的方式来处理商事争议。19 世纪以来，国际商事仲裁多数在常设仲裁机构进行，但是临时仲裁在国际商事仲裁中仍然占有十分重要的位置。许多涉及国家作为一方当事人的争议，往往是选择临时仲裁来处理的。《联合国国际贸易法委员会仲裁规则》（1976 年通过，2010 年修订）就是供各国当事人在临时仲裁时选用的仲裁规则。有关国际条约对临时仲裁也持肯定态度。例如，《纽约公约》第 1 条第 2 款规定："'仲裁裁决'一词不仅指专案选派之仲裁员所作裁决，亦指当事人提请仲裁之常设仲裁机关所作裁决。"显然，前者是指临时仲裁。

按照中国《仲裁法》第 18 条的规定，仲裁协议中没有约定仲裁机构，后又无法达成补充协议的，该仲裁协议属无效仲裁协议。由于临时仲裁是由临时组成的仲裁庭进行的仲裁，临时仲裁协议中不可能约定仲裁机构，因此，中国《仲裁法》中的上述规定实际上意味着，中国不承认临时仲裁协议的有效性。另外，最高人民法院《关于福建省生产资料总公司与金鸽航运有限公司国际海运纠纷一案中提单仲裁条款效力问题的复函》[1] 原则上承认了约定由国外的临时仲裁机构或非常设仲裁机构仲裁的临时仲裁条款的效力，它指出，"涉外案件，当事人事先在合同中约定或争议发生后约定由国外的临时仲裁机构或非常设仲裁机构仲裁的，原则上应当承认该仲裁条款的效力，法院不再受理当事人的起诉"。同时，根据《纽约公约》第 1 条第 2 款对临时仲裁的确认，中国作为公约缔约国也有义务对外国临时仲裁裁决予以承认。[2]

（二）常设仲裁机构

常设仲裁（permanent arbitration）机构又称制度仲裁机构，是指根据国际条约或一国国内立法的规定成立的，有固定的组织形式、仲裁地点、仲裁规则和仲裁员名单，并具有完整的办事机构和健全的行政管理制度，用以处理国际商事争议的仲裁机构。常设仲裁机构是由临时仲裁机构发展而来的，常常是附设于某个或多个国际或国内民间组织。自 19 世纪中叶以来，机构仲裁在世界各国得以迅速发展，目前已成为国际商事仲裁的主要形式。根据其性质、管辖业务和影响范围等的不同，常设仲裁机构一般又可分为以下三类。

---

① 法函〔1995〕135 号，1995 年 10 月 20 日.

② Johnmo. Probing the Uniformity of the Arbitration System in the PRC. 17 *Journal of International Arbitration* 29（2000）.

第一类是国际性的常设仲裁机构。这是指依据有关国际组织作出的决议或有关国际条约，用以处理国际商事争议而成立的常设仲裁机构。这种仲裁机构不属于任何特定国家，通常建立在一个国际组织或国际机构之下，其影响也涉及世界各国或某一地区。目前，全球性的常设仲裁机构主要有国际商会国际仲裁院、解决投资争议国际中心和世界知识产权组织仲裁中心等。地区性的常设仲裁机构主要有美洲国家间商事仲裁委员会、欧洲经济共同体设立的商事仲裁机构等。

第二类是国家性的常设仲裁机构。这是指根据一国国内立法设立在一个国家内的全国性的仲裁机构，有的专门受理国际商事纠纷案件，有的既可以受理国际商事案件，又可以受理国内商事案件，如中国的中国国际经济贸易仲裁委员会、瑞典的斯德哥尔摩商会仲裁院、日本仲裁中心、英国的伦敦国际仲裁院以及美国的仲裁协会等。

第三类是专业性的常设仲裁机构。它一般是各个行业公会或协会为了解决该行业发生的经济贸易纠纷而设立的仲裁机构。如伦敦黄麻协会、伦敦油脂商业协会、荷兰鹿特丹毛皮交易所等行业组织内部均设有仲裁机构。这种仲裁机构一般是非开放性的，不受理非会员之间的争议案件。但有些专业性常设仲裁机构不是附设于某一行业组织内部，这些专业性常设仲裁机构是开放性的，如英国的海事仲裁委员会和中国的中国海事仲裁委员会。

（三）主要仲裁机构

1. 国际商会国际仲裁院

国际商会（International Chamber of Commerce，ICC）是 1919 年成立的为世界商业服务的非政府间国际组织，总部设在法国巴黎。国际商会仲裁院隶属于国际商会，成立于 1923 年，1998 年更名为国际商会国际仲裁院（International Court of Arbitration，简称 ICC 仲裁院），下设理事会和秘书处。理事会由四十多个成员国各自推选一名法律或具有解决国际商事争议经验的专家组成，其职能是与秘书处一起，对于提交仲裁的案件进行监督和管理。仲裁院设主席 1 名、副主席 8 名、秘书长 1 名和若干名顾问。秘书处由来自 10 个国家的人员组成。仲裁院理事成员和秘书处工作人员不得担任仲裁案件中的仲裁员或代理人。现行的仲裁规则是 2012 年 1 月 1 日起生效的《国际商会国际仲裁规则》。国际商会仲裁院是目前世界上处理仲裁案件最多的仲裁机构，在国际商事仲裁中发挥了极其重要的作用。中国于 1994 年 11 月 8 日加入国际商会，表明中国比较重视和关注与该国际仲裁机构的业务联系。

2. 瑞典斯德哥尔摩商会仲裁院

瑞典斯德哥尔摩商会仲裁院（the Arbitration Institute of the Stockholm Chamber of Commerce，简称 SCC 仲裁院）于 1917 年成立，隶属于斯德哥尔摩商会，总部设在瑞典的斯德哥尔摩。SCC 仲裁院是建立在商会内的独立实体，下设一个由 3 人组成的理事会，理事会成员由商会执行委员会任命，任期 3 年。理事会的理事长由精通处理商务争议的法官担任；另外有两名理事，一名由执业律师担任，另一名由商业界知名人士担任。此外，仲裁院还设立秘书处，秘书长由一名律师担任。该仲裁院原先仅受理国内商事纠纷，20 世纪 70 年代以来，国际经济贸易往来逐渐增加，瑞典作为中立国家成为解决国际贸易争议的理想地点。中国对外贸易中发生的纠纷，有不少是指定在该院仲裁的。该仲裁院于 1995 年和 1999 年分别制定了《瑞典斯德哥尔摩商会仲裁院加速仲裁规则》和新的《瑞典斯德哥尔摩商会仲裁院仲裁规则》。

3. 英国伦敦国际仲裁院

英国伦敦国际仲裁院（London Court of International Arbitration，LCIA）由伦敦自治会于

1892 年发起成立，是世界上成立最早的仲裁机构之一；原名伦敦仲裁会，1903 年改为伦敦仲裁院，1975 年与皇家特许仲裁员协会合并，1981 年又改为伦敦国际仲裁院。该院由伦敦市政府、伦敦商会和皇家特许仲裁员协会共同组成的管理委员会管理。该院的日常事务由皇家特许仲裁员协会负责，仲裁员协会的会长兼任伦敦国际仲裁院的执行主席。该仲裁院备有仲裁员名单，由来自三十多个国家的具有丰富经验的仲裁员组成，以供当事人选择。仲裁员可以由当事人指定，也可以由仲裁院主席指定，在某些情况下还可以由其他机构指定，包括法院。目前，该仲裁院也是国际商事和海事仲裁的中心之一，有其专门的仲裁规则，并不断地根据需要进行修订，现行的仲裁规则自 1998 年 1 月 1 日起实施。

4. 美国仲裁协会

美国仲裁的发源地是纽约，早在 1768 年美国纽约商会就创立了仲裁庭，替代传统的司法诉讼，为美国商界所接受。1920 年纽约颁布了第一个现代意义上的仲裁成文法。1925 年联邦政府颁布了美国仲裁法。在此基础上，美国仲裁协会社团和美国仲裁基金会于 1926 年合并成立美国仲裁协会（American Arbitration Association，AAA），总部设在美国纽约，在全美 24 个主要城市设有分支机构，包括在纽约设立的国际争议解决中心（International Center for Dispute Resolution，ICDR）。它受理全美各地以及外国的任何当事人提交的除法律和公共政策禁止仲裁的事项以外的任何争议，既受理国内商事争议案件，也受理国际商事争议案件，目前成为世界上著名的民间仲裁机构之一。该协会制定有国际仲裁规则，但是，当事人也可以约定适用 1976 年《联合国国际贸易法委员会仲裁规则》。目前，该协会施行的是 2009 年 6 月 1 日修订并生效的《美国仲裁协会国际仲裁规则》，该规则明确了管理人——美国仲裁协会下属的国际争议解决中心的义务与责任。

（四）中国的国际（涉外）仲裁机构

按照目前的实践，在中国依法成立的仲裁机构，均可以受理涉外仲裁案件。当然，中国最主要的涉外仲裁机构是在中国国际贸易促进委员会（中国国际商会）内设立的中国国际经济贸易仲裁委员会和中国海事仲裁委员会。

1. 中国国际经济贸易仲裁委员会

中国国际经济贸易仲裁委员会（China International Economic and Trade Arbitration Commission，简称贸仲委，CIETAC）是中国国际贸易促进委员会根据中华人民共和国中央人民政府政务院 1954 年 5 月 6 日的决定，于 1956 年 4 月设立的，以仲裁的方式独立、公正地解决契约性或非契约性的经济贸易等争议的常设商事仲裁机构。设立时名为"中国国际贸易促进委员会对外贸易仲裁委员会"。这是中国有史以来的第一个对外贸易常设仲裁机构。当时该仲裁委员会受理案件的范围仅限于对外贸易中发生的争议，包括商品买卖、运输、保管中发生的争议。1980 年，国务院发出通知，决定改名为"中国国际贸易促进委员会对外经济贸易仲裁委员会"，将其受案范围扩大到有关中外合资经营、合作经营、合作生产、合作开发、技术转让、"三来一补"等各种对外经济合作中所发生的争议。1988 年 6 月，国务院再次决定将其改名为现在的"中国国际经济贸易仲裁委员会"，并将其受案范围进一步扩大为国际经济贸易中发生的一切争议。从 2000 年 10 月 1 日起，贸仲委同时使用"中国国际商会仲裁院"的名称。

贸仲委设在北京，并在深圳、上海、天津、重庆、杭州、武汉、福州、西安、南京、成都、济南分别设有华南分会、上海分会、天津国际经济金融仲裁中心（天津分会）、西南分会、浙江分会、湖北分会、福建分会、丝绸之路仲裁中心、江苏仲裁中心、四川分会和山东分会。

贸仲委在香港特别行政区设立香港仲裁中心，在加拿大温哥华设立北美仲裁中心，在奥地利维也纳设立欧洲仲裁中心。根据仲裁业务发展的需要，以及就近为当事人提供仲裁咨询和程序便利的需要，贸仲委还先后设立了 30 余个地方和行业办事处。为满足当事人的行业仲裁需要，贸仲委在国内首家推出独具特色的行业争议解决服务，为不同行业的当事人提供适合其行业需要的仲裁法律服务，如粮食行业争议、商业行业争议、工程建设争议、金融争议以及羊毛争议解决服务等；此外，贸仲委还为当事人提供域名争议解决服务，积极探索电子商务的网上争议解决，针对快速解决电子商务纠纷及其他经济贸易争议的需要，于 2009 年 5 月 1 日推出《网上仲裁规则》。目前贸仲委及其分会/仲裁中心适用同一套仲裁规则和同一套仲裁员名册，在整体上享有一个仲裁管辖权，它们的区别只在于受理案件的地点和开庭地点的不同。现行的仲裁员名册是由来自四十多个国家的仲裁员组成，以供当事人选择。现行的贸仲委仲裁规则是由中国国际商会于 2014 年 11 月 4 日修订并于 2015 年 1 月 1 日起施行的新规则。经过五十多年的努力，贸仲委现已成为世界上重要的国际商事仲裁机构之一。

贸仲委设名誉主任一人、顾问若干人，由中国国际贸易促进委员会/中国国际商会邀请有关知名人士担任；设主任一人、副主任若干人、委员若干人；主任履行仲裁规则赋予的职责，副主任受主任的委托可以履行主任的职责。贸仲委设秘书局，主要负责贸仲委行政管理事务，并负责贸仲委应参与、组织及协调的公共法律服务事务。贸仲委设有仲裁院，在授权的副主任和仲裁院院长的领导下履行《仲裁规则》规定的管理案件的职能。分会/仲裁中心设仲裁院，在分会/仲裁中心仲裁院院长的领导下履行《仲裁规则》规定由仲裁委员会仲裁院履行的职责。贸仲委还设立有专家咨询委员会、案例编辑委员会、仲裁员资格审查考核委员会和发展委员会。贸仲委 2000 年设立域名争议解决中心和亚洲域名争议解决中心，负责解决各种域名争议。域名争议解决中心于 2005 年 7 月 5 日起同时启用"中国国际经济贸易仲裁委员会网上争议解决中心"名称。贸仲委还与中国粮食行业协会、贸促会粮食行业分会联合成立了粮食争议仲裁中心。

2. 中国海事仲裁委员会

中国海事仲裁委员会（China Maritime Arbitration Commission，简称海仲委，CMAC）是中国国际贸易促进委员会根据中华人民共和国国务院 1958 年 11 月 21 日的决定，于 1959 年 1 月 22 日设立的以仲裁的方式，独立、公正地解决产生于远洋、沿海和与海相通的水域的运输、生产和航行过程中的国内和涉外海事争议的常设仲裁机构。设立时名为"中国国际贸易促进委员会海事仲裁委员会"。1988 年 6 月经国务院批准，又将其改名为现在的"中国海事仲裁委员会"。

海仲委总部设在北京，在上海、天津、重庆、广东、香港、福建、浙江设有分会；在国内主要港口城市，大连、天津、青岛、宁波、广州、舟山设有办事处。为满足行业仲裁和多元化服务的需要，海仲委下设航空争议仲裁中心、航空争议调解中心、计量争议仲裁中心、物流争议解决中心、渔业争议解决中心、海事调解中心等业务中心。2012 年海仲委在香港特别行政区设立中国海事仲裁委员会香港仲裁中心（香港分会）。分会可以受理和管理仲裁案件，并与海仲委北京总会适用统一的仲裁规则和仲裁员名册。

海仲委由主任一人、副主任若干人和委员若干人组成，委员由中国国际贸易促进委员会（中国国际商会）聘请中国立法、司法、航运、保险等有关部门的专家、学者和知名人士担任。海仲委下设秘书处，在秘书长的领导下，按照仲裁规则和秘书处人员工作细则的规定，负责处理仲裁委员会的日常事务。海仲委设立仲裁员名册，供当事人选择指定仲裁员。海仲委的仲裁员由中国国际贸易促进委员会（中国国际商会）从具有航运、保险、物流、法律等方面专业知识和实践经验的中外知名人士中聘任。除了法律专业之外，仲裁员的专业范围涉及海上货物运输、海上保险、船舶租赁、船舶买卖、船舶修理、船舶建造、船舶检验、船舶代理、航海技术、轮机工程、港务监督、港口管理、引航技术、海洋环境保护、船舶碰撞、救助、打捞、拖带、海损理算、物流等领域。

现行的海仲委仲裁规则是于 2018 年起施行的新规则，根据该规则，该仲裁委员会根据当事人的约定受理以下争议案件：（1）海事、海商争议案件；（2）航空、铁路、公路等相关争议案件；（3）贸易、投资、金融、保险、建筑等其他商事争议案件；（4）当事人协议由仲裁委员会仲裁的其他争议案件。前述案件包括：（1）国际或涉外争议案件；（2）涉及香港特别行政区、澳门特别行政区及台湾地区的争议案件；（3）国内争议案件。其中海事、海商争议案件包括：租船合同、多式联运合同或者提单、运单等运输单证所涉及的海上货物运输、水上货物运输、旅客运输争议；船舶、其他海上移动式装置的买卖、建造、修理、租赁、融资、拖带、碰撞、救助、打捞，或集装箱的买卖、建造、租赁、融资等业务所发生的争议；海上保险、共同海损及船舶保赔业务所发生的争议；船上物料及燃油供应、担保争议，船舶代理、船员劳务、港口作业所发生的争议；海洋资源开发利用、海洋环境污染所发生的争议；货运代理，无船承运，公路、铁路、航空运输，集装箱的运输、拼箱和拆箱，快递，仓储，加工，配送，仓储分拨，物流信息管理，运输工具、搬运装卸工具、仓储设施、物流中心、配送中心的建造、买卖或租赁，物流方案设计与咨询，与物流有关的保险，与物流有关的侵权争议，以及其他与物流有关的争议；渔业生产、捕捞等所发生的争议；双方当事人协议仲裁的其他争议。

五、国际商事仲裁的发展

在国际民商事领域，采用仲裁的方式来解决当事人之间争议的做法由来已久。早在古罗马时期，商人之间就通过仲裁处理各种商务争议。13、14 世纪意大利各城邦国家之间也经常采用仲裁的方式解决彼此之间的商事纠纷。19 世纪末 20 世纪初以后，随着国际贸易与经济合作的广泛开展，国际商事争议日益增多，世界各国普遍把仲裁作为解决争议的一种有效方式，仲裁制度获得国际社会的普遍承认，不少国家纷纷修改或制定仲裁法律，设立仲裁机构，受理国际商事仲裁案件。经过几百年的实践，已逐步建立起以国内立法和国际条约为主要组成部分的较为完善的国际商事仲裁制度。在这一发展过程中，主要呈现出以下发展趋势。

（一）国际商事仲裁立法的统一化

每个设有国际商事仲裁机构的国家的法律均对国际商事仲裁的调整有一定规定，但彼此常有差异，给当事人带来不便，也不利于国际商事仲裁的健康发展。鉴于此，从 19 世纪末起，国际社会通过努力缔结了不少国际条约，试图尽可能统一仲裁规则。在多边国际条约中，最早涉及国际商事仲裁的是 1889 年在蒙得维亚签订的《关于民事诉讼的公约》，它曾规定仲裁裁决的执行；1928 年在哈瓦那通过的《布斯塔曼特法典》也将有关司法判决的规定扩大适用于仲裁裁决；1923 年在国际联盟主持下在日内瓦签订了《关于承认仲裁条款的议定书》；1927 年在国际联盟的主持下在日内瓦又签订了《关于执行外国仲裁裁决的公约》；1958 年在联合国的主持下通过了《纽约公约》。此外，还缔结了很多地区性的国际仲裁条约，如 1961 年于日内瓦缔结的《关于国际商事仲裁的欧洲公约》，1975 年在巴拿马城签订的《美洲国家间关于国际商事仲裁的公约》等。在国际商事仲裁立法的国际统一化运动中，联合国贸法会也作出了积极贡献，1976 年通过并于 2010 年修订了《联合国国际贸易法委员会仲裁规则》，1985 年制定并于 2006 年修订了《示范法》。

（二）国际商事仲裁方式的灵活化

国际仲裁程序越来越注重与其他选择性争议解决方式（ADR）相结合，以提高仲裁程序的灵活性。ADR 实际上是相对于传统诉讼而言的争议解决方式的统称。[①] ADR 是世界民商事领域内越来越引人关注的争议解决方式。自 20 世纪 70 年代起，ADR 在美国得到发展，加拿大、澳大利亚、欧洲国家及日本、韩国等国家竞相效仿与采纳。ADR 业已成为民商事争议解决方式体系中的重要成员。ADR 的主要类型包括有和解或协商（negotiation）、调解（mediation）、仲裁（arbitration）、无约束力仲裁（non-binding arbitration）、小型审判（mini-trial）和借用法官（rentjudge）等。替代争议解决方式的采用，一般是以当事人的自愿为基础的。仲裁与这些灵活、简易、高效的争议解决方式相结合，大大提高了国际商事仲裁的效率，使国际商事仲裁的首要价值——效率价值得到了更加充分的体现。譬如，中国国际经济贸易仲裁委员会采用的颇具东方特色的"调解与仲裁相结合"的做法在国际上就产生了良好的反响。

（三）国际商事仲裁技术的网络化

近十几年来，随着信息技术的迅猛发展，特别是数据电文信息和互联网的大量普及，电子商务迅速崛起，出现了网络仲裁现象。网络仲裁又称"在线仲裁"（onlinearbitration），即在网上通过网络技术进行的仲裁。[②] 目前网络仲裁运用的技术形式有会议系统、自动化程序、密码保护交谈室、邮寄名单服务程序以及电子邮件等。在国际商事仲裁领域，采取网络仲裁的做法并不是很多，主要是网络仲裁在仲裁裁决的效力和执行、网络仲裁的公正性和权威性等方面受到质疑，而且目前网络技术的发展也有一定的限度，虽然可以在网上提交和交换仲裁文书和文件材料，但在网上仍不能令人满意地完成证据的检查等程序。作为新生事物，网络仲裁的发展需要更加完善的网络技术和明确的立法保障，并应建立适当的网络仲裁模式。各国应通力合作制定国际条约，建立国际性的网络仲裁管理机构，负责监督和协调各成员国的网络仲裁机构的裁决活动，规范网络仲裁裁决的承认与执行，并利用网络信誉标记来统一网络仲裁的程序标准，提供有效安全的国际网络仲裁服务。

（四）国际商事仲裁监督的放宽化

1958 年《纽约公约》为各国承认及执行外国仲裁裁决确立了可操作的标准，但《纽约公约》所规定的许多条款的内涵仍可以作出诸多不同的解释，这给各国承认和执行他国仲裁裁决留下了不少灵活性，使国际商事仲裁裁决的执行受到一定程度的影响。近年来，随着越来越多的国家加入《纽约公约》，各国的立法和司法实践不断地丰富着这些标准的内涵和外延，裁决执行领域的国内法差异逐渐缩小，使国际商事仲裁裁决的承认和执行的标准逐步统一，总体上

---

① 赵秀文．论选择性争议解决方法及其适用．法学杂志，2005（5）．
② 赵秀文．国际商事仲裁及其适用法律研究．北京：北京大学出版社，2002：356 - 378．

体现出司法对国际商事仲裁裁决监督的放松。① 从各国实施《纽约公约》的情况看，这种司法监督的弱化体现在以下方面：可仲裁事项的范围放宽；以公共政策为由拒绝承认和执行外国仲裁裁决的标准越来越严格；以国内立法和判例使《纽约公约》第5条第2款拒绝承认和执行外国仲裁裁决的抗辩理由更加明晰。各国和国际仲裁机构普遍授予仲裁机构或仲裁庭以管辖权的自主裁量权，减少法院对仲裁协议的过度干预。通过这些措施使国际商事仲裁裁决的执行更加容易，更加有效。

第二节　国际商事仲裁协议

一、仲裁协议的概念

国际商事仲裁协议（arbitration agreement）是双方当事人同意把他们之间已经发生的或将来可能发生的国际商事争议交付某一临时或常设仲裁机构进行仲裁解决的协议。《示范法》第7条第1款规定："仲裁协议"是指当事各方同意将他们之间的契约性或非契约性的特定法律关系上已经发生或可能发生的一切或某些争议提交仲裁的协议。国际商事仲裁协议是仲裁机构或仲裁员受理争议案件的依据，没有国际商事仲裁协议，就不能进行国际商事仲裁，因此，国际商事仲裁协议是国际商事仲裁的基石。

国际商事仲裁协议既可以在争议发生之前签订，也可以在争议发生之后签订；既可以选择他们所属国家的仲裁机构，也可以选择第三国或国际性的仲裁机构，还可以选择有关国家承认的临时仲裁机构。但无论如何，一份有效的国际商事仲裁协议在法律上应满足以下条件。

第一，国际商事仲裁协议的主体必须合格，订立国际商事仲裁协议的双方当事人或他们的合法代理人依照应当适用的法律，必须具有合法的资格和能力，如果当事人依据应当适用的法律为无行为能力者，则国际商事仲裁协议无效。

第二，国际商事仲裁协议必须是特定的法律关系双方当事人共同的真实意思表示，应在自愿、平等、协商的基础上达成一致意见，不允许一方当事人将自己的意志强加于另一方当事人。而这种特定的法律关系既包括国际货物买卖运输、保险、支付、投资等方面的契约性法律关系，也包括海上船舶碰撞、产品责任、交通事故等方面非契约性的法律关系。

第三，国际商事仲裁协议的内容应当合法。当事人约定的仲裁事项必须是按照有关国家的法律可以通过仲裁方式解决，也不得违反仲裁地国或裁决地国法律中有关强制性的规定，不得与这些国家的公共政策相抵触。

第四，国际商事仲裁协议的形式一般是书面的，书面协议包括当事人所签署的仲裁协议书、合同中的仲裁条款以及当事人在往来书信中或电报中的仲裁意思表示。

二、仲裁协议的类型

根据国际商事仲裁法律与实践，国际商事仲裁协议大致分为三类。

① 陈治东，沈伟. 国际商事仲裁裁决承认与执行的国际化趋势. 中国法学，1998（1）.

1. 仲裁条款

仲裁条款是指在争议发生之前，双方当事人在合同中所订立的将有关争议提交仲裁解决的专门条款。它是国际商事仲裁协议的基本形式。常设仲裁机构一般都拟定有自己的示范仲裁条款，推荐给当事人在订立合同时采用。仲裁条款一般都印在格式标准合同中，有的条款内容明确，具体规定了仲裁事项、仲裁地点、仲裁庭的组成、仲裁程序等，而有的条款很简单，仅规定了仲裁事项、仲裁机构。《示范法》第7条第2款和第16条第1款对仲裁条款形式的规定很宽泛，它不仅可以规定在合同中，也可以散见于来往信函、电传、电报及其他电讯手段数个文件之中。

2. 仲裁协议书

仲裁协议书是指双方当事人在争议发生后订立的，表示愿意将此争议交付仲裁的专门协议。仲裁协议书独立于主合同之外，在多数情况下，是在合同中没有仲裁条款，或者在仲裁条款不明确而无法执行的情况下，双方当事人在争议发生后根据需要共同达成的书面协议。如果有了仲裁协议书，则无须合同中另订仲裁条款。一般而言，仲裁协议书与仲裁条款具有同等的法律效力，它们都是仲裁机构受理案件的依据。

3. 其他形式的仲裁协议

这主要是指双方当事人就有关的合同、国际商事法律关系等争议，通过往来信函、电报、电传、电子邮件以及其他书面材料等，足以说明双方当事人同意将其争议提交仲裁解决的文字表示。按照最高人民法院的司法解释[①]，中国2017年修正的《仲裁法》第16条规定的"其他书面形式"的仲裁协议，包括以合同书、信件和数据电文（包括电报、电传、传真、电子数据交换和电子邮件）等形式达成的请求仲裁的协议。

三、仲裁协议的基本内容

按照中国《仲裁法》第16条的规定，仲裁协议应当具备三要素：请求仲裁的意思表示、仲裁事项、选定的仲裁委员会。而在很多国家，如英国，当事人只要依照法定形式表达了仲裁意愿，仲裁协议就足以成立。一般而言，不论何种形式的仲裁协议，它的基本内容包括如下几个方面。

1. 仲裁事项

当事人在仲裁协议中应首先明确表示把他们之间的何种争议提交仲裁。在仲裁条款中一般应规定："凡因本合同所发生的争议，应提交××仲裁机构仲裁。"其中，"凡因本合同所发生的争议"就是提交仲裁的事项。目前，各国有关仲裁立法和各常设仲裁机构的规则，都原则上承认当事人可以自由商定仲裁协议的内容，但同时也都在不同的程度上对之有所限制，如仲裁协议的内容不得违反一国公共秩序，不得把一国法律规定不属于仲裁管辖的事项提交仲裁，不得在协议中规定将已提交仲裁案件再向法院起诉等。

2. 仲裁地点

仲裁地点是仲裁协议的主要内容之一。在双方当事人订立仲裁协议时，各方一般都力争在本国进行仲裁，因为当事人对自己所在国家的法律和仲裁制度比较了解和信任。仲裁地点的选

---

① 最高人民法院《关于适用〈中华人民共和国仲裁法〉若干问题的解释》，法释〔2006〕7号，2005年12月26日发布.

择，实际上直接关系到仲裁的结果，关系到有关当事人的利益，因此，这个问题往往成为当事人在订立仲裁条款时争执的焦点。

3. 仲裁机构

一般而言，确定仲裁机构的做法有两种：一是在常设仲裁机构进行，二是由临时仲裁庭进行特别仲裁。在常设仲裁机构进行仲裁是国际商事仲裁中普遍采用的方式。如果被选择的国家有几个仲裁机构，还应明确具体由哪个仲裁机构进行仲裁。当事人在仲裁协议中应当清楚地写明仲裁机构的全称，这样，有利于准确决定仲裁机构，对于国际商事仲裁的顺利进行至关重要。

4. 仲裁规则

仲裁规则是双方当事人和仲裁庭在整个仲裁活动中所应遵守的行为规范。仲裁规则的选择对争议案件的审理结果关系重大。当事人在签订仲裁协议时，应明确约定有关仲裁所适用的仲裁规则，以确保仲裁程序的顺利进行。国际上对仲裁规则选择的通行做法是，适用受理案件的仲裁机构所制定的仲裁规则。此外，也有一些国家的仲裁机构允许当事人选择其他仲裁规则。

5. 裁决效力

仲裁裁决的效力是指裁决是否为终局的、对双方当事人有无约束力以及能否再向法院上诉要求变更等。一般都在仲裁协议中写明：仲裁裁决是终局的，对双方当事人都有约束力，任何一方都不能向法院上诉要求变更。在中国，凡由中国国际经济贸易仲裁委员会、中国海事仲裁委员会或其他地方仲裁委员会作出的裁决，都是终局的，对双方当事人都有拘束力。

6. 法律适用

在国际商事仲裁中，适用何国实体法来确定双方当事人的权利与义务关系，也是仲裁协议应包括的一个内容。国际上通行的做法是，允许当事人自由选择应适用的法律。

四、仲裁协议的法律效力

所谓仲裁协议的法律效力，是指一项有效的仲裁协议对有关当事人和机构的作用或约束力。在这方面，学理及各国法律的相关规定基本上一致，但由谁来认定这种效力则有所不同。

(一) 仲裁协议法律效力的表现

首先，有效的仲裁协议是有关仲裁机构行使仲裁管辖权的重要依据之一。这也就是说，仲裁庭或仲裁机构受理仲裁案件的权力来自当事人的仲裁协议和申诉人的仲裁申请。世界各国的仲裁机构只能受理有仲裁协议的案件。仲裁庭受理争议的范围也仅限于仲裁协议中明确规定的事项，对于任何超出仲裁协议范围的其他事项，仲裁庭一般无权受理，即使仲裁机构就这些事项作出裁决，有关当事人也会拒绝执行。因此，仲裁庭或仲裁机构只能受理当事人根据仲裁协议所提交的案件，不能受理没有仲裁协议的任何案件。

其次，仲裁协议排除了法院对该争议案件的管辖权。双方当事人一旦达成仲裁协议，就应受仲裁协议的约束，如果发生争议，应提交仲裁解决，而不得向法院提起诉讼。如果一方当事人不遵守仲裁协议的约束，向法院提起诉讼，则争议的另一方可以根据仲裁协议要求法院拒绝受理案件，法院亦应依照双方当事人所订立的仲裁协议停止诉讼程序。中国 2017 年修正的《仲裁法》第 5 条规定："当事人达成仲裁协议，一方向人民法院起诉的，人民法院不予受理，但仲裁协议无效的除外。"按照《纽约公约》第2条第3款的规定，"当事人就诉讼事项订有本条所称之仲裁协议者，缔约国法院受理诉讼时应依当事人一方之请求，令当事人提交仲裁，但仲裁协议经法院认定无效、失效或者不能施行者，不在此限"。

最后，仲裁协议是保证仲裁裁决具有强制执行力的法律前提。有效的仲裁协议是执行有关仲裁程序的依据。仲裁协议中所规定的仲裁规则、仲裁方式等问题必须为仲裁庭或仲裁机构所遵守。整个仲裁程序，必须根据当事人在仲裁协议中所选择的仲裁规则进行仲裁。同时，有效的仲裁协议是法院承认与执行仲裁裁决的重要依据。在裁决做成之后，一般情况下当事人都能自动执行。如果败诉方拒不履行仲裁裁决，胜诉方即可向有关法院提交有效的仲裁协议和裁决书，请求法院强制执行该裁决。

（二）仲裁协议法律效力的认定

一般来说，法院和仲裁庭均有权对某一特定仲裁协议的有效性作出认定。根据各国普遍采纳的管辖权/管辖权（competence-competence）原则[①]，仲裁庭有权对其管辖权异议作出决定，显然也包括仲裁庭有权认定仲裁协议的效力。同时，法院还可依照法律应当事人的申请，在仲裁庭作出管辖权决定之后对其决定进行审查，或者在裁决作出后对仲裁庭的管辖权，特别是仲裁协议的效力作出认定。法院的此种权力，既是对仲裁的支持，也是对仲裁的监督。

按照《示范法》第16条的规定，仲裁庭可以对其管辖权包括对仲裁协议的存在或效力的任何异议，作出裁定；仲裁庭可以根据案情将抗辩作为一个初步问题裁定或在实体裁决中裁定。法院或者仲裁庭在对国际商事仲裁协议的效力作出决定时，考虑的主要因素有：该特定的仲裁协议应当适用的法律；仲裁协议本身不得违反裁决地国或裁决执行地国法律中有关强制性的规定，如涉及可仲裁事项的问题、有关当地的社会公共利益等问题的规定。[②] 因此，对仲裁协议的有效性作出什么样的认定，取决于涉案仲裁庭和法院依据相关法律和仲裁规则对该协议作出的解释。在国际商事仲裁司法实践中，法院和仲裁庭对同样的仲裁协议作出不同的效力认定，并非司空见惯。

按照中国《仲裁法》第20条的规定，当事人对仲裁协议的效力有异议的，可以请求仲裁委员会作出决定或者请求人民法院裁定。一方请求仲裁委员会作出决定，另一方请求人民法院作出裁定的，由人民法院裁定。当事人对仲裁协议的效力有异议，应当在仲裁庭首次开庭提出。司法实践中，当事人对仲裁协议的效力有异议，一方当事人申请仲裁机构确认仲裁协议效力，另一方当事人请求人民法院确认仲裁协议无效，如果仲裁机构先于人民法院接受申请并已作出决定，人民法院不予受理；如果仲裁机构接受申请后尚未作出决定，人民法院应予受理，同时通知仲裁机构终止仲裁。一方当事人就合同纠纷或者其他财产权益纠纷申请仲裁，另一方当事人对仲裁协议的效力有异议，请求人民法院确认仲裁协议无效并就合同纠纷或者其他财产权益纠纷起诉的，人民法院受理后应当通知仲裁机构中止仲裁。人民法院依法作出仲裁协议有效或者无效的裁定后，应当将裁定书副本送达仲裁机构，由仲裁机构根据人民法院的裁定恢复

① 宋连斌. 国际商事仲裁管辖权研究. 北京：法律出版社，2000：208-214.
② 赵秀文. 论国际商事仲裁协议的有效性及其适用法律. 法学家，1993（5）、（6）.

仲裁或者撤销仲裁案件。[1]

五、仲裁协议的独立性

仲裁协议的独立性是当代各国仲裁法都接受的原则，这一原则主要是针对仲裁条款而言，因此也称仲裁条款独立性原则或仲裁条款自治性原则。[2] 按照这一原则，仲裁条款的效力独立于主合同，主合同无效或失效时，并不必然引起仲裁条款的无效或失效。1999 年《瑞典仲裁法》第 3 条规定：构成其他协议的一部分的仲裁协议（指仲裁条款），其效力如必须和仲裁员的管辖权同时确定，则仲裁协议视为独立的协议。《示范法》第 16 条规定：构成合同一部分的仲裁条款应视为独立于合同其他条款的一项协议，仲裁庭作出关于合同无效的决定，不应在法律上导致仲裁条款无效。

仲裁条款独立性主要表现在两个方面：第一，两者的可分割性。主合同是当事人履行商事义务的条款，从合同是关于当事人必须遵循仲裁义务的条款。如果仲裁后主合同义务如期履行，那么从合同就无须履行了。第二，两者的独立适用性。仲裁的过程中，关于仲裁事项经过当事人的同意，可以对合同争议适用特定的法律作出某些变更、让步，乃至和解、撤诉，而仲裁条款一经成立则是不可改变、撤销的；有的情况下，当事人可以对主合同的效力提出异议，但不得对仲裁条款的效力提出异议。如果对主合同争议事项依然有分歧，不得另行申请司法诉讼解决，仍然要依照仲裁协议诉诸仲裁。

在中国，《仲裁法》第 19 条第 1 款规定：仲裁协议独立存在，合同的变更、解除、终止或者无效，不影响仲裁协议的效力。《仲裁法》颁布之后，最高人民法院在江苏省物资集团轻工纺织总公司（以下简称轻纺公司）诉（香港）裕亿集团有限公司（以下简称裕亿公司）、（加拿大）太子发展有限公司（以下简称太子公司）侵权损害赔偿案[3]中，首次按照《仲裁法》第 19 条的规定，确认了此案仲裁条款的有效性。该案的基本情况是：轻纺公司分别与裕亿公司和太子公司签订普通旧电机销售合同，但货物到港后，轻纺公司经商检确定，卖方所交货物为各类废结构件、废钢管等，遂以侵权为由提起诉讼。裕亿公司及太子公司提出本案应提交仲裁。江苏省高级人民法院认为，本案是因欺诈引起的侵权损害赔偿纠纷，虽然销售合同中订有仲裁条款，但由于被告是利用合同进行欺诈，已超出履行合同的范围，构成侵权。当事人之间的纠纷已非合同争议，而是侵权损害赔偿纠纷，因此双方当事人不受仲裁条款的约束，遂作出判决。裕亿公司及太子公司不服，向最高人民法院提起上诉。最高人民法院终审认为，该合同争议之货物不合格构成的"侵权"损害，属于《仲裁法》规定的"合同纠纷和其他财产纠纷"，原审法院以"侵权之诉"而不受合同的仲裁条款约束，显然与《仲裁法》的规定相悖，而且江苏省高级人民法院未经实体审理即认定存在欺诈，在程序上也是不合法的，因此，本案应提交仲裁，法院对本案无管辖权。

[1]　最高人民法院《关于确认仲裁协议效力几个问题的批复》第 3、4 条，法释〔1998〕27 号，1998 年 10 月 26 日发布.

[2]　赵秀文. 论仲裁条款独立原则. 法学研究，1997（4）.

[3]　最高人民法院公报典型案例全集（1985.1—1999.2）. 北京：警官教育出版社，1999：575 页以下.

第三节　国际商事仲裁的法律适用

一、仲裁协议的法律适用

关于仲裁协议的法律适用，很多国家的法律没有明文规定或规定简单。这是因为，仲裁协议也是合同的一种，无须也不可能为它确立一套完全不同于其他合同的独特的法律适用准则。但是，关于仲裁协议的法律适用，无论是形式要件还是实质要件，国际上有不同的理解和做法。概括起来，主要有以下几种做法。

（一）适用当事人选择的法律

现代各国在处理涉外合同的法律适用问题时，都采用当事人意思自治原则。既然仲裁协议是合同，当事人当然有权选择其准据法。对这一做法，理论和实务中基本上没有什么分歧。实践中，当事人单独约定仲裁协议准据法的情况较为少见，单为仲裁条款约定准据法更是罕见，因此，当事人意思自治原则在这方面的作用主要是理论上的。

（二）适用最密切联系地的法律

最密切联系原则理论上亦可用于决定仲裁协议的准据法，但实践中一般都是直接适用仲裁地或裁决地法，只有在仲裁地或裁决地无法确定的情况下，才依各种客观标志确定仲裁协议的准据法，这些客观标志涉及缔约地、争议标的所在地和当事人的住所、国籍、惯常居所、营业地等。实际上，履行仲裁协议的场所在仲裁地，因此，仲裁地法通常就是与仲裁协议有最密切联系的法律。

（三）适用仲裁地或裁决地的法律

当事人未明示选择仲裁协议的准据法时，通常是以仲裁地法或裁决地法作为仲裁协议的准据法。我国2010年《涉外民事关系法律适用法》第一次以立法的形式对仲裁协议的法律适用作出了明确规定，该法第18条规定："当事人可以协议选择仲裁协议适用的法律。当事人没有选择的，适用仲裁机构所在地法律或者仲裁地法律。"

（四）适用法院地法律

2005年《最高人民法院关于适用〈中华人民共和国仲裁法〉若干问题的解释》第16条规定："对涉外仲裁协议的效力审查，适用当事人约定的法律；当事人没有约定适用的法律但约定了仲裁地的，适用仲裁地法律；没有约定适用的法律也没有约定仲裁地或者仲裁地约定不明的，适用法院地法律。"

（五）适用一般法律原则和国际贸易惯例

在国际商事仲裁实践中，在仲裁协议的法律适用问题上，一些仲裁机构摈弃仲裁地法，适用仲裁庭认为合适的法律包括冲突法和程序法，或适用超越于各国内法体系的跨国法律观念如一般法律原则、国际贸易惯例等。也有司法判例采用同样的做法。此外，为了体现支持仲裁的国际趋势，尽量使其有效的原则也得到广泛认同，即适用能使仲裁协议保持有效的法律。

二、仲裁程序的法律适用

在国际商事仲裁中，有关仲裁程序的法律适用是与诉讼程序完全不同的。一般而言，在国际民事诉讼中，对于诉讼程序问题，通常适用法院地的诉讼程序法；而在国际商事仲裁中，对于仲裁程序问题，各国立法和实践允许当事人合意选择仲裁程序的准据法，若无此种选择，往往适用仲裁机构自身的仲裁规则或仲裁地的仲裁规则，或者由仲裁员或仲裁机构来决定应适用的仲裁程序规则。

(一) 适用当事人选择的仲裁程序法

许多国家的法律规定，可以按照当事人的意思自治原则，由当事人选择仲裁程序适用的法律，包括仲裁规则。例如，1987 年《瑞士联邦国际私法规》第 182 条规定，在国际商事仲裁中，当事人可以使仲裁程序服从于他们所选择的程序法。在实践中，瑞士联邦和州的判例均承认国际商事仲裁中双方当事人有合意选择适用于仲裁程序的规则的自由。德国、法国、荷兰、意大利、韩国等国家也采取这一做法。

(二) 当事人没有选择时仲裁程序法的确定

1. 推定当事人默示选择法律

如果当事人没有明确选择可适用的仲裁程序法，各国立法一般允许由仲裁庭来解决这个问题。仲裁程序法可按一般冲突法原则确定，即推定当事人默示选择的法律。例如，在国际商事仲裁中，经常碰到当事人共同约定由某一机构指派首席仲裁员，该指派机构所在地将是一个重要的连结因素。如果当事人已选择了可适用于争议实质问题的法律，该法律也可能被作为可适用的仲裁程序法。

2. 适用仲裁地法

从国际商事仲裁立法和实践来看，以仲裁地作为连结因素来确定仲裁地法是一项几乎为各国所承认的规则，但目前已受到当事人意思自治原则的挑战。这些新观点认为，仲裁应摆脱仲裁地法的控制，甚至认为仲裁应摆脱任何特定国家法律的控制以实现仲裁程序的完全自治。这种主张被称为仲裁的"非本地化"（delocalisation）理论或"非国内化"（denationalisation）理论。[①] 尽管如此，仲裁程序适用仲裁地法在国际商事仲裁中仍占有重要地位并得到广泛适用。

三、仲裁实体的法律适用

在国际商事仲裁中，关于实体问题的法律适用，基本上与法院确定国际合同的法律适用相近，但国际商事仲裁中关于实体问题的法律适用仍有其特殊之处。

---

① 朱克鹏.国际商事仲裁的法律适用.北京：法律出版社，1999：91-95.

（一）适用当事人选择的仲裁实体法

这是意思自治原则在国际商事仲裁实体法律适用中的运用。德国、英国、法国、瑞士、奥地利、比利时、意大利等国家采用这一做法。对争议实体问题的准据法，当事人通常选择适用某一国家的国内法，也允许当事人约定适用国际法规则。但是，当事人的这种自主权不是绝对的，各国法律对于当事人协议选择法律的方式、时间和范围等规定不尽相同。而且，根据各国法律的规定，当事人自主选择的法律仅支配合同的实质要件，至于合同当事人的缔约能力，应另依当事人的属人法。

（二）当事人没有选择时仲裁实体法的确定

在当事人没有协议选择解决仲裁实体问题的法律时，一般情况下：一是根据仲裁地所属国的冲突规则确定准据法。大多数国家认为，在这种情况下，应适用与合同有最密切联系的国家的法律。例如，1987 年《瑞士联邦国际私法法规》第 187 条第 1 款规定，在无当事人选择法律时，仲裁庭依与争议有最密切联系的法律裁决。二是授权仲裁庭决定准据法。例如，2009 年《美国仲裁协会国际仲裁规则》第 28 条第 1 款规定，仲裁庭应适用当事人选择的适用于争议的实体法或法律规则，各方当事人未作此项选定时，仲裁庭应适用其认为适当的实体法或法律规则。

（三）适用公平交易和诚实信用原则

在国际商事仲裁中，经当事人明示授权，仲裁庭还可以友好仲裁员的身份，依公允及善良原则作出裁决。例如，2009 年《美国仲裁协会国际仲裁规则》第 28 条第 3 款的规定；也有少数国家规定，除非当事人明确反对仲裁庭进行友好仲裁（amiable composition），仲裁庭即可充任友好仲裁员。中国《仲裁法》第 7 条虽然规定，仲裁应当根据事实，符合法律规定，公平、合理地解决纠纷，但此处使用的"公平、合理"并不能理解为允许进行友好仲裁，仅是指在法律规定不明确或无明文规定时，按照公平、合理的原则解决纠纷。

第四节　国际商事仲裁程序

国际商事仲裁程序，是指整个国际商事仲裁过程中必须遵守的程序规则。仲裁程序一般由当事人在仲裁协议所选择的仲裁规则加以确定。如果当事人未作选择，则应适用受案仲裁机构所制定的，或者它所选择采用的仲裁规则。本教材主要依据中国 1994 年《仲裁法》、2012 年修订的《民事诉讼法》和国内主要仲裁机构的现行仲裁规则的有关内容，介绍国际商事仲裁程序的主要环节。

一、申请和受理

仲裁程序起因于当事人提出申请。根据《仲裁法》，当事人申请仲裁应当符合下列条件：有仲裁协议；有具体的仲裁请求和事实、理由；属于仲裁委员会的受理范围。当事人申请仲裁，应当向仲裁委员会提交仲裁申请书及副本、书面仲裁协议、案件事实所依据的证据材料并根据仲裁委员会制定的仲裁费用表预缴仲裁费。仲裁申请书应写明：（1）申请人和被申请人的名称和住所，包括邮政编码、电话、电传、传真、电报号码及其他电子通信方式；（2）申请人申请仲裁所依据的仲裁协议；（3）基本案情与争议要点；（4）申请人的仲裁请求；（5）仲裁请求所依据的事实和证据；（6）仲裁申请书应由申请人及/或申请人授权的代理人签名及/或盖章。申请仲裁之后，申请人仍可以对其仲裁请求提出修改，但是，如果仲裁庭认为其修改申请提出过迟而影响仲裁程序正常进行的，可以拒绝受理其更改请求。按照中国仲裁法律及仲裁实践，只有仲裁申请被仲裁委员会受理并发出仲裁通知，仲裁程序才真正开始。《仲裁法》规定，仲裁委员会收到仲裁申请书之日起 5 日内，认为符合受理条件的，应当受理，并通知当事人；认为不符合受理条件的，应当书面通知当事人不予受理，并说明理由。

二、答辩与反请求

所谓答辩，是指仲裁案件的被申请人为了维护自己的权益，对于申请人在仲裁申请书中提出的仲裁请求和所依据的事实和理由进行答复和辩解的行为。所谓反请求，是指在仲裁程序进行中被申请人针对申请人提出的独立的请求。答辩和反请求是仲裁过程中被申请人用以保障其利益的两种重要手段。《仲裁法》规定，被申请人收到仲裁申请书副本后，应当在仲裁规则规定的期限内向仲裁委员会提交答辩书。仲裁委员会收到答辩书后，应当在仲裁规则规定的期限内将答辩书副本送达申请人。被申请人如不按期提交答辩书，意味着他自愿放弃了答辩的权利，不影响仲裁程序的进行。在仲裁过程中，申请人可以放弃或者变更仲裁请求，被申请人可以承认或者反驳仲裁请求，有权提出反请求。被申请人提出反请求时，应向仲裁庭提交书面反请求，并在其中写明具体的请求、反请求理由以及所依据的事实和证据，并附具有关的证明文件。书面反请求可以与答辩书同时提出或单独提出。一旦被申请人提出了反请求，申请人也有权对反请求进行答辩。同样，申请人未作答辩的，不影响仲裁程序的进行。

三、财产和证据保全

按照《仲裁法》，财产保全可由当事人于申请仲裁时或之后提出申请，并经仲裁委员会转交，由有管辖权的中级人民法院根据《民事诉讼法》采取保全措施。同时应注意：（1）采取这种措施必须是因一方当事人的行为或者其他原因，可能使仲裁裁决不能执行或难以执行。（2）采取这种措施必须是仲裁案件的一方当事人向仲裁委员会提出财产保全申请，仲裁委员会对申请不加审查而径直将申请依法提交有关法院。没有当事人的申请，仲裁委员会不能主动向法院申请财产保全。（3）有关法院采取保全措施，可以责令申请人提供担保，申请人拒绝提供担保的，驳回申请。（4）申请有错误的，申请人应当赔偿被申请人因财产保全所遭受的损失，仲裁委员会作为转交机构不承担任何赔偿责任。

仲裁中的证据保全，是指在仲裁程序进行过程中，证据所在地的中级人民法院对某些可能灭失或者以后难以取得的证据，经当事人申请并由仲裁委员会提交而采取的强制性保护、固定措施。根据《仲裁法》，需要采取证据保全措施的情况有两种：第一，证据存在失灭的可能；第二，证据以后难以取得。此外，有关财产和证据保全的其他事项，参照《民事诉讼法》的有关规定执行。

四、仲裁庭的组成

仲裁庭可分为独任仲裁庭和合议仲裁庭两种。独任仲裁庭由一名仲裁员组成，合议仲裁庭一般由 3 名仲裁员组成。当事人可以约定仲裁庭的组成形式。适用简易程序的案件，由一名仲裁员组成独任仲裁庭予以审理。对于其他大部分适用普通程序的案件，除非当事人另有约定，一般由 3 名仲裁员组成的合议仲裁庭审理。《仲裁法》规定：仲裁庭可以由 3 名仲裁员组成，也可以由 1 名仲裁员组成；由 3 名仲裁员组成的，设首席仲裁员。当事人约定由 3 名仲裁员组成仲裁庭的，应当各自选定或者各自委托仲裁委员会主任指定一名仲裁员，第三名仲裁员由当事人共同选定或者共同委托仲裁委员会主任指定。第三名仲裁员是首席仲裁员。当事人约定由一名仲裁员成立仲裁庭的，应当由当事人共同选定或者共同委托仲裁委员会主任指定仲裁员。当事人没有在仲裁规则规定的限期内约定仲裁庭的组成方式或者选定仲裁员的，由仲裁委员会主任指定。仲裁庭组成后，仲裁委员会应当将仲裁庭的组成情况书面通知当事人。

五、仲裁员的回避

仲裁员在具有可能影响对案件公正审理和裁决的情形时，依照法律的规定，可以自行向仲裁委员会请求退出仲裁，或者根据当事人的申请退出仲裁。这就是仲裁员回避制度。《仲裁法》规定了仲裁员必须回避的 4 种理由：（1）是本案当事人或者当事人、代理人的近亲属；（2）与本案有利害关系；（3）与本案当事人、代理人有其他关系，可能影响公正仲裁的；（4）私自会见当事人、代理人，或者接受当事人、代理人的请客送礼。原则上，当事人一经发现仲裁员有须予回避的事由，应立即提出，以免妨碍仲裁的顺利进行。按照《仲裁法》的规定，当事人提出回避申请，应当说明理由，在首次开庭前提出；回避事由在首次开庭后知道的，可以在最后一次开庭终结前提出。仲裁员是否回避，由仲裁委员会主任决定；仲裁委员会主任担任仲裁员时，由仲裁委员会集体决定。但是，仲裁员回避并不导致仲裁程序终结。当事人应当依照《仲裁法》关于选定仲裁员的规定重新选定仲裁员，或者由仲裁委员会主任指定替代的仲裁员。重新选定或指定仲裁员后，当事人可以请求已进行的仲裁程序重新进行，是否准许，由仲裁庭视情况决定；仲裁庭也可自行决定已进行的仲裁程序重新进行。

六、案件审理

除非当事人另有约定，仲裁庭可以按照其认为适当的方式审理案件。根据《仲裁法》的规定，仲裁庭应当开庭审理案件，但经双方当事人申请或者征得双方当事人同意，仲裁庭也认为不必开庭审理的，仲裁庭可以只依据书面文件进行审理。除非当事人另有约定，仲裁庭可以根据案件的具体情况采用询问式或辩论式审理案件。关于仲裁地和开庭地点，双方当事人书面约定仲裁地的，从其约定；如果当事人未作约定，仲裁委员会所在地为仲裁地，仲裁裁决应视为在仲裁地作出。当事人约定开庭地点的，仲裁案件的开庭审理应当在约定的地点进行。各方当事人应当委派代表或者仲裁代理人参加仲裁开庭，被申请人无正当理由不出席庭审，仲裁庭可以进行缺席审理并作出缺席裁决；申请人无正当理由不出席庭审，可以视为撤回仲裁申请。仲裁庭可以在其认为适当的地点以其认为适当的方式进行合议。仲裁应在保密状态下进行，无论采用何种审理方式，不得向外界公开仲裁的情况。除非当事人另有约定，仲裁庭认为必要时可以发布程序指令、发出问题单、举行庭前会议、召开预备庭、制作审理范围书等。

七、证据认定

按照《仲裁法》和《中国国际经济贸易仲裁委员会仲裁规则》的规定，申请人和被申请人均应当对其申请、答辩和反请求所依据的事实提出证据。仲裁庭认为必要时，也可以自行调查事实，收集证据。仲裁庭自行调查事实，收集证据时，认为有必要通知双方当事人到场的，应及时通知各方当事人到场。经通知而一方或各方当事人均不到场的，仲裁庭自行调查事实和收集证据的行动不受影响。仲裁庭可以就案件中的专门问题向专家咨询或者指定鉴定人进行鉴定，当事人有义务向专家或鉴定人提供或出示任何有关资料、文件或财产、货物；当事人也可以自行聘请专家出庭作证。任何一方当事人要求专家或鉴定人参加开庭的，经仲裁庭同意后，专家或鉴定人可以参加开庭，并在仲裁庭认为必要和适宜的情况下就他们的报告作出解释。所有证据材料，包括当事人提供的证据材料和专家报告，应当在开庭时出示，当事人可以质证，但均由仲裁庭审查后决定是否采纳。仲裁庭有权对证据的相关性、重要性和有效性作出决定。

八、和解与调解

一方当事人在申请仲裁后，有权随时与另一方当事人和解。和解既可发生在开庭当中，也可发生在庭外，但它都是当事人自行达成的。和解将导致以下结果：第一，申请人可以撤回仲裁申请，仲裁委员会也可视情况决定撤销案件；第二，当事人可以请求仲裁庭根据和解协议制作仲裁裁决书，也可以依协议申请撤销案件，还可约定以仲裁规则不加禁止的其他方式结案。当事人达成和解协议、撤回仲裁申请后又反悔的，可以依据仲裁协议再次申请仲裁。

仲裁中的调解，是指经各方当事人同意，在仲裁庭的主持下，当事人在自愿协商和互谅互让的基础上达成一致意见以解决纠纷的一种方式。仲裁和调解相结合是中国《仲裁法》的一个重要特色。从《仲裁法》的有关规定来看，仲裁中的调解有如下特点：第一，调解不是一个独立的程序，也不是裁决前的必经程序。第二，调解是在各方当事人自愿的基础上并在仲裁庭主持下进行的。第三，仲裁庭在符合法律规定的前提下进行调解；如果当事人企图以和解协议的形式实现非法目的，或和解协议可能违背法律的强行规定，仲裁庭不能予以支持。第四，调解协议必须是各方当事人经协商达成的一致意见。第五，仲裁庭调解不成的，应当及时作出裁决。当事人经调解对纠纷的解决达成协议的，仲裁庭应当根据协议的结果制作裁决书。

九、作出裁决

仲裁裁决是仲裁庭对争议事项进行审理之后所作出的终审决定。按照《仲裁法》，由 3 名仲裁员组成仲裁庭时，应按多数意见作出裁决，少数仲裁员的不同意见可以记入笔录；如果不能形成多数意见，应按首席仲裁员意见作出。仲裁裁决书应当写明仲裁请求、争议事实、裁决理由、裁决结果、仲裁费用的负担和裁决日期。当事人协议不愿写明争议事实和裁决理由的，可以不写。裁决书由仲裁员签名，加盖仲裁委员会印章。对裁决持不同意见的仲裁员，可以签名，也可不签名。当然，作为一份完整的仲裁裁决书，还应写明仲裁机构的名称和地址、裁决书的编号、双方当事人的基本情况、代理人的情况、仲裁庭组成情况、仲裁员姓名、审理过程，以及作出裁决的地点、裁决的履行期限等。作出仲裁裁决书的日期，即为仲裁裁决生效的日期。裁决书自作出之日起发生法律效力。仲裁裁决是终局的，对双方当事人均有约束力，任何一方当事人均不得向法院起诉，也不得向其他任何机构提出变更仲裁裁决的请求。但《仲裁法》规定，对裁决书中的文字、计算错误或者仲裁庭已经裁决但在裁决书中遗漏的事项，仲裁庭应当补正；当事人自收到裁决书之日起 30 日内，可以请求仲裁补正。而对其他错误，包括对裁决本身的错误，仲裁庭则无权更正。

按照《仲裁法》的规定，仲裁庭仲裁纠纷时，其中一部分事实已经清楚，可以就该部分先行裁决。先行裁决也称作部分裁决、中间裁决或临时裁决，它是仲裁庭在审理案件的过程中，查明了一部分事实或部分问题，为了便于继续审理其他问题和及时保护当事人的合法权益，就已查清的部分问题所作的裁决。虽然《仲裁法》没有规定部分裁决、中间裁决或临时裁决，但仲裁实践中是有部分裁决的。例如，《中国国际经济贸易仲裁委员会仲裁规则》（2015 年版）第 50 条规定：仲裁庭认为必要或当事人提出请求经仲裁庭同意的，仲裁庭可以在作出最终裁决之前，就当事人的某些请求事项作出部分裁决。部分裁决是终局的，对双方当事人均有约束力；一方当事人不履行部分裁决，不影响仲裁程序的继续进行，也不影响仲裁庭作出最终裁决。一般认为，中间裁决是指有关程序问题的裁决，部分裁决是实体性裁决。

十、仲裁费用

一般来说，各仲裁机构的仲裁规则对仲裁费用问题都会有明确规定，并制定有仲裁费用表。《中国国际经济贸易仲裁委员会仲裁规则》（2015 年版）第 82 条"仲裁费用及实际费用"第 1 项规定，仲裁委员会除按照其制定的仲裁费用表向当事人收取仲裁费外，可以向当事人收取其他额外的、合理的实际费用，包括仲裁员办理案件的特殊报酬、差旅费、食宿费、聘请速录员速录费，以及仲裁庭聘请专家、鉴定人和翻译等费用。

另外，按照《中国国际经济贸易仲裁委员会仲裁费用表（一）》的规定，申请涉外案件仲裁时，每案另收立案费人民币 10 000 元，其中包括仲裁申请的审查、立案、输入及使用计算机程序和归档等费用。申请仲裁时未确定争议金额或情况特殊的，由仲裁委员会决定仲裁费用的数额。收取的仲裁费用为外币时，按该仲裁费用表的规定收取与人民币等值的外币。

第五节　国际商事仲裁裁决的撤销

所谓仲裁裁决的撤销，是指仲裁裁决存在法律规定的撤销情形，由当事人申请并经法院审查核实，判决或裁定予以撤销，使之归于无效的一种特殊程序或制度。它是在仲裁裁决作出后，法院对仲裁实施司法监督的重要措施，也是当事人寻求司法救济的重要手段。由于一国法院只能撤销内国仲裁裁决，对外国仲裁裁决或非内国仲裁裁决，不能采取撤销的监督措施，因此，本教材主要介绍中国涉外仲裁裁决的撤销问题。

一、涉外仲裁裁决的撤销理由

根据中国法律规定，仲裁裁决的撤销可以分为国内仲裁裁决的撤销和涉外仲裁裁决的撤销，两者所依据的法定理由并不相同。根据 2017 年修正的《仲裁法》第 58 条，撤销国内仲裁裁决的事由为：（1）没有仲裁协议的；（2）裁决的事项不属于仲裁协议的范围或者仲裁委员会无权仲裁的；（3）仲裁庭的组成或者仲裁的程序违反法定程序的；（4）裁决所根据的证据是伪造的；（5）对方当事人隐瞒了足以影响公正裁决的证据的；（6）仲裁员在仲裁该案时有索贿受贿、徇私舞弊、枉法裁决行为的；（7）法院认定裁决违背社会公共利益的。从这一规定来看，中国法院在撤销国内仲裁裁决时审查的范围是比较广泛的。

《仲裁法》对于涉外仲裁裁决的撤销，并未直接规定具体的撤销理由。按照该法第 70 条，当事人提出证据证明涉外仲裁裁决有《民事诉讼法》第 258 条第 1 款（2017 年修正后为第 274 条第 1 款）规定的情形之一的，经人民法院组成合议庭审查核实，裁定撤销。2017 年修正的《民事诉讼法》第 274 条第 1 款规定的具体情形如下：（1）当事人在合同中没有订有仲裁条款或者事后没有达成书面仲裁协议的；（2）被申请人没有得到指定仲裁员或者进行仲裁程序的通知，或者由于其他不属于被申请人负责的原因未能陈述意见的；（3）仲裁庭的组成或者仲裁的程序与仲裁规则不符的；（4）裁决的事项不属于仲裁协议的范围或者仲裁机构无权仲裁的。从上述规定来看，中国法院对涉外仲裁裁决一般只进行程序审查，而不审查裁决的实体问题，从而赋予涉外仲裁以优于国内仲裁的待遇。这种做法的目的是在国际范围内增强本国涉外仲裁的吸引力。

二、涉外仲裁裁决的撤销程序

1994 年《仲裁法》关于涉外仲裁裁决撤销程序的规定较为原则，经过最高人民法院司法解释的补充，现将有关涉外仲裁裁决的撤销程序介绍如下。

（一）撤销程序的当事人

仲裁的申请人和被申请人均可提起撤销裁决的程序。从《仲裁法》相关条款来看，没有有关相对人的规定。在法院的撤销程序中，早期一些法院曾只列申请人，而无相对方当事人，个别法院甚至还通知仲裁机构作为被申请人或第三人参与撤销程序。这些做法都是不正确的。申请撤销仲裁裁决涉及仲裁当事人之间可争讼的权利，故提起撤销程序的为申请人，其在仲裁中的相对方当事人即为撤销程序的被申请人，仲裁委员会不是撤销程序的当事人。为弥补这一缺陷，最高人民法院在《关于审理当事人申请撤销仲裁裁决案件几个具体问题的批复》[①] 中明确规定，一方当事人向人民法院申请撤销仲裁裁决的，人民法院在审理时，应当列对方当事人为被申请人。这样就确定了对方当事人在撤销程序中的相对人地位，有助于法院全面准确地认定事实真相和作出正确裁定。

---

① 法释〔1998〕16 号，1998 年 7 月 21 日公布。

（二）撤销裁决的管辖法院

《仲裁法》第58条对撤销国内裁决的管辖法院作了规定，即为仲裁委员会所在地的中级人民法院。但是对撤销涉外裁决的管辖法院未作明确规定，一般认为，撤销涉外仲裁裁决的管辖法院也应是仲裁委员会所在地的中级人民法院。这是对撤销涉外仲裁裁决的管辖法院所作的地域和级别规定。对其地域的规定，是因为仲裁委员会所在地的法院易于对撤销申请进行审查和调查，其所作的撤销裁定也易于送达和执行；对其级别的限定，是鉴于仲裁活动本身的重要性和较高的技术性，中级人民法院更为胜任。2001年12月25日最高人民法院审判委员会第1203次会议通过的《最高人民法院关于涉外民商事案件诉讼管辖若干问题的规定》[①] 进一步明确了涉外仲裁裁决撤销案件的管辖法院，根据该规定，申请撤销涉外仲裁裁决的第一审案件，由国务院批准设立的经济技术开发区人民法院，省会、自治区首府、直辖市所在地的中级人民法院，经济特区、计划单列市中级人民法院和最高人民法院指定的其他中级人民法院管辖。

（三）撤销裁决的期限

根据《仲裁法》的规定，申请撤销涉外裁决的期限适用申请撤销国内裁决的期限。其第59条规定，当事人申请撤销仲裁裁决，应当自"收到仲裁裁决书之日起六个月内提出"。这里采用的是收信主义，且规定为6个月，较其他大多数国家为3个月的期限偏长。再根据《仲裁法》第60条，法院应当在受理撤销裁决申请之日起2个月内作出撤销裁决或驳回申请的裁定。这样一来，整个撤销裁决的期限最长可达8个月。倘若法院最后作出的是驳回申请的裁定，那么执行裁决的时间就整整滞后了8个月。在这么长的时间内败诉方如果想转移财产，那是易如反掌，除非曾进行财产保全。因此，这种规定使得仲裁裁决长期处于不确定状态。本教材认为，一方面，要缩短当事人申请撤销仲裁裁决的期限，改为"3个月"比较合理；另一方面，法院要严格按照"2个月"的期限办理有关撤销裁决的案件，防止久拖不决。

（四）法院的审查、处理与监督

人民法院受理撤销仲裁裁决的申请后，应当组成合议庭审查核实裁决是否有法律规定应当撤销的情形。组成合议庭后，合议庭不仅要听取申请人的意见，也要给被申请人充分的陈述时间，还要对仲裁庭调查，必要时请仲裁庭作出书面说明或派员出庭作证。对于生效的涉外仲裁裁决，如一方当事人申请执行，而另一方当事人申请撤销，法院应裁定中止执行。是否恢复执行程序，视法院是否撤销涉外仲裁裁决而定。同时，为防止败诉方当事人拖延执行仲裁裁决，法院应责令撤销程序的申请人提供适当的担保。人民法院经过审查核实，如果认为仲裁裁决具有法定情形之一或者认定裁决违反社会公共利益的，应裁定撤销裁决；如果认为仲裁裁决不符合法定情形之一且不违反社会公共利益的，应裁定驳回申请；如果认为可以由仲裁庭重新仲裁的，应通知仲裁庭在一定期限内重新仲裁并裁定中止撤销程序；仲裁庭按法院的要求进行重新仲裁，弥补了原裁决存在的缺陷，法院裁定驳回撤销仲裁裁决的申请；如果法院通知仲裁庭重新仲裁后，仲裁庭拒绝重新仲裁的，则应当恢复撤销程序。

为了严格执行《仲裁法》和《民事诉讼法》，最高人民法院发布司法解释[②]，决定对于人

---

① 法释〔2002〕5号，自2002年3月1日起实施.

② 《最高人民法院关于人民法院撤销涉外仲裁裁决有关事项的通知》，法〔1998〕40号，1998年4月23日发布.

民法院撤销涉外仲裁裁决建立"报告制度"。根据该解释，凡一方当事人向人民法院申请撤销涉外仲裁裁决，如果人民法院经审查认为，裁决具有《民事诉讼法》第260条第1款（2017年修正后为第274条第1款）规定的情形之一的，在裁定撤销裁决之前，受理法院须在受理当事人申请后30日内报请本辖区所属高级人民法院进行审查。如果高级人民法院同意撤销裁决，应在15日内将其审查意见报请最高人民法院，待最高人民法院答复后，方可决定撤销裁决。之所以规定撤销涉外仲裁裁决实行报告制度，目的就是防止滥用撤销制度，最大限度地维护当事人的真实仲裁意愿。

三、涉外仲裁裁决的撤销后果

如果法院认为申请撤销仲裁裁决的理由成立，或者仲裁庭拒绝按法院的要求进行重新仲裁，法院在履行"报告制度"后，裁定撤销仲裁裁决。需要指出的是，中国仲裁机构作出的仲裁裁决，如果裁决事项超出当事人仲裁协议约定的范围，或者不属当事人申请仲裁的事项，并且上述事项与仲裁机构作出裁决的其他事项是可分割的，人民法院可以基于当事人的申请，在查清事实后裁定撤销该超裁部分。

根据最高人民法院的相关司法解释[1]，对于人民法院依法作出的撤销仲裁裁决或驳回当事人申请的裁定，当事人无权上诉，也无权申请再审；检察机关对于发生效力的撤销仲裁裁决的民事裁定提起抗诉，没有法律依据，人民法院不予受理。同时，下级人民法院撤销仲裁裁决后，不应以院长发现撤销仲裁裁决的裁定确有错误为由提起再审。

但是，人民法院撤销涉外仲裁裁决之后，当事人之间的纠纷还需要解决，如何处理？《仲裁法》第9条第2款规定，裁决被人民法院依法裁定撤销或者不予执行的，当事人就该纠纷可以根据双方达成的仲裁协议申请仲裁，也可以向人民法院起诉。据此，裁决被撤销后，当事人可以重新达成仲裁协议提交仲裁，也可以直接向人民法院起诉。这一条款实际上意味着，人民法院撤销裁决后原有的仲裁协议无效，当事人的仲裁愿望只能通过新订立的仲裁协议得以实现。这种要求当事人再次达成仲裁协议重新仲裁的可能性极小，当事人此时实际上只有一条路可走，那就是到法院起诉。

第六节　国际商事仲裁裁决的执行

仲裁裁决一经作出，当事人就应自觉执行。但在实际生活中，当事人特别是败诉的当事人，有时并不自觉履行仲裁裁决。如果败诉方拒不执行该裁决，胜诉方可以请求法院予以强制

---

[1] 《最高人民法院关于人民法院裁定撤销仲裁裁决或驳回当事人申请后当事人能否上诉问题的批复》，法复〔1997〕5号，1997年4月23日公布；《最高人民法院关于当事人对人民法院撤销仲裁裁决的裁定不服申请再审人民法院是否受理问题的批复》，法释〔1999〕6号，1999年2月11日公布；《最高人民法院关于人民检察院对撤销仲裁裁决的民事裁定提起抗诉人民法院应如何处理问题的批复》，法释〔2000〕17号，2000年7月10日公布；《最高人民法院关于下级法院撤销仲裁裁决后又以院长监督程序提起再审应如何处理问题的复函》，〔2003〕民立他字第45号，2004年8月27日公布。

执行。国际商事仲裁裁决的执行有两种情况：一是执行本国的涉外仲裁裁决，二是执行外国的仲裁裁决。通常来说，前者的手续比较简单，而后者的手续比较复杂。对于外国仲裁裁决，还存在承认问题，即是否认可外国仲裁裁决的效力。承认一项外国仲裁裁决不一定必然导致执行该裁决，但执行一项外国仲裁裁决，其前提是承认该项裁决的效力。

一、执行外国仲裁裁决的一般条件

仲裁裁决的承认和执行问题是一个较为复杂的问题，特别是仲裁裁决在作出国国外要求承认和执行，涉及的法律问题更多。而一个主权国家对于外国仲裁裁决的承认和执行，除了关系到双方当事人利益之外，还牵涉到执行地国法律、政策以及社会公共秩序。因此，目前世界各国法律原则上对于承认和执行外国仲裁裁决均作了严格的条件限制，但在具体规定上又有所不同。

（一）英国的规定

外国仲裁裁决要在英国承认和执行，必须以国家之间的互惠为基础，而且双方当事人都应受 1927 年日内瓦《关于执行外国仲裁裁决的公约》或 1958 年《纽约公约》的缔约国之一的管辖；或者是当事人在英国境内重新起诉，经法院批准并制作成判决。此外，裁决本身还应当具备以下条件：（1）仲裁协议必须在法律上是有效的；（2）必须是根据上述仲裁协议由双方当事人共同协商而组成的仲裁庭所作的裁决；（3）必须是按照支配该仲裁程序的有关法律所作出的裁决；（4）该仲裁裁决在作出国必须是终局的；（5）裁决事项依英国法律是可以仲裁的；（6）该仲裁裁决与英国法律和公共秩序互不冲突。

（二）美国的规定

在美国，外国仲裁裁决的承认和执行必须以国家之间存在互惠为前提条件。根据美国联邦仲裁法的规定，对于在 1958 年《纽约公约》的缔约国境内所作出的裁决，可以由联邦法院按照国内裁决所要求的程序予以承认和执行。但是，对于在上述公约的非缔约国境内所作出的裁决，需要在美国承认和执行的，一般要求当事人在美国法院重新起诉，经法院作出判决后，再按照美国的民事诉讼法的规定予以执行。此外，有关法院有权改变原仲裁裁决的内容，而另行作出其认为合适的判决。

（三）瑞典的规定

根据现行瑞典法律的规定，外国仲裁裁决在瑞典的承认和执行不要求以国家之间的互惠为前提条件，任何外国的仲裁机构的裁决都可以通过简便的手续在瑞典得到承认和执行。外国仲裁裁决作出后，由胜诉一方向瑞典的斯德哥尔摩上诉法院提出简单的申请，并附具该裁决书及其译文的文本。该法院收到申请后，即通知败诉一方，如果败诉一方对仲裁裁决没有异议，法院就可以作出执行该仲裁裁决的决定；如果有异议，则让有关当事人到适当的初审法院另行起诉解决。

二、执行外国仲裁裁决的国际公约

世界各国关于承认和执行外国仲裁裁决的条件和程序不尽相同，因此妨碍了及时、有效地解决各种国际商事争议。从 20 世纪初起，国际社会就致力于建立统一的、比较完善的承认和执行外国仲裁裁决的国际法律制度。至今为止，国际上先后缔结了三个有关公约：1923 年《关于承认仲裁条款的议定书》、1927 年《关于执行外国仲裁裁决的公约》以及 1958 年《纽约公约》，后者已取代前两个公约，成为目前世界上最完善的执行外国仲裁裁决的国际公约。①中国已于 1986 年 12 月 2 日由第六届全国人大常委会第十八次会议决定加入了该公约，该公约自 1987 年 4 月 22 日起对中国生效。中国政府 1997 年 7 月 1 日恢复对香港行使主权后，立即按照中国加入公约之初所作的声明，将公约的领土适用范围延伸至中国香港特别行政区。2005 年 7 月 19 日，中国宣布，按照中国加入公约之初所作的声明，公约也适用于中国澳门特别行政区。《纽约公约》的主要目的在于统一和简化各国执行外国仲裁裁决的法律程序，其主要内容有以下几点。

（一）承认及执行外国仲裁裁决的范围

由于自然人或法人之间的争议而引起的仲裁裁决，在一国领土内作出，而在另一国请求承认及执行时，适用该公约。但是，缔约国可在互惠基础上声明，本国只对于在另一缔约国领土内所作出的仲裁裁决的承认及执行，适用该公约，即"互惠保留"；缔约国也可声明，本国只对于根据本国法律属于商事法律关系所引起的争议适用该公约，即"商事保留"。中国在加入该公约时对上述两项规定均提出了保留。

（二）承认及执行外国仲裁裁决的标准

缔约国应相互承认及执行对方国家所作出的仲裁裁决，在承认及执行对方国家作出的仲裁裁决时，不应较之承认及执行本国仲裁裁决规定实质上更为苛刻的条件或者征收更高的费用。

（三）承认及执行外国仲裁裁决的条件

根据该公约的规定，凡有下列情况之一，被请求执行的国家机关可依被申请人的请求，拒绝承认及执行仲裁裁决：（1）缺乏有效的仲裁协议；（2）被诉人未得到指定仲裁员或进行仲裁程序的适当通知，或者由于其他原因未能提出申辩；（3）裁决的事项超出了仲裁协议规定的范围；（4）仲裁庭的组成或仲裁程序与当事人的协议不符，或者在双方当事人无协议时，与仲裁地国家的法律不符；（5）仲裁裁决对当事人尚未发生法律拘束力，或裁决已被仲裁地国家的有关当局依法撤销或停止执行；（6）争议事项，依执行地国家的法律不能以仲裁方式解决；（7）承认及执行此项裁决将与执行地的公共秩序相抵触。

（四）承认及执行外国仲裁裁决的程序

根据该公约的规定，申请承认及执行仲裁裁决的当事人，应提供经正式认证的仲裁裁决的正本或经正式证明的副本，以及据以作出裁决的仲裁协议正本或经正式证明的副本。如果上述裁决或仲裁协议所用的文字不是执行地国家的法定文字，申请人还应提交有关文件的译文文本。译文文本应由官方的或经过宣誓的翻译员或外交或领事人员认证。

---

① 截至 2014 年 6 月 25 日，该公约共有 150 个缔约国，关于具体缔约国情况，可参见联合国贸法会网站：http：//www.uncitral.org/uncitral/zh/uncitral_texts/arbitration/NYConvention_status.html.

三、中国执行国际仲裁裁决的实践

按照中国《民事诉讼法》《仲裁法》和《纽约公约》的规定，中国执行国际商事仲裁裁决的实践，分为以下三种情况。

（一）中国涉外仲裁裁决在本国的执行

对中国的涉外仲裁裁决，一方当事人不履行的，对方当事人可以申请被申请人住所地或财产所在地的中级人民法院执行。申请人向人民法院申请执行中国涉外仲裁裁决，须提出书面申请，并附裁决书正本。如申请人为外国当事人，其申请书须用中文提出。申请执行的期限，双方或一方当事人是自然人的为 1 年，双方是法人或其他组织的为 6 个月。

对中国涉外仲裁裁决，被申请人提出证据证明仲裁裁决有下列情形之一的，经人民法院组成合议庭审查核实，裁定不予执行：（1）当事人在合同中没有订有仲裁条款或者事后没有达成书面仲裁协议的；（2）被申请人没有得到指定仲裁员或者进行仲裁程序的通知，或者由于其他不属于被申请人负责的原因未能陈述意见的；（3）仲裁庭的组成或者仲裁程序与仲裁规则不符的；（4）裁决的事项不属于仲裁协议的范围或者仲裁机构无权仲裁的。

此外，若一方当事人申请执行裁决，另一方当事人申请撤销裁决，人民法院应当裁定中止执行。人民法院裁定撤销裁决的，应当裁定终结执行；撤销裁决的申请被裁定驳回的，人民法院应当裁定恢复执行。仲裁裁决被人民法院裁定不予执行的，当事人可以根据双方达成的书面仲裁协议重新申请仲裁，也可以向人民法院起诉。

（二）中国涉外仲裁裁决在外国的执行

按照《民事诉讼法》第 280 条第 2 款和《仲裁法》第 72 条的规定，中国涉外仲裁机构作出的发生法律效力的仲裁裁决，当事人请求执行的，如果被执行人或者其财产不在中国领域内，应当由当事人直接向有管辖权的外国法院申请承认和执行。

由于中国已加入《纽约公约》，当事人可依照公约的规定直接到其他有关缔约国申请承认和执行中国涉外仲裁机构作出的裁决。执行地国家的法院在接到申请后，应根据与中国缔结或共同参加的国际公约，或者按照互惠原则，对该申请予以审查，并依其本国法规定的执行程序予以执行。当然，对于无涉外或国际因素的仲裁裁决，在特殊情况下，如被执行人移居国外或被执行人在中国（内地）没有财产而在境外有可供执行的财产，当事人也可以向有关外国法院申请承认和执行仲裁裁决。

（三）外国仲裁裁决在中国的承认和执行

按照《民事诉讼法》第 283 条的规定及司法实践，外国仲裁裁决需要中国法院承认和执行的，应当由当事人直接向被执行人住所地或者其财产所在地的中级人民法院申请，人民法院应当依照中国缔结或者参加的国际条约，或者按照互惠原则办理。依照中国加入《纽约公约》时所作的两项保留声明，中国只承认和执行来自缔约国且所解决的争议依中国法律属于契约性和非契约性商事关系的仲裁裁决。符合上述条件的外国仲裁裁决，当事人可依照《纽约公约》规定直接向中国有管辖权的人民法院申请承认和执行。

有管辖权的人民法院接到一方当事人的申请后应对申请承认和执行的仲裁裁决进行审查，

如果认为不违反中国缔结或参加的条约的有关规定或《民事诉讼法》的有关规定，应当裁定承认其效力，并依照《民事诉讼法》规定的程序执行，否则，裁定驳回申请，拒绝承认及执行。对于在非缔约国领土内作出的仲裁裁决，需要中国法院承认和执行的，只能按互惠原则办理。如果外国仲裁机构所在国与中国既没有缔结或共同参加有关国际条约，也没有互惠关系的，当事人可以以仲裁裁决为依据向人民法院起诉，由有管辖权的人民法院作出判决，予以执行。

同时，按照最高人民法院的司法解释①，凡一方当事人向人民法院申请执行中国涉外仲裁机构裁决，或者向人民法院申请承认和执行外国仲裁机构的裁决，如果人民法院认为中国涉外仲裁机构裁决具有《民事诉讼法》第274条情形之一的，或者申请承认和执行的外国仲裁裁决不符合中国参加的国际公约的规定或者不符合互惠原则的，在裁定不予执行或者拒绝承认和执行之前，必须报请本辖区所属高级人民法院进行审查；如果高级人民法院同意不予执行或者拒绝承认和执行，应将其审查意见报最高人民法院，待最高人民法院答复后，方可裁定不予执行或者拒绝承认和执行。

四、国际商事仲裁裁决执行中的公共政策审查

公共政策是各国国际私法中普遍存在的一项制度，是本国法院对于违反法律秩序行为的一种控制。从本质上看，它是各国通过法律维护本国利益的最后一道屏障，因此被许多学者形象地称为"安全阀"（safety valve）②。各国在国际商事仲裁裁决的承认和执行中也普遍存在公共政策例外制度，即当承认和执行国际商事仲裁裁决会违反承认和执行地国公共政策的情况下，承认和执行地国法院可以拒绝承认和执行该仲裁裁决。国际商事仲裁领域在全球最有影响的两份法律文件——1958年《纽约公约》和1985年《示范法》中均规定了公共政策条款。由于大多数国家加入了《纽约公约》，各国法律在外国仲裁裁决的承认及执行方面基本上是一致的，但是，《纽约公约》在规定各国可以公共政策为由拒绝承认及执行外国仲裁裁决的同时，没有对公共政策的具体含义及适用标准作出明确的规定，而各国对公共政策的理解可能不同，甚至差异很大，这给仲裁裁决的承认及执行带来很大的不确定性。究竟在哪些情形下，承认和执行地国法院会认定构成了对本国公共政策的违反，并据此拒绝承认和执行国际商事仲裁裁决呢？

为了更有利于国际仲裁裁决的承认和执行，国际法协会（International Law Association）③国际商事仲裁委员会多年来一直关注该问题，从1996年开始对于各国以公共政策为由拒绝执行国际仲裁裁决的情况进行调查研究，先后经过1996年赫尔辛基会议、2000年伦敦会议和阿姆斯特丹会议、2002年巴黎会议和新德里会议，并最终经过讨论，在2002年新德里会议上通

---

① 《最高人民法院关于人民法院处理与涉外仲裁及外国仲裁事项有关问题的通知》，法发〔1995〕18号，1995年8月28日公布.

② Istvan Szaszy. *Conflict of Laws in the Western. Socialist and Developing Countries.* Budapest：Akademiai Kiado，1974：96.

③ 国际法协会（International Law Association）1873年建立于布鲁塞尔，系非政府国际组织，也是联合国系统中具有咨商地位的专门机构之一，已在全球举行过73届会议，2010年8月15日～20日在荷兰海牙举行第74届会议. 其宗旨在于"研究、解释和发展国际法，并促进国际法的国际理解和尊重"，共有包括国际商事仲裁委员会（International Commercial Arbitration Committee）在内的二十余个专业委员会.

过了《关于以公共政策为由拒绝执行国际仲裁裁决的最终报告》①，该最终报告明确提出了国际公共政策的概念，界定了其范围——一国的国际公共政策包括该国所希望保护的与道德和公正相关的基本原则、该国的强行法规则以及该国所承担的国际义务，并对于如何更好地理解和运用公共政策的例外提出了一些建议，规定了具体的适用条件。该报告实质上是就各国法院以公共政策为由拒绝承认和执行国际商事仲裁裁决的问题而向各成员提出的一份建议性文件，其中蕴涵各国对国际商事仲裁裁决的承认和执行司法实践的总结。

从中国的实践来看，中国法院在对国际商事仲裁裁决进行司法审查的过程中对公共政策的运用非常谨慎。最高人民法院通过《关于人民法院处理与涉外仲裁及外国仲裁事项有关问题的通知》，建立逐级请示报告制度，严格监督了中国法院在审查国际商事仲裁裁决过程中对公共政策的适用。中国自 1987 年加入《纽约公约》以来的二十多年间被请求承认与执行的外国仲裁裁决中②，尽管许多当事人都提出了执行外国仲裁裁决将违反中国社会公共利益的抗辩，但中国法院通过对个案的司法审查，以违反中国的公共政策拒绝承认和执行国际商事仲裁裁决的理由很少得到最高人民法院的支持。③ 特别是通过个案建立了如下裁判规则：一是违反中国法律的强制性规定，并不必然违反中国的公共政策，例证为 ED&F 曼氏（香港）有限公司申请承认与执行英国伦敦糖业协会作出的第 158 号仲裁裁决案。④ 二是违反中国行政法规和部门规章中的强制性规定，并不当然构成对中国公共政策的违反，例证为日本三井物产株式会社申请承认和执行瑞典斯德哥尔摩商会仲裁院作出的第 060/1999 号仲裁裁决案。⑤ 三是计算复利的仲裁裁决并不违反中国的公共政策，例证为伊藤忠石油（香港）有限公司申请承认英国仲裁裁决案。⑥ 由此可见，在承认及执行外国仲裁裁决的问题上，我国法院一般不轻易动用公共政策作为拒绝承认及执行国际商事仲裁裁决的理由，只有在极为特殊情况下，法院才援引公共政策的条款，体现了"要慎用公共政策这样一个概念"的理念。⑦ 总的趋势是不滥用公共政策制度，

---

① 国际法协会国际商事仲裁委员会. 关于以公共政策为由拒绝执行国际仲裁裁决的最终报告. 杜焕芳，译. 仲裁与法律：第 111 辑. 北京：法律出版社，2009：111 页以下.

② 关于外国仲裁裁决在我国承认与执行的情况，目前还没有官方公布的数据. 学者的统计情况可参见林一飞. 外国仲裁裁决的承认与执行：中国二十年的司法实践；杨逢柱. 外国仲裁裁决在中国的承认与执行问题：实证分析. 国际经济法学刊. 北京：北京大学出版社，2009：30－83.

③ 仅有的两例如下：一是 Hemofarm DD、MAG 国际贸易公司、苏拉么媒体有限公司申请承认及执行国际商会仲裁院作出的第 13464/MS/JB/JEM 号仲裁裁决. 该案中，最高人民法院指出，在中国法院已经对合营一方与合资公司之间的纠纷裁定财产保全并作出判决的情况下，仲裁庭就同一纠纷进行审理和裁决，侵犯中国的司法主权和中国法院的司法管辖权，应认定承认及执行该裁决违反中国公共政策. 这是迄今最高人民法院以公共政策为由同意拒绝承认和执行外国仲裁裁决的唯一案例. 二是美国制作公司、汤姆·胡莱特公司申请执行中国国际经济贸易仲裁委员会作出的仲裁裁决. 该案中，最高人民法院认为，我国当时对文化演出市场管制严格，对该领域法规的违反以及演出给社会造成不良影响构成对我国公共政策的违反，执行所涉仲裁裁决也将违反我国的公共政策，因此应不予执行. 这是最高人民法院同意以违反我国公共政策为由不予执行涉外仲裁裁决的唯一案例.

④ 最高人民法院民事审判第四庭. 涉外商事海事审判指导：2004 年第 1 辑（总第 7 辑）. 北京：人民法院出版社，2004：12－17.

⑤ 最高人民法院民事审判第四庭. 涉外商事海事审判指导：2005 年第 2 辑（总第 11 辑）. 北京：人民法院出版社，2005：109－112.

⑥ 广东省深圳市中级人民法院（1999）深中法经二初字第 190 号民事裁定书.

⑦ 引自最高人民法院副院长万鄂湘 2008 年 6 月 30 日在中国国际经济贸易仲裁委员会和中国人民大学联合举办的《纽约公约》50 周年学术研讨会上的讲话.

以促进国际商事仲裁的发展。①

课后练习

1. 简述仲裁协议的法律效力。（考研）

2. 如何理解仲裁协议的独立性问题？

3. 1958 年《纽约公约》的主要内容有哪些？中国与该公约的关系如何？

4. 下列有关仲裁与民事诉讼两者的关系的表述中哪些是正确的？（　　）（法考）

　　A. 各类民事纠纷既可以用仲裁的方式解决，也可以用诉讼的方式解决

　　B. 请求仲裁机构解决纠纷，应当以双方当事人之间有仲裁协议为条件，而进行民事诉讼不一定要求双方当事人之间有进行民事诉讼的依据

　　C. 仲裁案件，通常情况下不公开审理，而法院审理民事案件通常情况下应公开审理

　　D. 审理案件的仲裁员可以由双方当事人选定或仲裁委员会主任指定，审理案件的法院审判员原则上不可以由当事人选定，除非经人民法院院长同意

5. 甲公司与乙公司之间产生买卖合同纠纷，双方在仲裁过程中达成和解协议。此种情况下甲公司不具有下列哪一种权利？（　　）（法考）

　　A. 请求仲裁庭根据和解协议作出裁决书

　　B. 撤回仲裁申请

　　C. 对和解协议进行反悔，请求仲裁庭依法作出裁决

　　D. 请求法院执行仲裁过程中达成的和解协议

6. 甲、乙两公司因贸易合同纠纷进行仲裁，裁决后甲公司申请执行仲裁裁决，乙公司申请撤销仲裁裁决，此时受理申请的人民法院应如何处理？（　　）（法考）

　　A. 裁定撤销裁决

　　B. 裁定终结执行

　　C. 裁定中止执行

　　D. 将案件移交上级人民法院处理

7. 甲、乙两厂签订一份加工承揽合同，并在合同中写明了仲裁条款。后因甲厂加工的产品质量达不到合同的要求，乙厂遂向法院起诉。法院受理了该案，在法院辩论过程中，甲厂提出依合同中的仲裁条款，法院对该案没有管辖权。下列对该案的处理意见中正确的是：（　　）。（法考）

　　A. 法院应当中止审理，待确定仲裁条款是否有效后再决定是否继续审理

　　B. 法院应当继续审理

　　C. 法院应当与仲裁机构协商解决管辖权问题

　　D. 法院应当征求乙厂对管辖权的意见，并依乙厂的意见决定是否继续审理

8. 下列仲裁协议无效或失效的是（　　）。（法考）

---

① 关于我国法院运用公共政策进行国际商事仲裁裁决司法审查的分析，进一步可参见高晓力. 关于我国法院对国际商事仲裁裁决进行司法审查过程中运用公共政策分析 // 最高人民法院民事审判第四庭. 涉外商事海事审判指导：2009 年第 1 辑（总第 18 辑）. 北京：人民法院出版社，2009：195 - 228.

A. 甲、乙两公司签订合同，并约定了仲裁条款。后合同双方又签订补充协议，约定如果原合同或补充协议履行发生争议，双方协商解决或向法院起诉解决

B. 双方当事人在合同中约定："因本合同履行发生的争议，双方当事人既可向南京仲裁委员会申请仲裁，也可向南京市鼓楼区法院起诉。"

C. 甲、乙两公司在双方合同纠纷的诉讼中对法官均不满意，双方商量先撤诉后仲裁。甲公司向法院提出了撤诉申请，法院裁定准许撤诉。此后甲、乙两公司签订了仲裁协议，约定将该合同纠纷提交某仲裁委员会仲裁

D. 丙、丁两公司签订的合同中规定了内容齐全的仲裁条款，但该合同内容违反法律禁止性规定

9. 厦门鑫杰兴工贸有限公司、佘文彬与厦门丰瑞特工贸发展有限公司确认股权转让协议仲裁条款案

在厦门市中级人民法院审理的申请人厦门鑫杰兴工贸有限公司、佘文彬（住所地在中国台湾地区）与被申请人厦门丰瑞特工贸发展有限公司确认股权转让协议仲裁条款效力一案中，申请人厦门鑫杰兴工贸有限公司、佘文彬与被申请人厦门丰瑞特工贸发展有限公司于 2007 年 5 月 15 日签订的股权转让协议第 5 条约定："本协议签订后，若有争议后违约各方应通过友好协商解决，如协商不能解决者由当地外经贸部门进行调解，经调解无效后由中国对外经济贸易仲裁机构进行仲裁或当地法院诉讼解决。"此后，双方当事人就协议履行发生纠纷。厦门鑫杰兴工贸有限公司、佘文彬遂向厦门市中级人民法院申请确认上述协议约定的仲裁条款无效。在审理过程中，双方当事人均表示不愿就是否提交仲裁及仲裁机构的选定达成补充协议。双方对于厦门市中级人民法院享有管辖权及本案适用中华人民共和国法律均无异议。厦门市中级人民法院经审查认为，案涉协议仲裁条款的约定，属于约定争议可以向中国对外经济贸易仲裁机构申请仲裁，也可以向人民法院起诉的情形，根据《最高人民法院关于适用〈中华人民共和国仲裁法〉若干问题的解释》第 7 条的规定，该协议条款无效。

问题：如何认定争议解决方式不明确的仲裁条款的效力？

10. 番禺珠江钢管有限公司与深圳市泛邦国际货运代理有限公司申请确认仲裁协议效力案

在广州海事法院审理的申请人番禺珠江钢管有限公司（以下简称钢管公司）与被申请人深圳市泛邦国际货运代理有限公司（以下简称泛邦公司）申请确认仲裁协议效力一案中，申请人钢管公司作为租船人，与作为承运人的被申请人泛邦公司于 2007 年 5 月 31 日签订一份租船合同，约定由泛邦公司委派船舶承运钢管公司的货物，从中国广州莲花山港至智利的科罗雷港。该合同第 21 条约定："仲裁地点：北京，引用中国法律。"2008 年 5 月 8 日，钢管公司认为北京目前有 3 个仲裁委员会（即北京仲裁委员会、中国国际经济贸易仲裁委员会和中国海事仲裁委员会）而导致该仲裁条款约定的仲裁机构不明确，双方又不能达成补充协议，故向广州海事法院申请确认案涉仲裁协议无效。泛邦公司答辩称：虽然租船合同中没有明确指定具体的仲裁机构，但泛邦公司先前（2007 年 7 月 30 日）已向钢管公司发出律师函，明确合同纠纷应提交中国海事仲裁委员会，并要求钢管公司在收到该律师函后 3 日内答复，否则，视为默示同意提交该机构仲裁。钢管公司收到律师函后，一直不予答复，该行为已表明其默示同意将本案提交中国海事仲裁委员会仲裁，请求法院驳回钢管公司的申请。广州海事法院经讨论认为，租船合同第 21 条关于"引用中国法律"的本意，是指仲裁机构仲裁当事人实体权利、义务时应适用中国法律，还是指确认仲裁条款效力时应适用中国法律，并不明确，因而应认定双方未约定确认仲裁条款效力应适用的法律。但双方明确约定了仲裁地点，故本案应适用当事人约定的仲裁

地法律即我国法律来审查涉案仲裁条款的效力。问题在于：泛邦公司的律师函关于选择中国海事仲裁委员会的内容以及钢管公司对该律师函不予回应的做法，是否表明双方对仲裁机构的选择达成了一致的协议？所谓协议，就是一方要约和另一方对该要约无条件承诺的结果。显然，没有证据显示钢管公司承诺了关于仲裁机构的选择可基于默示同意而成立，我国法律亦未有这方面的规定，因此，钢管公司未对律师函作出回应本身，并不是默示同意，即不表明双方就仲裁机构的选择达成了一致协议。根据《最高人民法院关于适用〈中华人民共和国仲裁法〉若干问题的解释》第6条的规定，租船合同第21条仲裁协议条款无效。

问题：如何认定仲裁机构约定不明确的仲裁条款的效力？

11. 长沙新冶实业有限公司与美国 Metalsplus 国际有限公司申请撤销仲裁裁决案

在长沙市中级人民法院审理的申请人长沙新冶实业有限公司（以下简称新冶公司）与被申请人美国 Metalsplus 国际有限公司（以下简称 MP 公司）申请撤销仲裁裁决一案中，新冶公司与美国 MP 公司于 2003 年 7 月 4 日和 10 月 10 日分别签订了编号为 XYE30103088、XYE30103098 的两份英文销售合同，该两合同第 14 条均为仲裁条款，内容均是："All disputes in connection with this Contract or the execution there of shall be settled by negotiation between two parties. If no settlement can be reached，the case in dispute shall then be submitted for arbitration in the country of defendant in accordance with the arbitration regulations of the arbitration organization of the defendant country. The decision make by the arbitration organization shall be taken as final and binding upon both parties. The arbitration expenses shall be borne by the losing party unless otherwise awarded by the arbitration organization."后因合同纠纷，美国 MP 公司于 2006 年 8 月 1 日向长沙仲裁委员会申请仲裁。新冶公司于 2006 年 8 月 11 日提出仲裁管辖异议。长沙仲裁委员会于 2006 年 10 月 16 日作出（2006）长仲决字第 279 号决定书，认为编号为 XYE30103088、XYE30103098 的两份英文销售合同中的仲裁条款可译为："凡因本合同引起的或与本合同有关的任何争议，如协商不能解决，应根据被告（被申请人）所在国（地）的仲裁机构的规则在被告（被申请人）所在国（地）进行仲裁。仲裁裁决是终局的，对双方均有约束力。除非仲裁机构另有判决（裁决），仲裁费用由败诉方承担。"决定书还认为：仲裁被申请人新冶公司营业场所及工商注册登记地均在中国长沙市，仲裁被申请人住所地只有一个仲裁委员会，即长沙仲裁委员会，根据该案仲裁条款能够确定具体的仲裁机构。长沙仲裁委员会据此驳回新冶公司的仲裁异议。长沙仲裁委员会于 2007 年 5 月 17 日作出（2006）长仲裁字第 279 号裁决。

长沙市中级人民法院经审理认为，本案双方对于存在仲裁协议这一基本事实无争议，争议在于长沙仲裁委员会是否根据该仲裁协议有管辖权，其焦点又在于对仲裁协议中"country"一词的理解。申请人新冶公司认为"country"一词是指国家，仲裁协议约定在"被告所在国"的仲裁机构进行仲裁，属于约定不明，双方又未达成补充协议，故该仲裁协议无效。被申请人美国 MP 公司认为"country"一词包括国家、地区、乡村三种含义，仲裁协议可理解为约定在被告所在地的仲裁机构进行仲裁，长沙仲裁委员会有管辖权。对此，法院认为，仲裁协议是双方当事人合意的产物，除非双方另有约定，对仲裁协议的理解应当按照词句的一般含义，本案的仲裁协议系英文，对其翻译也应当按照通常的译法。英文"country"一词的通常含义是指"国家"，而不包括一国内的行政区域。"被告所在地"系有特定法律含义的词组，对于被申请人认为可以将"country of defendant"理解为"被告所在地"的意见，不予采信。综上，法院认为，双方在仲裁协议中约定"提交被告所在国的仲裁机构仲裁"，而仲裁被申请人新冶公司所在国即我国境内有很多家仲裁机构，该协议未选定仲裁机构，双方又未达成补充协议，属于《仲裁法》第 18 条规定的约定不明的情况，该仲裁协议无效。依无效仲裁协议作出的仲裁裁决，应当依法撤销。故长沙仲裁委员会作出的（2006）长仲裁字第 279 号裁决应予撤销。

问题：如何认定 "country of defendant" 仲裁的合同约定的效力？

12. GRDMinproc 有限公司申请承认并执行瑞典斯德哥尔摩商会仲裁院仲裁裁决案

在上海市第一中级人民法院审理的 GRDMinproc 有限公司（住所地：澳大利亚，以下简称 GRD 公司）申请承认并执行瑞典斯德哥尔摩商会仲裁院仲裁裁决一案中，上海对外贸易公司（以下简称外贸公司）作为买方、沃曼国际有限公司（以下简称沃曼公司）作为卖方、上海飞轮实业有限公司（以下简称飞轮公司）作为最终用户，于 1994 年 7 月 24 日共同签订了一份购买电池回收设备的合同，设备总价约 677 万澳元。1995 年 4 月 30 日，GRD 公司、外贸公司及飞轮公司共同同意将前述合同卖方沃曼公司变更为 GRD 公司，其他条款不变。1997 年 7 月至 12 月间，前述合同项下设备陆续通过外贸公司从澳大利亚进口至上海，由飞轮公司收货。在上述设备的调试、使用过程中，飞轮公司与 GRD 公司就设备的效能发生争议。2003 年 1 月 31 日，飞轮公司依据 1994 年合同中有效的仲裁条款向瑞典斯德哥尔摩商会仲裁院提交仲裁，请求解除合同，并由 GRD 公司返还全部已付货款和赔偿损失。仲裁庭最终于 2006 年 11 月 20 日作出裁定，没有证据证明 GRD 公司供应的设备不能够运行，以及不能够达到设想的水平，因此驳回飞轮公司就实质性事项提出的请求，同时裁定应由飞轮公司赔偿 GRD 公司的仲裁支出费用 168 万澳元。被申请人飞轮公司答辩称：上述仲裁裁决应不予承认，因为仲裁裁决与我国公共秩序相抵触，即系争设备在投产运行时产生的铅尘浓度超标，污染环境及损害工人健康。在审理期间，飞轮公司出具了上海市预防医学研究院受其委托对其冶炼车间铅浓度进行检验后的检验报告，检测结果显示铅浓度严重超标，不符合我国卫生部国家职业卫生标准《工作场所有害因素职业接触限值》（GBZ2——2002）。

上海市第一中级人民法院认为：承认并执行仲裁裁决，意味着系争设备可以正常运行及使用，但由于该设备运行使用时产生的铅尘浓度严重超过我国卫生部制定的标准，飞轮公司将无法按照《劳动法》的规定执行我国劳动安全卫生标准，亦无法向操作工人提供有效的防护措施，其结果势必会危害操作工人的身心健康，损害劳动者获得劳动安全卫生保护的权利。据此，承认并执行该仲裁裁决，违反我国法律的基本原则，与我国的社会公共利益相抵触，符合《纽约公约》第 5 条第 2 款第 2 项的规定，故前述瑞典斯德哥尔摩商会仲裁院仲裁裁决应不予承认及执行。

上海市高级人民法院经讨论认为：虽然申请人申请执行的仅仅是仲裁裁决中有关仲裁支出费用的裁定内容，但是该仲裁支出费用的裁定恰恰是对于仲裁实体性争议及最终胜负的反映。当事人双方的争议起源于买卖的特殊生产设备不能达到行业安全生产标准，从而对被申请人的厂区环境和职工身体造成严重污染和伤害，进而有损公共利益而被长期关闭和停止使用，由此导致被申请人合同目的的实质落空和经济利益的重大损失。而对此非常重要情节，仲裁院竟然未能给予应有的注意，而仅仅是简单按照合同形式条款来判定卖方提供的设备没有构成违约，显然这一做法有悖于公平、正义的仲裁精神，并且客观上造成不利于我国社会公共利益的后果。而所有这些，又恰恰与《纽约公约》第 5 条第 2 款第 2 项中规定的条件相符。因此，对该仲裁裁决应当不予承认和执行。

最高人民法院经研究认为：关于本案所涉仲裁裁决的承认和执行是否将违反我国公共政策的问题，飞轮公司从境外购买的设备经过有关主管部门审批同意，并非我国禁止进口的设备。

该设备在安装、调试、运转的过程中造成环境污染，其原因可能是多方面的。在飞轮公司根据合同中有效的仲裁条款就设备质量问题提请仲裁的情况下，仲裁庭对设备质量作出了评判，这是仲裁庭的权力，也是当事人通过仲裁解决纠纷所应当承受的结果。不能以仲裁实体结果是否公平、合理作为认定承认和执行仲裁裁决是否违反我国公共政策的标准。承认和执行本案所涉仲裁裁决并不构成对我国社会根本利益、法律基本原则或者善良风俗的违反，因此，本案不存在《纽约公约》第5条第2款第2项规定的情形。本案所涉仲裁裁决也不存在《纽约公约》第5条规定的其他情形。因此，人民法院应当裁定承认和执行本案所涉仲裁裁决。

　　问题：法院如何审查与认定仲裁裁决是否违反公共政策？结合中国司法实践，你又如何评论？

第四编

区际私法

第十八章

区际法律冲突和区际私法

本章概要

--▶

　　区际法律冲突是指在一个主权国家内部不同地区的法律制度之间的冲突，它是一种国内法域间的法律冲突。区际法律冲突影响了多法域国家国内不同法域的自然人、法人之间的民事正常交往。区际私法是指在一个主权国家内部不同法域间民事交往中形成的，体现该国国家或该国不同法域间协调意志的，用来调整该国各法域间自然人、法人参加的区际民事关系的，规定在全国性或各法域立法、判例、习惯或一些国家的法理中的冲突规范以及规定外法域人民事法律地位的规范、区际民事诉讼与区际商事仲裁程序规范的总称。区际私法的内容包括基本制度如识别、反致、公共秩序保留、法律规避、外法域法律内容的查明等，以及各类具体法律适用原则、区际司法管辖权、区际司法和仲裁程序、区际司法协助等具体规定。

关键术语

--▶

　　区际法律冲突　区际私法　法域　统一实体法

第一节　区际法律冲突

一、区际法律冲突的概念

　　区际法律冲突（interregional conflict of laws）是指，在一个主权国家内部，不同地区的法律制度之间的冲突，或者说是在一个主权国家内部不同法域之间的法律冲突。区际法律冲突的定义，可作如下理解和说明。

（一）区际法律冲突的存在是以一个主权国家内部存在不同法域为前提

　　法域一般是指在一个主权国家内部存在的具有或适用独特法律制度的地区。法域表现为一定的空间范围，但不是主权单位，只能是一个主权国家内部的某一区域。如若一个主权国家内部存在多个具有独特法律制度的地区，常为"复合法域国家""多法域国家""法律不统一国家"。在英文中，法域有 law district，legal unit，legal region，territorial legal unit。

1. 区际法律冲突的性质

区际法律冲突是一种国内的法律冲突，国内法域间的民事法律制度的法律冲突。

2. 区际法律冲突的种类

以国家结构形式可以分为单一制多法域国家和联邦制多法域国家的区际法律冲突。单一制国家全国只有一个宪法和中央政府，以单一的国际法主体出现在对外关系上。这类国家目前有：奥地利、比利时、布隆迪、日本、伊朗、伊拉克、冰岛、瑞典、泰国、荷兰、芬兰、肯尼亚、马里、叙利亚等国，以及"一国两制"条件下的中国。联邦制多法域国家，国家结构形式上为联邦制，由若干州、邦、共和国组成，联邦和各成员单位分别行使一定的国家权力，由联邦宪法划分各自的权限，联邦和各成员单位都分别有宪法、法律、政府、立法和司法机关，在各自管辖范围内行使自己的职权等。目前主要联邦制国家有：美国、澳大利亚、巴西、缅甸、加拿大、德国、瑞士、印度、乌干达等。

以社会制度为标准可分为相同社会制度和不同社会制度之间的区际法律冲突。相同社会制度间的区际法律冲突，如美国、澳大利亚等；不同社会制度之间的法律冲突如我国的中央法制区和地方法制区之间的法律冲突。1997 年和 1999 年后，随着中国分别对香港和澳门恢复行使主权，仍然保持资本主义制度的香港和澳门的法律与实行社会主义制度的中国内地的法律之间出现的法律冲突，是一国内存在的具有不同社会制度的区际法律冲突。

以法系为标准可分为同一法系和非同一法系间的区际法律冲突。法系（legalsystcm）是根据各国法律的特点和历史传统的外部特征，对法律进行的分类，如罗马—日耳曼法系、普通法系和社会主义法系等。美国是相同社会制度而不同法系的区际法律冲突，美国路易斯安那州的法律属于大陆法系，它与美国其他属于普通法系的州的法律之间的冲突即为不同法系的法域之间的区际法律冲突。我国港、澳间是不同法系的区际法律冲突。

3. 主权国家内部形成多法域的原因

形成多法域的原因是多种多样的，归纳起来主要有以下几方面：（1）国家的联合，如瑞士、美、德、英国等。（2）国家领土的合并或光复，战胜国征服弱国，或被占国复国。于前者，英国曾占领印度、巴基斯坦；于后者，如波兰复国，印度、巴基斯坦恢复独立。（3）领土割让。以和平或战争手段取得他国的部分领土。（4）领土回归。一国领土被侵占、割让、租借，后来为原属国恢复行使主权，如香港回归中国。（5）殖民地统治的结果。殖民者和最早居住者的法律不同而形成。（6）委任统治和托管制度的结果，现已不存在。

（二）区际法律冲突是一国内部不同法域之间法律的冲突

一国内部不同地区的法律制度或者说一国内部不同法域之间的法律的冲突主要是空间意义上的法律冲突，是具有地域性的法律冲突。由于一国内不同地区法律制度的不同，适用民事法律关系的法律可能产生冲突；同一民事法律关系，在该国的不同地区，适用不同的法律，可能会产生截然不同的结果。区际法律冲突并非指所有种类的法律冲突，而仅指民事领域的私法性的法律冲突。不能把同一法律体系国家内部各地方对某些法律的变通性规定纳入区际法律冲突范畴之内。

二、区际法律冲突的特征

法律冲突的种类及形式是多种多样的，有中央和地方的法律冲突、地区之间的法律冲突、时际及人际法律冲突，有实体法之间、程序法之间以及冲突法之间的冲突，国际或国内法律冲突，等等。区际法律冲突，只是多种法律冲突中的一种，它具有与其他法律冲突相区别的特征。

（一）国内性的法律冲突

区际法律冲突是在一个主权国家领土范围之内发生的国内性的法律冲突。如果某一法律冲突超越了一国领土范围，那就不是区际法律冲突，而是国际法律冲突。这一特点，使其与国家间的国际法律冲突区别开来。例如，美国国内各州之间的民事法律冲突是区际法律冲突，但美国和日本之间发生的法律冲突，就是国际法律冲突。

（二）国内地域空间上的法律冲突

区际法律冲突是在一个主权国家领土范围内不同的法律制度，在空间地域上的法律冲突。区际法律冲突是法律在空间上的冲突，这个特点使其与人际、时际法律冲突区别开来，具有属地性。只有一国之内"具有独立法律体系"的各法域之间的法律冲突才是区际法律冲突。不能把统一法律体系国家内部各地方对某些法律的变通性规定，归入区际法律冲突范畴之内。例如，我国内地各省、市、自治区之间的地方性法规，虽也可能发生冲突，但不构成区际法律冲突。

（三）国内不同法域间民事法律效力的冲突

区际法律冲突实质是一个主权国家领土范围内不同法域间的民商法律效力上的冲突。不同法域之间的法律冲突，并非指所有种类的法律冲突，而只指民事法律冲突。例如，刑法、行政法、财政法等属于公法性的法律，历来遵从严格属地主义原则，不发生域外效力，因而也不会发生法律冲突。只有在民商法领域，各法域承认外法域民商法的域外效力，从而产生区际法律冲突。因而严格地说，区际法律冲突应称为区际民事法律冲突，或区际私法冲突。

（四）地区平等或同一层次上的法律冲突

区际法律冲突是在一个主权国家领土范围内不同地区的法律制度，在同一平面（层次）上的冲突。在多法域国家，各个法域地位平等，法律制度也是平等的，互相平行，互不隶属，是一种横向冲突。联邦国家内的联邦法律与成员法律间的法律冲突，或单一制国家内中央法律和地方法律间的法律冲突，因层次不同，是上下级之间的法律冲突，是纵向法律冲突，不是区际法律冲突。

三、区际法律冲突产生的原因

区际法律冲突是经济和社会发展、进步的结果。综合来看，区际法律冲突产生的原因有以下 4 个方面。

（一）一国内部存在多个具有不同法律制度的法域

这是区际法律冲突产生的前提和最重要、最根本的原因。只有在一国内部存在具有不同法律制度的几个法域，才可能有区际法律冲突的产生。如果一国国内各地区的法律制度相同，就无区际法律冲突可言。

（二）各法域人民之间的交往导致大量区际民事关系的发生

各法域间民事交往是产生区际法律冲突的经济基础。如果各法域间人民老死不相往来，就不会产生民事关系，更不会产生大量民事关系。即使各法域的法律制度有天大的差异，也只是各适用于本法域的民事关系，而不涉及外法域，根本不会发生区际法律冲突。

（三）各法域互相承认外法域人的民事法律地位

承认外法域人的民事法律地位（民事权利地位），是产生区际法律冲突的前提。如果一个法域的法律不承认外法域人在本法域内可以享有任何民事法律地位，从而不允许外法域人享有任何民事权利，外法域人就无法参加当地法域的民事活动，各法域之间就不会发生跨法域的民事关系，也就不会发生法律冲突。

（四）各法域互相承认外法域民事法律在自己法域内的域外效力

承认外法域民事法律的域外效力，也是产生区际法律冲突的前提之一和直接原因。区际法律冲突，就表现为内法域民事法律的域内效力和外法域民事法律的域外效力之间的冲突。如果一个法域不承认外法域民事法律在本法域内的效力，就不可能产生区际法律冲突。

四、区际法律冲突解决的途径

解决区际法律冲突的途径主要有两种：一是区际私法解决途径，即区际冲突法解决办法；二是统一实体法解决途径。

（一）区际私法解决途径

这种办法，是指多法域国家或这类国家内的各法域，通过制定区际私法（区际冲突法），来规定各种区际民事法律关系应适用的法律，从而解决区际法律冲突。区际冲突规范，是一种法律适用规范，是一种解决区际法律冲突必不可少的有效手段，总的称为区际私法或区际冲突法。各多法域国家及其法域，通过区际私法途径解决区际法律冲突的具体方式并不相同，大体有以下几种。

1. 制定全国统一的区际私法来解决区际法律冲突

制定全国统一的区际私法，以间接调整的方法来解决区际法律冲突。这是解决区际法律冲突最佳方式。这种做法，国际实践中曾出现过三种模式：（1）专门的全国统一区际私法，如1926年《波兰区际私法典》；（2）全国统一的解决某些方面区际法律冲突的区际私法，如1979年南斯拉夫《解决关于民事地位、家庭关系及继承的法律冲突与管辖权冲突的条例》；（3）将全国统一的区际私法同国际私法结合起来加以规定，如1891年瑞士《关于州际法和适用于在瑞士居住的外国人和居住在国外的瑞士公民的法律的联邦法》（《关于定居的或暂住的民法关系的联邦法》)。

2. 各法域分别制定各自的区际私法

各法域分别制定各自的区际私法，即区际冲突法。这种办法下，各法域自行制定区际私法，以解决自己的法律与其他法域的法律之间的冲突。但可能出现反致、转致问题，繁杂了识别过程，也可能出现各法域对同一案件的不同审判结果。

3. 类推适用国际私法解决区际法律冲突

1888 年《西班牙民法典》第 14 条、1948 年《捷克斯洛伐克国际私法和区际私法典》第 5 条，都将国际私法类推适用于解决区际法律冲突。

4. 实际上适用与解决国际法律冲突基本相同的规则解决区际法律冲突

这种办法，不区分区际法律冲突和国际法律冲突，适用同样的冲突原则、规则和制度。英美的做法就是如此。

(二) 统一实体法解决途径

所谓统一实体法解决途径，是指由多法域国家制定或由多法域国家内各法域联合采用统一民事实体法，直接适用于有关跨法域的民事关系，从而避免不同法域的法律选择，消除区际法律冲突。

1. 制定全国统一的实体法解决区际法律冲突

一般由多法域国家的中央立法机关来制定：(1) 全面性的规定，以法典形式出现，如，1912 年《瑞士民法典》；(2) 大多数情况下只就某一方面问题立法，如波兰，1933 年 10 月 27 日统一债法典，1945～1947 年又统一了家庭法和其他私法。

2. 制定仅适用于部分法域的统一实体法以解决有关法域之间的区际法律冲突

这也是由多法域国家的中央立法机关来制定，只不过由于某种原因，立法机关明确该统一实体法只在部分法域中施行。例如，英国议会制定的《1882 年汇票法》《1933 年遗嘱法》，只适用于英格兰、苏格兰和北爱尔兰，不适用于海峡群岛和马恩岛；《1948 年公司法》《1958 年休养法》和《1968 年收养法》，只适用于英格兰和苏格兰，不适用于北爱尔兰、海峡群岛和马恩岛。

3. 各法域采用相同或类似的实体法求得统一

美国、澳大利亚等联邦制国家，宪法明确规定了联邦立法的权限范围，不能就所有私法问题制定全国统一的法律。为了绕开这个障碍，一些官方、半官方或民间组织，如"全国统一州法专员会议""美国法学会""美国律师协会"等，起草了不具有法律效力的"模范法""示范法"，以谋求各法域统一实体法。但实践中，并不能完全解决区际法律冲突问题：(1) 自愿适用，不一定所有法域都适用；(2) 细节问题仍存在区际法律冲突等。

4. 一些多法域国家的最高法院在审判实践中积极发挥作用，推动实体法的统一

这种做法，如加拿大、澳大利亚的最高法院，作为最高法院的英国上议院，都具有类似功能。例如，澳大利亚最高法院可以在司法实践中避免各州过分地发展不同冲突规范，推动和保证民商法在澳大利亚的统一。

5. 扩大一法域的实体法适用于另一法域以求得法制统一，从而消除区际法律冲突

这种做法，如第一次世界大战后，法国收回了原被德国占领的亚尔萨斯和洛林地区，但仍适用 1871 年德国兼并该地区时的德国法。不久，1924 年 6 月 1 日，颁布了两个法律——《在上莱茵省、下莱茵省和摩泽尔省施行法国民事立法法》《在上莱茵省、下莱茵省和摩泽尔省施行法国商事法律法》，统一了全国民法和商法。

第二节 区际私法

一、区际私法的概念

（一）区际私法的定义和名称

1. 区际私法的定义

区际私法（private interregional law）是指，在一个主权国家内部不同法域间民事交往中形成的，体现该国国家或该国不同法域间协调意志的，用来调整该国各法域间自然人、法人参加的区际民事关系的，规定在全国性或各法域立法、判例、习惯或一些国家的法理中的冲突规范，规定外法域人民事法律地位的规范，规定区际民事诉讼与区际商事仲裁程序规范的总称，简言之，即区际私法规范的总称，属于法律部门中国内法的重要部门之一。

区际私法定义包含以下含义：（1）区际私法是在一个主权国家内部不同法域间民事交往过程中产生的；（2）区际私法是一个重要法律部门，以一国内部的特定民事关系为调整对象；（3）区际私法是国内法的组成部门之一；（4）区际私法包括区际民事法律适用法、区际司法诉讼与区际商事仲裁程序法。

2. 区际私法的名称

区际私法在各国有不同的名称，例如，美国和澳大利亚称为"州际冲突法"（interstate conflict law）；瑞士称为"州际私法"（droit intercantonale prive）；加拿大学者称本国的区际私法为"省际冲突法"（interprovincial conflict law），或称为"省际私法"（private interprovincial law）；德国和波兰称为"地方间私法"（private interlocal law）；西班牙称本国的区际私法为"区际私法"（privatei nterregional law）；此外，有的学者，从区际冲突法和国际冲突法的对应出发，称区际私法为"国内冲突法"（internal conflict law）；有的学者，则称区际私法为"准国际私法"（quasi private international law）①。各国学者比较普遍地称区际私法为"区际冲突法"。

（二）区际私法的立法形式和法律渊源

1. 区际私法的立法形式

区际私法主要有全国统一的区际私法和各法域的区际私法两种形式：（1）全国统一的区际私法。在成文法方面，以专门法典或单行法规的形式出现，如1926年《波兰区际私法典》；在法典或法律中列入专编、专章或有关条款，如1961年《苏联民事立法纲要》；以单行法规规定并只适用于部分法域，如英国《1882年汇票法》中的冲突规范，只适用于英格兰、苏格兰和北爱尔兰，而不适用于海峡群岛、马恩岛和英国的殖民地。在不成文法方面，大陆法系国家和普通法系国家，都存在全国统一的不成文的区际私法，但在英美判例法国家，存在的有关判例

---

① 梅仲协. 国际私法新论. 台北：三民书局，1984：61.

和法理比较多些。（2）各法域自有的区际私法。实践中，各法域自有的区际私法多表现为不成文的习惯法、判例和法理，以成文法形式出现的法域自有的区际私法为数极少，只有加拿大魁北克省 1866 年的《魁北克民法典》和前南斯拉夫塞尔维亚共和国立法中的冲突规范，属于法域自有的区际私法。

　　2. 区际私法的法律渊源

　　区际私法的渊源，表现为成文法、不成文法和普通法系国家法学家的意见。（1）成文法：区际私法最主要的渊源。（2）不成文法：区际私法的重要渊源，主要表现为习惯法和判例。习惯法是在实践中反复类似行为而在法律上认为具有约束力，如"人的身份能力依属人法""物权依物之所在地法""场所支配行为"等，在特定范围内具有拘束力。判例作为区际私法的渊源，主要存在于普通法系国家，如美国和澳大利亚，有联邦一级的判例法区际私法；在大陆法系国家，判例在区际私法中也占有相当重要的地位。一方面，在无成文区际私法规定时，可以过去的判例作为断案的依据；另一方面，判例也是发展为成文法区际私法的主要来源。（3）法学家的学说（法理）：这是个有争议的问题，但在区际私法上，法理对多法域国家的判决发挥着重大影响。

二、区际私法的特点

　　（1）调整的对象是一个主权国家内部具有独特法律制度的不同法域之间的民事关系，因而与民法及国际私法调整的对象不同。

　　（2）调整的方法主要是间接调整的方法。区际私法主要调整方法是冲突法的方法，通过冲突规范援引内法域或外法域民事法律，来确定当事人之间的权利义务关系。而关于外法域人的民事法律地位，也可能规定了区际实体法。

　　（3）规范组成包括了区际冲突规范、外法域人的民事法律地位规范、区际民事诉讼与区际商事仲裁程序规范。

　　（4）法律渊源具有国内区域性。区际私法的渊源，可能是国内统一区际立法，也可能是各法域分别立法；除条约有特别规定外，一般不包括国际条约，也不包括国际惯例，不包括本法域的民商法惯例。

　　（5）区际法律争议的处理具有国内性。争议处理的管辖权方面，由国内各法域的司法或仲裁机构处理；法律适用方面，只适用国内各法域的民事立法，不涉及适用外国法的问题；条约适用方面，只涉及条约适用的范围包括了各法域或某法域的条约。

　　（6）区际司法协助和区际法院判决及仲裁裁决的承认与执行方面，比统一法制国家的文件送达、调查取证、判决及仲裁裁决的执行更复杂和困难，但比国际私法案件的文件送达、调查取证及判决和仲裁裁决的承认与执行容易和简单。

　　（7）在基本制度和具体法律适用原则方面与国内民法及国际私法有所不同。在这方面，可能与民法有所不同，但与国际私法，可能有相同，也可能有所不同，如识别、反致、公共秩序保留、准据法查明等方面，与国内民法、国际私法有所不同。

三、区际私法的内容

（一）区际私法中的基本制度

　　区际私法中带有普遍意义和具有主要意义的重要制度，包括识别、反致、公共秩序保留、法律规避和外法域法律查明等制度。

1. 区际私法中的识别

区际私法中的识别是指，对于构成区际民事关系的人、物、行为等事实构成，依据一定的法律制度进行分类和定性，将它归入一定的法律范畴，从而确定应予适用的区际冲突规范，并对有关的区际冲突规范进行解释的认识过程。

（1）区际私法中识别的特点。这是指其与国际私法上的识别的相似与相区别之处：1）依法院地法识别的困难。如前南斯拉夫1974年联邦宪法规定，法院地法是法院所在的特定共和国或自治省的法律，而区际冲突规范是联邦规则，不属于法院地法；如依法院地法识别，就可能构成违宪问题。2）法院在识别时要受中央立法特别是受宪法的限制等。区际私法，存在共同的主权者，有中央立法特别是宪法；或虽然法律制度不统一，但存在统一的法院制度。3）区际私法上的识别不存在依外国法识别的问题。即使依外法域法识别，也属于国内法。

（2）区际私法中识别的标准。综合国际上的实践和理论来看，大致有以下不同主张：1）依区际冲突规范所属的法律制度识别。意大利学者持此主张，但对这个做法又有不同理解，即该法律制度是指地方法律制度还是指中央法律制度？区际冲突规范为地方性法律制度，则可依各法域法律制度识别；如中央立法试图统一全国区际私法，则应依中央法律制度识别。2）依"显要"的法律进行识别。法国学者提出依据居支配地位的法律制度即中央法律制度进行识别。如无中央法律制度，也没有主要的法域的法律，则依该国首都地区有效的法律制度识别。这获得法国不同学者的支持，如尼波耶。3）依与国际私法（冲突法）相同的原则进行识别。由于区际私法中的识别与国际私法中的识别，内容是类似的，因而有不少学者主张，采用相同的原则进行识别，但在具体做法上又有不同。意大利有学者主张，应依法院地法识别，即应依区际冲突规范发挥作用的地方法律进行识别；匈牙利有学者认为，区际私法中的识别，应分别依法院地法和依法律关系本身的准据法两个阶段进行识别；瑞士有学者主张在区际私法中，应基于比较法进行识别等。

2. 区际私法中的反致

区际私法中反致的产生与国际私法不同。是否采用反致制度，更多地决定于该多法域国家内部各法域区际私法的规定。只有在区际私法不统一，又对反致制度采肯定态度的多法域国家，才可能产生反致。

区际私法中反致的不同主张：其一，在区际私法中肯定反致。在英美，国际私法和区际私法规则基本相同，在反致问题上也是如此。在英国，不但采用反致，而且特别采用"双重反致"制度；在美国，1934年《冲突法重述（第一次）》中，在不动产权利和离婚效力中采用反致，1971年《冲突法重述（第二次）》第8条第1款排除反致，第2条肯定了某些反致，可见其适用范围受到了极大限制。其二，在区际私法中否定反致。波兰、前南斯拉夫、西班牙、苏联等的区际私法中否定反致；波兰1926年《国际私法典》肯定了反致，但在《区际私法典》中因已建立了统一的区际私法而未规定反致；前南斯拉夫1979年区际私法中，因其解决区际法律冲突采用全国统一的联邦法，而未规定反致；西班牙和苏联类似前南斯拉夫；1982年前南斯拉夫的《法律冲突法》接受了狭义的反致制度。

3. 区际私法中的公共秩序保留

（1）区际私法中影响公共秩序保留适用的原因。在区际私法中，公共秩序保留适用的范围比国际私法中的范围小：1）兼并和殖民而导致的区际私法。兼并国和殖民国一般否定被兼并国和殖民地法院运用公共秩序保留来排除兼并国和殖民国法律的适用，反之，兼并国和殖民国法院可以公共秩序保留来拒绝被兼并国和殖民地法律的适用。这在非殖民化后已少见了。2）多法域国家特别是联邦制多法域国家，公共秩序保留的适用受到中央宪法的制约。如美国和澳大利亚，区际私法中公共秩序保留受到宪法中"完全诚意与信任条款"的影响。3）依中央统一立法还是各法域单独制定区际私法而影响公共秩序保留的适用。在采用中央立法制定统一区际私法的场合，不会采用公共秩序保留制度。4）多法域国家内各法域间民事立法冲突程度影响公共秩序保留的适用。各法域间民事法律冲突越大，适用公共秩序保留的可能性越大。

（2）区际私法中对公共秩序保留适用的不同主张。区际私法中对公共秩序保留适用的不同主张主要有三种：1）不适用公共秩序保留。这种主张认为，在各法域之上存在共同的主权、共同的宪法，甚至共同的中央立法，公共秩序保留是没有意义的。2）完全适用公共秩序保留。这种主张认为，公共秩序保留应完全适用于解决区际法律冲突，从而否定区际私法在公共秩序保留上的特殊性。3）有限适用公共秩序保留。这种主张不反对在区际私法中适用公共秩序保留，但认为应当设定公共秩序保留适用的条件和限制；适用还是不适用或在多大程度上适用公共秩序保留，应视具体情况而定。

（3）区际私法中公共秩序保留的不同实践。不论是单一制多法域国家还是联邦制多法域国家，在区际私法中对公共秩序保留都有截然不同的做法。例如，法国和波兰都是单一制多法域国家，法国1921年7月24日《关于解决亚尔萨斯和洛林地方法律同法国法律冲突的法律》第15条规定，该法中区际冲突规范由法国国际私法规范补充，即肯定公共秩序保留的适用；而波兰1926年公布的《国际私法典》规定公共秩序保留，但《区际私法典》未规定公共秩序保留。联邦制多法域国家也存在肯定和否定区际公共秩序保留两种情况：肯定的，如美国、澳大利亚、加拿大等国家，在不同程度上肯定区际私法中的公共秩序保留，例如，虽然美国宪法中规定的"完全诚意与信任条款"要求"各州对于他州之公共法令、记录与裁判手续，应有完全的诚意与信任"，但1941年美国联邦最高法院在一个案例中认为，"完全诚意与信任条款"要求各州适用他州的法律，但并不要求各州适用他州的法律来损害前者的公共政策，即不排除公共秩序的适用；否定的，如前南斯拉夫和苏联，因它们具有或实际具有集中、统一的区际私法，一般说来，区际私法中不适用公共秩序保留，如前南斯拉夫，其区际私法为联邦法，没有关于公共秩序的保留，各法域不能援用公共秩序保留。

4.区际私法中的法律规避

法律规避问题是一个非常复杂的问题，是较难处理的问题：法律规避在区际私法上比在国际私法上更容易，国际私法上规避的法律，可能是内国法，也可能是外国法，在区际私法上规避的都是属于不同法域的内国法。不同多法域国家对法律规避有不同的态度：如前南斯拉夫，不但不发生反致问题，也不适用公共秩序保留，而且禁止法律规避。但在美国，各州对于禁止法律规避的态度不同：在美国明尼苏达州，该州法院在判决中曾有禁止法律规避的判决；而在纽约州，该州上诉法院在判决中采取不禁止法律规避的做法，至少在州际婚姻案件中不承认法律规避的存在。

5.区际私法中外域法的查明

在国际私法上，外国法查明主要是法院有义务查明和当事人有义务查明两种做法；而在区际私法中，趋向于由法官查明外域法。

（1）完全由法官查明。在国际私法上，应由当事人负责举证证明外国法的内容，但在区际私法上，外域法的内容完全由法官查明。例如，在澳大利亚，根据1901—1964年《澳大利亚和地区的法律冲突及案卷承认法》和1905—1964年《证据法》的规定，所有澳大利亚的联邦和州法院，应在司法上认知所有澳大利亚州和联邦地区的法律。由于这个规定是联邦法，是所有联邦法院和州法院的法院地法，所以查明外域法的内容问题，便是法官的义务了。在加拿大，各省有关立法规定，法院有义务对其他省的法规和政府文件予以司法认知。

（2）由当事人举证证明的例外：原则上不分外国法和外域法，应由当事人举证证明，但规定了例外。在美国，《外国法的司法认知统一法》规定，州法院可以自由斟酌决定在司法上认知姐妹州的法律，而国际私法上的外国法被排除在外。许多州采用了这一规定，只极少数州坚持由当事人举证证明外国法那样来认知姐妹州的法律。在英国，根据其《1859 年不列颠法律确定法》和独特的司法制度，英国的法院不仅有权主动，而且通常有义务去查明外法域的法律，甚至有义务查明英联邦属地或殖民地的法律。

（二）区际冲突规范

1. 区际冲突规范的概念

区际冲突规范的概念，可从定义和类型来说明：（1）区际冲突规范的定义。它是指明国内某一跨法域的民事关系应由某法域的实体法来调整当事人间权利、义务的法律规范或法律规则，亦是法律选择规范或法律适用规范，例如，"继承依开始继承地法域的法律""侵权行为依侵权行为发生地法域的法律"，这两条区际冲突规范，规定了继承和侵权行为应适用的法域的法律。（2）区际冲突规范的类型。这和国际私法上冲突规范的类型相同，可以区分为单边冲突规范、双边冲突规范、重叠适用的冲突规范和选择适用的冲突规范，选择适用的冲突规范又可区分为有条件和无条件选择适用的冲突规范。

2. 区际冲突规范的结构——范围和系属

区际冲突规范的结构和国际私法上冲突规范的结构相同，包括范围和系属，但它的范围和系属的内容都有自己的特殊性。首先，区际冲突规范的范围存在特殊性，它的范围只指发生在一个主权国家内跨法域的各种民事关系。其次，区际冲突规范的系属存在特殊性。由于它调整的地域范围也只限于一个主权国家内的不同法域，因而有的"系属"从形式到内容，都和国际私法上的系属不同，如属人法这个系属；有的系属，虽然形式相同，但内容上存在较大差异，如当事人意思自治所选择的法律。

在区际私法中，属人法和当事人所选择的法律这两个系属有其特殊性。

在国际私法上，属人法有当事人国籍和住所两个连结点，解决的问题只限于人的身份、能力、婚姻家庭关系、继承方面的问题的系属公式或冲突原则；但在区际私法中，主权国家的国籍已失去了意义，而住所地恰好适合区际法律冲突问题的解决。实践中，大致有以下连结点来代替国籍：属人方面的连结点有籍贯地、成员国国籍（联邦制）、故乡州、故国、兼并前公民身份、土著身份、隶属区域等；属地方面的连结点有住所、居所、惯常居所、行为地、继承开始地等。其中，以住所地、籍贯地、成员国国籍、居所地、惯常居所地较为常见，尤其重视住所地这个连结点。如依 1926 年《波兰区际私法典》，人的身份、死亡宣告和婚姻关系都依当事人住所地法；1979 年前南斯拉夫《解决关于民事地位、家庭关系及继承的法律冲突与管辖权冲突的条例》（以下简称前南《区际冲突法》）也规定，当事人的住所为其属人法的连结点。

在区际私法中，由于主权观念相对较弱，判决的执行困难较小，属人法的适用范围比国际私法广泛：1）依属地原则调整的法律关系大都改由属人法调整，如遗嘱人的属人法也往往适用于不动产继承，瑞士 1891 年 6 月 25 日《关于州际法和适用于在瑞士居住的外国人和居住国外的瑞士公民的法律的联邦法》第 28 条第 1 款规定，在瑞士的不动产适用不动产拥有者故乡州的法律。2）身份事项、婚姻、亲子、收养、监护和继承关系，如 1979 年前南《区际冲突法》，对此几乎无一例外地适用当事人的属人法。

当事人所选择的法律，源于意思自治原则，但在区际私法中，当事人选择法律时有较多的限制。例如，1926 年波兰《区际私法典》第 6 条规定，当事人选择适用于合同的法律，只限于波兰有效的法律。不像国际私法上选择的范围大，包括了外国法、国际条约和国际惯例。

（三）区际法律适用原则

从法律关系的种类和方面来看区际法律适用原则和国际私法相同，如涉及外法域人的民事法律地位、人的权利能力和行为能力、物权、债权合同（侵权、无因管理、不当得利）、知识产权、商事和海商事、婚姻家庭、继承、区际司法诉讼和仲裁程序、区际司法协助等，但在规定上，包括法律适用原则和其他具体规定上，可能与国际私法有所不同。第十九章将专门探讨中国"一国两制"下的法律冲突和法律适用。

第三节 区际私法与国际私法

一、区际私法和国际私法的联系与区别

（一）区际私法和国际私法的联系

1. 在欧洲国际私法的产生和发展是以区际私法的产生和发展为先导的

国际私法是以法则区别说为先导发展起来的，而法则区别说，无论在意大利、法国还是在荷兰，实质上都是以解决国内不同地区之间的法律冲突为核心的区际私法学说；普通法系国家虽然不区分区际私法和国际私法，但也以区际私法为先导。18 世纪开始，解决国际法律冲突的国际私法，才获得迅猛发展。

2. 区际私法和国际私法都是以解决法律冲突为目的

区际法律冲突和国际法律冲突具有大致相同的性质：都是民事法律冲突、空间上的法律冲突、平面上的法律冲突、横向的法律冲突。区际私法和国际私法都以解决法律冲突为目的。

3. 区际私法和国际私法都以冲突规范为核心，采用间接调整的方法

区际私法和国际私法都是通过冲突规范，指定某种区际或国际民事关系应适用何地（国）的法律，来间接调整该区际或国际民事关系的。

4. 区际私法和国际私法在发展过程中形成了一系列相同的基本理论和基本制度

这些理论和制度，往往先在区际私法中出现，例如，在基本理论方面，形成了相同的法律冲突、冲突规范和适用外域（国）法的理论等；在基本制度方面，形成了识别、反致、公共秩序保留、法律规避、外域（国）法内容的查明等。这些基本理论和基本制度，不仅名词相同，而且内容上除了地区和国的范围大小不同外，实际上相同或相似。

5. 区际私法在确定国际私法上的准据法时具有重大关系

在国际实践中，有些大陆法系国家，在按照国际私法中的冲突规范，确定多法域国家的准据法时，要借助该多法域国家区际私法的规定；有些普通法系国家，如英美，在确定准据法

时，采用了区际私法和国际私法同样的法律适用原则和制度。

（二）区际私法和国际私法的区别

1. 区际私法和国际私法调整的对象不同

区际私法调整的对象，是一个国家内部不同法域之间的区际民事关系。国际私法调整的对象，则为主权国家之间的国际民事关系。

2. 区际私法和国际私法的法律渊源不同

区际私法的渊源只能是多法域国家的国内法或判例法，包括该国全国统一的成文法或判例法，或各法域自己的成文法或判例法；而国际私法的渊源，除了国内法或判例法外，还有国际条约和国际惯例。

3. 区际私法和国际私法在制定、实施时考虑和制约的因素不同

区际私法较少考虑国际因素，也不受国际公法的原则、规则和制度的制约，只受所属多法域国家的宪法或宪法性法律及国内其他具体情况的制约。而国际私法的制定和实施，不得不考虑国际因素，如国际通行的做法；不得不受制于国际公法的原则、规则和制度。

4. 区际私法和国际私法在具体规则和制度上不同

区际私法和国际私法冲突规范的连结点不同：在国际私法中，除了住所、惯常居所、物之所在地外，国籍是一个重要连结点；而在区际私法中，除了在少数联邦制或邦联制国家国籍在区际私法中有一定意义外，在其他多法域国家中，国籍这个连结点不起作用。在国际私法上公共秩序保留的适用范围广泛，而区际私法中，一般不适用公共秩序保留或适用的范围很小。在区际私法上，一般不存在识别和准据法的调查问题，在全国统一区际私法的多法域国家，也不存在反致问题；而在国际私法上，这些制度都在广泛适用，只在反致问题上，有的国家禁止反致。此外，在区际私法上，多法域国家的各法域之间，一般都会互相承认与执行外法域法院的判决；但在国际私法上，对外国法院判决的承认与执行，就要困难得多。此外，区际私法和国际私法适用的范围也不同：区际私法只适用于一国之内，解决不同法域之间的法律冲突；而国际私法只用于调整国际民事关系等。

二、区际私法与国际私法关系的不同主张和实践

（一）区际私法和国际私法关系的不同主张

在区际私法和国际私法关系问题上，国际上存在区别说、同一说和折中说共三种不同的理论主张。

1. 区别说

持这种主张的主要代表人物有：德国的齐特尔曼、苏联的隆茨、荷兰的胡伯、美国的艾伦·茨威格等。其观点主要为区际私法和国际私法的法律性质根本不同：前者解决发生在具有复合法律制度的主权国家内部的法律冲突；后者解决不同主权国家之间与有关问题相联系的法律冲突问题。因此，用于解决国际法律冲突的规则，不能适用于解决区际法律冲突。主要理由有：（1）国际私法上的法律冲突是主权国家之间的法律冲突，而区际私法上的法律冲突是非主权国家之间的法律冲突。（2）一国法院在解决国际法律冲突时，必须受国际公法的限制，并考虑国际上的通行做法；而在解决区际法律冲突时，无须考虑国际公法。（3）程序问题上是否受

限制不同。解决区际法律冲突时，国家可以限制区际立法者，一般无程序上的自由；而在解决国际法律冲突时，不能限制作为主权者的国家等。

2. 同一说

这一主张的代表人物有：德国的萨维尼、梅尔基奥尔、沃尔夫，英国的戴西、戚希尔，美国的施托雷等。其观点主要为区际私法和国际私法实质上都是法律适用规范，两者要解决的问题和解决的方法都互相类似，把两者区别开来是不现实的。所根据的理由有：（1）国际私法是在区际私法的基础上发展起来的，是把解决国内法律冲突的原则移植到国际场合，这一移植过程并没有改变其基本特征。（2）除了一些例外，解决国际法律冲突的原则、规则和制度与解决国内法律冲突的原则、规则和制度是相同的。

3. 折中说

这一主张的主要代表人物有：法国的巴迪福、埃利科、尼波耶，意大利的维塔、拉利弗，匈牙利的萨瑟等。在上述两种主张之间，他们主张采取一种居间的立场，既不赞同将区际私法和国际私法绝对分开的区别说，也反对区际私法和国际私法同一说：一方面，强调区际私法和国际私法的不同；另一方面，又强调二者在某些方面的同一。理由是其根据是建立在区分不同法律冲突种类的基础上的，认为法律冲突可以区分为区际法律冲突和国际法律冲突，两者属于不同种类的法律冲突；但其本身都是法律冲突，一是主权国家之间的法律冲突，一是一国内的法律冲突。

（二）区际私法和国际私法关系的实践

在区际私法和国际私法的关系上，在各多法域国家间，存在不同的实践，也和理论上的三种不同主张一致，存在三种不同的实践。

1. 区别实践

国际上，一些多法域国家，在立法和司法实践中，严格区分区际私法和国际私法，把两者视为不同的法律部门，互相不得类推适用。采取区别实践的国家主要有：波兰、苏联、前南斯拉夫。例如，1926 年 8 月 2 日波兰颁布的《国际私法典》和《区际私法典》：前者用于解决国际法律冲突，后者用于解决区际法律冲突。

2. 等同实践

英美等国在立法和司法实践中，一般不区分区际私法和国际私法，同样适用于解决区际法律冲突和国际法律冲突。它们认为，一国内部几个法域之间存在的关系、存在的法律冲突，与一个国家/一个法域和一个外国国家之间存在的关系、存在的法律冲突，没有实质的不同；不分区际私法和国际私法，是等同适用，而不是类推适用。

3. 折中实践

国际上，有一些多法域国家，在立法和司法实践中，采取折中立场。有的将区际私法和国际私法规范规定在同一法律中，并以区际冲突规范为主。例如，瑞士 1891 年 6 月 25 日颁布的《关于定居的或暂住的民法关系的联邦法》是这方面的代表。有的在立法中原则性规定，对于区际法律冲突的解决，类推适用国际私法冲突原则；但同时，对区际私法作出特别规定。1888 年《西班牙民法典》第 14 条是这方面的代表。又如，1948 年《捷克斯洛伐克国际私法和区际私法典》第 5 条，将国际私法规则类推适用于解决区际法律冲突。

三、国际私法在区际私法的基础上发展

（一）国际法律冲突首先以区际法律冲突的形式发展起来

尽管从理论上讲，有了国家就有国家间经济、人员交往，就会产生国际法律冲突，但从实际来看，由于交通不发达，早期国家间的交往不如国内各地区间的交往发达，国内区际法律冲突要比国际法律冲突严重得多。例如，在欧洲，古罗马从公元前 8 世纪中叶开始出现的《万民法》属于国内法，也可以说是区际私法的组成部分，实即统一的区际私法；后来，意大利各城市都有自己的法则，存在法则冲突。意大利的国际私法学和国际私法，是在意大利城市习惯法则的基础上发展形成的，当然，也和罗马法中的《万民法》有关，但主要是区际私法，即在解决城市间的习惯法则冲突的法则区别说的基础上发展起来的。

（二）国际私法在区际私法的基础上发展、完善

法律冲突首先是从国内不同地区间的区际法律冲突开始的，同时，在区际私法的理论基础上，发展成为国际私法理论；在解决区际法律冲突的原则、规则和制度的基础上，发展成为国际私法上解决国际法律冲突的原则、规则和制度。所以，区际私法的理论、实践和解决法律冲突的原则成为国际私法的基础；区际私法是国际私法的前驱，它开创了国际私法的先河，故又被称为"准国际私法"。

（三）国际私法学首先以区际私法学形式开始发展起来

区际私法学以关于解决区际法律冲突的区际私法作为研究对象，在区际私法产生和逐渐形成较为系统的区际私法体系的过程中，各种法律学说不断产生，并且不断发展和完善。在中国古代战国时期，魏国李悝的《法经》（约公元前 407 年）说明当时各诸侯国也可能各有其法律，但未涉及如何解决各诸侯国间的法律冲突问题。实践中，遵循"入境问俗"，按属地原则来解决，即按所在地诸侯国的规定办理。在意大利，12、13 世纪的"法则区别说"的目的就是解决意大利北部各城邦共和国之间的区际法律冲突。从意大利的"法则区别说"开始到荷兰的"法则区别说"，都是以解决国内的区际法律冲突为中心。17 世纪荷兰学者提出"国际礼让说"，从而使得"法则区别说"国际化，把解决区际法律冲突的理论发展成为国际私法理论，把解决区际法律冲突的原则、规则和制度发展成为解决国际法律冲突的原则、规则和制度。因此，区际私法的理论和解决区际法律冲突的原则成为国际私法的基础，是国际私法的先驱。此后在区际私法基础上发展起来的国际私法发展迅猛，并很快出现在制定法中。

课后练习

1. 什么叫法域？一国产生多法域的原因是什么？
2. 简述区际法律冲突的特点。（考研）
3. 简述区际法律冲突产生的原因。
4. 简述区际法律冲突的种类。（考研）

5. 区际私法和国际私法的关系怎样？

6. 在用区际冲突法解决区际法律冲突时，最佳的方式是（　　）。

    A. 制定全国统一的区际冲突法

    B. 各个法域分别制定自己的区际冲突法

    C. 类推适用国际私法

    D. 直接适用国际私法

7. 在多数多法域国家的区际冲突法中，不起作用的连结点是（　　）。

    A. 住所

    B. 居所

    C. 国籍

    D. 行为地

8. 人类历史上第一部用以解决区际法律冲突的区际私法典是（　　）。

    A. 1888 年《西班牙民法典》

    B. 1891 年瑞士《关于定居的或暂居的公民的民法关系的联邦法》

    C. 1921 年法国《防止和调整法国法与阿尔萨斯和洛林的地方法之间的法律冲突》

    D. 1926 年波兰《区际私法典》

第十九章

中国"一国两制"下的法律冲突和法律适用

本章概要

根据"一国两制"的政治构想，中英、中葡两个联合声明，以及《香港特别行政区基本法》和《澳门特别行政区基本法》，香港和澳门已分别于1997年7月1日和1999年12月20日先后回归祖国，建立了特别行政区。特别行政区拥有高度的自治权，其中包括立法权、独立的司法权和终审权。中国也成为多法域国家，在内地（大陆）和港、澳、台之间以及港、澳、台之间民事交往中，法域间法律冲突不可避免。中国各法域间的法律冲突是一种特殊的单一制国家内部不同性质的法律冲突，是中央法制区和地方法制区间的法律冲突与地方法制区之间的区际法律冲突同时并存的法律冲突。中国内地（大陆）与港、澳、台之间的法律适用和中国港、澳、台之间的法律适用有所不同。

关键术语

"一国两制"　特别行政区　中央法制区　地方法制区　中国"一国两制"下的法律冲突

第一节　中国"一国两制"下的法律冲突

一、中国的"一国两制"和特别行政区的建立

（一）中国的"一国两制"

香港自古以来就是中国的领土。1842年清政府被迫与英国签订了《南京条约》，租借香港给英国。在英国长达一百多年的殖民统治下，香港形成了多层次、多元性的不同于内地的法律，其中有英国的法律，有香港本地立法机关制定的法律，还有香港传统的习惯。[①] 1984年12

---

① 董立坤. 香港法的理论与实践. 北京：人民出版社，1999：159.

月 19 日中华人民共和国与大不列颠和北爱尔兰联合王国签署了关于香港问题的联合声明，简称《中英联合声明》，确认中国于 1997 年 7 月 1 日恢复对香港行使主权。据此，1997 年 7 月 1日香港回归祖国。

1887 年清政府被迫与葡萄牙政府签订了《中葡会谈草约》和《中葡北京条约》。从此，作为中国领土的澳门就被葡萄牙政府实行殖民统治一百多年，澳门形成了以葡萄牙法律为主体的独特的法律制度。在澳门法律体系当中，不仅包括葡萄牙法律、澳门本地立法机关制定的法律，还包括将葡萄牙法律本土化的法律和习惯。1986 年 6 月，中葡两国开始就澳门归属问题进行谈判。1987 年 4 月 13 日，中葡两国政府总理在北京正式签署了《关于澳门问题的联合声明》。据此澳门于 1999 年 12 月 20 日回归祖国怀抱。

台湾自古以来就是中国的领土。1949 年 10 月 1 日，中华人民共和国中央人民政府宣告成立，取代中华民国政府成为中国唯一合法政府，并在大陆废除了中华民国时期的法律，宣布实行社会主义制度。而国民党集团退至台湾岛，在事实上控制着台湾，并实行独立于大陆的资本主义的政治、经济和法律制度。1982 年《中华人民共和国宪法》（以下简称《宪法》）序言规定，台湾是中华人民共和国的神圣领土的一部分。2005 年《反分裂国家法》第 2 条和第 4 条规定：世界上只有一个中国，大陆和台湾同属一个中国，中国的主权和领土完整不容分割。国家绝不允许 "台独" 分裂势力以任何名义、任何方式把台湾地区从中国分裂出去。完成统一祖国的大业是包括台湾同胞在内的全中国人民的神圣职责。

为了解决台湾、香港、澳门问题，邓小平同志富有开创性地提出了 "一国两制" 的政治构想。"一国两制" 就是在 "祖国统一" 的前提下，在一个国家内部，实行两种社会制度，即在大陆实行社会主义制度，在台湾、香港、澳门地区实行资本主义制度。中国共产党十一届三中全会以后，"一国两制" 的构想逐渐为法律所确定。《宪法》第 31 条规定："国家在必要时得设立特别行政区。在特别行政区内实行的制度按照具体情况由全国人民代表大会以法律规定。"这是 "一国两制" 的宪法根据和保证。全国人大根据《宪法》这一规定制定了《香港特别行政区基本法》和《澳门特别行政区基本法》，这两部基本法体现了 "一国两制"、高度自治和港人治港、澳人治澳的原则。对于台湾问题，我国也将按照 "一国两制" 的方针来解决。台湾回归祖国后，仍然可以保留其资本主义制度。

（二）特别行政区的法律地位

《香港特别行政区基本法》第 2 条规定："全国人民代表大会授权香港特别行政区依照本法的规定实行高度自治，享有行政管理权、立法权、独立的司法权和终审权。"根据基本法的规定，香港不是一个独立的政治实体，而是在中华人民共和国中央人民政府领导下一个实行高度自治的特别行政区。

1. 享有高度的行政管理权，包括财政、金融、贸易、工商、税务等方面的管理权

行政管理权是香港特别行政区依照基本法的规定，自行处理其行政事务的权力，主要内容有：发布行政命令权，人事任免权，社会治安管理权，财政金融和贸易的独立管理权，货币发行权，批租土地权和土地管理权，航运和民用航空管理权，对科技、文化、教育、体育的管理权，社会福利和劳工管理权，中央政府委托和同意的对外事务权。

2. 立法权

香港特别行政区设置立法委员会，除了在香港实施的有关国家主权、外交等方面的全国性法律外，立法委员会享有依照法定程序独立地制定、修改和废除法律的权力，立法委员会可根

据基本法制定和修改在香港地区实施的刑法、行政法、民法、商法、诉讼法等法律，并报全国人大常委会备案，但这些法律不得与基本法相抵触。全国人大常委会经商其下属香港特别行政区基本法委员会后，如果认为立法会制定的法律不符合基本法规定的，可将有关法律发回，但不做修改，被发回的法律即行失效。

3. 独立的司法权和终审权

独立的司法权是指香港特别行政区各级法院享有对各种案件进行独立的不受任何干涉的审判的权力。香港特别行政区司法机关不受最高人民法院的监督和指导。终审权是指法院享有的对最终一级的判决不能再上诉的审判权，终审权属于香港特别行政区终审法院。《香港特别行政区基本法》赋予香港法院终审权，这是香港特别行政区高度自治的重要体现。

《澳门特别行政区基本法》规定：澳门特别行政区是中华人民共和国不可分离的部分；澳门特别行政区同时是享有高度自治权的地方行政区域，直辖于中央人民政府；全国人大授权澳门特别行政区依照《澳门特别行政区基本法》的规定实行高度自治，除外交和防务由中央人民政府负责外，享有行政管理权、立权法、独立的司法权和终审权。澳门原有法律、法令、行政法规和其他规范性文件，除同基本法相抵触或经澳门特别行政区的立法机关或其他有关机关依照法定程序作出修改外，予以保留。

（三）中央和特别行政区的权限划分

中央和特别行政区的关系，就是中央与地方的关系。中国是一个单一制的国家，香港和澳门的回归并没有改变中国单一制的结构和性质。中央最高国家机关，即全国人大及其常委会、中华人民共和国主席、国务院及中央军事委员会，与香港和澳门特别行政区权力机关及行政机关的关系，以及其权限划分，由宪法和特别行政区基本法加以规定。

基本法规定属于中央最高国家机关的职权主要包括：管理与香港、澳门有关的外交事务；管理香港、澳门特别行政区的防务，即派军驻守，保护包括香港、澳门在内的国家安全；任命香港、澳门的行政长官和主要官员；规定香港、澳门特别行政区需要向中央备案的事项；规定需经中央授权许可或批准后才能实施的事项；对基本法的解释权和修改权；特定情况下在香港、澳门实施有关全国性法律的决定权。这是维护国家统一、主权和领土完整的需要，是单一制国家中央对地方主权的必要体现。

基本法以法律形式确认"两制"，确保港人治港、澳人治澳，享有高度自治权。首先在总则中明确规定香港、澳门原有的资本主义制度和生活方式不变，法律基本不变；其次具体规定了属于香港、澳门特别行政区的高度自治权：广泛的行政管理权；立法权；独立的司法权和终审权。

二、中国"一国两制"下法律冲突的产生和特点

（一）中国"一国两制"下法律冲突的产生

由于香港、澳门特别行政区享有高度的行政管理权、立法权、独立的司法权和终审权，又在各自不同的历史条件下形成了各自的地方法律制度。与中央法律制度和中国其他法域的法律制度相比较，香港、澳门特别行政区的法律有自己的体系和内容。中国台湾地区和香港、澳门特别行政区不同，由于尚未回到祖国怀抱以及历史的原因，台湾地区现行的法律制度和内容与

中央法律制度和香港、澳门特别行政区的法律制度相比较，又有不同。随着香港、澳门的回归，以及将来台湾地区与大陆的统一，各法域之间的民事往来会更加深化和频繁，当这种民事关系跨越一个以上法域，涉及港、澳、台以及内地（大陆）不同的法律制度时，法律冲突会不可避免地发生。

1. 香港特别行政区的法律体系

香港特别行政区的法律体系由三个部分组成：第一，在香港实施的中央法律；第二，香港原有的法律；第三，香港特别行政区立法会颁布的新法律。由于受英国殖民统治一百多年，香港法律属于英美法系。

在香港实施的中央法律只限于《关于中华人民共和国国都、纪年、国歌、国旗的决议》《关于中华人民共和国国庆日的决议》《中华人民共和国国旗法》《中华人民共和国国徽法》《中华人民共和国领海与毗连区法》《中华人民共和国领事特权与豁免条例》《中华人民共和国外交特权与豁免条例》等。

香港的原有法律主要包括：（1）"英皇制诰"和"皇帝训令"。这是英国就香港地位制定的，是原香港的最高法律，被称为香港的宪法性文件。（2）普通法与衡平法。根据规定，凡英国的普通法和衡平法适合香港情况的，都在香港有效。（3）条例。这是由原香港立法局制定的条例，它们大多是根据英国有关法律的精神，结合香港的具体情况而定的。（4）附属立法。这是由立法机关授权行政机关或各种独立的管理机构制定的，用于调整某些特定领域法律关系的各种规程、规则和细则。（5）中国习惯法。在香港，中国的习惯法得到承认，但其适用受到种种限制。1997年7月1日后，香港原有法律仅有的变化表现在以下三个方面：（1）全国人民代表大会制定的适用于香港的《香港特别行政区基本法》，是规定香港特别行政区的大政方针的宪法性法律文件。（2）与《香港特别行政区基本法》相抵触的原有法律失效。（3）香港特别行政区立法机关修改过的原有法律失效。[①]香港特别行政区立法会颁布的新法律、修订的原有法律也构成香港法律的重要组成部分。

2. 澳门特别行政区的法律体系

澳门特别行政区的法律体系由三个部分组成：第一，在澳门实施的中央法律；第二，经本地化后的澳门原有的法律；第三，澳门特别行政区立法机关颁布的新法律。

值得注意的是，澳门的原有法律是以葡萄牙法律为模式建立起来的。尤其是在民商法领域，在葡萄牙统治时期，葡萄牙民法典、商法典、公司法、民事诉讼法等都适用于澳门，形成了澳门的民商法体系。在澳门回归祖国后，澳门特别行政区立法机关对于适用于澳门的葡萄牙法律进行了本地化的改造，但没有作实质性的改变。因此，澳门的法律秉承葡萄牙法律的传统，属于大陆法系。

3. 台湾地区的法律体系

台湾地区现行的法律制度是原国民党政府在大陆施行的法律制度的延续。这一套法律制度即所谓"六法"，由清朝末年变法、辛亥革命政府立法、国民党政府立法逐渐演变而来。这一法律体系由现行"政府组织法"，"民法"总则编、债编、物权编、亲属编、继承编，"公司法"，"票据法"，"海商法"，"保险法"，"民事诉讼法"，"强制执行法"，"破产法"，"非讼事件法"，"刑法"，"刑事诉讼法"，"少年事件处理法"，"社会秩序维护法"，"消费者保护法"，"劳

① 章尚锦. 国际私法. 北京：中国人民大学出版社，2000：229.

动基准法"，"公寓大厦管理条例"，"行政执行法"，"'国家'赔偿法"，"行政诉讼法"，"涉外民事法律适用法"，"台湾地区与大陆地区人民关系条例"，"港澳地区关系条例"等构成。作为一套法律制度，它具有相当的完备性。这是一个客观存在的现实。我们在处理两岸和平统一大业的时候，一定要重视这个客观存在，尊重台湾地区法律体系的客观性。①

（二）中国"一国两制"下法律冲突的特点

与世界上其他多法域国家相比较，中国"一国两制"下的法律冲突具有以下特点。

1. 中国"一国两制"下的法律冲突是一种特殊的单一制国家内的中央法制区与地方法制区的法律冲突，以及地方法制区之间的法律冲突

根据中英、中葡联合声明和两个基本法，特别行政区享有高度的自治权，包括独立的立法权、司法权和终审权，也就是说，各特别行政区在民事领域享有完全的立法管辖权。但是，各特别行政区在行政上，同中央政府的关系是地方与中央的关系，其法律制度的关系也是地方法律与中央法律的关系，港、澳、台之间的关系应当是地方政府之间的关系，所以中国"一国两制"下的法律冲突是中央法制区与地方法制区的法律冲突、地方法制区与地方法制区的法律冲突。

2. 中国"一国两制"下的法律冲突是两种性质法律之间的冲突

在其他多法域国家，法律冲突无一不是相同本质的法律之间的冲突，也就是说，是社会制度相同的法域之间的冲突。而中国"一国两制"下的法律冲突既有属于同一社会制度的法域之间的法律冲突，即阶级性质完全相同的法律之间的冲突，例如，香港与澳门之间的法律冲突，也有社会制度根本不同的法域之间的法律冲突，即社会主义法律与资本主义法律之间的冲突，例如，中国内地的法律与香港、澳门的法律之间的冲突。

3. 中国"一国两制"下的法律冲突是多元法系之间的法律冲突

香港回归以前长期处在英国管辖之下，深受普通法系的影响，其法律属于普通法系。而澳门受葡萄牙统治一百多年，葡萄牙法律延伸适用于澳门，其法律属于大陆法系。台湾地区法律长期深受大陆法系的影响，也应当属于大陆法系。中国内地（大陆）的法律独树一帜，是具有社会主义特色的法律体系，虽然秉承了大陆法系的立法模式，但是审判制度在进行倾向于当事人主义的改革。因此，中国区际法律冲突既有同属一个法系的法律制度之间的冲突，也有分属不同法系的法律制度之间的冲突。

4. 中国"一国两制"下的法律冲突的表现形式的多样性

中国"一国两制"下的法律冲突不仅表现为中央法律制度与地方法律制度的冲突以及地方法律制度之间的冲突，而且表现为中央法律制度和港、澳、台地区适用的国际条约之间以及港、澳、台地区适用的国际条约相互之间的冲突。

根据中英、中葡两个联合声明以及两个基本法的规定，香港特别行政区和澳门特别行政区可以分别以"中国香港"和"中国澳门"的名义，在经济、贸易、金融、航运、通信、旅游、文化、科技、体育等领域单独同世界各国、各地区及有关国际组织保持和发展关系，并签订和履行有关协定。中华人民共和国缔结的国际协定，中央人民政府可以根据情况和香港、澳门的需要，在征询香港或澳门特别行政区政府的意见后，决定是否适用于香港和澳门特别行政区；

---

① 余先予. 冲突法. 上海：上海财经大学出版社，1999：426-427.

而中华人民共和国尚未参加，但已适用于香港和澳门的国际协定仍可以继续适用。因此，中国"一国两制"下的法律冲突的表现形式是多样的。

三、解决中国"一国两制"下法律冲突的原则

中国"一国两制"下的法律冲突异常复杂和独特，这也增添了解决中国"一国两制"下的法律冲突的复杂性和特殊性。解决中国"一国两制"下的法律冲突必须遵循一些基本原则，以便更好地解决中国的"一国两制"下的法律冲突。这些原则的法律根据主要是中华人民共和国宪法和特别行政区基本法。

（一）促进和维护国家统一原则

根据这一原则，在解决中国"一国两制"下的法律冲突时，首先，要把握中央与香港、澳门、台湾地区都有自己的独特的法律制度，但香港、澳门和台湾都是中国领土不可分割的部分，所以，在其法律制度中不得存在违反国家统一的规定。其次，要把解决国际法律冲突的规则与解决中国"一国两制"下的法律冲突的规则区别开来，要明确香港、澳门和台湾地区都是单一制国家内的享有高度自治权的地方。再次，解决区际法律冲突的方式、途径和步骤要有助于国家的统一和繁荣。最后，在解决"一国两制"下的法律冲突时，中央与地方以及各地方相互间应有必要的协助和合作。

（二）"一国两制"原则

"一国两制"是实现国家统一的基础。在解决中国"一国两制"下的法律冲突时，应当本着坚持内地（大陆）的社会主义制度，维持香港、澳门和台湾地区的资本主义制度的方针和原则。根据这一项原则，香港、澳门、台湾地区的法律制度根本不同于内地（大陆），而且这种法制各异的局面将长期存在。因此，在解决中国"一国两制"下的法律冲突时，不宜草率、简单、操之过急地采取统一各地区的实体法的做法来避免和消除区际法律冲突，而宜多利用区际冲突法来解决区际法律冲突。[①]

（三）平等互利原则

在解决中国"一国两制"下的法律冲突时要遵循平等互利原则。平等互利原则要求适用于内地（大陆）的中央民事法律制度与香港、澳门和台湾地区的民事法律处于平等的地位，并且在一定条件下相互承认各自法律的域外效力。对于涉及内地（大陆）、香港、澳门和台湾地区的民事法律关系的主体来说，平等互利意味着进行民事交往的自然人和法人在法律上互相平等和彼此互利。在解决中国与其他国家法律冲突的立法和具体规定中应当体现平等互利原则，以保证内地（大陆）与香港、澳门和台湾地区各种民事法律关系的主体之间平等互利。

（四）促进和保障正常的中国各地方民事交往原则

随着中国的完全统一，内地（大陆）与香港、澳门和台湾地区的民事往来将更加频繁和更

---

① 章尚锦．国际私法．北京：中国人民大学出版社，2000：231.

加复杂。促进和保障正常的中国"一国两制"下的民事交往，建立、维护和发展正常的民事关系的法律秩序，避免中国"一国两制"下的民事交往的无序性和法律真空，是维护祖国统一、安定团结、繁荣发展的重要方面。因此，在解决中国"一国两制"下的法律冲突时应当贯彻促进和保障正常的中国区际民事交往的原则。

（五）坚持按照法律或条约的规定适用国际条约和国际惯例的原则

中国政府考虑到台湾地区经济、社会发展的需要和台湾同胞的实际利益，允许台湾地区作为中国的一个地区，以"中国台北"的名义，参加允许非国家的地区参加的国际组织和国际条约。例如，台湾地区以"中国台北"的名义，分别参加了亚洲开发银行和亚太经合组织等国际组织，以"台湾、澎湖、金门、马祖单独关税区"的名义加入世界贸易组织。因此，在两岸经济贸易关系的法律冲突中，如果存在双方均为缔约方的条约，该条约应优于域内法律，参照适用有关的条约，但声明保留的条款除外。[①] 同时，按照法律和条约的规定，在法律和条约没有规定的情况下适用国际惯例。

四、解决中国"一国两制"下法律冲突的途径

1. 制定全国统一的实体法

鉴于中国"一国两制"下的法律冲突的特殊性和复杂性，根据《宪法》和两部基本法的规定，利用统一实体法途径来解决法律冲突无法实现，中央立法机关不可能制定全国适用的统一实体法。

2. 类推适用各自的国际私法，作为解决中国"一国两制"下的法律冲突的过渡方法

中国内地（大陆）有《民法通则》第八章"涉外民事关系的法律适用"、《涉外民事关系法律适用法》的规定以及一些单行法规（如《合同法》《海商法》《票据法》）中有关法律适用的规定；香港适用普通法和制定法中的冲突规范或判例规则来解决法律冲突；澳门现行民法典中也有较为完善的冲突规范；而台湾地区有"涉外民事法律适用法"。当然，各法域对于国际私法中不能适用于区际法律冲突的部分可以作出相应的修改或变通的规定。目前，内地（大陆）法域对于涉港、澳、台民事案件，就是参照国际私法加以处理的。

3. 分别制定各自的区际私法，作为解决中国"一国两制"下的法律冲突的途径

各自制定区际私法是近期比较切实可行的模式。台湾地区率先作了这方面的尝试："行政院"于1992年发布了"台湾地区与大陆地区人民关系条例"，又于1997年公布了"香港澳门关系条例"，台湾地区从此便有了调整与大陆、香港、澳门之间关系的区际私法。内地（大陆）尚未制定调整内地（大陆）与香港、澳门、台湾地区之间关系的区际私法。

4. 国际条约优先适用，解决中国"一国两制"下的法律冲突

1987年10月19日公布的《最高人民法院关于审理涉港澳经济纠纷案件若干问题的解答》规定：审理涉港澳经济纠纷案件，遇有我国和香港、澳门参加的国际条约与我国法律有不同规定时，适用国际条约的规定，但我国声明保留的除外。我国法律未作规定的，可以适用国际惯例。这种做法到目前仍然保持。

---

① 齐湘泉. 涉外民事关系法律适用法. 北京：人民出版社，2003：463.

5. 制定全国统一的冲突法

由于中国现在各法域民商实体法差异较大,立法渊源情况特殊,法律合作存在诸多阻力,而且两岸尚未统一,制定四个法域的此种统一法制模式,将是缓慢而艰难的协商、协调和不断融合的相对长的过程。

第二节 中国内地(大陆)与港、澳、台之间的法律适用

一、涉港澳台民事关系的法律适用

我国法律没有对涉港、澳、台民事关系的法律适用问题作出过规定。在《涉外民事关系法律适用法》制定过程中,各界曾建议全国人大法工委对我国国际私法冲突的问题作出规定,但基于各种因素的考量,《涉外民事关系法律适用法》最终没有对涉港、澳、台民事关系的法律适用问题作出任何规定。司法实践中,虽然对涉港、澳、台案件的审理,一直比照涉外案件处理,但仍需要通过在司法解释中作出原则性规定,为法官处理涉港、澳、台民事关系的法律适用问题提供可供援引的依据。

1987 年 10 月 19 日公布的《最高人民法院关于审理涉港澳经济纠纷案件若干问题的解答》考虑到中国的区际法律冲突是一种特殊的单一制国家内的区际法律冲突,认为解决中国区际法律冲突应当在维护国家统一的基础上,坚持"一国两制"和平等互利的原则。同时规定:审理涉港澳经济纠纷案件,按照《民法通则》第八章"涉外民事关系的法律适用"的规定,应适用香港、澳门地区的法律或者外国法律的,可予适用,但以不违反我国社会的公共利益为限。审理涉港澳经济纠纷案件,遇有我国和香港、澳门参加的国际条约与我国法律有不同规定时,适用国际条约的规定,但我国声明保留的除外。①

根据最高人民法院的部署,涉台民事案件的法律适用单独制定司法解释。2010 年《最高人民法院关于审理涉台民商事案件法律适用问题的规定》第 1 条规定,"人民法院审理涉台民商事案件,应当适用法律和司法解释的有关规定。根据法律和司法解释中选择适用法律的规则,确定适用台湾地区民事法律的,人民法院予以适用"。第 2 条规定,"台湾地区当事人在人民法院参与民事诉讼,与大陆当事人有同等的诉讼权利和义务,其合法权益受法律平等保护"。第 3 条规定,"根据本规定确定适用有关法律违反国家法律的基本原则或者社会公共利益的,不予适用"。关于涉港、澳民事案件的法律适用,2012 年《最高人民法院关于适用〈中华人民共和国涉外民事关系法律适用法〉若干问题的解释(一)》第 19 条则规定:"涉及香港特别行政区、澳门特别行政区的民事关系的法律适用问题,参照适用本规定。"

二、澳门的区际法律适用规则

1999 年 8 月 2 日颁布的第 39/99M 号法令核准了新的《澳门民法典》,本地化后的《澳门

---

① 最高人民法院研究室. 涉港澳审判手册. 北京:警官教育出版社,1999:207-208.

民法典》中的冲突规范与澳门原有的冲突规范大同小异，同时，澳门的国际冲突规范和区际冲突规范是合二为一的。该民法典第一编第三章"非本地居民之权利及法律冲突"详细规定了澳门的区际法律适用规则，共计50条。其主要内容如下。

（一）属人法的确定

《澳门民法典》第30条规定：属人法即个人之常居地法，个人实际且固定之生活中心之所在地视为个人之常居地，以澳门为常居地并不取决于任何行政手续，但推定有权领取澳门居民身份证之人为澳门地区之常居民。如个人之常居地多于一地，而其中之一为澳门，则以澳门地区之法律为属人法。如无常居地，则以与个人生活有较密切联系地法为属人法。

（二）合同关系的法律适用

《澳门民法典》第40条规定了意思自治原则，由法律行为所生之债以及法律行为本身之实质，均受有关主体指定之法律或显示出为其意欲之法律所规范。第41条规定了最密切联系原则，即当当事人未明示约定准据法或者当事人的约定无效，法院也不能推断出符合要求的准据法时，则适用与法律行为较密切联系地法。

（三）非合同关系的法律适用

《澳门民法典》第41条、第42条分别规定：无因管理适用管理人主要行为地法；规范不当得利之法律，为财产利益转移于受益人之事实所依据之法律。第44条第1款规定，基于不法行为、风险或任何合规范之行为而产生之非合同责任，受引致损失之主要行为发生地之法律规范；因不作为而产生责任时，适用责任人应为行为地法。第2款规定，损害结果发生地之法律认为行为人应负责，而行为地之法律不如此认为时，适用损害结果发生地之法律。第3款规定，如行为人及受害人有同一常居地而偶然身处外地，则适用共同常居地法，但不影响上两款所指定之法律体系中应对任何人一律适用之规定之适用。

（四）物权关系的法律适用

《澳门民法典》第45条、第46条规定了物权的法律适用。物之所在地法原则是确定物权准据法的基本原则，不分动产或不动产，占有、所有权及其他物权制度，均按物之所在地法；设定或处分不动产物权之能力，亦按物之所在地法。但设定或转移过境物之物权时，则适用过境物之目的地法；受注册制度约束之交通工具，其权利的设定及转移，均受注册地法规范。第47条规定，著作权、相关权利及工业产权，均受提出保护要求地法规范，但不影响特别法例之规定之适用。

（五）婚姻关系的法律适用

《澳门民法典》第48条、第49条规定，结婚人结婚或订立婚姻协定之能力，受其各自之属人法规范；结婚方式受婚姻缔结地法规范。第50条至第52条规定：夫妻间之关系受双方共同常居地法规范。夫妻无同一常居地时，适用与家庭生活有较密切联系地法。婚前协定之实质及效力，以及法定或约定财产制之实质及效力，均按缔结婚姻时结婚人之常居地法规定。结婚人无同一常居地时，适用婚后首个共同居所地法。有关婚后协定之可行性、内容及效力，以及夫妻变更其法定或约定财产制之可行性、变更之内容及效力，均受按第50条所规定之准据法规范。

（六）家庭关系的法律适用

《澳门民法典》第 54 条至第 57 条规定：亲子关系之成立，适用亲子关系中之父亲或母亲于该关系确立日之属人法。父母与子女之关系受父母之共同常居地法规范；如无共同常居地，则受子女之属人法规范。收养之亲子关系之成立，适用收养人之属人法。夫妻共同作出收养或待被收养人为收养人配偶之子女时，夫妻之共同常居地法为准据法；如无共同常居地，则与收养人家庭生活有较密切联系地法为准据法。收养人与被收养人之关系，以及被收养人与原亲属之关系，均受收养人之属人法规范。

（七）继承关系的法律适用

《澳门民法典》第 59 条至第 62 条规定：继承受被继承人死亡时之属人法所规范；该法亦为确定遗产管理人及遗嘱执行人权力之准据法。作出、变更或废止死因处分之能力，以及因处分人年龄而在处分上所要求之特别方式，受处分人作出意思表示时之属人法规范。下列者由被继承人作出意思表示时之属人法规范：有关条款及处分之解释；意思之欠缺及瑕疵；可否订立共同遗嘱或继承合同。死因处分以及其废止或变更，如其方式符合订立行为地法之规定，或符合被继承人作出意思表示时或死亡时之属人法之规定，又或符合订立行为地法之冲突规范所援引法律之规定者，均为有效。

三、中国大陆与台湾地区之间的法律适用

台湾是中国领土不可分割的一部分，中国大陆与台湾地区的法律冲突是单一制国家内的区际法律冲突。但是，在台湾回归祖国以前，中国大陆与台湾地区的法律冲突问题应如何解决还没有达成共识。海峡两岸由于政治上的原因隔绝多年，在此期间相互不承认对方的民事法律效力。但是随着两岸民事关系的恢复和发展，民事领域法律适用问题已不可回避。为此，中华人民共和国最高人民法院发布了很多司法解释来处理涉台民事案件，台湾地方当局也于 1992 年 7 月 31 日公布了"台湾地区与大陆地区人民关系条例"（以下简称"两岸关系条例"），台湾"行政院"于 1996 年 9 月 16 日又发布了"台湾地区与大陆地区人民关系条例施行细则"，随后又经过多次修改。"条例"共有 6 章、96 条，第三章为民事部分，其主要内容如下。

（一）大陆和台湾地区之间法律适用的基本原则

台湾地区法律优先适用（限制适用大陆法律）的原则：除"条例"明确规定外，不适用大陆法律，而适用台湾地区法律：台湾地区人民与大陆人民间之民事事件，除本"条例"另有规定外，适用台湾地区之法律。大陆法律无明文规定或反致台湾地区之法律时，适用台湾地区之法律：依本"条例"规定应适用大陆之规定时，如大陆就该法律关系无明文规定或依其规定应适用台湾地区之法律者，适用台湾地区之法律。用公共秩序限制适用大陆法律：依本"条例"规定应适用大陆之规定时，如其规定有悖于台湾地区之公共秩序或善良风俗者，适用台湾地区之法律。行为地跨连两岸时台湾地区法律优先：民事法律关系之行为地或事实发生地跨连台湾地区与大陆者，以台湾地区为行为地或事实发生地。

（二）大陆和台湾地区之间法律适用的主要规范

1. 关于民事行为能力和行为方式的法律适用

大陆人民之行为能力，依大陆规定，但未成年人已结婚者，就其在台湾地区之法律行为，视为有行为能力。大陆人民、法人、团体或其他机构，其权利能力及行为能力，依大陆之规定。法律行为之方式依该行为所应适用之规定，但依行为地之规定所定之方式者，亦为有效。物权之法律行为，其方式依物之所在地之规定。行使或保全票据上权利之法律行为，其方式依行为地之规定。

2. 关于债之法律适用

契约之债依订约地之规定，但当事人另有约定者，从其约定。前项订约地不明而当事人又无约定者，依履行地之规定；履行地不明者，依诉讼地或仲裁地之规定。关于在大陆由无因管理、不当得利或其他法律事实而生之债，依大陆之规定。侵权行为之债依损害发生地之规定，但台湾地区之法律不认其为侵权行为者，不适用之。

3. 关于物权的法律适用

物权依物之所在地之规定。关于以权利为标的之物权，依权利成立地之规定。物之所在地如有变更，其物权之得丧，依其原因事实完成时之所在地之规定。船舶之物权，依船籍登记地之规定，航空器之物权，依航空器登记地之规定。

4. 关于婚姻继承关系的法律适用

结婚或两愿离婚之方式及其他要件，依行为地之规定。夫妻之一方为台湾地区人民，一方为大陆人民，其结婚及离婚之效力，依台湾地区之法律。台湾地区人民与大陆之人民在大陆结婚，其夫妻财产制，依大陆之规定，但在台湾地区之财产，适用台湾地区之法律。夫妻一方在台湾地区，一方在大陆，不能同居，而一方于 1985 年 6 月 4 日以前重婚者，利害关系人不得申请撤销；其于 1985 年 6 月 5 日以后、1987 年 11 月以前重婚者，该后婚视为有效。前项情形如夫妻双方均重婚者，于后婚者重婚之日起原婚姻关系消灭。大陆人民继承台湾地区人民之遗产，应于继承开始起 3 年内以书面向被继承人住所地之法院为继承之表示，逾期视为抛弃其继承权。大陆人民继承本"条例"施行前已由主管机关处理，且在台湾地区无继承人的现役军人或退除役官兵遗产者，前项继承表示之期间为 4 年。继承在本"条例"施行前开始者，前二项期间自本"条例"施行之日起算。被继承人在台湾地区之遗产，由大陆人民依法继承者，其所得财产总额，每人不得逾新台币二百万元，超过部分归属台湾地区同为继承之人；台湾地区无同为继承之人者，归属台湾地区后顺序之继承人；台湾地区无继承人者，归属"国库"。前项财产在本"条例"施行前已依法归属"国库"者，不适用本"条例"之规定。其依"法令"以保管款专户暂为存储者，仍依本"条例"之规定办理。遗嘱人以其在台湾地区之财产遗赠大陆人民、法人、团体或其他机构者，其总额不得逾新台币二百万元。第一项遗产中，有以下不动产为标的者，将大陆继承人之继承权利折算为价额。但其为台湾地区继承人赖以居住之不动产者，大陆继承人不得继承之。

台湾当局将两岸的民事法律冲突定位于区际法律冲突，有其可取之处。在承认一个中国的前提下，通过冲突法规范来处理两岸民事关系，一方面，符合客观形势发展的需要；另一方面，为祖国完全统一在某种程度上奠定了民事法律基础。但是，"两岸关系条例"本身仍然存在很多问题。首先，从该"条例"的性质看，这是一部区域冲突法规范，但是，该"条例"大量采用单边冲突规范，优先适用台湾地区之法律，限制和排除大陆法律的适用，不仅不能反映平等互利的原则，而且不利于两岸关系的正常发展，更与当代冲突法规范的发展趋势大相径庭。其次，港、澳、台地区分别制定各自的区际冲突法的模式并不可取。这样做，不仅不能明显改善区际法律冲突的调整效果，而且还会造成冲突法的冲突，不利于建立统一的冲突法规范。除此之外，该"条例"的措辞也存在严重问题，其刻意回避对大陆法律的承认，将大陆法律称为"大陆之规定"，对大陆法律和台湾地区法律区别对待，严重违背了立法的一般准则。该"条例"的内容如婚姻、家庭、继承方面的规定也严重滞后，不能体现现代法律之精神。

第三节　中国港、澳、台之间的法律适用

一、香港与澳门、台湾之间的法律适用

香港冲突法以不同法域间的法律冲突为解决对象，不仅适用于国际法律冲突，而且适用于区际法律冲突以及与澳门、台湾的法律冲突。其法律适用规则主要有以下几类。

1. 民事法律关系主体地位的冲突规范

香港的冲突法规定人的身份和能力一般适用其属人法，香港以住所地为属人法；澳门、台湾则以国籍国法为属人法。根据香港法律的规定，住所分为原始住所、选定住所和依附住所。法律指定给新生婴儿的住所为原始住所。原始住所不得放弃，一直要延续到当事人依据久居的意向和居住的事实取得选定住所之日为止。选定住所一旦丧失；当事人就恢复原始住所。而依附住所则是对 16 岁以下儿童和精神失常者依附于监护人的住所而言。

2. 物权关系的冲突规范

关于不动产物权关系，香港适用不动产所在地法。关于有体动产物权，香港也适用物之所在地法，对于船舶、飞机等属于动产而在法律上又类似于不动产的运输工具，香港一般采用船旗国或登记国法律。关于无体动产的冲突规范，依照香港法律，放在物权部分。流通票据的法律适用，票据当事人的行为能力依行为地法，汇票和本票的出票人背书、承兑和参加承兑的解释和有效性的形式要件依各该契约缔结地法，汇票和本票转让的有效性依转让行为地法，持票人提示义务依行为地法，退票通知义务依票据拒付地法，票据到期日依付款地法。

3. 债权关系的冲突规范

关于合同关系的法律适用，采取整体法确定合同准据法。合同准据法首先决定于缔约双方的明示选择；若没有明示选择，则由法院综合考虑合同所使用的法律术语、交易货币、语言、当事人居住地和合同纠纷仲裁地等因素推定当事人的默示选择，若无法确定当事人的默示选择，则法院将行使自由裁量权，选择与合同具有最密切联系的法律作为合同的准据法。

4. 侵权行为的法律适用

香港确立了以法院地法为主，兼采侵权行为地法的原则。

5. 婚姻家庭的冲突规范

在结婚实质要件方面，香港法律规定一般适用当事人住所地法，而且在实际审判中采用"各当事人的婚前住所地法"。在离婚的法律适用上，香港是适用法院地法。香港处理离婚案件以管辖权为切入点。诉讼开始时，只要当事人有一方住所在香港，或于诉讼开始时，当事人有一方已在香港设有惯常居所一年以上，它就行使管辖权，而在香港法院享有管辖权的任何离婚

案件中，它都只适用香港法。对于夫妻间人身关系，香港主要采用当事人住所地法为主，以法院地法或行为地法加以控制和补充。香港法律认为夫妻间的财产关系属于契约关系，应适用"意思自治"的原则，由当事人双方的意思加以确定。如当事人双方未订立合同，法院可以根据婚姻成立的实际情况进行推定，并决定适用的准据法。根据香港的法律，婚生子女的准据法采用子女出生时父之住所地法。关于亲子关系的法律适用，香港有其独特的规定：香港法律把亲子关系分为对未成年子女的一般亲权和对子女的财产权，分别适用不同的法律。一般亲权适用父之住所地法，而财产权又分为动产和不动产，动产适用父之住所地法，不动产适用不动产所在地法。对于扶养关系，香港原则上适用扶养义务人住所地法。

6. 继承关系的冲突规范

香港在法定继承准据法的确定上采用的是"区别制"，即将财产分为动产和不动产，动产适用被继承人死亡时的住所地法，不动产适用不动产所在地法。关于遗嘱形式要件的准据法，香港法律实行区别制，不动产适用不动产所在地法，动产遗嘱方式只要符合下列四种法律之一，即为有效：行为地法、遗嘱人立遗嘱时住所地法、遗嘱人死亡时的住所地法和遗嘱人在香港的原始住所地法。

二、澳门与香港、台湾之间的法律适用

澳门原有国际私法是澳门原有法律的重要组成部分，是《葡萄牙民法典》的翻版，它是澳门用于解决不同国家之间的民事法律冲突、调整国际民事法律关系的法律规范的总称。本地化后的《澳门民法典》中的冲突规范与澳门原有的冲突规范大同小异，而且澳门的国际冲突规范和区际冲突规范是合二为一的。《澳门民法典》第一编第三章"非本地居民之权利及法律冲突"详细规定了澳门冲突法的一般问题和冲突规范。

三、台湾与澳门、香港之间的法律适用

台湾地区依"涉外民事法律适用法"处理台湾地区与大陆领域外的法律冲突，用"两岸关系条例"调整与大陆的法律冲突（不仅是民事法律冲突），用1997年4月通过的"香港、澳门关系条例"（以下简称"港澳条例"）调整与港、澳之间的法律冲突（不限于民事法律冲突）。"港澳条例"共6章、62条，分总则、行政、民事、罚则等部分，并配有一系列相关办法。这里仅就其确立的冲突规范略作评介。

（一）台湾与港、澳之间的法律适用

该"条例"第38条规定，民事事件，涉及香港或澳门者，类推适用"涉外民事法律适用法"。"涉外民事法律适用法"未规定者，适用与民事法律关系最重要牵连关系地法律。这是台湾处理与港、澳法律冲突的唯一的冲突规范。需要注意的是，在援引台湾"涉外民事法律适用法"时，使用"类推适用"，意味着将台湾与港、澳的法律冲突定位于区际法律冲突，与以"涉外民事法律适用法"调整与外国的法律冲突有所区别。

（二）港、澳法人在台湾的许可问题

该"条例"第39条规定，未经许可之香港或澳门法人、团体或其他机构，不得在台湾地

区为法律行为。第 40 条规定，未经许可之香港或澳门法人、团体或其他机构以其名义在台湾地区与他人为法律行为者，其行为人就该法律行为，应与该香港或澳门法人、团体或其他机构，负连带责任。第 41 条规定，香港或澳门之公司组织，在台湾地区营业，准用"公司法"有关外国公司之规定。

课后练习

1. 中国"一国两制"下的法律冲突是怎样产生的？

2. 中国"一国两制"下的法律冲突的性质是什么？

3. 你认为应如何解决中国内地（大陆）与港、澳、台之间的法律冲突？

4. 你认为应如何解决港、澳、台之间的区际法律冲突？

5. 解决中国区际法律冲突的原则主要是（   ）。

   A. 促进和维护国家统一原则

   B. "一国两制"的原则

   C. 公共秩序保留的原则

   D. 保护正常的区际民商事交往的原则

6. 中国区际法律冲突的特点是（   ）。

   A. 是一种特殊的单一制国家的法律冲突

   B. 是各种性质法律之间的冲突

   C. 是多元法系之间的法律冲突

   D. 法律冲突的表现形式多样性

第二十章

中国内地（大陆）与港、澳、台之间的民事司法协助

本章概要

　　随着中国内地（大陆）与香港、澳门和台湾地区之间的民事交往进一步加强，民事法律纠纷在不断增多，民事司法事务也在不断增加。因此，为了促进各法域人民之间的正常往来，维护当事人的合法权益，在内地（大陆）与香港、澳门和台湾地区相互之间就有必要进行民事司法协助。在这方面，各法域之间已经在一定范围内开展了各种形式的司法协助，取得了一些成果，积累了一些经验。本章在介绍区际民事司法协助基本原理的基础上，主要介绍中国内地（大陆）与港、澳、台之间民事司法协助的进展，包括文书送达、调查取证、判决的认可与执行、仲裁裁决的认可与执行。学习本章时，注意把握目前通过先协商一致后分别安排的模式在解决中国内地（大陆）与港、澳之间民事司法协助领域的重要意义，从而促进法域间民事争议的解决。

关键术语

　　区际司法协助　区际司法协助依据　区际司法协助模式　《关于内地与香港特别行政区法院相互委托送达民商事司法文书的安排》《关于内地与香港特别行政区相互执行仲裁裁决的安排》《关于内地与香港特别行政区法院相互认可和执行当事人协议管辖的民商事案件判决的安排》《关于内地与澳门特别行政区法院就民商事案件相互委托送达司法文书和调取证据的安排》《关于内地与澳门特别行政区关于相互认可和执行民商事判决的安排》《关于内地与澳门特别行政区相互认可和执行仲裁裁决的安排》《关于涉台民事诉讼文书送达的若干规定》《关于人民法院认可台湾地区有关法院民事判决的规定》《关于人民法院认可台湾地区仲裁裁决的规定》

第一节　区际民事司法协助概述

一、区际民事司法协助的概念

　　司法协助（judicial assistance）是指一个国家或地区的司法机关应另一个国家或地区的司

法机关或者有关当事人的请求，代为履行一定的司法行为，或者在司法方面提供其他的协助。① 根据司法协助是否具有外国因素，它可分为国际司法协助和区际司法协助：前者是指国家与国家之间的司法协助，是在国际层面通常所指的司法协助；而后者是指一个国家内部不同法域之间的司法协助，由于某些国家内部存在不同的法制区域，各法制区域之间也需要开展司法协助。

根据司法协助的性质，它可分为刑事司法协助和民事司法协助：前者的内容主要涉及文书送达、调查取证、嫌疑犯移交、诉讼移管、已决犯移管以及判决的承认与执行等，而后者的内容主要涉及文书送达、调查取证、法律的查明以及法院判决和仲裁裁决的承认与执行等。在理论上，民事司法协助还有狭义和广义之分：狭义的民事司法协助只包括文书送达、调查取证、法律的查明等；而广义的司法协助不仅包括文书送达、调查取证、法律的查明等，还包括法院判决和仲裁裁决的承认与执行。本教材所指的区际民事司法协助是指一个国家内部不同法域之间在民事领域的司法协助，主要包括文书送达、调查取证、法院判决的承认与执行以及仲裁裁决的承认与执行。

二、区际民事司法协助的依据

一个国家内部不同法域之间的司法协助显然有别于国际司法协助，它是属于一个主权范围之内的，享有独立的司法权和终审权的不同法域的法院之间的司法协助。从各国的立法和司法实践来看，区际司法协助的法律依据主要有以下四种：（1）一国宪法和宪法性文件。例如，瑞士宪法第 16 条规定：各州法院之间相互应提供司法协助。（2）凌驾于各法域之上的中央法律。例如，澳大利亚《1901—1968 年诉讼中的送达和执行法》是澳大利亚各州法院进行州际送达和相互执行判决的法律依据。（3）地区之间的司法协助协议。例如，1988 年 7 月广东省高级人民法院和香港最高法院关于相互委托送达民事经济纠纷案件诉讼文书的协议。（4）互惠。仅在宪法和中央法律没有规定，而各法域之间也未签订协议的情况下采用。②

在中国，按照"一国两制"的方针，根据《香港特别行政区基本法》和《澳门特别行政区基本法》的规定，在中国恢复对香港和澳门行使主权后，全国人大只制定有关国防、外交和其他按照两个基本法的规定不属于港、澳特别行政区自治范围内的施行于香港和澳门的法律，而不能立即制定同时施行于内地、香港和澳门的有关司法协助的法律。因此，在中国不同法域之间民事司法协助问题上，目前缺乏宪法和中央法律的依据。但上述两个基本法已就港、澳特别行政区与全国其他地方之间开展司法协助问题作出了规定，从而为中国不同法域开展司法协助提供了宪法性法律基础。

因此，在一定时期内，港、澳基本法和法域之间的司法协助协议是内地与港、澳开展司法协助的主要依据。当然，内地（大陆）在涉及港、澳、台方面的司法协助方面，也可以单方面通过立法或相关司法解释来解决送达等某些司法协助环节，例如，2009 年 2 月 16 日最高人民法院审判委员会第 1463 次会议通过了《关于涉港澳民商事案件司法文书送达问题若干规定》（法释〔2009〕2 号），2008 年 4 月 17 日最高人民法院审判委员会第 1421 次会议通过了《最高人民法院关于涉台民事诉讼文书送达的若干规定》（法释〔2008〕4 号）等。

---

① 黄进，黄风. 区际司法协助研究. 北京：中国政法大学出版社，1993：3-8.
② 黄进. 区际司法协助的理论实务. 武汉：武汉大学出版社，1994：31-32.

三、区际民事司法协助的模式

迄今为止，国际上多法律制度国家解决区际司法协助问题的模式主要有三种：（1）澳大利亚模式。澳大利亚《1901—1968年诉讼中的送达和执行法》以全国性法律来调整不同法域之间的司法协助问题，各法域的地方性法律不得与全国性法律相抵触。在这种模式下的区际司法协助具有强制性，也是最简便和最有效的方式。（2）英国模式，以统一立法或分别立法的形式实施有条件的区际司法协助。相对于澳大利亚模式，其特点是各法域之间实行有条件的司法协助，被请求方可以对外法域法院作出的判决进行一定的审查；而且，在立法形式上区别不同情况，或采用统一立法，或采用分别立法。具体说，在解决英国本土（英格兰、苏格兰和北爱尔兰）之间判决的相互承认与执行问题时，采用的是统一立法——1982年《民事司法管辖与判决法》；而在解决英国本土与其海外属土之间的司法协助关系时，则规定一致的法律原则，由英国和各海外属土分别立法。（3）美国模式。美国的区际司法协助关系主要也是在相互承认与执行判决方面，与英国一样。但与英国不同的是，美国采取二级调整的方式，即一方面由宪法规定各州合作的基本原则，另一方面由各州自愿参加统一州法来进一步协调。美国起草了一项《统一外州判决强制执行法》，推荐给各州立法机关，由各州立法机关自愿决定是否接受并在本州制定这一立法。

上述各种途径，都是有关国家从自身的国情出发选择的最适当、最有效的机制，且都是建立在同一社会制度、同一法律原则之上的。各法域的法律虽有差异，但基本法律制度是完全统一的，即是在"一国一制"的基础之上。但中国内部不同法域之间司法协助的模式，不能脱离中国的国情，必须以坚持"一国两制"的方针为立足点，既要体现和维护国家主权，又要充分保障港、澳、台地区的高度自治权。

第二节　内地与香港之间的民事司法协助

中国对香港恢复行使主权后，内地与香港两地的有关机关一直以积极和建设性的态度进行协商，最终确定了内地与香港特别行政区民事司法协助的模式，即由最高人民法院和香港特别行政区律政司代表两地充分协商后签署有关"安排"，然后分别根据两地的法制和程序转化适用，即内地由最高人民法院发布司法解释、香港特别行政区通过修改法律程序后公布的模式，先后就许多具体方案达成共识，成功地签署了司法文书送达、相互委托取证、仲裁裁决的执行和法院判决的执行等方面的安排。

一、民事司法文书相互委托送达

根据《香港特别行政区基本法》第95条的规定——"香港特别行政区可与全国其他地区的司法机关通过协商依法进行司法方面的联系和相互提供协助"，1998年12月30日最高人民法院审判委员会第1038次会议根据最高人民法院和香港特别行政区代表协商达成的一致意见，通过了《最高人民法院关于内地与香港特别行政区法院相互委托送达民商事司法文书的安排》

（法释〔1999〕9 号），自 1999 年 3 月 30 日起施行。其主要内容如下。

（一）关于委托送达的主体

根据该"安排"，委托送达司法文书的主体是内地法院和香港特别行政区法院，它们可以相互委托送达民商事司法文书。但双方委托送达司法文书，均须通过各高级人民法院和香港特别行政区高等法院进行。最高人民法院可以直接委托香港特别行政区高等法院送达司法文书。

（二）关于司法文书的范围

在内地司法文书包括起诉状副本、上诉状副本、授权委托书、传票、判决书、调解书、裁定书、决定书、通知书、证明书、送达回证，在香港特别行政区司法文书包括起诉状副本、上诉状副本、传票、状词、誓章、判案书、判决书、裁决书、通知书、法庭命令、送达证明。上述委托送达的司法文书以互换司法文书样本为准。

（三）关于委托送达的要求

委托方请求送达司法文书，须出具盖有其印章的委托书，并须在委托书中说明委托机关的名称、受送达人的姓名或者名称、详细地址及案件的性质。委托书应当以中文文本提出。所附司法文书没有中文文本的，应当提供中文译本。以上文件一式两份。受送达人为两人以上的，每人一式两份。受委托方如果认为委托书与该"安排"的规定不符，应当通知委托方，并说明对委托书的异议。必要时可以要求委托方补充材料。

（四）关于受托送达的时限

不论司法文书中确定的出庭日期或者期限是否已过，受委托方均应送达。委托方应当尽量在合理期限内提出委托请求。受委托方接到委托书后，应当及时完成送达，最迟不得超过自收到委托书之日起两个月。送达司法文书后，内地人民法院应当出具送达回证，香港特别行政区法院应当出具送达证明书。出具送达回证和证明书，应当加盖法院印章。受委托方无法送达的，应当在送达回证或者证明书上注明妨碍送达的原因、拒收事由和日期，并及时退回委托书及所附全部文书。

（五）关于送达的其他方面

送达司法文书，应当依照受委托方所在地法律规定的程序进行，受委托方对委托方委托送达的司法文书的内容和后果不负法律责任。委托送达司法文书费用互免。但委托方在委托书中请求以特定送达方式送达所产生的费用，由委托方负担。该"安排"在执行过程中遇有问题和修改，应当通过最高人民法院与香港特别行政区高等法院协商解决。

二、民商事案件相互委托取证

根据《香港特别行政区基本法》第 95 条的规定，最高人民法院与香港特别行政区经协商，达成《关于内地与香港特别行政区法院就民商事案件相互委托提取证据的安排》（以下简称《与香港相互委托提取证据的安排》），该《与香港相互委托提取证据的安排》自 2017 年 3 月 1 日起生效。

《与香港相互委托提取证据的安排》规定，双方相互委托提取证据，须通过各自指定的联络机关进行，其中，各高级人民法院为内地的联络机关，香港特别行政区政府行政署为香港特区的联络机关，最高人民法院则可以直接通过香港特区指定的联络机关委托提取证据。

《与香港相互委托提取证据的安排》明确，受委托方的联络机关收到委托书后，应及时将委托书及相关材料转相关法院或其他机关办理，或自行办理，如果受委托方认为委托材料不符合本辖区相关法律规定，应及时通知委托方修改补充，如果受委托方认为受托事项不属于委托事项范围，可以予以退回并说明原因。委托书及相关材料须包括法院名称、与委托事项有关的当事人或证人信息以及要求提供的协助详情等。

《与香港相互委托提取证据的安排》规定，内地法院请求香港特区方面协助的范围包括：讯问证人；取得文件；检查、拍摄、保存、保管或扣留财产；取得财产样品或对财产进行试验；对人进行身体检验。香港特区委托内地法院协助的范围包括：取得当事人的陈述及证人证言；提供书证、物证、视听资料及电子数据；勘验、鉴定。

《与香港相互委托提取证据的安排》规定，如果委托方请求其司法人员、有关当事人及其诉讼代理人（法律代表）在受委托方取证时到场，以及参与录取证言的程序，受委托方可以按照其辖区内相关法律规定予以考虑批准。

《与香港相互委托提取证据的安排》规定，受委托方因执行受托事项产生的一般性开支，由受委托方承担。受委托方因执行受托事项产生的翻译费用、专家费用、鉴定费用、应委托方要求的特殊方式取证所产生的额外费用等非一般性开支，由委托方承担。如果受委托方认为执行受托事项或会引起非一般性开支，应先与委托方协商，以决定是否继续执行受托事项。

《与香港相互委托提取证据的安排》明确，受委托方应当尽量自收到委托书之日起 6 个月内完成受托事项，如未能按委托方的请求完成受托事项，或者只能部分完成受托事项，应当向委托方书面说明原因，并退回委托书以及相关材料。

三、仲裁裁决的相互执行

1999 年 6 月 18 日，根据《香港特别行政区基本法》第 95 条的规定，最高人民法院审判委员会第 1069 次会议根据最高人民法院和香港特别行政区代表协商达成的一致意见，通过了《最高人民法院关于内地与香港特别行政区相互执行仲裁裁决的安排》（法释〔2000〕3 号），自 2000 年 2 月 1 日起施行。其主要内容如下。

（一）关于执行依据

香港特别行政区法院同意执行内地仲裁机构依据《中华人民共和国仲裁法》所作出的裁决，内地人民法院同意执行在香港特别行政区按香港特别行政区《仲裁条例》所作出的裁决。内地或者香港特别行政区作出的仲裁裁决，一方当事人不履行仲裁裁决的，另一方当事人可以向被申请人住所地或者财产所在地的有关法院申请执行。

（二）关于管辖法院

管辖法院在内地指被申请人住所地或者财产所在地的中级人民法院，在香港特别行政区指香港特别行政区高等法院。被申请人住所地或者财产所在地在内地不同的中级人民法院辖区内的，申请人可以选择其中一个人民法院申请执行裁决，不得分别向两个或者两个以上人民法院提出申请。被申请人的住所地或者财产所在地既在内地，又在香港特别行政区的，申请人不得同时分别向两地有关法院提出申请。只有一地法院执行不足以偿还其债务时，才可就不足部分向另一地法院申请执行。两地法院先后执行仲裁裁决的总额，不得超过裁决数额。

（三）关于申请执行

申请人向有关法院申请执行在内地或者香港特别行政区作出的仲裁裁决的，应当提交执行申请书、仲裁裁决书和仲裁协议。执行申请书的内容应当载明下列事项：（1）申请人为自然人的情况下，该人的姓名、地址；申请人为法人或者其他组织的情况下，该法人或其他组织的名称、地址及法定代表人姓名。（2）被申请人为自然人的情况下，该人的姓名、地址；被申请人为法人或者其他组织的情况下，该法人或其他组织的名称、地址及法定代表人姓名。（3）申请人为法人或者其他组织的，应当提交企业注册登记的副本；申请人是外国籍法人或者其他组织的，应当提交相应的公证和认证材料。（4）申请执行的理由与请求的内容，被申请人的财产所在地及财产状况。申请人向有关法院申请执行内地或者香港特别行政区仲裁裁决的期限依据执行地法律有关时限的规定，有关法院接到申请人申请后，应当按执行地法律程序处理及执行。

（四）关于不予执行

被申请人接到通知后，提出证据证明有下列情形之一的，经审查核实，有关法院可裁定不予执行：（1）仲裁协议的当事人依对其适用的法律属于某种无行为能力的情形；或者该项仲裁协议依约定的准据法无效；或者未指明以何种法律为准时，依仲裁裁决地的法律是无效的。（2）被申请人未接到指派仲裁员的适当通知，或者因他故未能陈述意见的。（3）裁决所处理的争议不是交付仲裁的标的或者不在仲裁协议条款之内，或者裁决载有关于交付仲裁范围以外事项的决定的；但交付仲裁事项的决定可与未交付仲裁的事项划分时，裁决中关于交付仲裁事项的决定部分应当予以执行。（4）仲裁庭的组成或者仲裁庭程序与当事人之间的协议不符，或者在有关当事人没有这种协议时与仲裁地的法律不符的。（5）裁决对当事人尚无约束力，或者业经仲裁地的法院或者按仲裁地的法律撤销或者停止执行的。（6）有关法院认定依执行地法律，争议事项不能以仲裁解决时，则可不予执行该裁决。（7）内地法院认定在内地执行该仲裁裁决违反内地社会公共利益，或者香港特别行政区法院决定在香港特别行政区执行该仲裁裁决违反香港特别行政区的公共政策，则可不予执行该裁决。

四、协议管辖的法院判决的相互认可与执行

2006 年 6 月 12 日，根据《香港特别行政区基本法》第 95 条的规定，最高人民法院审判委员会第 1390 次会议根据最高人民法院和香港特别行政区协商达成的一致意见，通过了《最高人民法院关于内地与香港特别行政区法院相互认可和执行当事人协议管辖的民商事案件判决的安排》（法释〔2008〕9 号，以下简称《与香港相互认可和执行当事人协议管辖的民商事案件判决的安排》），自 2008 年 8 月 1 日起施行。其主要内容如下。

（一）关于该安排的任务

《与香港相互认可和执行当事人协议管辖的民商事案件判决的安排》的主要任务是规范内地人民法院和香港特别行政区法院在具有书面管辖协议的民商事案件中作出的须支付款项的具

有执行力的终审判决，当事人可以根据该安排向内地人民法院或者香港特别行政区法院申请认可和执行。这是在司法领域落实《香港特别行政区基本法》要求的具体体现，标志着两地司法向更紧密协助关系迈进，这也必将在贯彻落实"一国两制"方针，保护两地当事人合法权益，维护两地司法的权威，促进内地、香港经济发展和香港长期繁荣、稳定方面产生积极的影响。

（二）关于终审判决的界定

《与香港相互认可和执行当事人协议管辖的民商事案件判决的安排》所称"具有执行力的终审判决"，在内地是指：（1）最高人民法院的判决；（2）高级人民法院、中级人民法院以及经授权管辖第一审涉外、涉港澳台民商事案件的基层人民法院依法不准上诉或者已经超过法定期限没有上诉的第一审判决、第二审判决，以及依照审判监督程序由上一级人民法院提审后作出的生效判决。在香港特别行政区是指终审法院、高等法院上诉法庭以及原讼法庭和区域法院作出的生效判决。《与香港相互认可和执行当事人协议管辖的民商事案件判决的安排》所称判决，在内地包括判决书、裁定书、调解书、支付令，在香港特别行政区包括判决书、命令和诉讼费评定证明书。

（三）关于书面协议的界定

《与香港相互认可和执行当事人协议管辖的民商事案件判决的安排》所称"书面管辖协议"，是指当事人为解决与特定法律关系有关的已经发生或者可能发生的争议，自该安排生效之日起，以书面形式明确约定内地人民法院或者香港特别行政区法院具有唯一管辖权的协议。上述"特定法律关系"，是指当事人之间的民商事合同，不包括雇佣合同以及自然人因个人消费、家庭事宜或者其他非商业目的而作为协议一方的合同。"书面形式"是指合同书、信件和数据电文（包括电报、电传、传真、电子数据交换和电子邮件）等可以有形地表现所载内容、可以调取以备日后查用的形式。书面管辖协议可以由一份或者多份书面形式组成。除非合同另有规定，合同中的管辖协议条款独立存在，合同的变更、解除、终止或者无效，不影响管辖协议条款的效力。

（四）关于申请的法院

申请认可和执行符合《与香港相互认可和执行当事人协议管辖的民商事案件判决的安排》规定的民商事判决，在内地向被申请人住所地、经常居住地或者财产所在地的中级人民法院提出，在香港特别行政区向香港特别行政区高等法院提出。被申请人住所地、经常居住地或者财产所在地在内地不同的中级人民法院辖区的，申请人应当选择向其中一个人民法院提出认可和执行的申请，不得分别向两个或者两个以上人民法院提出申请。被申请人的住所地、经常居住地或者财产所在地既在内地，又在香港特别行政区的，申请人可以同时分别向两地法院提出申请，两地法院分别执行判决的总额，不得超过判决确定的数额。已经部分或者全部执行判决的法院应当根据对方法院的要求提供已执行判决的情况。

（五）关于申请的要求

申请人向有关法院申请认可和执行判决的，应当提交以下文件：（1）请求认可和执行的申请书。（2）经作出终审判决的法院盖章的判决书副本。（3）作出终审判决的法院出具的证明书，证明该判决属于该安排所指的终审判决，在判决作出地可以执行。（4）身份证明材料，申请人为自然人的，应当提交身份证或者经公证的身份证复印件；申请人为法人或者其他组织的，应当提交经公证的法人或者其他组织注册登记证书的复印件；申请人是外国籍法人或者其他组织的，应当提交相应的公证和认证材料。

请求认可和执行申请书应当载明下列事项：（1）当事人为自然人的，其姓名、住所；当事人为法人或者其他组织的，法人或者其他组织的名称、住所以及法定代表人或者主要负责人的姓名、职务和住所。（2）申请执行的理由与请求的内容，被申请人的财产所在地以及财产状况。（3）判决是否在原审法院地申请执行以及已执行的情况。向内地人民法院提交的文件没有中文文本的，申请人应当提交证明无误的中文译本。执行地法院对于所规定的法院出具的证明书，无须另行要求公证。

（六）关于申请的期限

申请人申请认可和执行内地人民法院或者香港特别行政区法院判决的程序，依据执行地法律的规定。该安排另有规定的除外。申请人申请认可和执行的期限，双方或者一方当事人是自然人的为 1 年，双方是法人或者其他组织的为 6 个月。前述期限，内地判决到香港特别行政区申请执行的，从判决规定履行期间的最后一日起计算，判决规定分期履行的，从规定的每次履行期间的最后一日起计算；香港特别行政区判决到内地申请执行的，从判决可强制执行之日起计算，该日为判决上注明的判决日期，判决对履行期限另有规定的，从规定的履行期限届满后开始计算。

（七）关于不予执行

对于申请认可和执行的判决，原审判决中的债务人提供证据证明有下列情形之一的，受理申请的法院经审查核实，应当裁定不予认可和执行：（1）根据当事人协议选择的原审法院地的法律，管辖协议属于无效。但选择法院已经判定该管辖协议为有效的除外。（2）判决已获完全履行。（3）根据执行地的法律，执行地法院对该案享有专属管辖权。（4）根据原审法院地的法律，未曾出庭的败诉一方当事人未经合法传唤或者虽经合法传唤但未获依法律规定的答辩时间。但原审法院根据其法律或者有关规定公告送达的，不属于上述情形。（5）判决是以欺诈方法取得的。（6）执行地法院就相同诉讼请求作出判决，或者外国、境外地区法院就相同诉讼请求作出判决，或者有关仲裁机构作出仲裁裁决，已经为执行地法院所认可或者执行的。（7）内地人民法院认为在内地执行香港特别行政区法院判决违反内地社会公共利益，或者香港特别行政区法院认为在香港特别行政区执行内地人民法院判决违反香港特别行政区公共政策的，不予认可和执行。

（八）关于执行中止

对于香港特别行政区法院作出的判决，判决确定的债务人已经提起上诉，或者上诉程序尚未完结的，内地人民法院审查核实后，可以中止认可和执行程序。经上诉，维持全部或者部分原判决的，恢复认可和执行程序；完全改变原判决的，终止认可和执行程序。内地地方人民法院就已经作出的判决按照审判监督程序作出提审裁定，或者最高人民法院作出提起再审裁定的，香港特别行政区法院审查核实后，可以中止认可和执行程序。再审判决维持全部或者部分原判决的，恢复认可和执行程序；再审判决完全改变原判决的，终止认可和执行程序。

（九）关于裁定的效力

根据《与香港相互认可和执行当事人协议管辖的民商事案件判决的安排》而获认可的判决与执行地法院的判决效力相同。当事人对于认可和执行与否的裁定不服的，在内地可以向上一级人民法院申请复议，在香港特别行政区可以根据其法律规定提起上诉。在法院受理当事人申请认可和执行判决期间，当事人依相同事实再行提起诉讼的，法院不予受理。对于已获认可和执行的判决，当事人以相同事实再行提起诉讼的，法院不予受理。对于根据该安排不予认可和执行的判决，申请人一般不得再行提起认可和执行的申请，但是可以按照执行地的法律以相同案件事实向执行地法院提起诉讼。

（十）关于其他方面

法院受理认可和执行判决的申请之前或者之后，可以按照执行地法律关于财产保全或者禁止资产转移的规定，根据申请人的申请，对被申请人的财产采取保全或强制措施。当事人向有关法院申请执行判决，应当根据执行地有关诉讼收费的法律和规定交纳执行费或者法院费用。内地与香港特别行政区法院相互认可和执行的标的范围，除判决确定的数额外，还包括根据该判决须支付的利息、经法院核定的律师费以及诉讼费，但不包括税收和罚款。在香港特别行政区，诉讼费是指经法官或者司法常务官在诉讼费评定证明书中核定或者命令支付的诉讼费用。

五、婚姻家事判决的相互认可和执行

近年来，两地跨境婚姻每年新增 2 万余宗，由此所产生的婚姻家庭纠纷也呈现增长趋势。过去由于缺乏制度性安排，一地法院在两地互涉婚姻家庭案件中就夫妻财产、子女抚养等问题作出的判决无法在另一地获得认可和执行。2017 年 6 月 20 日，最高人民法院常务副院长沈德咏和香港特区政府律政司司长袁国强分别代表两地在香港特区签署《关于内地与香港特别行政区法院相互认可和执行婚姻家庭民事案件判决的安排》（以下简称《婚姻家事安排》）。

《婚姻家事安排》共 22 条，对相互认可和执行的案件范围、当事人申请的程序及救济途径、法院的审查程序及处理结果、不予认可和执行的情形等作出了全面、具体、明确的规定。《婚姻家事安排》吸收了两地家事改革最新成果，大力弘扬预防家庭暴力、保护儿童利益等价值理念；创新表述技术，有效实现两地法律制度的对接；尊重两地制度特色与实践发展，将两地婚姻家事案件的最大公约数纳入适用范围。在香港回归 20 周年之际，两地签署《婚姻家事安排》是近年来两地司法协助领域最聚焦民意、最贴近民生、最合乎民心的一项创举，是以法律文件形式落实和丰富"一国两制"方针的又一重大举措，充分证明了两地法律人以家国利益为重、以理解合作为念、以民众福祉为要的使命担当意识和开拓进取精神。

第三节　内地与澳门之间的民事司法协助

中国对澳门恢复行使主权后，内地与澳门两地的有关机关一直以积极和建设性的态度进行协商，最终确定了内地与澳门特别行政区民事司法协助的模式，即由最高人民法院和澳门特别行政区行政法务司充分协商后签署有关"安排"，然后分别根据两地的法制和程序转化适用，即内地由最高人民法院发布司法解释、澳门特别行政区由行政长官发布公告的模式，先后就许多具体方案达成共识，成功地签署司法文书送达、调查取证、法院判决、仲裁裁决的相互执行等方面的安排。

一、民事司法文书相互委托送达

2001年8月7日，根据《澳门特别行政区基本法》第93条的规定——"澳门特别行政区可与全国其他地区的司法机关通过协商依法进行司法方面的联系和相互提供协助"，最高人民法院审判委员会第1186次会议根据最高人民法院与澳门特别行政区代表经协商达成的一致意见，通过了《关于内地与澳门特别行政区法院就民商事案件相互委托送达司法文书和调取证据的安排》（法释〔2001〕26号，以下简称《与澳门相互委托送达司法文书和调取证据的安排》），自2001年9月15日起施行。其主要内容如下。

（一）关于委托送达的法院

根据《与澳门相互委托送达司法文书和调取证据的安排》，内地人民法院与澳门特别行政区法院就民商事案件（在内地包括劳动争议案件，在澳门特别行政区包括民事劳工案件），可以相互委托送达司法文书。双方相互委托送达司法文书，均须通过各高级人民法院和澳门特别行政区终审法院进行；最高人民法院与澳门特别行政区终审法院可以直接相互委托送达。

（二）关于送达文书的范围

在内地包括起诉状副本、上诉状副本、反诉状副本、答辩状副本、授权委托书、传票、判决书、调解书、裁定书、支付令、决定书、通知书、证明书、送达回证以及其他司法文书和所附相关文件，在澳门特别行政区包括起诉状副本、答辩状副本、反诉状副本、上诉状副本、陈述书、申辩书、声明异议书、反驳书、申请书、撤诉书、认诺书、和解书、财产目录、财产分割表、和解建议书、债权人协议书、传唤书、通知书、法官批示、命令状、法庭许可令状、判决书、合议庭裁判书、送达证明书以及其他司法文书和所附相关文件。

（三）关于委托送达的要求

委托方法院请求送达司法文书，须出具盖有其印章的委托书，并在委托书中说明委托机关的名称、受送达人的姓名或者名称、详细地址及案件性质。如果执行方法院请求按特殊方式送达或者有特别注意的事项的，应当在委托书中注明。委托书及所附司法文书和其他相关文件一式两份，受送达人为两人以上的，每人一式两份。委托书应当以中文文本提出。所附司法文书及其他相关文件没有中文文本的，应当提供中文译本。委托方法院应当在合理的期限内提出委托请求，以保证受委托方法院收到委托书后，及时完成受托事项。委托方法院无须支付受委托方法院在送达司法文书时发生的费用或税项。但受委托方法院根据其本辖区法律规定，有权要求委托方法院支付因采用委托方法院在委托书中请求的特殊方式送达司法文书所产生的费用。

（四）关于受托送达的要求

不论委托方法院司法文书中确定的出庭日期或者期限是否已过，受委托方法院均应送达。

各高级人民法院和澳门特别行政区终审法院相互收到对方法院的委托书后，应当立即将委托书及所附司法文书和相关文件转送根据其本辖区法律规定有权完成该受托事项的法院；如果受委托方法院认为委托书不符合该安排规定，影响其完成受托事项时，应当及时通知委托方法院，并说明对委托书的异议，必要时可以要求委托方法院补充材料。受委托方法院应优先处理受托事项，送达文书最迟不得超过自收到委托书之日起2个月。

受委托方法院应当根据本辖区法律规定执行受托事项，委托方法院请求按照特殊方式执行委托事项的，如果受委托方法院认为不违反本辖区的法律规定，可以按照其特殊方式执行。完成司法文书送达事项后，内地人民法院应当出具送达回证，澳门特别行政区法院应当出具送达证明书，出具的送达回证和送达证明书，应当注明送达的方法、地点和日期，以及司法文书接收人的身份，并加盖法院印章。受委托方法院无法送达的，应当在送达回证或者送达证明书上注明妨碍送达的原因、拒收事由和日期，并及时退回委托书及所附全部文件。

（五）关于受托送达的拒绝

受委托方法院收到委托书后，不得以其本辖区法律规定对于委托方法院审理的该民商事案件享有专属管辖权或不承认对该请求事项提起诉讼的权利为由，不予执行受托事项。受委托方法院在执行受托事项时，如果该事项不属于法院职权范围，或者内地人民法院认为在内地执行该受托事项将违反其基本法律原则或社会公共利益，或者澳门特别行政区法院认为在澳门特别行政区执行该受托事项将违反其基本法律原则或公共秩序的，可以不予执行，但应当及时向委托方法院书面说明不予执行的原因。

二、民事案件相互委托调取证据

根据2001年8月7日最高人民法院审判委员会第1186次会议通过的《关于内地与澳门特别行政区法院就民商事案件相互委托送达司法文书和调取证据的安排》（法释〔2001〕26《与澳门相互委托送达司法文书和调取证据的安排》）的规定，内地人民法院与澳门特别行政区法院就民商事案件，（在内地包括劳动争议案件，在澳门特别行政区包括民事劳工案件），可以相互委托调取证据。

（一）关于委托取证的法院

双方相互委托调取证据，均须通过各高级人民法院和澳门特别行政区终审法院进行；最高人民法院与澳门特别行政区终审法院可以直接相互委托调取证据。委托方法院请求调取的证据只能是与诉讼有关的证据，代为调取证据的范围包括：代为询问当事人、证人和鉴定人，代为进行鉴定和司法勘验，调取其他与诉讼有关的证据。

（二）关于委托取证的要求

双方相互委托代为调取证据的委托书应当写明：（1）委托法院的名称；（2）当事人及其诉讼代理人的姓名、地址，以及其他一切有助于辨别其身份的情况；（3）委托调取证据的原因，以及委托调取证据的具体事项；（4）被调查人的姓名、地址及其他一切有助于辨别其身份的情况，以及需要向其提出的问题；（5）调取证据需采用的特殊方式；（6）有助于执行该委托的其他一切情况。委托书应当以中文文本提出，所附司法文书及其他相关文件没有中文文本的，应当提供中文译本。委托方法院应当在合理的期限内提出委托请求，以保证受委托方法院收到委托书后，及时完成受托事项。委托方法院无须支付受委托方法院在调取证据时发生的费用或税项。但受委托方法院根据其本辖区法律规定，有权在调取证据时，要求委托方法院预付鉴定人、证人、翻译人员的费用，以及因采用委托方法院在委托书中请求的特殊方式调取证据所产生的费用。

（三）关于受托取证的要求

各高级人民法院和澳门特别行政区终审法院相互收到对方法院的委托书后，应当立即将委托书及所附司法文书和相关文件转送根据其本辖区法律规定有权完成该受托事项的法院；如果受委托方法院认为委托书不符合《与澳门相互委托送达司法文书和调取证据的安排》规定，影响其完成受托事项时，应当及时通知委托方法院，并说明对委托书的异议，必要时可以要求委托方法院补充材料。受委托方法院应优先处理受托事项，调取证据最迟不得超过自收到委托书之日起 3 个月。受委托方法院应当根据本辖区法律规定执行受托事项，委托方法院请求按照特殊方式执行委托事项的，如果受委托方法院认为不违反本辖区的法律规定，可以按照其特殊方式执行。

如委托方法院提出要求，受委托方法院应当将取证的时间、地点通知委托方法院，以便有关当事人及其诉讼代理人能够出席。受委托方法院在执行委托调取证据时，根据委托方法院的请求，可以允许委托方法院派司法人员出席；必要时，经受委托方允许，委托方法院的司法人员可以向证人、鉴定人等发问。受委托方法院完成委托调取证据的事项后，应当向委托方法院书面说明。如果未能按委托方法院的请求全部或部分完成调取证据事项，受委托方法院应当向委托方法院书面说明妨碍调取证据的原因，并及时退回委托书及所附全部文件。如果当事人、证人根据受委托方的法律规定，拒绝作证或推辞提供证言时，受委托方法院应当以书面通知委托方法院，并退回委托书及所附全部文件。

（四）关于出庭作证的问题

受委托方法院可以根据委托方法院的请求，并经证人、鉴定人同意，协助安排其辖区的证人、鉴定人到对方辖区出庭作证。证人、鉴定人在委托方地域内逗留期间，不得因在其离开受委托方地域之前，在委托方境内所实施的行为或针对他所作的裁决而被刑事起诉、羁押，或者为履行刑罚或者其他处罚而被剥夺财产或者扣留身份证件，或者以任何方式对其人身自由加以限制。证人、鉴定人完成所需诉讼行为，且可自由离开委托方地域后，在委托方境内逗留超过 7 天，或者已离开委托方地域又自行返回时，上述所指的豁免即行终止。证人、鉴定人到委托方法院出庭而导致的费用及补偿，由委托方法院预付。此处所指出庭作证人员，在澳门特别行政区还包括当事人。

（五）关于受托取证的拒绝

受委托方法院收到委托书后，不得以其本辖区法律规定对于委托方法院审理的该民商事案件享有专属管辖权或不承认对该请求事项提起诉讼的权利为由，不予执行受托事项。受委托方法院在执行受托事项时，如果该事项不属于法院职权范围，或者内地人民法院认为在内地执行该受托事项将违反其基本法律原则或社会公共利益，或者澳门特别行政区法院认为在澳门特别行政区执行该受托事项将违反其基本法律原则或公共秩序的，可以不予执行，但应当及时向委托方法院书面说明不予执行的原因。

三、民商事案件法院判决的相互认可与执行

2006 年 2 月 13 日，根据《澳门特别行政区基本法》第 93 条的规定，最高人民法院审判委员会第 1378 次会议根据最高人民法院与澳门特别行政区经协商达成的一致意见，通过了《关于内地与澳门特别行政区关于相互认可和执行民商事判决的安排》（法释〔2006〕2 号，以下简称《与澳门相互认可和执行民商事判决的安排》），自 2006 年 4 月 1 日起生效，其主要内容如下。

（一）关于适用范围

《与澳门相互认可和执行民商事判决的安排》适用于内地与澳门特别行政区民商事案件（在内地包括劳动争议案件，在澳门特别行政区包括民事劳工案件）判决的相互认可和执行，亦适用于刑事案件中有关民事损害赔偿的判决、裁定，但不适用于行政案件。该安排所称"判决"，在内地包括判决、裁定、决定、调解书、支付令，在澳门特别行政区包括裁判、判决、确认和解的裁定、法官的决定或者批示。该安排所称"被请求方"，指内地或者澳门特别行政区双方中，受理认可和执行判决申请的一方。一方法院作出的具有给付内容的生效判决，当事人可以向对方有管辖权的法院申请认可和执行。没有给付内容，或者不需要执行，但需要通过司法程序予以认可的判决，当事人可以向对方法院单独申请认可，也可以直接以该判决作为证据在对方法院的诉讼程序中使用。

（二）关于管辖法院

内地有权受理认可和执行判决申请的法院为被申请人住所地、经常居住地或者财产所在地的中级人民法院。两个或者两个以上中级人民法院均有管辖权的，申请人应当选择向其中一个中级人民法院提出申请。澳门特别行政区有权受理认可判决申请的法院为中级法院，有权执行的法院为初级法院。被申请人在内地和澳门特别行政区均有可供执行财产的，申请人可以向一地法院提出执行申请。申请人向一地法院提出执行申请的同时，可以向另一地法院申请查封、扣押或者冻结被执行人的财产。待一地法院执行完毕后，可以根据该地法院出具的执行情况证明，就不足部分向另一地法院申请采取处分财产的执行措施。两地法院执行财产的总额，不得超过依据判决和法律规定所确定的数额。

（三）关于申请执行的要求

请求认可和执行判决的申请书，应当载明下列事项：（1）申请人或者被申请人为自然人的，应当载明其姓名及住所；为法人或者其他组织的，应当载明其名称及住所，以及其法定代表人或者主要负责人的姓名、职务和住所。（2）请求认可和执行的判决的案号和判决日期。（3）请求认可和执行判决的理由、标的，以及该判决在判决作出地法院的执行情况。

申请书应当附生效判决书副本，或者经作出生效判决的法院盖章的证明书，同时应当附作出生效判决的法院或者有权限机构出具的证明下列事项的相关文件：（1）传唤属依法作出，但判决书已经证明的除外；（2）无诉讼行为能力人依法得到代理，但判决书已经证明的除外；（3）根据判决作出地的法律，判决已经送达当事人，并已生效；（4）申请人为法人的，应当提

供法人营业执照副本或者法人登记证明书；（5）判决作出地法院发出的执行情况证明。申请书应当用中文制作。所附司法文书及其相关文件未用中文制作的，应当提供中文译本。其中，法院判决书未用中文制作的，应当提供由法院出具的中文译本。

（四）关于受托法院的要求

法院收到申请人请求认可和执行判决的申请后，应当将申请书送达被申请人。被申请人有权提出答辩。被请求方法院应当尽快审查认可和执行的请求，并作出裁定。法院就认可和执行判决的请求作出裁定后，应当及时送达。被请求方法院不能对判决所确认的所有请求予以认可和执行时，可以认可和执行其中的部分请求。法院受理认可和执行判决的申请之前或者之后，可以按照被请求方法律关于财产保全的规定，根据申请人的申请，对被申请人的财产采取保全措施。

（五）关于不予执行

被请求方法院经审查核实存在下列情形之一的，裁定不予认可：（1）根据被请求方的法律，判决所确认的事项属被请求方法院专属管辖；（2）在被请求方法院已存在相同诉讼，该诉讼先于待认可判决的诉讼提起，且被请求方法院具有管辖权；（3）被请求方法院已认可或者执行被请求方法院以外的法院或仲裁机构就相同诉讼作出的判决或仲裁裁决；（4）根据判决作出地的法律规定，败诉的当事人未得到合法传唤，或者无诉讼行为能力人未依法得到代理；（5）根据判决作出地的法律规定，申请认可和执行的判决尚未发生法律效力，或者因再审被裁定中止执行；（6）在内地认可和执行判决将违反内地法律的基本原则或者社会公共利益，在澳门特别行政区认可和执行判决将违反澳门特别行政区法律的基本原则或者公共秩序。

（六）关于裁定的效力

经裁定予以认可的判决，与被请求方法院的判决具有同等效力。判决有给付内容的，当事人可以向该方有管辖权的法院申请执行。当事人对认可与否的裁定不服的，在内地可以向上一级人民法院提请复议，在澳门特别行政区可以根据其法律规定提起上诉；对于执行中作出的裁定不服的，可以根据被请求方法律的规定，向上级法院寻求救济。在被请求方法院受理认可和执行判决的申请期间，或者判决已获认可和执行，当事人再行提起相同诉讼的，被请求方法院不予受理。对于根据《与澳门相互委托送达司法文书和调取证据的安排》不予认可的判决，申请人一般不得再行提起认可和执行的申请。但根据被请求方的法律，被请求方法院有管辖权的，当事人可以就相同案件事实向当地法院另行提起诉讼。

（七）关于其他方面

为适用《与澳门相互委托送达司法文书和调取证据的安排》，由一方有权限公共机构（包括公证员）作成或者公证的文书正本、副本及译本，免除任何认证手续而可以在对方使用。申请人依据该安排申请认可和执行判决，应当根据被请求方法律规定，交纳诉讼费用、执行费用。申请人在生效判决作出地获准缓交、减交、免交诉讼费用的，在被请求方法院申请认可和执行判决时，应当享有同等待遇。对民商事判决的认可和执行，除该安排另有规定的以外，适用被请求方的法律规定。

四、仲裁裁决的相互认可与执行

2007 年 9 月 17 日，根据《澳门特别行政区基本法》第 93 条的规定，最高人民法院审判委员会第 1437 次会议根据最高人民法院与澳门特别行政区经协商达成的一致意见，通过了《关于内地与澳门特别行政区相互认可和执行仲裁裁决的安排》（以下简称《与澳门相互认可和执行仲裁裁决的安排》），自 2008 年 1 月 1 日起实施。其主要内容如下。

（一）关于"安排"的适用范围

内地人民法院认可和执行澳门特别行政区仲裁机构及仲裁员按照澳门特别行政区仲裁法规在澳门作出的民商事仲裁裁决，澳门特别行政区法院认可和执行内地仲裁机构依据《中华人民共和国仲裁法》在内地作出的民商事仲裁裁决，适用该安排。

该安排没有规定的，适用认可和执行地的程序法律规定。

（二）关于受理申请的法院的级别规定

在内地或者澳门特别行政区作出的仲裁裁决，一方当事人不履行的，另一方当事人可以向被申请人住所地、经常居住地或者财产所在地的有关法院申请认可和执行。

内地有权受理认可和执行仲裁裁决申请的法院为中级人民法院。两个或者两个以上中级人民法院均有管辖权的，当事人应当选择向其中一个中级人民法院提出申请。

澳门特别行政区有权受理认可仲裁裁决申请的法院为中级法院，有权执行的法院为初级法院。

被申请人的住所地、经常居住地或者财产所在地分别在内地和澳门特别行政区的，申请人可以向一地法院提出认可和执行申请，也可以分别向两地法院提出申请。

当事人分别向两地法院提出申请的，两地法院都应当依法进行审查。予以认可的，采取查封、扣押或者冻结被执行人财产等执行措施。仲裁地法院应当先进行执行清偿；另一地法院在收到仲裁地法院关于经执行债权未获清偿情况的证明后，可以对申请人未获清偿的部分进行执行清偿。两地法院执行财产的总额，不得超过依据裁决和法律规定所确定的数额。

（三）关于申请认可和执行需要提交的具体文件要求、语言和期限

申请人向有关法院申请认可和执行仲裁裁决的，应当提交以下文件或者经公证的副本：（1）申请书；（2）申请人身份证明；（3）仲裁协议；（4）仲裁裁决书或者仲裁调解书。上述文件没有中文文本的，申请人应当提交经正式证明的中文译本。

申请书应当包括下列内容：（1）申请人或者被申请人为自然人的，应当载明其姓名及住所；为法人或者其他组织的，应当载明其名称及住所，以及其法定代表人或者主要负责人的姓名、职务和住所；申请人是外国籍法人或者其他组织的，应当提交相应的公证和认证材料。（2）请求认可和执行的仲裁裁决书或者仲裁调解书的案号或识别资料和生效日期。（3）申请认可和执行仲裁裁决的理由及具体请求，以及被申请人财产所在地、财产状况及该仲裁裁决的执行情况。

申请人向有关法院申请认可和执行内地或者澳门特别行政区仲裁裁决的期限，依据认可和执行地的法律确定。

（四）关于法院不予认可裁定的具体情形

受理申请的法院应当尽快审查认可和执行的请求，并作出裁定。

对于申请认可和执行的仲裁裁决，被申请人提出证据证明有下列情形之一的，经审查核实，有关法院可以裁定不予认可：（1）仲裁协议一方当事人依对其适用的法律在订立仲裁协议时属于无行为能力的，或者依当事人约定的准据法，或当事人没有约定适用的准据法而依仲裁地法律，该仲裁协议无效的。（2）被申请人未接到选任仲裁员或者进行仲裁程序的适当通知，或者因他故未能陈述意见的。（3）裁决所处理的争议不是提交仲裁的争议，或者不在仲裁协议范围之内；或者裁决载有超出当事人提交仲裁范围的事项的决定，但裁决中超出提交仲裁范围的事项的决定与提交仲裁事项的决定可以分开的，裁决中关于提交仲裁事项的决定部分可以予以认可。（4）仲裁庭的组成或者仲裁程序违反了当事人的约定，或者在当事人没有约定时与仲裁地的法律不符的。（5）裁决对当事人尚无约束力，或者业经仲裁地的法院撤销或者拒绝执行的。

有关法院认定，依执行地法律，争议事项不能以仲裁解决的，不予认可和执行该裁决。

内地法院认定在内地认可和执行该仲裁裁决违反内地法律的基本原则或者社会公共利益，澳门特别行政区法院认定在澳门特别行政区认可和执行该仲裁裁决违反澳门特别行政区法律的基本原则或者公共秩序的，不予认可和执行该裁决。

（五）关于申请执行与申请撤销的冲突处理

一方当事人向一地法院申请执行仲裁裁决，另一方当事人向另一地法院申请撤销该仲裁裁决，被执行人申请中止执行且提供充分担保的，执行法院应当中止执行。

根据经认可的撤销仲裁裁决的判决、裁定，执行法院应当终结执行程序；撤销仲裁裁决申请被驳回的，执行法院应当恢复执行。

当事人申请中止执行的，应当向执行法院提供其他法院已经受理申请撤销仲裁裁决案件的法律文书。

（六）关于财产保全措施的规定

法院在受理认可和执行仲裁裁决申请之前或者之后，可以依当事人的申请，按照法院地法律规定，对被申请人的财产采取保全措施。

第四节　大陆与台湾地区之间的民事司法协助

大陆与台湾地区之间的民事司法协助问题，目前主要是通过各自的立法来作出单方面的规定，例如台湾地区施行的"两岸关系条例"，大陆最高人民法院发布的《关于人民法院认可台湾地区有关法院民事判决的规定》等。2009年4月26日，为保障海峡两岸人民权益，维护两岸交流秩序，经平等协商，海峡两岸关系协会（以下简称海协会）会长陈云林与台湾地区财团法人海峡交流基金会（以下简称海基会）董事长江丙坤在南京签署《海峡两岸共同打击犯罪及司法互助协议》，双方同意在民事、刑事领域相互提供包括送达文书、调查取证、认可及执行民事裁判与仲裁裁决（仲裁判断）等在内的协助和联系，奠定了两岸司法协助的共识基础。下面根据两岸司法实践及有关规定对大陆与台湾地区之间的司法协助问题作一介绍。

一、民事司法文书相互协助送达

台湾地区在进行域外民事司法协助时，往往以互惠原则作为主要依据。台湾当局在制定"两岸关系条例"时，已将司法协助问题纳入考虑范围。根据该"条例"第7条的规定，在大陆制作之文书，经台湾地区"行政院"设立或指定之机构或委托之民间团体验证者，推定为真正。其第8条亦规定，"应于大陆地区送达司法文书或为必要之调查者，司法机关得嘱咐或选择第4条之机构或民间团体为之"。在实践中，台湾地区"司法院"及相关机构委托海基会中转处理有关向大陆送达文书等事项，其具体做法是台湾地区各级法院直接函请海基会代为送达司法文书，而以副本送"司法院民事厅"，待送达完成后，再由海基会将送达证书寄还特定之法院，且以副本送"司法院民事厅"。

在大陆与台湾地区之间司法文书的送达合作问题上，最高人民法院前任院长任建新在1991年工作报告中指出，"高级人民法院经最高人民法院同意，可与台湾省有关方面通过适当途径，妥善解决相互委托代为一定的诉讼行为，送达诉讼文书和执行等问题"。1993年"汪辜会谈"时，大陆海协会与台湾地区海基会即商定尽快协商"两岸有关法院之间的联系与协助"等议题。其后，由于众所周知的原因，两会商谈被迫中断。但最高人民法院一直在积极研究有关解决办法。

随着海峡两岸人民经贸往来的日益频繁，为正确调整涉台民事诉讼文书送达，维护涉台民事案件当事人的合法权益，保障涉台民事案件诉讼活动的顺利进行，2008年4月17日，最高人民法院审判委员会第1421次会议通过了《关于涉台民事诉讼文书送达的若干规定》（法释〔2008〕4号），自2008年4月23日施行。其主要内容如下。

（一）该规定的适用范围

人民法院审理涉台民事案件向住所地在台湾地区的当事人送达民事诉讼文书，以及人民法院接受台湾地区有关法院的委托，代为向住所地在大陆的当事人送达民事诉讼文书，均适用该规定。

涉台民事诉讼文书送达事务的处理，应当遵守"一个中国"原则和法律的基本原则，不违反社会公共利益。

（二）送达或代为送达的民事诉讼文书的范围

人民法院送达或代为送达的民事诉讼文书包括：起诉状副本、上诉状副本、反诉状副本、答辩状副本、授权委托书、传票、判决书、调解书、裁定书、支付令、决定书、通知书、证明书、送达回证以及与民事诉讼有关的其他文书。

（三）人民法院向住所地在台湾地区的当事人送达民事诉讼文书的方式

（1）受送达人居住在大陆的，直接送达。受送达人是自然人，本人不在的，可以交其同住成年家属签收；受送达人是法人或者其他组织的，应当由法人的法定代表人、其他组织的主要负责人或者该法人、组织负责收件的人签收。

受送达人不在大陆居住，但送达时在大陆的，可以直接送达。

（2）受送达人在大陆有诉讼代理人的，向诉讼代理人送达。但受送达人在授权委托书中明确表明其诉讼代理人无权代为接收的除外。

（3）受送达人有指定代收人的，向代收人送达。

（4）受送达人在大陆有代表机构、分支机构、业务代办人的，向其代表机构或者经受送达人明确授权接受送达的分支机构、业务代办人送达。

采用上述 4 种方式送达的，由受送达人、诉讼代理人或者有权接受送达的人在送达回证上签收或者盖章，即为送达；拒绝签收或者盖章的，可以依法留置送达。

（5）受送达人在台湾地区的地址明确的，可以邮寄送达，但应当附有送达回证。受送达人未在送达回证上签收但在邮件回执上签收的，视为送达，签收日期为送达日期。自邮寄之日起满 3 个月，如果未能收到送达与否的证明文件，且根据各种情况不足以认定已经送达的，视为未送达。

（6）有明确的传真号码、电子信箱地址的，可以通过传真、电子邮件方式向受送达人送达，但应当注明人民法院的传真号码或者电子信箱地址，并要求受送达人在收到传真件或者电子邮件后及时予以回复。以能够确认受送达人收悉的日期为送达日期。

（7）按照两岸认可的其他途径送达。应当由有关的高级人民法院出具盖有本院印章的委托函。委托函应当写明案件各方当事人的姓名或者名称、案由、案号，受送达人姓名或者名称，受送达人的详细地址以及需送达的文书种类。

（8）采用上述方式不能送达或者台湾地区的当事人下落不明的，公告送达。采用公告方式送达的，公告内容应当在境内外公开发行的报刊或者权威网站上刊登。公告送达的，自公告之日起满 3 个月，即视为送达。

（四）人民法院按照两岸认可的有关途径代为送达台湾地区法院的民事诉讼文书

（1）应当有台湾地区有关法院的委托函。

（2）人民法院收到台湾地区有关法院的委托函后，经审查符合条件的，应当在收到委托函之日起两个月内完成送达。

（3）民事诉讼文书中确定的出庭日期或者其他期限逾期的，受委托的人民法院亦应予送达。

（4）人民法院按照委托函中的受送达人姓名或者名称、地址不能送达的，应当附函写明情况，将委托送达的民事诉讼文书退回。

（5）完成送达的送达回证以及未完成送达的委托材料，可以按照原途径退回。

（6）受委托的人民法院对台湾地区有关法院委托送达的民事诉讼文书的内容和后果不负法律责任。

二、民事案件相互协助调查取证

目前大陆与台湾地区之间还没有通过官方渠道达成有关于调查取证的协议，但这并不等于两岸之间没有开展过此类活动。实践中，有关两岸相互调查取证的活动都是通过民间途径展开的，只不过这种民间途径都有两地官方的授权。[①] 由于台湾地区当局不允许大陆的司法机关直

---

① 陈力．一国两制下的中国区际司法协助．上海：复旦大学出版社，2003：78 - 80.

接到台湾地区取证，实践中，一般规定由当事人双方提供有关证据，并由当事人双方和有关部门加以鉴定或公证。

1990年1月26日，司法部发布的《关于办理涉台法律事务有关事宜的通知》第二点指出，需要在台湾地区办理的法律事务可以通过4种途径委托台湾律师办理，这4种途径分别是：第一，委托与台湾的律师有联系的大陆律师事务所，再转委托台湾地区的律师代理；第二，委托司法部和贸促会在香港设立的中国法律服务（香港）有限公司代理，再由该公司转委托台湾地区的律师代理；第三，福建省对外经济律师事务所与台湾地区的律师合办的"蔚理律师事务所"，各自办理涉及大陆和台湾地区的法律事务，当事人可以委托该律师事务所的律师代理；第四，司法部在北京成立的中国国际经济与法律咨询公司，当事人可以委托中国国际经济与法律咨询公司，再转委托台湾地区的律师办理。根据沪高法（2001）433号《关于涉台文书需查核的通知》的规定，用于商事诉讼的台湾地区方面出具的公证文书，应经相关公证员协会登记，出具公证书副本核对证明，并由其转寄受诉法院；当事人直接向受诉法院递交台湾地区方面出具的公证文书的，应同时递交相关公证员协会出具的公证书副本核对证明。台湾地区方面在实施"两岸关系条例"时，对两岸司法协助问题作了几条原则性的规定。该"条例"第4条规定，"'行政院'得设立或指定机构或委托民间团体，处理台湾地区与大陆人民往来有关之事务"。第7条规定，"在大陆地区制作之文书，经台湾'行政院'设立或指定之机构或委托之民间团体验证者，推定为真正"。第8条亦规定，"应于大陆地区送达司法文书或为必要之调查者，司法机关得嘱咐或选择第4条之机构或民间团体为之"。

当然，上述规定都是单方面的，缺乏两岸司法协助关系创立的必要法律共识。经过两岸的共同努力，1993年4月，大陆海协会和台湾地区海基会在新加坡进行的"汪辜会谈"上签订了《两岸公证书使用查证协议》等协议，该协议规定：有关两岸公证书副本的寄送、查证，均由台湾地区海基会直接与大陆中国公证员协会及其各地分支机构联系，若有其他相关事宜，大陆海协会与台湾地区海基会得直接联系。两岸协议相互寄送涉及继承、收养、婚姻、出生、死亡、委托、学历、定居、抚养、亲属及财产权利证明的公证书副本，并以比对方式确认辨别文书之真伪，不必再以函查方式办理；对公证书以外之文书，双方同意个案协商地提供协作。1994年12月5日，双方又以换文方式增加了寄送涉及税务、病历、经历、专业证明共4项公证书副本。

有了这一协议，基本上解决了两岸之间在公证书寄送、查证方面协作的问题，这对于解决两岸由于大量的民事和经济关系而产生的冲突案件，无疑具有十分重要的意义。台湾地区"行政院"已宣布"汪辜会谈"所签订的协议于1993年5月29日在台湾地区生效。为落实该协议内容，台湾地区"司法院"于1993年6月制定了"两岸公证书使用查证协议注意事项"，主要内容包括法院在处理公证书副本寄送及证书查证时的程序性规范，并规定该协议所称公证书也包括由法院公证人做成的认证书。因此，通过指定的机构负责办理公证书寄送、查证的协作方式是可行的。但是，该协议的适用范围比较有限，仅涉及民事公证书，今后应进一步扩大协作范围。

三、民商事案件法院判决的相互认可与执行

与送达、取证相比较而言，判决的认可与执行问题更为敏感一些，它涉及对于相互对抗的社会制度的法律效力的承认，对于不同制度的司法权的承认和尊重等实质性问题，所以两岸的态度都十分谨慎。

我国台湾地区关于大陆判决的认可与执行，主要规定在"两岸关系条例"中，其第74条

规定，"在大陆地区作成的民事确定裁判、民事仲裁判断，不违背台湾地区公共秩序或善良风俗者，得申请法院认可。前项经法院裁定认可之裁判或判断，以给付为内容者，得为执行名义。前二项规定，以在台湾地区作成之民事确定裁判、民事仲裁判断，得声请大陆地区法院裁定认可或为执行名义，始适用之"。因此，台湾地区认可与执行大陆法院判决的限制性条件有两个，即公共秩序保留和互惠对等原则，较之台湾地区"民事诉讼法"关于外国法院确定判决效力承认之规定，显然要宽松。①

大陆关于台湾地区判决的认可与执行，近几年来，最高人民法院已经作出了5份相关司法解释。1998年5月22日，最高人民法院发布了《关于人民法院认可台湾地区有关法院民事判决的规定》[法释〔1998〕11号，以下简称1998年《规定》（已失效）]，这是最高人民法院对台湾地区有关法院的民事判决、民事裁定和台湾地区仲裁机构的仲裁裁决的认可所作的有关程序和条件的规定，对各级人民法院今后处理相关事项具有重要意义。② 其主要内容如下。

（1）台湾地区有关法院的民事判决，当事人的住所地、经常居住地或者被执行财产所在地在其他省、自治区、直辖市的，当事人可以根据该规定向人民法院申请认可。申请由申请人住所地、经常居住地或者被执行财产所在地中级人民法院受理。申请认可台湾地区有关法院民事判决的，应当在该判决发生效力后1年内提出。

（2）申请人应提交申请书，并须附有不违反"一个中国"原则的台湾地区有关法院民事判决书正本或经证明无误的副本、证明文件。申请书应记明以下事项：1）申请人姓名、性别、年龄、职业、身份证件号码、申请时间和住址（申请人为法人或者其他组织的，应记明法人或者其他组织的名称、地址、法定代表人姓名、职务）；2）当事人受传唤和应诉情况及证明文件；3）请求和理由；4）其他需要说明的情况。

（3）人民法院收到申请书，经审查，符合1998年《规定》的条件的，应当在7日内受理；不符合该规定的条件的，不予受理，并在7日内通知申请人，同时说明不受理的理由。人民法院审查认可台湾地区有关法院民事判决的申请，由审判员组成合议庭进行。人民法院受理申请后，对于台湾地区有关法院民事判决是否生效不能确定的，应告知申请人提交作出判决的法院出具的证明文件。

（4）台湾地区有关法院的民事判决具有下列情形之一的，裁定不予认可：1）申请认可的民事判决的效力未确定的；2）申请认可的民事判决，是在被告缺席又未经合法传唤或者在被告无诉讼行为能力又未得到适当代理的情况下作出的；3）案件系人民法院专属管辖的；4）案件的双方当事人订有仲裁协议的；5）案件系人民法院已作出判决，或者外国、境外地区法院作出判决或境外仲裁机构作出仲裁裁决已为人民法院所承认的；6）申请认可的民事判决具有违反国家法律的基本原则，或者损害社会公共利益情形的。人民法院审查申请后，对于台湾地区有关法院民事判决不具有上述所列情形的，裁定认可其效力。

（5）人民法院受理认可台湾地区有关法院民事判决的申请后，对于当事人就同一案件事实起诉

---

① 2005年5月，上海海事法院对浙江纺织品进出口集团有限公司诉（台湾）立荣海运股份有限公司海上货物运输无单放货纠纷案作出的判决，经上海市高级人民法院终审维持后，由台湾地区三级法院裁定在台湾地区生效，与台湾地区判决具有同等效力，在台湾正式进入债权执行阶段。这起案件是台湾地区法院根据"两岸关系条例"第74条认可大陆法院判决执行债权成功的首例案件，也是第一个在台湾地区走完三审程序的案例。当然，大陆法院生效的民事调解书不属于该"条例"中的"民事确定裁判"，因此，在台湾地区不能请求予以执行。青年报，2005-06-18.
② 随后的6月9日，浙江省台州市人民法院裁定认可台湾南投地方法院作出的一份民事裁定，这是大陆法院首次认可台湾地区法院的民事裁定的法律效力。人民法院报，1998-06-13.

的，不予受理。案件虽经台湾地区有关法院判决，但当事人未申请认可，而是就同一案件事实向人民法院提起诉讼的，应予受理。对于人民法院不予认可的民事判决，申请人不得再提出申请，但可以就同一案件事实向人民法院提起诉讼。申请人委托他人代理申请认可台湾地区有关法院民事判决的，应当向人民法院提交由委托人签名或盖章并经当地公证机关公证的授权委托书。

（6）人民法院受理认可申请后，作出裁定前，申请人要求撤回申请的，应当允许。人民法院作出民事判决前，一方当事人申请认可台湾地区有关法院就同一案件事实作出的判决的，应当中止诉讼，对申请进行审查。经审查，对于符合认可条件的申请，予以认可，并终结诉讼；对于不符合认可条件的，则恢复诉讼。被认可的台湾地区有关法院民事判决需要执行的，依照《中华人民共和国民事诉讼法》规定的程序办理。

第二份司法解释是 1999 年 4 月 9 日《最高人民法院关于当事人持台湾地区有关法院民事调解书或者有关机构出具或确认的调解协议书向人民法院申请认可人民法院应否受理的批复》[法释〔1999〕10 号（已失效）]。按照该批复的规定，对于台湾地区有关法院出具的民事调解书，视为与法院民事判决书具有同等效力，当事人向人民法院申请认可的，人民法院应比照 1998 年《规定》予以受理。但对于台湾地区有关机构（包括民间调解机构）出具或确认的调解协议书，当事人向人民法院申请认可的，人民法院不应予以受理。

第三份司法解释是 2001 年 3 月 20 日《最高人民法院关于当事人持台湾地区有关法院支付命令向人民法院申请认可人民法院应否受理的批复》[法释〔2001〕13 号，已失效]。按照该批复的规定，人民法院对于当事人持台湾地区有关法院支付命令及其确定证明书申请其认可的，可比照 1998 年《规定》予以受理，并予以审查，裁定认可或不予认可。台湾地区有关法院的支付命令经人民法院裁定认可后，与经人民法院裁定认可的台湾地区有关法院的判决一样在大陆产生法律效力。

第四份司法解释是 2009 年 3 月 30 日由最高人民法院审判委员会第 1465 次会议通过的《关于人民法院认可台湾地区有关法院民事判决的补充规定》[法释〔2009〕4 号，（已失效）]，该补充规定是为执行《海峡两岸共同打击犯罪及司法互助协议》关于认可及执行民事裁判与仲裁裁决（仲裁判断）的有关规定，维护两岸同胞合法权益，促进两岸关系和平发展，作出的又一重要司法解释。其主要内容如下。

（1）申请人同时提出认可和执行台湾地区有关法院民事判决申请的，人民法院应按规定对认可申请进行审查。经人民法院裁定认可的台湾地区有关法院民事判决，与人民法院作出的生效判决具有同等效力。申请人依裁定向人民法院申请执行的，人民法院应予受理。

（2）申请认可的台湾地区有关法院民事判决，包括对商事、知识产权、海事等民事纠纷案件作出的判决。申请认可台湾地区有关法院民事裁定、调解书、支付令，以及台湾地区仲裁机构裁决的，适用 1998 年《规定》和该补充规定。

（3）申请人向两个以上有管辖权的中级人民法院申请认可的，由最先立案的中级人民法院管辖。申请人向被执行财产所在地中级人民法院申请认可的，应当提供被执行财产存在的相关证据。申请人申请认可台湾地区有关法院民事判决，应当提供相关证据，以证明该判决真实并且效力已确定。

（4）申请人提出认可台湾地区有关法院民事判决的申请时，或者在案件受理后、人民法院作出裁定前，可以提出财产保全申请。申请人申请财产保全的，应当向人民法院提供有效的担保。申请人不提供担保或者提供的担保不符合条件的，驳回其申请。具有下列情形之一的，人民法院应当及时解除财产保全：1）人民法院作出准予财产保全的裁定后，被申请人提供有效担保的；2）人民法院作出认可裁定后，申请人在申请执行期限内不申请执行的；3）人民法院裁定不予认可台湾地区有关法院民事判决的；4）申请人撤回保全申请的。申请财产保全的其他程序，适用民事诉讼法及相关司法解释的规定。

（5）申请认可台湾地区有关法院民事判决的案件，应根据案件的不同类型，由相关民事审判庭的审判人员组成合议庭进行审理。人民法院经审查能够确认该判决真实并且效力已确定，且不具有1998年《规定》第9条所列情形的，裁定认可其效力；不能确认的，裁定驳回申请人的申请。人民法院受理申请人申请后，应当在6个月内审结。

（6）申请认可台湾地区有关法院民事判决的，应当在该判决效力确定后2年内提出。当事人因不可抗拒的事由或者其他正当理由耽误期限而不能提出认可申请的，在障碍消除后的10日内，可以申请顺延期限。

第五份司法解释是2015年6月2日由最高人民法院审判委员会第1653次会议通过的《最高人民法院关于认可和执行台湾地区法院民事判决的规定》（法释〔2015〕13号），自2015年7月1日起施行后，前面四份司法解释同时废止。该司法解释的主要内容如下。

（1）适用范围。该规定所称台湾地区法院民事判决，包括台湾地区法院作出的生效民事判决、裁定、和解笔录、调解笔录、支付命令等。申请认可台湾地区法院在刑事案件中作出的有关民事损害赔偿的生效判决、裁定、和解笔录的，适用该规定。申请认可由台湾地区乡镇市调解委员会等出具并经台湾地区法院核定，与台湾地区法院生效民事判决具有同等效力的调解文书的，参照适用该规定。

（2）管辖。申请认可台湾地区法院民事判决的案件，由申请人住所地、经常居住地或者被申请人住所地、经常居住地、财产所在地中级人民法院或者专门人民法院受理。申请人向两个以上有管辖权的人民法院申请认可的，由最先立案的人民法院管辖。申请人向被申请人财产所在地人民法院申请认可的，应当提供财产存在的相关证据。

（3）申请要求。申请人申请认可台湾地区法院民事判决，应当提交申请书，并附有台湾地区有关法院民事判决文书和民事判决确定证明书的正本或者经证明无误的副本。台湾地区法院民事判决为缺席判决的，申请人应当同时提交台湾地区法院已经合法传唤当事人的证明文件，但判决已经对此予以明确说明的除外。申请书应当记明以下事项：1）申请人和被申请人姓名、性别、年龄、职业、身份证件号码、住址（申请人或者被申请人为法人或者其他组织的，应当记明法人或者其他组织的名称、地址、法定代表人或者主要负责人姓名、职务）和通信方式；2）请求和理由；3）申请认可的判决的执行情况；4）其他需要说明的情况。申请人申请认可台湾地区法院民事判决，应当提供相关证明文件，以证明该判决真实并且已经生效。

（4）审查。对申请认可台湾地区法院民事判决的案件，人民法院应当组成合议庭进行审查。人民法院受理认可台湾地区法院民事判决的申请后，当事人就同一争议起诉的，不予受理。一方当事人向人民法院起诉后，另一方当事人向人民法院申请认可的，对于认可的申请不予受理。案件虽经台湾地区有关法院判决，但当事人未申请认可，而是就同一争议向人民法院起诉的，应予受理。人民法院受理认可台湾地区法院民事判决的申请后，作出裁定前，申请人请求撤回申请的，可以裁定准许。人民法院受理认可台湾地区法院民事判决的申请后，应当在立案之日起6个月内审结。有特殊情况需要延长的，报请上一级人民法院批准。

（5）不予执行理由。台湾地区法院民事判决具有下列情形之一的，裁定不予认可：1）申请认可的民事判决，是在被申请人缺席又未经合法传唤或者在被申请人无诉讼行为能力又未得到适当代理的情况下作出的；2）案件系人民法院专属管辖的；3）案件双方当事人订有有效仲裁协议，且无放弃仲裁管辖情形的；4）案件系人民法院已作出判决或者中国大陆的仲裁庭已作出仲裁裁决的；5）香港特别行政区、澳门特别行政区或者外国的法院已就同一争议作出判决且已为人民法院所认可或者承认的；6）台湾地区、香港特别行政区、澳门特别行政区或者外国的仲裁庭已就同一争议作出仲裁裁决且已为人民法院所认可或者承认的。认可该民事判决将违反"一个中国"原则等国家法律的基本原则或者损害社会公共利益的，人民法院应当裁定不予认可。

（6）认可的效力。经人民法院裁定认可的台湾地区法院民事判决，与人民法院作出的生效判决具有同等效力。人民法院依据本规定作出的裁定，一经送达即发生法律效力。当事人对上述裁定不服的，可以自裁定送达之日起 10 日内向上一级人民法院申请复议。对人民法院裁定不予认可的台湾地区法院民事判决，申请人再次提出申请的，人民法院不予受理，但申请人可以就同一争议向人民法院起诉。申请人申请认可和执行台湾地区法院民事判决的期间，适用《民事诉讼法》第 239 条的规定，但申请认可台湾地区法院有关身份关系的判决除外，申请人仅申请认可而未同时申请执行的，申请执行的期间自人民法院对认可申请作出的裁定生效之日起重新计算。

四、仲裁裁决的相互认可与执行

在台湾当局结束所谓的"戡乱"时期以前，大陆的仲裁裁决不可能在台湾地区发生法律效力。直到 1990 年以来，台湾当局对大陆的仲裁裁决的态度才有了改变。按照"两岸关系条例"第 74 条的规定，大陆仲裁机构作出的仲裁裁决，当事人可以向台湾地区法院申请认可与执行。这一规定在海峡两岸仲裁裁决的执行方面较具创造性，受到大陆和台湾地区各界的基本肯定，对大陆的有关立法亦有较大影响。但这一规定也存在不少缺陷，例如，规定本身过于简单，将大陆仲裁裁决与大陆法院判决在台湾地区以相同条件予以执行，显然缺乏针对性，反而增加了执行仲裁裁决的难度。另外，将不违反公共秩序作为执行大陆仲裁裁决的唯一条件的做法，不是简化了执行裁决的环节，反而使大陆仲裁裁决的执行变得更不确定。因此，这种规定还有待补充和完善。

大陆迄今有关执行台湾地区仲裁裁决的法规和政策，可分为四个阶段[①]：第一阶段，在实行改革开放政策之前，两岸关系处于极度对立状态，根本就不可能产生所谓执行台湾地区仲裁裁决的问题。实行改革开放政策后直到 1987 年加入《纽约公约》前，大陆没有承认与执行外国仲裁裁决的制度，更何况执行台湾地区仲裁裁决了。第二阶段，大陆加入《纽约公约》之后，尤其是 1991 年《民事诉讼法》的颁行，台湾地区仲裁裁决在理论上可以向大陆法院申请承认与执行，大陆法院参照执行外国仲裁裁决的规定予以办理，政策性较强。第三阶段，最高人民法院发布了 1998 年《规定》（已失效），这是大陆法院承认与执行台湾地区仲裁裁决的转折点，为认可与执行台湾地区仲裁机构作出的仲裁裁决提供了法律依据。该司法解释第 19 条规定："申请认可台湾地区有关法院民事裁定和台湾地区仲裁机构裁决的，适用本规定。"据此，台湾地区仲裁机构作出的仲裁裁决，当事人可以向大陆的有关人民法院申请认可，并适用该司法解释认可台湾地区法院民事判决的有关规定。2009 年最高人民法院发布的《关于人民

---

① 黄进，宋连斌，徐前权．仲裁法学．北京：中国政法大学出版社，2002：199-200.

法院认可台湾地区有关法院民事判决的补充规定》（已失效）进一步明确了对台湾地区仲裁机构的裁决适用 1998 年《规定》之补充规定。第四阶段，2015 年 6 月 2 日最高人民法院审判委员会第 1653 次会议通过了《最高人民法院关于认可和执行台湾地区仲裁裁决的规定》（以下简称 2015 年《规定》），自 2015 年 7 月 1 日起施行，从而为大陆法院认可与执行台湾地区仲裁裁决提供了更加明确的法律依据。

根据上述 2015 年司法解释的精神，规定所称台湾地区仲裁裁决是指，有关常设仲裁机构及临时仲裁庭在台湾地区按照台湾地区仲裁规定就有关民商事争议作出的仲裁裁决，包括仲裁判断、仲裁和解和仲裁调解。台湾地区的仲裁裁决如果需要得到大陆法院的认可，必须具备如下条件：（1）申请人应提交申请书，并须附有不违反"一个中国"原则的台湾地区有关仲裁机构仲裁裁决书正本或经证明无误的副本、证明文件。（2）仲裁裁决必须终局。申请人应当提供相关证据，以证明该仲裁裁决真实并且效力已确定。（3）申请人必须向申请人住所地、经常居所地或者被执行人住所地、经常居所地、财产所在地中级人民法院或专门人民法院提出申请。向被执行财产所在地中级人民法院申请认可的，应当提供被执行财产存在的相关证据。

同时，根据 2015 年《规定》第 14 条第 1 款和第 2 款的规定，对申请认可和执行的仲裁裁决，被申请人提出证据证明有下列情形之一的，经审查核实，人民法院裁定不予认可：（1）仲裁协议一方当事人依对其适用的法律在订立仲裁协议时属于无行为能力的；或者依当事人约定的准据法，或当事人没有约定适用的准据法而依台湾地区仲裁规定，该仲裁协议无效的；或者当事人之间没有达成书面仲裁协议的，但申请认可台湾地区仲裁调解的除外。（2）被申请人未接到选任仲裁员或进行仲裁程序的适当通知，或者由于其他不可归责于被申请人的原因而未能陈述意见的。（3）裁决所处理的争议不是提交仲裁的争议，或者不在仲裁协议范围之内；或者裁决载有超出当事人提交仲裁范围的事项的决定，但裁决中超出提交仲裁范围的事项的决定与提交仲裁事项的决定可以分开的，裁决中关于提交仲裁事项的决定部分可以予以认可。（4）仲裁庭的组成或者仲裁程序违反当事人的约定，或者在当事人没有约定时与台湾地区仲裁规定不符的。（5）裁决对当事人尚无约束力，或者业经台湾地区法院撤销或者驳回执行申请的。依据国家法律，该争议事项不能以仲裁解决的，或者认可该仲裁裁决将违反"一个中国"原则等国家法律的基本原则或损害社会公共利益的，人民法院应当依据职权裁定不予认可。

根据 2015 年《规定》第 17 条、第 18 条的规定，一方当事人向人民法院申请认可或者执行台湾地区仲裁裁决，另一方当事人向台湾地区法院起诉撤销该仲裁裁决，被申请人申请中止认可或者执行并且提供充分担保的，人民法院应当中止认可或者执行程序。申请中止认可或者执行的，应当向人民法院提供台湾地区法院已经受理撤销仲裁裁决案件的法律文书。台湾地区法院撤销该仲裁裁决的，人民法院应当裁定不予认可或者裁定终结执行；台湾地区法院驳回撤销仲裁裁决请求的，人民法院应当恢复认可或者执行程序。经人民法院认可的仲裁裁决需要执行的，则应依照《民事诉讼法》规定的程序办理。对人民法院裁定不予认可的台湾地区仲裁裁决，申请人再次提出申请的，人民法院不予受理。但当事人可以根据双方重新达成的仲裁协议申请仲裁，也可以就同一争议向人民法院起诉。

课后练习

1. 1998 年 12 月 30 日最高人民法院《关于内地与香港特别行政区法院相互委托送达民商

事司法文书的安排》中规定，内地法院和香港特别行政区法院可以相互委托送达民商事司法文书，双方委托送达司法文书，需通过（　　）。

    A. 各高级人民法院和香港特别行政区高等法院

    B. 各省会城市中级人民法院和香港特别行政区高等法院

    C. 最高人民法院司法文书可直接委托香港特别行政区高等法院送达

    D. 最高人民法院司法文书可直接委托香港特别行政区终审法院送达

2. 2001 年 8 月 7 日最高人民法院发布了《关于内地与澳门特别行政区法院就民商事案件相互委托送达司法文书和调取证据的安排》规定，完成受托事项的期限，调查取证的期限最迟不得超过自收到委托书之日起（　　）。

    A. 1 个月

    B. 2 个月

    C. 3 个月

    D. 4 个月

3. 上海甲公司作为卖方和澳门乙公司订立了一项钢材购销合同，约定有关合同的争议在中国内地仲裁。乙公司在内地和澳门均有营业机构。双方发生争议后，仲裁庭裁决乙公司对甲公司进行赔偿。乙公司未在规定的期限内履行仲裁裁决。关于甲公司对此采取的做法，下列哪些选项是正确的？（　　）（法考）

    A. 向内地有管辖权的中级人民法院申请执行该仲裁裁决

    B. 向澳门特别行政区中级法院申请执行该仲裁裁决

    C. 分别向内地有管辖权的中级人民法院和澳门特别行政区中级法院申请执行仲裁裁决

    D. 向澳门特别行政区初级法院申请执行该仲裁裁决

4. 李某在内地某法院取得一项涉及王某的具有给付内容的生效民事判决。王某的主要财产在澳门，在内地也有少量可供执行的财产。根据最高人民法院《关于内地与澳门特别行政区相互认可和执行民商事判决的安排》，下列哪一选项是正确的？（　　）（法考）

    A. 李某有权同时向内地与澳门有管辖权的法院申请执行

    B. 李某向澳门法院提出执行申请的同时，可以向内地法院申请查封、扣押或者冻结王某的财产

    C. 如澳门法院受理执行申请，它不能仅执行该判决中的部分请求

    D. 该判决的执行应适用内地法律

5. 2001 年 3 月 8 日，上海市静安区人民法院因房屋装潢案件委托上海市高级人民法院向位于香港地区的被告送达民事诉状副本、应诉通知书、传票。上海市高级人民法院送出后，于 2001 年 4 月 23 日经过交换收到香港特别行政区高等法院送达证明书，该送达证明书的项目有受送达人、案件性质、送达地址、送达司法文书、成功送达栏、不能送达栏、备注、退回之司法文书。香港特别行政区高等法院执达主任助理张先生于 2001 年 4 月 6 日 12 时 50 分亲自派送，并有签名，但备注栏写明："本人到达上述第一地址，有梁先生告知，上述第一地址乃受送达人公司之注册地址，于是将上述司法文书交与梁先生"，表明公司负责人不在。该送达证明书，有香港特别行政区高等法院高级司法书记姓名及签名、日期、高等法院印章、高级法院编号，一切程序完备。

    问题：内地与香港两地相互间如何合法、有效地送达民商事案件司法文书？目前能否采用直接送达？

6. 1989 年 10 月广东东莞某联合公司与澳门兴华公司签订承包雄狮酒店协议书，承包期 10 年，兴华公司向联合公司交付承包费人民币 2 250 万元。签约后兴华公司交联合公司押金 20 万元人民币。兴华公司法人代表黄国雄签约后，以种种借口，没有交付押金。经营 2 个多月，不仅拖延支付承包费，还拖欠 33 家客户货款 54 万元，收取酒店收入 90 万元。黄国雄回澳门后一去不返。联合公司向当地公安机关报案，但黄国雄留下的地址、电话、公司名称全是虚假的，无法追查。联合公司委托广州某律师事务所律师与澳门律师合作，代为调查黄国雄的下落。广州某律师事务所律师作非诉讼代理，与澳门律师合作，很快查处黄国雄的下落及其澳门居住地址、家属情况、银行账号等，还查明黄国雄在国内的合作企业和广州的落脚点。律师代理联合公司进一步与国内公安机关合作，采取行动，依法追究黄国雄的经济和刑事责任。

问题：澳门地区的取证规则与内地的取证规则是否相同？内地与澳门两地相互间如何合法、有效地调查取证？

7. 2009 年 9 月 30 日，张家港人张某在澳门豪赌，带的钱不够，便以签署澳门码单的形式，向澳门某博彩公司借款近 120 万元港币。张某回到内地后，不承认向博彩公司借钱。为了收回赌债，澳门某博彩公司与苏州人王某签订合同，把债权转让给王某。2009 年 12 月 24 日，王某来到张家港法院起诉张某。2010 年 9 月 24 日法院审理认为，本案属于债权转让纠纷。尽管原告称码单上载明的款项，是被告因生意资金周转所需的借款，而非赌场筹码，但澳门码单本身就是澳门赌场出借给赌客筹码的凭证，该借款是被告向澳门赌场所借用于赌博。博彩业在澳门虽为合法，但根据内地法律规定，该借贷关系不受法律保护。现在原告在内地法院提起诉讼，应以内地法律为裁决依据。因此判决驳回原告起诉。

问题：内地与澳门两地在相互认可和执行民商事判决时主要审查哪些事项？你如何看待本案的处理结果？

附 录

《中华人民共和国涉外民事关系法律适用法》

(2010 年 10 月 28 日第十一届全国人民代表大会常务委员会第十七次会议通过)

第一章 一般规定

第一条 为了明确涉外民事关系的法律适用，合理解决涉外民事争议，维护当事人的合法权益，制定本法。

第二条 涉外民事关系适用的法律，依照本法确定。其他法律对涉外民事关系法律适用另有特别规定的，依照其规定。

本法和其他法律对涉外民事关系法律适用没有规定的，适用与该涉外民事关系有最密切联系的法律。

第三条 当事人依照法律规定可以明示选择涉外民事关系适用的法律。

第四条 中华人民共和国法律对涉外民事关系有强制性规定的，直接适用该强制性规定。

第五条 外国法律的适用将损害中华人民共和国社会公共利益的，适用中华人民共和国法律。

第六条 涉外民事关系适用外国法律，该国不同区域实施不同法律的，适用与该涉外民事关系有最密切联系区域的法律。

第七条 诉讼时效，适用相关涉外民事关系应当适用的法律。

第八条 涉外民事关系的定性，适用法院地法律。

第九条 涉外民事关系适用的外国法律，不包括该国的法律适用法。

第十条 涉外民事关系适用的外国法律，由人民法院、仲裁机构或者行政机关查明。当事人选择适用外国法律的，应当提供该国法律。

不能查明外国法律或者该国法律没有规定的，适用中华人民共和国法律。

第二章 民事主体

第十一条 自然人的民事权利能力，适用经常居所地法律。

第十二条 自然人的民事行为能力，适用经常居所地法律。

自然人从事民事活动，依照经常居所地法律为无民事行为能力，依照行为地法律为有民事行为能力的，适用行为地法律，但涉及婚姻家庭、继承的除外。

第十三条 宣告失踪或者宣告死亡，适用自然人经常居所地法律。

第十四条 法人及其分支机构的民事权利能力、民事行为能力、组织机构、股东权利义务等事项，适用登记地法律。

法人的主营业地与登记地不一致的，可以适用主营业地法律。法人的经常居所地，为其主营业地。

第十五条 人格权的内容，适用权利人经常居所地法律。

第十六条 代理适用代理行为地法律，但被代理人与代理人的民事关系，适用代理关系发生地法律。

当事人可以协议选择委托代理适用的法律。

第十七条 当事人可以协议选择信托适用的法律。当事人没有选择的，适用信托财产所在地法律或者信托关系发生地法律。

第十八条 当事人可以协议选择仲裁协议适用的法律。当事人没有选择的，适用仲裁机构所在地法律或者仲裁地法律。

第十九条 依照本法适用国籍国法律，自然人具有两个以上国籍的，适用有经常居所的国籍国法律；在所有国籍国均无经常居所的，适用与其有最密切联系的国籍国法律。自然人无国籍或者国籍不明的，适用其经常居所地法律。

第二十条 依照本法适用经常居所地法律，自然人经常居所地不明的，适用其现在居所地法律。

第三章　婚姻家庭

第二十一条 结婚条件，适用当事人共同经常居所地法律；没有共同经常居所地的，适用共同国籍国法律；没有共同国籍，在一方当事人经常居所地或者国籍国缔结婚姻的，适用婚姻缔结地法律。

第二十二条 结婚手续，符合婚姻缔结地法律、一方当事人经常居所地法律或者国籍国法律的，均为有效。

第二十三条 夫妻人身关系，适用共同经常居所地法律；没有共同经常居所地的，适用共同国籍国法律。

第二十四条 夫妻财产关系，当事人可以协议选择适用一方当事人经常居所地法律、国籍国法律或者主要财产所在地法律。当事人没有选择的，适用共同经常居所地法律；没有共同经常居所地的，适用共同国籍国法律。

第二十五条 父母子女人身、财产关系，适用共同经常居所地法律；没有共同经常居所地的，适用一方当事人经常居所地法律或者国籍国法律中有利于保护弱者权益的法律。

第二十六条 协议离婚，当事人可以协议选择适用一方当事人经常居所地法律或者国籍国法律。当事人没有选择的，适用共同经常居所地法律；没有共同经常居所地的，适用共同国籍国法律；没有共同国籍的，适用办理离婚手续机构所在地法律。

第二十七条 诉讼离婚，适用法院地法律。

第二十八条 收养的条件和手续，适用收养人和被收养人经常居所地法律。收养的效力，适用收养时收养人经常居所地法律。收养关系的解除，适用收养时被收养人经常居所地法律或者法院地法律。

第二十九条　扶养，适用一方当事人经常居所地法律、国籍国法律或者主要财产所在地法律中有利于保护被扶养人权益的法律。

第三十条　监护，适用一方当事人经常居所地法律或者国籍国法律中有利于保护被监护人权益的法律。

第四章　继　承

第三十一条　法定继承，适用被继承人死亡时经常居所地法律，但不动产法定继承，适用不动产所在地法律。

第三十二条　遗嘱方式，符合遗嘱人立遗嘱时或者死亡时经常居所地法律、国籍国法律或者遗嘱行为地法律的，遗嘱均为成立。

第三十三条　遗嘱效力，适用遗嘱人立遗嘱时或者死亡时经常居所地法律或者国籍国法律。

第三十四条　遗产管理等事项，适用遗产所在地法律。

第三十五条　无人继承遗产的归属，适用被继承人死亡时遗产所在地法律。

第五章　物　权

第三十六条　不动产物权，适用不动产所在地法律。

第三十七条　当事人可以协议选择动产物权适用的法律。当事人没有选择的，适用法律事实发生时动产所在地法律。

第三十八条　当事人可以协议选择运输中动产物权发生变更适用的法律。当事人没有选择的，适用运输目的地法律。

第三十九条　有价证券，适用有价证券权利实现地法律或者其他与该有价证券有最密切联系的法律。

第四十条　权利质权，适用质权设立地法律。

第六章　债　权

第四十一条　当事人可以协议选择合同适用的法律。当事人没有选择的，适用履行义务最能体现该合同特征的一方当事人经常居所地法律或者其他与该合同有最密切联系的法律。

第四十二条　消费者合同，适用消费者经常居所地法律；消费者选择适用商品、服务提供地法律或者经营者在消费者经常居所地没有从事相关经营活动的，适用商品、服务提供地法律。

第四十三条　劳动合同，适用劳动者工作地法律；难以确定劳动者工作地的，适用用人单位主营业地法律。劳务派遣，可以适用劳务派出地法律。

第四十四条　侵权责任，适用侵权行为地法律，但当事人有共同经常居所地的，适用共同经常居所地法律。侵权行为发生后，当事人协议选择适用法律的，按照其协议。

第四十五条　产品责任，适用被侵权人经常居所地法律；被侵权人选择适用侵权人主营业地法律、损害发生地法律的，或者侵权人在被侵权人经常居所地没有从事相关经营活动的，适用侵权人主营业地法律或者损害发生地法律。

第四十六条　通过网络或者采用其他方式侵害姓名权、肖像权、名誉权、隐私权等人格权的，适用被侵权人经常居所地法律。

第四十七条　不当得利、无因管理，适用当事人协议选择适用的法律。当事人没有选择的，适用当事人共同经常居所地法律；没有共同经常居所地的，适用不当得利、无因管理发生地法律。

第七章　知识产权

第四十八条　知识产权的归属和内容，适用被请求保护地法律。

第四十九条　当事人可以协议选择知识产权转让和许可使用适用的法律。当事人没有选择的，适用本法对合同的有关规定。

第五十条　知识产权的侵权责任，适用被请求保护地法律，当事人也可以在侵权行为发生后协议选择适用法院地法律。

第八章　附　则

第五十一条　《中华人民共和国民法通则》第一百四十六条、第一百四十七条，《中华人民共和国继承法》第三十六条，与本法的规定不一致的，适用本法。

第五十二条　本法自 2011 年 4 月 1 日起施行。

《最高人民法院关于适用〈中华人民共和国涉外民事关系法律适用法〉若干问题的解释（一）》

（法释〔2012〕24 号，2012 年 12 月 10 日经最高人民法院
审判委员会第 1563 次会议讨论通过）

为正确审理涉外民事案件，根据《中华人民共和国涉外民事关系法律适用法》的规定，对人民法院适用该法的有关问题解释如下：

第一条　民事关系具有下列情形之一的，人民法院可以认定为涉外民事关系：

（一）当事人一方或双方是外国公民、外国法人或者其他组织、无国籍人；

（二）当事人一方或双方的经常居所地在中华人民共和国领域外；

（三）标的物在中华人民共和国领域外；

（四）产生、变更或者消灭民事关系的法律事实发生在中华人民共和国领域外；

（五）可以认定为涉外民事关系的其他情形。

第二条　涉外民事关系法律适用法实施以前发生的涉外民事关系，人民法院应当根据该涉外民事关系发生时的有关法律规定确定应当适用的法律；当时法律没有规定的，可以参照涉外民事关系法律适用法的规定确定。

第三条　涉外民事关系法律适用法与其他法律对同一涉外民事关系法律适用规定不一致的，适用涉外民事关系法律适用法的规定，但《中华人民共和国票据法》、《中华人民共和国海商法》、《中华人民共和国民用航空法》等商事领域法律的特别规定以及知识产权领域法律的特别规定除外。

涉外民事关系法律适用法对涉外民事关系的法律适用没有规定而其他法律有规定的，适用其他法律的规定。

第四条　涉外民事关系的法律适用涉及适用国际条约的，人民法院应当根据《中华人民共和国民法通则》第一百四十二条第二款以及《中华人民共和国票据法》第九十五条第一款、《中华人民共和国海商法》第二百六十八条第一款、《中华人民共和国民用航空法》第一百八十四条第一款等法律规定予以适用，但知识产权领域的国际条约已经转化或者需要转化为国内法

律的除外。

第五条　涉外民事关系的法律适用涉及适用国际惯例的，人民法院应当根据《中华人民共和国民法通则》第一百四十二条第三款以及《中华人民共和国票据法》第九十五条第二款、《中华人民共和国海商法》第二百六十八条第二款、《中华人民共和国民用航空法》第一百八十四条第二款等法律规定予以适用。

第六条　中华人民共和国法律没有明确规定当事人可以选择涉外民事关系适用的法律，当事人选择适用法律的，人民法院应认定该选择无效。

第七条　一方当事人以双方协议选择的法律与系争的涉外民事关系没有实际联系为由主张选择无效的，人民法院不予支持。

第八条　当事人在一审法庭辩论终结前协议选择或者变更选择适用的法律的，人民法院应予准许。

各方当事人援引相同国家的法律且未提出法律适用异议的，人民法院可以认定当事人已经就涉外民事关系适用的法律做出了选择。

第九条　当事人在合同中援引尚未对中华人民共和国生效的国际条约的，人民法院可以根据该国际条约的内容确定当事人之间的权利义务，但违反中华人民共和国社会公共利益或中华人民共和国法律、行政法规强制性规定的除外。

第十条　有下列情形之一，涉及中华人民共和国社会公共利益、当事人不能通过约定排除适用、无需通过冲突规范指引而直接适用于涉外民事关系的法律、行政法规的规定，人民法院应当认定为涉外民事关系法律适用法第四条规定的强制性规定：

（一）涉及劳动者权益保护的；

（二）涉及食品或公共卫生安全的；

（三）涉及环境安全的；

（四）涉及外汇管制等金融安全的；

（五）涉及反垄断、反倾销的；

（六）应当认定为强制性规定的其他情形。

第十一条　一方当事人故意制造涉外民事关系的连结点，规避中华人民共和国法律、行政法规的强制性规定的，人民法院应认定为不发生适用外国法律的效力。

第十二条　涉外民事争议的解决须以另一涉外民事关系的确认为前提时，人民法院应当根据该先决问题自身的性质确定其应当适用的法律。

第十三条　案件涉及两个或者两个以上的涉外民事关系时，人民法院应当分别确定应当适用的法律。

第十四条　当事人没有选择涉外仲裁协议适用的法律，也没有约定仲裁机构或者仲裁地，或者约定不明的，人民法院可以适用中华人民共和国法律认定该仲裁协议的效力。

第十五条　自然人在涉外民事关系产生或者变更、终止时已经连续居住一年以上且作为其生活中心的地方，人民法院可以认定为涉外民事关系法律适用法规定的自然人的经常居所地，但就医、劳务派遣、公务等情形除外。

第十六条　人民法院应当将法人的设立登记地认定为涉外民事关系法律适用法规定的法人的登记地。

第十七条　人民法院通过由当事人提供、已对中华人民共和国生效的国际条约规定的途径、中外法律专家提供等合理途径仍不能获得外国法律的，可以认定为不能查明外国法律。

根据涉外民事关系法律适用法第十条第一款的规定，当事人应当提供外国法律，其在人民法院指定的合理期限内无正当理由未提供该外国法律的，可以认定为不能查明外国法律。

第十八条　人民法院应当听取各方当事人对应当适用的外国法律的内容及其理解与适用的意见，当事人对该外国法律的内容及其理解与适用均无异议的，人民法院可以予以确认；当事人有异议的，由人民法院审查认定。

第十九条　涉及香港特别行政区、澳门特别行政区的民事关系的法律适用问题，参照适用本规定。

第二十条　涉外民事关系法律适用法施行后发生的涉外民事纠纷案件，本解释施行后尚未终审的，适用本解释；本解释施行前已经终审，当事人申请再审或者按照审判监督程序决定再审的，不适用本解释。

第二十一条　本院以前发布的司法解释与本解释不一致的，以本解释为准。

参考文献

1. 李浩培. 国际法的概念和渊源. 贵阳：贵州人民出版社，1994.

2. 王铁崖. 国际法引论. 北京：北京大学出版社，1998.

3. 韩德培主编，任继圣，刘丁副主编. 国际私法（修订本）. 武汉：武汉大学出版社，1989.

4. 韩德培主编. 国际私法. 北京：高等教育出版社，北京大学出版社，2000.

5. 韩德培主编. 国际私法问题专论. 武汉：武汉大学出版社，2004.

6. 李双元主编. 中国与国际私法统一化进程. 武汉：武汉大学出版社，1998.

7. 章尚锦主编. 国际私法. 北京：中国人民大学出版社，2007.

8. 张仲伯. 国际私法学. 北京：中国政法大学出版社，2010.

9. 黄进主编. 国际私法. 北京：法律出版社，2005.

10. 肖永平. 国际私法原理. 北京：法律出版社，2007.

11. 肖永平. 中国冲突法立法问题研究. 武汉：武汉大学出版社，1996.

12. 肖永平. 法理学视野下的冲突法. 北京：高等教育出版社，2008.

13. 赵秀文主编. 国际私法学原理与案例教程. 北京：中国人民大学出版社，2009.

14. 刘仁山主编. 国际私法. 北京：中国人民大学出版社，2010.

15. 张潇剑. 国际私法论. 北京：北京大学出版社，2004.

16. 沈涓. 冲突法及其价值导向. 北京：中国政法大学出版社，2002.

17. 徐冬根. 国际私法趋势论. 北京：北京大学出版社，2004.

18. 蒋新苗. 国际私法本体论. 北京：法律出版社，2005.

19. 屈广清. 冲突法原理. 北京：法律出版社，2004.

20. 宋晓. 当代国际私法的实体取向. 武汉：武汉大学出版社，2004.

21. 邓正来. 美国现代国际私法流派. 北京：法律出版社，1987.

22. 张翔宇. 现代美国国际私法学说研究. 武汉：武汉大学出版社，1986.

23. 王国华. 海事国际私法研究. 北京：法律出版社，1999.

24. 沈涓. 合同准据法的解释. 北京：法律出版社，2000.

25. 何其生. 电子商务的国际私法问题. 北京：法律出版社，2004.

26. 刘益灯. 国际消费者保护法律制度研究. 北京：中国方正出版社，2005.

27. 许军珂. 国际私法上的意思自治. 北京：法律出版社，2006.

28. 徐青森，杜焕芳主编. 国际私法专题研究. 北京：中国人民大学出版社，2010.

29. 李浩培. 国际民事程序法概论. 北京：法律出版社，1996.

30. 谢石松. 国际民商事纠纷的法律解决程序. 广州：广东人民出版社，1996.

31. 徐宏. 国际民事司法协助. 武汉：武汉大学出版社，1996.

32. 张茂. 美国国际民事诉讼法. 北京：中国政法大学出版社，1999.

33. 刘仁山主编. 国际民商事程序法通论. 北京：中国法制出版社，2000.

34. 杜新丽. 国际民事诉讼与国际商事仲裁. 北京：中国政法大学出版社，2005.

35. 刘力. 国际民事诉讼管辖权研究. 北京：中国法制出版社，2004.

36. 韩健. 现代国际商事仲裁法的理论与实践. 北京：法律出版社，2000.

37. 赵秀文. 国际商事仲裁及其适用法律研究. 北京：北京大学出版社，2002.

38. 赵秀文. 国际商事仲裁现代化研究. 北京：法律出版社，2010.

39. 朱克鹏. 国际商事仲裁的法律适用. 北京：法律出版社，1999.

40. 宋连斌. 国际商事仲裁管辖权研究. 北京：法律出版社，2000.

41. 赵健. 国际商事仲裁的司法监督. 北京：法律出版社，2000.

42. 宋航. 国际商事仲裁裁决的承认与执行. 北京：法律出版社，2000.

43. 杜焕芳. 国际民商事司法与行政合作研究. 武汉：武汉大学出版社，2007.

44. 韩德培，韩健. 美国国际私法（冲突法）导论. 北京：法律出版社，1994.

45. 陈卫佐. 瑞士国际私法法典研究. 北京：法律出版社，1998.

46. 董丽萍. 澳大利亚国际私法研究. 北京：法律出版社，1999.

47. 袁泉. 荷兰国际私法研究. 北京：法律出版社，2000.

48. 刘仁山. 加拿大国际私法研究. 北京：法律出版社，2001.

49. 刘卫翔. 欧洲联盟国际私法. 北京：法律出版社，2001.

50. 肖永平主编. 欧盟国际私法研究. 武汉：武汉大学出版社，2004.

51. 邹国勇. 德国国际私法的欧盟化. 北京：法律出版社，2007.

52. 朱伟东. 南非共和国国际私法研究. 北京：法律出版社，2006.

53. 亨利·巴迪福尔，保罗·拉加德. 国际私法总论. 陈洪武，等，译，北京：中国对外翻译出版公司，1989.

54. J. H. C 莫里斯主编. 戴西和莫里斯论冲突法. 李双元，等，译，北京：中国大百科全书出版社，1998.

55. 马丁·沃尔夫. 国际私法. 李浩培，汤宗舜，译，北京：北京大学出版社，2009.

56. 威廉·泰特雷. 国际冲突法——普通法、大陆法及海事法. 刘兴莉，译. 黄进，校. 北京：法律出版社，2003.

57. 山田三良. 国际私法. 李倬，译，北京：中国政法大学出版社，2003.

58. 隆茨. 国际私法. 顾世荣，译，北京：人民出版社，1951.

59. 弗里德里希·荣格·法律选择与涉外司法. 霍政欣，徐妮娜，译. 北京：北京大学出版社，2007.

60. 格哈德·克格尔·冲突法的危机. 萧凯，邹国勇，译，武汉：武汉大学出版社，2008.

61. Lawrence Collins & Others. Dicey and Morris on the Conflict of Laws. 13thed. . Sweet & Maxwell，2000.

62. James Fawcett & Janeen M. Carruthers. Cheshire，North & Fawcett：Private Interna-

tional Law. 14th ed. . Butterworths，2008.

63. 韩德培，李双元主编. 国际私法教学参考资料选编（上，下）. 武汉：武汉大学出版社，1991.

64. 任继圣，钱骅，章尚锦编辑. 国际私法参考资料选编. 北京：法律出版社，1984.

65. 李双元，欧福永，熊之才编. 国际私法教学参考资料选编（上，中，下）. 北京：北京大学出版社，2002.

66. 黄进，何其生，萧凯编. 国际私法：案例与资料（中英文）. 北京：法律出版社，2004.

67. 章尚锦主编. 法学大辞典·国际私法册. 上海：上海辞书出版社，1998.

68. 黄惠康，黄进. 国际公法国际私法成案选. 武汉：武汉大学出版社，1987.

69. 林燕萍主编. 国际私法案例评析. 北京：北京大学出版社，2007.

70. 徐青森，杜焕芳主编. 国际私法案例分析. 北京：中国人民大学出版社，2009.

71. 霍政欣. 国际私法（英文版）. 北京：对外经济贸易大学出版社，2007.

72. 方杰. 国际私法学说史. 北京：中国法制出版社，2017.

73. 黄亚英. 中国国际私法学. 厦门：厦门大学出版社，2017.

74. 杜涛. 国际私法原理. 上海：复旦大学出版社，2018.

75. 何其生. 多元视野下的中国国际私法. 北京：高等教育出版社，2019.

76. 秦瑞亭. 中国国际私法实证研究. 天津：南开大学出版社，2017.

77. 卡尔斯特. 欧洲国际私法. 北京：法律出版社，2016.

78. 李华成. 国家侵权的国际私法问题研究. 北京：法律出版社，2016.

图书在版编目（CIP）数据

国际私法/章尚锦，杜焕芳主编 . -- 6 版 . -- 北京：中国人民大学出版社，2019.12
新编 21 世纪法学系列教材
ISBN 978-7-300-27690-8

Ⅰ.①国… Ⅱ.①章…②杜… Ⅲ.①国际私法－高等学校－教材 Ⅳ.①D997

中国版本图书馆 CIP 数据核字（2019）第 271767 号

普通高等教育"十一五"国家级规划教材
教育部全国普通高等学校优秀教材（一等奖）
新编 21 世纪法学系列教材
总主编　曾宪义　王利明

国际私法（第六版）
主　编　章尚锦　杜焕芳
副主编　许军珂　李　英
Guoji Sifa

出版发行	中国人民大学出版社			
社　　址	北京中关村大街 31 号		**邮政编码**	100080
电　　话	010 - 62511242（总编室）		010 - 62511770（质管部）	
	010 - 82501766（邮购部）		010 - 62514148（门市部）	
	010 - 62515195（发行公司）		010 - 62515275（盗版举报）	
网　　址	http://www.crup.com.cn			
经　　销	新华书店			
印　　刷	北京昌联印刷有限公司		**版　次**	2000 年 3 月第 1 版
				2019 年 12 月第 6 版
规　　格	185 mm×260 mm　16 开本		**印　次**	2019 年 12 月第 1 次印刷
印　　张	26.25		**定　价**	55.00 元
字　　数	665 000			

《   》※任课教师调查问卷

　　为了能更好地为您提供优秀的教材及良好的服务，也为了进一步提高我社法学教材出版的质量，希望您能协助我们完成本次小问卷，完成后您可以在我社网站中选择与您教学相关的 1 本教材作为今后的备选教材，我们会及时为您邮寄送达！如果您不方便邮寄，也可以申请加入我社的**法学教师 QQ 群：83961183（申请时请注明法学教师）**，然后下载本问卷填写，并发往我们指定的邮箱（cruplaw@163.com）。

　　邮寄地址：北京市海淀区中关村大街 31 号中国人民大学出版社 411 室收

　　邮　　编：100080

　　再次感谢您在百忙中抽出时间为我们填写这份调查问卷，您的举手之劳，将使我们获益匪浅！

基本信息及联系方式：※

　　姓名：＿＿＿＿＿＿＿　性别：＿＿＿＿＿＿＿　课程：＿＿＿＿＿＿＿＿＿＿＿＿＿

　　任教学校：＿＿＿＿＿＿＿＿＿＿＿＿＿　院系（所）：＿＿＿＿＿＿＿＿＿＿＿

　　邮寄地址：＿＿＿＿＿＿＿＿＿＿＿＿＿　邮编：＿＿＿＿＿＿＿＿＿＿＿＿＿

　　电话（办公）：＿＿＿＿＿＿＿　手机：＿＿＿＿＿＿＿　电子邮件：＿＿＿＿＿＿＿

调查问卷：※

1. 您认为图书的哪类特性对您选用教材最有影响力？（　　　）（可多选，按重要性排序）

　　A. 各级规划教材、获奖教材　　　　B. 知名作者教材

　　C. 完善的配套资源　　　　　　　　D. 自编教材

　　E. 行政命令

2. 在教材配套资源中，您最需要哪些？（　　　）（可多选，按重要性排序）

　　A. 电子教案　　　　　　　　　　　B. 教学案例

　　C. 教学视频　　　　　　　　　　　D. 配套习题、模拟试卷

3. 您对于本书的评价如何？（　　　）

　　A. 该书目前仍符合教学要求，表现不错将继续采用

　　B. 该书的配套资源需要改进，才会继续使用

　　C. 该书需要在内容或实例更新再版后才能满足我的教学，才会继续使用

　　D. 该书与同类教材差距很大，不准备继续采用了

4. 从您的教学出发，谈谈对本书的改进建议：＿＿＿＿＿＿＿＿＿＿＿＿＿＿＿＿＿＿＿

＿＿＿

选题征集：如果您有好的选题或出版需求，欢迎您联系我们：

　　联系人：黄　强　联系电话：010-62515955/65

索取样书：书名：＿＿＿＿＿＿＿＿＿＿＿＿＿＿＿＿＿＿＿＿＿＿＿＿＿＿＿＿＿＿

　　书号：＿＿＿＿＿＿＿＿＿＿＿＿＿＿＿＿＿＿＿＿＿＿＿＿＿＿＿＿＿＿＿＿＿＿＿

备注：※ 为必填项。